# 现代性之殇与犹太哲学

## 阅读列奥·施特劳斯及其时代

思想與社會 Logos & Polis | 研究系列

# 现代性之殇与犹太哲学

## 阅读列奥·施特劳斯及其时代

高山奎 著

上海三联书店

国家社会科学基金项目资助成果[编号:13CZX061]
第三届“思源人文社会科学博士论文奖”获奖作品

# 总 序

λόγος和πόλις是古代希腊人理解人的自然的两个出发点。人要活着，就必须生活在一个共同体中；在共同体中，人不仅能活下来，还能活得好；而在所有共同体中，城邦最重要，因为城邦规定的不是一时的好处，而是人整个生活的好坏；人只有在城邦这个政治共同体中才有可能成全人的天性。在这个意义上，人是政治的动物。然而，所有人天性上都想要知道，学习对他们来说是最快乐的事情；所以，人要活得好，不仅要过得好，还要看到这种好；人要知道他的生活是不是好的，为什么是好的，要讲出好的道理；于是，政治共同体对人的整个生活的规定，必然指向这种生活方式的根基和目的，要求理解包括人在内的整个自然秩序的本原。在这个意义上，人是讲理的动物。自从古代希腊以来，人生活的基本共同体经历了从"城邦"(πόλις)到"社会"(societas)与现代"国家"(stato)的不同形式；伴随这种转变，人理解和表达自身生活的理性也先后面对"自然"(φύσις)、"上帝"(deus)与"我思"(cogito)的不同困难。然而，思想与社会，作为人的根本处境的双重规定，始终是人的幸福生活不可逃避的问题。

不过，在希腊人看来，人的这种命运，并非所有人的命运。野蛮人，不仅没有真正意义上的政治共同体，更重要的是，他们不能正确地说话，讲不出他们生活的道理。政治和理性作为人的处境的双重规定，通过特殊的政治生活与其道理之间的内在关联和微妙张力，恰恰构成了西方传统的根本动力，是西方的历史命运。当西方的历史命运成为现代性的传统，这个共同体为自己生活讲出的道理，逐渐要求越来越多的社会在它的道理面前衡量他们生活的好坏。幻想包容越来越多的社会的思想，注定是越来越少的生活。在将越来越多的生活变成尾随者时，自身也成了尾随者。西方的现代性传统，在思想和社会上，面临着摧毁自身传统的危险。现代中国在思想和社会上的困境，正是现代性的根本问题。

对于中国人来说，现代性的处境意味着我们必须正视渗透在我们自己的思想与社会中的这一西方历史命运。现代中国人的生活同时担负着西方历史命运的外来危险和自身历史传统的内在困难。一旦我们惧怕正视自己的命运带来的不安，到别人的命运中去寻求安全，或者当我们躲进自己的历史，回避我们的现在要面对的危险，听不见自己传统令人困扰的问题，在我们手中，两个传统就同时荒废了。社会敌视思想，思想藐视社会，好还是不好，成了我们活着无法面对的问题。如果我们不想尾随西方的历史命运，让它成为我们的未来，我们就必须让它成为我们造就自己历史命运的传统；如果我们不想窒息自身的历史传统，让它只停留在我们的过去，我们就需要借助另一个传统，思考我们自身的困难，面对我们现在的危机，从而造就中国人的历史命运。

"维天之命，於穆不已。"任何活的思想，都必定是在这个社会的生活中仍然活着的，仍然说话的传统。《思想与社会》丛书的使命，就是召唤我们的两个传统，让它们重新开口说话，用我们的话来说，面对我们说话，为我们说话。传统是希腊的鬼魂，要靠活的血来喂养，才能说话。否则海伦的美也不过是沉默的幻影。而中国思想的任务，就是用我们的血气，滋养我们的传统，让它们重新讲出我们生活的道理。"终始惟一，时乃日新。"只有日新的传统，才有止于至善的生活。《思想与社会》丛书，是正在形成的现代中国传统的一部分，它要造就活的思想，和活着的中国人一起思考，为什么中国人的生活是好的生活。

# 目录

# 导　言

开始接触施特劳斯，大约是十年前（2008—2009年之交）的事儿。当时，中国的施特劳斯热已经进入蛰伏期，[①]施氏研究热的两大推手一个转向规模宏大的“经典与解释”编译工程，一个热衷于构建中国的博雅（通识）教育实践。于我而言，施特劳斯热的一个最大好处是留下了大量可资阅读的一二手文献。硕升博后，我正苦于寻找博士论文的选题，在图书馆静静翻阅施特劳斯的日子，冥冥之中感到他就是我下一步要研究的对象。

我硕士论文研究的对象是马克斯·舍勒，一位才华横溢、著述颇丰而又短寿的现象学家。毋庸置疑，现象学是高度学院化和技术化的哲学运动，它对语言、经验、直觉和感受力都有着很高的要求。以我当时的学术储备和德语水平，根本无力将舍勒作为自己博士论文研究的选题。然而，舍勒高度灵性化地承接尼采，从怨恨情绪和价值颠覆视角对现代世界所作出的现象学批判却给我留下了深刻的印象。它作为一个根深蒂固的“偏见”定格在我的脑海里，构成我研究施特劳斯现代性批判的一个重要背景。

于我而言，阅读施特劳斯的文本似乎比舍勒更加容易上手。与舍勒迫不及待地挥洒才情、创造观念、横扫诸学科的狂傲论姿不同，施特劳斯更像一位沉稳、专注、饱读诗书的老学究，他擅长运用浅显易懂的文字带你一步步走进论题研究的深处。但接触时间久了，你会发

① 大体而言，中国施特劳斯热的鼎盛期在2002—2003年，以刘小枫的《施特劳斯的路标》（2002）、《刺猬的温顺》（2002）和甘阳为《自然权利与历史》（2003）所作的长篇导言为标志，其间译介出版了包括迈尔《隐匿的对话》（2002）、德鲁里《施特劳斯与美国右派》（2006）等一系列文献。

现施特劳斯的书其实并不好读。因为他的著述大多不是创构性的，而是注疏性的。这要求读者首先熟稔他所研究对象的文本、各种二手研究文献和主流评价意见，否则你就无法体会施氏平实叙述背后所蕴含的颠覆力量和辛辣意指。但问题是，施氏的研究对象均为留名青史的大哲，他们的著作本不好读，况且施氏的著述涉猎颇广、时间跨度之长令人咋舌。这对于有着严格修业年限、半路出家的哲学新兵而言无疑是一个巨大的挑战。

但随着阅读的深入，我发现研究施特劳斯其实有一个讨巧的切入点。从这个切入点进入，你会发现施特劳斯并不像他的文字所展现得那么冷静克制、宠辱不惊——这个切入点便是施特劳斯的犹太身份：作为西方文化内部的局外人，施特劳斯不仅有着强烈的犹太身份认同意识，也有着异常敏锐的文化危机意识。这种源自“反犹主义”（施特劳斯喜欢用“神学—政治困境”或“犹太人问题”）的一系列追问和反思，实际上与启蒙现代性紧密联系在一起。换言之，犹太问题的内核就意味着对现代性危机的某种重估和内省。因此，从犹太问题进入施特劳斯的思想世界，便成了一个易入而又不会偏离主题的便捷通道。这也是我将施氏的犹太哲学作为自己博士论文论题的重要原因之一。

然而，易入而行难，哲学之路上本没有什么一劳永逸的方便法门。如前所述，施特劳斯的核心论旨隐而不彰，他从不构想一套自己的哲学体系或政治设计方案。因此，最便捷的门径便成了最难的开始点。这部专著便是一部老老实实的文本解读著作：认真阅读施特劳斯研究对象的著作，仔细疏解施氏对这些著作的注疏，在细微的字里行间体会施特劳斯对该论题的思想态度和核心观点。这种文献学的解释方法或可视为本论著的主要研究方法。

从施特劳斯的犹太视角审视西方哲学的兴起和发展轨迹，常常让人联想到中华传统面对现代西学强势入侵时的落魄与无奈。然而，施特劳斯的研究表明，现代西方文化并不像它所标榜的那么理所当然和择善从优。相反，它的产生是以偏离或否弃西方古典文明的某些核心质素为代价的。因此启蒙现代性在践行几个世纪后在形而上的层面上陷入了理性主义的自我背反，在政治实践方面陷入了丛林法则的相互屠戮和资源争夺（如一战和二战），而这场史无前例的现代悲剧的深层原因在于对古代传统的虚无态度（价值虚无主义），以及毫无顾忌地拥抱了技术主义的最新成果，这也构成了施特劳斯身居美国却一直令人“匪夷所思”地猛烈抨击他的德国遗产：韦伯的事实—价值中立和海德格尔历史主义的原因所在。在这一点上，尽管舍勒没有活到纳粹主义的兴起，但他充满先知般预言的著述已经包含了对基督教复兴的某种期许和对价值颠覆的某种担忧。对中华文明而言，我们百年来一直热衷于效仿和追随现代西方政教制度，如果现代西方文明诚如施特劳斯和舍勒所诊断的那么不堪，那么汉语学人又当如何审慎地对待这场似乎无法回头的西化之旅。这构成了古今中西之争最为核心的关键问题，也可视为本论著研究背后的现实关怀或研究旨趣之所在。

当然，此处不是提出解决方案的地方，任何一种诉诸简单解决方案的做法都将失之于偏颇。但有一点似乎不证自明，我们的现代化实践不应从中体西用的“自信力”转向西方一好百好的“他信力”，最后在目睹西方政教文化的不堪时，沦为无所作为、得过且过的“自欺欺人”。西方古典也罢，中国传统也罢，都是现代文化生成中不可或缺的思想资源或重要源头，摸着石头过河的冒险精神固然可取，不时停下脚步听听古人的教诲，调校我们前行的方向似乎也非常必要。

当前国内外学界对施特劳斯的评价呈严重的两极分化。在反对者中，除了少数哲人报以静默的置之不理外，媒体和自由派学人有关施特劳斯的指控大多停留在政治正确的意识形态层面。当然，也应看到，施特劳斯的路向和一些结论并非真的无懈可击。首先，他的研究并不像他的文字所呈现的那么客观中立。相反，施氏的研究具有强烈的现实关怀（如犹太人的神学政治困境）和问题旨趣（如现代性批判），这充分体现在他的研究论题和研究对象的择取上。然而，施氏拉比式的解经方法让他的作品琐碎冗长，令读者感到“疲惫不堪”，他审慎中庸的显白写作让他的教诲隐而不彰，引发诸多争议。其次，从哲学研究的品性来看，通常来讲，哲学史的研究进路大致有两种方式，一是面对一座座哲人的大山，选择一个钻进去，一辈子成为一位柏拉图主义者或康德研究专家，此谓我注六经的研究方式；二是另造一座大山，从其顶峰去俯瞰其他哲人之山的概貌，把他山之石取来为己所用，例如黑格尔或海德格尔的做法：在他们的笔下，一部西方哲学史俨然成了绝对精神或存在的发展史，此谓六经注我的研究方式。这两种研究方法各有利弊，前者容易身陷巫山，难以得窥山之全貌；后者往往粗暴解读他人，无视他人论题旨趣。尽管这种类型学的划分方法过于粗暴简单，但若依此观点来评判施特劳斯，显然施氏属于前者。因为，尽管施氏身后留下了一个影响深远且见解不一的学派，尽管施氏并不甘心做某某哲人的研究专家，而是想在不同哲学家对重大哲学问题的分歧处重思西方哲学的演进脉络，但与那些具有哲学野心和济世情怀的思想大哲相比，施特劳斯确实更像一个学者，这一点就连他本人也供认不讳。最后，施特劳斯对思想名流（如柏拉图、迈蒙尼德、马基雅维利等）的解读可谓独树一帜，堪称一家之言。但也应看到，他的思想贡献正是基于其运思严重的偏颇之处。例如，施氏对柏拉图对话之戏剧情节的高度重视和创造性阐发，为我们理解城—哲冲突和政治哲学的肇端提供了重要的视角，但在施特劳斯的笔下，柏拉图对话中的理念论或形而上学质素却遭到显著的忽视。尽管施氏如此做的用意显然是为了对抗黑格尔一脉的理性传统和尼采—海德格尔的虚无主义，以及摒弃类似波普尔之流对柏拉图解读的“不得要领”，但对于那些处于学徒期的哲学新兵而言，这一路向的论战纠偏意味太浓，对我们全面理解柏拉图思想显然失之偏颇。

依据上述看法，我们这里对施特劳斯的批评者作出一点理论回应。有些学者认为“当代政治哲学的框架是由罗尔斯塑造的，只有从罗尔斯等政治哲人入手，才能理解当代政治哲学在争论些什么问题，反之，如果从施特劳斯入手，就会误解当代政治哲学”。这话初听起来并无不妥，但并没有抓住问题的关键。施特劳斯最致命的要害是只讲“古今之争”——通过 Nomos 对抗 Nomos，不讲“天人之际”——通过 Physis 来解 Nomos，这样，施氏就不是柏拉图、霍布斯、海德格尔意义上一流的、具有原创性的政治哲人，这也是施特劳斯的柏拉图解读圆润而缺少高明，偏重诗学（戏剧情节、冲突）而少言形而上学（基础、本原）的原因所在。从这个角度看，罗尔斯之流将不容置疑的思想基点落在启蒙的价值观念（自由、平等）之上，也是用 Nomos 来为 Nomos 辩护，因而存在的问题与施特劳斯并无二致。甚至极端地讲，由于罗尔斯缺少对现代性问题的古典视野和警惕意识，在政治哲学的高度上还要远逊施特劳斯一筹。例如，罗尔斯从政治制度的层面来看待公正或正义问题，而施特劳斯则跟随柏拉图，从人的生活方式和灵魂秩序的视角来思考正义问题，这显然更加贴近哲学思考的原初本意。当然，否认施特劳斯哲学思想的原创地位，不能一概抹煞他卓越的思想史能力及其贡献。施特劳斯无意于像古今大哲那样构建体系、提出崭新的政制设计方案，源于他对现代性问题的深透考虑——避免沦为新的政治意识形态的女佣，将现代性的浪潮推到万劫不复之地。但从哲学史的视角来看，施特劳斯却有着独到的切入点和见识：他没有像尼采、海德格尔那样回到西方文明的源头——古希腊哲学，也没有像罗森茨威格、列维纳斯那样回到希伯来思想的源头——启示信仰或塔木德，而是回返到古希腊和犹太的对立——耶—雅冲突，就其独特的视角，持续不断的专注和身后留下的大量值得深入探究的思想著作研究而论，这种路向所敞开的意义直到今天都尚未完全消化。

本书主要包括七章内容，以时间（也是依逻辑）为线索来索解施特劳斯的犹太思想，七章内容大致可归类为铺垫、主体、扩展三个方面。**第一部分**包括第一章，系“施特劳斯犹太思想研究”的铺垫部分。作为 20 世纪之交犹太思想复兴的两个最主要的思想路向，柯亨的理性“旧思”和罗森茨威格的信仰“新思”构成施特劳斯犹太哲学思考的理论背景和视域基点。因此，在正式开启施特劳斯犹太思想的论述之前，第一章分两节梳理了柯亨和罗森茨威格的思想，为读者恰切理解施特劳斯犹太哲学的源起提供必要的思想预备。**第二部分**是内篇的**主体部分**，包括第二—五章（共计四章），详细梳理了施特劳斯关于“犹太人问题”及其解决方案，雅可比批判与“门—雅”泛神论之争，斯宾诺莎的宗教批判以及中古犹太律法哲学等论题的哲学思考和基本观念。这部分的研究既兼顾了施特劳斯犹太思想发展的时间主线，也力图体现施氏犹太哲学的诸基本论题，力求在时间的脉络中展现其主题的演进及其逻辑关联。犹太人问题不仅是一个思想命题，更是施特劳斯思想起步时期所身处的现实思想处境。针对这一处境所提供的两个最重要的启蒙解决方案，即自由社会同化方案和复国主义方案，均遭遇了不同程度的现实困境或理论疑难（详见第二章）。毋庸置疑，对这一困境或疑难的省察经过了雅可比和门德尔松—雅可比泛神论之争的中介（第三章），并最终将施氏引向对柯亨，继而引向对斯宾诺莎启示宗教批判的启蒙重估（第四章）。施特劳斯思考的结果在“耶—雅冲突”（施氏思考框架）和对“中古犹太律法哲学”（思想落脚点）的持续关注中达到顶点（第五章）。**第三部分**包括第六、七两章和结语，系本书研究的**扩展性章节**，对施特劳斯犹太思想的理论意义及其局限，施特劳斯与同时代哲人的思想论争进行了概要性的评价和对照性的论证。附录部分收录了几篇关于施特劳斯与马克思、施密特、海德格尔等方面思想比较的论文，同时收录了本人关于汉语学界和西方学界施特劳斯研究的综述性文字，可以视为对施氏犹太思想的某种扩展。

上述文字凝结了笔者近十年来对施特劳斯思想的一些初步思考，其中部分内容发表在《哲学研究》《哲学动态》《江海学刊》《现代哲学》《人文杂志》《宗教学研究》《武汉大学学报》《吉林大学学报》《社会科学辑刊》《江西社会科学》等期刊杂志上，感谢上述期刊慨允我在此出版这些文字。最后要感谢上海三联书店的黄韬主编对鄙人书稿的不弃，感谢复旦大学的孙向晨先生将此书稿列入“思想与社会文库”，特别感谢殷亚平女士，没有她在图书出版过程中所付出的辛劳和如此缜密细致的编校工作，本书就不会以如此精美的形式与读者见面。

高山奎<br>2016 年 10 月 2 日初稿于彭城牛山寓所<br>2021 年 1 月 6 日改定于沪

# 第一章　犹太思想在二十世纪之交的德国

本书的主题是关于施特劳斯的犹太哲学。然而，需要看到，“犹太哲学”是一个自相矛盾的范畴。“犹太”一词的直接意蕴是指犹太教，即倡导一种顺服的生活方式；而哲学一词的题中之义是要过一种普遍怀疑的理性生活。基督教哲学家曾试图调和启示信仰和理性哲学之间的紧张对立。但对于犹太教而言，这项工作是由德国启蒙的捍卫者门德尔松所开启的，一个世纪后，新康德主义重要代表柯亨承继门德尔松的志业，试图从理性宗教源头的视角来证成犹太教的合理性。在门德尔松—柯亨看来，理性宗教和犹太神学之间的关系表现为普遍性和特殊性之间的对抗。为了证实犹太教符合理性或源自理性，他们不惜大力改造犹太传统，祛除那些与理性普遍性难以兼容的东西。例如，门德尔松抛弃了犹太教威严公正的上帝法官形象，并代之以仁慈谦和的良善上帝形象；柯亨则试图用“理想化解经原则”剔除犹太传统资源中无法与新康德主义契合的神秘主义倾向。在这种“耶—雅综合”原则的过滤和修正之下，犹太教和理性哲学之间的关系变得“和谐”起来，“犹太哲学”作为一个具有独特意指的范畴开始出现在哲学史的表述之中。

然而，门德尔松和柯亨这种调和或综合启示与理性的方式，采取的是对启蒙理性卑躬屈膝的一边倒态度，对于正统犹太教徒而言，“它几乎牺牲了犹太思想中一切独特的东西”，如：“神迹、启示以及犹太人的选民身份”，遵守律法诫命的人将获得特殊拯救，等等。[①] 在施特劳斯看来，这种对于犹太与哲学之间关系的启蒙理性综合，代表了一战之前的思维样式或曰“旧思维”(The Old Thinking)。与之相对，另一些犹太神学家，例如罗森茨威格，在第一次世界大战和现代理性主义自我毁灭的背景下，重新思考犹太传统中启示的重要性，试图将观念性的上帝拉回到当下，变成在经验体验中与人对话的、活生生的上帝。在施特劳斯看来，罗森茨威格堪称神学上的存在主义，他的思考及其代表作《救赎之星》代表了启蒙现代性危机下对犹太—哲学关系思考的最新成果，即“新思维”(The New Thinking)。

施特劳斯犹太哲学的逻辑地基便是建立在柯亨的“旧思维”和罗森茨威格“新思维”的基础上。一方面，借助对柯亨理性宗教观念的批判思考，施特劳斯复返到门德尔松，尤其是斯宾诺莎宗教批判理论的重估之中，继而投身到迈蒙尼德及其前贤古典理性主义的坚硬思考之中，从而发掘了柏拉图式政治哲学。另一方面，借助罗森茨威格的存在主义犹太神学复兴，施特劳斯严肃对待尼采—海德格尔的理性批判，重启古今之争，试图从神学—政治视角清理现代理性主义的失误及其原因。简而言之，柯亨的“旧思维”和罗森茨威格的“新思维”是施特劳斯犹太哲学以及整个政治哲学思考的理论背景和视域基点，因此，在具体清理和评价施特劳斯犹太哲学思考的具体内容之前，我们先来看一下赫尔曼·柯亨的“耶—雅和解”和罗森茨威格的“新思”探索。

## 第一节　赫尔曼·柯亨对理性与信仰的“耶—雅和解”

在汉语学界，赫尔曼·柯亨（Hermann Cohen，1842—1918）作为新康德主义思想家的面相早已为人所熟知，但是他作为原创性犹太

① 格林：《现代犹太思想流变中的施特劳斯》，游斌译、程志敏校，载于《施特劳斯与现代性危机》，华东师范大学出版社 2010 年版，第 302 页。

启蒙哲人的面相却鲜为人所提及。毋庸置疑，在19世纪末叶到20世纪初的那场声势浩大的“回到康德去”的浪潮中，柯亨及其开创的马堡学派（广义上包括那托普和卡西尔）气势如虹，饮誉德国哲学界数十年。① 历史的车轮滚滚向前，当时振聋发聩的“回到康德去”早已为“回到事实本身”的光芒所掩盖，即使当时在规模上远不及新康德主义的生命哲学（如狄尔泰）和意志哲学（如尼采），在影响力和思想效应方面也远远超过了前者。那么，我们是否可以据此得出结论：柯亨只是一位蹩脚的、不值一提的二流学者？尽管对康德思想的清理在柯亨思想谱系中占有重要位置，但概览柯亨的著述，我们会发现，前者只不过是柯亨思想体系的序曲。真正彰显柯亨思想深度和智慧光芒的是他身后出版的《源于犹太教的理性宗教》（1919年出版，以下简称《理性宗教》）。② 毫无疑问，柯亨是第一位在德国大学拥有教授职称的犹太人，是具有高度犹太身份（和文化）认同感的离散犹太人融入宗主国的最具符码意义的人格典范，因而成为德国“献身犹太思想而又具有

① 1873年，在马堡大学教授的朗格（F.A. Lange，1828—1875，早期新康德主义重要代表）的力荐下，而立之年的柯亨进入马堡大学，三年后聘为教授，接替自己导师（朗格）执掌马堡大学的哲学教席。在马堡期间，柯亨发表了一系列有关康德研究的力作，如：《康德的经验理论》（1871，1885年再版），《康德对伦理学的论证》（1877），《康德对美学的论证》（1889），等等，成为主导当时德国哲学界的两个至为重要的新康德主义流派之一（另一个是新康德主义弗莱堡学派）。

② 《源于犹太教的理性宗教》一书创意于1904年，受柯亨等人1902年发起创立的犹太教学术促进会委托写作，作为“犹太宗教哲学与伦理”（柯亨最初拟定该书的副标题即为“犹太宗教哲学和犹太伦理学”）系列丛书中的一卷出版。作为一生中至为看重的一部神学巨著，直到1918年8月去世之前，柯亨一直在修订、编辑该书，但仍有近八章的篇幅（从第15章“不朽与重生”中间部分至书末）未及亲自校订便猝然离世。参见施特劳斯：《柯亨对斯宾诺莎圣经学的分析》（1924），载于《斯宾诺莎宗教批判》，李永晶译，华夏出版社2013年版，第396页，注释①；同时参见柯恩，《理性宗教》，孙增霖译，山东大学出版社，2013年版，英译本简介，第9页，德文版第2版编者序，第37页。《理性宗教》2013年出版中译本，不知出于何种考虑，中译本书名删除了并非不重要的修饰词out of the sources of Judaism（源于犹太教资源），仅保留了Religion of Reason（理性宗教），同时将学界通行的人名柯亨（Cohen）翻译为柯恩。西蒙·开普兰（该书英译者）认为《理性宗教》堪称柯亨“最为成熟的著作”，施特劳斯则将该书视为柯亨“哲学体系的顶峰”。参见柯恩：《理性宗教》，孙增霖译，山东大学出版社2013年版，英译本序，第9页，施特劳斯序，第22页。

哲学头脑的犹太人注意的中心，是他们所敬重的导师。”[①]同样地，柯亨心之所系、思之所归的亦是他的犹太身份和犹太信仰，新康德主义只是他借以重塑犹太教信仰的一个修饰词，一个从理性主义视角对犹太宗教合法正当性论证的脚手架。作为20世纪神学复兴中的先声之作，柯亨在《理性宗教》中将最具活力的新康德主义思想运用于传统犹太资源的论证中，决定性地激发了罗森茨威格去创作巨著《救赎之星》[②]，并对施特劳斯重启古今之争，转向中古律法哲学产生了路标性影响。因此，无论在思想内容上，还是在理论效应上，《理性宗教》都堪称是一部经典的神学—哲学论著。[③]遗憾的是，对于这样一部重要的学术专著，无论是在译介，还是在研究上都远未受到应有的重视。[④]《理性宗教》主题宏大、涉猎广泛，想用一篇短文涵盖其思想的方方面面绝非易事。本章试图从犹太复国主义的合法性，理性宗教抑或神秘宗教，耶路撒冷与雅典是否可以实现和解三个方面入手，管窥柯亨的思想主旨，并对其理论贡献及其限度加以评价。

## 一、犹太复国主义是犹太民族的正当选项吗？

谈到犹太复国主义，人们往往将它与德雷福斯事件联系在一起。作为法国当时军衔最高的犹太军官，德雷福斯因莫须有的罪名所遭受的社会不公，让年轻的犹太记者赫尔茨（Theodor Herzl）极为愤慨和震惊，进而得出自己的极端性判断：“犹太人在欧洲社会永远不会受到

---

① 参见格林：《现代犹太思想流变中的施特劳斯》，载于《施特劳斯与现代性危机》，华东师范大学出版社2010年版，第303页；同时参见柯恩：《理性宗教》，孙增霖译，山东大学出版社2013年版，第21页。

② 罗森茨威格：《救赎之星》，孙增霖、傅有德译，山东大学出版社2013年版，译者序，第2页。也应看到，与罗森茨威格具有“新思维”意义的神学复兴相比，柯亨的视角和观点仍是启蒙式的，或者说是属于一战之前的世界。

③ 表面上看，《理性宗教》是作者末年的一部未竟的遗作，但其实包含了作者毕生的，尤其是1880年以来的不间断的思考。因为在那一年（1880），柯亨发表了一篇名为《关于犹太问题的信仰表白》的文章，多年以后，柯亨将这一年称为自己的“回归年”。参见柯恩：《理性宗教》，孙增霖译，山东大学出版社2013年版，英译本简介，第7页。

④ 英语世界对《理性宗教》的翻译是在该书出版半个世纪后（1971），国内对该书的首次翻译则推迟了近一个世纪（2013）。

公正的对待。”赫尔茨的这一判断是一个普遍性命题（成为犹太复国主义的理论基础），它意图宣告表明，那种试图通过融入某一自由民主国家的方式来解决犹太人个体安置的方案（自由主义同化方案）已然宣告破产，唯一正途只能通过建立犹太民族自己的国家，通过主权领土和国家军队的方式来保证犹太个体的生存尊严。在汉娜·阿伦特看来，犹太复国主义是德雷福斯事件的唯一正面结果，是“犹太人对反犹主义所能做出的唯一政治回答，……是他们认真地从敌对角度采取的唯一的意识形态”。① 然而，事情本身并非如此线性直接，它还隐含着另外一面，因为一个偶性的迫害个案并不必然得出一个普遍性结论。较之德雷福斯，柯亨便是一个反例：后者也是一个犹太人，而且是一个具有高度民族文化认同，极为关注现实犹太个体精神安顿，高调宣扬和捍卫犹太正统观念的德国犹太人。对于这样一个率性真诚的犹太人，后者并未遭受任何不公的迫害或歧视，相反受到德意志文教体制和学院哲学的认可：聘为教授、著书立说、创立学派、安然终老……正如施特劳斯在其最后的作品《柯亨〈理性宗教〉英译序言》中所说：“对众多犹太人来说……柯亨向他们最卓有成效地证明了，犹太人如何在一个非犹太人、甚至敌视犹太人的世界中既参与又保持作为犹太人的尊严。”②

客观地讲，与自然科学领域的试错理论不同，柯亨的反例其实并不能证伪赫尔茨义愤之论断的合理性。因为后者从德雷福斯事件中所隐约把捉到的，在纳粹主义种族灭绝式的犹太人大屠杀中得到最为淋漓尽致的展现。从 20 世纪上半叶世界范围的不胜计数的迫害事例来看，德雷福斯事件绝非某一国家（法国）偶然发生的一个意外事件。相反，柯亨的幸福完满才是例外性绽出，它所展现的充其量是柯亨

① 阿伦特：《极权主义的起源》，林骧华译，生活·读书·新知三联书店 2008 年版，第 179 页。

② 参见格林：《现代犹太思想流变中的施特劳斯》，载于《施特劳斯与现代性危机》，华东师范大学出版社 2010 年版，第 307 页。同时参见柯恩：《理性宗教》，孙增霖译，山东大学出版社 2013 年版，施特劳斯序，第 36 页。

本人的幸运和恰逢其时：他既没有像其前贤门德尔松那样为自己的同化状况惴惴不安[①]；也没有活到希特勒上台，纳粹开始驱逐犹太知识分子和实施种族灭绝政策；甚至未能经历“诸如苏联境内的犹太人的情况……那里的犹太人被切断了同犹太传统的精神层面的联系”。[②] 鉴于历史经验中具体个案（哪怕是亲身经历事实）作为证词的这种非自足性，柯亨在《理性宗教》中侧重考查的是传统犹太宗教的神圣高贵和逻辑自洽，并以此来纠弹犹太复国主义运动的集体狂热实质上毫无根基可言。在笔者看来，柯亨与犹太复国主义之间的根本冲突，主要聚焦在以下三个方面：

首先，犹太人的苦难究竟是一个有待解决的社会问题，还是上帝选民的题中之义。犹太复国主义的现代含义奠基于启蒙运动的诸多观念之上。启蒙运动试图用理性照亮蒙昧，用人来取代上帝，用理性至上主义贬黜上帝的至上主义。在启蒙理性主义的观念之下，这个世界根本无需神的佑助，人通过自己的理性便可在尘世建立宗教许诺的上帝之城：一个自由、平等、和平、幸福的人间天堂。即是说，从启蒙理性主义的视角出发，犹太人的迫害问题是一个与其目标旨趣完全背反、尚需解决、也能够通过理性方式加以解决的社会问题。犹太复国主义承继了启蒙理性主义的这一“问题”取向，与之相对，柯亨则从犹太教正统观念的立场出发来思考犹太人的苦难现象，强调以色列的苦难根本不是那种有待解决的社会问题，而是通往上帝、获得拯救的必经之途：“以色列是一个历史性的受苦受难的民族，而其苦难是为了独一无二的上帝。……尽管其他的民族也曾经经历苦难，但它们的苦难是与堕落联系在一起的。”“以色列的苦难象征性地表现了人与上

① 作为犹太启蒙运动和改革运动中的杰出代表，门德尔松（1729—1786）试图在“犹太启蒙运动的诸多理念的启发下重新阐释传统的犹太教”，调和犹太宗教与启蒙理性主义之间的紧张。在这一点上，门德尔松在理论方面做得极其成功，但在实践方面却又极不自信：他借助与非犹太人莱辛的友谊来为这份自信提供佐证。然而，雅可比燃起的那场论争让这一确证变得十分可疑，门德尔松甚至为此赔上了自己的宝贵生命。关于雅可比和门德尔松之间争论的细节，参见施特劳斯：《门德尔松与莱辛》，卢白羽译，华夏出版社 2012 年版。

② 柯恩：《理性宗教》，孙增霖译，山东大学出版社 2013 年版，施特劳斯序，第 36 页。

帝的和谐”，“苦难是救赎的前提”，“没有痛苦就没有救赎。没有自我神圣化，没有在痛苦中的经历，也就不会上升到真正的人性的自由”。[①]另一方面，柯亨认为“这种历史性的痛苦赋予了它历史性的尊严和悲剧性的使命，表明它在对人类的神圣的教育中拥有一席之地。……为了传播一神教而受苦，就像犹太人那样，并非一种悲惨的命运……因为这证明了一个虔诚的民族所感觉到的那种转变其他民族的衷心愿望”。[②]概括言之，柯亨认为犹太人的苦难是上帝选民（拣选）的题中之义：“以色列民族就是被拣选出来代替人类受苦的。以色列的被拣选意味着对它的惩罚。……在被拣选去接受上帝的教诲的同时，也意味着被拣选去替崇拜偶像的民族承受痛苦，也意味着替所有尚未成熟到能够接受独一无二的上帝的知识的民族承受痛苦。”[③]因此，以色列的苦难表面上“是一种悲剧性的惩罚”，实质上“却能够带来人类的和平”。这种包含着传布一神教神圣使命和替他人承责之高贵品格的“替代性痛苦”，与犹太复国主义那种将犹太人苦难看作眼中钉肉中刺的观念之间具有根本差异。

其次，在对待犹太律法的态度上，二者之间存在着鲜明的对立。犹太复国主义意欲消除犹太苦难，建立民族国家，为犹太人的生存创造条件，以此重建犹太民族的尊严。这一旨趣遭遇的最大阻碍就是如何面对犹太律法的教诲。近两千年来，犹太民族居无定国、饱受欺凌，之所以能够奇迹般地生存下来，并保存了犹太传统的独一性和同质性，依赖于他们对犹太律法和犹太会堂仪式的忠诚恪守。毋庸置疑，犹太律法将犹太人的苦难视为获得救赎的必经环节，教诲犹太民族坚忍地直面迫害，以虔诚的祈祷静候上帝的救赎和弥赛亚的降临。这一教诲与犹太复国主义的根本旨趣之间扞格难通，在后者那里，“上帝的佑助”遥遥无期，犹太民族只能依靠自己的力量才能拯救自己。这种放弃等待的做法，等于宣告了对上帝及其救赎的彻底不信，因而是一种

① 柯恩:《理性宗教》，孙增霖译，山东大学出版社 2013 年版，第 213、214 页。

② 柯恩:《理性宗教》，孙增霖译，山东大学出版社 2013 年版，第 257 页。

③ 柯恩:《理性宗教》，孙增霖译，山东大学出版社 2013 年版，第 384 页。

割裂、否弃犹太传统的表现。换言之，在面对犹太律法的态度上，犹太复国主义宣示了与传统的彻底决裂（尽管不是全盘否定）。在这一点上，柯亨的态度迥然不同。犹太律法的封闭性、保守性和民族性特质饱受启蒙自由主义者诟病，[①] 尤其是经历斯宾诺莎《神学政治论》的激进批判之后，简单地回返正统信仰几无可能。因此，在《理性宗教》中，柯亨试图通过弥合犹太律法与弥赛亚世界主义之间的鸿沟，来为犹太律法的合法正当性辩护。在柯亨看来，对犹太人苦难及其律法的看法，必须放到弥赛亚信仰中才能正确估价它们的性质和意义，“借助弥赛亚式的解决方式，以色列的苦难传说终于结束了”，“是弥赛亚崇拜修正了上帝之爱的目标，将其置于一个永恒而且无限的点上，所以我们才能够理解以色列人为何被标识为一个系列的中间环节，一个容纳上帝对人的无限的爱的容器”。即是说，“爱以色列人与爱全体人类没有什么区别”，“以色列人作为选民绝非一个特例，毋宁说这是上帝爱人类的一个象征性的确证”。“世界历史及其弥赛亚式的目标即万民与上帝的和谐。在‘上帝仆人’的形象中，以色列民族不仅仅是一个祭司，而是祭坛上的祭品，他将自己暴露在痛苦面前，因为他明白这种痛苦是未来人类的历史性福祉，其价值是不可替代的。”[②] 概而言之，以色列的选民、苦难和律法与世界救赎和弥赛亚拯救并非互相冲突，而是有机统一，因此，在柯亨看来，那种将犹太律法视为陈规陋习的观念是根本站不住脚的现代谬见。

最后，犹太民族真的需要犹太国家吗？在这个问题上，犹太复国主义的答案无疑是肯定的。柯亨却在这一肯定性的答复中读出了前者源头上的含混不清。在柯亨看来，“民族的文化概念起源于启蒙运动，并再次因新的人道主义而迸发生机，但是却彻底地变成了国家的概

① 正如施特劳斯所言，“排外性是律法的题中应有之义”，“因为律法的意义就是防止犹太人和非犹太人亲密接触”。参见 Leo Strauss, *Leo Strauss: The Early Writings (1921—1932)*, translated and edited by Michael Zank, Albany: State University of New York Press, 2002, pp.94—95。

② 柯恩：《理性宗教》，孙增霖译，山东大学出版社 2013 年版，第 259、136 页。

念”。例如，“在黑格尔的世界精神概念中，寻求民族精神的科学工作几乎被消磨殆尽，‘民族的’被越来越变成‘政治的’”。作为这种变化的结果，“国家要建立在民族之上，民族就变成了国家的自然而然的手段”。[①]从民族在政治层面上的这种观念转变出发，柯亨试图解读犹太复国主义的起源和发生：“当犹太人为了解放而斗争时，凡有犹太人的地方都出现了反对的声音，因为犹太人企图恢复犹太国家。……但是，既然国家和民族的概念逐渐变得如此纠缠不清，民族变得与国家同一，那么就出现了一个悖论性的结论，即犹太民族需要犹太国家。”[②]但问题是，奠基于弥赛亚观念的神圣律法（植根信仰）与犹太国家的法律（基于理性）之间根底不同，差异显著，那么，复国之后的犹太人应该如何面对犹太国家的法律呢？如果犹太民族放弃传统宗教的神圣律法，放弃弥赛亚拯救的信仰，转而信靠犹太民族国家的人为法律，那么，“犹太国家不正是与弥赛亚宗教相对立的吗？”[③]正是在这个视角上，柯亨认为犹太民族不应该建立自己的尘世之国，“以色列政治命运”具有双重性，“国家消亡了，但民族依然存在……虽没有国家，但民族长存。……这一民族作为人类的象征意义远大于其为了自身而存在的意义。独一无二的象征标记着独一无二的观念，个别民族必须努力走向人类的独一无二的统一”。[④]既然人类将在弥赛亚观念的统摄下实现统一，那么以犹太民族为单位的犹太国家不仅没有存在的必要，“反而会显得不正常”。[⑤]因此，犹太复国主义的复国之举作为与犹太人

---

① 柯恩：《理性宗教》，孙增霖译，山东大学出版社 2013 年版，第 322 页。

② 柯恩：《理性宗教》，孙增霖译，山东大学出版社 2013 年版，第 323 页。国家和民族概念的同一表现在民族的原初含义，即“某个氏族部落自然的、既定的事实组合”因政治上的需求而遭到抛弃，转而接受“作为国家的产生性的、形成性的民族概念”，正是在后者的意义上，“民族和国家变得同一”。参见柯恩：《理性宗教》，孙增霖译，济南：山东大学出版社 2013 年版，第 323 页。除了观念上转变带来的国家呼声外，柯亨也看到犹太复国主义产生的实践需要：“建立国家的要求复合当时的时代背景：严重的政治压迫、政治迫害和政治虐待。上述两个概念的后果相互作用，民族需要国家，国家需要民族。”参见柯恩：《理性宗教》，孙增霖译，山东大学出版社 2013 年版，第 323 页。

③ 柯恩：《理性宗教》，孙增霖译，山东大学出版社 2013 年版，第 323、324 页。

④ 柯恩：《理性宗教》，孙增霖译，山东大学出版社 2013 年版，第 230 页。

⑤ 柯恩：《理性宗教》，孙增霖译，山东大学出版社 2013 年版，第 23 页。

的弥赛亚使命完全背道而驰的做法，完全是一个没有正当性的、不值得提倡的做法。①

## 二、理性宗教抑或神秘宗教

从上面对犹太复国主义的反拨和批判来看，柯亨秉持的观念和立场似乎完全来自犹太教传统资源，那么我们是否可以得出结论，柯亨是一个虔诚的正统犹太信徒，而非一个启蒙理性主义者，或者说柯亨是站在犹太传统一方激进反对现代启蒙的保守主义者。事实本身并非如此简单地非此即彼。毋庸置疑，柯亨对传统犹太资源保持应有的敬意，是一个虔诚的犹太传统观念的捍卫者，但同时他也是一个饮誉学坛的新康德主义哲学家。从根本上讲，柯亨的贡献正在于将表面上相互冲突的两个因素（犹太教和理性哲学）统一起来，将其时代生机勃勃的新康德主义哲学体系用来重新阐释传统犹太教资源，从而"成为自犹太启蒙运动以来犹太哲学思想的最佳代言人"。概括地讲，这种独创性贡献突出表现在对犹太教所作的理性宗教而非启示（神秘）宗教的论证上。这种论证贯穿《理性宗教》一书始终，下面我们择取几个要点加以分析，以管窥柯亨的发力方向及其要点所在。

首先，从《理性宗教》一书的标题上看，该书书名由"源于犹太教的"和"理性宗教"两部分组成。在导论性质的"书名释义及任务说明"中，柯亨强调，犹太教虽然不能直接与理性宗教画等号，因为世界上存在很多宗教，我们无法抹煞其他宗教的理性特质，但是就最初的源头而言，犹太教具有独一无二的优先性，因为其他宗教"在理性宗教中所占的份额无法与犹太教相提并论"。"最初的源头是创造力旺盛的理性的特殊标志，它使得自身独立于所有其他来自意识的能力，而且造就了一种纯粹的类型。最初的源头包含着纯粹性的标志，而寓于创造性中的纯粹性正是理性的标志"② 可见，柯亨《理性宗教》一书

---

① 柯恩：《理性宗教》，孙增霖译，山东大学出版社 2013 年版，第 324 页。

② 柯恩：《理性宗教》，孙增霖译，山东大学出版社 2013 年版，第 32 页。

标题中的源头（out of）具有双重意指：既有文献和思想来源之意，也申明了其独特的“原型”“初始（第一）原理”之含义。正是在后者的意义上，柯亨强调以犹太教为源头的宗教，才是更加纯粹、更为高级的一神论宗教。

其二，与《旧约》充满神秘色彩的《创世记》叙述不同，《理性宗教》以廓清上帝的独一性（uniqueness）而非单一性（oneness）特质开篇，在起首处便为全书的论述夯实了理性之基。在柯亨看来，上帝的独一性**首先**表现为否定了其他诸神的存在：“外邦的神都属虚无”（《诗篇》96：51），“你不可敬拜他神”（《出埃及记》20：3）。这些表述可以解释为：“你不可以把其他任何形式的存在物看作是上帝。其他的是与独一无二的唯一者相对立的。对于其他的存在来说，没有什么能与他相提并论，在他之外什么也没有。在这独一无二的存在之外，不仅没有其他的神，而且没有其他的存在。”① **其次**，上帝的独一性还表现在它的不可比性。“这种不可比性指向的不仅是自然，同时也包括上帝的其他概念。……不仅指的是物，而且也包括人。”② 在柯亨看来，正是上帝的这种不可比拟性将独一性和单一性区分开来。作为一种整体性的存在，自然、宇宙无疑是一而不是多，如果仅从单一性出发来理解上帝，那么就无法将上帝和宇宙、自然区分开来。但在一神教那里，无论自然、宇宙、还是人的存在都与上帝的存在不可同日而语，因为它们都是上帝的造物：通过六天创世，上帝创造了自然、宇宙和人，又将真理启示给了人类。因此，唯有上帝是真正的存在，是独一无二的存在（独一性），而自然和宇宙都是被造物，只具有单一性特质。**复次**，柯亨认为上帝的独一性伴随着存在和实存之间的区分。这种区分充分证明了“理性在一神教中的份额……因为实存是由感官、知性来证明的。……理性与所有的感官表象不同，它赋予实存以现实性，发现并将感官的东西提升到存在的层次上，并且将其标识为真正的存在”。③ 毫无疑问，将感官和理性对立起来是巴门尼德的重要贡

①②③ 柯恩：《理性宗教》，孙增霖译，山东大学出版社 2013 年版，第 41 页。

献。在巴门尼德看来，自然哲学家从感官经验出发来为世界的本原立论，这是误入歧途的谬见。因为感官知觉并不可靠，由其出发所得出的诸种论断，如：水本原、火本原、气本原、四根说等等不仅彼此相互冲突，而且难以回应杂多与生灭流变的质疑。本原（始基）的题中之义是一，而不是多，一生万物而不是相反；本原应当静止，而不是生灭流变，生灭流变意味着短暂和消亡，而本原应当永恒。因此，在真知的道路上，应当诉诸理性（思想）而不是感官，前者能够超越感官的阈限，洞见静止、永恒、同一的纯存在。在柯亨看来，尽管巴门尼德未能看到独一性与单一性的本质差别，但在他高扬理性、贬低感性的做法与一神教之间无疑具有内在的共通性。另外，值得强调的是，柯亨认为独一性理论亦将一神教（犹太教）和三位一体的基督教信仰之间划清了界线，因为后者的基础在于在上帝的存在之外还认可了另外一种存在（如耶稣），这是与纯粹的一神教，尤其是与上帝的独一性观念大相径庭的。①

其三，《理性宗教》浓厚的理性色彩还鲜明地表现在对犹太神秘主义倾向的拒斥上。无论是从史实还是从其思想重要性上看，作为一个延续了几个世纪的宗教运动（如喀巴拉［Kabbalah］和哈西德［Hasid］运动），神秘主义在犹太教传统中是一个不可忽视的重要方面。关于犹太神秘主义的具体含义，尽管人们之间的观点并不完全一致，② 但在一些实质性的方面却有着重要的家族相似，如认为神秘主义是一种直觉和不可言说的体验，这种体验处在与上帝的关系之中，强调个体在活生生的神秘直觉和体验中与上帝合一。作为 19 世纪犹太理性主义潮流中的学术领袖，柯亨对“上帝合一”的犹太神秘主义倾向采

---

① 柯恩：《理性宗教》，孙增霖译，山东大学出版社 2013 年版，第 45 页。

② 例如：卢孚斯・约拿斯将它看作是一种宗教，这种宗教“注重直接感受与上帝的关系和切近体察上帝之存在”；托马斯・阿奎那将其描述为一种 *Cognitio dei experimeirtalis*，即通过体验而获得的对上帝的知识；格鲁依泽则将其看作一种与上帝神秘合一的体验，这种体验就像“‘从存在和认识的晦暗幽深之处射来的一道光束，它落入我们的眼睛，穿透我们的整个存在’。它是一种‘瞬间的整体’，在一个神秘的‘现在’被直觉感知”。参见索伦：《犹太教神秘主义主流》，涂笑非译，四川人民出版社 2000 年版，第 4—5、28 页。

取了全盘否定的态度。[①] 当然，这种否定并非史实层面，而是将神秘主义贬黜为犹太教低级阶段（如多神教或泛神论）一种的表现形式："一神教不可能是无源之水，其前身就在多神教中，而后者正是迦南时代的以色列人所信仰的"，但是，"如果从'口传法'最初产生的时候就能够证明与神人同形同性论的斗争是犹太宗教教育的核心内容的话，犹太思想就不可能退化成神秘主义"。[②] 对柯亨来说，"泛神论无非就是神人同形同性论"，[③] 因此，理性宗教与神秘宗教之间的较量，说到底就是一神论反拨泛神论的斗争。这种斗争或隐或显，贯穿《理性宗教》始终，概括来说，我们可以将其归纳为以下几个方面：**一是从根基上看**，理性宗教强调上帝的独一性，这种独一性"不承认任何形式的混合，拒绝一切与感性实存的联系"，"甚至超越了感性本身，也就是说，超越了直觉和神秘主义"；而泛神论则立基于古希腊的本体论学说及其诸种表现，后者建立在"存在和实存的联系之上"，与感性实存纠缠在一起，尤其表现在神人同形同性论（形即感官的对象）的观念上。[④] **二是从内容上看**，多神论或泛神论往往与偶像崇拜联系在一起，而一神论反对一切形式的偶像崇拜："偶像的训诲算什么呢？偶像不过是木头，有银子打成片，是从他施带来的，并有从乌法来的金子，都是匠人和银匠的手工，又有蓝色紫色料的衣服，都是巧匠的工作。"（《耶利米书》10：8—9）因此，如果承认且任由偶像崇拜的诱惑、幻觉肆无忌惮，无异于将"异教人工雕像的空虚无益"和上帝真理的现实性混为一谈，势必遮蔽永恒的上帝之真从而腐蚀犹太教的神圣性。[⑤] **三是从表现形式上看**，犹太教（理性一神教）的主要来源是文学作品，而多神教（泛神论）的来源首先表现在造型艺术（对自然的模仿）中。造型艺术偏重感性直观和象

---

① 在柯亨看来，上帝是不可触及的唯一者，作为有限存在的个体，我们只能"接近上帝而不是与上帝合一"。参见柯恩：《理性宗教》，孙增霖译，山东大学出版社 2013 年版，第 194—195 页。

② 柯恩：《理性宗教》，孙增霖译，山东大学出版社 2013 年版，第 35、39 页。

③ 柯恩：《理性宗教》，孙增霖译，山东大学出版社 2013 年版，第 42 页。

④ 柯恩：《理性宗教》，孙增霖译，山东大学出版社 2013 年版，第 42、367—368 页。

⑤ 柯恩：《理性宗教》，孙增霖译，山东大学出版社 2013 年版，第 366 页。

征主义，而文学语言更富逻辑性，“能够让思想更具内在的精神性”，因此更能凸显上帝的真理特质。① 当然，一神论和泛神论之间的区别还有很多，例如，在灵魂不朽的主题上，“一神教保护着不朽，使之远离了泛神论意义上的万物有灵论所带来的神秘主义”②；在道德和自然的关系上，一神教强调“对世界的统治就是世界的道德秩序”，而泛神论将上帝和自然等同起来，强调自然界的至高无上；③ 从解决方案上看，柯亨认为，《诗篇》中揭示了祈祷的伟大意义，成为对神秘主义的解决之道；④ 等等。

## 三、康德伦理学式“耶—雅和解”

综上可见，对犹太复国主义的批判（第一节）突显了柯亨对犹太教传统的尊重，让人感到他是犹太新正统派（保守主义）的忠诚旗手；而对偶像崇拜和神秘主义的理性主义批驳（第二节），又让人觉得他是一个用现代启蒙观念改造犹太教传统的改革派先锋。那么，真实的柯亨究竟是一个正统保守派信徒还是一个启蒙革新派领袖？抑或是两者的综合？施特劳斯敏锐地看到，柯亨的真正旨趣在于以康德的哲学伦理学体系为支点，通过调和理性哲学（雅典）与犹太教传统（耶路撒冷），使得“犹太教与文化、《托拉》和正确的行为之间建立起一种和谐关系”。⑤ 然而，要完成这一任务其实并不容易，首先便遭遇“犹太哲学”这一深具悖论性质的范畴组合。按照传统的理解，“犹太”的

---

① 柯恩：《理性宗教》，孙增霖译，山东大学出版社 2013 年版，第 35、372、373、353 页。

② 柯恩：《理性宗教》，孙增霖译，山东大学出版社 2013 年版，第 276 页。

③ 柯恩：《理性宗教》，孙增霖译，山东大学出版社 2013 年版，第 353 页。

④ “不能祈祷的人，不可能卸下他自身的有限性及其所有的赘物及恐惧；而能够祈祷的人则不再出于迷信和自私而努力，因为这样的努力所模仿的仅仅是堕落的祈祷形式。能够真正祈祷的人消除了尘世的恐惧和重担，升华到无限的境界。”“这就是祈祷的伟大意义，这就是对神秘主义的解决之道。”见柯恩：《理性宗教》，孙增霖译，山东大学出版社 2013 年版，第 355 页。当然，神秘主义和虔信主义并非不采取祈祷，在柯亨看来，他们采取的是个体祈祷的危险道路，而犹太教将其转变为会众的祈祷。参见柯恩：《理性宗教》，孙增霖译，山东大学出版社 2013 年版，第 345 页。

⑤ 柯恩：《理性宗教》，孙增霖译，山东大学出版社 2013 年版，施特劳斯序，第 23 页。

题中之义便是犹太教，即无条件地顺服上帝及其启示[①]；而哲学意味着无畏地探求真理，这种探求以彻底怀疑（不承认任何假设或行动）为底色，因此哲学的探究势必会触及宗教的前提性假设，从而瓦解犹太教上帝的根基和权威。面对耶路撒冷与雅典这一内在紧张，柯亨试图"借助于理性宗教的学说"，来消弭"上述对于哲学和犹太教关系的理解"。但"犹太教并非在每个方面都是理性宗教"，因此，柯亨便"借助柏拉图尤其是康德哲学来将犹太教从神秘的或其他不相干的事物中彻底解脱出来"。[②]简而言之，柯亨的理性宗教以康德哲学，尤其是新康德主义伦理学说为根底，通过剔除或改造犹太教来实现犹太传统和西方主流文化的和谐（耶—雅和解）。因此，要想了解康德伦理学式的耶—雅和解，我们需要廓清柯亨如何将犹太教论证为一种与伦理学兼容的理性宗教。概括而言，这主要表现在以下三个方面：

首先，宗教和伦理学的兼容体现在二者均建立在理性的地基上。在柯亨看来，"宗教的概念应该借助于理性宗教来发现……理性本身就是问题，它存在于所有的概念和所有关于概念的可能的知识中，因此它必须被当作宗教和犹太教概念的前提和基础"。"既然宗教同样由概念构成并建立在概念之上，那么它最终的源头只可能是理性。"[③]《理性宗教》一书便是从"犹太教的历史性概念"攀升到"宗教哲学"的理论尝试，从这一取向出发，柯亨将其心仪的理想犹太教样态设定为理性一神教，而历史上曾经存在过的其他犹太教形式，如基于直觉和体验的犹太神秘主义就成了通往一神教之途上应被摒弃的错误倾向（本能性的倾向）或低级形式（与感官相连的形式）。而在伦理学的问题上，柯亨同样认为它根植于理论理性。在《理性宗教》中，柯亨强调，假如没有伦理知识作为补充的话，理论知识将是不完善的，同样地，

① 在《理性宗教》"引言"中，柯亨强调，"犹太人的民族性的意义取决于宗教性的犹太教。后者是唯一的犹太教，而宗教资源是犹太教唯一的生命之源"。柯恩：《理性宗教》，孙增霖译，山东大学出版社 2013 年版，第 29 页。

② 柯恩：《理性宗教》，孙增霖译，山东大学出版社 2013 年版，施特劳斯序，第 21、22 页。

③ 柯恩：《理性宗教》，孙增霖译，山东大学出版社 2013 年版，第 4、5 页。

假如剥夺了理论理性所建构的基础，“伦理知识不可能建立起自己的基础……两者之间的相互指涉不可以被看作是偶然的……相互指涉建立了自身的必然性，这是一条最高的基本法”。① 正是因为犹太教和伦理学都奠基于理性的原则，所以宗教和道德之间便有了统一。② 这种统一尤其表现在对感性的拒斥上：在犹太教那里，表现为对偶像崇拜和神人同形同性论坚定不移的批判；对于道德而言，主要表现在“反对所有的来自感官的东西，反对所有来自人的经验性的东西”，从而“剥夺了人作为自我的个体性”，“人的自我变成了人性的自我”。③ 也就是说，在伦理学那里，个体性的经验自我的偶然性被全部抹除，最终剩下的只是义务性的普遍法则，即康德意义上的道德自律。但柯亨看到，尽管“个体消失在整体性之中是伦理学所能取得的最大胜利”④，但现实中的人总是活在感性经验的杂草堆里，要直面充满诱惑的道德冲突，而普遍性的不掺经验的义务规范直面道德困境时往往软弱无力，这就需要超出伦理学，跃入宗教的领地。

其次，从宗教和道德跃出理性地基后的分道扬镳，我们可以看出犹太教和伦理学兼容的第二个面相：犹太宗教既依赖又超越于伦理学。两者之间的质性差别可以简化为两个方面：一是处理对象上不同，“宗教的本质是人与上帝之间的和谐”，而伦理学却旨在人与人之间的和谐，人与上帝“和谐的前提是人与自己的和谐。如果我不能在我和我的同胞间建立和谐，我就不可能有任何指望与上帝建立和谐，同样也不能指望我自身实现和平”。⑤ 由于人与自己、与同胞间的和谐属于伦理学调整的范围，而人与上帝的关系又显然超出了伦理学的阈限，因此从处理对象上看，宗教既依赖又超越于伦理学。二是从关注焦点上看，“伦理学的目标在于实现人性之中的全体性”，“伦理学对于个体并

① 柯恩：《理性宗教》，孙增霖译，山东大学出版社 2013 年版，第 365 页。
② 柯恩：《理性宗教》，孙增霖译，山东大学出版社 2013 年版，第 31 页。
③ 柯恩：《理性宗教》，孙增霖译，山东大学出版社 2013 年版，第 12 页。
④ 柯恩：《理性宗教》，孙增霖译，山东大学出版社 2013 年版，第 164 页。
⑤ 柯恩：《理性宗教》，孙增霖译，山东大学出版社 2013 年版，第 402 页。

不关心，对于伦理学来说，任何一个个体都同样是人的象征”①，与这种“人的个体性建立在人性之上”的伦理学方向相反，宗教反其道而行之。宗教的目标“是为个体性提供基础。伦理学所知道的仅仅是关于义务的普遍法则。当它直面个体，直面其不完善性和脆弱时却只能一言不发、束手无策”。②因此，“用宗教来补充伦理学是有其必然性的”，前者试图消解德性范围内抽象的个体，“把他转换成活生生的、个别的人”。③这种活生生的个体的人，不是逃避而是正视自身的无能和限度，因而充满敬畏和谦卑意识，在虔诚的祈祷中走向上帝，在上帝的临在中进行行动或决断。可见，从关注焦点上看，伦理学专注于普遍的义务法则，宗教则试图为每一个个体的行动提供基础。二者之间质性的不同要求宗教“从伦理学中挣脱出来”。④当然这种挣脱是有限度的，即非非此即彼的挣脱，而是兼收并蓄的超逾。正如柯亨在《理性宗教》中所强调的：“宗教应该有自己的特殊领域，但如果它首先不是与伦理学兼容，并且与后者共同协作的话，它的独立就会是一个错误。”⑤

第三，宗教和伦理学的兼容还体现在启示律法的道德属性上。如前所述，理性宗教的上帝独一性特质，标明了启示是上帝与人类关联的必要工具和重要媒介，因为秘不可测的神迹与逻辑理性是格格不入的。而启示和律法是同一的，启示的结果便是律法，“如果律法不是上帝与人之间的相互关系所取得的成就的必要形式，那么启示也不可能如此。因此，上帝的律法是一神教必需的概念”。⑥根据《申命记》和迈蒙尼德的说法，律法由律例和典章构成，律例关注的是仪式问题，而典章关心的是“纯粹的道德和政治问题”。在柯亨看来，“只有人类才是律法的对象和目标，

① 柯恩:《理性宗教》，孙增霖译，山东大学出版社 2013 年版，第 14—15 页。
② 柯恩:《理性宗教》，孙增霖译，山东大学出版社 2013 年版，英译本简介，第 8 页。
③ 柯恩:《理性宗教》，孙增霖译，山东大学出版社 2013 年版，第 151 页。
④ 柯恩:《理性宗教》，孙增霖译，山东大学出版社 2013 年版，第 17、15 页。
⑤ 柯恩:《理性宗教》，孙增霖译，山东大学出版社 2013 年版，第 147 页。
⑥ 柯恩:《理性宗教》，孙增霖译，山东大学出版社 2013 年版，第 305 页。

律法的唯一目标是人的道德完善”。[①] 那么，律法不仅“不可能与道德意志的自律相冲突”，而且构成了“道德世界的基础”。[②] 同样地，从犹太律法出发，“上帝的存在仅仅是一个（道德）范型，所针对的是人的道德，而不是他的福佑”。[③] 一言蔽之，犹太律法视野中的上帝是道德的上帝，这唯一的道德上帝启示给先知的律法也全然是道德性质的规约和诫命。不过柯亨也看到，律法这种道德属性并非完全自足且明，它与康德伦理学之间存在巨大间隙：律法是一种诫命，“诫命使行为失去了自主性，而行为的源头就是上帝的命令”，而康德伦理学意义上的道德自律根植于道德主体的自由。大写他者（上帝）的外在诫命和理性主体的道德自律之间岂能兼容？在柯亨看来，这两者之间其实并不矛盾，一方面从道德自律的义务属性上看，因为道德自律虽然源于理性主体的自由，但本质上却是一种可普遍化的义务准则：“纯粹意志必须面对这样的考验，让自身臣服于义无法则。这种臣服并不是对自律的危害，而是对它的确认。道德律令是道德理性的律令……必须变成义务法则的形式。道德律令是我的理性自觉的律法，只要我能够借助服从，借助将法律看作是我自己应当承担的义务，从而保证我的意志或理性。”[④] 另一方面，从道德上帝的角度看，上帝“是独一无二的善。因此他的命令就是至善的命令……上帝是人类道德自律的保证人”，“律法来自上帝，义务则来自人。律法同时也是义务，就像义务就是律法一样。上帝命令人，人根据其自由意志而自愿地套上‘律法的枷锁’。律法仍然是一套枷锁，即使根据康德的教诲，人也不是道德律法的自觉遵守者，他必须迫使自己尽到义务”。[⑤] 因此，从律法和道德自律所共有的义务属性和良善特质上看，二者之间具有内在的同一性：“上帝的命令是宗教的表述，不仅不可能与自律原则冲突，而且必然是等同的。”[⑥] 正是在律法与道德自律同一的视域内，我们可以断言犹太宗教和伦理学之间实现了真正的和解（耶—雅和解）。

---

①② 柯恩：《理性宗教》，孙增霖译，山东大学出版社 2013 年版，第 304、305 页。

③ 柯恩：《理性宗教》，孙增霖译，山东大学出版社 2013 年版，第 309 页。

④⑥ 柯恩：《理性宗教》，孙增霖译，山东大学出版社 2013 年版，第 292 页。

⑤ 柯恩：《理性宗教》，孙增霖译，山东大学出版社 2013 年版，第 292、310 页。

## 四、几点评价

综上可见，柯亨运用新康德主义哲学体系对犹太教进行了卓有成效的重释和改造，以实现其所希冀的启蒙理性主义与犹太传统之间的和解。柯亨富有尊严的荣耀一生，和他集数十年思考草就的遗著《理性宗教》，使他“成为自启蒙运动以来犹太哲学思想的最佳代言人，而且很可能是整个运动的巅峰”[①]。柯亨的工作建立在摩西·门德尔松的基础之上，后者在德国启蒙运动的风潮中试图用莱布尼茨的哲学精神改造犹太教，从而在犹太教的内在发展中获得一种平衡，即犹太启示信仰之传统与犹太民族文化的历史发展之间的平衡。门德尔松的文化改革影响甚巨，堪称楷模，但并不让柯亨感到满意。在柯亨看来，门德尔松的理论前提并不可靠，斯宾诺莎的动机本身便存在问题，而莱布尼茨的思想原创性则远逊于康德，唯有康德的伦理学说才能更好地阐释道德自律与启示律法的统一，从而为理性主义和犹太宗教的和解奠定基础。门德尔松从可疑的莱布尼茨哲学起步，其所倡导的律法宗教之意义因其含糊不清而大打折扣。[②]因此，柯亨打算从头来过，故而给我们留下了这部未竟之作——《源于犹太教的理性宗教》。柯亨严格的哲学献身和对犹太传统的虔诚不容怀疑，但他的现代综合（耶—雅和解）是否如他所确信的那么坚不可摧则有待考辨。在笔者看来，柯亨身后的历史发展和理论演进对他的耶—雅综合构成了有力挑战。

从实践层面上看，柯亨严苛地批判犹太复国主义，认为它“在国家的概念上走的是回头路”，犹太国建立与弥赛亚信仰相互冲突，放弃救赎便意味着对自己民族文化之根脉说不，问题是，没有了犹太教传统，犹太性何以存，民族何以立？[③]柯亨这种对犹太启蒙视域中集体狂热的冷静思考和尖锐批驳彰显了一个哲人应有的距离意识和理智真诚，但正如施特劳斯所言，“柯亨的思想属于第一次世界大战以前的世界……他

---

① 柯恩：《理性宗教》，孙增霖译，山东大学出版社 2013 年版，英译本简介，第 7 页。

② 柯恩：《理性宗教》，孙增霖译，山东大学出版社 2013 年版，第 320 页。

③ 柯恩：《理性宗教》，孙增霖译，山东大学出版社 2013 年版，第 324 页。

所经历的最糟糕的事情，是德雷福斯丑闻以及俄国沙皇时代挑动的大屠杀，却没有体验过德国希特勒的统治。对于现代文化，我们比柯亨感受到更大的幻灭，让我们疑惑的是，现代文化，乃至现代综合中的两大要素是否不及柯亨所指的综合来得稳固？”① 对于施特劳斯之类的犹太智识青年来说，犹太复国主义虽然根底上与犹太传统难以兼容，但它对启蒙社会（自由主义）犹太问题解决方案的幻灭绝非反应过度。相反，柯亨从“历史进步和历史进程合理性的‘幼稚’信仰”和他那难以普遍化的幸运经历出发，坚定地笃信“现代的德国是现代犹太人主要的希望之源”②，这是毫无现实感的幼稚肤浅，尽管这或可归结为柯亨历史经验的局限及其“触觉”迟钝（还停留在1914年之前）。概括来讲，柯亨的这种触觉迟钝鲜明地表现在以下两个方面：一是柯亨没能觉察到：一战后德国思想界“最强有力的声音实际上不是受康德甚或黑格尔引导的，而是受尼采尤其是海德格尔怂恿的……尼采和海德格尔才对即将发生的历史显示起着决定性作用”。第一次世界大战昭示了理性主义和自由主义的幻想破灭，以及反犹主义和非理性主义的迅猛抬头，可柯亨还沉浸在新康德主义的落日余晖中振臂高呼犹太人的春天来了，这突显了他的不合时宜和陈旧迂腐；二是在政制方面，“柯亨既未谈及、也未预测到大众政治的力量”③，事实表明，正是魏玛民主政制孕育且纵容了对犹太人的（市民）社会的（真正）歧视，并最终产生理性自由主义的怪胎：极权主义和极端反犹主义。然而，这些初露端倪的反犹太的政治和思想状况完全处于柯亨的视野之外。

如果说对政制实践层面的感觉迟钝源于历史经验的局限是情有可原的，耶—雅综合在理论方面的限度就不应这样轻易地得到宽容和谅

---

① 施特劳斯：《耶路撒冷与雅典：一些初步的思考》，载于《信仰与政治哲学：施特劳斯与沃格林通信集》，华东师范大学出版社2007年版，第185页。同时参见施特劳斯：《剖白》，载于《犹太哲人与启蒙：施特劳斯讲演与论文集：卷一》，华夏出版社2010年版，第270页。

② 格林：《现代犹太思想流变中的施特劳斯》，载于《施特劳斯与现代性危机》，华东师范大学出版社2010年版，第312、321页。

③ 格林：《现代犹太思想流变中的施特劳斯》，载于《施特劳斯与现代性危机》，华东师范大学出版社2010年版，第312、313页。

解。这种理论方面的诘难还可区分为方法论和内容两个层面。

从耶—雅综合采取的方法论层面看，柯亨秉持的是理想化的解经原则，即以启蒙理性主义和康德阐释学原则为基底，“从其最大的可能性出发去思考、理解”犹太教思想。理性主义这一表述产生于哲学与神学传统的争论，其原初意蕴是相信“理性指导生活是行得通的，……人可以自由地、批判地面对《圣经》，相信理性可以解释《圣经》”[①]，从这种启蒙理性主义的含义出发，柯亨试图哲学地“理解的犹太教”，“用哲学来照亮犹太教”，从而获得“一种已被启蒙的犹太教”。[②] 但单凭启蒙理性主义的原则并不足够，因为理性地阐释圣经可以“我注六经”（哲学家式解经或塔木德式注经）也可以“六经注我”。“我注六经”式解经内在地蕴含着耶—雅冲突，如：斯宾诺莎担心哲学与启示的关联“会损害哲学”，使哲学丧失独立性而成为为神学论证的婢女；而训诂式的塔木德专家则担心这种联系会让犹太教“毁于哲学思想”。[③] 柯亨对“我注六经”的耶—雅紧张并不满意，因此他转而求助康德寻求理论支撑。康德在《纯粹理性批判》中曾自信地宣称自己可以比作者更好地理解作者[④]，这为柯亨放开手脚大胆重释犹太思想提供了理论支点。但在施特劳斯看来，“只要柯亨对犹太思想文本的‘理想化’解释方法以新康德主义哲学体系为预设，单从哲学上说，他就没有公正对待犹太教的思想资源”。[⑤] 因为，新康德主义是现代哲学思想，犹太教的思想资源更多来自中古时代，柯亨以新康德主义为基点重述犹太经典，

---

① 施特劳斯：《柯亨与迈蒙尼德》，载于《犹太哲人与启蒙：施特劳斯讲演与论文集》，华夏出版社 2010 年版，第 120 页。

②③ 施特劳斯：《柯亨与迈蒙尼德》，载于《犹太哲人与启蒙：施特劳斯讲演与论文集》，华夏出版社 2010 年版，第 123 页。

④ 在《纯粹理性批判》中，康德在解读柏拉图思想时宣称：“我只指出，不论是在通常的谈话中还是在文章中，通过对一个作者关于他的对象所表明的那些思想加以比较，甚至就能比他自己还要更好地理解他，这并不是什么奇谈怪论，因为他并不曾充分规定他的概念，因而有时谈话乃至于思考都违背了自己的本意。”参见康德：《纯粹理性批判》，邓晓芒译，杨祖陶校，人民出版社 2004 年版，第 270 页。

⑤ 格林：《现代犹太思想流变中的施特劳斯》，载于《施特劳斯与现代性危机》，华东师范大学出版社 2010 年版，第 310 页。

就是“按今天的哲学去理解过去的思想，而非按过去的思想对自身的理解来理解它”。简而言之，这种做法就是“对历史主义的投降”。①尽管在动机方面，柯亨的新康德主义改造着眼于解决犹太教根本的现代难题，让古老的犹太思想发出现代的声音，但客观上却造成了对犹太传统的精神割礼，对纯粹的犹太人来讲，这是绝对不能容忍的。对施特劳斯而言，柯亨的做法混淆了两个完全不同的领域：“科学和哲学与圣经根本不相干，他们分属于不同的世界，科学是少数智者的事情，圣经面向的则是大众。”②更为重要的是，在这么做时，柯亨明显采取的是厚今薄古的双重标准。结果，他片面地“激起了人们对现代自由主义体制的夸张希望”③，却没有“对现代人在政治与科学领域取得的成就做出清醒评价”，“没有给现代犹太人提供一个用来批判满是缺陷的现代社会及其思想的自主犹太标准”。④一言蔽之，柯亨的理想化解经是历史主义的一种表现，它试图通过捍卫现代性的方式为犹太人提供庇护，却最终让现代犹太人在思想上“无家可归”。

从耶—雅综合的内容看，作为柯亨现代综合根底的新康德主义哲学受到胡塞尔现象学和存在主义的有力挑战；而作为其要旨的犹太理性主义革新则遭受巴特和罗森茨威格新正统主义神学的强劲反拨。胡塞尔批评柯亨的新康德主义哲学建构是从屋顶开始，如果不基于“对感觉事物究竟如何的前科学的确切意识，科学如何可能？”⑤换言之，在胡塞尔看来，科学理解的真正基础是前科学或自然根基。海德格尔激进化了胡塞尔的马堡批判，在他看来，胡塞尔同样是从房顶开始奠基哲学，因

---

①③ 格林：《现代犹太思想流变中的施特劳斯》，载于《施特劳斯与现代性危机》，华东师范大学出版社 2010 年版，第 311 页。

② 施特劳斯：《柯亨与迈蒙尼德》，载于《犹太哲人与启蒙：施特劳斯讲演与论文集》，华夏出版社 2010 年版，第 126 页。

④ 格林：《现代犹太思想流变中的施特劳斯》，载于《施特劳斯与现代性危机》，华东师范大学出版社 2010 年版，第 311、312 页。

⑤ 格林：《现代犹太思想流变中的施特劳斯》，载于《施特劳斯与现代性危机》，华东师范大学出版社 2010 年版，第 304 页。

为他专注于感知觉对象的现象学还原，并未意识到真正首要之物的是存在而非意识：所谓感知对象（胡塞尔）、价值理念（柯亨）等绝非自足，而是以在者之在为前提。柯亨代表的新康德主义的土崩瓦解尤其体现在1929年的达沃斯论战，卡西尔（柯亨门徒）的现代科学理性观在海德格尔激进历史主义的凌厉攻势下全线溃败，马堡学派从此淡出德国学院哲学的舞台。可见，作为柯亨现代综合前提的新康德主义已春风不再，以其为根底来改造犹太传统自然失去了象征意义。更为重要的是，柯亨对犹太教的理性综合遭受新正统主义神学的强劲冲击。对于新正统主义神学而言，柯亨对犹太教的理性改造“只有带着极大的选择性去阅读犹太思想资源才有可能，因此也只能是对他们的曲解。当柯亨解释这些犹太思想资源时，这些古代犹太宗教观点的‘最高可能性’就在于它能通向康德主义伦理学”。① 在这样做时，犹太教信仰就不再是一种活生生的体验或直觉，而被“化约成了一种观念”。“柯亨的体系看重的最终还是经过哲学洗礼的、主要作为一种历史人造品的犹太思想传统”，因此，“即使有一个历史性的未来在等待犹太人，他们也不再是作为活生生的、自我创造的民族进入未来，而是待在未来的观念中，作为‘纯粹一神论’的信奉者与实现创建统一人性的弥赛亚理想的关联而进入未来的历史而已”。② 在施特劳斯看来，柯亨的这一做法“并未充分把握犹太思想在启示问题上的独特之处”，“在最根本的层次上，柯亨仍然把启示当作过去的残余和人造物。于是启示不再是关于现在的活生生的学说，甚至也不是也许可以用来指导时局的学说”。换言之，柯亨“并未提供令人信服的理由来解释，为什么我们今天必须保留并优先对待犹太思想中始终未变的渊源和传统”。③ 在这方面，新正统主义神学的态度正好相反，它强调“圣经所阐发的真

① 格林：《现代犹太思想流变中的施特劳斯》，载于《施特劳斯与现代性危机》，华东师范大学出版社2010年版，第315页。

② 格林：《现代犹太思想流变中的施特劳斯》，载于《施特劳斯与现代性危机》，华东师范大学出版社2010年版，第316页。

③ 格林：《现代犹太思想流变中的施特劳斯》，载于《施特劳斯与现代性危机》，华东师范大学出版社2010年版，第323、324页。

理在今天如同过去一样对我们具有活力和相关性”，以及“个人在与上帝的相遇中经历拯救”，这“与柯亨强调‘以人的自主性为贵’的观念相矛盾，后者排斥任何神性的相遇”。①

综上可见，从柯亨卒后犹太人境遇的日益恶化和非理性主义的强势崛起来看，柯亨的学术努力作为一种不合时宜的思考路径饱受内外两方面的挑战和质疑。当然，我们不应因为理论与实践的脱节就将理论打入历史的冷宫之中，二者之间本来就存在不可逾越的间距：历史现实常常受到偶然质素的掣肘，而理论本身也有它自足的逻辑评判机制。例如，我们不会因为柏拉图的哲人王政制的无法实现而贬低其一无是处，也不会因为亚里士多德的小国寡民（中庸原则）与帝国崛起的格格不入而斥责其陈腐过时，相反无论褒贬，人们都会认真对待他们的思考，不断回到他们的著述。同样地，柯亨的耶—雅综合可以看作是对现代犹太思想启蒙的一次伟大尝试，是在西方普世理性主义高歌猛进的当口，既开放融合、吐故纳新，又试图保留犹太传统文化精髓的一次伟大尝试。正因为如此，施特劳斯，这位青年时代坚定的犹太复国主义者和新正统主义者，直到生命末期仍然强调：“柯亨生活过、著述过，对我们而言，实为幸事。”

## 第二节 罗森茨威格的“新思”及其辩证

弗兰茨·罗森茨威格（Franz Rosenzweig）无疑是 20 世纪宗教哲学领域最具原创性的犹太哲人之一。② 他的思想巨著《救赎之星》(完

---

① 格林:《现代犹太思想流变中的施特劳斯》，载于《施特劳斯与现代性危机》，华东师范大学出版社 2010 年版，第 310、313 页。

② Amos Funkelstein 认为德国犹太哲学“始于门德尔松的《耶路撒冷》，终于罗森茨威格的《救赎之星》”，也就是说，从门德尔松到罗森茨威格之间有着一脉相承的共通性和连续性（参见 Amos Funkelstein，*Perceptions of Jewish History*，Berkeley：University of California Press，1993，p.257）。尽管二者根基（回返现代启蒙意义上的正统神学）和问题意识（关注于“犹太人问题”的解决）上确实存在重要的家族相似，但在是否接受同化，以及回返理性神学（旧思）还是体验神学（新思）的问题上，二者具有显见的差别。正是在这个意义上，我们可以说罗森茨威格修正、甚至翻转了门德尔松的哲学努力，因而是一个具有重大转折意义的犹太哲人。

成于1919年，首版于1921年）与斯宾格勒的《西方的没落》（1918）、巴特的《〈罗马书〉释义》（1919）、海德格尔的《存在与时间》（1927）等著作一道被认为"共同反映了一个动荡的时代和人心"。① 在启蒙自反、理性主义毁灭的大幕乍起之时，他充分汲取非理性主义哲学的给养，倡"新思"（The New Thinking）弃"旧思"（The Old Thinking），"将犹太神学从沉睡中唤醒"②，为现代犹太神学"带来了无疑最重要的转变"③，被誉为"德国犹太人所产生的最伟大的犹太思想家"④。作为复返犹太传统信仰的犹太人，他毅然放弃可以给自己带来良好声名和处境的大学教职，全身心投入到犹太思想研究、希伯来圣经翻译（以对抗路德的圣经翻译）、哈列维作品的德译以及犹太教学术研究院（Akademie für Wissenschaft des Judentums）⑤ 的创办之中，有力地激励和影响了一大批同时代的德裔犹太智识精英（如施特劳斯和索勒姆），并成为影响北美犹太人宗教思想的精神导师。⑥

## 一、"新思"之基：沐火重生的体验之思

在《救赎之星》中，罗森茨威格将自己的思想定性为新思维，藉此与以往的理性主义哲学（旧思维）划清界限。为了更好地理解新思的理论要旨，恰切地评估它的原创意义，我们有必要对罗森茨威格

---

① 张汝伦：《〈存在与时间〉释义》，上海人民出版社2014年版，引言，第1—2页。

② 施特劳斯：《苏格拉底问题与现代性》，彭磊、丁耘等译，华夏出版社2008年版，第270页。

③ 格林：《现代犹太思想流变中的施特劳斯》，游斌译，载于《施特劳斯与现代性危机》，华东师范大学出版社2010年版，第324页。

④ 施特劳斯：《斯宾诺莎的宗教批判》，李永晶译，华夏出版社2013年版，第17页。

⑤ 参见David Myers，*The Fall and Rise of Jewish Historicism*：*The Evolution of the Akademie für Wissenschaft des Judentums*（1919—1934），载于*Hebrew Union College Annual*，卷58，1992，第107—144页。

⑥ Milton Himmelfarb，"Introduction to the Commentary Symposium—The Condition of Jewish Belief"，*Commentary*，Vol.42，No.2，August 1966，p.72. 同时参见郑文龙，《罗森茨威格非政治的神学与"犹太人问题"：按法理学"例外状态论"进行的类比分析》，载于《"中国人问题"与"犹太人问题"》，生活·读书·新知三联书店2011年版，第130—131页，及第131页注释①。

为何以及如何提出新思的个人经历、理论与时代背景加以廓清。具体而言，这主要包括以下四个方面：首先，新思的提出与他第一次世界大战（以下简称一战）的参战经历和体验息息相关。罗森茨威格号称“战壕里的犹太思想家”，这不仅由于《救赎之星》的逾一半手稿是以明信片或书信形式在炮火纷飞的战壕里草就，[①] 更重要的是，战争中的创伤经历和生死体验使罗森茨威格获得了新思的灵感，进而从旧思的桎梏中破茧而出。众所周知，一战的爆发具有祛魅的思想史意义：民族国家之间赤裸裸的利益争夺和相互屠戮，彻底颠覆了启蒙哲学期许的美好图景，让理性哲学普遍化（神圣化）国家的所有努力变得苍白无力。战争中的突出事件是死亡，当一个个鲜活的个体生命瞬间消殒，那些为家国而战、为正义献身的呼召便褪去了神圣的光环，变成了裹着蜜饯外壳的“动听谎言”。虽然早年的罗森茨威格受到黑格尔哲学的吸引，甚至将《黑格尔与国家》(*Hegel und der Staat*，完成于 1914 年，首版于 1920 年）作为自己博士论文的选题，但惨烈的战争实践让他对黑格尔的国家观产生了怀疑[②]，并最终得出自己的独立判断：国家在根本上绝非客观价值的正义化身，而是赤裸裸的“战争与

---

① Nahum N.Glatzer, *Franz Rosenzweig*, *His Life and Thought*, New York: Schocken Books, 1953, pp.63, 83. 同时参见傅有德等,《犹太哲学史》(下)，中国人民大学出版社 2008 年版，第 469—470 页；傅有德等:《现代犹太哲学》，人民出版社 1999 年版，第 87—88 页。

② 郑文龙认为罗森茨威格早在一战爆发之前的 1910 年就开始对黑格尔的政治哲学失望（参见郑文龙:《罗森茨威格非政治的神学与“犹太人问题”》，前揭，第 156—157 页），笔者对此并不完全认同。纵然我们承认导致罗森茨威格远离黑格尔的因素复杂且并非一蹴而就，如罗森斯托克向前者提出的非此即彼的选项：要么皈依基督教，要么信守犹太教，已证明黑格尔的理论无法为罗森茨威格提供一个绝对的理论支点（1913）；罗森茨威格的博士论文中显露出受到狄尔泰生命哲学影响的痕迹；晚期谢林的启示哲学对罗森茨威格冲破黑格尔的体系提供了重要参照（1914）；等等。但是，这些因素并没有消减罗森茨威格对黑格尔的热情：前者依旧以黑格尔的政治哲学作为自己博士论文的选题，并在博士毕业后到莱比锡大学继续进行黑格尔思想的研究。简言之，如果没有 1913 年仲秋的犹太转向及其之后的柯亨影响，尤其是 1914 年爆发的一战及其参战经历，罗森茨威格艰苦卓绝的理论摸索将难以冲破黑格尔浓重阴霾的体系雾障，瞥见令其眼界洞开的新思曙光。因此，郑文龙先生仅从理论（动机及其渊源）视角评价，忽略实践（战争）对罗森茨威格突破旧思（黑格尔）的重要意义，显然失之偏颇。

革命”①。对罗森茨威格而言，那种将个体的人视为“世界历史进程的一部分，永恒价值的承载者”的教导，不过是理性主义哲学“关于尘世的全的观念的蓝色迷雾”，是毫无根基的虚假承诺。② 死亡始终是个体的事件，是最真实的深渊体验。个体根本无法通过融入永恒的全之观念来消除自己对死亡的恐惧，“人抛不掉尘世的恐惧，他继续存在于死的恐惧之中”。③ 一言蔽之，正是血腥残酷的战争经历和体验，让罗森茨威格最终放弃了黑格尔哲学的封闭体系和逻辑论证，返身诉诸爱与死的宗教—价值体验，并以此为根基，开启了他独特的哲学新思。正是在这个意义上，《救赎之星》这部哲学巨著④的独特开篇才变得可以理解：它一反传统理性哲学的经典路数，既不探讨世界由所从来的始基或本原（本体论），也不探讨认识的前提和机制（认识论），而是把个体性的经验之死，把摆脱对死亡的恐惧这一个体此在的本质性事件作为其哲学致思的起点。

其次，新思的提出除受到战争经历的 影响外，也有着哲学上的理论渊源。罗森茨威格出身于一个富有且高度同化的犹太家庭，从童年时代起，他便接触到很多非犹太的文学艺术思潮，尤其受到叔本华—尼采—克尔凯郭尔的非理性主义哲学（罗森茨威格称其为新哲学）和歌德著作的影响。尽管学徒期的罗森茨威格仍把当时主流的学院派哲学（黑格尔哲学和新康德主义）作为主要的研究对象，但战争中的生

---

① 在罗森茨威格看来，民族国家有着个体般的永恒追求，但与个体诉诸祷告等形式来祈求永恒不同，国家通过将民族精神上升为普遍精神，通过保证法律“高悬在更迭之上”来保证自身的稳固和永恒。然而，这受到生命变动不居的有力挑战：繁忙的生命“向前疾驰，将僵死的、固定的法典抛在身后”。为了保持自身，“在每一个瞬间，国家都以暴力的方式去解决保存与更新、旧法律与新法律之间的矛盾”，“因此，战争与革命就成了国家唯一熟悉的内容”。参见罗森茨威格：《救赎之星》，孙增霖、傅有德译，山东大学出版社 2013 年版，第 314—315 页。

②③ 罗森茨威格：《救赎之星》，前揭，第 4 页。

④ 施特劳斯通过古今对照来为《救赎之星》的本质属性定性，他认为，如果说迈蒙尼德的“《迷途指津》首先不是一部哲学著作，而是一部犹太教著作”，那么“罗森茨威格的《救赎之星》则首先不是一部犹太教著作，而是‘一套哲学体系’”。参见施特劳斯：《斯宾诺莎的宗教批判》，李永晶译，华夏出版社 2013 年版，第 24 页。

死体验愈发使他感到非理性主义哲学所强调的个体生命价值的首要性和真理性。因此，在《救赎之星》中，罗森茨威格强调指出，“叔本华是第一位不探究世界的本质，而探究其价值的伟大思想家”，他“从哲学的棺木中倒出了它的千年秘密，即死亡应是它自己的指导者”，这一思想的巨大影响在于，“人感觉到——实际上这才是实情——站在体系的开始的是人。这个人不再被哲学史的背景所哲学化或作为其受托人了，也不是作为其问题的任何可能的当下状况的承担者了，而是‘把反映生命的任务担在自己身上’，因为‘生命是一件不确定的事情’”。① 当然，叔本华的贡献也只是打开了从旧思向新思、从“全”之观念向个体价值迈进的一个缺口。真正为新思奠定阿基米德支点的是克尔凯郭尔，他找到一个“在认识的全之外‘立足的地方’”，并从“这样一个阿基米德点出发与把启示纳入全的黑格尔式的综合展开了争论。这个支点是出于克尔凯郭尔自身的，有关他自己的罪和救赎的特殊的意识或恰巧是他的名和姓的任何东西”，概言之，这个新思的支点就是个体的自我，“这个‘自己的’正是最重要的”。② 不过，叔本华的转向、克尔凯郭尔个体自我的阿基米德支点，只有到了尼采那里才获得了新思的内容：诗人、圣徒与哲学家实现了个体化的统一，即“灵魂与心灵的统一，人与思想家的统一”。至此，哲学“走出了只承认其自身的世界，走出了哲学的全”，对于罗森茨威格而言，这种新哲学的影响“至今仍未结束”，而他自己的新思就是这种新哲学在哲学、尤其是启示信仰方面的某种拓进和思考。③

最后，罗森茨威格的新思与他犹太启示信仰的体验与实践联系紧密。罗氏的新思首先是一种哲学之思：它脱胎于西方理性主义哲学，又受到非理性主义思潮的重要影响。但另一方面，新思又是一种直接关涉犹太教启示信仰的学说，是源自犹太人宗教体验、关切犹太

① 罗森茨威格：《救赎之星》，前揭，第 5、7、8 页。

② 罗森茨威格：《救赎之星》，前揭，第 7 页。

③ 罗森茨威格：《救赎之星》，前揭，第 9—10、7、19 页。

人安身立命、同时受到犹太思想资源深刻影响的著作。这主要体现在三个方面：首先,《救赎之星》的灵感来源于他异常关注的启示概念。1917 年 11 月，在致友人鲁道夫 · 艾伦伯格的信中，罗森茨威格谈到了自己对于启示概念的独特感悟。9 个月后，他决定将这一想法写一本书，这就是后来的《救赎之星》。① 其次，尽管在个体偏好和心性取向上与恩师赫尔曼 · 柯亨差别显著②，但柯亨对犹太教信仰的忠诚以及他作为哲学家而非"钢丝上跳舞"的哲学教授的思想气象深深地影响了罗森茨威格。毫不夸张地讲，正是柯亨对康德先验幻象（认识之无）"可以作为源头的、有产生能力的东西"的发微和创造性解读，为罗森茨威格创作新思打开了理论通道和进阶支点，从而开启了从知识之无（Noughts）到知识之是（Aught）的思想攀爬。③ 最后，罗森茨威格新思的提出与他参加犹太宗教活动的经历体验具有直接的因果关联。作为一个高度同化的犹太人，罗森茨威格青年时代曾一度决定皈依基督教，然而，1913 年 10 月 11 日参加犹太会堂赎罪日仪式的神秘宗教体验，让罗森茨威格戏剧般地"迷途知返"。在给母亲的信中，罗森茨威格强调，犹太教并非基督教会所批判的那样是死亡的宗教，恰恰相反，犹太教信仰绝非外在于生命的象征符号，而是走向救赎无其右者的永恒生活。④ 自那时起，罗森茨威格便把犹太启示信仰的复兴作为余生的志业，从而有了这部犹太思想史上熠熠闪光的新思之作——《救赎之星》。

综上所述，罗森茨威格的新思是以个体性的生存体验为基底，以非理性主义哲学为给养，以犹太教（并不排斥基督教）的启示信仰为

---

① Nahum N.Glatzer, *Franz Rosenzweig*: *His Life and Thought*, New York, Schocken Books, 1953, p.63. 同时参见傅有德等:《现代犹太哲学》, 人民出版社 1999 年版，第 88 页。

② 柯亨是新康德主义马堡学派的领袖，其思想倾向于用启蒙理性主义与犹太宗教的和解，而罗森茨威格则注重个人信仰的宗教体验，重视个体性的独特价值和爱与死的灵动体验。

③ 参见傅有德等:《犹太哲学史》(下)，中国人民大学出版社 2008 年版，第 482 页。罗森茨威格:《救赎之星》，前揭，第 19、22 页。

④ 参见 Nahum N.Glatzer, *Franz Rosenzweig*: *His Life and Thought*, New York: Schocken Books, 1953, pp.26—27。

鹄的具有范式转换意义的宗教哲学之思。如果说叔本华、尼采，尤其是存在主义发起的思想变革主要彰显在哲学领域，那么，卡尔·巴特、罗森茨威格则分别在基督教神学和犹太教信仰层面进行了旗帜性的回返。这种回返，不是把脏水和孩子一起倒掉的原教旨主义回归，而是在充分浸染、吸纳理性主义旧思的基础上的反思和扬弃。因此，在清理了新思提出的个体经历、时代和思想背景之后，我们接下来在与旧思的对堪中廓清罗森茨威格新思的思想要义。具体来说，这主要包括哲学和启示信仰两个层面，下面我们分而述之。

## 二、"碗的隐喻"与哲学原点上的新—旧分歧

在《病态的理智与健全的理智》一书中，罗森茨威格通过"碗喻"来申明自己（新思）与传统旧思在哲学方面的本质不同：世界是一条川流不息的河流，世界观（观即看，世界观就是世界被"看到"）则如同一个碗，"这只碗可以被浸到河流之中，并被随意地从水中舀起"。观察者观世时，仅把这只碗浸入世界之流当中，然后"以专注而惊异之情盯着这只碗"，凝思碗中孤立静止的水，却全然忘却了碗外无法阻挡的河流（世界本身）。[①] 这个譬喻生动地刻画了新旧思的两个根本不同：首先，如果世界真的是一条奔流不息的河流，那么，它的本质就是运动变化，而不是静止不动。变化寓于时间之中，意味着事物无法在时间中保持自身，故而无法实现永恒。在巴门尼德看来，运动不是存在（is）的属性，事物生灭流转，无法自持，何以自存（is）。因此，真正的存在应当静止不动，但我们无法通过感官经验来把捉这种"变中的不变"，因为感官经验中只有生生不息的赫拉克利特之流。绝对的不变只能存在于理智观念中，即存在于逻辑性的语词 is（是、存在）中。其次，如果世界是一条生生不息的河流，那么它就是多而不是一。譬如，我们可以在万物之流中随意地舀起一碗，然后命其名曰树木、

① 罗森茨威格：《罗森茨威格论世界、人和上帝》，吴树博译，孙向晨校，载于《基督教思想评论第三辑》，2006 年版，第 319 页。

石头、飞鸟，抑或野兽，等等。对于传统旧思而言，感官知觉中世界万物的多样性只是真正存在的表象或幻象。因为，唯当存在是一，才能化一为多，创生万物；如果存在是多，那么我们就会进一步追问，这个由诸多个体聚合而成的多中，哪一个更为根本，哪一个才是化育万物的始基或本原？可见，碗喻形象地揭示了旧思所具有的两个明显特征：一是渴望超逾时间的不变和永恒，以此摆脱变（死亡）的恐惧；二是试图祛除多样性的感观表象（幻象），获得观念性的整全和唯一。

在罗森茨威格看来，旧思的这两个特征恰恰表明它是一种病态的思维而非健全的理智。首先，旧思试图通过诉诸统一、普遍的"全"来摆脱死亡（变化）的恐惧是一种十足的自我蒙蔽。以世界为例，我们至多只能熟悉它的某些片段，"这些片断仅仅与数量有限的事物、人和事件相关"。然而，旧思全然无视自己舀起的只是一碗水，只是世界之流中的一个孤立、静止的片段。它把目光聚焦在这碗水上，然后开始思量"它是什么？""它在本质上为何？"等诸如此类的问题。[①]它太过于投入，以至于把片段视为全体，最终忽略了旁边那永不停歇、向前奔涌的河流才是真实的世界本身。对罗森茨威格而言，"世界的存在不是一个无限静止的本质"，[②]"有关世界的令人不安的是事实是，它毕竟不是精神。其中仍存在着其他东西，常新的、紧迫的、压倒一切的东西。它的子宫在不知足地孕育，在无穷无尽地生产"。[③]也就是说，世界的本质不是永恒静止，而是永不停歇地生成和变化。因而旧思苦心编织的不过是"关于尘世的全的观念的蓝色迷雾"，它"在这个'应该'的问题上欺骗"自己[④]，全然忘却了自我论断的独断与根底虚空。与之相反，新思"通过采取打开水闸并允许它自己就是其中一部分的那条河流将其淹没的方式"[⑤]来获取自身，它并不把理念或自我意识预设

① 罗森茨威格：《罗森茨威格论世界、人和上帝》，前揭，第323、319—320页。
② 罗森茨威格：《救赎之星》，前揭，第40页。
③ 罗森茨威格：《救赎之星》，前揭，第42页。
④ 罗森茨威格：《救赎之星》，前揭，第4页。
⑤ 罗森茨威格：《罗森茨威格论世界、人和上帝》，前揭，第326页。

为认识世界的前提，进而用以数学式的因果之网来滤除世界的偶性和杂多，而是从身体性的生存体验出发，凭靠时间性的主体经验去体知世界之河的生生不息。

其次，罗森茨威格也不赞同旧思对整全观念的热衷和膜拜。在罗森茨威格看来，传统理性哲学对绝对的一的痴迷在某种意义上就像一个“露天的画廊”：在画廊中，墙和画是各不相同的个体，它们之间似乎毫无关联，然而却是画廊的统一性下的一个必不可少的元素或环节。没有了画与墙的内在统一，画廊就丧失了其应有的意义，反之亦然。罗森茨威格并不否认墙所具有的统一性：一面不挂东西的墙是空的，但它并不是一个无，而是一种赤裸裸的统一。若没有这面墙，挂一幅画是不可能的。但对于新思而言，墙的内在统一性无法统摄画的多样性。罗森茨威格强调：“墙内在地是个统一，画内在地是一个无限的多样性，外在地是排他性的整体。无论如何，这不意味着统一，只意味着个体——‘一幅’画……无论如何，统一不在世界的墙之内，只在世界的墙之外。”[①] 简言之，世界这面墙之内拥有的只是诸多个体（多幅画作），世界本质上“是多，在其自身内根本没有一。只有在推理中才有世界的存在。同时，推理是作为一个具有许多分支的个体的思维系统而进入世界的。因此，逻辑作为世界的统一性，作为世界的本质是后来的”。[②] 对罗森茨威格而言，旧思以认知逻辑的视角“观看”世界，不仅在顺序上是后来的，而且在根基上也不牢靠。个体存在是涌动的生命之流，因果认识逻辑仅是为了解释生命之流而中途突入的一种静观或反思活动。然而，旧思舍本逐末，把源自生命之流的认知观念视为人之根本，遮蔽甚至遗忘了由所从出的生命事实本身。与之相反，新思从更加本源和真实的个体生存体验出发，将世界、上帝和人视为独立实存和涌动贯通的内在统一，就像大卫之星，它们在静态本质与动态互动中连缀成一个星体，给当下祈祷救赎的生命个体以不可

---

① 罗森茨威格：《救赎之星》，前揭，第 13 页。

② 傅有德等：《现代犹太哲学》，人民出版社 1999 年版，第 100 页。

或缺的光芒和指引。因此，与旧思是一种“没有神的神学”相比，新思不仅是哲学上的某种运思或范式转换，更是启示信仰上的圣灵降临的叙事。

## 三、“观念的他者”到“对话的你”：新—旧思在启示观上的根本分歧

与门德尔松身处的时代背景不同，罗森茨威格所处的时代受到了启蒙之光的普照。法国大革命，尤其是拿破仑的铁蹄打破了德意志王国的封建割据与思想保守。犹太人走出了隔离区，获得了普遍而平等的政治和教育权利。因此，与同时代的许多犹太青年一样，罗森茨威格自幼便受到非犹太的欧洲哲学与文学思想的影响和熏陶，甚至曾一度试图改宗皈依基督教。[①] 然而，1913 年 10 月 11 日的一个赎罪日活动，让罗森茨威格最终放弃了这一想法。在“自我折磨和冥思苦想近三个月后”，罗森茨威格终于作出了一生的重大抉择：回返犹太正统，以复兴犹太教启示信仰为余生志业。然而，抉择的非此即彼并不像删除电脑文件那样可以抹除记忆中的思想痕迹。换言之，仅仅确定方向是不够的，传统理性哲学的影响已经深入骨髓，克尔凯郭尔式的“信心（信仰）的一跃”无法让罗森茨威格感到满意，因此，如何从哲学（而非从信仰）上把握启示成为他亟须跨越的“卡夫丁峡谷”。为了攻克这一难关，罗森茨威格进行了艰苦卓绝的理论努力。在沉潜蛰伏四年零十个月后（1918 年 8 月），罗森茨威格终于下定决心，将自己对启示的感悟和对犹太信仰的忠诚以哲学化的方式付诸笔端。这就解释了《救赎之星》的开篇为何以“向哲学开战！”为标题，并以新（健全）思维—旧（病态）思维的二元区分作为论述的初始基点：对于罗森茨威格而言，没有哲学范式的转换就无法获得启示信仰的全新理解。新思的提出是为了解答启示的现代困境，唯有完成旧思的新思转换，

① 参见 Nahum N.Glatzer, *Franz Rosenzweig: His Life and Thought*, New York, Schocken Books, 1953, pp.24—25。

才能让人（不只包括犹太人）获得活生生的生存（信仰）体验，从而最终确立个体与上帝之间“普遍的爱的交流（对话）关系”。①

那么，问题的关键在于，新思是如何超逾旧思，从而实现哲学上对启示开放的呢？要解决这一问题，我们首先需要了解罗氏启示的具体所指。在罗森茨威格看来，启示并非一个抽象的观念或范畴，而是“上帝和人类之间活生生的事件”，是“隐蔽的唯一者”的自我显现和人—神对话。② 具体而言，罗森茨威格在创世与启示，先知与启示，以及启示的表现形式等方面超逾了理性宗教的启示理解，做出了自己迥异前人的生存论解读。首先，在创造和启示的关系上，罗森茨威格认为“创造本身就已经是第一个启示”。创世即让世界显现，在《旧约·创世记》中，通过六重肯定，上帝不仅创生了世界，而且彰显了他的良善、智慧和力量，从而确证了他自身的存在。正因如此，罗森茨威格强调，创造是“启示的创造和历史性的启示”③。然而，创造的启示性质并不意味着二者可以混为一谈，因为，相对于启示经验的当下性而言，创造更多表现为历史性的一个事件，“过去的创造是由现在的活生生的启示来确证的”，“当启示的表达在此时此地出现……事物才能从实体性的过去进入生机勃勃的现在”。④ 其次，与传统的先知观不同，罗森茨威格认为：“先知并非是人与上帝之间的中介，他的目标不是启示的接受和传递。毋宁说，上帝的声音是直接从他那里发出的，上帝说话时就像他自身的‘我’直接说话一样。”⑤ 在罗森茨威格看来，启示不仅是《旧约》中记载的某个遥远的“神圣历史事件”，亦是当下甚或未来发生的神迹，因为“启示的基本的奇迹发生在过去，而它的

---

① 正因如此，尽管罗森茨威格把启示作为自己哲思的阿基米德点和最终指向，但他仍强调（《救赎之星》）并非一部面向犹太人的传教之作，而是一部对所有人言说的哲学著作。参见 Franz Rosenzweig, *Philosophical and Theological Writings*, Translated and Edited, with Notes and Commentary, by Paul W. Franks and Michael L. Morgan. Indianapolis: Hackett, Publishing, 2000, p.110。

② 罗森茨威格:《救赎之星》，前揭，第 181、160、151 页。

③ 罗森茨威格:《救赎之星》，前揭，第 155、180 页。

④ 罗森茨威格:《救赎之星》，前揭，第 175、155 页。

⑤ 罗森茨威格:《救赎之星》，前揭，第 171 页。

完全实现则需要一个未曾发生过的未来的奇迹”。[①] 因此对于信众而言，沉溺于过往并不足够，重要的是要把握当下，凭借祈祷——它是对上帝的最高和最彻底的信任的表露——的呼喊、叹息和请求，在“‘我’与‘你’由以涌出的”启示土壤上为上帝的临在敞开地平。[②] 最后，在思维的表现形式上，罗森茨威格强调启示并非隐蔽唯一者的独白，而是人与上帝在当下时刻发生的活生生的我—你对话。思想的表现形式是独白，逻辑的运思具有超逾时间的普遍永恒性，而对话是面对面的推心置腹，它受时间滋养、并受制于时间的当下性。与传统旧思将理性范畴作为思维的原点不同，罗森茨威格把新思的起点设定为处于生命之流中的具体个人，这一起点显然与独白的表现形式无法兼容：自我个体的当下性和流变性很难用超时间的独白来加以固定和把捉，只有“完成了独白到真正的对话的转变之后，它才变成了我们刚刚为可听闻的‘否’所要求的那个‘我’。独白中的‘我’无论如何都不是一个‘我’”。[③] 综上可见，罗森茨威格的启示是上帝与人之间发生的活生生的“我—你”对话。上帝首先进行爱的创造，然后启示自身，人接受了启示，然后在牢固而持久的信仰中肯定了爱者瞬间性的爱。上帝在经验性和当下性的启示中获得了存在，在与人的对话当中显现了自身，并通过立约和颁布戒律的方式赋予启示以内容。而人则在与上帝临在和对话中蒙受了神恩，获得了救赎，走向了永恒的道路和永恒的生活。

罗森茨威格这种非理性的启示理解与理性宗教概念化的启示观念之间存在着无法融通的紧张和对立。传统旧思是一种概念逻辑思维，它试图用逻辑之网来统摄一切，最终建构起一个封闭自洽的整全体系。然而，诚如康德的第一批判所展示的，认知理性并不能掌控一切，事实上它只不过是从世界之河里舀起的一碗水。一碗水虽少，但它也来自生活世界本身，然而观察者太过专注，由于眼睛只盯着这碗水，最

① 罗森茨威格：《救赎之星》，前揭，第 177 页。
② 罗森茨威格：《救赎之星》，前揭，第 177—179 页。
③ 罗森茨威格：《救赎之星》，前揭，第 168 页。

终偏离了世界（生命）之流本身，甚至妄图把这碗水等同于整个世界（河流本身）。旧思之所以误入歧途，源于它根基的偏狭以及由此而生的恐惧。它对一的热衷和对数理逻辑的膜拜，使其不敢相信内心体验的真实性，从而无力肯定生命自身的价值和意义；它躲避在观念编织的避风港内，通过划定边界，将经验排斥在外；它为自己筑就囚笼，最终断绝了与上帝、世界和他人直面的可能性，因而无法对上帝产生一种真切而直接的体会。因此，旧思对启示的封闭性，注定它在创造的神学（而非一般意义上的神学）方面面临失败：它“用思维和存在的同一性喂养了神学，就像一个保姆可以拿一个抚慰的东西放进孩子的嘴里使他不哭一样。这种源远流长的欺骗随着康德和黑格尔达到了双重的终点”。① 然而，对于创造神学而言，上帝却有着“先于一切存在和思维的统一的生存”。② 因此，与旧思把上帝看作一个观念的他者不同，新思通过将上帝视为一个“同人交往着的、不断创造和启示着并带人走向救赎的活生生的‘永恒的你’”③ 而对启示敞开了大门。新思并不沉溺于概念的一与多、变与不变之争，相反它把目光从理性的观念世界和自我中心下解放出来，试图从时间性的当下体验出发，大胆而自信地走入生命、走进生活。新思信任经验，肯定生命的意义，它把自己置身于世界之流的跌宕起伏中，通过启示搭建的人神之桥，发自内心地向上帝发出亚当式的请求：“您在哪里？”，或在上帝的召唤

---

① 罗森茨威格：《救赎之星》，前揭，第 17 页。旧思的历史尤其表现为启蒙理性主义高歌猛进的历史，同时也是启示信仰的上帝不断退隐、式微的历史。笛卡尔的“我思”（我怀疑）扬起了现代性和世俗化的船帆，威严而神秘莫测的上帝被从云端拽了下来，不得不依赖理性为其存在寻找合理性证明。斯宾诺莎推进了笛卡尔的理性原则，上帝被罢黜了全能意志，成为没有位格、无法任意决断、不能施以神迹的自然（必然性）。到了康德那里，“理性证明上帝存在的链条一下子被扯断了”，“上帝又一次极度萎缩，它仅仅是一个具有‘调节作用’的理念”。（参见吕迪格尔·萨弗兰斯基，《叔本华及哲学的狂野年代》，钦文译，2010，第 177、174 页。）尽管黑格尔重建了理性与上帝的内在关联，然而，在他世界精神的运转中，上帝成了理念历史发展的一个环节，一个“距人遥远的立法者”，一个“抽象的大全理念的代名词”。因此，在罗森茨威格看来，旧思发展的历史是不断远离贬黜上帝、远离启示的历程。思辨的程度愈高，体系越是完备，距离上帝和启示的距离越远。

② 罗森茨威格：《救赎之星》，前揭，第 17 页。

③ 傅有德等：《犹太哲学史》（下），中国人民大学出版社 2008 年版，第 472 页。

面前做出亚伯拉罕式的回应“我在这里”。正是在这种活生生的邀请—应答中，当下的个体自我获得了时间性而非终末性的救赎，最终找到了生命的意义并获得了自己的真实（本真）之在。

## 四、复返的究竟是何种正统？罗森茨威格新思评价

在 20 世纪犹太哲学史上，罗森茨威格是难以忽略的重要哲人。无论是双重立约论所包含的对基督教信仰的罕有宽容，还是存在主义新思对哲学反思的颠覆性符码意义；无论是对理性宗教之根基的生存论批判，还是我—你对话的启示理解所开启的犹太信仰复返之路……无不彰显了罗森茨威格存在主义犹太神学的思想穿透力和现实影响力。无怪乎在一次“评论研讨会”（1965）上，罗森茨威格被与会学者公认为是“最有影响力的现代犹太思想家”[①]。然而，盛名并不代表其理论思考的完美无缺。相反，仔细审查罗森茨威格除旧布新、复返犹太正统的理论思考，我们发现其新思并不像他所坚信的那么纯粹彻底。这里我们需要追问的是，罗森茨威格的新思真的超出旧思阈限了吗？与此相关，我们还需要考察罗森茨威格复返的正统到底是何种正统？

毋庸置疑，罗森茨威格的初始基点确实不同传统理性哲学：传统旧思的起点是存在和有，新思则从先于理性的赤裸裸的存在起步。对于传统理性哲学而言，前理性的存在“大致可以等于‘无’，在它称为思维的存在以前是不可能被理解的”[②]。然而，这个看来“同纯存在一样贫乏”的无仅仅是旧思意义上的知识之无，相反，在个体的生存体验上，这个无却是真实的有和在场。问题是，罗森茨威格并不自满于生存体验上的真实，他的旨趣在于从这个“知识之无”前进到“知识上的是”。在《救赎之星》开篇导言中，罗森茨威格强调，传统旧思的道路“是从现成的是引向无……我们不走这条路，而是一条相反的从无到是的路”，即“从知识的‘无’（Noughts）前进到知识的‘是’

① 参见《20 世纪宗教观研究》，张志刚主编，北京大学出版社 2007 年版，第 66 页。

② 罗森茨威格：《救赎之星》，前揭，第 19 页。

(Aught)”。[①] 关键在于，用概念的方式描述知识之无不仅受到原有哲学术语的干扰[②]，也需要找到与此任务相称的方法论原则。在这后一点上，海德格尔幸运地找到了直观体验结构的现象学方法，罗森茨威格倚重的却是他一直批判的黑格尔的辩证法。只不过，在具体运用这一方法时，他对概念式的否定辩证法进行了一定的改造和创造性的发挥。罗森茨威格强调，有“两条道路引导我们从‘无’走向‘是’，肯定的道路和否定的道路。肯定是例示的肯定，是非无；否定是对所与的否定，是‘无’。”在《救赎之星》中，罗森茨威格强调否定是概念运动发展的内在源泉和根本动力。在运用肯定的道路对三个不可化约的实在：上帝、世界和人做了静态的本质描述后，他紧接着运用否定的道路，对上帝的自由、世界的无和人的自由意志做动态的关联描述。通过肯定与否定这两个相互对立方面的交替铺陈，上帝、世界和人的独特本质及其相互关系得以展现。可见，尽管多样性的真实受到个体生存体验的证实，但罗森茨威格对上帝、世界和人的动—静描述却抛开了个体生存经验的原初起点，运用一种类似黑格尔式辩证法的理论建构形式加以展开。更为重要的是，当论述救赎这一观念时，罗森茨威格甚至重拾起了他在开始时一再批判的“整合一切的一元论倾向”，强调上帝、世界和人最终在救赎的履约、赋灵和获救中走向了完满和统一：“只有在救赎中，上帝才变成了一(One)和全(All)。……我们曾刻意打破了哲学家们的‘全’(All)。在此，在完美的救赎的令人眩目的光照下，它最终与那个一(the One)合为一体。”[③] 综上所述，罗森茨威格在概念的理论建构形式、辩证法的方法论原则和统一性的救赎观念等方面都烙刻着黑格尔式概念思维的痕迹。正是在这个意义上，施特劳斯批判罗森茨威格的“新思维反对旧思维，但它仍然是旧思维

---

① 罗森茨威格：《救赎之星》，前揭，第 23、19 页。

② 这在海德格尔“此在”到“在”艰难转向中便可管窥。

③ Franz Rosenzweig, *The Star of Redemption*, translated by William W. Hallo. New York: Holt, Rinehart, and Winston, 1971, p.238. 中译参见罗森茨威格：《救赎之星》，前揭，第 230 页；《20 世纪宗教观研究》，张志刚主编，北京大学出版社 2007 年版，第 64 页。

的后裔”。① 他的思想臆想表面上“以‘经验’为出发点，实际上却以‘教义’为出发点”。②

罗森茨威格不仅在哲学之思上具有明显的旧思烙印，而且在新思的终极目标——复返犹太正统上也存在诸多可商榷之处。施特劳斯敏锐地洞识到，罗森茨威格“所回归的犹太教并不等同于门德尔松时代之前的犹太教”。因为，前现代的犹太正统“从上帝的律法出发，即从《托拉》出发……来理解犹太民族”，而罗森茨威格则是从“犹太经验得以可能的首要条件出发”，即从律法的前提条件“犹太民族及其选民特性出发”，“以‘社会学的’方式展开讨论”。③ 不过施特劳斯并没有说明，罗森茨威格对前现代犹太信仰中的神秘主义态度如何。或许因为神秘主义是施特劳斯的理论盲点，作为一个严谨的学者，他对这个问题了无兴趣，也就不便贸然作出评论。④ 但仔细缕析《救赎之星》的相关表述，不难发现罗森茨威格对犹太神秘主义的批判指摘：“既是整体又是一切的‘全’，既不能被诚实无欺地认出，也不能被清楚明白地经验到。唯有唯心主义的不诚实的认知，或者神秘主义的不清楚的体验，才自欺欺人地认为已经认识到它。”⑤ 可以看出，罗森茨威格复返的犹太正统，既不是中古犹太律法主义，亦非前现代犹太神秘主义思潮，而是受到启蒙思潮修正了的“犹太正统”。作为被启蒙之光照亮的犹太人，罗森茨威格将拣选的原则“交给每一犹太人都拥有的‘一种力量’来决定，这无异于承认了‘现代个人主义的前提’”。⑥ 这种对个人自

---

① 施特劳斯：《斯宾诺莎的宗教批判》，前揭，第 24 页。

②⑥ 格林：《现代犹太思想流变中的施特劳斯》，前揭，第 325 页。

③ 施特劳斯：《斯宾诺莎的宗教批判》，前揭，第 24、25 页。罗森茨威格强调，犹太信仰的非律法性体现在“犹太人的信仰不是证言的内容，而是再生的产物。犹太人……依靠连续不断地生育出犹太人而证明其信仰。他的信仰不是信某种东西。他本身就是信仰，他是用一种直接性去信仰……犹太教的信仰不太在意教条的确定性：它存在着，这比言辞更有价值”。参见罗森茨威格：《救赎之星》，前揭，第 323、327 页。

④ 1935 年 10 月 2 日致索勒姆的一封信中，施特劳斯直陈自己是神秘主义的“地道的门外汉”。参见施特劳斯等：《回归古典政治哲学》，朱雁冰、何鸿藻译，华夏出版社 2006 年版，第 255 页。

⑤ 罗森茨威格：《救赎之星》，前揭，第 358 页。

由的潜意识认同，与前现代正统对律法（义务）绝对服从的呼召之间扞格难通；而且，中古犹太律法主义视域下僵硬而严苛的上帝—立法者形象，与罗森茨威格试图将尼采的生命概念接入犹太启示信仰的旨趣之间也水火难容，这些都成为罗氏无法复返中古犹太律法主义正统的重要障碍。另一方面，罗森茨威格试图以非理性的方式重建犹太启示信仰的致思之旅并没有让他走向不可言说的犹太神秘主义，而是在其论述中处处散发着黑格尔式理性建构和辩证推演的气息。概而言之，《救赎之星》向我们展现了理性主义与非理性主义交叠杂糅的罗森茨威格面相：从理性自明的追求上看，罗氏的新思实际上并没有摆脱门德尔松—斯宾诺莎启蒙旧思①的影响；而从对个体生命价值的强调来看，他身上又流淌着尼采等人对传统形而上学扼杀个体生命价值的反感。

综上所述，罗森茨威格的新思是一种带有旧思烙印、半截子的犹太正统复返之路。在犹太传统信仰的复返上，我们并不怀疑罗氏动机的坦荡真诚。对于那些深陷神学政治困境之中的犹太青年，新思维为其提供了“一个激进的和可敬的解决办法：它召唤犹太人个体抛弃自己的困恼和困惑，返回犹太共同体的怀抱当中，这个共同体的基础是信仰和犹太生活方式”②。但我们也应看到罗森茨威格回返的妥协性和不彻底性。对于前启蒙的犹太正统而言，上帝临在的启示之言具有超越时空的普遍永恒性，根本“无需考虑个人主观的和随意的偏好”，然而罗氏用时间性的生命体验瓦解了神圣诫命的这种永恒真理性。永恒真理让位于个体当下化的纯粹任意和主观抉择，成为具有某种历史情境性和主观相对性的姑且言之。正是这种真理相对化的历史主义和原子式的个人主义倾向让施特劳斯对罗森茨威格敬而远之，这恐怕也是施特劳斯虽然对柯亨不乏严苛批判，却始终近后者而远罗森茨威格的原

① 罗森茨威格对启蒙思维的依赖尤其表现在对基督教信仰的宽容上，他把后者视为永恒的道路，通过双重立约论方式将其与犹太信仰的永恒生活等量齐观，因主题和篇幅所限，此不展开。参见罗森茨威格：《救赎之星》，前揭，第 318—380 页。

② 唐格维：《列奥·施特劳斯：思想传记》，林国荣译，吉林出版集团有限责任公司 2011 年版，第 192 页。

因之所在。另外还需强调的是，在罗森茨威格的新思描述中，较之世界的被造性和人的受启示性而言，上帝作为永恒之你的形象“既不是想象的产物，也不是理性的产物，‘你’只是以其激进的他者性出现在人们面前”[①]。比较而言，上帝作为对话之你的大他者性，在海德格尔那里仍是作为某种存在者或者说是需要解构祛蔽的东西。在这个意义上，我们说罗森茨威格虽然在启示信仰方面的洞幽察微上远优于海德格尔，但在哲学根底的解构和清理上，尤其对现代启蒙理性主义和人类中心主义的反思和洞察上，却远不及后者来的深刻和纯粹。

### 五、罗森茨威格的新思与古今中西之争

理智上的真诚无畏并不意味着具有可倡导的现实指导意义，有时甚至恰恰相反。海德格尔对传统解构的彻底纯粹具有深远的思想史意义，却抽空了西方理性主义传统和道德生活的根基。施特劳斯很早就意识到这种虚无主义对现实造成的巨大理论真空，间接为纳粹极权主义的崛起扫清了道路。[②]悖谬的是，高度关注城—哲紧张和隐微写作的施特劳斯，半个世纪后竟缺席卷入意识形态的口水仗中，受到美国自由派学人和公共媒体的集体挞伐。[③]对于任何一个严肃的学者而言，海德格尔对理性主义传统的生存论解构，施特劳斯对古典理性主义的柏拉图式辩护，不应放在意识形态层面简单粗暴地加以对错评价，当然这不是本文处理的论题。可以肯定地讲，比较海德格尔与施特劳斯的针锋相对和非此即彼，罗森茨威格“中庸式”的犹太正统复返对我们直面古今中西之争更具启发意义。上面我们论及罗氏新思中的交叠杂糅和不彻底只能表明其理论上的局限。在实践上，诸如犹太人应如何宽容地看待异己的基督教信仰，如何处理个体自由抉择与神圣律

① 唐格维：《列奥·施特劳斯：思想传记》，林国荣译，吉林出版集团有限责任公司2011年版，第199页。

② 参见施特劳斯：《德意志虚无主义》，载于《苏格拉底问题与现代性》，彭磊、丁耘等译，华夏出版社2008年版，第101—130页。

③ 参见德鲁里：《施特劳斯与美国右派》，刘华等译，刘擎译校，华东师范大学出版社2006年版。

法服从的关系，如何获得犹太信仰的当下性和直观性体验等方面却具有强大的实践可操作性。在启蒙之光普照，平等自由观念和权利意识深入人心的境遇下，让那些业已融入宗主国的犹太人抹去根深蒂固的自由平等观念，回返前现代封闭隔绝的犹太信仰生活既无可能，也不必要。

事实上，我们在复兴中国传统文化时也遭遇到同样的困境。毫无疑问，在以救亡图存为使命的新文化运动背景下，中—西之争尚有彻底回返前现代德性生活的可能。然而，在知识分子（五四新文化运动）和人民大众（文化大革命）的双重解构下，传统文化习俗和道德观念已完全失语，自由、民主、人权观念随着市场经济的全面推进也已深入人心。因此，在改革开放三十六年后的今天，我们从实践生活层面几无可能回返到施特劳斯倡导的前现代德性生活；另一方面，日常生活领域的道德失语，拜金主义、功利主义的弥漫风行，让每一个有良知的学人也难以心安理得地继续追随海德格尔一味地施展解构之能事。与之相反，罗森茨威格那种对现代西学（理性主义）的博观约取，对基督教信仰的罕有宽容以及为复兴犹太传统信仰而进行的艰苦卓绝且极具可操作性的新思思考，为我们打开了如何复兴中华传统最具可行性的参照路径。具体地讲，这一成功样板警示我们，在全球化的背景下，汉语学人一方面不应关起门来搞儒学原教旨主义，而是要充分汲取西学，以西为镜、化西为中，打造具有担当意识和中国关怀的融贯中西的学术思考。另一方面，我们也不能妄自菲薄、唯西是从，放弃对中国传统文化的应有尊重和文化自信。因为对于一个凭靠伦理道德，而非宗教信仰维系的亲情乡土社会，传统文化是我们呼吸的根本，中断文明传承便意味着自断血脉。丧失安身立命之本，又何谈中华民族的复兴！因此，像罗森茨威格那样具有担当情怀和胸怀意识，在汲取西学的基础上躬身回返民族传统，致力于传统文化的复兴和继承传统的教育实践，是汉语学人应该效行的重要参照。

# 第二章　施特劳斯对“犹太人问题”的哲学反思

犹太人问题是施特劳斯学术研究的隐秘起点和“一生葆有的学术关怀”，也是施特劳斯犹太思想起步的入手处。正是基于对犹太人问题解决方案的精神取向，犹太民族文化与现代西方主流文化之间关系的批判性思考，施特劳斯走向了对斯宾诺莎宗教批判的考辨之旅，从而开启了著名的古今之争的学术思考。本章分三节内容对犹太人问题的涵义、历史形态以及两种最重要的解决方案加以廓清。下面我们分而述之。

## 第一节　犹太人问题的涵义及其历史形态

在晚年的一篇演讲中，施特劳斯强调：“我相信自己可以毫不夸张地说，长久以来，我理论反思的主要论题就是‘犹太人问题’（Jewish question）。”[①] 在随后的描述中，施特劳斯将“长久”的起点定位在童年（五六岁）时的一段经历。那时，施特劳斯的父母收留了一些路过的俄国犹太难民。由于遭受大屠杀，这些难民逃离定居的俄国，途经基希海因镇，前往澳大利亚。这些难民中有老人、妇女和儿童，其悲

① Strauss, *Jewish Philosophy and the Crisis of Modernity: Essays and Lectures in Modern Jewish Thought*. Edited with an Introduction by Kenneth Hart Green, Albany: State University of New York Press, 1997. p.312.

惨的境遇和跋涉的惨状在幼小的施特劳斯心底烙上了深深的印迹。“它侵入到了我的骨子里”，五十多年后，施特劳斯谈起这段经历时仍记忆犹新。从那时起，那段经历再加上许多类似的“让人感到极其乏味和不当的经历”使犹太人问题在施特劳斯思考中成为一个亟须解决的切身问题而在场。然而，作为体验而模糊感受到的犹太人问题与作为反思的犹太人问题并非完全一致。随着犹太人问题思考的深入，尤其在对犹太人问题解决方案的批判性思考过程中，犹太人问题的内涵丰富性在施特劳斯的著述中得到了充分展现。因此，为了便于理解，我们首先对“什么是犹太人问题”加以厘清。

## 一、犹太人问题与犹太人遭受迫害

从表面上看，犹太人问题主要指犹太人遭受迫害、歧视的问题。犹太人遭受迫害古已有之，最早可追溯至古犹太国沦陷灭亡，犹太人流亡各地时起。但犹太人对于迫害的反应却有着宗教和启蒙两种视角的不同表现形式。换句话说，犹太人遭受迫害的事实与将该事实视为一个可以解决的犹太人问题之间具有重要差异。因此，要想具体了解何谓犹太人问题，就首先要区分犹太人问题与犹太人遭受迫害问题两者之间的区别与联系。

从时间上看，将犹太人遭受迫害、流放、歧视，甚至杀戮看作一个应该解决也能够解决的社会政治问题是近代启蒙运动以后的事情，尤其是 19 世纪末以来的事情。这与犹太人遭受迫害的事实在时间上差距甚远。之所以会出现这种情况，主要是由于思想观念上的原因。在前现代时期，犹太人主要是从犹太启示信仰的角度看待迫害问题。他们将流亡与迫害视为上帝对犹太民族的某种惩罚或考验。根据古代犹太遗产的说法，“宗教首先关心的是‘上帝’，并不是‘人’”，相应地，“上帝的存在不是被‘活出’（lived），而是被‘信仰’（believed）”，上帝较之人具有某种“优先权”。[①] 因此，从宗教视角出发，犹太人将自己的民

① Leo Strauss, *Leo Strauss: The Early Writings*（*1921—1932*）, translated and edited by Michael Zank, Albany: State University of New York Press, 2002. p.70.

族看作是“上帝亲自塑形的民族”，即上帝的选民。选民观念与弥赛亚观念不仅维系着对犹太民族迫害命运的认同。而且，“通过诉诸奇迹般的事物、诉诸人的努力无法获致的东西，选民观和弥赛亚观也阻止将信仰转化成行动”[①]。另外，由于犹太人散居世界各地，没有统一政治中心和国家军队的庇护，犹太民族犹如空中的民族一样缺乏坚实的土地，因而只能依靠其他民族或国家偶然性的庇护。散居的状态一方面使犹太民族不会因某一地点犹太人的消灭而灭亡，另一方面也使大规模的政治军事反抗无法实现。因此，对于流亡时期的每个犹太人个体而言，除了认同自己出身的犹太性，除了遵从犹太教律法和习俗教诲，除了坚信弥赛亚的神秘救赎并继续保持一种“极清醒的生命机能”之外别无他途。在流亡时期，犹太人对迫害采取的应对措施是默默地忏悔和祷告，是在期待弥赛亚救赎的过程中寻求最大的生存可能性，而非采取抵抗和预防等现实行动。因此，宗教视角下的犹太人迫害问题对犹太人而言不是一个社会问题，而是一种命运、一条通往救赎的必经之路。

但是，近代启蒙运动不是从宗教的视角来看待犹太人迫害问题的。启蒙运动打着祛除神学的旗号登场，与宗教神学的观点不同，启蒙主义者们认为人类社会中出现的一切问题都是可以运用理性加以解决的，自然科学的成功鼓舞并强化了这一信念。因此，在启蒙理性主义的视角下，迫害问题成为一种“由纯粹人类内部的种种关系而生发出来的特定事实”[②]，因而是可以解决也需要解决的社会现实问题。在启蒙理性主义者那里，尤其是在犹太复国主义者看来，踏上流亡之路、寻求“上帝的佑助”的前现代做法无疑是“相信犹太人问题能通过闭上自己眼睛而一劳永逸地得到解决”[③]。这一自欺欺人的做法只能助长变本加厉

① 施特劳斯：《犹太复国主义之源（1924）》，卢白羽译，载于《犹太哲人与启蒙——施特劳斯讲演与论文集：卷一》，前揭，第 67 页。

② 施特劳斯：《犹太复国主义与正统（1924）》，卢白羽译，载于《犹太哲人与启蒙——施特劳斯讲演与论文集：卷一》，前揭，第 53 页。

③ Leo Strauss, *Leo Strauss: The Early Writings* (*1921—1932*), translated and edited by Michael Zank, Albany: State University of New York Press, 2002. p.86.

的迫害和屠杀。因此，与依靠理性解决人类其他问题一样，犹太复国主义试图拆除“奇迹的伪装”、放弃弥赛亚主义，通过民族建国的人为方式而非祈求祷告的宗教方式来解决犹太人的问题。

启蒙理性主义措辞恳切，规划恢弘，前景诱人。结果呢，在施特劳斯看来，无论是个人同化还是犹太民族建国，无论是理论论证还是政治实践，其结果都令人不尽满意。犹太人问题并没有得到最终解决。现在，我们暂时搁置宗教视角与启蒙视角两种解决方案之间的学理差异和优劣高低，而是回过头追问一下，为什么会产生犹太人的迫害问题？只有周全地了解迫害肇始的原因，才有可能对症下药，找到合适的解决方案，抑或是放弃寻找解决方案的努力，将迫害视为一个民族的独特命运接受下来。

## 二、犹太人遭受迫害的学理原因

作为一个中国人，我们很可能会产生疑问：作为一个民族，为什么单单犹太民族与迫害事实连在一起？况且这种迫害历时如此之久且始终找不到有效的解决办法。这恐怕要从宗教和政治两个方面寻找原因。

从宗教方面着眼，我们首先需要对犹太教与基督教之间的质性差异加以区分。在施特劳斯看来，犹太教是律法宗教，与作为信仰宗教的基督教之间有着重要的区别。具体表现在：1. 对犹太教而言，“首要之事乃是履行来自西奈（Sinai）的律法——在那里律法不可变更且一次性被给予所有时代”；对保罗的基督教而言，“首要之事乃是信仰耶稣十字架受难这一独一无二的事件以及耶稣死而复活的独一无二事件”。[①]2.《旧约》的核心是虔敬灵魂的获取，这在诸如谦卑、神圣等词语中得到突出表达，因此犹太教要求犹太信徒在所有环境下都“履行上帝的诫命”；基督教的核心则是对“永恒唯一者”的信仰，因此

① Leo Strauss, *Leo Strauss: The Early Writings (1921—1932)*, translated and edited by Michael Zank, Albany: State University of New York Press, 2002. p.93.

基督教的启示信仰要求信徒发自内心的虔信，而不关注信徒对外在律法教规的恪守。3. 根据上面的两点，我们可以看到犹太教和基督教的三个对立，即“以色列的选民身份与所有人的神子身份相对照；犹太（会堂）式国家与上帝的国相对照；亚伯拉罕的世系与灵性中的再生相对照”。①因此，施特劳斯断言：“在犹太教和基督教之间没有和解；犹太教（原则）简直而且纯粹就是反基督教的原则（the auti-Christian principle）②”。从宗教的排外性和互斥性角度而言，中世纪天主教作为政教合一的合法宗教必然对威胁基督教信仰的犹太教徒加以迫害。信与不信的问题关系到宗教正当性的问题，这对任何一个忠诚的信徒而言都是不可忍受的，因此，前现代的犹太人迫害伴随着基督教的长期合法存在而成为一个持续相当久长的历史事实。

从政治方面来看，在施特劳斯看来，任何一个政治社会都是以特定民族及其文化为内核的封闭社会。随着古犹太国的沦陷，犹太人背井离乡，踏上流亡之路。但另一方面，由于秉持犹太信仰，犹太人在寄居国仍然保留着犹太民族的底色。排外性是犹太律法的主要特点：“律法的意义就是防止犹太人和非犹太人亲密接触”，“相应地，只要律法有效，（犹太民族）与东道主民族的融合就是不可能的”。③但问题是，如果“东道主民族不能容忍一个异己的民族在自己中间该怎么办？”④事实上，一个封闭社会的民族国家是不会允许自己领土内存在一个具有“政治—护教”性质的异己民族的。要么，这个异己民族被彻底同化，改信东道国的民族宗教与文化；要么，这个异己民族卷铺

① 施特劳斯：《拉伽德评传（1924）》，张缨译，载于《犹太哲人与启蒙——施特劳斯讲演与论文集：卷一》，前揭，第 47 页。

② Leo Strauss, *Leo Strauss: The Early Writings*（*1921—1932*）, translated and edited by Michael Zank, Albany: State University of New York Press, 2002. p.94.

③ Leo Strauss, *Leo Strauss: The Early Writings*（*1921—1932*）, translated and edited by Michael Zank, Albany: State University of New York Press, 2002. pp.94—95.

④ Leo Strauss, *Leo Strauss: The Early Writings*（*1921—1932*）, translated and edited by Michael Zank, Albany: State University of New York Press, 2002. p.95.

盖走人。因此，对于流亡中的犹太人而言，他们被迫在“同化和受逐”之间作选择，而那些不愿同化而又不愿离去的犹太人遭到迫害就可想而知了。

众所周知，当一个民族缺乏“自然生存条件”，同时也“欠缺真正复兴和真正振兴的可能性”时，迫害对它来说将变得异常可怕。犹太民族在启蒙以降的神学式微背景下的处境就是如此。面对犹太人生存困境的持续恶化，犹太复国主义试图“在地上实现耶和华的王国”。正是在这种背景下，犹太人迫害问题就转化为一个需要政治方式加以解决的“犹太人问题”。

### 三、犹太人问题的内涵及其历史形态

如上所述，犹太人遭受迫害的原因包括宗教和政治两个层面。政治的原因在根本上又来源于基督教与政治的联姻，而且，犹太教律法传统也阻碍犹太人融入东道主国家的民族文化生活。因此犹太人遭受迫害的深层原因就是宗教方面的原因。那么，如果将宗教从公共政治领域排除出去，使犹太人不会因信仰的差异导致政治的迫害，是不是犹太人问题就能解决了呢？这就是现代启蒙思想家尝试做的事情（本章第二、三节具体展开）。

准确地讲，“犹太人问题”是个现代概念。一般说来，“问题”的字眼预设了能够找到“答案”，同时预设了具有解决问题、找到答案的方法论原则。因此，“犹太人问题”这一范畴的题中之义包含问题、解决方法及其处理结果三个方面的内容。但对犹太人问题的解决方案而言，并不是同时存在若干个解决方案。而是在解决犹太人问题的过程中，一个解决方案的失败衍生出新的犹太人迫害形式（问题），而新的问题又催生出新的解决方案……因此，犹太人问题的内涵是在其解决方案不断提出又不断陷入危局的历史迭进中充实和丰富起来的。换言之，犹太人问题与犹太人问题的历史形态是相伴共生的两个范畴，对犹太人问题本质规定性的描述不能做抽象的泛泛而论，必须结合其历史形态加以具体分析。一般而言，犹太人问题的历史形态包括流亡形

态[①]、同化形态和复国主义形态三个主要类型。因此我们依次探讨这三种形态中犹太人（迫害）问题的具体所指。

### （一）流亡时代犹太人问题的具体涵义

在流亡时代，犹太人生活在律法宗教的影响之下。虽然犹太人丧失了自己安居的土地及其民族政权的有力保护，但流亡中的犹太人并没有陷入绝境，而是“由一种强烈的生存意志所维系”，因为“犹太教的所有观念和形式都下意识地致力于保存民族存在并高扬生存意志”。[②]因此，面对其他民族的歧视和迫害，犹太人并没有怨天尤人，而是诉诸祈祷和忏悔，在内心中期冀上帝的佑助、奇迹的发生和弥赛亚的神秘救赎。流亡中的犹太人渴望重返巴勒斯坦，希望重返家园，但他们将希望寄托给上帝，因而并没有采取现实的政治行动。在流亡时代，在选民观念和弥赛亚观念的视角下，犹太人将迫害视为救赎前的漫漫黑夜，是考验与磨炼犹太人的信仰，凝聚犹太民族的外部因素。因而犹太人以坦然的心态将迫害事实接受下来，将其视为一个无需人为对抗的生存状态。正是在这个意义上，施特劳斯认为流亡时代并不像复国主义者批判的那样一无是处，从根本上讲，流亡的本质“通过最小的正常性为犹太民族提供了最大的生存可能性”[③]，而这种生存状态奠基在犹太传统遗产的根基之上，这恰恰体现了犹太民族的高贵和尊严。

### （二）同化时代犹太人问题的具体涵义

近代以来，斯宾诺莎等启蒙哲人试图通过建立自由民主的现代社会，使宗教从公共政治领域转入私人自由认信领域，取消因信仰差异导致的对犹太人实施的政治迫害。这就是犹太人问题解决方案的同化时代。在斯宾诺莎的哲学构想里，自由民主社会中的每一个公民都是平等的公民，只要犹太人放弃犹太教的律法认同，信守自由民主社会

---

① 如果将犹太人问题的概念定位为现代性的产物，流亡时期的犹太人问题这一说法就是自相矛盾的提法，此处为了更好地理解犹太问题，故将流亡时代的犹太人对待迫害的看法一并端出，视为广义的犹太人问题的萌芽时期。

②③ 施特劳斯：《犹太复国主义之源（1924）》，卢白羽译，载于《犹太哲人与启蒙——施特劳斯讲演与论文集：卷一》，前揭，第 67 页。

的宪政制度，就可以成为自由民主社会的合法成员，受到自由民主国家的法律保护，终结因信仰不同导致的政治迫害。

从表面上看，自由民主制的同化方案给予了犹太人体面的公民身份，也就解决了犹太人的迫害问题。但实际上，自由民主制并没有解决犹太人问题，因为它纵容了私人领域迫害存在的可能性。自由民主制意味着“有限的统治，意味着公私分离。私人领域不仅得到法律的保护，还必须被理解为不受法律的干预”。[①]在公共政治领域，自由民主制为犹太人提供了法律和理性上的保护。但自由民主制的理性原则无法说服私人个体或群体对犹太人的情感认同。因此，在私人领域，反犹情绪以及这种情绪带来的歧视依然存在。而这种歧视又是自由民主制无法克服的。因为如果自由民主制通过立法方式干涉私人领域的排犹倾向，则将会因为干涉公民的神圣自由权利和打破公私分立的基本原则而摧毁自由民主政制的根基。因此，自由民主同化方案并不能彻底解决犹太人的迫害问题。更重要的是，自由民主制的根基是现代理性主义，伴随着现代理性主义的自我毁灭，自由民主制有滑向极权专政主义的危险。这在柏拉图的《理想国》中有理论上的推演，在现实中则有纳粹极权主义的教训。通过自由民主的合法途径上台的希特勒摇身一变成为纳粹极权主义的党魁。保护犹太人免遭迫害的自由民主制成为更大规模政治屠杀犹太人的现实源头。因此，自由主义同化方案不仅无法免除犹太人迫害的现实困境，反而助推了犹太人迫害的强度和深度。

**（三）复国主义时代犹太人问题的具体内涵**

正是源于对自由主义同化方案的失望，犹太复国主义方案应运而生。在施特劳斯看来，“同化带走了犹太人在隔离式生活中的自我确认感，而给予他们的虚幻替代品，则是对文明带来的人性的信赖”[②]。换言

---

① 施特劳斯：《我们时代的危机》，李永晶译，载于《苏格拉底问题与现代性——施特劳斯讲演与论文集：卷二》，前揭，第 8 页。

② 施特劳斯：《犹太复国主义之源（1924）》，卢白羽译，载于《犹太哲人与启蒙——施特劳斯讲演与论文集：卷一》，前揭，第 68 页。

之，同化方案将犹太民族的流亡观世俗化，从而剥夺了犹太传统遗产的现实号召力。与自由主义同化方案不同，犹太复国主义试图在恢复传统上下功夫。另一方面，政治犹太复国主义并没有与同化彻底决裂，而是“通过深化民族同化的本来意愿而坚持了这一意愿”①。犹太复国主义与同化的内在联系使它在对犹太传统遗产的继承上大打折扣，“犹太复国主义既不可能全盘抛弃，也不可能全盘接受传统，首先只能在传统上下功夫，对传统进行研究”②。然而，这一初衷却最终导致的却是对传统遗产的背离。

在施特劳斯看来，犹太复国主义的目的是通过民族建国的方式解决犹太人的困境，恢复犹太民族的尊严。因此，犹太复国主义需要找到一块属于自己的土地，拥有自己的国家形式和军队。但是，施特劳斯认为，犹太复国主义并不能解决所有的犹太人的问题。因为，让散居各地的所有犹太人从原定居国搬迁至新建国既不现实也不可能。更为重要的是，犹太复国主义是以政治的、人为的方式解决犹太人的问题，这是背离犹太宗教传统的一种渎神行为，是与选民观念和弥赛亚主义的精神要义格格不入的。犹太复国主义宣称要在传统上下功夫，结果恰恰走向了反面，因为“只有与犹太传统原则彻底决裂，才会产生纯粹意义上的政治犹太复国主义”③。问题是，一个丧失了传统遗产和文化的民族还能称其为犹太民族吗？犹太复国主义“拒绝传统的犹太流亡宗教、拒绝其救赎唯独源于上帝的信仰”，这最终使得政治犹太复国主义成为一个没有文化内核的政治形式，犹太人在其国家拥有了尘世的家园，却最终抛弃了心中的神圣家园。

综上可见，犹太人的迫害问题是一个千年的事实，它经历前现

① 施特劳斯：《犹太复国主义与正统（1924）》，卢白羽译，载于《犹太哲人与启蒙——施特劳斯讲演与论文集：卷一》，前揭，第 54 页。

② 施特劳斯：《犹太复国主义与正统（1924）》，卢白羽译，载于《犹太哲人与启蒙——施特劳斯讲演与论文集：卷一》，前揭，第 55 页。

③ Leo Strauss, *Jewish Philosophy and the Crisis of Modernity: Essays and Lectures in Modern Jewish Thought.* Edited with an Introduction by Kenneth Hart Green, Albany: State University of New York Press, 1997, p.319.

代的流亡时期、自由主义同化时期和复国主义民族建国时期三个阶段。但犹太人的迫害问题并没有最终得到解决。归根结底，"'犹太问题'是启蒙运动的儿子，它蔑视启示，并且确信，政治问题一旦如此提出，就能够解决"。①但认为每个问题都可以得到解决却是启蒙理性主义的一个没有真理性的意见。"在19和20世纪，这是许多善意的西方人在处理社会问题时都怀有的预设。"对此，施特劳斯持保留态度，"我完全不同意他们的观点。没有证据表明每一个问题都能够得到解决，因此，如果犹太人问题无法解决，我们完全不应当感到惊讶"。②

当然，我们不应囿于现代观念对犹太人问题无法解决心有不甘。因为对这一结论的理智探寻过程才是最为重要的，对犹太人方案的批判性审理使施特劳斯对现代启蒙及其后果形成了独立的见解，并最终走上了回归古典政治哲学的道路。因此，我们只有对施特劳斯关于自由主义同化方案和复国主义者方案的学理反思加以考察，才能理解施特劳斯"犹太人问题无法解决"这一独特论断的理由及其深意。

## 第二节　犹太人问题的同化方案及其局限

如上所述，犹太人问题是一个歧视问题，是一个民族的生存苦难问题。近二十个世纪的漫长迫害历史，犹太人一方面效仿祖先和前辈勇敢面对、悲壮从容，一方面试图找到消除歧视的有效途径。然而，犹太人对上帝的信仰、律法的遵从、弥赛亚的渴望等宗教上的原因使犹太人问题变得复杂且持久，同时也使犹太人问题解决方案布满历史的印迹和多样化的表现形式。

---

① 布鲁姆（Allan Bloom）:《纪念施特劳斯（1973）》，朱振宇译，载于《施特劳斯与古典政治哲学》，前揭，第12页。

② Leo Strauss, *Jewish Philosophy and the Crisis of Modernity: Essays and Lectures in Modern Jewish Thought.* Edited with an Introduction by Kenneth Hart Green, Albany: State University of New York Press, 1997, pp.317—318.

## 一、犹太人问题解决方案的类型及其区分标准

从总体来看，犹太人问题解决方案的类型可以从历时性和共时性两个角度来加以甄别。

从历时性上看，犹太人解决方案主要包括前现代的个人同化方案，近代的自由主义同化方案和现代的民族同化方案（即复国主义方案）。前现代的犹太人迫害关涉信仰问题，尤其关涉基督教和犹太教之间的原则性冲突，如基督徒断言救世主已经来了，而犹太教徒则宣称救世主尚未到来。如果弥赛亚还没有到来，那耶稣的位置又当如何看待？因此，犹太教和基督教之间无法和解，犹太教的教义本质上就是反基督教的原则。[①] 既然前现代迫害犹太人的主体是基督教，因此解决犹太人歧视的最简单办法就是"在基督教国家转信基督教"。事实证明，这种方法简便易行，且曾一度获得成功。例如，在英国（1290 年）、法国（1306、1322 和 1394 年）的驱逐犹太人事件里就有犹太人个体皈依基督教，免遭迫害的案例。但好运并非一直如此。在《我们为什么仍然是犹太人》演讲中，施特劳斯特别谈到前现代犹太人个人同化方案的一次大型（失败）尝试。这次尝试发生在 1492 年的西班牙。当时西班牙发生反犹骚乱和大屠杀，然而有些犹太人不忍离开西班牙，其中的一些犹太人非常富有，离开西班牙对他们来说更是雪上加霜。于是，大批的犹太人自愿或被迫皈依基督教，希望借此免除驱逐，能够继续留在寄居地，但这次改信基督教的行为却未能使他们如愿。西班牙的很多基督徒怀疑犹太人转信基督教的动机不纯，即并非真诚信仰基督教，而是将世俗财富放在首位。为了摸清犹太人改（信）宗（教）的动机，先是西班牙宗教法庭介入，核查改信基督教的犹太人此前是

① 在《拉伽德评传（1924）》一文中，施特劳斯细述了基督教和犹太教根本性区别的一些观点，如以色列的选民身份与所有人的神子身份；犹太（会堂）式国家与上帝的国；亚伯拉罕的世系与灵性中的再生；等等。这些区别与斯宾诺莎对犹太教是肉体的、民族性宗教和基督教是精神的、普遍性宗教的观点之间具有本质上的同一性。参见 Leo Strauss，*Leo Strauss*：*The Early Writings*（*1921—1932*），translated and edited by Michael Zank，Albany：State University of New York Press，2002. p.94。

否从事过犹太活动或其他事情。在不能通过法律手段达到目的后，西班牙人采取了一种超出法律而又不违法的私人行动，即将基督徒区分为"新""老"基督徒。结果，"新"的基督徒被视为"杂种西班牙人"而受到对待，皈依基督教的犹太人在某种程度上仍然被迫保持犹太人的身份。施特劳斯借此事件表明，前现代的个人同化方案并不能真正解决犹太人问题。在某种程度上，它虽然可以为某些个体犹太人免遭迫害提供帮助，但对于有些犹太人，尤其是大批犹太人免遭歧视并不奏效。近代的自由主义同化方案和现代的民族同化方案则"不意味着转而信仰基督教"，"而是同化到一个世俗社会"。因为在现代社会中，宗教与政治产生了分离，基督教已不再是迫害与歧视犹太人的主要敌人，因此，同化方案的针对点和具体方式自然也就发生了变化（后面将重点论述）。

从共时性上看，犹太人问题的解决方案包括：（1）具体层面的反歧视技巧，如社会学和法学上的各种解决办法；（2）哲学层面的基础论证和方案设计；（3）政治制度方面的实践尝试。从具体层面的解决办法上看，最让人熟悉的莫过于"与异族通婚、更名和不要孩子的婚姻"。在施特劳斯看来，这在社会学研究上是一个值得详细讨论的课题，但它并不重要。因为，"这种解决方法至多只适用于零星的个体，而不适用于大规模的群体"。①何况，这种方法在实际操作中也并不容易。以异族通婚为例，当一个犹太人娶了一个非犹太女人，在以后的生活中总会遇到文化、习俗上的磨合之痛。况且，如果这种婚姻与双方的家庭发生关联，其境况会变得更为艰难。除非这个婚姻家庭能够互相理解，且与任何朋友、家人的圈子彻底隔绝。然而，作为人（尤其非犹太女性一方）来讲，这又谈何容易。

哲学层面的方案设计和论证主要体现在启蒙哲人对自由民主社会的设计和构想上。自由社会只实现了法律平等，而不能保证社会平等。

---

① Leo Strauss, *Jewish Philosophy and the Crisis of Modernity: Essays and Lectures in Modern Jewish Thought.* Edited with an Introduction by Kenneth Hart Green, Albany: State University of New York Press, 1997, p.315.

宪法在公共领域赋予所有公民以同等的权利，但却无法消除人们心中的反犹情绪。而那种希望通过“立法禁止任何形式的‘歧视’”的构想将意味着“取消私密空间”，否定国家和社会的区分。自由社会是通过公共领域和市民社会的区分得以立基的，取消公私区分，势必抽空自由社会赖以设立的哲学根基，从而颠覆自由社会。①

为了把问题想到桶底脱落，我们不妨假设，为了能够解决犹太人问题，就算取消公私分立，颠覆自由社会又有何不可。问题是，颠覆自由社会，就一定能解决犹太人问题吗？施特劳斯认为，不能，因为我们有现成的实验案例存在。在施特劳斯看来，这个案例就是苏联。“苏联把自己的存在归功于斯大林不再等待西方无产阶级的革命，也就是说，不再等待别人为苏联做什么，而是要在一个国家不择手段地建设社会主义，这些手段再激烈也在所不惜。”②然而，苏联的社会主义受到了希特勒法西斯主义的致命威胁。为了打败希特勒，斯大林向希特勒学习。“斯大林从希特勒那里学到两条宝贵经验。第一，残酷清洗革命同志不仅是可能的，而且大有帮助。”③在这方面，希特勒通过谋杀老战友罗姆（Ernst Röhm）和令人发指地清洗罗姆领导的冲锋队以取得他独裁政权的稳固。为了使统治更加容易，斯大林效仿希特勒清洗自己的革命同志。第二条经验与犹太人问题有关，斯大林认识到，“相对于完全公正地对待犹太人，反犹政策如果得到明智的政治运用，将会使统治俄国人和乌克兰人更加轻而易举”④。正是基于这样的考虑，斯

① Leo Strauss, *Jewish Philosophy and the Crisis of Modernity: Essays and Lectures in Modern Jewish Thought.* Edited with an Introduction by Kenneth Hart Green, Albany: State University of New York Press, 1997. p.315.

② 施特劳斯：《〈斯宾诺莎宗教批判〉英译本导言》，汪庆华译，载于《西方现代性的曲折与展开》(《学术思想评论》第六辑)，前揭，第234页。

③ Leo Strauss, *Jewish Philosophy and the Crisis of Modernity: Essays and Lectures in Modern Jewish Thought.* Edited with an Introduction by Kenneth Hart Green, Albany: State University of New York Press, 1997, p.316.

④ Leo Strauss, *Jewish Philosophy and the Crisis of Modernity: Essays and Lectures in Modern Jewish Thought.* Edited with an Introduction by Kenneth Hart Green, Albany: State University of New York Press, 1997, p.317.

大林也像希特勒一样采取反犹措施。不仅如此，施特劳斯强调，斯大林的接任者赫鲁晓夫虽然放弃了第一个教训：清洗党员，但是“记住了第二个教训，并一直延续下去”。当然，施特劳斯这里对斯大林的评述并不具有贬义，他没有站在资本主义—社会主义这一对立意识形态的层面批判斯大林的反犹立场。相反，施特劳斯认为斯大林是一个值得称道的审慎政治家。因为，政治家（贤人）与哲人不同，审慎的政治家“在‘只要目的正当，可以不择手段’面前别无选择”[①]。另一方面，斯大林及其后继者实行的反犹政策使施特劳斯坚定：“对‘犹太人问题’的不那么让人心安的解决（指自由主义解决，笔者注）高于共产主义的解决。”[②] 自由社会提供的同化方案虽然“令人尴尬”，虽然只是意味着“法律上的平等和秘密的‘歧视’”，但目前“却是最好的方案”。

对于施特劳斯而言，虽然犹太人问题的解决方案类型跨越多个历史时段，包括哲学、政治、社会学、法律等多个层面，但值得重视的解决方案只有两个：一个是近代的自由主义同化方案，另一个是政治复国主义方案（下一节详细论述）。这两种方案构成了施特劳斯早年思考犹太人问题的重要组成部分，也是我们下面重点论述的两种犹太人问题解决方案。

## 二、自由主义同化方案的涵义及其依据

为了思路的清晰，我们在分析自由主义同化方案之前先对同化方案的概念加以廓清。所谓同化方案，主要是指犹太人放弃犹太身份，以个体或群体名义改信基督教，或者以公民身份融入寄居国，认同当地法律、文化及其习俗，从而免除迫害、摆脱身份歧视的解决方案。

---

① Leo Strauss, *Jewish Philosophy and the Crisis of Modernity*: *Essays and Lectures in Modern Jewish Thought.* Edited with an Introduction by Kenneth Hart Green, Albany: State University of New York Press, 1997, p.317.

② 施特劳斯：《〈斯宾诺莎宗教批判〉英译本导言》，汪庆华译，载于《西方现代性的曲折与展开》(《学术思想评论》第六辑），前揭，第235页。

同化方案包括广义和狭义两种含义。广义同化方案包括前现代的放弃犹太教、改信基督教的个人同化方案，近代的融入自由民主社会的自由主义同化方案和现代通过民族建国方式建立世俗国家的民族同化方案三个方面。狭义的同化方案仅指自由主义同化方案，而不包括前现代的个人同化方案和现代的民族同化方案。

自由主义同化方案以自由社会的建立为前提条件，而自由主义社会的实现和发展又离不开近代启蒙哲学的构想和政治设计。近代启蒙哲学是作为中世纪这一“黑暗时代”的批判者而出场的。在反对正统神学、创建自由社会的构想方面，斯宾诺莎应该被视为关键性的开拓者。在施特劳斯看来，斯宾诺莎是“第一位既是民主派，又是自由主义者的哲学家。正是这位哲学家创建了自由民主制这一具体的现代政体”。[①] 为什么斯宾诺莎要建立自由民主制？这里预设了一个前提，要建立新的政体和社会，意味着对现存和既往的政体形式不满。那么，斯宾诺莎不满以往政体的原因又是什么？施特劳斯认为，无论“斯宾诺莎首先看重人类，其次才看重犹太人”，抑或“斯宾诺莎首先看重犹太民族，然后才看重人类”，[②] 斯宾诺莎创建自由民主制政体的原因都与解决犹太人问题有直接关系。因为，古罗马人的侵略铁蹄、中世纪基督教共和国的十字军东征、近代宗教改革不流血的犹太人迫害都使斯宾诺莎坚信，既往的社会形态都是不完满的社会形态，是对犹太民族进行迫害的政治载体。因此，要想解决犹太人问题，解决犹太民族的苦难，就要废旧布新，建立新的能够包容犹太人的政治社会。

在斯宾诺莎那里，新的自由民主社会是奠基在他的哲学思考的基础上的。但是斯宾诺莎的哲学论证面对一个强大的政教合一的基督教社会。因此，斯宾诺莎首要的工作是确立新的上帝观，激发全新

---

① Leo Strauss, *Jewish Philosophy and the Crisis of Modernity: Essays and Lectures in Modern Jewish Thought.* Edited with an Introduction by Kenneth Hart Green, Albany: State University of New York Press, 1997, p.155.

② Leo Strauss, *Jewish Philosophy and the Crisis of Modernity: Essays and Lectures in Modern Jewish Thought.* Edited with an Introduction by Kenneth Hart Green, Albany: State University of New York Press, 1997, p.154.

的教会形式，从而使他的哲学观念受到接纳。困难的是，原有的宗教传统根深蒂固，岂是任何人想改变就可以随意改变的。作为马基雅维利的忠实门徒，斯宾诺莎采取了前者为达目的不择手段的写作技艺。为了实现“通往自由社会的道路”，祛除包括基督教和犹太教在内的所有宗教形式的精神统治，斯宾诺莎“不得不一开始就求助于基督教的偏见，包括敌犹太教的偏见；他诉诸基督教的偏见来和基督教的偏见作战”。① 因此，斯宾诺莎的论战形象一开始就显得“大逆不道”，身为犹太人，他对犹太教的批评比基督教的批评走得更远。在斯宾诺莎看来，犹太教是肉身的、具体的宗教，而基督教则是精神的、普遍的宗教。犹太教的核心是“作为一部排他的、部落性质的摩西律法，它只服务于犹太国世俗或政治的福祉……摩西的宗教是纯粹民族性的宗教；摩西的上帝是部落的上帝，因此也是肉身的上帝”。② 通过将犹太教还原为民族政治性宗教，斯宾诺莎否定犹太教的崇高性和普遍性，亵渎了以色列的上帝，给犹太教的敌人尤其是基督教以帮助支持，达到了犹太教的敌人想达到而不能达到的批判目的。

但在施特劳斯看来，斯宾诺莎的面相并非像表面上所展现的那么离经叛道。相反，斯宾诺莎的真实用意和最终目的是解放犹太人，是要通过哲学的方式拯救犹太民族。对于一个手无寸铁的哲学家，面对着一个强大的基督教政教统一体，斯宾诺莎的“战斗”是策略且用意深远的。斯宾诺莎的新社会不仅要祛除犹太教律法的影响，也要取消基督教的政治权威。在这样社会里，“统治者不再是教士和牧师，而是哲学家和艺术家，他们的畜群是文化和财富的圈子”。新社会“把基督徒和犹太教徒都转化成了人，转化成一种特定的人——有教养的人；

① Leo Strauss, *Jewish Philosophy and the Crisis of Modernity*: *Essays and Lectures in Modern Jewish Thought.* Edited with an Introduction by Kenneth Hart Green, Albany: State University of New York Press, 1997, p.160.

② Leo Strauss, *Jewish Philosophy and the Crisis of Modernity*: *Essays and Lectures in Modern Jewish Thought.* Edited with an Introduction by Kenneth Hart Green, Albany: State University of New York Press, 1997, p.158.

他们是这样的人，因为他们拥有科学和艺术，所以他们不需要宗教”。① 在自由社会，宗教成了宗派，成了自由社会公民自由选择的私人行为。在新社会中，犹太教徒和基督徒都是其中平等的成员，犹太人不会因为宗教信仰的区别而遭到政府的迫害和歧视。因此，“在很大程度上被斯宾诺莎形塑了的非犹太人世界对犹太人来说已经变得可以接受，如果犹太人愿意使自己同化其中的话”②。

另一方面，斯宾诺莎对犹太教的基督教式批判也并非完全是手段性、战术上的考虑，也是与其学术构建的目的相一致的。斯宾诺莎正统神学批判的主要论著是《神学政治论》。在这部著作中，斯宾诺莎宣称，新的自由社会必须废除摩西的律法，“只要这种律法还是一种具体的、政治性的律法，尤其是当它还是一种祭祀的律法的时候……摩西宣布的宗教和成为任何其他国家的公民就是不相容的……犹太人不可能同时是两个国家的子民，受制于两套综合法律体系……废除这种律法是犹太人获得公民平等的必要条件……祭祀的律法是一种无限的负担，不，它简直就是一种诅咒”。③ 在施特劳斯看来，斯宾诺莎确实可能对犹太教抱有“憎恨之心”，但他并不憎恨犹太民族，因为“在他自己的哲学中，他已经以尽其所能的方式思考了犹太人的解放”④。在斯宾诺莎那里，神学救赎的方式已经宣告了它的失败，犹太民族在黑暗中等待了十多个世纪，其结果是一次比一次严厉的迫害和屠杀。因此，要想解救犹太人，只有放弃犹太教和犹太律法，采用哲学的方式解决犹太人问题。“哲学的自由需要一个自由的国家”⑤，只要实现了

---

① 施特劳斯：《〈斯宾诺莎宗教批判〉英译本导言》，汪庆华译，载于《西方现代性的曲折与展开》(《学术思想评论》第六辑)，前揭，第 250 页。

② Leo Strauss, *Jewish Philosophy and the Crisis of Modernity*: *Essays and Lectures in Modern Jewish Thought*. Edited with an Introduction by Kenneth Hart Green, Albany: State University of New York Press, 1997, p.156.

③ 施特劳斯：《〈斯宾诺莎宗教批判〉英译本导言》，汪庆华译，载于《西方现代性的曲折与展开》(《学术思想评论》第六辑)，前揭，第 256 页。

④⑤ Leo Strauss, *Jewish Philosophy and the Crisis of Modernity*: *Essays and Lectures in Modern Jewish Thought*. Edited with an Introduction by Kenneth Hart Green, Albany: State University of New York Press, 1997, p.161.

这样的自由国家，犹太人就可以通过世俗的、理性的方式解决犹太人问题。

事实上，斯宾诺莎的构想在相当程度上获得了成功：1. 自由民主社会在当今时代大行其道；2. 自由民主制的现实典型载体——美国，确实成为收容犹太人，尤其是二战流亡犹太人的大本营；3. 犹太人在自由民主制国家也确乎实现了法律和形式的平等。因此，现代犹太人恢复了斯宾诺莎的名义，将其追认为最伟大的犹太哲学家，并对其顶礼膜拜。然而，自由主义同化方案真的解决犹太人问题了么？施特劳斯并不认同。这就需要分析自由主义同化方案具有哪些值得肯定之处，同时还有哪些难以克服的缺陷。

## 三、自由主义同化方案的意义及其限度

众所周知，自由民主制社会目前已经成功取代中世纪的政教合一社会成为当今世界的主流社会形态。然而，一个悬而未决的问题是，这种成功替换意味着一种进步还是退步呢？根据现代人的习见，这当然是一种进步：权利优先、价值多元、普遍平等、物质丰盈、交通迅捷、科技进步……这样的例子不胜枚举。然而施特劳斯认为，这未必是一种进步，相反，在更重要的事情上，现代社会较之古代社会退步了，如精神的高贵，灵魂的安宁，道德上的自律以及行为上的节制等方面，总之在精神领域，很难说现代人较之古代人进步了。现代人所确信进步的那些事情，往往和现代技术的发展紧密相关，现代技术的进步又仰赖自然科学的发展。但科学并不能证明自己本身是好的还是坏的。因为实证主义科学悬置价值判断，只对事实进行研究，因此，科学技术作为一种手段和工具是中性的。它既能带来上述所说的巨大进步，也能给人类带来灾难，如纳粹极权主义利用现代科技成果酿造的灾难和发起的世界战争。

从政治制度上看，自由民主制本身也不像现代方案设计者所承诺的那么完美无缺。从理论层面看，“自由民主意味着有限的统治，意味着公私分离。私人领域不仅必须得到法律的保护，还必须被理解为不

受法律的干预”[①]。法律必须保护私人领域。每个人在私人领域可以按照自己的意愿思想和行动，根据自己的喜好变得偏激或疯狂，包括如何对待犹太人问题上亦是如此。在公共政治层面，自由民主社会不会歧视合法的犹太公民，但“国家也没有能力或不情愿在宪法上防止个人或者团体对其犹太公民进行歧视，这一点是确定无疑的”。换句话说，“自由民主国家并不能为犹太问题提供解决之道，因为这样的解决办法要求对每一种‘歧视’加以法律禁止，这等于是取消私人领域，否认国家和社会的区别，毁灭自由国家”。[②]从民主政治的操作层面看，在自由民主制下，主权行使者是每个公民，实现民主政治权利的场所是投票站。由于主权的行使者是一个个原子化的个体，他们在行使权利（投票）时“不承担任何责任，也无法被要求承担任何责任”[③]，因此，民主制建立在不负责任的个体基础上。这意味着统治者、政治精英要向盲目、不负责任的庸众谄媚，迎合他们的意见而不是依靠理性的抉择行使责任。这就导致了自由民主制在现实运作中屡屡偏离了启蒙哲人的理想初衷。因此，在实践操作层面，我们经常看到背离自由民主制原则的事情。如，美国的种族歧视现象、英国的殖民侵略行径、臭名昭著的第一次世界大战以及自由民主制体内孕育出来的纳粹极权主义政体，等等。

近代启蒙哲学的理想是放弃彼岸上帝的召唤，依靠理性解决人类的问题，在尘世构建天堂般的世界。然而，理性主义走向其反面的非理性主义和历史实践中两次世界大战的爆发宣告了现代理性主义的自我毁灭。现代人在科学进步的鼓舞下，坚信任何问题都是可以解决的。尤其在 19 和 20 世纪，西方人在处理社会问题相信没有解决不了的问题。[④]然

---

① 施特劳斯：《我们时代的危机》，李永晶译，载于《苏格拉底问题与现代性——施特劳斯讲演与论文集：卷二》，前揭，第 8 页。

② 施特劳斯：《〈斯宾诺莎宗教批判〉英译本导言》，汪庆华译，载于《西方现代性的曲折与展开》（《学术思想评论》第六辑），前揭，第 234 页。

③ 施特劳斯：《我们时代的危机》，李永晶译，载于《苏格拉底问题与现代性——施特劳斯讲演与论文集：卷二》，前揭，第 8—9 页。

④ Leo Strauss, *Jewish Philosophy and the Crisis of Modernity*: *Essays and Lectures in Modern Jewish Thought*. Edited with an Introduction by Kenneth Hart Green, Albany: State University of New York Press, 1997. p.317.

而，在施特劳斯看来，这不过是现代人的一种偏见（意见），是理性本身的狂妄，是坚信“理性万能”的滥觞。西方的历史实践表明，理性主义没有兑现自己的承诺，它没有解决人的问题，尤其是关于生活的幸福、精神的高贵以及道德上的善好等问题。“人类无法创造一个免于矛盾的世界”，“有限的、相对的问题能够解决，而无限的、绝对的问题是无法解决的”①。正是在这个意义上，施特劳斯宣称：“如果犹太人问题无法解决，我们完全不应当感到惊讶。”②

自由主义同化方案之所以不能奏效，与其理论奠基者——斯宾诺莎的正统神学批判的理论局限也有一定的关联。巴特和罗森茨威格代表的新正统神学的复苏使施特劳斯意识到检审斯宾诺莎是否真的驳倒了正统神学成为必要。如果斯宾诺莎从哲学的视角真的证明了正统神学根底的虚妄，那么哲学针对神学的斗争将获得一劳永逸的胜利，也就不可能出现20世纪新正统神学强劲反弹这样的事。启蒙已降的二百多年，人们依靠理性构建人间天堂的实践并没有成功：战争连绵不断，道德意识滑坡，精神无家可归，“宗教倒成了逃避生活的恐惧、无助和没有希望的毫无疑义的道路，因为这些是任何文明的进步所无法解决的”③。对施特劳斯而言，现代启蒙理性主义试图彻底拒绝宗教信仰的做法彰显了现代理性主义的狂妄无知。因为，对上帝的信仰“根植于人类心灵深处”，④没有对上帝的信仰，人类的生活将会毫无安慰和走投无路，人类的未来将会丧失任何保障，因而会受到

① Leo Strauss, *Jewish Philosophy and the Crisis of Modernity*: *Essays and Lectures in Modern Jewish Thought*. Edited with an Introduction by Kenneth Hart Green, Albany: State University of New York Press, 1997, p.143.

② Leo Strauss, *Jewish Philosophy and the Crisis of Modernity*: *Essays and Lectures in Modern Jewish Thought*. Edited with an Introduction by Kenneth Hart Green, Albany: State University of New York Press, 1997, pp.317—318.

③ Leo Strauss, *Jewish Philosophy and the Crisis of Modernity*: *Essays and Lectures in Modern Jewish Thought*. Edited with an Introduction by Kenneth Hart Green, Albany: State University of New York Press, 1997, p.172.

④ 施特劳斯：《论政治犹太复国主义的意识形态——答约瑟夫的三篇文章（1929）》，载于《犹太哲人与启蒙——施特劳斯讲演与论文集：卷一》，前揭，第110页。

永恒死亡的威胁。这也是20世纪神学复归得到强烈反响的一个重要原因。

在施特劳斯看来，如果斯宾诺莎对启示的批判要具有真正的说服力，他就要通过理性哲学构造出一个万能的“世界和人类心灵，以免任何启示在世界和人类心灵中再发生作用”①。斯宾诺莎的《伦理学》就企图完成这样的工作，但它没有成功。《伦理学》对“每一事物清晰明了的叙述在本质上仍然是假设。其结果是，它的认知所具有的和传统叙述所具有的并没有差别”。换句话说，斯宾诺莎并未能构造出那样的“一个世界和人类心灵”，斯宾诺莎的学说仍是假设性的，是建立在“对启示的拒斥乃一种出乎人性或者自然的可能性”②的独断基础上的。这与“所有有关正统教义的主张都建立在全知全能上帝是存在的这一不可辩驳的基础上”③的独断性并无二致。人性和自然的角度与上帝全知全能的角度是根本的对立，但都是一种在先的预设。例如，那种推测太阳系的年龄的做法是基于太阳系是自然形成的假设基础上的，它一开始就否定了太阳系的形成是一个奇迹，从而拒绝以圣经《创世记》中描述的样子来理解它。因此，斯宾诺莎的圣经考据学和《伦理学》的体系论证都是从人和自然的角度出发的，它只是抛弃了正统神学的前提，而不是将其打败。正是在这个意义上，施特劳斯认为斯宾诺莎是（嘲）笑倒了正统教义，而不是驳倒了正统神学，“在斯宾诺莎和犹太教之间的斗争，在不信与信之间的斗争，最终不是理论上的对抗，而是道德上的斗争”。④由于斯宾诺莎理论前提的独断性，他对自由社会构想一开始就是问题丛生的。一个没有宗教关切和灵魂信靠的

①② Kenneth Hart Green, “Leo Strauss as a Modern Jewish Thinker”, in *Jewish Philosophy and the Crisis of Modernity: Essays and Lectures in Modern Jewish Thought*, Edited with an Introduction by Kenneth Hart Green, State University of New York Press, 1997, p.11.

③ Leo Strauss, *Jewish Philosophy and the Crisis of Modernity: Essays and Lectures in Modern Jewish Thought.* Edited with an Introduction by Kenneth Hart Green, Albany: State University of New York Press, 1997, p.170.

④ Leo Strauss, *Jewish Philosophy and the Crisis of Modernity: Essays and Lectures in Modern Jewish Thought.* Edited with an Introduction by Kenneth Hart Green, Albany: State University of New York Press, 1997, p.171.

社会必将带来精神上的虚无主义和无家可归，自然也无法成为犹太人可以托付的理想家园。

综上所述，虽然自由主义同化方案并不能解决犹太人问题，但施特劳斯认为，在目前所有的解决方案中，自由主义同化方案却是相对最好的解决方案。自由社会为犹太人的世俗生存带来了法律上的平等和形式上的尊重，为犹太人的稳定康居提供了起码的保障，从而给予了犹太人起码的尊严。自由民主制理论层面上的先天不足和前提上的独断性质以及实践运作中出现的背离设计者原初意图的事件和种种不如人意的大小危机证明了它无法最终解决犹太人的问题。正是着眼于自由主义同化方案的这一失败，犹太复国主义方案应运而生。

## 第三节　犹太人问题的复国主义方案及其限度

如前所述，施特劳斯将犹太人问题的同化解决方案分为三种：一是个体同化；二是自由主义同化；三是民族同化。个体同化是犹太人为避免迫害或再次流亡而采取的被动或主动的转信基督教的个人同化行为。自由主义同化是犹太人以个体身份融入自由社会，成为某国公民，遵守当地法律，免遭宗教—政治迫害的一种同化行为。个体同化建立在流亡时代宗教信仰的基础上，自由主义同化与启蒙哲学的政治构想密切相关，但二者都诉诸以个体的方式解决犹太人的迫害问题。民族同化（即复国主义方案）则反其道而行之。根据政治犹太复国主义的观点，"犹太人的苦难只能通过犹太国家的建立、通过将犹太人个人的力量凝聚成犹太民族的力量的方式加以缓解"①。在施特劳斯看来，只有在复国主义那里，"犹太人作为一个族群的事实才得到诚实地面对"，因此与前两种解决方案相比，民族同化的方法是"唯一值得我们

① Leo Strauss, *Leo Strauss: The Early Writings (1921—1932)*, translated and edited by Michael Zank, Albany: State University of New York Press, 2002. p.83.

严肃对待的方法”。[①]下面，我们就来看看施特劳斯犹太复国主义方案的具体所指及其意义。

## 一、犹太复国主义方案的主要含义

在施特劳斯看来，斯宾诺莎不仅是自由主义同化理论的创始人，同时也是从理论上勾勒出政治犹太复国主义原则的第一人。在《神学政治论》一书的第三章中，斯宾诺莎强调：“我甚至相信，……一有机会，他们（指犹太人，笔者注）可以重新振兴他们的王国，而且上帝也许再一次选拔他们。”[②]也就是说，斯宾诺莎不仅为犹太人融入自由社会提供了理论上的思考，同时也没有排除犹太人以民族建国的方式解决自己问题的可能。斯宾诺莎从理论上为犹太复国主义提供了原则，平斯克（Leo Pinsker）及其之后的赫尔茨（Theodor Herzl）则使一场现代运动的犹太复国主义成为可能。在《自我解放：一位俄国犹太人对同胞的呼吁》(1882）一书中，平斯克援引犹太经典《祖辈训言》中的一句话作为其专著《自我解放》的题词：“如果我不为自己，那我为了谁？如果不是现在，那又是何时？”这句话清晰呈现了政治犹太复国主义的精神实质，即不要指望别人的帮助，要通过犹太民族自己的政治和军事行动重建自己的家园，从而恢复犹太人的尊严、荣誉和骄傲。

这里，我们遇到“犹太复国主义”和“政治犹太复国主义”两个概念的纠缠。那么，什么是犹太复国主义？犹太复国主义与政治犹太复国主义是一回事吗？

有必要澄清的是，犹太复国主义虽然称其为主义，但其首要的不是一种理论形态，而是一个着眼于解决犹太人问题的现实政治运动。作为一种政治实践活动，犹太复国主义因其问题关注点的不同而具有不同的面相或形态：如政治犹太复国主义、文化犹太复国主

① Leo Strauss, *Jewish Philosophy and the Crisis of Modernity: Essays and Lectures in Modern Jewish Thought.* Edited with an Introduction by Kenneth Hart Green, Albany: State University of New York Press, 1997, p.318.

② 斯宾诺莎：《神学政治论》，温锡增译，商务印书馆 1963 年版，第 64 页。

义、宗教犹太复国主义，等等。因此，对犹太复国主义的本质规定性作以抽象的总结和概括是困难的。另一方面，犹太复国主义是针对解决犹太人问题发出的独特声音，因此通过与流亡时代和同化时代两种解决方案的比较，我们可以大致勾勒出犹太复国主义两个本质性的特征。

**（一）含义之一：一种祛神学的现代解决方案**

与流亡时代相比，犹太复国主义是一种祛神学的现代解决方案。施特劳斯曾将政治犹太复国主义当作“犹太人问题的最终解决方案”，因为它意在“解除犹太人的隔离状态”，这本是施特劳斯唯一感兴趣的犹太人问题。① 施特劳斯从 17 岁皈依犹太复国主义到 1928 年彻底脱离犹太复国主义②，有十余年笃信犹太复国主义的经历，并且与德国犹太复国主义最乐观的一段时期相合。德国犹太复国主义运动大体上可以分为两个时期：20 世纪 20 年代前期主要表现为“理论取向和散居取向”，关注“犹太复国主义的精神取向及其与欧洲文化之间的关系”；1920 年后半期兴趣则转向以“巴勒斯坦为中心”，即“支持在巴勒斯坦建立犹太殖民地”。③ 施特劳斯作为一个哲学家，对犹太复国主义的政治实践并不热心，尤其与作为一种意识形态的犹太复国主义保持着距离，但他对犹太复国主义的哲学根基，犹太复国主义与犹太传统之间的关联以及与现代西方文化之间的关系兴趣浓厚。

在施特劳斯看来，犹太复国主义“将自己定性为意欲使犹太民族的生存正常化，使犹太民族正常化……这种正常化意愿的前提，即它拒斥流亡状态的前提，是确信‘宗教的力量已经崩溃’”。④ 在犹太复国主义眼中，犹太人具有两种基本的生存样式：一是“流亡式

①④ Leo Strauss, *Leo Strauss: The Early Writings (1921—1932)*, translated and edited by Michael Zank, Albany: State University of New York Press, 2002. p.202.

② 以《评弗洛伊德〈一个幻觉的未来〉(1928)》一文发表为标志。参见 Leo Strauss. *Leo Strauss, The Early Writings (1921—1932)*, translated and edited by Michael Zank, Albany: State University of New York Press, 2002. p.201。

③ 参见 Leo Strauss, *Leo Strauss: The Early Writings (1921—1932)*, translated and edited by Michael Zank, Albany: State University of New York Press, 2002. pp.64、201。

生存（galut existence）”；一种是“作为（解放了的）国家公民的生存”。[①] 流亡式生存无疑是不值得推崇的生活样式。因为第一，流亡状态是“由古代以色列国家的沦亡而引发的（犹太人的）生存境遇，或更一般地说，流亡状态是丧失真正的政治存在的外部标志的情形”。[②] 在流亡中，“犹太人像生活在空中的民族那样生活——无论在字面上还是在比喻意义上，犹太人都缺乏脚下的土地，他们依靠的全都是其他民族的行为的偶然性”。[③] 但依靠其他民族的宽容是靠不住的。更何况，只要犹太人执着于律法宗教，他们就无法融入东道主民族，因为律法的特征就是排外性，就是防止“犹太人和非犹太人亲密接触”。问题是，如果“东道主民族不能容忍一个异己的民族在自己中间该怎么办？”[④] 这是一个显而易见的事实，在一个封闭社会，任何一个民族都不会允许一个异己的民族存在于自己内部，因为这是影响其社会稳定和民族凝聚力的隐性威胁。因此，在流亡时代，犹太人屡遭寄居国的驱逐和迫害。然而，迫害行为并没有彻底消灭犹太民族。一方面，“政治中心的缺乏和散居状态”使犹太民族不会因某处犹太群体的消灭而消灭；另一方面，犹太教的传统为流亡犹太人的艰难求存提供了意义支撑：“犹太教的所有观念和形式都下意识地服务于保存民族的生存并高扬生存的意志。选民观念和弥赛亚观念在所有境遇下都支持对民族未来的可能性和必要性的信仰。”[⑤] 这就是流亡的本质属性：“通过最小的正常性为犹太民族提供最大的生存可能性。”[⑥] 然而，这也成为犹太复国主义反驳流亡式生存的重要理由：这

---

① Leo Strauss, *Leo Strauss: The Early Writings (1921—1932)*, translated and edited by Michael Zank, Albany: State University of New York Press, 2002. p.82.

② 施特劳斯：《拉伽德评传（1924）》，张缨译，载于《犹太哲人与启蒙——施特劳斯讲演与论文集：卷一》，前揭，第 47 页，注①。

③ 施特劳斯：《诺泰的犹太复国主义（1923）》，张缨译，载于《犹太哲人与启蒙——施特劳斯讲演与论文集：卷一》，前揭，第 30 页。

④ Leo Strauss, *Leo Strauss: The Early Writings (1921—1932)*, translated and edited by Michael Zank, Albany: State University of New York Press, 2002. p.95.

⑤⑥ Leo Strauss, *Leo Strauss: The Early Writings (1921—1932)*, translated and edited by Michael Zank, Albany: State University of New York Press, 2002. p.85.

种最小的生存正常性能够为犹太人提供生存的尊严么？换句话说，第二，流亡的政治在“东道国的态度上自欺欺人，相信犹太人问题能通过闭上眼睛而一劳永逸地解决”[①]，这充其量是一种无奈的自我安慰，而不是解决犹太人问题的方法。因此，犹太复国主义一方面放弃了自由主义同化过重依赖东道主民族的一厢情愿，试图用“犹太复国主义的斯巴达精神取代同化的奴隶境遇”；另一方面放弃了犹太教律法神学的视角和救赎的热望：“犹太人的可怕命运不再和对我们祖先罪恶的神圣惩罚或者和被拣选民族的神圣命运联系起来，也就是说，它不再具有殉道者仁慈的勇毅。对这个问题的理解纯粹是从人的角度来考虑的：作为一个纯粹的政治问题。”[②]

**（二）含义之二：一种寻求民族同化的解决方案**

与同化时代相比，犹太复国主义是一种寻求民族同化的解决方案。犹太复国主义延续了自由主义个体同化方案看待犹太人问题的视角，即把犹太人问题看作“有待解决的问题”，看作“仅仅是人的问题”。根据施特劳斯的观点，那种认为政治犹太复国主义与自由主义同化之间存在断裂的观点是肤浅的研究结论，因为两者之间具有不可抹煞的亲缘关系。

首先，政治犹太复国主义属于一种广义上的同化方案。“政治犹太复国主义的观点是，要废除犹太人承受的困境，只有建立一个犹太国，将犹太个体的力量巩固为一个民族政权才能办到。”[③]也就是说，政治犹太复国主义与自由主义同化方案一样分享了现代启蒙对正统神学批判的结果。两者都是要建立世俗民族国家，都是祛除神学的政治设计，都是依靠理性的力量在尘世为人的幸福和自由创造条件。二者之间的

---

① Leo Strauss, *Leo Strauss: The Early Writings (1921—1932)*, translated and edited by Michael Zank, Albany: State University of New York Press, 2002. p.86.

② 施特劳斯：《〈斯宾诺莎宗教批判〉英译本导言》，汪庆华译，载于《西方现代性的曲折与展开》(《学术思想评论》第六辑)，前揭，第231页。

③ 施特劳斯：《犹太复国主义之源（1924）》，卢白羽译，载于《犹太哲人与启蒙——施特劳斯讲演与论文集：卷一》，前揭，第63页。

区别只不过在于一个是犹太人融入所寄居的自由国家，另一个是通过行动创建犹太人自己的民族国家。

其次，政治犹太复国主义是对自由主义同化方案的推进和修补。政治犹太复国主义提上日程是以“自由主义解决之道的失败作为出发点”的。自由主义解决之道的失败意味着“犹太人不能通过把作为个体的自己同化于他们生活于其中的国家而重树尊严，也不能像别的自由国家的公民那样成为其公民而重树尊严：自由主义解决之道带来的至多不过是法律平等，而不是社会平等；作为理性的命令，它对非犹太人的情感来说没有什么触动”。① 既然以个体身份同化于所寄居的自由民主国家无法为犹太人获得生存的尊严，犹太复国主义则干脆放弃了这一解决路径，而试图采取以犹太民族建国的方式来保障犹太人生存的尊严。因此，犹太复国主义不过是自由主义同化方案的逻辑推进，它不寻求回返前现代的神学救赎，而是将启蒙政治的立场推到极端，试图在现代世界建立起犹太民族自己的国家。

再次，政治犹太复国主义方案的产生仰赖于同化方案的具体实施。“政治犹太复国主义是民族同化的产物……政治犹太复国主义的动机是争取民族尊严……意图是独立采取预防措施，为民族生存创造条件，以此重建民族尊严。”② 然而，政治犹太复国主义要想实现意图，必须斩断与犹太教传统的藕断丝连。在这点上，自由主义同化起到了先行奠基的作用。“同化将选民观和弥赛亚观分隔开，以便通过放弃犹太复国主义和将弥赛亚主义稀释成使命论，促进欧洲犹太民族的安乐死。同化的基本动机不外是西方犹太个体的自我中心主义。流亡幻觉论表现为相信弥赛亚的‘神秘’救赎。而流亡观虽然带有种种神秘主义，却具有一种极清醒的生命机能。然而同化却将流亡观世俗化，从此恶化了流亡幻觉论。同化带走了犹太人在隔离式生活中的自我确认感，而

---

① 施特劳斯：《〈斯宾诺莎宗教批判〉英译本导言》，汪庆华译，载于《西方现代性的曲折与展开》（《学术思想评论》第六辑），前揭，第231—232页。

② 参见施特劳斯：《犹太复国主义与正统（1924）》，卢白羽译，载于《犹太哲人与启蒙——施特劳斯讲演与论文集：卷一》，前揭，第53页。

给予他们的虚幻替代品，则是对文明带来的人性的信赖。”① 正是建立在同化对犹太流亡崇高性阉割的基础上，犹太复国主义才敢于举起民族建国的大旗，明目张胆地吹响无神论号角，并且成为解决犹太人问题的一种流行的现代方案。

然而，犹太复国主义与自由主义同化之间的亲缘性关系不能抹煞两者之间的显著差异：“自由主义同化的目标是个体进入现实，而非一个民族”，而犹太复国主义则从民族国家（族群）的角度试图为犹太人迫害寻找有力的庇护，从而使犹太个体“回归现实，回归正常的政治生存”。② 犹太复国主义建立在自由主义失败的基础上，同时推进了自由主义建立世俗民族国家的理想。在犹太人问题上，犹太复国主义不再将迫害视为“惩罚或诱惑”，而是将其理解是“纯粹人类内部的种种关系而生发出来的特定事实”。在行动上，犹太复国主义不再被动地听任迫害，不再通过祈祷和忏悔宽慰心灵，而是通过“抵抗和预防”面对歧视。一旦犹太复国主义得以实现，犹太民族国家得以建立，犹太人的隔离状态，听任迫害的被奴役局面将因受到国家政权和民族军队的保护而得到改观，然而这些都是自由主义同化方案无能为力的。

综上所述，我们可以清晰看出犹太复国主义的基本特征。犹太复国主义是与流亡时代的犹太教传统正相反对的一种现代政治解决方案，它以犹太民族的正常化为最终目标，试图通过建立自由民主的犹太国家解决犹太人的生存困境，保障犹太人生存的尊严。犹太复国主义具有广义和狭义两个层面。狭义的犹太复国主义主要是指政治犹太复国主义，广义的犹太复国主义还包括文化犹太复国主义和宗教犹太复国主义。在下面的论述中，我们对犹太复国主义的三种类型加以详细分析，以便从动态发展上理解犹太复国主义的基本内涵。

---

① 施特劳斯：《犹太复国主义之源（1924）》，卢白羽译，载于《犹太哲人与启蒙——施特劳斯讲演与论文集：卷一》，前揭，第 67—68 页。

② Leo Strauss, *Leo Strauss: The Early Writings (1921—1932)*, translated and edited by Michael Zank, Albany: State University of New York Press, 2002. p.68.

## 二、犹太复国主义方案的三种类型及其关系

根据施特劳斯的观点，犹太复国主义并非铁板一块，而是具有三种不同的表现形态：政治犹太复国主义、文化犹太复国主义和宗教犹太复国主义。这三种犹太复国主义类型并没有时间上的先后顺序，而是代表着犹太复国主义的不同着眼点。在施特劳斯看来，犹太复国主义的三种类型之间具有逻辑上的先后关系。

政治犹太复国主义着眼于政治军事行动，以建立犹太国为直接目标。对于政治犹太复国主义来说，只有通过“保卫犹太国的尊严，才能保证犹太人的尊严”[①]。但“保卫犹太国”首先要求具有犹太民族自己的土地，并且在这块自己的土地上建立“现代的、自由的、世俗的（但不必然是民主的）”犹太民族国家。一旦犹太国建立起来，犹太人就会和其他种族一样受到国家政权的有力保护。复国主义带来的转变在于：犹太人问题将通过犹太国的方式融入世界其他国家之中，而不再是以个人的方式融入其他自由社会。那么，犹太人在自己的民族国家会遭受迫害吗？当然不会。犹太人在自己的国家会受到其他国家群体和个人的歧视吗？也不会。因为犹太国家与其他民族国家一样是一个封闭社会，它拥有自己的军队、法律和警察系统，可以通过武力的方式侵犯别国对犹太国的保卫，同时也可以保护犹太人在自己的国土上免遭他国群体或个人的歧视。从理论上看，既然个人融入其他民族国家的自由主义方案无法解决犹太人问题，那么通过建立犹太国，通过诉诸自由主义的国家原则[②]保护犹太人的尊严，这似乎是一条更为简易有效的犹太人问题解决方案。

但是，施特劳斯发现，政治犹太复国主义并不能解决犹太人问题。“因为政治犹太复国主义原始概念的狭隘性，不管它的本意如何高贵，

---

① Leo Strauss, *Jewish Philosophy and the Crisis of Modernity*: *Essays and Lectures in Modern Jewish Thought.* Edited with an Introduction by Kenneth Hart Green, Albany: State University of New York Press, 1997, p.142.

② 现代国家都将保护本国领土不受侵犯和本国公民不受外邦或外国人侵犯作为一条重要职能。

它都无法解决犹太人问题。”① 所谓原始概念的狭隘性主要体现在政治犹太复国主义的“政治”范畴上，政治犹太复国主义的目标是建立犹太国，且止于建立犹太国。但国家只是一个形式，它还需要内容，这个内容就是民族文化，是传统遗留下来的民族生活方式。因此，正如文化犹太复国主义有力指出的：“严格政治意义上的犹太复国主义只关注当前的紧急状态及其解决，它缺乏历史的视角；出身的、血缘的共同体同样也必须是思想的共同体，是民族思想的共同体；没有扎根于犹太传统的犹太文化，犹太国家不过是空壳一具。”②

政治犹太复国主义太过于急迫，他们把眼光放得太近，以至于没有认识到没有文化、没有传统支撑的国家不过是空壳一具。施特劳斯年轻时曾是复国主义学生团体中的活跃分子，是政治犹太复国主义领导人赫尔茨的忠实信徒。在政治犹太复国主义者身上，施特劳斯看到了忠诚与激情。③ 但施特劳斯继而产生疑问：“你毕竟不能总搞政治演讲、政治讨论或其他一些行政工作，你也应该有自己的生活。”“但关键问题是，政治犹太复国主义严格局限于政治行动。人的头脑甚至人的心灵都没有用到犹太事务中去。”④

因此，施特劳斯同意文化犹太复国主义对政治犹太复国主义的批判：“建立犹太国家并不足够，这个国家还必须有‘犹太文化’……国家必须有它自己的生命。”⑤ 但是，施特劳斯继续追问，这种犹太国家需要的犹太文化到底是一种什么样的文化？换句话说，这种文化的性质是什么？文化犹太复国主义将这种文化、将犹太遗产解释成“民族心智、民族天才的产物”，即是将犹太教的宗教典籍理解成人的心灵之作。但是“犹太传统的基础以及其最权威的地层都表现出它是神赐的

①② Leo Strauss, *Jewish Philosophy and the Crisis of Modernity: Essays and Lectures in Modern Jewish Thought.* Edited with an Introduction by Kenneth Hart Green, Albany: State University of New York Press, 1997, p.143.

③④⑤ Leo Strauss, *Jewish Philosophy and the Crisis of Modernity: Essays and Lectures in Modern Jewish Thought.* Edited with an Introduction by Kenneth Hart Green, Albany: State University of New York Press, 1997. p.319.

礼物，是神圣的启示，而不是人类心智的产物”。① 因此，施特劳斯反诘道：文化犹太复国主义将犹太教正统神学遗产“解释成与其他高级文化相似的文化的主张，岂不是对他们宣称要对其忠诚的文化的一种扭曲？”② 换句话说，在施特劳斯那里，文化犹太复国主义“拒绝传统的犹太流亡宗教、拒绝救赎唯独源于上帝的信仰”，其本质不过是“一种未曾公开承认的无神论，是一种现代文化新教主义的变种，其根源在于启蒙运动对宗教的批判”。③

施特劳斯强调，将文化犹太复国主义观点推到极端就必然走向宗教犹太复国主义。文化犹太复国主义强调犹太文化相对于犹太国家的根本性，但如果详加考察，我们会发现，“任何犹太文化的基石都是《圣经》《塔木德》和《米德拉什》”等宗教遗产，而不是文化犹太复国主义所宣称的高级的人类文化——卓越犹太人先人心智的结晶。因此，文化犹太复国主义走向了自己的反面，其无神论的文化批判不是击垮了正统神学，而是最终走向了神学。犹太复国主义的关键不再是政治犹太复国主义所强调的民族国家，也再不是文化犹太复国主义所强调的文化，而是“神的启示”。施特劳斯通过归谬法将复国主义的根基归结为犹太教传统，从而使复国主义批判的和赖以立基的东西合二为一而陷入自相矛盾。当然，宗教犹太复国主义并不是原样复归启蒙之前的犹太教传统，而是在肯定犹太教传统的前提下同样强调复国主义。复国主义以人的方式解决犹太人问题，这在犹太律法宗教视角中被认为是渎神的。犹太教传统强调的是上帝的恩典与拯救，在弥赛亚时代到来之间，犹太人所能做的不是行动和反抗，而是静默与祈祷。宗教犹太复国主义试图调和“宗教”和“复国”这两对矛盾范畴，其要点表现在：1. 在宗教和复国主义的关系上，宗教犹太复国主

①② Leo Strauss, *Jewish Philosophy and the Crisis of Modernity: Essays and Lectures in Modern Jewish Thought.* Edited with an Introduction by Kenneth Hart Green, Albany: State University of New York Press, 1997, p.143.

③ Leo Strauss, *Leo Strauss: The Early Writings (1921—1932)*, translated and edited by Michael Zank, Albany: State University of New York Press, 2002. p.64.

义强调的首先是“犹太教信仰，其次才是犹太复国主义”；2. 在看待复国主义的方式上，宗教犹太复国主义把犹太国的建立“看成是犹太人历史上最重要的事件，但它不会把以色列建国看成是弥赛亚时代的来临，也不会把它视为以色列和所有犹太人的救赎”。① 也就是说，宗教犹太复国主义既强调犹太教信仰的重要性，也不反对以色列国家的建立，而且为了统一这二者，它将以色列国家的建立解释成是对“流亡（Galut）最深刻的修正，但不是流亡的终结”，更极端地说，“以色列国家是流亡的一部分”。② 然而，宗教犹太复国主义的这种调和并不成功。在施特劳斯看来，这种调和遗忘了耶路撒冷和雅典冲突的永恒性，忽略了哲学和宗教两种生活方式之间的根本冲突。因此，宗教犹太复国主义强调犹太教信仰的首要性，这就“意味着回到犹太信仰，回归我们祖先的信仰”③，在犹太人问题上，就是放弃复国主义的世俗拯救。正是在这个意义上，施特劳斯认为犹太复国主义方案无可避免地走向了失败。

现在，我们需要追问的是，犹太复国主义方案失败的根本原因是什么？换句话说，犹太复国主义方案有哪些理论困境？进一步的问题是，施特劳斯否决了自由主义同化方案和复国主义方案的可行性，那么，他是否有更加可行的犹太人问题的解决方案？

## 三、施特劳斯对犹太复国主义方案的哲学批判

施特劳斯关注犹太人问题，但他不是站在民族的偏狭立场上为犹太人辩护，而是站在哲学的角度，从古今之争和现代性批判的视角为犹太人的生存样式进言献策。在施特劳斯看来，犹太复国主义的理论困境主要包括以下几个方面：

---

①② Leo Strauss, *Jewish Philosophy and the Crisis of Modernity: Essays and Lectures in Modern Jewish Thought.* Edited with an Introduction by Kenneth Hart Green, Albany: State University of New York Press, 1997, p.143.

③ Leo Strauss, *Jewish Philosophy and the Crisis of Modernity: Essays and Lectures in Modern Jewish Thought.* Edited with an Introduction by Kenneth Hart Green, Albany: State University of New York Press, 1997, p.320.

第一，政治犹太复国主义的困境在于继承犹太民族文化传统与建立现代民族国家之间的不可兼得。在施特劳斯看来，政治犹太复国主义是犹太民族内部“不信仰犹太教的组织，它尝试在不信仰的土壤上组织犹太人民”[①]。但问题是，对那些信仰犹太教，祈求上帝救赎的犹太人该怎么办？政治犹太复国主义希望赐福于世界各地的犹太人，但它不考虑他们是否接受它。这在理论和现实上都是成问题的。从理论上看，政治犹太复国主义的根本困境是：“既想让犹太人‘像所有民族一样’成为一个民族，同时又想维护犹太民族的历史同一性。”[②]可是，像所有民族那样成为一个民族需要“渎神”的政治行动，这就无法贯彻犹太民族的历史统一性。相应地，没有历史连续性的犹太民族就会丧失传统遗产，失去民族凝聚力和国家的灵魂，一个没有内容和灵魂的犹太民族还能称其为犹太民族吗。在现实角度，以色列国家那么小的一块土地能够容纳所有犹太人吗？即使拥有足够的土地，如何让散居各地的犹太人舍弃一切投奔这块国土，尤其是那些具有犹太信仰的犹太人。因此，政治犹太复国主义解决犹太人问题的构想是无法完满实现的。

第二，文化犹太复国主义的问题在于它根植于启蒙主义前提。从本质上看，文化犹太复国主义是一种上不着天、下不着地的解决方案。说其“上不着天”，是因为文化犹太复国主义强调的文化是一种人创造的文化，这就摒弃了犹太宗教奠基的神圣性和律法性。文化犹太复国主义将其原则付诸启蒙以来的现代原则，通过诉诸欧洲文化原则来拒绝犹太遗产。这无异于切断历史，否弃犹太民族的犹太性。文化犹太复国主义将犹太民族混同于世界其他民族，使其成为一个并不高贵、并非选民的众多民族中的一个，这无异于自我扼杀。说其“下不着地”，是指文化犹太复国主义缺少政治犹太复国主义的军事强力和世

① 施特劳斯：《论政治犹太复国主义的意识形态——答约瑟夫的三篇文章（1929）》，卢白羽译，载于《犹太哲人与启蒙——施特劳斯讲演与论文集：卷一》，前揭，第 107 页。

② 施特劳斯：《论政治犹太复国主义的意识形态——答约瑟夫的三篇文章（1929）》，卢白羽译，载于《犹太哲人与启蒙——施特劳斯讲演与论文集：卷一》，前揭，题解，第 104 页。

俗目标，代表一种无剑的愿景，因而也就无法终结犹太人的散居状态和寄居他国的流亡命运。

第三，宗教犹太复国主义的困境表现在它无法真正统一古代传统与现代原则之间的鸿沟。面对启蒙以降现代西方文化的强势同化，宗教犹太复国主义试图调和犹太教传统与欧洲文化之间的紧张：既想保留犹太教信仰，又想吸取欧洲文化成果。但宗教犹太复国主义对那些无犹太教信仰的犹太人束手无策。当犹太人通过认同寄居国宪政制度而同化其中时，犹太宗教律法习俗面临遗弃的危险。因此，想达到调和统一的结果是不可能的：要么是彻底放弃犹太教信仰；要么彻底远离欧洲文化的同化。

第四，从根本上讲，犹太复国主义的失败源于现代理性主义的自我覆灭。犹太复国主义，尤其是其主心骨——政治犹太复国主义是建立在现代性启蒙哲学的基础上的，是以与前现代的流亡宗教信仰斩断关联为前提的。但如果现代哲学的前提并不稳固，犹太复国主义就会因根底抽空而使自己的原则丧失正当性。在施特劳斯看来，现代理性主义在理论和实践两个层面都已经证明了自身的问题重重。两次世界大战和纳粹极权主义已经宣告现代理性主义无法实现其预想的目标，反而走向了自我悖反。那么依赖现代理性原则及其政治设计的犹太复国主义自然成为无根基的犹太人问题解决方案。因此，施特劳斯批判犹太复国主义的意识形态是“轻率地将欧洲范畴运用于犹太事务”[①]。从根本上说，犹太复国主义方案的失败恰恰在于其前提根植于现代思想的偏见之上。

综上所述，施特劳斯深入剖析了自由主义同化方案和复国主义方案的意义和限度。在晚年的一篇演讲中，施特劳斯表达了对犹太人问题解决方案的个人观点。这一观点简要概述就是：“犹太人问题没有解决方案。”[②]即是说，犹太人“不可能不保持犹太身份。犹太人不可能脱

① 施特劳斯：《评温伯格的批评（1925）》，张缨译，载于《犹太哲人与启蒙——施特劳斯讲演与论文集：卷一》，前揭，第72页。

② Leo Strauss, *Jewish Philosophy and the Crisis of Modernity: Essays and Lectures in Modern Jewish Thought.* Edited with an Introduction by Kenneth Hart Green, Albany: State University of New York Press, 1997, p.317.

离自己的出身，也不可能通过希望过去不存在来消除过去”。[①] 那种希望并寻求犹太人解决方案的看法基于一种现代科学观念的偏见，基于现代人相信通过理性力量可以实现正义社会的一种完满性追求，基于一种相信任何问题都可以得到解决的理论预设。启蒙哲人把犹太人问题看作一个社会问题，一个有待解决也可以解决的事实问题，一个与“死刑问题、学校问题、宗教问题、性的问题”等一样的“生活的自明事实”问题。[②] 犹太复国主义者承认该事实问题，并试图通过政治手段、人的方式解决这一问题。但施特劳斯认为，相对的问题能够解决，绝对的问题是无法解决的，“人类无法创造一个免于矛盾的世界”。[③] 犹太人问题涉及哲学和宗教、理性和启示之间的关系问题，而理性与启示、雅典和耶路撒冷问题是两种生活方式之间的根本冲突问题，是一个永恒的、无限的、绝对的问题。正是在这个意义上，我们说犹太人问题是无法解决的。“任何犹太人能做的最好事情莫过于记住这段过去（十字军东征时期的历史，笔者注）。”[④] 犹太祖先的悲壮赴死不是海涅所说的不幸和低下，而是一种无限崇高的品质。因此，对于那些已经同化的犹太人的后裔而言，唯一的犹太人问题解决方案在于“重新回到犹太人共同体，回到由犹太教信仰和犹太人生活方式构成的共同体”[⑤] 之中。这就是施特劳斯为犹太人问题提供的自己解决方案。然而，要理解这一方案，我们还需要深入理解施特劳斯关于耶路撒冷和雅典之间冲突的思想。这就是我们接下来一章要着重探讨的主题。

---

① Leo Strauss, *Jewish Philosophy and the Crisis of Modernity: Essays and Lectures in Modern Jewish Thought.* Edited with an Introduction by Kenneth Hart Green, Albany: State University of New York Press, 1997, p.317.

② Leo Strauss, *Leo Strauss: The Early Writings (1921—1932)*, translated and edited by Michael Zank, Albany: State University of New York Press, 2002. p.88.

③ Leo Strauss, *Jewish Philosophy and the Crisis of Modernity: Essays and Lectures in Modern Jewish Thought.* Edited with an Introduction by Kenneth Hart Green, Albany: State University of New York Press, 1997, p.143.

④ Leo Strauss, *Jewish Philosophy and the Crisis of Modernity: Essays and Lectures in Modern Jewish Thought.* Edited with an Introduction by Kenneth Hart Green, Albany: State University of New York Press, 1997, p.323.

⑤ Leo Strauss, *Jewish Philosophy and the Crisis of Modernity: Essays and Lectures in Modern Jewish Thought.* Edited with an Introduction by Kenneth Hart Green, Albany: State University of New York Press, 1997, p.144.

# 第三章 施特劳斯的雅可比批判与泛神论之争

在生命暮年（1970）的一次师生恳谈会上，施特劳斯谈及自己半个世纪前完成的那篇博士论文时，自嘲它简直就是“丢人现眼”（a disgraceful performance）。[①] 过往大哲往往对自己早年的学术成果不甚满意，正是这种不满推动他们不断超越自我，才有了马克思、胡塞尔、海德格尔之类的所谓晚期哲学转向。然而对于后学研究者而言，马克思早年的“经济学—哲学手稿”，海德格尔自嘲“走了弯路和回头路”的《存在与时间》，等等，或被认为蕴含着解决重大理论疑难的隐秘钥匙，或被看作埋藏作者写作动机的思想宝藏，因而被视为不容忽视的重要文献。施特劳斯的博士论文便属于这一类情形。从表面上看，施特劳斯言谈中对自己雅可比研究颇不满意，从后来著述中雅可比几乎缺席的状况来看，我们可以合理推测，施氏心目中雅可比的学术分量显然也好不到哪儿去。

但是，最近有论者研究指出，雅可比对施特劳斯的整个哲学致思取向具有根本性影响，尤其是前者关于理性和信仰之冲突的“两难抉择以及对现代理性主义的批判对施特劳斯的观点具有的根本意义”可

① Jacob Klein, Leo Strauss, *A Giving of Accounts*: *Jacob Klein and Leo Strauss*, in *Jewish Philosophy and the Crisis of Modernity*: *Essays and Lectures in Modern Jewish Thought*, by Leo Strauss, Edited with an Introduction by Kenneth Hart Green, Albany: State University of New York Press, 1997, p.460.

谓终其一生。[①] 具体而微的个案，我们还可以在施特劳斯的《斯宾诺莎的宗教批判》(下文简称《批判》) 一书中觅其端绪。在《批判》一书的七章二节，施特劳斯在清理斯宾诺莎与加尔文立场之间根本分歧之后曾突然提及雅可比，他这样写道："尽管斯宾诺莎的所有推理都令人信服，也不能证明什么，唯一能证明或许只是：以无信仰的科学为基础，也只能得出斯宾诺莎式结论。但如此就能证明这一根据本身合理吗？提出这一问题的人，就是雅可比。他以此将对斯宾诺莎的解释，或曰斯宾诺莎批判，提升到应有的高度。"[②] 施特劳斯此处提及雅可比，意图表明加尔文对理论体系的彻底怀疑只是动摇（undermines）了斯宾诺莎的科学立场，雅可比的斯宾诺莎批判才是具有釜底抽薪性质的颠覆性批判。那么，我们是否可以进一步推断，施特劳斯的《批判》一书既然旨在质疑斯宾诺莎宗教批判的合法性，那么他的立论之基就应当是雅可比式的，而非加尔文式的。换言之，《批判》一书仅此一处提及雅可比，绝非漫不经心地如此一说，而是向读者暗示自己与雅可比在问题谱系上的一脉相承：他们都是"通过评估斯宾诺莎来进入启蒙问题"，都是通过"质疑斯宾诺莎攻击启示宗教的合法性来质疑启蒙的基础"。[③] 当然，这种致思方向上的一致性并不意味着二者得出了同样的研究结论。恰恰相反，在斯密什看来："施特劳斯的目的不像雅可比，把虔信捧在首位，而是要捍卫犹太教所理解的律法观。如果施特劳斯对斯宾诺莎的批判能够揭示启蒙运动的根本局限，那么，它所要

---

① John G. Gunnell, *Strauss before Straussianism: Reason, Revelation, and Nature*, in *Leo Strauss: Political Philosopher and Jewish Thinker*, Edited by Kenneth L.Deutsch and Walter Nicgorski, Rowman & Littlefield Publishers, INC. 1994, p.110. 然而，简森斯不同意古内尔（John G. Gunnell）的这一观点，在前者看来，"即使雅可比的思想在施特劳斯的早期思想发展中确有影响，这种影响也绝不具有决定性"。参见简森斯，《启蒙问题：施特劳斯、雅可比与泛神论之争》，孟华银译，载于《哲学与律法：论迈蒙尼德及其前贤》，黄瑞成译，华夏出版社 2012 年版，第 186、187、211 页。

② Leo Strauss, *Spinoza's Critique of Religion*, Chicago: The University of Chicago Press, 1965, p.204.

③ 简森斯：《启蒙问题：施特劳斯、雅可比与泛神论之争》，孟华银译，载于《哲学与律法》，前揭，第 185、186 页。

求的不是投入非理性主义的怀抱，而是要重新思考犹太正统。”①

从上可见，施特劳斯的雅可比研究并非他所轻描淡写的那样可以一带而过，而是一项值得缜密考证的学理论题。施特劳斯的著述中关涉雅可比的文字主要包括两块：一是关于雅可比的认识论研究，集中在施氏1921年完成的博士论文中；二是泛神论之争中关于雅可比的论述，主要集中在施氏为门德尔松周年纪念版全集的部分篇目撰写的长篇导言中。② 本章便以这两部分思想资源为切入点，试图揭示施特劳斯的雅可比批判及其关于泛神论之争的一些富有见地的论断。

## 第一节　“博士论文”与雅可比对启蒙哲学的认识论批判

了解施特劳斯思想的读者在阅读他的博士论文时，往往会产生这样的疑惑：施特劳斯为何要将雅可比作为自己博士论文的研究对象？因为如果施特劳斯着实对雅可比的思想感兴趣，那么，何以在博士论文完成之后，雅可比的名字在施氏的著作中几乎阙如。③ 进一步地，如果诚如好友克莱因所言，施特劳斯终生关注的核心问题是上帝问题和政治问题，④ 那么，施氏为何不研究雅可比的上帝观或政治理论，而偏偏专注于雅可比哲学思想中的认识论问题？毋庸置疑，认识论问题绝

---

① Steven B. Smith, *Reading Leo Strauss*: *Politics*, *Philosophy*, *Judaism*, Chicago: The University of Chicago Press, 2006, pp.66—67.

② 在这些导言中，最重要的当属为门德尔松《晨时》和《致莱辛的友人》两部作品撰写的长篇导言，收录于1974年出版的门德尔松纪念版全集（JA）的卷III，册2，页XI—XCV。施特劳斯的两部分雅可比研究之间的关系可简述如下：施氏的“博士论文”是关于雅可比的专题研究，它为后期的雅可比论述定下了基调；与之相对，泛神论之争中的雅可比论述在更宽广的启蒙论争的背景下拓展和深化了早期的研究成果。

③ 1937年的泛神论之争是个例外，那是施特劳斯为门德尔松撰写篇目提要的工作要求，而非施特劳斯出于个人兴趣的研究计划。

④ 在1970年的一次座谈中，克莱因指出施特劳斯关注的两个核心问题是上帝问题和政治问题，对此施特劳斯不置可否。参见施特劳斯：《苏格拉底问题与现代性：施特劳斯讲演与论文集：卷二》，前揭，第267页。而在1965年施特劳斯为《霍布斯的政治学》德文版所撰写的导言中，施特劳斯强调神学—政治问题是“我诸项研究的唯一（the）主题”。参见施特劳斯：《苏格拉底问题与现代性：施特劳斯讲演与论文集：卷二》，前揭，第66页。

非施特劳斯研究的兴趣之所在，况且雅可比本人也没有什么成形的认识理论。那么，施特劳斯又何苦“诉诸各种偏离”来建构一套自己不感兴趣的雅可比的认识理论呢？①

如果我们将目光从施特劳斯本人转向他的论文指导教授——卡西尔（Ernst Cassirer），上述写作动机之类的困惑或许会变的易于理解。恩斯特·卡西尔是赫尔曼·柯亨的得意弟子和新康德主义马堡学派的得力干将，施特劳斯到马堡大学求学时，柯亨早已离开马堡（1912 年退休并迁居柏林，1918 年去世），但他的哲学遗产仍支配着马堡大学：施特劳斯先是在新康德主义者那托普（Paul Natorp）和哈特曼（Nicolai Hartmann）指导下学习西方哲学传统，随后转到汉堡大学跟随卡西尔——1919 年离开马堡到新成立的汉堡大学执掌哲学教席——撰写博士论文。是时，卡西尔正埋首于一项大规模的认识论研究，即四卷本的《近代哲学和科学中的认识问题》。因此，我们有理由推定，要么是学徒期的施特劳斯受到导师研究计划的吸引，要么是导师卡西尔根据自己研究计划的需要为弟子拟定的题目，促使施氏最终将雅可比的认识论作为自己博士期间的主攻对象。②

在施特劳斯看来，雅可比认识论的基本问题是真实性问题。关于这一论断，施氏有一段相当紧要的论述在此值得整段引述：

---

① 在博士论文答辩自辩性提要中——施特劳斯将其写在博士论文稿本空白处（共有三个段落），施特劳斯写道：“雅可比没有一种成形的认识理论（*Erkenntnis-Theorie*）。要建构一套认识理论，需要有一个严格的‘知觉’概念，而这正是雅可比所憎恨和拒绝的。因此要想从雅可比思想中抽取出相关的认识理论，必须诉诸多种偏离。换言之，我所呈现的并非‘雅可比本人’（Jacobi-in-himself），而是我所需要的雅可比”，而这本博士论文正是这样一部以“非雅可比的方式来接近雅可比的问题”的成果。参见 Leo Strauss, *Leo Strauss: The Early Writings*（1921—1932），Translated and Edited by Michael Zank, Albany: State University of New York Press, 2002, pp.58, 53。这种“非雅可比方式”，施特劳斯在博士论文的“前言”中将其解释为“并不追踪雅可比著述的历史次序”，“少关注雅可比本人，多关注一定程度上由‘雅可比’之名所标识的问题，或者更确切地说，问题视角（problemperspektiven）”。参见施特劳斯：《雅可比哲学中的认识论问题》，载于《哲学与律法》，前揭，第 125 页。

② 值得注意的是，雅可比的认识论研究并没有拉近施特劳斯和卡西尔的关系，相反，雅可比对启蒙理性主义的批判，为施特劳斯亲近现象学和存在主义，批判新康德主义埋下了伏笔。

雅可比的问题是真实性问题。全部超越在真实性之超越中达到顶点。同样，雅可比从根本上将认识问题仅仅作为真实性—认识问题来思考。这种情形很容易使我们确信：雅可比的其他认识论问题，就其肯定部分而言，是拙劣地从其他哲人（首先是休谟和康德）那里借来的。然而，在反对他人的认识论的过程中，雅可比的确提出了新的、富有成果的母题（motive）——尽管这些母题从来都出自他的问题，即真实性问题。雅可比与理性主义、与主观论意义深远的论争，就根源于此。然而，首先，这些母题尽管是抒情风格的、关于“信仰”的严格措辞，却是不依赖于他人作出的、根本全新的一种发现或发明。①

这段文字之所以重要，在于它透露出施氏对雅可比认识论的几个基本判断：**首先**，施特劳斯认为雅可比的认识论在建构方面乏善可陈，其肯定言述大多借自休谟和康德等人的理论。然而（**其次**），在解构和摧毁方面，雅可比却有很多“新的、富有成果”的洞见，这尤其体现在他“关于‘信仰’的严格措辞”（在下文泛神论之争一节考察）和对启蒙理性主义的批判中。

那么，关于理性主义的质疑和批判，雅可比究竟有何高明之处？在施特劳斯看来，雅可比揭示并批判了启蒙理性主义的三个方面：首先是态度上的恐惧与不信，其次是普遍怀疑的方法论原则，最后是理论建构的体系性特征。在这三个方面，普遍怀疑的方法论原则是核心，而之所以采取普遍怀疑的方法却源于对存在之真实性的根本不信和恐惧。同样地，普遍怀疑的结果则是建构起一套普遍有效的哲学体系。②总之，启蒙理性主义三个要点之间的相互关系可以概述如下：普遍怀疑的方法原则是理性主义的核心内核，恐惧与不信的态度是普遍怀疑方法的非理性基础，体系性的特征则是理性主义方法论原则的合乎逻辑的结论。问题是，这套依据普遍怀疑原则建构起来的理论体系大厦真的能解决存在的真实性问题吗？在雅可比看来：断无可能！其中原

---

① 参见施特劳斯：《雅可比哲学中的认识论问题》，载于《哲学与律法》，前揭，第 172 页。

② 这种体系性特征在笛卡尔的门徒——斯宾诺莎（尤其是在其《伦理学》中）和康德的极端化形式——费希特的自我论或主体论那里达到顶峰。

委，让我们看看雅可比对理性主义三个要点的质疑批判。

## 一、恐惧与不信：启蒙理性主义的非理性基础

一般而言，前黑格尔哲人通常被划分为两种类型：一类是客体论哲人，另一类是主体论哲人。比较而言，前者拒斥相对主义，以追求永恒不变的真理为己任，同时“受制于符合客观法则的哲理”的束缚；后者则通过费希特的名言“谁选择怎样的哲学，要看他是怎样的人”而广为人知。[①]这两类哲人类型的不同在雅可比那里代表了“客观的无”与“主观的无”的对立。“客观的无”是指将“一切都纳入绝对的是”，这个“绝对的是”并不是某物，因而实质上是客观的无，其典型样态历史性地存在于斯宾诺莎的实体和谢林的自然哲学的绝对者中。[②]与之相对，“主观的无”强调了无客体的主体性：客体的根据在主体之中，客体的存在仰赖于主体的形式能动，这种哲学类型历史地存在于笛卡尔的“我思故我在”的命题之中，并在康德的哥白尼式革命和费希特的主体论哲学中达到顶峰。

与这种传统的主—客对立的哲学类型学相左，雅可比更加看重非理性的情绪或态度在划分哲学立场上的重要性。依据雅可比的情绪分类法，不同精神气质哲人之间的差异表现为：“一类人夸大了恐惧；另一类人则夸大了勇气和希望”。前者（简称“恐惧型哲人”）眼里充满了不幸，他们谨小慎微，恐惧真理和高贵德性，用狐疑的眼光打量现存的理论与实在。后者（简称“勇气型哲人”）则散发着“男子气概”，他们果敢自信，虽然常为前者视为不够明智（unbesonnenen），但他们有坚定的信仰，信赖内心的感受、自然的确定性及其所给予之物。

雅可比之所以会从非理性情绪视角区分不同精神整体类型的哲人立场，主要有两方面的原因。**一方面**，雅可比对情绪质素的强调与他本人的个性气质风格之间有着内在的关联。作为一个作家—哲人，雅

① 施特劳斯：《雅可比哲学中的认识论问题》，载于《哲学与律法》，前揭，第 126 页。

② 施特劳斯：《雅可比哲学中的认识论问题》，载于《哲学与律法》，前揭，第 134 页。

可比生性敏感多疑，“这种既敏感又善感的天性，再加上理智方面的非凡激情”，很容易使雅可比把别人（如门德尔松）对他本人的冷淡和不屑混淆成对真理本身的冷淡和蔑视，进而理解为这些理性哲人在治学态度的飞扬跋扈和自负。[①] 这也是泛神论之争中，雅可比毫不留情地抨击门德尔松的个性心理基础。**另一方面**，雅可比的情绪分类法源于他对哲学和信仰之不同精神品格的基本判断。我们知道，哲学之思并非与人类出现相伴而生，而是相对较晚的事情。哲学的出现，往往是从对占统治地位的传统教诲——源自诗学—神话或原始宗教——的怀疑和不信开始的。就像受机械论思维主导的现代人，一旦遭逢前现代残留的图腾崇拜或献祭活动，很少从古典有机论（organologisch）、生物学或目的论的视角对这一社会现象作出同情式理解，而是本能地认为它幼稚、迷信，体现了人类早期文明的无知。这种带有鄙夷、怀疑和进步论眼光的不屑，本质上是情绪或道德上的嘲笑，而非基于无偏见的反思和论证。换言之，在哲学思考之前，已有先入为主的非理性判定，而认知性的理论还原或建构往往是在这种非理性情绪引导下继之而起的事情。正因如此，在方法的选取与精神的某种确定态度之间的关系上，施特劳斯认可雅可比的论断，他在“博士论文”第一部分“立场与方法的对立”的结尾部分强调：“每种方法都表现出了精神的某种确定的总体态度。正是同一种态度产生了不高贵的怀疑风尚和‘不自然的’普遍怀疑的方法。正如雅可比所否定的精神类型，完全可以由恐惧（Furcht）来刻画，同样，也可以将对丰富的感性生活的忧惧和厌恶，归于对立方法的主要机制……怀疑就是因理论的弊端（不合理性）而放弃理论生活（真理），而这种弊端必然与理论生活联系在一起……怀疑是理论上的恐惧——信仰是理论上的英雄主义。”[②]

在雅可比那里，不同类型的哲人划分绝非价值中立的类型学研究，恰恰相反，他毫不掩饰自己对两种哲学类型的价值评判。雅可比强调，

① 施特劳斯：《门德尔松与莱辛》，前揭，第 146、147 页。

② 施特劳斯：《雅可比哲学中的认识论问题》，载于《哲学与律法》，前揭，第 135—136 页。

恐惧型哲人是一种“不高贵、自负、不诚实”的哲人类型，他们与自然确定性原则形同水火，对权威和信仰“采取的整体态度是抵制和拒斥”。柏拉图便是这一类型的卓越代表，笛卡尔、斯宾诺莎和康德等人则是这一不高贵类型的现代继承者和发扬光大者。面对启蒙运动以来恐惧型哲学占据主导的“衰落（Verfallsentwicklung）趋向”，雅可比决定挺身而出，他在哲学诗作《沃尔德玛》（*Woldemar*）中这样写道：“我看到眼前有一片不堪入目的死亡之海，……我渴望一场洪流……让它冲刷这令人厌恶的罪恶渊薮……还我们一个原始、健康的土地。”①

尽管施特劳斯并不认同雅可比的信仰立场和敏感—激情的艺术哲学论战风格，但作为对启蒙之正当性充满警惕的哲学家，施氏显然十分看重雅可比作为理性对立面所发起的这次关于现代理性主义的全面宣战。在“博士论文”中，施特劳斯强调，雅可比上述抒情风格的文学式表达是对现代文化的“第一次以如此广泛的方式受到关注”，“尽管我们无需大体或完全同意雅可比式的特殊评价”，但我们绝不应将“视为雅可比纯粹的情感抒发”而予以随便打发，因为，它“与后来的社会学家（如特洛尔奇、桑巴特、韦伯和舍勒）的研究成果原则上一致”。② 显而易见，施特劳斯视野中的雅可比是一位值得认真对待的思想家—哲人，而非通常所宣扬的浪漫的狂热者和狂飙突进运动的支持者。③ 因此，雅可比对启蒙理性主义的批判在施特劳斯眼中就不是无来由的情绪宣泄，而是有着充足的个人理由。这一理由鲜明地体现在雅可比对理性主义方法论原则的批判上。

## 二、普遍怀疑的方法论原则

在经历了千年的中世纪洗礼之后，西方欧洲终于在启蒙运动时期再次复返理性怀疑的哲学主导。不过，理性哲学的这次强势复归，并

---

① *Friedrich Heinrich Jacobi's Werke*, Leipzig, 1812—1825, Vol.5, p.93. 中译参见施特劳斯：《雅可比哲学中的认识论问题》，载于《哲学与律法》，第 129 页。

② 施特劳斯：《雅可比哲学中的认识论问题》，载于《哲学与律法》，前揭，第 129 页。

③ 简森斯：《启蒙问题：施特劳斯、雅可比与泛神论之争》，孟华银译，载于《哲学与律法》，前揭，第 189 页。

不是简单地回返到古希腊哲学的柏拉图—亚里士多德传统。面对着强大的经院哲学传统，启蒙哲人的真理探询势必要面对如何看待上帝存在、世界被造之类的问题。古希腊哲人关注世界的起源或基础的本体论问题，他们把诗人和智者当作敌人，与前者争夺城邦正义的话语权，与后者争鸣永恒真理的可倡导性。与之不同，近代启蒙哲人的敌人不是作为传统权威的诗人，也不是扰乱伦理纲常的智者派，而是倡导虔敬和顺服的基督教信仰。话语权的争夺具有政治性和颠覆性，甚至可能危及生命。因此，面对占据统治地位的神权政治，近代启蒙哲人不得不韬光养晦，绕开上帝是否存在、世界本质如何之类的本体论问题，转向诸如“主体自我何以能认识到上帝和世界的真实之在?”“认识的发生机制及真确性根基究竟何在?”之类的认识论探询。总而言之，笛卡尔为代表的近代启蒙哲人的着力点是从原子化的我思主体出发，意图通过普遍怀疑的方法论原则来寻求无可怀疑的立足点，再从这一自明性前提的我思出发，演绎地推导或重构关于上帝、世界和自我的真实之在。

对于这样一套立基于普遍怀疑的理性主义方法论原则，雅可比并不认同。雅可比的论证逻辑既不是认识论式的：他不像康德那样从“先天综合判断何以可能”之类的认识论的基础问题出发与过往的启蒙理性哲人争鸣；同时哲学家的身份也让他无法简单地直接诉诸启示信仰立场。在施特劳斯看来，雅可比的认识论批判找到了一个非常讨巧的立足点。这一立足点一反启蒙哲人寻找基点—建立体系的模式，而是从启蒙哲人回避的上帝和世界的真实之在（即存在的真实性问题）倒推回来，即责问启蒙理性主义哲人：你们凭借普遍怀疑方法找寻的自明性前提以及在此基础上建构的理性体系性大厦，真的能解决存在的真实性问题吗?

正是基于这样的疑问，雅可比认为启蒙理性主义根本无法做到融贯一致。因为在雅可比看来，普遍怀疑方法的结果是“将存在追溯至非—存在（Nicht-Sein）”，[①] 从而悬置了存在的真实性问题，转而去探

① 施特劳斯：《雅可比哲学中的认识论问题》，载于《哲学与律法》，前揭，第130页。

询认识何以可能的自明性前提。然而，在雅可比看来，“如果我们将对象（首先是具体的自然对象）称为‘存在’”，那么，作为存在的“客体绝不会在主体中缩减为知识前提”。① 这种做法的实质是将存在的真实性问题化解掉了，在启蒙主体性哲学那里，根本就不存在什么客观存在的真实的自然对象，即使存在，我们也无法认识它，因为，作为主体，我们充其量只能获得外物带给我们的一些杂乱的感知刺激，而我们所坚信的真实的外物存在以及科学的普遍必然性原则不过是来自主体的某种信念抑或形式能力。因此，将启蒙理性主义原则推到极端，“剩下的就只有纯粹的主体”，“存在（Sein）、现实性（Wirklichkeit）、事实（Gegebenheit），都将毁灭……纯粹理性的哲思……将所有外在于纯粹理性之物变成了无”。② 表面上启蒙理性主义探讨的是认识如何可能的问题，但在经历了一系列的怀疑和重构之后，存在的真实性问题变成了一个毫无意义的伪问题。上帝存在与世界真实被消解为无，或变成不可认识的物自体，或成为人的观念的一种主观投射。对于这种存在被系统化约为非存在或无，尤其是信仰的基础——上帝之在被解构的状况，雅可比首创了一个词虚无主义（Nihilism）来加以标识。

### 三、体系—哲学的边界与不合—理性

在批判质疑普遍怀疑的方法论原则之后，雅可比进一步将目光转向对启蒙理性主义的体系化特征的批判。在雅可比看来，体系—哲学的最大问题在于它的“不自然”：“所有体系—哲学的合理化趋势都不自然，都破坏了自然的确定性及其所给予之物”，这实质上破坏了构成客体的至关重要的要素，而这些要素不可能人为地加以补偿或重构的。③ 雅可比认为，这种“不自然”一方面来自体系—哲学的方法论本身，另一方面缘于启蒙理性哲学认识形式的固有缺陷。

从方法论上看，根据古典和中世纪哲学的主流见解，我在与外物

---

① 施特劳斯：《雅可比哲学中的认识论问题》，载于《哲学与律法》，前揭，第 130 页。
② 施特劳斯：《雅可比哲学中的认识论问题》，载于《哲学与律法》，前揭，第 131 页。
③ 施特劳斯：《雅可比哲学中的认识论问题》，载于《哲学与律法》，前揭，第 132 页。

存在都具有不容置疑的确定性。然而，近代启蒙哲学将自我—外物的存在信念悬置起来，通过追溯存在之不可怀疑的自明性前提，或是让外物存在的真实性成为问题（如贝克莱），或是消解了自然因果律的普遍必然性（如休谟）。当然，体系—哲学的原初动机并非解构性的：它意图从普遍怀疑获得的无前提、无成见的基点出发，合乎逻辑地建构出一座无可撼动的体系大厦，然后试图在这座体系大厦的框架内讨论事物的存在及其诸种属性。但在雅可比看来，体系—哲学根本无法完成这一任务，因为启蒙理性哲学本身存在着无可克服的固有缺陷。这种缺陷一方面表现在质料（客体、对象）的不合—理性上，另一方面表现在认识形式的不合—理性上。

**首先，在质料的不合理性方面**，雅可比认为，知性认识并非法力无边，相反，它有着难以逾越的本质范围或边界。在这个边界之外，知性既无法对形式本身达到“经历之充盈”，也无法对“客体更为切近的结构有所表达”。也就是说，在统觉的原初统一性方面，知性并不具有自足性，它本质上既具有自发性的特质，也具有接受性的特质，因此“需要其他能力来辅助，正是它们给予知性以材料”。① 然而，启蒙理性主义根本无视这一自身限度，它没有如其所是地“将需要证明之物回溯到‘不合理性之物’”，而是试图将“需要证明之物回溯到直接确定之物”。② 但正如雅可比所看到的，知性之外或之前存在着“无法证明、无法揭示、无法追究的事实，这些事实是体系建构的界限。以不合理性的方式具有确定性的事物长期存在，不可因体系之故而否定和歪曲它”。③ 启蒙理性主义试图借助普遍怀疑方法回溯到自明性前提，然而，“普遍怀疑是一道栏木”未经这道栏木检验的内容“是闯不进认识的”。④ 故而，理性主义所谓的确定和自明不过是自欺欺人：它无视自身之外的不合理性的事实，将凡是无法为知觉所统摄的偶然的、不

① 施特劳斯：《雅可比哲学中的认识论问题》，载于《哲学与律法》，前揭，第 141、146 页。
② 施特劳斯：《雅可比哲学中的认识论问题》，载于《哲学与律法》，前揭，第 142 页。
③ 施特劳斯：《雅可比哲学中的认识论问题》，载于《哲学与律法》，前揭，第 132 页。
④ 施特劳斯：《雅可比哲学中的认识论问题》，载于《哲学与律法》，前揭，第 144 页。

确定的，抑或无法为认识所穷尽的对象之整体全都挡在理性的围栏之外，然后自欺欺人地躺在自认为严格确定的体系的安乐窝中，全然无视各种前理性或超理性因素的侵扰和突入。在雅可比看来，理性主义与感性事物的这场搏斗堪称“生死之战”，它表现为“对扰乱知性之宁静的感性事物的根除”。这场战役源于知性的恐惧，并最终展现为对现实性的某种敬而远之，对雅可比而言，“概念并不多于现实性，而是不确定的、去特殊化的、消除了危害的现实性。概念建构越宽泛，就越不具有现实性”。①

**其次，从认识形式的不合理性上看**，雅可比认为体系—哲学诉诸的证明法则同样超出了知性掌控的范围：因为“证明的原则绝对无法证明自身”，它“总要回溯到其他更为明确的事实”，否则就会陷入“循环论证”。② 在雅可比看来，“有些原理，不需要证明，也经不起证明，因为，能够提请证明的所有原理，都比已有的确信更弱”。③ 例如，当我们说“我在”时，我们关于“我在”的确信来自一种直接的认知，人“通过一种直接的、不依赖于回忆过往情形的本质感受，而非通过认识，发现自己是这样一种本质；他知道，他是这个人而且是同一个人，他绝不可能成为另一个人，因为，直接的精神—确定性与精神、与自我本质、与实体性不可分离。” ④ 也就是说，证明原则的基础是要回溯到概念的直观基础或基于某种直接认知的确信，亦即一种超越理性的“不合理性之物”。

可以看出，雅可比这里对理性主义体系性特征的批判，反映了他迥异于理性主义认识论的客观实在论立场。认识论与实在论两种立场之间具有显见的差别：前者从第一人称的主体出发，强调对统觉的原初综合统一性的我思；后者则以第三人称，即以客体而非主体作为出

① *Friedrich Heinrich Jacobi's Werke*, Leipzig, 1812—1825, Vol.3, p.228. 中译参见施特劳斯：《雅可比哲学中的认识论问题》，载于《哲学与律法》，前揭，第 140 页。

② 施特劳斯：《雅可比哲学中的认识论问题》，载于《哲学与律法》，前揭，第 141 页。

③ *Friedrich Heinrich Jacobi's Werke*, Leipzig, 1812—1825, Vol.5, p.12. 中译参见施特劳斯：《雅可比哲学中的认识论问题》，载于《哲学与律法》，前揭，第 142 页。

④ 施特劳斯：《雅可比哲学中的认识论问题》，载于《哲学与律法》，前揭，第 142 页。

发点，以个体的本质性所具有的非常广泛的基础为根据。准确地讲，雅可比试图从笛卡尔认识论的我思原则转向“先于一切‘领会’的事件”，通过超理性的“本质感受”来确保存在的真实性。对于雅可比而言，“所感知到的对象的简单在此，是直接被给予的”。[①] 真实性的超越不可证明，我们应将其归于“特定的经历特点之现象——也就是‘信念’”。[②] 例如，尽管历史上存在各种对上帝证明的反驳，即对“关于上帝的纯粹知性认知的反驳”，但并不妨碍我们拥有“一种关于上帝的真实性的直接经验”。[③] 因此，雅可比反复强调，我们“绝对不可以将 Sum［我在］放在 Cogito［我思］之后”，相反，“个体的生命之富足”，亦即“本质性”必须“被置于认识主体之先”。[④]

对于雅可比这种实在论立场，施特劳斯有着自觉的认识。他强调指出，“雅可比的全部认识学说，一开始就有形而上学的负担，这是由于最终目标的全部根据都在于此在感受。……真理的最高规范，在至深处，与本质的此在和谐一致。此在感受以同样的力量担保着上帝和世界的超越意识的真实性之此在，靠这种力量，此在感受也担保着我们自身的超越意识的真实性之此在。此在感受是最高的确定性。所有基本的确定性，都从根本上与自我确定性的方式具有同源关系”。人的此在及其感受不仅是真理问题，更是生命问题。在雅可比那里，真理和生命是一回事。不仅如此，真理问题是次生的，人得首先活着（存在着），然后才能认知，因此，存在（我在）是超理性的，“我们认知的真实根据必定是‘活的’……知性作为第二位的认知形式，不可能是我们的本质中心”。[⑤] 正是在这个意义上，施特劳斯强调，如果我们把握不住雅可比立场摇摆于“精神（‘理性’）哲学和生命哲学之间的特点”，那么“我们将无法准确评价雅可比的立场”。[⑥]

① 施特劳斯：《雅可比哲学中的认识论问题》，载于《哲学与律法》，前揭，第 149、150 页。
② 施特劳斯：《雅可比哲学中的认识论问题》，载于《哲学与律法》，前揭，第 154 页。
③ 施特劳斯：《雅可比哲学中的认识论问题》，载于《哲学与律法》，前揭，第 159 页。
④ 施特劳斯：《雅可比哲学中的认识论问题》，载于《哲学与律法》，前揭，第 173 页。
⑤ 施特劳斯：《雅可比哲学中的认识论问题》，载于《哲学与律法》，前揭，第 174 页。
⑥ 施特劳斯：《雅可比哲学中的认识论问题》，载于《哲学与律法》，前揭，第 175 页。

## 第二节 雅可比对启蒙哲学的道德与宗教批判

施特劳斯“博士论文”的论题虽然是关于“雅可比哲学中的认识论问题”研究，然而施氏的论述并未止步于认识论问题，而是进一步延伸到对雅可比道德和宗教学说的批判性考察。施特劳斯的这一处理并非全无根据：一方面，雅可比对理性主义的认识论批判与他对启蒙理性哲学的道德伦理批判一脉相承。认识论领域对自然确定性的悬置和怀疑，到了道德伦理领域就转化为对权威他律（习俗或神律）的批判质疑，两者最终都是要回溯到原子式个体的我思或自律（Autonomy，又译自主性）。[①] 另一方面，施特劳斯并不认同雅可比客观实在论的认识论表述，认为它建构性的部分不过是“拙劣地从其他哲人（首先是休谟和康德）那里借来的”，[②] 与之相对，施氏认为雅可比从真实性问题出发对启蒙理性哲学的价值虚无主义批判却切中肯綮，值得探究一番。因此，在以新—康德主义方式重构雅可比的认识理论之后，施特劳斯话锋一转，转向对雅可比道德与宗教学说的批判性考察。

### 一、雅可比对启蒙理性主义的伦理道德批判

在施特劳斯看来，雅可比反对启蒙理性哲学在伦理道德学说上的自主论（Autonomismus）原则。Autonomismus（自主论）一词的词根是 Autonomy（自主性、自律），后者与他律（宗教戒律）原则针锋相对，强调道德学说的前提是人的健全理性和选择自由，即人能够自主运用自己的理智进行自决，否则，受因果自然律支配抑或受外在权威宰制不得不为之的事情不能被归于一种道德行为，因此也不应承担相应的道德责任。但雅可比并不认可这一说法。在他看来，真正的道德伦理学说绝非“洞见前行而顺从遵行，恰恰相反：由顺从，由遵行规

① 施特劳斯：《雅可比哲学中的认识论问题》，载于《哲学与律法》，前揭，第 170 页。

② 施特劳斯：《雅可比哲学中的认识论问题》，载于《哲学与律法》，前揭，第 172 页。

范，由因顺从而侵入我们生命中心的规范，产生了道德洞见”。[①] 对雅可比来讲，自主论将道德行为的根据归于人自身的做法，要求一切外在的权威束缚和宰制都要经受自我理性的审查和检验，这看似强调了自主个体的道德责任意识，实质上是瓦解了传统的神学伦理和神权政治的根基，导致了人在道德实践领域的无所依从。这一虚无主义做法的危害在于：一方面，自主性学说瓦解了政治伦理的神圣性基础，斩断了政治与德性之间的内在关联，但却无法向现代人保证自主个体运用健全理性得出的道德信条具有非此不可的绝对性和神圣性。因为没有权威他者、没有神圣光环，形式化的伦理规范根本无力规约欲望个体去践履道德行为。另一方面，纵使我们认可自主论优越与他律，那么，不受宰制的自律如何才能达到也是一个问题。纵览西方启蒙的现实历史，启蒙理性哲学打破了神权政治的束缚，但随行而至的是科学主义对人的异化宰制（法兰克福学派），知识—权力的联姻（福柯），资本逻辑的隐秘统治（马克思），等等。启蒙试图祛除权威，然而权威宰制从未退场，人类何以能够征服人性的欲望—自然，真正达及不受监护的理性自律状态？正是在这个意义上，雅可比认为，自主论在解构和祛除传统伦理道德规范方面可谓“居功至伟”，但作为一种主流的现代伦理形式仍是虚妄无根的。

在雅可比看来，理性主义伦理学的根本缺陷在于，“它以知性或也以‘从知性角度’来理解的理性为出发点，无论如何要寻求一种伦理真理的合理性基础。但这种做法必定所获甚少。因为……伦理真理是知性无法企及的”。[②] 例如，费希特为代表自主论伦理学曾试图将科学向爱的过渡变成确定之事，从而以知性方式建构起一套“普遍有效的严格的科学道德体系”。但对雅可比来说，“这个道德体系必定存在吗？”，这种不带感情的知性逻辑建构岂不硬生“扯断伦理真理的有机来源‘与人心的最后一丝联系’”。[③] 在雅可比眼中，费希特的伦理学

① 施特劳斯：《雅可比哲学中的认识论问题》，载于《哲学与律法》，前揭，第 170 页。

② 施特劳斯：《雅可比哲学中的认识论问题》，载于《哲学与律法》，前揭，第 166 页。

③ 施特劳斯：《雅可比哲学中的认识论问题》，载于《哲学与律法》，前揭，第 133 页。

的原则是纯粹的自我性，这种自我性一味追求自主的自大，它只能提供空洞的图式，却“无法保证一种有内容的伦理原则”，因而绝无现实的执行力可言。[①] 那么，要建构一种真正强有力的伦理学，就应当以爱为基础，因为“‘爱’与我们人的至深地存在联系在一起”，唯有其才能为伦理原则提供具有质料内容的规范性要求。[②]

## 二、雅可比对启蒙理性主义的宗教信仰批判

正是对爱的伦理学的强调上，雅可比的道德学说与宗教信仰走到了一起。在雅可比那里，“对上帝的信仰，不是科学，而是一种道德”。[③] 这显然与休谟的自然上帝观格格不入，对后者而言，经验是人唯一的领会方式，因此，“上帝观念与所有其他观念一样，也可以还原为感性印象”[④]，雅可比则不同，他一方面认同康德的先验批判，从而将认识能力区分为感性、知性和理性三种不同类型；另一方面，他又不满意康德对理性观念之真实性特质的否定，尤其是对上帝观念的否定。为了与休谟—康德哲学划清界限，雅可比提出了心的范畴来补充以经验为源头的理性概念。

雅可比认为，“理性”更具理性思维特点，它是“真正宗教的、‘神学’的认识—工具”，而“心”则具有更多的伦理思想特点，它才是“伦理的认识—工具”。在雅可比看来，上帝观念的伦理意义与真实性之间不可相互取代，“谁拥有上帝—认识不可或缺的条件——‘道德’，‘谁的心就放对了位置，就不会胡言乱语，就不会踌躇怀疑’”，反之，如果哲人没有道德，他就无法认识“存在者之全体——上帝”。[⑤] 概而言之，雅可比和康德的本质分歧表现在：康德“始终坚持经验一元论”，他“对理性观念的经验—超越性的洞见，没有扩展到对于由理

---

①② 施特劳斯：《雅可比哲学中的认识论问题》，载于《哲学与律法》，前揭，第 166 页。

③ *Friedrich Heinrich Jacobi's Werke*，Leipzig，1812—1825，Vol.3，p.449. 中译参施特劳斯：《雅可比哲学中的认识论问题》，载于《哲学与律法》，前揭，第 157 页。

④ 施特劳斯：《雅可比哲学中的认识论问题》，载于《哲学与律法》，前揭，第 158 页。

⑤ 参见施特劳斯：《雅可比哲学中的认识论问题》，载于《哲学与律法》，前揭，第 157—159 页、第 162 页。

性所揭示的真实性的肯定”。[1] 雅可比则坚持人有身体和神性两种经验方式，对自然的经验以身体的实体性为中介，而对上帝的认识以“我们人的‘本质’中不从属于自然—机制的、自由且不死的部分为中介，即以我们之中的神性为中介”。[2] 这种神性类似于一种本能，当然不是休谟意义上自然—物理意义上的生物本能，而是表现为人性自然的一种对真、善、美之神性事物的基本冲动和心的欲望。[3]

## 三、施特劳斯对雅可比学说的继承与批判

综上可见，雅可比对启蒙理性主义哲学作出了旗帜鲜明的批判。在他看来，现代理性主义原则推到极端，必然走向无神论、决定论和虚无主义。这一结果对雅可比而言是绝对不可忍受的。作为一个反启蒙的斗士，雅可比挑起了那场影响深远的泛神论之争，就是让那些启蒙温和派直面信仰与无神论的两难抉择。雅可比的启蒙批判对施特劳斯早期思想产生了重要影响，然而雅氏启蒙理性批判的现代前提，抒情风格的道德嘲讽以及回避问题式回归信仰，又难以支撑施特劳斯对现代视域的根本质疑。因此，从总体而言，施特劳斯对雅可比学说采取了既继承又批判的立场，这主要表现在以下三个方面。

首先，雅可比关于哲人恐惧与勇气特质的二分表述对施特劳斯的思想发展具有重要的影响。这种影响一方面表现在，施特劳斯借助恐惧这一动机要素来分析西方宗教批判传统。例如，在《斯宾诺莎的宗教批判》中，施氏将伊壁鸠鲁视为整个宗教批判传统的初始源头，认为后者之所以会将宗教批判视为至上的任务，源于他对“免受恐惧侵扰的心灵与生活的安宁”的思想动机。[4] 另一方面，雅可比非此即彼

---

① *Friedrich Heinrich Jacobi's Werke*, Leipzig, 1812—1825, Vol.3, p.180；中译参见施特劳斯：《雅可比哲学中的认识论问题》，载于《哲学与律法》，前揭，第 159 页。

② 施特劳斯：《雅可比哲学中的认识论问题》，载于《哲学与律法》，前揭，第 162 页。

③ *Friedrich Heinrich Jacobi's Werke*, Leipzig, 1812—1825, Vol.3, p.434，中译参施特劳斯：《雅可比哲学中的认识论问题》，载于《哲学与律法》，前揭，第 164 页。

④ Leo Strauss, *Spinoza's Critique of Religion*, Chicago: The University of Chicago Press, 1965, p.42.

的恐惧—信仰论述，成为施特劳斯“耶—雅冲突”论述的一个重要理论来源。“耶—雅冲突”是一个隐喻性的说法，它用两座城的差异来指涉理性（哲学）与信仰（宗教）之间的紧张冲突。一般地讲，哲学意味着自由探寻，它挑战权威并将最终的根据放在反思主体的我的身上：凡是未经我的反思和检审的东西，都不能信靠其为真；与之相反，宗教则意味着清空自我、放下自己，它将上帝的存在视为不容置疑的前提，主张自我要敞开心扉、放下执着，迎接圣灵的感动和召唤。简言之，哲学意味着（我的）怀疑，试图将一切建立在理性的地平之上，而宗教意味着相信/信仰和顺服权威教条。因此，耶—雅冲突，就是相信与怀疑，内心笃定与恐惧不安之间的对立和紧张。毫无疑问，耶—雅之间的极端对立构成雅可比泛神论之争的初始信念和预设前提，但有意识地将这一冲突纳入哲学讨论的主题加以周详细致的持续思考，则是施特劳斯的工作。

其次，施特劳斯大体认同雅可比对启蒙理性主义方法论原则的批判。在“博士论文”中，施特劳斯的表述是描述和分析性的，他试图从雅可比的立场出发，试图归纳概括出雅氏理性主义方法论批判的一些要点。这种抽象干瘪的教条性批判，在1937年关于泛神论之争的清理中被更多的同情式理解所取代。在施特劳斯看来，门德尔松为代表的启蒙温和派之所以认信普遍怀疑的方法论原则，源于他们对古—今形而上学优劣高下的诊断和判定。对门德尔松来说，笛卡尔—莱布尼茨现代形而上学完全优越于（新）柏拉图主义的前现代形而上学，这不仅表现在前者更好地对待了身体、此世、感性的价值，祛除了“死亡和彼岸的恐怖气息”，更重要的是，现代形而上学更接近《圣经》，它“对特殊的天意进行了可靠的论证”。[①] 对门德尔松而言，前现代哲人只承认普遍的天意（理念），因而在古代致力于维护特殊天意—启示的并非哲人，而是诗人和祭司构成的大众体系。然而，虽然大众体系比无信仰优越，却没有力量抵御强有力敌人——迷信的盛行。因此，

---

① 施特劳斯，《门德尔松与莱辛》，前揭，第179、180页。

为了能够抵御迷信带来的恐怖和无信仰带来的绝望，获得灵魂的安宁，唯一可靠的手段便是诉诸论证。而这一工作，在门德尔松看来是笛卡尔—莱布尼茨代表的现代哲人来完成的，这些启蒙哲人试图摆脱所有常识经验，“将我们模糊不清的想象彻底转换成清楚明了的概念”。[①]在笛卡尔那里，人的一生中至少又一次要“彻底质疑过那个‘偏见’丛生的世界：这个遗失了概念，满是经验的世界，”正是凭借激进的怀疑精神，笛卡尔“成为彻底改革哲学的先驱”，自他之后，现在哲人们渐趋扭转了人们以实在—经验事实的认定为根据的状况，最终使得哲学“成为纯粹论证性质的知识”。

当然，这一怀疑—论证式方法论革命之所以得以完成，仰赖于对经验性日常语言的摒弃：笛卡尔和莱布尼茨从几何学和数学的思考[②]中获得灵感，找到了不同于日常语言的纯粹科学的语言——普世数理（mathesis univeralis）。在施特劳斯看来，门德尔松对怀疑—演绎证明方法的同情式理解，并不代表他对现代哲学方法论原则的全盘接受。恰恰相反，“门德尔松的整个作家生涯都围绕着现代哲学的论证性质产生的诸多难题而展开”，例如：在感性的审美领域，理性要向趣味俯首称臣；在伦理学领域，“良知和靠幸运得来的对真理的感受力（常识）在大多数情况下都要替代理性的位置”；甚至在数学的确定性为基础的形而上学领域，“对美和秩序的感受，或者说趣味，远比理性或对哲学真理的信念，要持久和可靠得多”。因此，施特劳斯认为，正是基于对论证性哲学之确定性的怀疑和犹太教信仰的辩护，最终使得门德尔松在遗作《致莱辛的友人》中已“强烈地倾向于常识哲学”。[③]然而，门德尔松对理性论证哲学困境的揭示和向常识哲学的退守并没有改变他启蒙哲学的底色。

因此，相对于门德尔松调和式的理性宗教视角，施氏更加认同雅可比对理性主义必将走向虚无主义的论断。在经历尼采和海德格尔的思想洗礼，尤其是亲历 20 世纪前半叶风起云涌的政治事件之后，施特

---

① 施特劳斯，《门德尔松与莱辛》，前揭，第 181 页。

② 解析几何便是将广延的形用坐标（代数）的方式来表达，而莱布尼茨则是微积分的发现者。

③ 参见施特劳斯，《门德尔松与莱辛》，前揭，第 182—185 页。

劳斯对虚无主义作为现代性危机的重要表征的判定更加感同身受。在1941年的一次主题为“德意志虚无主义”的演讲中，施特劳斯把虚无主义作为一种认识论结果扩展到政治历史领域，认为正是文化和价值领域普遍的虚无主义导致了道德价值与政治信仰的漂浮无根，这间接为德国纳粹主义的上台清除了思想障碍，最终引发人们对启蒙运动倡导的普适价值的不信，即现代性危机。然而应该看到，在虚无主义一词的首创者——雅可比那里，这一术语的社会历史意义尚未充分展开，仍囿于少数智识精英关于启蒙正当性根基的思想论战之中，对于当时尚未完成启蒙的四分五裂的德国而言，这充其量只是某个启蒙反对论者的一种极端表述。但这一极端表述绝不是信口开河的如此一说，在施特劳斯看来，它深刻揭示了理性主义体系建构的根本限度。

最后，雅可比将心而非理性视为理解上帝的官能基础，从而为自己回归非理性主义的启示信仰辩护。但在施特劳斯看来，雅可比的这一自我证成并不充分，因为一方面雅氏对心的认识的描述含混不清，他“并未费力去确定心的认识与其他认识形式之间的界限。心的认识每每消失于普通‘感受’之中”。另一方面，在雅可比那里，也“很难区分统觉在认识论上的统一与‘本质’即单子在形而上学上的统一”。[①]但可以确定的是，雅可比一方面处在与“具体的宗教没有依赖关系的思辨传统之中”，表现在对莱布尼茨的单子式形而上学立场的哲学忠诚；另一方面处在“基督教的思想之流”，热衷于“经由帕斯卡尔所中介的‘心’之术语”，强调从宗教经验或情感出发为上帝的真实性作虔信派的神秘证成。[②]正是因为这种哲学上的实在论立场和宗教上的天主教色彩，使得雅可比难以认同自主论的应当—伦理学。对于雅可比来说，真正的伦理学并非 Sapere Aude（dare to know，敢于运用自己的理性），而是顺从在先，“由顺从，由遵行规范，由因顺从而侵入我们生命中心的规范，产生了道德洞见。”

对于施特劳斯而言，无论雅可比的反启蒙批判在言辞上表现得如

---

① 施特劳斯：《雅可比哲学中的认识论问题》，载于《哲学与律法》，前揭，第165页。

② 施特劳斯：《雅可比哲学中的认识论问题》，载于《哲学与律法》，前揭，第153、157页。

何激进彻底，却终究不过是一种半吊子的启蒙理性批判。这种理性批判的不彻底性表现在：一方面，雅可比信仰回归立基于对某些启蒙核心价值的认信，如反对一切政治与思想上的专制主义，崇尚启蒙哲人所宣扬的自由、平等价值，更重要的是，立基于莱布尼茨实在论哲学的基础之上；另一方面，雅可比又坚信每个时代都有自己的真理和活的哲学，从而否定了超越时间的永恒真理的存在。正是在这个意义上，施特劳斯认为雅可比的“非理性主义和传统主义实际上根植于历史主义”，因而从根本上是一种半截子的启蒙批判理论。① 施特劳斯在以后的研究中逐渐认识到，历史主义恰恰是启蒙现代性浪潮式推进的重要原因之一。正是基于这样的认识，施特劳斯毫不犹疑地否弃了雅可比非理性主义信仰之路，而是转向了审慎节制的古典理性主义的探询之路，从而开掘出柏拉图式政治哲学。而要了解施特劳斯的这一转变，我们有必要清理泛神论之争，以便廓清施特劳斯对雅可比思想更加深入的分析和论述。

## 第三节　雅可比、门德尔松与泛神论之争

泛神论之争是 18 世纪晚期德国发生的一场意义重大、影响深远的思想论争。这场争论由雅可比发起，门德尔松（Moses Mendelssohn）率先加入，康德（Immanuel Kant）、哈曼（Johann Georg Haman）、赫尔德（Johann Gottfried Herder）等当时德国几乎最重要的文人学者都参与了这场论争的讨论。甚至在一个多世纪之后，面对现代理性主义的危机和纳粹主义的出现，海德格尔、施特劳斯、霍克海默、哈贝马斯等一批思想哲人重拾泛神论之争的话题，批判性地检省启蒙—现代性的问题，重思现代理性主义的限度。职是之故，美国学者詹姆斯·施密特（James Schmidt）认为：“启蒙运动是欧洲的一个历史事件，但是‘什么是启蒙？’这个问题，却独一无二地是一个地地道道的

① 简森斯：《启蒙问题：施特劳斯、雅可比与泛神论之争》，孟华银译，载于《哲学与律法》，前揭，第 210 页。

德国问题。”[①] 泛神论之争的详细评述已远远超出一部学术专著的体量，[②] 因此，本节不拟对这场争论泛泛而论，而是从其发端者雅可比与门德尔松的思想论争入手，以施特劳斯对这场争论的研究成果为参照，[③] 管窥这场“生机勃勃且饱受歪曲”的思想论争之肇端、实质及其后果。

## 一、泛神论之争的实质及其面相

泛神论之争的根本在于启蒙运动的正当性问题。对于德国学人而言，所谓启蒙，就是大胆运用自己的理智，“反对所有传统、所有‘偏见’，尤其是彻底反对所有启示宗教的传统”[④]。那么，关于启蒙正当性的讨论，就包含截然对立的两派观点：一派是摒弃启示信仰，崇尚理性（宗教）的启蒙哲人，如门德尔松，康德；另一派是批判质疑启蒙理性主义必将走向无神论、决定论和虚无主义的启蒙反对论者，如雅可比、哈曼。然而，我们知道，在 18 世纪晚期泛神论之争的当口，正统神学依旧强势，专制高压无孔不入。[⑤] 在出版言论自由受到高度

① 《启蒙运动与现代性：18 世纪与 20 世纪的对话》，詹姆斯·施密特编，徐向东、卢华萍译，上海人民出版社 2005 年版，前言，第 1 页。

② 关于泛神论之争的研究的文献，参见施特劳斯：《雅可比哲学中的认识论问题》，载于《哲学与律法》，前揭，第 123，注释 1，同时参见简森斯：《启蒙问题：施特劳斯、雅可比与泛神论之争》，孟华银译，载于《哲学与律法》，前揭，第 203 页，注释 ①。

③ 根据晚近最权威的泛神论之争研究者**拜塞尔**（Frederick Beiser）的看法，施特劳斯对泛神论之争复杂背景的研究和论述是目前最好的研究成果之一，参见 Martin D. Yaffe，*Strauss on Mendelssohn*：*An Interpretive Essay*，The University of Chicago Press，2012，p. xiii。

④ 施特劳斯：《门德尔松与莱辛》，前揭，第 90 页。

⑤ 要了解这一背景，只要提及莱玛鲁斯（Hermann Samuel Reimarus，1694—1768）身后发表的《未署名者残篇》(又译《匿名残篇》，节选自《对理性敬拜神者的申辩或辩护》[*Apology or Defense for the Rational Worshipers of God*]，以下简称《残篇》）即可。在《残篇》中，莱马鲁斯从理性宗教立场出发批判了经验性的所有实证宗教，尤其是基督教。为了避免遭受迫害，莱马鲁斯生前并未发表该著。莱马鲁斯卒后，其女**伊丽丝**（Elise）秘密将书稿交给好友莱辛，后者 1770 年起任沃尔芬比特尔（Wolfenbüttel）大公图书馆馆员。莱辛利用自己“拥有免于常规神学审查的特权”于 1774—1778 年以匿名方式出版了莱马鲁斯书稿的七个片段，“对于‘残篇’作者的一些极端观点，莱辛在互文中故意设计、添加了一些编者的‘相反按语’，以示自己与文中所持观点的区别”。尽管如此，莱辛还是卷入了与汉堡牧师歌策（Johann Melchior Goeze）旷日持久的关于《残篇》的论争之中，并最终“被取消免受新闻检查的自由，并被禁止发表宗教问题的文章”。泛神论之争开始的时间是 1785 年，距离那场著名的沃尔芬比特《残篇》之争仅有 7 年光景，可见当时的神学—政治迫害仍很严重。参见，Martin D. Yaffe，*Strauss on Mendelssohn*：*An Interpretive Essay*，The University of Chicago Press，2012，p. xii。

检控的时代背景下，旗帜鲜明地直陈己见有遭受迫害的风险，因此泛神论之争客观上需要一个合适的契机和切入点，戈特霍尔德·埃夫莱姆·莱辛（Gotthold Ephraim Lessing，1729—1781）的去世便提供了这样一个契机。

莱辛的去世之所以会成为引爆泛神论之争的导火索，有内—外两个方面的动因合力促成。从内在的，即从莱辛自身方面的原因来看，正如施特劳斯所指出的，莱辛是西方近代以来最后一位熟稔显白写作技艺的作家：他深谙政治社会的意见特质和潜在风险，懂得如何巧妙隐匿自己的真实意图和锐利观点，审慎而又合宜地著书立说。[①] 然而，莱辛写作显白特质的负面效应在于，它使得人们对他的盖棺定论成为问题：一方面他被德国学界公认为启蒙的捍卫者，莱布尼茨—沃尔夫式有神论者；另一方面又被指认为教条主义的怀疑论者，是无神论异端斯宾诺莎的忠实信徒。[②] 因此，从这种偶然的、亦即外在的因素看，在莱辛去世之后，当人们对他的思想品格作出评估时，关于何谓莱辛真正思想遗产的争论便浮出水面，尤其是当雅可比煽风点火地试图诋毁莱辛与门德尔松的亲密关系时，泛神论之争便如发酵的泡沫瞬间膨胀起来。

严格地讲，这场争论的引线来自门德尔松。莱辛刚一去世，“写点莱辛性格”的想法便在这位至交的头脑中浮现出来，这本是一件合乎人伦的友情纪念。在门德尔松的写作规划中，莱辛将被刻画成一位独立的、走自己的路的莱布尼茨主义者。[③] 我们知道，“在莱辛时代，莱布尼茨第一代门徒沃尔夫（Christian Wolff，1679—1754）传播的自然理性神学在德国大学占据主导地位且备受尊敬”。[④] 那么，门德尔松依据学界通行观点为莱辛盖棺定论似并无不妥之处。然而，雅可比却

---

① 参见施特劳斯：《显白的教诲》，陈建洪译，载于《古典政治理性主义的重生：施特劳斯思想入门》，潘戈编，郭振华等译，华夏出版社 2011 年版，第 115—127 页。

② 参见施特劳斯：《显白的教诲》，陈建洪译，前揭，第 116、124 页。

③ 参见施特劳斯：《〈“晨时”和“致莱辛的友人”〉引言》，载于《门德尔松与莱辛》，前揭，第 200、201 页。

④ Martin D. Yaffe，*Strauss on Mendelssohn：An Interpretive Essay*，The University of Chicago Press，2012，p. xiii.

不想让事情沿着“谬误”的大众舆论方向发展。在从好友伊丽丝·莱马鲁斯（Elise Reimarus）那里获知门氏的写作计划后，雅可比便处心积虑地设计了一封回信。在回信中，他婉转诚请伊丽丝转告门德尔松，“莱辛在弥留之际是一个坚定的斯宾诺莎主义者”，如果门德尔松在回忆录中牵涉到这方面内容，“最好删去某些材料，或至少是万分小心处理为妥”。[①] 雅可比透露的这一讯息让门德尔松大为光火：因为根据当时的主流见解，斯宾诺莎主义者是无神论者、思想异端和无政府主义者的代名词，是遭人诟病的思想恶名。因此，雅可比的所谓“善意”提醒，显然是对逝去友人之人格的恶意中伤和对自己底线的肆意挑衅，如果这一消息一旦被坐实，“莱辛的那些正统派的论敌会把这视为超乎他们期望的铁证，证明莱辛根本没有信仰，从而在与莱辛的较量中大获全胜”。[②] 因此，为了亡友的清白名誉，也为了捍卫自己终生持守的启蒙信念，门德尔松一改往日的审慎克制，主动应战，持续近三年之久的门—雅“泛神论之争”大幕悄然开启。[③]

从上可见，尽管泛神论之争的实质在于启蒙的合法性问题，但它并非以“何谓启蒙？”“启蒙的理想和目标为何？”“启蒙的本质和限度何在？”之类的面相登场，而是以莱辛究竟是否为一名斯宾诺莎主义者，斯宾诺莎主义究竟是一种蹩脚的无神论还是道德无害的泛神论的面相出现的。[④] 在绵里藏针的文字交锋中，尽管有层层迷雾的遮盖，论辩

① 施特劳斯：《门德尔松与莱辛》，前揭，第 134 页。原文参见“Lessing und Jacobi：Das Gespräch über den Spinozismus”[ Lessing and Jacobi：The Conversation about Spinozism ]），*Lessing Yearbook*，（3）1971，pp.25—70。

② 施特劳斯：《〈“晨时”和“致莱辛的友人”〉引言》，载于《门德尔松与莱辛》，前揭，第 152 页。

③ 门—雅“泛神论之争”，始于 1783 年 7 月 21 日雅可比致伊丽丝回信中对门德尔松的“暗示”：莱辛是一个坚定的斯宾诺莎主义分子，结束于 1786 年 1 月 4 日门德尔松病逝，历时两年零五个月。

④ 在《启蒙运动与现代性：18 世纪与 20 世纪的对话》一书的序言起首处，美国学者詹姆斯·施密特认为德国学界影响深远的关于启蒙的论争不过是源于《柏林月刊》杂志 1783 年一篇文章的顺便一问，这体现出了施密特对泛神论之争背景的缺乏基本了解。参见《启蒙运动与现代性：18 世纪与 20 世纪的对话》，詹姆斯·施密特编，徐向东、卢华萍译，上海人民出版社 2005 版，前言，第 1 页。

双方之立场的对立还是旗帜鲜明的：雅可比尽管时而披着彻底怀疑的斯宾诺莎式外衣谏言，但根底里的基本立场却是坚决反对斯宾诺莎式理性主义，即认为这种启蒙理性主义根本无力洞穿和照亮一切，而是根植于非理性的超越信念，其最终结果必然走向决定论、无神论和虚无主义。而论辩的另一方——门德尔松则表现为一种犹疑的莱布尼茨主义立场。这种犹疑表现为门德尔松在理性观和宗教观上对莱布尼茨的偏离：一方面，在理性观上，门德尔松像雅可比一样怀疑形而上学之推理证明的说服力，在他看来，"推论证明就好比碉堡。国家用它来抵挡敌人的侵袭，可对于和平的居民来说，碉堡作为居所，既不舒适，也不美观"。① 因此从《论自明》到发表《晨时》，门德尔松愈加发现"莱布尼茨的形而上学并不是证明灵魂不死"和上帝存在问题的"合适土壤"，所以他决定用"显白的方式来进行哲学思考"，从而更加"接近常识的哲学，偏向通俗的论证"②。另一方面，在宗教观上，门德尔松反对莱布尼茨实证宗教的正统宗教观。在门德尔松看来，莱布尼茨重视智慧和公义，创世之目的对他来说在于"世界整体的美与秩序"，而门德尔松的理性神学则"分享了启蒙运动特有的观念"，更加重视上帝的仁慈友善和作为主体的每个人的权利与幸福。③ 然而，尽管在哲学和宗教立场方面门德尔松对莱布尼茨—沃尔夫哲学有着种种偏离，但从根本上，正如施特劳斯所强调指出的，"对于莱布尼茨和沃尔夫证明的形而上学确凿性、自然宗教最高贵真理的可论证性，门德尔松却是

① 施特劳斯:《〈论自明〉引言》，载于《门德尔松与莱辛》，前揭，第 84 页。

② 施特劳斯:《〈斐多〉引言》，载于《门德尔松与莱辛》，前揭，第 98 页。在《晨时》中，门德尔松认为"理性时常远远落后于常识，有时甚至偏离常识，并有误入歧途的危险"。在《致莱辛的友人》中，为了替犹太教辩护，门德尔松更加强调常识哲学，他指出，"合乎理性的信念，是犹太教不可置疑的前提，我指的不是咱们在书中常见的形而上论据，也不是条分缕析的逻辑论证……我指的是质朴的常识所下的断言和判断。常识直接谋划事情，并从容不迫地考虑事情"。因此理性必须臣服在常识的脚下，以免最终误入歧途。参见施特劳斯,《〈"晨时"和"致莱辛的友人"〉引言》，载于《门德尔松与莱辛》，前揭，第 185、186、133 页。

③ 参见施特劳斯:《〈斐多〉引言》，载于《门德尔松与莱辛》，前揭，第 92 页；同时参见施特劳斯:《〈上帝的事业或获救的天意〉引言》，载于《门德尔松与莱辛》，前揭，第 122、124、130 页。

毫不怀疑的”。[①] 换言之，门德尔松论辩的立场始终囿于莱布尼茨的框架，始终未能超越后者立场的阈限。[②]

## 二、雅可比的“请君入瓮”与门德尔松的“绝地反击”

毫无疑问，泛神论之争的发端有着高度的偶然性和戏剧性。门德尔松虽然埋下了泛神论之争的引线，点燃这一引线的却是雅可比。早在 1780 年七八月间，也就是莱辛去世前半年，雅可比就从与莱辛的长谈中获悉后者是一位坚定的斯宾诺莎主义者。那么，他完全可以像发表《莱辛所言：评〈教皇之旅〉》(*Something that Lessing Said*，1782，以下简称《莱辛所言》) [③] 那样单方面公开这一发现。要说雅可比顾及公众舆论和道德谴责而不愿公开这些对话并不属实，因为从他毫不顾忌地发表《莱辛所言》，到泛神论之争开启后将自己和莱辛谈话的内容公之于众的事实可以看出，雅可比既没有学会莱辛显白写作的韬光养晦，也没有门德尔松审慎节制的伦常德性。同时，好友哈曼和赫尔德也都建议雅可比“单独出版他和莱辛的对话”，不要将门德尔松牵扯进来。[④] 然而，雅可比并未采纳好友的建议，也没有顾虑一位前辈长者的颜面感受。他不依不饶地硬拉门德尔松下水，即在向德国学界传布莱辛斯宾诺莎思想底色这一爆炸性讯息时，一并向世人宣示门德尔松其实根本不懂至交莱辛。那么，读者或许会疑惑，雅可比为何非要强拉门德尔松入瓮？另一方面，门德尔松也不是市井庸人，这位“德国的苏格拉底”不可能对雅可比的挑衅和居心叵测毫无察觉，而且好友约翰·莱马鲁斯（J.A.H. Reimarus,《匿名残篇》作者的儿子）也提醒

① 施特劳斯:《〈论自明〉引言》，载于《门德尔松与莱辛》，前揭，第 85 页。

② 施特劳斯:《〈上帝的事业或获救的天意〉引言》，载于《门德尔松与莱辛》，前揭，第 129 页。

③ 中译参见《启蒙运动与现代性：18 世纪与 20 世纪的对话》，詹姆斯·施密特编，徐向东、卢华萍译，上海人民出版社 2005 年版，前言，第 196—215 页。

④ 参见哈曼 1784 年 11 月 14 日致雅可比的信以及雅可比 1784 年 6 月 30 日致赫尔德的信，中译参见施特劳斯，《〈“晨时”和“致莱辛的友人”〉引言》，载于《门德尔松与莱辛》，前揭，第 171 页，正文和注释②。

过他，鉴于7年前《匿名残篇》论争的历史教训，最好不要卷入关于纠缠不清的莱辛是否为斯宾诺莎主义者的争论当中，因为“这只会让外人笑话”（“lest outsiders rejoice over it”）。[①] 那么，究竟是什么原因让厌恶一切公开论辩的门德尔松决意去蹚浑水，非要和一个籍籍无名的后辈晚学去争出个是非曲直？或者说，雅可比到底击中了门德尔松那一命门死穴，以至于让阅历沧桑的门德尔松无法泰然处之，明知山有虎却偏向虎山行？毫无疑问，这些问题对于理解泛神论之争绝非可有可无，下面我们先来简要分析一下雅可比的动机所在。

可以肯定地讲，雅可比对门德尔松的敌意和冒犯绝非毫无来由，而是有一段扑朔迷离的前史。门德尔松出生于1729年，比雅可比（1743）年长14岁。早在1763年，20岁的雅可比便被门德尔松的文字吸引。当时，门德尔松应征柏林科学院（Berlin Academy）的文章——《论形而上学诸科学中的自明》（*Treatise on Evidence in Metaphysical Sciences*，以下简称《论自明》）盖过康德论文，力拔头筹勇摘桂冠。在这篇获奖征文中，门德尔松依据莱布尼茨—沃尔夫的哲学，驳斥了已故柏林科学院院士莫佩尔蒂（Pierre Louis Maupertuis，1698—1759）对形而上学自明性的质疑。然而，这位当时便已然声名卓著的哲学作者的获奖论文并没有让雅可比感到满意：门德尔松“如此详尽地从理性（idea）视角对上帝的存在作论证，并且极度信赖自己论证的有效性”。[②] 这在年轻的雅可比看来有些匪夷所思。17年后，在与莱辛的对谈中，雅可比仍充满疑惑：“像门德尔松这样具有清澈正确理智的人，何以会在《论自明》里如此热切地诉诸理性去证明上帝的存在？”[③] 雅可比的本能反应表现了他对理性推证之有效性和可行性的根

① 约翰·莱马鲁斯在1783年11月11日去信给门德尔松，建议后者不要详细描绘莱辛的斯宾诺莎主义，因为“这只会让外人笑话”（“lest outsiders rejoice over it”），参见 Martin D. Yaffe, *Strauss on Mendelssohn: An Interpretive Essay*, The University of Chicago Press, 2012, p.86。

② Martin D. Yaffe, *Strauss on Mendelssohn: An Interpretive Essay*, The University of Chicago Press, 2012, p.70.

③ Martin D. Yaffe, *Strauss on Mendelssohn: An Interpretive Essay*, The University of Chicago Press, 2012, p.73.

底不信。对雅可比而言，理性论证根植于某种信念或独断，因为对前提和根基的怀疑是不能无限推证下去的。而门德尔松在《论自明》中对上帝的本体论证明，便反映了这种“要证明一切，不相信任何既成之物”的理性自负。对雅可比而言，这种想要证明万物的理性尝试，根源于人“想要摆脱身外之物，摆脱超越于他的真理的意志，是人想要‘统治真理，而非顺服真理’的意志，是傲慢和自负”。① 沿着这一理性论证之路走向极端，必将导致斯宾诺莎主义即无神论和宿命论（fatalism），② 而这对雅可比而言是无法接受的。因此，雅可比宣称，人要敢于“致死的一跃”（salto mortale，英译 death-defying leap），要敢于相信信仰的真理，而不能像门德尔松那样试图用理性去论证上帝的存在。当然，雅可比的这一观点是他 17 年后在与莱辛密谈中展示出来的，而不是 1763 年初读门德尔松《论自明》时头脑中便有的想法。但不管怎样，《论自明》这篇文章激发了雅可比透彻研究门德尔松的愿望，当然这种研究最终是要证明后者的谬误。这一动力促使雅可比投入到哲学史的研究之中，尤其是接近斯宾诺莎的作品。

因此，门德尔松成为反面推动雅可比开展哲学研究的“启蒙导师”，这种想要证伪门德尔松的冲动早在泛神论之争开启之前的 20 年前就已然孕育了。但真正与这位同时代的哲学巨匠展开面对面的思想交锋则要等到 19 年后，即 1982 年发表《莱辛所言》之后。门德尔松注意到了雅可比的这篇言论，同时撰写了一篇批驳性的评论。在施特劳斯看来，正是这次小规模的接触战最大程度地激发了雅可比的“最高贵和最卑劣的激情”。这场交锋的经历其实并不复杂，在《莱辛所言》中，雅可比借莱辛之口表达的一个想法为出发点，将对教皇专制制度的批判扩展为对所有专制制度的批判，进而承认人的基本权利、国家的起源和法权根据的绝对诉求。在门德尔松看来，一方面雅可比的文章带有可疑的民主倾向或暗藏了教皇权位论的意向即反启蒙的蒙

---

①② Martin D. Yaffe, *Strauss on Mendelssohn: An Interpretive Essay*, The University of Chicago Press, 2012, p.71.

昧主义倾向[①]；另一方面，门德尔松认为雅可比文章开篇所引用的莱辛言辞颇为不妥，因为莱辛的那些看法具有明显的悖论性质，“放在谈话里合适，却不适合教导：因为一位意图教导的作者不会追求夸张，而是追求清晰而纯粹的概念”。[②] 雅可比对门德尔松回应则紧扣莱辛言辞引用失当的异议，他强调：“谈话的目的绝非为了教导，而是为了唤醒人们去寻求真理的最高形式，一个人可以借助这一形式改善另一个人。”[③]

从表面上看，这场争论中雅可比的言辞占据了上风，他将自己的文章和门德尔松等人的评论文章以“对一篇奇文的不同见解”（“Thoughts of Various Men about Remarkable Writing”）为题结集出版，充分显明了对自己所持观点的自信。那么，获胜方雅可比何以会对“失败者”门德尔松心生怨愤？在施特劳斯看来，言辞上的胜利并非事情的关键，门德尔松对整件事的漠不关心才是雅可比耿耿于怀的原因所在。[④] 说到这里，我们不得不描绘一下雅可比的气质风格和他的道德品性，这在泛神论之争中是具有主导性的动力因素。一方面，在气质风格上，雅可比敏感多疑、咄咄逼人、好胜而爱出风头（pushiness）。[⑤] 他的争强好胜使得他迫切希望得到门德尔松的认可和肯定，但当后者只是把自己当作哲学上毫无建树的小人物而不予理睬时，自尊心上的强烈受挫使得雅可比异常恼怒。雅可比具有哲学上的艺术激情和冒险精神，同时又缺乏道德上的慷慨大度。因此，当他凭借口舌之辩上的小胜想当然地以为会赢得大人物的青睐，但最终换来

---

① Martin D. Yaffe, *Strauss on Mendelssohn: An Interpretive Essay*, The University of Chicago Press, 2012, pp.92—93.

② Martin D. Yaffe, *Strauss on Mendelssohn: An Interpretive Essay*, The University of Chicago Press, 2012, p.68.

③ Martin D. Yaffe, *Strauss on Mendelssohn: An Interpretive Essay*, The University of Chicago Press, 2012, p.69.

④ 施特劳斯：《〈“晨时”和“致莱辛的友人”〉引言》，载于《门德尔松与莱辛》，前揭，第139页。

⑤ Martin D. Yaffe, *Strauss on Mendelssohn: An Interpretive Essay*, The University of Chicago Press, 2012, p.78.

的却不过是对方的漠不关心与无动于衷时，敏感而善感的天性使得雅可比感觉受到了羞辱，进而恼羞成怒并且迁怒于人。在雅可比看来，门德尔松的冷漠态度绝非针对他本人，而是对真理本身的漠不关心，是“胆敢统治真理的自负”，是虚荣、骄横跋扈和彻头彻尾的自以为是。更为重要的是（另一方面），在后天的道德品性上，雅可比也缺少“恰当的荣誉教育”，这鲜明地表现在他缺乏内心的诚实，狭隘、懦弱、残忍而无基本的同情心。[①] 在施特劳斯看来，雅可比高度自爱，这或可归因于卢梭对这一情绪（自爱）的过度渲染和竭力辩护，它“让那个世纪为之痴迷”。[②] 不仅如此，雅可比“心怀对他那个档次的人物来说十分卑劣的恐惧”，这种恐惧更多彰显了一种道德上的懦弱。当这种道德上的懦弱和高度的自爱相结合，再加上雅可比灵魂深处缺少的“慷慨大度”，这使得在整个泛神论之争中，雅可比的表现极不正派：对自己“顾影自怜、对别人残忍且肆无忌惮”。雅可比千方百计地试图激怒门德尔松参加论战，却对一位受病痛折磨[③]长达十余年的老者毫无半点同情之心，甚至在1785年10月的文章中全力使出“对门德尔松最危险，可以说是致命的杀手锏”时，雅可比的内心也丝毫未能泛起良心的谴责。[④] 因此，我们不难想象，这场18世纪最有意义的思想论争从一开始便因双方的怨愤情绪和刻意歪曲而变得扑朔迷离。一个半世纪之后，当这场论战的硝烟散尽、愤懑淡去之后，施特劳斯这样来评价双方的立场：“就细节而言，雅可比对这场争执的描述比门德尔松

---

① Martin D. Yaffe, *Strauss on Mendelssohn: An Interpretive Essay*, The University of Chicago Press, 2012, pp.107—108. 中译参见施特劳斯：《〈“晨时”和“致莱辛的友人”〉引言》，载于《门德尔松与莱辛》，前揭，第175—177页。

② 施特劳斯：《〈“晨时”和“致莱辛的友人”〉引言》，载于《门德尔松与莱辛》，前揭，第176页。

③ 根据阿尔特曼的说法，门德尔松在过去15年中饱受衰竭性疾病的折磨和困扰，以至于脆弱不堪和有些神经质。参见 Martin D. Yaffe, *Strauss on Mendelssohn: An Interpretive Essay*, The University of Chicago Press, 2012, p.228。

④ 在施特劳斯看来，对门德尔松而言，雅可比手中的致命论据是莱辛曾亲口“告诉过他，他对门德尔松采取了刻意的保留态度”，并且还“讲明了这样做的原因”。参见施特劳斯：《〈“晨时”和“致莱辛的友人”〉引言》，载于《门德尔松与莱辛》，前揭，第172、149、146、174页。

客观忠实。但在整体上，雅可比远不如门德尔松坦荡正派。”①

重新回到思想战场，当我们勾勒出雅可比的论战动机和气质动因后，就很容易理解门德尔松决然应战的无奈和苦衷。雅可比20年的理论准备加上道德上的无底线，使得他一出手便直击门德尔松的软肋。面对雅可比充满恶意的烟雾弹，门德尔松根本无法泰然处之地置身事外，因为这不仅关涉自己与莱辛终生不渝的友谊，更关涉自己毕生为之奋斗的启蒙信念是否牢靠的问题。这在20世纪犹太人问题再次陷入困境时可以看得更加清楚。在门德尔松时代，启蒙理性和自由主义还只是一个需要捍卫的、尚未实现的价值观念；一个半世纪之后，自由同化方案在纳粹主义崛起的铁证下宣告了它在实践上的破产。在门德尔松的时代，只是由于雅可比的挑衅和突袭，才使得现代人第一次瞥见启蒙理性主义在解决犹太人问题上面临的无力。作为一个犹太人，门德尔松终身为启蒙理想而奋斗，他唯一能够聊以自慰的确信就是自己和莱辛的友谊，这是“他与非犹太世界之间最久远、最牢靠的桥梁，也是维系他与非犹太世界的唯一纽带”。这一友谊表明，只要审慎小心、妥善处理，犹太人完全可以以个人方式受到非犹太主流文化的接纳和认可，同时收获与非犹太基督徒之间的亲密友谊。雅可比残忍地捅破了这层善意谎言的窗户纸，让门德尔松真切感到“自己和莱辛之间横亘着一条无法逾越的沟壑”。② 对莱辛是否真的完全信任过自己的疑虑无情啃噬着门德尔松，让后者无法不站出来据理力辩。门德尔松必须直面下面问题：出身对立的人最终是否真的能完全理解对方？犹太人是否能以个体方式逃离封闭的犹太社区，融入无信仰偏见的

---

① Martin D. Yaffe, *Strauss on Mendelssohn: An Interpretive Essay*, The University of Chicago Press, 2012, p.106.

② 施特劳斯：《〈“晨时”和“致莱辛的友人”〉引言》，载于《门德尔松与莱辛》，前揭，页173、174。门德尔松论辩致力的重心在于：他懂得莱辛的真实想法及其思想遗产的关键所在，从而证明自己是莱辛的挚友。而雅可比的揭露试图表明：门德尔松懂不懂莱辛都没关系，莱辛曾亲口告诉过他，在最根本的问题上自己对门德尔松怀有戒心，自始至终就压根没把门德尔松当作可以推心置腹的朋友。这或可解释门德尔松愤懑和失控的原因所在：无论他如何努力争辩，都抵不过雅可比手中的尚方宝剑：莱辛不信的亲口证词。他所珍视的是与莱辛之间的珍贵友谊，但不幸的是，从争辩的一开始他就因此而败下阵来。

自由主义社会？因此，不加入这场争论，不直面解决这些问题，门德尔松心绪难平、心神不宁。之后的社会历史表明，门德尔松输掉了这场口舌之辩，却最终赢得了历史现实的胜利：斯宾诺莎主义及其自由社会的理想经由他的辩护而深入人心，德国的启蒙理想最终化为现实。不过门德尔松的损失巨大，他甚至为这场争论献出了生命。

### 三、斯宾诺莎主义，一种无神论还是泛神论？

“门—雅之争”始于1783年夏，以雅可比7月21日信中（致伊丽丝）暴露“莱辛弥留之际是坚定的斯宾诺莎主义者”为开端。论争之初，双方主要以伊丽丝·莱马鲁斯为中间人往来信件，间或通过论文扼要阐述各自观点，如门德尔松的《驳雅可比先生》(“Objections of Mr. Jacobi”，1784年7月）和雅可比的《致赫姆斯特赫斯的信》(“Letter to Hemsterhuis”，1784年6—7月间）。论争真正公开化要等到两年之后，四部充斥着愤懑情绪和观点分歧的论战性专著在半年内相继出版，泛神论之争迅速进入白热化。[①] 论辩双方在如下问题上针锋相对、互不相让：莱辛是否为斯宾诺莎主义者？如果是，到底是哪一种意义上的斯宾诺莎主义者？如何恰切评估莱辛斯宾诺莎主义的神学性质和道德危害？在门德尔松“措辞考究、雄辩有力的辩护”之下，斯宾诺莎的思想形象发生逆转：从一种臭名昭著的无神论荒诞体系转变为一种道德上无害的泛神论学说。这场争论意外地让斯宾诺莎沉冤得雪，作为一个泛神论者，斯宾诺莎“最终赢得了大众的敬重”，并“在德国正式接受下来，与之相伴随的，是莱布尼茨哲学的没落”。[②]

然而，这一最终结果却是论争双方所始料未及的。作为启蒙的反

---

① 这四部专著分别是门德尔松的《晨时》(*Morning Hours*，1785年6月杀青，同年10月出版)，《致莱辛的友人》(*To the Friends of Lessing*，1785年12月，出版于1786年1月)，雅可比的《致门德尔松先生的信：论斯宾诺莎学说》(*On Spinoza's Doctrine*, *in Letters to Mr. Moses Mendelssohn*，1785，与《晨时》几乎同时出版）和《回敬门德尔松〈致莱辛的友人〉之责难》(*Against Mendelssohn's Accusations in His "To the Friends of Lessing"*，1786)。

② Martin D. Yaffe, *Strauss on Mendelssohn*: *An Interpretive Essay*, The University of Chicago Press, 2012, p.xiii.

对者和传统神学的捍卫者，雅可比尽管敬佩斯宾诺莎的果敢彻底，但对他理性主义的宿命论和虚无主义耿耿于怀；而论战另一方的门德尔松则出于审慎，本能地与斯宾诺莎拉开距离，从未想过要为这一思想异端正名洗冤。然而，雅可比的揭露和突袭，让门德尔松不得不重新审视莱辛作为斯宾诺莎主义者的可能性。当然，门德尔松并不是马上就接受这一骇人听闻的论断：在最初的几个月，门德尔松的直接反应是，这又是一则八卦，像柏林科学院假设“蒲柏是一个形而上学家！”一样的荒谬透顶。[①] 然而，门德尔松同时意识到这一“八卦”带有的冲击性和破坏力：一旦这一消息被坐实，“莱辛那些正统派的论敌会把这视为超乎他们期望的铁证，证明莱辛根本没有信仰，从而在与莱辛的较量中大获全胜”[②]。事实上，门德尔松对雅可比消息的拒斥态度也不是全无根据。一方面，门德尔松自认为非常了解莱辛，对他而言，如果莱辛直截了当、不加限制地就说自己是一个某某主义者，不是他当时神志不清，就是一时兴起的悖谬之言。另一方面，依据当时对斯宾诺莎主义和莱辛的通行见解，门德尔松无论如何也无法将启蒙捍卫者莱辛和反上帝、反一神论的无神论者联系起来。对门德尔松而言，5 年前（1783）关于残篇的论争还清晰如昨：残篇作者莱马鲁斯从理性一神论出发，批判所有援引经验例证的实证宗教，尤其是基督教，而莱辛明确以“基督徒身份介入了这场残篇之争，尽管他不再认同正统路德宗”[③]。正是由于莱辛令人肃然起敬的身体力行和卓越辩护，才使得莱布尼茨的自然神学受到公众的认可，并“在德国大学占据主导地位且备受尊敬，尽管在开明的路德教徒那里，它是基督教启示信仰的一种饱受争议的有神论选项”。[④] 时过五载，亡友尸骨未寒，雅可比便极具攻击性地宣称莱辛不仅不再认同正统路德宗，甚至连莱马鲁斯那样否认启示的理性一神教者都不是，这对于沉溺在往昔记忆中的门德尔松无

① 施特劳斯：《“晨时”和“致莱辛的友人”引言》，载于《门德尔松与莱辛》，前揭，第 150 页。

② 施特劳斯：《“晨时”和“致莱辛的友人”引言》，载于《门德尔松与莱辛》，前揭，第 152 页。

③ 施特劳斯：《“晨时”和“致莱辛的友人”引言》，载于《门德尔松与莱辛》，前揭，第 199 页。

④ Mart in D. Yaffe, *Strauss on Mendelssohn*: *An Interpretive Essay*, The University of Chicago Press, 2012, pp.xii-xiii.

论如何都难以接受。

然而，门德尔松对雅可比论断的拒斥态度持续时间很短。仅仅三个月之后，即在1783年11月18日致莱马鲁斯兄妹的信中，门德尔松便用沉默收回了他对雅可比“妄言”的质疑。[①] 雅可比寄给门德尔松关于莱辛谈话的详尽叙述和与莱马鲁斯兄妹的往来信件，使得门德尔松尽管不愿相信，但仍不得不直面这一事实：至交密友确实是一个斯宾诺莎信徒。这一事实完全在意料之外，不仅让门德尔松懊恼不已，更让其感到有些匪夷所思。因此，门德尔松决定沉下心来，“重新接续已被遗忘的斯宾诺莎研究”，拷辨一下莱辛究竟在何种意义上是一个斯宾诺莎主义者？门德尔松重思和拷辨的结论集中发表在《晨时》和《致莱辛的友人》两部专著中，然而这些结论的论据和根由却集中在《哲学对话》(1755)和《理性基督教》(莱辛遗稿)两个文本之中。

《哲学对话》(*Philosophical Dialogues*)是门德尔松的早期作品，完成于1754年，出版于1755年。在这篇对话的第二部分，门德尔松试图阐释“‘斯宾诺莎的理性和宗教的学说大厦可能’以何种形式‘存在’”。在门氏看来，“斯宾诺莎主义就是这样的学说：世界、所有可见的事物，‘直到(现在)这一刻，都只能在上帝的理智中被找到’”。[②] 在门德尔松看来，我们自身以及我们通过感官意识到的外部世界，并非自我持存的事物，而是自我持存之物——实体(上帝)的变体。换而言之，万物是一(上帝)的潜在，一(上帝)是万物的原型，实体(上帝)既是唯一，却又无所不包。[③] 门德尔松的这一阐释已

① Martin D. Yaffe, *Strauss on Mendelssohn: An Interpretive Essay*, The University of Chicago Press, 2012, p.84.

② 施特劳斯:《“晨时”和“致莱辛的友人”引言》，载于《门德尔松与莱辛》，前揭，第209—210页。

③ 这一论点原为《哲学对话》中所阐发的见解，在《晨时》中却成为门德尔松批判的对象。参见 Martin D. Yaffe, *Strauss on Mendelssohn: An Interpretive Essay*, The University of Chicago Press, 2012, pp.230、232、233。然而，施特劳斯对门德尔松《晨时》的解读表明，《晨时》13—15讲中角色的话并不能表明是门氏本人的观点，因此，笔者认为，鉴于《晨时》和《哲学对话》的不一致以及前者包含更多的论战策略，《哲学对话》中的辩护立场应该更加符合门德尔松的原意。

然远离了学界把斯宾诺莎的上帝“理解为所有有限事物的集合”的流俗之见。在为《哲学对话》所撰的书评中，莱辛高度赞赏门德尔松重释斯宾诺莎的“果敢”( very bold ) 和“恰如其分”( very felicitous )。8 年之后，在 1763 年 4 月 17 日致门德尔松的信中，莱辛再一次提及《哲学对话》中门氏对斯宾诺莎主义的重释，他迷惑不解的是，“为何还没有莱布尼茨主义者站出来反对你。”① 然而，不仅忠诚的莱布尼茨信徒，就连门德尔松本人在以后的研究中也全然忘记了自己曾经信奉过“净化过”的斯宾诺莎主义。② 直到雅可比的“善意”提醒，才促使门德尔松再次记起自己曾在《哲学对话》里对斯宾诺莎写过什么，从而有机会再次近距离地重新审视自己的哲学前提，这为自己理解莱辛的斯宾诺莎主义提供了思想基础。③

然而，《哲学对话》充其量只能证明莱辛激赏门德尔松净化斯宾诺莎主义的做法，并不能证明莱辛本人是否信奉净化的斯宾诺莎主义。因此，要确定这一点，还需要另找证据。1785 年 4 月，莱辛神学遗稿《理性基督教》的编辑出版和在复活节书展上的亮相，让门德尔松最终找到了确证莱辛信仰斯宾诺莎主义的直接证据。④ 正是从那一刻起，门德尔松才又开始成竹在胸，并着手构思自己在下一部新著中将如何回应雅可比的挑衅。⑤ 门德尔松反驳的要点在于，雅可比被莱辛的夸张言辞迷惑了，从而把莱辛净化过的斯宾诺莎主义误解为流俗意义上的斯宾诺莎主义。所谓净化过的斯宾诺莎主义，就是用“被莱布尼茨思想改造过的斯宾诺莎主义”。⑥ 这种改良（improved）或净化包含双重

---

① Martin D. Yaffe, *Strauss on Mendelssohn: An Interpretive Essay*, The University of Chicago Press, 2012, p.144.

② 施特劳斯:《“晨时”和“致莱辛的友人”引言》，载于《门德尔松与莱辛》，前揭，第 151 页。

③ 施特劳斯:《“晨时”和“致莱辛的友人”引言》，载于《门德尔松与莱辛》，前揭，第 189 页。

④ 莱辛净化过的斯宾诺莎主义的论据在其遗稿《理性基督教》中，参见施特劳斯:《“晨时”和“致莱辛的友人”引言》，载于《门德尔松与莱辛》，前揭，第 165、166、209 页。

⑤ 施特劳斯:《“晨时”和“致莱辛的友人”引言》，载于《门德尔松与莱辛》，前揭，第 166 页。

⑥ Martin D. Yaffe, *Strauss on Mendelssohn: An Interpretive Essay*, The University of Chicago Press, 2012, p.142.

意义上的否定[①]：一方面，对莱布尼茨的理性基督教而言，莱辛反对它半吊子和漂浮无根："人们根本不知道，理性基督教的理性在哪里，基督教又在哪里。"[②]同时，莱辛也反对莱布尼茨的前定和谐，在莱辛看来，"对上帝而言，如果区分了可能和现实，又把现实世界理解为所有可能世界中最好的一个，那这种区分还有什么意义？"[③]另一方面，莱辛对斯宾诺莎学说也不完全认同：如果把上帝理解为有限事物的集合，有限物加有限物仍是有限事物，那么，从有限物的聚合何以会产生出无限的上帝？因此，作为一个独立的思想哲人，莱辛并没有简单地信靠任何一种主义教条，而是创造性地借助莱布尼茨观念来改造斯宾诺莎的学说。在这种改良过的斯宾诺莎主义那里，上帝的根据并非源于外在，唯一必然的上帝之在并非由无穷多的偶然存在物聚合而成，而是因其自身"统一性并以其力量为依据而无限"。[④]换句话说，在莱辛净化过的斯宾诺莎主义那里，根本不存在什么客观外在世界，"我们自身以及在我们周遭的世界，不过纯粹是上帝的思想罢了"，所谓创世，便是上帝"将自己的完美分割开来逐一"思考的结果。[⑤]那么，这种自然、世界和上帝内在同一的思想就不再是渎神的无神论，而是一种"对人类行为和幸福不产生丝毫影响"，"与宗教和伦理学实际拥有的一切，相处得融洽无间"，"甚至能与基督教的正统派和平相处"的道德上无害的有神论选项。[⑥]简而言之，门德尔松对莱辛的辩护的关键在

---

① 在施特劳斯看来，莱辛不是一个教条主义者，对于任何标签他都保有哲人的警惕和不安分。因此，莱辛并未"毫无保留地信靠斯宾诺莎主义"，他也没有用"任何一位大师的话来宣誓"，当然，也不能由此证明莱辛没有"朝斯宾诺莎主义的方面渐渐远离有神论"。参见施特劳斯：《"晨时"和"致莱辛的友人"引言》，载于《门德尔松与莱辛》，前揭，第150、151页。

② 施特劳斯：《"晨时"和"致莱辛的友人"引言》，载于《门德尔松与莱辛》，前揭，第145页。

③ Martin D. Yaffe, *Strauss on Mendelssohn: An Interpretive Essay*, The University of Chicago Press, 2012, p.141.

④ 施特劳斯：《"晨时"和"致莱辛的友人"引言》，载于《门德尔松与莱辛》，前揭，第168页。

⑤ 施特劳斯：《"晨时"和"致莱辛的友人"引言》，载于《门德尔松与莱辛》，前揭，第189、208页。

⑥ 施特劳斯：《"晨时"和"致莱辛的友人"引言》，载于《门德尔松与莱辛》，前揭，第196、207页。

于，莱辛净化的斯宾诺莎主义与对莱布尼茨的理性一神论的区别，只具有形而上学的细微差别，并无道德实践上的影响。

综上所述，在这场堪比中国“五四启蒙运动”的德国泛神论之争中，门德尔松既赢得了这场论战的胜利，同时也落败得一塌糊涂。说门德尔松赢得了泛神论之争，是从战略和历史影响上说的。在这场莱辛名誉的保卫战中，门德尔松通过论证净化后的斯宾诺莎主义在实践上的道德无害性和在宗教神学上的可接受性，使得斯宾诺莎的泛神论思想赢得了公众的敬重，从而为公众接纳莱辛净化过的斯宾诺莎主义提供了前提。进一步地，门德尔松成功地向莱辛那些“哲理剧本、文学评论和神学论辩”的读者表明，莱辛对莱布尼茨主义的“背离仍完全符合他对基督教道德堪称典范的忠诚”，从而有效地“掩盖和弥补了雅可比的揭露对莱辛名誉所造成的损害”。① 随着斯宾诺莎泛神论思想的深入人心，斯宾诺莎的理性启蒙思想开始占据学术话语权，德国启蒙运动在观念论的旗帜下变得势不可挡。从这个意义上讲，门德尔松对启蒙运动的普遍接受扫清了障碍，因而是泛神论之争的胜者和最后赢家。然而，从具体战术和直接后果上看，门德尔松并未有效证明自己和莱辛友谊的坚不可摧：作为挚友，他在敌情不明的劣势下承担起捍卫至交学术名誉的重任，却对莱辛在“敏感的哲学问题上”对自己的讳莫如深始终心存幻想，这场论争最终让这段堪称佳话的跨界友谊蒙上了阴影，让门德尔松所有为之进行的自我辩解变得苍白无力。因此，从泛神论之争的战术和结果上看，雅可比无疑是最终的胜利者。

## 四、施特劳斯、犹太人问题与重估“泛神论之争”

综上所述，“门—雅”泛神论之争是一场关于莱辛是否为斯宾诺莎主义者的争论。这场争论导致了斯宾诺莎泛神论思想的深入人心，间接证明了斯宾诺莎启蒙理性主义，亦即在理性法庭上检审宗教信仰的正当

① Martin D. Yaffe, *Strauss on Mendelssohn*: *An Interpretive Essay*, The University of Chicago Press, 2012, pp.230、231.

合法性。因此，从根本上讲，泛神论之争是关于启蒙正当性的论争。然而，这场论争在具体发生上又掺杂着愤懑情绪与理性克制、神—政中和与理智真诚、哲学反思与犹太人神学政治困境等多条副线的会聚和交织，问题的复杂性使得后学对这场论争的探讨展现出迥异其趣的不同论姿。例如，在《门德尔松全集》二百周年纪念版（1929 年启动）的两位资深编辑——施特劳斯和阿尔特曼（Alexander Altmann）的笔下，门德尔松的形象便差异显著：较之借助“哲学争论的话语加以阐释”的阿尔特曼路向，施特劳斯从史学与哲学探究相统一的“神学—政治”视角出发，来解读门德尔松在泛神论之争中的隐秘动机和诸种反应。①

对施特劳斯而言，门德尔松不仅是启蒙的坚定捍卫者和探询永恒真理的哲学家，更是一位身处神学—政治困境中苦寻出路的犹太人，“是现代犹太思想实际的、直接的父亲，第一个现代犹太哲学家”②。在 18 世纪晚叶，尽管启蒙运动在莱布尼茨，继而在莱辛、门德尔松、康德等大哲的共同推动下已渐成风潮，但对于正统神学和政教统治居于主导地位的德意志帝国而言，启蒙的正当性仍然是一个亟待证成的理论疑难。雅可比敏锐地直觉到启蒙理性主义所直面的内在困境。尽管从道德评价上看，雅可比以故意“羞辱门德尔松的迂回方式”挑起泛神论之争显得极不正派，③ 但可以肯定的是，论争之初主导雅可比的并非泄愤报复之类的私人动机，④ 而是出于揭示真理的理智真诚。对于施特劳斯而言，雅可比之所以固执地挑起这场论争，并让它如其所愿、自然而然地走完它的历程，是受到如下信念的支撑和激发：“启蒙运动及其理性主义终将导致无神论和宿命论。”⑤ 雅可比强拉门德尔松入瓮，

---

① 参见 Martin D. Yaffe, *Strauss on Mendelssohn*: *An Interpretive Essay*, The University of Chicago Press, 2012, p.237。

② 格林：《现代犹太思想流变中的施特劳斯》，游斌译、程志敏校，载于《施特劳斯与现代性危机》，华东师范大学出版社 2010 年版，第 300 页。

③ Martin D. Yaffe, *Strauss on Mendelssohn*: *An Interpretive Essay*, The University of Chicago Press, 2012, p.227.

④ 施特劳斯：《“晨时”和“致莱辛的友人”引言》，载于《门德尔松与莱辛》，前揭，第 147 页。

⑤ 简森斯：《启蒙问题：施特劳斯、雅可比与泛神论之争》，孟华银译，载于《哲学与律法》，前揭，第 204 页。

就是让那些处于风口浪尖的启蒙斗士们直面这一两难抉择："要么跟随莱辛的脚步，接受理性主义的毁灭性后果；要么拒绝理性主义，支持雅可比自己的信仰学说"。[①] 在施特劳斯看来，尽管雅可比两难抉择过于生硬粗暴，但确也击中了门德尔松的要害，从而让这位启蒙温和派翘楚不得不重新审视自己隐秘的斯宾诺莎前提[②]，尽管他最终未能跳出根深蒂固的莱布尼茨哲学前提。

在施特劳斯看来，门德尔松之所以未能像莱辛那样冲破莱布尼茨哲学的牢笼，源于他对现代形而上学优越于古代形而上学的坚定信念。在门德尔松看来，柏拉图为代表的前现代形而上学缺乏论证，它不仅仰赖不够严密的日常语言，甚至在论证主题上，也远不如"现代形而上学有更好的概念来表述人类身体的价值"。对于现代形而上学而言，"这个世界并不是监牢、苦海，而是一座潜在的天堂"。现代形而上学之所以肯定人的身体价值，"是因为它意识到，感官、躯体、此世，都是'神的造物'"。[③] 施特劳斯此处提醒我们，这里门德尔松坚守的现代形而上学观念，已然是对莱布尼茨和柏拉图学说双重修正后的结果。与莱布尼茨对威严、公义、施行审判的上帝理解不同，门德尔松从启蒙人学的意义上将上帝理解为"仁慈的、'温柔爱着的'、'宽厚地'将获取幸福的手段'撒播四方'的那个上帝。"[④] 这里门德尔松和莱布尼茨的对立表现在：莱布尼茨"重视的是智慧，而门德尔松重视的则是善。这意味着，对莱布尼茨而言，创世的目的就在于世界整体的美与秩序，而对门德尔松来说则首先是人、每个人的幸福"。[⑤] 概括言之，门德尔

---

① 简森斯：《启蒙问题：施特劳斯、雅可比与泛神论之争》，孟华银译，载于《哲学与律法》，前揭，第 204 页。

② 在施特劳斯看来，净化过的斯宾诺莎主义的始作俑者，根本不是莱辛，而是门德尔松。因此，当泛神论之争开启后，门德尔松"重新接续已被遗忘的斯宾诺莎研究"，再次近距离地重新审视自己的哲学前提，从而为自己重新审视莱辛的斯宾诺莎主义敞开了可能。参见施特劳斯：《"晨时"和"致莱辛的友人"引言》，载于《门德尔松与莱辛》，前揭，第 210，189、151 页。

③ 施特劳斯：《"晨时"和"致莱辛的友人"引言》，载于《门德尔松与莱辛》，前揭，第 179 页。

④ 施特劳斯：《"斐多"引言》，载于《门德尔松与莱辛》，前揭，第 92 页。

⑤ 施特劳斯：《"上帝的事业或获救的天意"引言》，载于《门德尔松与莱辛》，前揭，第 124 页。

松的上帝观更具启蒙理性色彩，他将“上帝的仁善置于他的力量、荣耀以及带来惩罚的震怒之前，乃是启蒙运动特有的观念；对于启蒙来说，上帝主要不是提出要求、为自己提要求的上帝，而是仁善的上帝”。[①] 正是根植于这样的启蒙观念，门德尔松一方面改编了柏拉图的《斐多》，缓和（Milderung）了这一对话的严峻风格，强调灵魂不死对道德之人的慰藉作用；另一方面，门德尔松以类似的方式改编了莱布尼茨的《上帝的事业》，否弃了后者与上帝之仁善和公义相冲突的地狱永罚教义。施特劳斯强调，门德尔松的双重改编受到现代哲学特有旨趣的引领和支配：“尽管门德尔松一直对神学保有天生的兴趣，然而对他起决定作用的，却是对自我的物质性、封闭性、独立性和个人权利的兴趣：他之所以会偏爱上帝无所苛求的善，因为只有它才能与独立自我的权利诉求协调一致，只有它才能与这些权利‘不发生冲突和差错’。”[②] 在门德尔松的笔下，上帝的大能和全智形象被良善形象所笼罩：上帝绝非出于自己的“永恒荣耀和公义”，而只是“为了人类个体今生和来世的幸福才创造和供养他们”。正是从这种隐秘的启蒙前提出发，门德尔松翻转了上帝和自我的原型—摹本关系，强调有限自我具有不可化约的“原型般的物质性”和自足性，继而宣称“每个人都有特定的权利领域，其他任何人，包括上帝，都不能也无法干涉这一领域”。[③]

可以看出，门德尔松无批判地全盘接受了启蒙的前提预设：他笃信笛卡尔无可怀疑的我思预设，秉持个人权利神圣不可侵犯的信念，质疑启示普遍永恒真理的可能性[④]，对上帝进行了谦和仁慈的非人格

---

① 施特劳斯：《“斐多”引言》，载于《门德尔松与莱辛》，前揭，第 92 页。

② 施特劳斯：《“晨时”和“致莱辛的友人”引言》，载于《门德尔松与莱辛》，前揭，第 192 页。

③ 施特劳斯：《“晨时”和“致莱辛的友人”引言》，载于《门德尔松与莱辛》，前揭，第 191 页。

④ 在雅法看来，“作为体系的哲学与作为启示律法的犹太教之间的最终紧张，是门德尔松犹太思想之根基的断层地带”，根植于对体系哲学自明性的确信，门德尔松从根本上质疑了“启示真理的必要性或可能性。在门德尔松看来，启示真理的问题在于它的含混不清和缺乏自明，因而无法为托拉和犹太人实践提供坚实的神学基础，而且同时助长了迷信。另一方面，托拉的教诲无法论证；严格地讲，即是说，它绝非一个体系，而是一种启示律法（从其自身视角出发）”。Martin D. Yaffe，*Strauss on Mendelssohn*：*An Interpretive Essay*，The University of Chicago Press，2012，p.241.

化虚置，等等。这些基于启蒙的论断，全然迥异于犹太传统神学的启示律法教导和人格化的上帝—君主形象。正是在这个意义上，施特劳斯认为门德尔松对传统犹太思想和现代哲学的启蒙综合本质上是一边倒的卑躬屈膝：他无批判地试图按照现代理性主义和现代宗教自由主义原则来改造传统犹太思想，“几乎牺牲了犹太思想中一切独特的东西”。[①] 面对唯物主义和雅可比哲学的有力挑战，门德尔松被迫证明“犹太思想既不相信神迹、启示以及犹太人的选民身份，亦不能给那些遵守律法诫命的人带来特殊的拯救”，那么，施特劳斯怀疑，这种被门德尔松阉割后的犹太思想，“是否还可能作为一个自主的、自足的宗教思想传统继续存在下去？”[②]

在施特劳斯看来，门德尔松的妥协和综合缺少直面真相的理智真诚，对现代犹太人而言是一种自欺欺人的自我安慰。门德尔松所处的时代，启蒙大幕徐徐开启，自由社会和理性主义需要证成，犹太人的尘世拯救被期冀于启蒙诸种价值的实现之中。然而，在施特劳斯的时代，一百五十余载的西方启蒙实践非但没有实现启蒙哲人期许的诸种价值，反而再次堕入神话的蒙昧主义和非理性的自我屠戮之中：科学主义的异化统治、自由民主制的软弱无力、反犹主义的愈演愈烈、纳粹主义的强势崛起、理性主义的自我毁灭和神学信仰的再次复兴……“神学—政治困境”再次成为犹太人不容回避的现实处境。因此，重审这桩旧案，施特劳斯以“神学—政治继承人的立场”去重估门德尔松式综合的利弊得失。

在施特劳斯看来，门德尔松的论战失败喻示了犹太人问题自由解决方案的失败：犹太人逃离封闭的犹太聚居区，以个体方式融入自由民主国家的努力，甚至不能为那些抵达学术顶点的人赢得友谊（如门德尔松）、人格上的尊严（如洛维特）以及起码的教职保障（如本雅

---

① 格林：《现代犹太思想流变中的施特劳斯》，游斌译、程志敏校，载于《施特劳斯与现代性危机》，华东师范大学出版社 2010 年版，第 301、302 页。

② 格林：《现代犹太思想流变中的施特劳斯》，游斌译、程志敏校，载于《施特劳斯与现代性危机》，华东师范大学出版社 2010 年版，第 302 页。

明）。因此，无论是私人领域反犹主义的从未离场，还是后黑格尔时代理性主义的自我毁灭，都从反面宣告了门德尔松启蒙论证并不值得称道。理性主义不能为人类构造此世的美好天堂，反之，人性非理性的方面一再冲破理性主义的牢笼，宣示后者对人的本真之在的霸权奴役。另一方面，施特劳斯也不认可雅可比的非理性主义信仰方案。在施特劳斯看来，尽管雅可比通过两难抉择对现代理性主义作出了决绝彻底的无神论宣判，但他的“非理性主义和传统主义实际上根植于历史主义，因为，他认为真正的知识只能源于由顺从超越的真实性所激发的道德行动。这揭示了雅可比‘信仰之飞跃’的决定主义特征，也说明他试图通过一种道德变化来实现一种哲学革新”。① 总而言之，施特劳斯对门德尔松的启蒙理性综合和雅可比的非理性信仰都不满意，他没有如雅可比所愿地沿着启蒙的理论逻辑选择两难选项的任何一方，而是坚定地开启古今之争，回溯到前现代的古典理性主义统续之中，并最终开掘出迥异前人的柏拉图式政治哲学思考之路。

# 第四章　施特劳斯笔下的斯宾诺莎宗教批判

在西方哲学史上，斯宾诺莎的思想形象可谓几经沉浮：他 24 岁被开除教籍、逐出犹太社团、以无神论之恶名遭到生养共同体和西方学界主流的唾弃和责难，声名可谓降到谷底；一个世纪之后，在门德尔松的力辩之下，斯氏的泛神论形象开始深入人心，受到德国观念论（如黑格尔）和浪漫派（如海涅）诸卿的激赏[①]，威名如日中天；然而，一个世纪之后，斯宾诺莎再次遭到 20 世纪犹太智识精英（如柯亨和罗森茨威格）的质疑和攻击，其思想形象也从圣徒沦为可鄙的“民族败类和叛徒”；未出半个世纪，后现代哲人（如德勒兹）和后马诸家（如奈格里、哈特）将斯氏奉为思想先驱，斯宾诺莎又一次被捧上神坛，俨然成了实践哲学和身体哲学转向中的精神导师[②]……概括言之，上述诸家对斯宾诺莎的或褒或贬，一方面突显了斯氏思想体系中的某一特质要素，另一方面遮蔽而非敞开了斯宾诺莎的思想锋芒，因为他们很少关注斯宾诺莎的所思所想，而是想从后者那里求取资源，为各自的

---

① 在哲学史讲演录中，黑格尔强调：“要开始研究哲学，就必须首先做一个斯宾诺莎主义者。”参见黑格尔：《哲学史讲演录》（第四卷），贺麟、王太庆译，商务印书馆 1978 年版，第 101 页。

② 斯宾诺莎宗教批判的理智真诚对尼采和海德格尔也有直接的影响，尼采在致友人的信中便坦陈斯宾诺莎是自己的先驱。参见 Friedrich Nietzsche，“An Franz Overbeck in Basel”，30，Juli，1881，in *Saemtliche Briefe*，Kritische Studienausgable，Band 6，Herausgegeben von Giorgio Colli und Mazino Montinari，Müchen：Walter de Gruyter，1988，S. 111。斯宾诺莎对后现代主义的影响，参见德勒兹：《斯宾诺莎与表现问题》，龚重林译，商务印书馆 2013 年版；迈克尔·哈特、安东尼奥·奈格里：《大同世界》，王行坤译，中国人民大学出版社 2015 年版。

哲学建构或研究论旨提供支撑或注脚。在这些研究中，施特劳斯的工作或可看作一个例外。这位著名政治哲人在其少壮之作——《斯宾诺莎的宗教批判》[①] 中，将廓清斯宾诺莎神学—政治批判的意图、处境及其春秋笔法作为自己"解经学"的重中之重，[②] 从而摆脱了柯亨的民族主义取向和罗森茨威格的信仰复归视角，揭示了"在地狱中写作"的具有显—隐双重面相的斯宾诺莎形象，成为斯宾诺莎研究史上占有"一家之言"地位的重要阐释者。

要了解施特劳斯的斯宾诺莎批判，不能不提施氏三十年后为《斯宾诺莎的宗教批判》(以下简称《宗教批判》) 英译本撰写的导言（以下简称"英译本序言"）。在这篇序言中，作者忆述了自己运思和撰写这一处女作时的现实处境和理论源起。熟悉施特劳斯笔法的读者，甚至同时代的友人都错愕于施氏序文的单刀直入和立场鲜明。[③] 换言之，这篇序言绝非仅是一篇旧作的导引之言，相反，在这篇洋洋洒洒六万余言（以"中译文"字数计）的记述中，我们可以充分领略一位具有强烈现实关怀和经典文本滋养的睿智哲人的思之回望。可以肯定地讲，"英译本序言"不仅对理解施氏的斯宾诺莎批判，对理解他整个政治哲学思想的源起、脉络和旨归，甚至对理解启蒙以降至 20 世纪初的西方思想图景都具有至为重要的学理意义。职是之故，"英译本序言"完全可以被视为一篇独立的作品，堪称施特劳斯启蒙反思的总结性论述。

---

① 该书 1930 年刊印初版，德文标题为《斯宾诺莎的宗教批判作为其圣经学的基础：斯宾诺莎〈神学—政治论〉研究》(*Die Religionskritik Spinozasals Grundlage seiner Bibelwissenschaft Untersuchungen zu Spinozas Theologisch-Politischem Traktat*)，1965 年翻译成英文出版，英译本缩略为《斯宾诺莎的宗教批判》。

② 一些研究者或许依凭《迫害与写作艺术》一书断定施特劳斯"像作者理解自己那样去理解作者"的经典解释学思想成形于美国时期。但在笔者看来，尽管这一口号性的原则明确提出的时间较晚，并且前期著述更多依循现代哲学的前见和论述方法，但严格来讲，无论是"博士论文"，还是《斯宾诺莎的宗教批判》等著，都无意识地践行着"经典解释学"的解经思路。

③ 在 1962 年 11 月 28 日的信中，索勒姆惊讶于施特劳斯英译本序文的"令人惊奇"；在随后的回信中，施特劳斯引用霍布斯的案例为此作出解答。他强调，该文少有的大胆直白，缘于自己"已经有过两次心脏病发作"，因而"是一只脚已入土的老人"，这一处境最终"促使他鼓起了勇气"。参见施特劳斯等：《回归古典政治哲学：施特劳斯通信集》，朱雁冰等译，华夏出版社 2006 年版，第 434，435 页。

然而，正是由于“英译本序言”的纵横捭阖和高度凝练，使得借助序言来审思《宗教批判》有些颇不相称，因为与施氏持续一生的启蒙思考相比，《宗教批判》只是早期试探性的破冰之作，在构想、笔法和论述方面尚显稚嫩、抽象（学院化），甚至前提可疑。①“英译本序言”收放自如的粗线条白描，不仅略去了施氏而立之年创作《宗教批判》一书并非无关紧要的诸多细节（例如避而不谈斯宾诺莎宗教批判的雅可比路向），甚至对《宗教批判》初版时为何隐匿写作之真实意图等关键性的信息也一概避而不谈②。对于这位饱经沧桑步入耳顺之年的哲学家，三十多年前的那些“长官意志”与“身不由己”似乎已变得不再

---

① 施特劳斯对自己处女作的不满体现在的“英译本序言”的结尾。在那里，施氏坦陈，《宗教批判》的前提仍“受制于强有力的偏见”，即认为“复返到前现代的哲学是不可能的”。此后的研究代表了思想的转向，在从事一系列研究后，“开始更加关注过去异教思想家的写作方式。这样做的结果是，我现在阅读《神学—政治论》的方式不同于我年轻时的情形，那时，我理解斯宾诺莎过于字面化，恰恰因为我未能逐字逐句地推敲他的作品”。Leo Strauss，*Spinoza's Critique of Religion*，translated by E.M.Sinclair，the University of Chicago Press，1997，p.31.

② 施特劳斯对自己《宗教批判》初版的最终形式并不满意。在1930年1月7日的一封致好友克吕格的信中，施特劳斯这样写道：“我的雇员身份迫使我在文章中对某些情况保持缄默；因为，我最初关切的是回答启蒙运动观念中所存在的问题，我的上司（指古特曼）觉得，这对研究的‘客观性’有害；姑且完全不说，我的机构不会容忍我公开表明作为我的问题之出发点的无神论前提，而这前提恰恰是我的出发点。我只好从命，虽然这减少了我的书的可理解性。”（参见施特劳斯：《回归古典政治哲学：施特劳斯通信集》，朱雁冰等译，华夏出版社2006年版，第6页）可以看出，面对上司的修改要求，施特劳斯尽管极不情愿，但他最终仍屈从了上司的意志，稀释了与任职机构（犹太科学研究院）立场不符的言论，改写甚至删除了书稿中的某些关键段落，最终隐匿了自己的写作意图和最终结论。为了弥补这一缺憾，在给好友克吕格的信中，施特劳斯恳请好友能够拨冗阅读并撰写一篇关于《批判》的书评，对自己在书中的语焉不详提出批评，引导读者明晓其论著的真实意旨。克吕格的书评于1931年12月20日发表在*Deutsche Literaturzeitung*（《德意志文学报》）上，施特劳斯怀着激动的心情将“书评读了两遍”，认为他“连贯而又清晰地展示了我部分出于外在原因、部分由于无私而只是狂想式地说出的东西”。（参见《回归古典政治哲学：施特劳斯通信集》，前揭，第23页）。施特劳斯对好友书评的这一评价一直持续到晚年，在1965年的一篇序文中，施特劳斯强调克吕格“对我的斯宾诺莎研究的批评，揭示出我的（写作）意图和结论，甚至比我本人能做得更加清晰”。施特劳斯：《〈霍布斯的政治学〉德文版前言》，载于《苏格拉底问题与现代性：施特劳斯讲演与论文集：卷二》，彭磊、丁耘等译，华夏出版社2008年版，第66—67页。同时参见David Janssen，“The Problem of the Enlightenment：Strauss，Jacobi，and the Pantheism Controversy”，in *Review of Metaphysics*，2003，56（3），pp.605—632。中译文参见施特劳斯：《哲学与律法：论迈蒙尼德及其前贤》，黄瑞成译，华夏出版社2012年版，第186页，注释②。

重要，因此根本没必要向英语世界的读者陈情。但另一方面，“序言”突出强调了赫尔曼·柯亨在他斯宾诺莎研究中的思想导引意义。施氏在“英译本序言”中这种不落痕迹的厚此薄彼，为我们研读他的斯宾诺莎批判提供了可贵的线索和路标。因此，我们在具体敞开施特劳斯的斯宾诺莎“神学—政治”批判的具体内容之前，首先要对作为其直接思想导引的柯亨的斯宾诺莎批判作出清理，以便更清晰地展示施特劳斯复返斯宾诺莎的地基和立场。

## 第一节　柯亨与施特劳斯对斯宾诺莎的不同评价

斯宾诺莎的圣经批判远远超出特定民族和时代的阈限，对近代以来的西方哲学、宗教信仰以及现代政制建构都产生了意义深远的影响。从启蒙视角来看，在西方新旧政制和人心秩序交替更迭的重要当口，斯宾诺莎等哲人的思考和著述决定性地形塑了近代启蒙运动的品质和方向，使得理性哲学最终挣脱了长达千年的神权政治笼罩，焕发出堪比古典时代的生机和活力。尽管斯氏思想具有这种普遍性和永恒性的特质，但我们也应看到，他大胆无畏的宗教批判在文本表述上特别地指向犹太教传统。在《神学—政治论》中，斯宾诺莎对仪式律法的致命性批判，让犹太教传统遭受有史以来最为严峻的一次毁灭性打击，进而决定性地影响了后启蒙时代犹太人的生存样态和思考方向：不仅为散居于自由民族国家里的犹太人的同化生活提供了学理证明，同时为犹太人以一个民族国家（而非选民）身份融入世界民族国家之林提供了文本支持①。

① 在《神学—政治论》第三章结尾，斯宾诺莎认为，一有机会，犹太人或许可以重建他们的国家，那时，上帝将会再一次拣选他们。但据此推论斯宾诺莎为犹太复国主义之父是有风险的，正如施特劳斯所指出的，斯宾诺莎“实际上既不渴望也不要求犹太国家得到恢复：他仅仅就此讨论一番而已”。参见 Leo Strauss，*the Testament of Spinoza*，in *The Early Writings*（1921—1932），translated and edited by Michael Zank，State University of New York Press，2002，p.221。同时参见 Benedict De Spinoza，*Theological-Political Treatise*，Translated by Michael Silverthorne and Jonathan Isreal，Cambridge University Press，2007，p.55。

因此，我们不仅要将斯宾诺莎置于西方启蒙理性哲学的统续内加以考量，也要放在现代犹太教和犹太哲人的视域下加以审查。就恰切理解斯宾诺莎的原初动机和实践后果而言，后者可能比前者更加重要，因为通过对勘犹太哲人对他的正名和辩护（如门德尔松）①，神圣化（如海涅），谴责指控（如柯亨），哲学辩护和启蒙重估（如施特劳斯）②，我们能够更加清楚地看清斯宾诺莎宗教批判所带来的理论与实践效应：一方面他抽空了犹太传统的基石，另一方面为犹太人融入自由社会提供了强有力的哲理论证。换句话说，只有了解犹太哲学内部对斯宾诺莎的褒贬损益，我们才能更加真切地感受到斯宾诺莎"哥白尼革命"所带来的思想力量及其缺憾。然而，不幸的是，关于这一视角的研究，学界的重视远远不够。柯亨对斯宾诺莎的心理学指控和施特劳斯的哲学反驳堪称20世纪初犹太知识界的重要思想事件之一，令人不解的是，汉语学界近些年来一度在古今中西之争的视角下论及中国问题，却独独对这桩极具参照意义和思想价值的犹太思想事件（相当于犹太视角下的"古今中西之争"）避而不谈。本节重审这桩思想旧案，就是通过对勘柯亨和施特劳斯对斯宾诺莎宗教批判的不同观点，廓清两种斯宾诺莎宗教批判的不同路径，从而为从犹太哲学视角重估斯宾诺莎的神学—政治批判和反思启蒙提供一点个性化的思考。

## 一、柯亨的斯宾诺莎批判对施特劳斯的双重影响

对柯亨和施特劳斯加以并置分析，容易让不了解背景的读者产生

① 在施特劳斯看来，斯宾诺莎之所以在卒后一个多世纪（18世纪末）才得以正名、获得人们的承认，原因在于，"只有当哲学内部的古今之争已经决定性地倾向于支持今人，只有当出于修正现代观念的目的、恢复在第一波攻击中被击倒的前现代世界的某些立场成为要事之时，人们才能接受和理解斯宾诺莎"。Leo Strauss，" the Testament of Spinoza"，in *The Early Writings*（1921—1932），translated and edited by Michael Zank，State University of New York Press，2002，p.217.

② 施特劳斯对斯宾诺莎的基本立场体现在他1932年发表的《斯宾诺莎的遗言》中，在该文中，施特劳斯强调指出，我们既不应将斯宾诺莎奉为圣徒，也不应像柯亨那样带着民族义愤或护教情绪去谴责、指控他，而是要从斯宾诺莎的本意出发，将他理解为一个哲人，一个欧洲的好人。参见 Leo Strauss，"the Testament of Spinoza"，in *The Early Writings*（1921—1932），translated and edited by Michael Zank，State University of New York Press，2002，pp.220—222。

错觉，即认为他们是同时期相互争鸣的两个对话者。其实不然，在20世纪最初20年，柯亨（卒于1918）作为声名远扬的新康德主义马堡学派的创始人和灵魂人物，是当时犹太人心目中备受尊敬的精神导师，与之相对，施特劳斯不过是一个初出茅庐的后辈晚学。在浸染西学（尤其是康德哲学）几十年之后，这位具有高度身份认同的学界泰斗试图回到犹太传统，以毕生所学改造犹太教传统，使其重现勃勃生机和文化担当，这时他遭遇犹太教传统最强劲的批判者——斯宾诺莎。对于柯亨而言，要复兴犹太传统，必须证明斯宾诺莎错了，否则只能隔靴搔痒。而作为一个初出茅庐的后学晚辈，尽管施特劳斯对柯亨的出发点和某些结论充满疑虑，但对这位声名卓著的思想大师的致思努力和研究方向仍感佩在心，这促使他不自觉地沿着柯亨的路向重估斯宾诺莎和重思启蒙。因此，我们可以说，尽管施特劳斯的处女作受到他博士论文研究对象雅可比的过滤（filtered）①，受到日益深重的神学—政治困境的逼迫②，但在根本点上，《斯宾诺莎的宗教批判》（1930）主要是赫尔曼·柯亨激发下的产物。这种激发支配性地影响了青年施特劳斯的研究论题和思考方向，在历史与逻辑两个层面对他产生了双重影响。

首先，从史实的因果关联上看，施特劳斯批判柯亨的文章为他赢得了工作机会，直接促成了《斯宾诺莎的宗教批判》一书的问世。1924年，犹太教学术研究院（the Akademie für die Wissenschaft des Judentums）结集出版了已故哲人柯亨的《犹太教文集》（*Jüdische Schriften*）。该文集第3卷收录了柯亨1915年发表的文章《斯宾诺莎论国家和宗教、犹太教与基督教》③。在这篇文章中，柯亨谴责斯宾诺莎"诋毁犹太教、抬高基督教"，做出仇者快亲者痛，敌人欲做而不能的

① Steven B. Smith, *Reading Leo Strauss*, The University of Chicago Press, 2006, p.16.

② Leo Strauss, *Spinoza's Critique of Religion*, translated by E.M.Sinclair, the University of Chicago Press, 1997, p.1.

③ Hermann Cohen, "Spinoza über Staat und Religion, Judentum und Christentum", in *Jahrbuch für jüdishe Geschichte und Literatur*, vol.18, 1915, pp.56—150; reprinted in *Jüdische Schriften*, ed. Bruno Strauss, Berlin: Schwetschke, 1924, vol.3, S.290—372.

事儿。在柯亨看来，斯宾诺莎这样做的动机只是为了“报复犹太社团将他革除教门”。因此，对于柯亨而言，无论是从可鄙的报复动机，还是恶劣的客观后果，斯宾诺莎都应当受到诅咒，阿姆斯特丹犹太团体对他的裁决“必要且完全正当”。① 尽管柯亨和阿姆斯特丹对斯宾诺莎的裁决结果一致，但他们的依据却大为不同：阿姆斯特丹犹太社团的长老们视斯宾诺莎如洪水猛兽，是因为斯氏“身体力行并教授可恶的异教邪说”，如质疑犹太宗教律法的合法性，否认“摩西之为《摩西五经》的作者身份”，等等，这些观点危及犹太教的“宗教权威和文化传统”，进而威胁到犹太团体的存续。② 而柯亨并非出于捍卫犹太宗教律法之故而谴责斯宾诺莎，而“是因为斯宾诺莎在纯粹属人意义上的背信弃义，即他对自己民族的不忠诚，因为他的行为如同犹太人的敌人，因此给了犹太人的敌人以帮助和窃喜，因为他的行为就像一个卑劣的叛徒”。③ 正是出于犹太民族利益这一属人而非宗教的现代视角，柯亨认为斯宾诺莎被恶魔附了体，他“根本不值得礼赞，被逐出教门完全是咎由自取”。④

柯亨对斯宾诺莎的批判义正词严、饱含激情，却无法让施特劳斯感到信服。《犹太教文集》刚一出版，施特劳斯便在《犹太人月刊》(*Der Jude*：*Eine Monatsschrift*) 上发表文章，谴责柯亨愤懑的

① Leo Strauss, “Cohen’s Analysis of Spinoza’s Bible Science”, in *The Early Writings* (1921—1932), translated and edited by Michael Zank, State University of New York Press, 2002, p.139. 在《斯宾诺莎的遗言》中，施特劳斯认为柯亨对斯宾诺莎的这一指控的雏形最早可以追溯到 1910 年，参见 Leo Strauss, “The Testament of Spinoza”, in *The Early Writings* (1921—1932), translated and edited by Michael Zank, State University of New York Press, 2002, p.216。同时参见，Leo Strauss, *Spinoza’s Critique of Religion*, translated by E.M.Sinclair, the University of Chicago Press, 1997, pp.18, 272 (note 36)。

② 戴安娜·斯坦贝格，《斯宾诺莎》，黄启祥译，谭鑫田校，中华书局 2014 年版，导言，第 6、7 页。同时参见 Leo Strauss, *Spinoza’s Critique of Religion*, translated by E.M.Sinclair, the University of Chicago Press, 1997, p.19。

③ Leo Strauss, *Spinoza’s Critique of Religion*, translated by E.M.Sinclair, the University of Chicago Press, 1997, p.19. 同时参见 Hermann Cohen, *Jüdische Schriften*, ed. B. Strauss, Berlin: Schwetschke, 1924, vol.3, S.333, 361, 363—64, 368, 371。

④ Leo Strauss, *Spinoza’s Critique of Religion*, translated by E.M.Sinclair, the University of Chicago Press, 1997, p.19.

情绪指控受制于偏狭的民族主义和现代前提，从而未能充分理解斯宾诺莎所处的政治现实及其写作方式。施特劳斯严格公正（rigorous impartiality）的反驳文章引起了犹太教学术研究院学术总监古特曼（Julius Guttmann）的注意，后者在这位25岁年轻人的文章中读到了力量与智慧，因此他为施特劳斯提供了一份薪金（research fellowship）让其继续从事斯宾诺莎研究，继而聘请施氏作为研究院犹太哲学的编辑和研究员（specialist），这最终导致了《斯宾诺莎的宗教批判》一书的问世。①

其次，在论题意旨的逻辑关联上，柯亨为施特劳斯的斯宾诺莎批判提供了思想清场和研究路标。在施特劳斯所处的时代，德国犹太人对斯宾诺莎的评价呈两极分化：一方面，当时主流见解倾向于礼赞斯宾诺莎。在他们看来，斯宾诺莎的功绩首先关乎犹太民族（the Jewish people），其次才是全人类，最后是犹太教徒（the Jews）。② 斯宾诺莎在《神学—政治论》中贬抑犹太教、礼赞基督教，只是反对犹太律法宗教的封闭性和特殊主义，而非遗弃了犹太民族及其同胞："斯宾诺莎或许憎恨犹太教，但不怎么憎恨犹太民族。无论在其他方面是多么糟糕的犹太人，但他的哲学以尽其可能的方式思考了犹太人的解放。"③ 这即是说，斯宾诺莎并非对他的同胞毫无同情，相反，在他的心目中，犹太民族的解放比人类的福祉还要重要。因此，他们认为阿姆斯特丹犹太共同体永久革除斯宾诺莎教籍的做法是一个错误，应当予以废除。从时代背景上看，20世纪犹太人礼赞斯宾诺莎并不让人感到意外，因为，与斯宾诺莎时代盛行的政教不分、神权主导和宗教迫害不同，近300年的西方启蒙运动使得自由、平等和人权观念开始深入人心。当古今之争的今人一方决定性地取得胜利，斯宾诺莎这位以批判神权统

① Leo Strauss, *The Early Writings*（1921—1932）, translated and edited by Michael Zank, State University of New York Press, 2002, p.161.

② Leo Strauss, *Spinoza's Critique of Religion*, translated by E.M.Sinclair, the University of Chicago Press, 1997, p.15.

③ Leo Strauss, *Spinoza's Critique of Religion*, translated by E.M.Sinclair, the University of Chicago Press, 1997, p.21.

治，倡导自由观念的启蒙斗士受到人们（包括犹太人）礼赞也就变得理所当然。

然而，另一方面，每个时代都有与主流意见相左的异端论者，如柯亨、罗森茨威格等等。他们不赞同学界以及大众对斯宾诺莎的礼赞和神圣化，转而从犹太民族利益或犹太神学复兴视角对斯宾诺莎的思想提出质疑或批判。在这些少数的时代异议者中，柯亨的地位更显特殊：他明确否认自己承继的是律法犹太教与斯宾诺莎思想综合后的现代犹太观念；他敢于突破主流习见，率先向智识权威斯宾诺莎发难，质疑他的理性真诚和德性品质。在施特劳斯看来，“比较道德主义和非道德主义两个阵营对斯宾诺莎异乎寻常的狂热，柯亨对斯宾诺莎的理解堪称清醒”①，尤其是他对斯宾诺莎的严苛指控，“破除了那种支持斯宾诺莎的偏见，或者说，它破除了德国或犹太的浪漫主义把斯宾诺莎奉为圣徒（canonization）的做法，更不用说它也破除了自由主义把斯宾诺莎奉为圭臬的做法”。② 简而言之，柯亨这种对斯宾诺莎圣徒形象的祛魅，为后辈犹太学人做出了榜样，扫清了障碍，以至20世纪的犹太哲人无论是检省启蒙传统，还是复兴犹太宗教传统，无不对斯宾诺莎采取批判论姿，这一点对施特劳斯也不例外。

对于青年施特劳斯来讲，柯亨的功绩不仅在于祛除了固有偏见、扫清了思想障碍，同时也为研究斯宾诺莎提供了值得效仿的路标。这一路标具体是指，柯亨强调斯宾诺莎批判的神学—政治进路，而非主流学界所推重的哲学或形而上学视角；落实到文本上，表现为柯亨强调斯氏的文本《神学—政治论》，而非学界广泛关注的《伦理学》。在“英译本序言”中，施特劳斯对柯亨这一视点大加赞赏。在施氏看来，柯亨敏锐地把捉到这两部专著之间的逻辑关系：《神学—政治论》是《伦理学》的“哲学导论”，立意在“破”，即对传统神学

① Leo Strauss, *Spinoza's Critique of Religion*, translated by E.M.Sinclair, the University of Chicago Press, 1997, p.18.

② Leo Strauss, *Spinoza's Critique of Religion*, translated by E.M.Sinclair, the University of Chicago Press, 1997, p.28.

进行解构和祛魅；《伦理学》则是从前者的结论出发所作的逻辑展开，旨在建构，即“教导人如何在理性的引导下认识神，获得真正的自由、幸福和拯救”①。这一破一立，彰显了斯宾诺莎政治哲学向体系哲学的“上升之路”：《神学—政治论》旨在爬出洞穴、走出“黑暗王国”，而《伦理学》倡导自我解放，通过理性认识上帝，获得真理、自由和幸福。②

在施特劳斯看来，不同的写作目的决定不同的文本出发点。《神学—政治论》的写作对象是宗教信徒，他意欲将这些信徒从神学的“成见中解放出来，以便能开始哲学思考”③。故而，《神学—政治论》的出发点是从宗教信徒的意见出发，“依据圣经和传统权威所阐述的神学见解，依据或可称之为常识的东西来驳倒这些前提”。有了《神学—政治论》的这一前期铺垫，《伦理学》便不再将“清晰明了的叙述是确证为真，还是似是而非的假设”④作为一个值得探讨的问题来加以论证，而是直接从理性自足的前提出发，将上帝放在理性的法庭上来加以考察。因此，《伦理学》一上来便将论述的清楚明白（clear and distinct）作为首要的原则。然而，以理性自足和清楚明白为前提和标准来评判，不仅犹太正统派所强调的上帝的神迹启示和任意施为显得十分荒谬，而且《圣经》中的描述（依据清楚明白的叙述原则）也变得混乱不清。但我们不能由此断言圣经表述和正统派的上帝观真的像斯宾诺莎所批判得那么糟糕。因为，犹太正统派的前提根本不是理性自足和清楚明白的标准，而是以“意志深不可测”“决意居于黑暗之中”的全能上帝的存在作为其全部论断的基础。⑤换言之，以正统派的前提为出发点，斯宾诺莎所要求的清楚明白地解释上帝所默示的《圣经》便成了不可能完成的任务。由于《伦理学》和犹太正统派前提的扞格不通，通过《伦理学》来评判斯宾诺莎的圣经研究显然不得要领；反之，由于《神学—政治论》与犹太正统派出发点和前提的一致，因而才是有效评估

①② 吴增定，《斯宾诺莎的理性启蒙》，上海人民出版社 2012 年版，第 3 页。

③④⑤ Leo Strauss, *Spinoza's Critique of Religion*, translated by E.M.Sinclair, the University of Chicago Press, 1997, p.28.

斯宾诺莎宗教批判力度和限度的最佳文本。如此看来，柯亨重《神学—政治论》而轻《伦理学》并非没有根据，他准确地捕捉到斯宾诺莎神学—政治批判较之伦理学，政治哲学较之形而上学体系的前提性和根基性，因此，只要作为前提的《神学—政治论》被证明无效，那么《伦理学》的体系大厦无论怎样逻辑严密，也不过是立基于流沙之上，经不起对手的轻轻一推。

综上可见，柯亨对施特劳斯的斯宾诺莎批判具有直接导引意义：首先，从史实的因果关联上看，施特劳斯对柯亨的斯宾诺莎指控的反驳文章为他提供了犹太学术研究院的研究职位，从而让他有机会继续从事斯宾诺莎宗教批判的课题研究。其次，一方面，柯亨的斯宾诺莎指控有力地祛除了主流学界对斯宾诺莎的盲目崇拜，为施氏的斯宾诺莎批判扫清了思想障碍；另一方面，柯亨对《神学—政治论》的重视和批判，为施氏的斯宾诺莎研究提供了值得效仿的样板和路标。因此，不论在历史事实的因果联系上，还是在论题意旨的逻辑承接上，柯亨和施特劳斯之间都有着不容忽视的内在关联。这种关联，当然不仅表现在施特劳斯对柯亨批判的肯定和继承上，还表现在施特劳斯对柯亨指控的批判和修正上。

## 二、柯亨对斯宾诺莎的“心理学”指控与施特劳斯的哲学反驳

通过上面的论述，我们可以看出施特劳斯与柯亨对待斯宾诺莎的诸多共通之处，例如，他们都对斯宾诺莎的圣经学持批判立场和怀疑态度，他们都以《神学—政治论》为主要文本来重估斯宾诺莎的宗教批判，他们都将斯宾诺莎视为复兴犹太传统不可绕过的重要论敌。然而，态度和文献的一致并不表明他们具有相同的问题意识和研究结论。例如，与柯亨从犹太民族视角对斯宾诺莎的控诉不同，施特劳斯对斯宾诺莎的质疑主要源于对启蒙理性主义困境的省思。在“英译本序言”中，施特劳斯对这一神学—政治困境作了高度凝练的速写：从理论层面看，巴特与罗森茨威格的神学复兴，尼采与海德格尔对现代理性主义的非理性造反；从实践层面看，神学—政治困境的日益深重以及纳

粹反犹主义势力的抬头，它们共同宣告了现代理性主义及其解决方案的幻灭。然而，理性主义的自我毁灭，并不意味着犹太教正统的胜利，而是包括陈陋迂腐在内的所有正统的胜利。因为，神学的强势复兴和非理性主义的造反并不代表某种福音，它们并没有在学理上证明理性主义错了，而是纵身跃到理性主义的反面。而经验史实上的一些反例也无法证伪一种理论的正当性。非理性主义的异军突起与实践上的各种惨烈事件只是在某种程度上唤起了现代人的某种幻灭感或危机意识：他们开始怀疑理性启蒙哲人期许的尘世天堂是否真的能够兑现？与大众无思的左右摇摆不同，严肃的学者喜欢审慎分析和前提追问，对于施特劳斯而言，要证明启蒙理性主义缺少正当性根据，只能通过说理的方式加以反驳，或者说“要证明回返正统仍有可能，唯有证明斯宾诺莎在所有方面都是错的”①。

当施特劳斯这么发问时，他就不得不直面其时代的犹太翘楚——赫尔曼·柯亨。因为早在1910年的未刊手稿中，柯亨就旗帜鲜明地宣称，斯宾诺莎在最关键的方面（即便不是所有方面）错了。② 但在施特劳斯看来，尽管柯亨超越了时代的主流偏见，超越了德国或犹太的浪漫主义，但他“的思想仍属于第一次世界大战以前的世界”，③ 柯亨对斯宾诺莎的声讨彰显了他对犹太民族的忠诚和罕有的献身精神，然而他的民族情感和护教兴趣却蒙蔽了他作为哲人的智慧之眼，从而为客观公允地理解斯宾诺莎设置了障碍。因此，施特劳斯强调，要想如其所是地理解斯宾诺莎，理解“启蒙运动怎么居然可能取得胜利？”的问题，首先要批判和超越柯亨，肃清后者的诱导和

① Leo Strauss, *Spinoza's Critique of Religion*, translated by E.M.Sinclair, the University of Chicago Press, 1997, p.15.

② 参见 Leo Strauss, *Spinoza's Critique of Religion*, translated by E.M.Sinclair, the University of Chicago Press, 1997, p.15。Leo Strauss, “The Testament of Spinoza”, in *The Early Writings* (1921—1932), translated and edited by Michael Zank, State University of New York Press, 2002, p.216.

③ Leo Strauss, *Jewish Philosophy and the Crisis of Modernity: Essays and Lectures in Modern Jewish Thought.* Edited with an Introduction by Kenneth Hart Green, Albany: State University of New York Press, 1997, p.399.

干扰。[①] 而要超越柯亨，首先要明了柯亨的解释学原则，对“斯宾诺莎以及柯亨的最终评价”来说，采取何种解释学原则的问题绝非无关宏旨。[②]

简要地讲，柯亨践行的是“理想化的解释学（idealizing interpretation）”原则，而斯宾诺莎笃行的则是“历史的解释（historical interpretation）”方法。[③] 这两种解释学之间的差异表现在：斯氏的历史—批判方法强调依循作者的本意来理解其教诲；而柯亨理想化的解释学原则一方面强调社会历史背景对写作者的重要影响，另一方面强调精深而透彻地对文本中的每一个字眼儿进行仔细推敲、认真揣摩。理想化就是从最高可能性出发来理解文本的教诲，因此，理想化解释学比历史学方法更加强调读者在文本诠释过程中的首要性，而不关心作者是否意识到了这种可能性。在解读斯宾诺莎《神学—政治论》时，柯亨对理想化解释原则可谓驾轻就熟：首先，他一上来就对“神学—政治论”的标题表示不满，因为这一标题略去了“对哲学的提及”。对于 20 世纪政教分离背景下的柯亨（而非 17 世纪斯宾诺莎）来说，“没有哲学的联结，将神学与政治结合在一起的做法就必然显得武断”；[④] 其次，柯亨还仔细分析了《神学—政治论》一书的目次，在该书包含的 20 个章节中，有 11 章（第 1—11 章）是关于圣经神学的，2 章（第 17、18 章）是关于希伯来人的国家和历史。也就是说，在这部“神学—政治”论著中，有三分之二（13 章）的内容是关于犹太宗教或犹太国家的。柯亨

---

① 施特劳斯等著：《回归古典政治哲学：施特劳斯通信集》，朱雁冰、何鸿藻译，华夏出版社 2006 年版，第 6—7 页。同时参见克吕格：《评〈斯宾诺莎的宗教批判作为其圣经学的基础〉》，载于《斯宾诺莎的宗教批判》，李永晶译，华夏出版社 2013 年版，第 496 页。

②③ Leo Strauss, *Spinoza's Critique of Religion*, translated by E.M.Sinclair, the University of Chicago Press, 1997, p.25.

④ 在 17 世纪政教合一的历史背景下，神学和政治加以联结显得非常自然；然而，对于政教分离的 20 世纪而言，没有哲学或理性的中介，将神学和政治直接加以联结容易被联想到蒙昧主义、恐怖主义、封闭主义抑或原教旨主义，等等。这些语汇带有贬义，因为它们和启蒙精神所倡导的多元、宽容和公私分离等观念之间存在紧张。在施特劳斯看来，柯亨对《神学—政治论》标题的非难显而易见地受到了现代视角和现代立场的影响，这也是柯亨无法准确理解斯宾诺莎的原因之一。参见施特劳斯，《斯宾诺莎的宗教批判》，李永晶译，华夏出版社 2013 年版，第 397 页。

强调，这一统计学数据可视为斯宾诺莎邪恶图谋的证据："斯宾诺莎积攒了自己对禁令的所有怨恨，为的是将其全部发泄到这部基于对圣经进行语文学研究的政治哲学著作中。"① 斯宾诺莎最终是要证明"摩西所创立的犹太教，唯一的目的就是建立和保存犹太国"②。对柯亨而言，这种政治化犹太宗教的做法正是斯宾诺莎渎神的表现，因而也是他极其邪恶的地方（satanic）。这里我们应该看到，柯亨对斯宾诺莎的反感，不仅出于他对犹太教的忠诚，也源自他新康德主义的理性观。③ 柯亨接受了康德普遍的理性观念，并将其用于犹太宗教的理解，认为犹太教是所有理性宗教（即普遍宗教）的源头（参见其遗作《源于犹太教的理性宗教》）。而斯宾诺莎将犹太宗教还原为犹太国的宗教，犹太宗教就成了特殊民族的宗教，成了某种远离理性和普遍性的封闭的、特殊的，因而是等而下之的宗教形式。因此，在柯亨看来，这种将犹太教加以政治化的动机就是"破坏犹太人宗教观"的意志，"而这种意志至少部分取决于由禁令所激发的斯宾诺莎的积怨"。④

柯亨将斯宾诺莎政治化犹太宗教的做法归结为他对犹太人的憎恨，对此施特劳斯并不认同。因为首先，在17世纪政教合一的背景下，斯宾诺莎显然不是第一个从政治观点来看待圣经的人，或者说这一观点是那个时代不证自明的共同意见，斯宾诺莎的独特之处只是"以惊人的力量使得形势发生了逆转"。⑤ 其次，更为重要的是，斯宾诺莎政治化犹太教的醉翁之意并非要打击犹太教，而是要打击加尔文正统派。

---

① Hermann Cohen, "Spinoza über Staat und Religion, Judentum und Christentum", in *Jüdische Schriften*, ed. Bruno Strauss, Berlin: Schwetschke, 1924, vol.3, S.294. 英译参见 Leo Strauss, *Cohen's Analysis of Spinoza's Bible Science*, in *The Early Writings* (1921—1932), translated and edited by Michael Zank, State University of New York Press, 2002, p.144。

② Hermann Cohen, "Spinoza über Staat und Religion, Judentum und Christentum", in *Jüdische Schriften*, ed. Bruno Strauss, Berlin: Schwetschke, 1924, vol.3, S.293.

③ Steven B. Smith, *Reading Leo Strauss*, The University of Chicago Press, 2006, p.33.

④ Hermann Cohen, "Spinoza über Staat und Religion, Judentum und Christentum", in *Jüdische Schriften*, ed. Bruno Strauss, Berlin: Schwetschke, 1924, vol.3, S.293. Leo Strauss, *Cohen's Analysis of Spinoza's Bible Science*, in *The Early Writings* (1921—1932), translated and edited by Michael Zank, State University of New York Press, 2002, p.144.

⑤ 施特劳斯:《斯宾诺莎的宗教批判》，李永晶译，华夏出版社 2013 年版，第 407 页。

在《柯亨对斯宾诺莎圣经学的分析》一文中，施特劳斯强调，“17世纪荷兰教派林立的现实处境，要求国家的权力高于教会”；而加尔文正统派意图反抗这种世俗的权威，但这一要求难以从新约那里得到支持，因为“新约将上帝和恺撒分开，命令基督徒服从世俗的权威”。因此这些“希望反抗世俗权威的教士们……求助于希伯来的先知”，希望借助希伯来圣经而非新约来支持自己的政治主张。[①] 作为加尔文正统派激进的反对论者，斯宾诺莎“希望对正统派施加毁灭性的打击”，就“不得不聚焦于希伯来圣经，剥夺其宗教光环中的‘灵性权力’”。[②] 正是在这个意义上，施特劳斯认为，“在斯宾诺莎的历史背景中……对圣经解释的政治化倾向，对宗教的认知特性的否认，这些都必然来自将科学和国家从教会的监护下解放出来的努力。在这样正当的动机之下，不管斯宾诺莎是否极端憎恨犹太人，他都被迫要对圣经进行批判”。[③]

在施特劳斯看来，柯亨对《神学—政治论》标题和目次的字斟句酌可以追溯到“神学上的护教学：如果解释者对……作者的某段话感到费解，或者产生反感，那么他必定对作者的生活提出质疑”。[④] 这样，我们就很容易理解，柯亨为何要将斯宾诺莎的生活和他的作品勾连起来，通过诉诸斯氏的经历来理解他的写作倾向及其锋芒所在。毫无疑问，斯宾诺莎的生活中确实存有两处晦暗不明的地方：一是斯宾诺莎突然搁置《伦理学》写作，转而全力撰写《神学—政治论》，这是否与拥护德·维特政治主张之间存在必然联系？[⑤] 二是斯宾诺莎作品中对

① 施特劳斯：《斯宾诺莎的宗教批判》，李永晶译，华夏出版社2013年版，第421、422页。

② 施特劳斯：《斯宾诺莎的宗教批判》，李永晶译，华夏出版社2013年版，第407页。

③ 施特劳斯：《斯宾诺莎的宗教批判》，李永晶译，华夏出版社2013年版，第410—411、422页。

④ 施特劳斯：《斯宾诺莎的宗教批判》，李永晶译，华夏出版社2013年版，第397页。

⑤ 很多研究者认为对现实政治危机的忧虑是斯宾诺莎写作《神学—政治论》的主要动力，例如，戴安娜·斯坦贝格：《斯宾诺莎》，黄启祥译，谭鑫田校，中华书局2014年版，导言，第8—9页；格布哈特也认为《神学—政治论》的目的是支持德·维特的政策，因而与哲学化的《伦理学》之间存在冲突，参见 Leo Strauss，“Cohen's Analysis of Spinoza's Bible Science”，in *The Early Writings*（1921—1932），translated and edited by Michael Zank，State University of New York Press，2002，p.166，note 44。也有一些学者反对这一论点，认为这一说法高估了斯宾诺莎的“爱国主义精神和政治参与热情”，因而绝非斯宾诺莎写作的主要动因。参见吴增定：《斯宾诺莎的理性启蒙》，上海人民出版社2012年版，第13—15页。同时参见施特劳斯：《斯宾诺莎的宗教批判》，李永晶译，华夏出版社2013年版，第399页及注释11。

犹太教的敌视态度与他作为一个犹太迫害者的经历之间是否存在直接因果关联？[①] 因此，柯亨诉诸生平史来理解斯宾诺莎圣经批判的理路并非毫无缘由，但施特劳斯对此持保留意见。在后者看来，一方面，斯宾诺莎根本没必要在一部专著里进行政治煽动和反犹太教两项计划，何况斯宾诺莎作品中倡导的那种自由主义政府，并非他所处时代实际存在的那个荷兰政府。[②] 另一方面，施特劳斯也不认同柯亨从报复或复仇的心理学视角来揣测斯宾诺莎《神学—政治论》的写作动机。在施特劳斯看来，从抗议或报复的视角来理解斯宾诺莎的写作“只是纯粹的猜测”，因为斯宾诺莎之所以被驱逐教籍是因为他“亵渎了上帝和摩西”，即是说，斯宾诺莎圣经批判的主要思想在他被逐出犹太教之前就已经产生了。[③] 既然《神学—政治论》中的本质内容先于开除教籍的决定，而非开始于那个禁令。那么，认为斯宾诺莎是为了发泄宿怨（the old grudge）而写作《神学—政治论》，“认为斯宾诺莎的圣经批判开始于禁令”，便显得十分可疑。[④] 退一步讲，即便假设斯宾诺莎的圣经批判始于那个禁令，也不必单单出于那个禁令，本质的内容“可能来自斯宾诺莎的思想体系，禁令充其量只是提供了一个契机”。[⑤] 正是基于这样的考虑，施特劳斯认为柯亨斯宾诺莎批判的根本偏颇在于动机归因失当：后者用“无关大局的心理动机来解释斯宾诺莎何以将政治哲学和对圣经的批判结合起来”，从而用表面的心理兴趣替代了真正意义上的斯宾诺莎批判。[⑥]

---

① Leo Strauss, “Cohen’s Analysis of Spinoza’s Bible Science”, in *The Early Writings* (1921—1932), translated and edited by Michael Zank, State University of New York Press, 2002, p.141.

② 参见施特劳斯：《斯宾诺莎的宗教批判》，李永晶译，华夏出版社 2013 年版，第 404、401 页（注释 14）。

③ Steven B. Smith, *Reading Leo Strauss*: *Politics*, *Philosophy*, *Judaism*, the University of Chicago Press, 2006, p.32.

④ 施特劳斯：《斯宾诺莎的宗教批判》，李永晶译，华夏出版社 2013 年版，第 402、404 页。

⑤ 施特劳斯：《斯宾诺莎的宗教批判》，李永晶译，华夏出版社 2013 年版，第 402—403 页。

⑥ 施特劳斯：《斯宾诺莎的宗教批判》，李永晶译，华夏出版社 2013 年版，第 403 页，注释 20。

## 三、柯亨对斯宾诺莎的哲学—圣经学批判与施特劳斯的回应

众所周知，柯亨既是一位具有高度身份认同的犹太人，也是一位受到良好哲学思维训练的、声名卓著的哲学家。因此，除了上述带有民族义愤情绪支配的心理动机批判之外，柯亨对斯宾诺莎的指控还包含冷静克制的哲学批判和圣经学分析。

柯亨对斯宾诺莎的哲学批判主要围绕《伦理学》和《神学—政治论》之间的矛盾展开，首先，在具体范畴的辨析上，柯亨认为《伦理学》的意志概念与《神学—政治论》以宗教信仰为前提的意志概念之间存在根本张力。① 在柯亨看来，《神学—政治论》一书预设了“宗教和哲学之间不可调和的对立”：信仰意味着服从上帝，因而信仰是一种与上帝的纯粹实践关系而非理论关系。在柯亨看来，《神学—政治论》的这一预设显然与《伦理学》所主张的唯有理性才能认识上帝，理性能够通达信仰的言路之间存在冲突。其次，柯亨谴责斯宾诺莎将“将伦理事物全部整合到自然的统一体中，从而使伦理观念论不再可能”②。对柯亨而言，自然的种种界限并非受制于人的理性法则，因此斯宾诺莎从自然出发统摄伦理事物的做法，便消解了依理性权限所做出的各种价值设定。对此，柯亨反诘道，“自然或上帝怎么会为人与人之间的（依循理性生活或不依理性生活的）差异负责”。③ 在柯亨看来，斯宾诺莎强调优先考虑个体欲望和力量的自然权利，而非国家或宗教所教导的集体共同善，活脱脱就像古希腊时期瓦解道德基石的智术师。④

在施特劳斯看来，柯亨之所以认为两著中的意志概念存在矛盾之处，是因为他忽视了斯宾诺莎哲学体系中的等级观念：“根据那种观

---

① 施特劳斯：《斯宾诺莎的宗教批判》，李永晶译，华夏出版社 2013 年版，第 412—413 页。

② 施特劳斯：《斯宾诺莎的宗教批判》，李永晶译，华夏出版社 2013 年版，第 418 页。

③ Leo Strauss, “Cohen’s Analysis of Spinoza’s Bible Science”, in *The Early Writings* (1921—1932), translated and edited by Michael Zank, State University of New York Press, 2002, p.151.

④ Benedict De Spinoza, *Theological-Political Treatise*, translated by Michael Silverthorne and Jonathan Isreal, Cambridge University Press, 2007, p.195.

念，在人与上帝关系中，仅仅服从上帝是低级的形式……而其最高阶梯是对上帝理智的爱。"[①] 从这种等级观念出发，理智和意志在斯宾诺莎那里获得了同一性："不明智者的意志等同于他的服从的理性，就像智慧者的意志等同于他的自主的理性一样。"[②] 换言之，《神学—政治论》和《伦理学》中的意志观念只具有等级秩序上的程度之别，即不明智者的意志（服从的理性）与有智者的意志（自主的理性）的差别，而不像柯亨所宣称的那么紧张对立、扞格不通。其次，在道德观念论的问题上，施特劳斯认为柯亨未能从17世纪的历史背景出发来理解斯宾诺莎《神学—政治论》的目标和气质。从这一背景出发，《神学—政治论》诉诸当时基督徒对犹太教的偏见展开宗教批判，虽然在论证形式上与《伦理学》严密客观的几何学论证之间存在明显差异，但两者在道德原则上其实并不相互矛盾。因为"《神学—政治论》中所采用的总体推进方式也可以用一种体系的视角加以证成……诉诸个人偏好的论证的根本必要性及客观正当性，遵循了对《伦理学》而言至为根本的等级制原则"。[③]

在圣经学论题的反驳上，柯亨反对斯宾诺莎关于基督教优于犹太教的论断。在《神学—政治论》首章的一开篇，斯宾诺莎便对"预言"（prophecy）和"预言家"（prophets）两个范畴下了定义："预言或启示是上帝默示于人的某种**知识**。一个预言家（或先知）是某位将启示的知识解释给……的人"[④]。显而易见，斯宾诺莎的这一定义试图与犹太正统派的预言观划清界限：预言不再是上帝神秘意志的外显或某种让人遵行的实践性律法规范，而是某种具有认知价值的知识。正是从这种理性知识的预设前提出发，斯宾诺莎认为基督的理性启示比摩西的

① 施特劳斯：《斯宾诺莎的宗教批判》，李永晶译，华夏出版社2013年版，第415页。

② Leo Strauss, "Cohen's Analysis of Spinoza's Bible Science", in *The Early Writings* (1921—1932), translated and edited by Michael Zank, State University of New York Press, 2002, p.149.

③ 施特劳斯：《斯宾诺莎的宗教批判》，李永晶译，华夏出版社2013年版，第423页。

④ Benedict De Spinoza, *Theological-Political Treatise*, translated by Michael Silverthorne and Jonathan Isreal, Cambridge University Press, 2007, p.13.

律法启示更具灵性化和普遍性，因而前者更加符合知识的标准和适于哲学化的解读。斯宾诺莎这一论断的根据如下：首先，摩西与上帝是面对面的交谈，即身体与身体的交谈，而基督与上帝是灵对灵（from mind to mind）的交流；① 其次，基督教会，尤其是新教各教派均强调基督信仰和因信称义，那么，仪式律法便失去了其原有的意涵，变得无关紧要和无足轻重。然而，当新教各派走向基督信仰时，犹太教“却没有向废除律法的方向发展”，对于犹太教而言，律法与其自身具有同一性，没有仪式与律法，犹太教将变得不可想象。

基于这种对基督教的偏爱，斯宾诺莎认为从希伯来圣经（核心在律法）到新约（核心在基督信仰）代表了一种上升。其内容的对立紧张可以列表如下：

| | 希伯来圣经 | 新　约 |
|---|---|---|
| 1 | 激情、热诚和上帝的肉身性 | 理性化、节制和灵性化 |
| 2 | 教派、与道德无关的仪式制度 | 博爱、社会伦理制度 |
| 3 | 自我本位、恩赐与奖赏 | 道德性、天国 |
| 4 | 民族性、选民性、特殊神宠论 | 普遍人性、普救论 |
| 5 | 政治性 | 宗教性 |

对于上述二元对立的圣经学主张，柯亨从犹太教立场做出了富有攻击性的反驳，例如，在上图第 4 点中，斯宾诺莎援引《圣经》中的某些章节来论证犹太人在宗教上的特殊神宠论，另一方面，他又诉诸《圣经》中的普救论观念来反驳犹太人的选民性。对于这一矛盾，柯亨从黑格尔辩证法出发，认为斯宾诺莎囿于知性思维（静止）的非此即彼，不晓得犹太教中“民族性的特殊神宠论必须转向一种人性的普救论”②。而在第 5 点中，斯宾诺莎将圣经中关于犹太民族被毁灭的宣告视

① Benedict De Spinoza, *Theological-Political Treatise*, translated by Michael Silverthorne and Jonathan Isreal, Cambridge University Press, 2007, p.19.

② Hermann Cohen, “Spinoza über Staat und Religion, Judentum und Christentum”, in *Jüdische Schriften*, ed. Bruno Strauss, Berlin: Schwetschke, 1924, vol.3, S.329.

为直接的预言，又将犹太人在流亡时期继续存在的事实解释为与这些预言相抵触的事实。对于这一矛盾的说法，柯亨借助如下说法来尝试加以分析：犹太民族政治上的错误导致了犹太古国的毁灭，之后犹太民族的存续并不具有民族国家上的政治意义，而只具有超民族的宗教意义。

在施特劳斯看来，斯宾诺莎的某些圣经学结论确实让柯亨找到了可供批驳的靶子。然而，这些“矛盾或对立”的圣经学结论却是对希伯来圣经进行语文学研究的自然结果，换言之，是圣经记述中蕴含着的矛盾。因此，无论斯宾诺莎对犹太教是否存有主观恶意，都不影响他对犹太教做出毁灭性的论断。正是在这个意义上，施特劳斯做出如下论断：“我们不得不抵制柯亨诉诸斯宾诺莎与犹太教关联的做法，因为就目前的情况而言，柯亨认为斯宾诺莎圣经学的客观性受到了这种关系的牵绊。不得不预先表明，《神学—政治论》的目的，基本倾向和研究结果，都无需借助斯宾诺莎和犹太教的实际关联就可以得到理解。在这方面，《神学—政治论》是一个基督教—欧洲的事件，而不是一个犹太事件。”① 换言之，斯宾诺莎是以普遍性、灵性的知识还是特殊性、肉身性的律法为基准来品评宗教，他对基督教的偏爱都有其合乎逻辑的客观依据，因此根本不必像柯亨那样诉诸斯宾诺莎的情感来理解这一偏爱。②

这一与柯亨针锋相对的论断并不是最终的话，施特劳斯迅即作出了保留：上一论断仅是对《神学—政治论》的目的、倾向和结论而言，但在方法上，斯宾诺莎的论著确实更深地指向了犹太背景，尤其在反驳迈蒙尼德时显露无遗。扼要地讲，斯宾诺莎和迈蒙尼德之间方法论上的对立本质上是“传统—教会的圣经解释与批判—科学的圣经

---

① Leo Strauss, “Cohen’s Analysis of Spinoza’s Bible Science”, in *The Early Writings* (1921—1932), translated and edited by Michael Zank, State University of New York Press, 2002, p.158.

② Leo Strauss, “Cohen’s Analysis of Spinoza’s Bible Science”, in *The Early Writings* (1921—1932), translated and edited by Michael Zank, State University of New York Press, 2002, pp.155—156.

解释之间对立的一个特殊样态”①，是怀着崇敬和忠诚之心重塑和再解释传统与以无情的烈火消灭和摧毁传统的对立。传统—教会（traditional-eclesiastical）的圣经解释理论认为，一种有生命的宗教立足于宗教经典（holy scriptures，亦作圣经），那么这种宗教的内在进步就仰赖于对这些宗教经典的重塑或再解释；与之相对，批判—科学（critical-scientific）的圣经解释则强调将圣经发展为一门科学——圣经学（Bible science），这样一门科学以理性有能力、有资格检审圣经为前提，强调将理性从宗教权威的束缚下解放出来，以经验或矛盾律作为评判圣经教义的基础。简言之，理智真诚和逻辑自洽是斯宾诺莎“批判—科学的圣经解释”的原则和标准。那么，依据圣经（科）学逻辑自洽的标准，迈蒙尼德回归圣经的寓意解释明显与理智真诚的原则相悖，因为在斯宾诺莎看来，“如果迈蒙尼德基于理性确信世界是生生不息（eternal）的，他就会毫不犹疑地曲解圣经，使它最终看起来像是在教导同样的东西……尽管圣经事实上处处在教导相反的东西”。② 在这里，斯宾诺莎的理智真诚反对重释圣经教义的传统模式，进而要求将理性—科学和政治—国家从教会束缚下解放出来。这一诉诸政教分离以保护哲学研究自由的写作旨趣对于身处启蒙时代的柯亨而言显然十分隔膜。

在施特劳斯看来，柯亨并不是站在传统寓意释经学的迈蒙尼德立场来反对斯宾诺莎，相反，尽管柯亨不愿承认，生养他的时代是斯宾诺莎和犹太传统激荡融合的产物，而柯亨本人就是无意识地将这一时代精神视为他思考赖以出发的前提和基础。也就是说，柯亨不是要回到前现代的传统犹太教，他只是出于护教的兴趣，且站在斯宾诺莎所提供的时代偏见的立场上来反驳斯宾诺莎，这也是柯亨有失公允和不

① Leo Strauss, “Cohen’s Analysis of Spinoza’s Bible Science”, in *The Early Writings*（1921—1932）, translated and edited by Michael Zank, State University of New York Press, 2002, p.158.

② Benedict De Spinoza, *Theological-Political Treatise*, translated by Michael Silverthorne and Jonathan Isreal, Cambridge University Press, 2007, p.113.

彻底之处。正是这种护教学的愤怒和热情，导致柯亨走向心理动机批判。而施特劳斯所致力于澄清的便是，从《神学—政治论》的目的、倾向、结论和方法等诸方面考量，我们完全可以克制对犹太教利益的考量，即在不考虑柯亨所强调的个人动机的情况下，客观地理解斯宾诺莎圣经学的目的及其结论。

## 四、小结

综上可见，斯氏所处时代荷兰政治情势上的内外交困和对德·维特政纲的同情，并非斯宾诺莎写作的主要动因，因为这样的归因要么高估了斯宾诺莎的爱国主义热情，要么无视了斯宾诺莎的政制构想与德·维特的政治主张之间的显见分歧。因此，尽管我们不能排除斯宾诺莎的写作包含现实政治关切，但仍没有理由将这一关切视为他写作的主要诱因。同时，我们也不应将斯氏的《神学—政治论》写作视为复仇意志驱动下的产物，因为斯宾诺莎宗教批判的对象并非特指犹太教，而是指向与理性哲学相对立的整个神权政治体制。也就是说，借助基督教敌犹太的偏见来展开自己的宗教批判，不过是斯宾诺莎的马基雅维利式写作策略的一种表现。正如施特劳斯所指出的，“斯宾诺莎试图在一本致基督徒的书中实现哲学的解放，为此，他不得不诉诸基督教的种种偏见，这些成见也包括反犹太人的偏见；他诉诸基督教的偏见来抗击基督教的偏见；在诉诸基督教的成见反对犹太教时，他力劝基督徒把灵性的基督教从肉身的犹太教的残渣（如肉身复活的信仰）中解救出来。泛言之，尽管斯宾诺莎自己的知识与此有异，他还是使《旧约》成为一个替罪羊，为他在现实的基督教中发现的可堪反驳的一切顶罪。”[①] 总而言之，斯宾诺莎《神学—政治论》的写作动力既非源于现实政治危机的促逼，也非出于对犹太社团大禁令的报复欲望驱使，那么，读者或许会问，斯氏创立圣经学的真正动机究竟为何？

让我们回到斯宾诺莎的文本，在《神学—政治论》的序言中，斯宾

① 施特劳斯：《斯宾诺莎的宗教批判》，李永晶译，华夏出版社 2013 年版，第 38 页。

诺莎强调，“自由比任何事物都弥为珍贵或令人愉悦，因此，要证明这种自由不仅不会危害共和国的虔敬和安定，而且共和国的安定和虔敬必得仰赖此等自由。我认为躬行此事绝非徒劳无益之举，这也是本书意图论证的核心论题”。[①]不过，欲达此目的，首先要“描述关于宗教的最强有力的偏见”，其次还需把“我们所假定关于君主权威的错误见解揭露出来”。[②]另一处文献是1665年9月或10月的一封致奥尔登堡的信中，斯宾诺莎将他开展圣经研究的动机归纳为以下三个方面：一是祛除神学家的成见；二是反驳大众对他的无神论指控；三是为哲学思考的自由辩护。[③]从字面上看，《神学—政治论》序言和致奥尔登堡信中第一、三两方面内容的表述基本相合。据此我们可以大胆推论，斯宾诺莎之所以要写作《神学—政治论》，是为了哲学思考的自由，而要达到此一目的，就要论及教会和国家，就要破除神学上的思想禁锢和政制上的种种限制。

正是在这个意义上，我们说柯亨的心理学动机归因缺乏依据，它贬低或抹煞了斯宾诺莎作为启蒙哲人的思想情怀、论证力量和客观依据。斯宾诺莎圣经批判所表现出的对犹太教的憎恨只是一种表象，它源于斯氏的写作策略，是为了掩饰他对整个神权政治的不满，然而，柯亨却把这种策略性的考虑当成了事实本身；斯氏对先知、律法的苛评不仅针对犹太事件，也针对当时荷兰宗派林立的社会状况，而柯亨却将这一批判视为斯宾诺莎对犹太社团大禁令的报复冲动使然。[④]一句话，柯亨将斯宾诺莎的宗教批判归结为个人动机和报复欲望，在施特劳斯看来，其根本原因在于“柯亨的政治哲学并未充分留意斯宾诺莎极力陈述的那些严酷的政治事实。相应地，他也未能充分留意斯宾诺莎用其书面方式写作时所屈从的那种严峻的紧迫情势。柯亨未能充分理解与自己风格迥然不同的斯宾诺莎的笔法。柯亨的写作就像一个注

---

① Benedict De Spinoza, *Theological-Political Treatise*, translated by Michael Silverthorne and Jonathan Isreal, Cambridge University Press, 2007, p.6.

② Benedict De Spinoza, *Theological-Political Treatise*, translated by Michael Silverthorne and Jonathan Isreal, Cambridge University Press, 2007, pp.6—7.

③ 参见斯宾诺莎：《斯宾诺莎书信集》，洪汉鼎译，商务印书馆1993年版，第153页。

④ 参见 Steven B. Smith, *Reading Leo Strauss: Politics, Philosophy, Judaism*, the University of Chicago Press, 2006, p.32。

疏家对一个已然高度专业化的文本进行注疏那样写作。”①

严格地讲，施特劳斯与柯亨这场关于斯宾诺莎思想遗产的论战是一场“不可能的对话”。因为，“论战交锋”开始（1924 年）时，“论战”的一方（柯亨）已然谢世（卒于 1918 年）。但柯亨的遗产还在：作为新康德主义的思想翘楚，他的幽灵一直游荡在马堡学派新康德主义后学的阅读和写作中；作为犹太界的精神导师，他复兴犹太教的巨著（《源自犹太教的理性宗教》）和晚年为之倾尽心力的志业（如创办犹太教学术研究院等）一度成为犹太年轻学人的思想导引和精神向标。占据统治地位的旧思想不退场，新思维（the new thinking）就无法走上前台。因此作为主流学界不可忽视的一种思想力量，无论柯亨生前还是卒后，针对他的批判都没有停止过。最显见的例子是哲学领域的现象学（如胡塞尔）和存在主义（如海德格尔）对新康德主义（如柯亨为代表的马堡学派）的猛烈批判，这在 1929 年的海德格尔—卡西尔的达沃斯论辩中达到顶峰；在犹太哲学领域，表现为罗森茨威格对柯亨的启示信仰修正和施特劳斯对柯亨斯宾诺莎指控的哲学反驳。因此，从更大范围的智识背景来看，施特劳斯对柯亨的论战绝不是一场虚妄的思想游戏，而是代表了更加激进的哲学力量对一战之前精神世界的某种清算和告别。

不过，柯亨和施特劳斯之间进行的这场并不对等的思想交锋并非毫无缝隙的铁板一块，而是一条峰回路转、激荡复返的山间小溪。1924 年的施特劳斯对柯亨就像柯亨对待斯宾诺莎一样过于严苛和激进，然而到了 1962 年，施特劳斯在“英译本序言”中对柯亨的评价多了几分褒奖和赞扬，对柯亨文献的引用也更加全面和公允。② 施特

---

① Leo Strauss, *Spinoza's Critique of Religion*, translated by E.M.Sinclair, the University of Chicago Press, 1997, p.25.

② 参见 Leo Strauss, *Spinoza's Critique of Religion*, translated by E.M.Sinclair, the University of Chicago Press, 1997, p.15。同时参见 Leo Strauss, “Cohen's Analysis of Spinoza's Bible Science”, in *The Early Writings*（1921—1932）, translated and edited by Michael Zank, State University of New York Press, 2002, p.107, note 107。在《斯宾诺莎的宗教批判》中，施特劳斯认为斯宾诺莎对启示宗教尤其是圣经犹太教的批判与他的体系结合在一起，因此，我们无法用偏颇来批判指摘斯氏的判断，除非用“倾向性”（tendentious）来指涉斯氏整个体系的动机才有意义。那么柯亨用敌犹太来批判斯宾诺莎思考的基础便具有了某种合理性依据。尽管施氏更喜欢用敌基督（信仰启示的基督教）而非敌犹太来说明这一问题。参见 Leo Strauss, *Spinoza's Critique of Religion*, translated by E.M.Sinclair, the University of Chicago Press, 1997, pp.207—208。

劳斯毫不掩饰自己的斯宾诺莎研究受惠于柯亨的思想导引，“英译本序言”结尾轻描淡写的自嘲性评价也暗示了自己早期的研究对斯宾诺莎的把握尚欠精准。当然，施氏这种对自己作品的自嘲性评价和对柯亨思想的肯定褒扬并未颠覆1924年对柯亨指控的基本判断。柯亨对斯宾诺莎的义愤情绪和心理动机归因是进入斯宾诺莎研究的暗礁迷障，这一判断施氏坚持三十余载始终未变。正是这种接近又远离柯亨的哲思之旅使得施特劳斯的思想成熟起来，最终成为西方政治哲学和犹太哲学领域不容忽视的重要代表。

## 第二节　伊壁鸠鲁与近代宗教批判的“源流”分析

宗教批判的发端与宗教的产生或许同样久远，因为二者根植于同一动机，即对原因的无知以及相伴而生的恐惧意识。然而，如果把“批判”理解为敌宗教动机驱动下的体系化的理性论证，继而将伊壁鸠鲁视为这种宗教批判的源头和真正开端，那么这种理论自觉意义上的宗教批判显然要晚近得多。只要比照一下荷马、赫西俄德与伊壁鸠鲁的生卒年谱便可知其一二。伊壁鸠鲁从人性的自然状况出发来解释宗教的产生，将宗教批判提升到前所未有的新高度，其思想光芒直到现代都不曾褪去。想一想霍布斯如何从恐惧（fear）这一人之基本的情绪状态出发建构他的政治哲学大厦，斯宾诺莎在《神学—政治论》序言中如何将恐惧与迷信联结起来解释宗教的产生，以及马克思关于伊壁鸠鲁的博士论文如何孕育了他后来的宗教批判，等等；我们便知伊壁鸠鲁主义在现代世界的精神建构当中从未离场和缺席。

当然，这里言及的伊壁鸠鲁主义，“并非指称那种流传下来的哲学流派的教诲，而是用来意指人类心灵的一种原初倾向——这种心灵倾向在伊壁鸠鲁的哲学中得到经典的表达”。① 事实上，作为古代学

① Leo Strauss, *Spinoza's Critique of Religion*, translated by E.M.Sinclair, the University of Chicago Press, 1997, p.51.

说存在的伊壁鸠鲁观念与我们当下对宗教的种种流行理解之间已经相去甚远。例如，在马克思主义的语境下，人们往往把宗教理解为精神的“鸦片”，理解为人对客观事物的某种虚幻反映和自我慰藉，这与伊壁鸠鲁将宗教视为扰乱人心安宁的罪魁祸首的视点之间几乎毫不搭界。[①]那么，我们应如何来理解这样一种心灵倾向的伊壁鸠鲁宗教批判？如何来理解宗教批判传统的古今历史嬗变？以及进一步地，如何理解古典宗教批判与近代启蒙宗教批判之间的歧见和会通？施特劳斯的《斯宾诺莎的宗教批判》(以下简称《宗教批判》)第Ⅰ部分(该书包括Ⅰ、Ⅱ两个部分)对这个问题曾作出细密扎实的学理分析，本节便以这一文本为参照，试着对上述的问题作出个性化的阐明和论述。

## 一、伊壁鸠鲁与宗教批判的三个传统

伊壁鸠鲁是西方宗教批判[②]的开端和起源，这一点并非不证自明。我们知道，普罗泰哥拉、阿那克萨哥拉等大哲均因涉嫌渎神被逐出雅典，大名鼎鼎的苏格拉底也因引进新神和败坏青年被判死刑。哲学本性上的批判质疑和穷根究底自蕴含着对作为传统权威的诸神信仰的不敬和亵渎。伊壁鸠鲁并非最早的哲人，将他视为宗教批判的源头，根据究竟何在？毫无疑问，伊壁鸠鲁并不是广义上西方宗教批判的第一人，但却是第一个自觉开展宗教批判，并将“人从宗教的束缚下解放

---

① 在这一点上，施特劳斯有着自觉的清醒认识，在反对舍勒对尼采“上帝之死”的误读时，施特劳斯谈道：“在传统的无神论当中，有一种差异具有极为重要的意义：古代的伊壁鸠鲁主义反对宗教是因为宗教被视为令人恐惧的幻觉；而在近代无神论的演进当中，为争取真实的幸福而反对虚幻的幸福的斗争占据了主导地位。”这尤其体现在费尔巴哈、海涅和社会主义者的论述当中。“下述确信对传统的宗教批判的主流来说是共通的：通过消除宗教，人的幸福就会得到提升，而在此之前的是追求幸福的意志。”Leo Strauss, *Spinoza's Critique of Religion*, translated by E.M.Sinclair, the University of Chicago Press, 1997, pp.299—300, note 276.

② 这里用宗教或宗教批判来描述伊壁鸠鲁其实并不完全准确，因为，在伊壁鸠鲁时代，所谓的宗教主要指的是对神或诸神的敬畏或虔敬，而非后来基督教意义上的独一上帝的信仰。这里将后来的宗教术语按在伊壁鸠鲁的头上，主要是为了叙述的方便，在语词的所指上与现代的用法有很大的差别。

出来”作为自己哲学探究的至上任务和不二使命的哲学家。[①] 尽管前伊壁鸠鲁哲人也存在不敬城邦之神的言行，但那只是他们哲学思考的副产品。例如，早期或盛期的古希腊哲人，他们或是将存在（巴门尼德），运动（赫拉克利特），理念或善（柏拉图），抑或是形式或目的因（亚里士多德）作为自己哲学思考的根本论题，尽管在客观上对神祇教义或信仰造成了冲击和威胁，但在个人主观动机上却绝无伊壁鸠鲁那么笃定和明晰。因此，既然伊壁鸠鲁是首位自觉将“宗教批判视为至上（highest task）的任务”的哲人，那么他自然就成为西方宗教批判的开端和源头。

然而，仅从开端的意义上去理解伊壁鸠鲁，很可能贬低而非恰切评估了伊壁鸠鲁宗教批判的思想力量和实践效应。因为我们很容易从现代的偏见出发，把开端理解为萌芽、原始、蒙昧或落后，进而从学术史的角度把伊壁鸠鲁视为古希腊晚期的一个带有某些奇怪论调的反宗教领袖，在其身后两千多年的文明长河中，一批批的思想斗士继承并发展了伊氏的思想衣钵，最终成为近代气势磅礴的宗教批判和思想启蒙。那么，伊壁鸠鲁的开端意义就变成了某部学说史教材中可以一笔带过的开头部分。然而，哲学的思想不应从进化论的角度去加以审视，也不能从当下的思想偏见出发去加以粗暴解读。我们这里所强调的是哲学意义上（并非黑格尔哲学意义上）的起源和开端，即：开端意味着本原或始基，意味着主宰并支配后来的发展。换句话讲，作为宗教批判的开端，伊壁鸠鲁并非只是那种定格在古代晚期的思想火花，而是不断演变、形塑和影响从古至今的宗教批判运动。正是在这个意义上，施特劳斯在《斯宾诺莎的宗教批判》高度评价了伊壁鸠鲁的思想地位和现实意义：“宗教批判尽管是出于科学的客观目的进行的，但

---

① 用卢克莱修的话讲，是伊壁鸠鲁“首先敢于抬起凡人的眼睛抗拒那个恐怖……以愤怒的热情第一个去劈开那古老的自然之门的门闩……由于这样，宗教现在就被打倒，而他的胜利就把我们凌霄举起”。见卢克莱修：《物性论》，方书春译，商务印书馆 1982 年版，第 4 页。施特劳斯：《评卢克莱修》，载于《古今自由主义》，马志娟译，江苏人民出版社 2010 年版，第 94 页。

它的根源却在于一种迸发自内心的原始兴趣，在于一种原始的动机。如果说这种可能性曾经变成过现实的话，那就是在伊壁鸠鲁的哲学中发生的。伊壁鸠鲁的宗教批判是17世纪宗教批判的一个来源，而且是最重要的源泉”。①

施特劳斯这段话的用意十分明显：他在前半部分指认伊壁鸠鲁是宗教批判的真正开端源头；最后一句话强调伊壁鸠鲁思想是17世纪宗教批判的最重要源泉。这里的困难在于，伊壁鸠鲁是怎样从两千年前的古希腊晚期时代，跨越中世纪的漫漫黑夜、新教改革和文艺复兴的激情澎湃，影响到17世纪启蒙时代的启示宗教批判？作为思想来源的伊壁鸠鲁学说到底在哪些方面影响了近代的宗教批判运动？我们应当怎样理解伊壁鸠鲁学说所发生的这种古今嬗变？要了解这些，我们有必要对17世纪之前的宗教批判传统做出必要的梳理，这样才能看清17世纪宗教批判的到底源自何处？概括地讲，斯宾诺莎之前的宗教批判传统主要包括以下三种思想倾向：1.强调格物修身的“伊壁鸠鲁传统”；2.讲求义理辨析的“阿威罗伊传统”；3.注重政治勇敢的“马基雅维利传统”。下面我们分而述之。

“伊壁鸠鲁传统”的背景是古希腊的城邦神祇崇拜。与盛期古希腊哲人以主人论姿介入城邦，探寻城邦正义之道的宏大叙事不同，伊壁鸠鲁生长于希腊化和罗马帝国的治下，社会动荡，战祸连绵，人的生命脆弱如蝼蚁。在这样的历史背景下，晚期希腊哲人不再希冀通过介入城邦政治来实现个人德性的完满，他们失去了参与政事、兼济天下的报负和热情，转而由外转内，开始关注如何获得内心世界的安宁。用文德尔班的话讲，“因为他没有战胜身外世界的力量，他就必须战胜他身内的世界；他必须战胜外在世界给予他的影响”。②

---

① Leo Strauss, *Spinoza's Critique of Religion*, translated by E.M.Sinclair, the University of Chicago Press, 1997, p.38.

② 文德尔班：《哲学史教程》(上)，罗达仁译，商务印书馆1987年版，第223页。

伊壁鸠鲁哲学便是这种不求外王、唯求心安的哲学类型的典范。在伊壁鸠鲁看来，知识的最高目的是达到不动心的幸福状态，幸福的唯一标准拥有快乐。快乐虽好（good，善）却不易得，因为它总伴随着痛苦（恶）的纠缠。一般而言，快乐和痛苦之间的较量有时间和内容两个维度。从时间上看，当下的快乐并不确定，因为它们受到命运之手的掌控，未来的快乐则毫无定数可言。因此，最为确定无疑的快乐就只有那些在回忆中被唤起的往昔快乐。因为，“这种被追忆的快乐的特别之处表现在，它总是属于当下，不会受到任何未来危险的威胁。”① 从内容上看，痛苦的来源一方面来自对未来预期的焦虑，如对死亡的恐惧；另一方面来自对诸神的恐惧。人们之所以会对诸神产生恐惧，是因为他们将地震、瘟疫、彗星等不可预知的自然现象（或灾害）归于神祇的力量，此即恐惧产生信仰，抑或是因为他们认为神祇具有掌控自然事物的超能神力，因而对强大的神祇感到惊恐和不安，此即信仰导致恐惧。这些关于真正危险的恐惧在梦境中得到强化和放大，并在关于死亡的地狱想象的帮衬下，最终导致对诸神的膜拜和信仰。从上可见，伊壁鸠鲁的宗教观念来源于他对人的恐惧情绪和原初宗教经验的分析，这些宗教观念的内容主要可以归纳为以下四点：首先，对诸神的恐惧来源于巨大危险的例外宇宙事件；其次，当人们对真正原因的知识缺乏了解时，对诸神的恐惧才会得以出现并持续下去；第三，人们对伴有地狱想象的死亡的莫名恐惧与极端绝望导致他们对自身能力的轻视；最后，真正的危险借助人们梦境中的幻象得到强化，并最终导致诸神信仰的产生。② 对于伊壁鸠鲁派哲人而言，既然对诸神的敬畏来源于无知所带来的恐惧，那么如果撬开“自然之门的紧闭门闩（claustra）”，便可消除人们对“超自然现象的焦虑和不安”，消除对于喜怒无常的诸神的畏惧，从而获得内心的安宁，这便成为伊壁

① Leo Strauss, *Spinoza's Critique of Religion*, translated by E.M.Sinclair, the University of Chicago Press, 1997, p.61.

② Leo Strauss, *Spinoza's Critique of Religion*, translated by E.M.Sinclair, the University of Chicago Press, 1997, p.46.

鸠鲁哲学致思的努力方向。①

然而，普世一神教的兴起改变宗教的存在样态，也改变了宗教批判的品格。一方面，对独一上帝的敬畏取代了对诸神的恐惧，另一方面，基督教成为国教，成为政教统治下唯一具有正当性的威权话语形态。在这种历史背景下，无论你是否关心或信仰宗教，都不能无视宗教的存在而畅所欲言。因此，旨在消除恐惧获得内心安宁的伊壁鸠鲁主义便被一种倡导双重真理观念的新型宗教批判形式——"阿威罗伊主义传统"所取代。阿威罗伊主义宗教批判的核心要点是，它不再像伊壁鸠鲁那样将幸福设定为不动心的快乐状态，而是认为幸福是一种理论静观或沉思生活。然而，我们知道，并不是所有人都适合过沉思或理论生活，换句话说，多数民众根本无法摆脱情欲的支配，感受自足的沉思之乐。那么，为了维系政治共同体的秩序和稳定，就需要对那些无知的多数民众采取必要的预防措施。这些措施包括政府颁布和实施法令，强迫人们在行为规范上的外部顺服；也包括通过宗教方式教化民众对政教秩序产生内心认同。因此，在阿威罗伊那里，宗教不再是无知和恐惧的衍生品，而是先知为调节社会生活秩序，约束和统治人们需要而制定的一套道德律法规范。这套律法诉诸民众的想象力和欲求，通过讲述关于上帝震怒、惩罚和恩典的故事来获取人们的信仰和服从。正是在这个意义上，施特劳斯说，当我们碰到那些将"宗教视为君王与祭司的欺骗（deception）行为"、统治工具或精神鸦片之类的理论说法时，很显然，这无疑受到了"残存的阿威罗伊传统的影响"。②

---

① 参见卢克莱修：《物性论》，方书春译，商务印书馆 1982 年版，第 4 页。原文"claustra"，中译文译为"横木"，此处参考注释②酌改为"门闩"。同时参见刘小枫译文（《西学断章》，华东师范大学出版社 2016 年版，第 29 页）。

② Leo Strauss, *Spinoza's Critique of Religion*, translated by E.M.Sinclair, the University of Chicago Press, 1997, p.48. 例如晚近赫拉利在他的畅销书《人类简史》中强调，"无论是现代国家、中世纪的教堂、古老的城市，或者古老的部落，任何大规模人类合作的根基，都在于某种只存在于集体想象中的虚构故事。例如教会的根基就在于宗教故事"，"除了存在于人类共同的想象之外，这个宇宙根本没有神、没有国家、没有钱、没有人权、没有法律，也没有正义"。这一极端表述显然包含阿威罗伊关于宗教是虚构的谎言之论断的影子。参见尤瓦尔·赫拉利：《人类简史：从动物到上帝》，林俊宏译，中信出版社 2014 年版，第 28、29 页。

不过，在近代世俗化的浪潮中，这一西方基督教世界历经五百年而不衰的阿威罗伊传统也遭到了挑战，一种指向世俗荣耀（worldly honor）的激情作为新的动机注入这种反宗教的理论当中，从而催生了一种新型的宗教批判形式——马基雅维利传统。与伊壁鸠鲁对心神安宁（ataraxia，修身）和阿威罗伊传统对理论（theory，义理）的强调不同，马基雅维利传统将动机转向对德性（virtú，又译男子气概）的关注，即否弃基督教所倡导的隐忍苦难和禁欲主义，强调一种与寂静主义（quietism）相对立的积极进取的男子气概和入世态度。① 在施特劳斯看来，马基雅维利对基督教的批判并非源于一种政治热情或政治算计，而是来自对基督教会腐败和堕落的一种情感上的自然流露，或者说来自伊壁鸠鲁式的宗教敌意。然而，在实际发生上，马基雅维利的宗教批判更多诉诸一种政治的斗争方式来加以推进："这场反对恐惧的斗争最终变成了反对国王和教士的运动，因为在这场战役中，后两者试图利用这种恐惧来增强它们自身的力量。" ② 这构成了与伊壁鸠鲁的格物修身、阿威罗伊的义理批判明显不同的政制建构方式。

综上可见，17 世纪之前的宗教批判传统，不仅包含视宗教为扰乱人心宁静之罪魁祸首的伊壁鸠鲁主义传统，也包括将宗教指摘批判为迷信和欺骗的阿威罗伊主义传统，还包括对正统宗教采取世俗政治批判的马基雅维利主义传统。这三种性格迥异的宗教批判倾向在 17 世纪早期的宗教批判运动中相互交织、共同作用，甚至难以分清彼此。那么，为何施特劳斯用伊壁鸠鲁来表征前现代的宗教批判，并视他的思想视为 17 世纪宗教批判最为重要的来源？这就要分析一下伊壁鸠鲁传统对近代宗教批判具有的独特优先地位。

## 二、伊壁鸠鲁主义的近代复兴及其独特影响

施特劳斯在《斯宾诺莎的宗教批判》中给予伊壁鸠鲁很高的评价，

① Leo Strauss, *Spinoza's Critique of Religion*, translated by E.M.Sinclair, the University of Chicago Press, 1997, p.48.

② Leo Strauss, *Spinoza's Critique of Religion*, translated by E.M.Sinclair, the University of Chicago Press, 1997, p.49.

并且强调后者是近代宗教批判最主要的源泉，这一判断可能与施氏求学时代所受到的思想影响有直接关系。众所周知，青年施特劳斯受过现象学运动的影响，[①]尽管他没有追随胡塞尔和海德格尔走向认识论或基础存在论的现象学分析，而是在与柯亨若即若离的思想论战当中走向神学—政治批判的犹太学思考。但回到事实本身的现象学精神还是对青年施特劳斯产生了压倒式影响。这突出体现在他的学术研究特别强调对开端和原点的考察和清理，例如，在政治哲学研究上，施氏强调回到近代启蒙的思想现场，即重启古今之争，并最终回溯到政治哲学的源头——“苏格拉底问题”；在宗教批判上，他同样强调回到17世纪的宗教批判，并最终回返到宗教批判的源头——伊壁鸠鲁哲学。因此，从理论资源和思想取向上看，施特劳斯对伊壁鸠鲁的突出强调与他特别关注起源和开端的致思取向之间关联紧密。而这一取向的最大好处是，它可以摆脱现代理论及其偏见的干扰，直接面对原初的政治或宗教经验，因而更容易看清政治哲学或宗教批判的生发源起及其内在动机。

当然，施氏对伊壁鸠鲁重要性的强调并非主要缘于他重视开端和起源的“现象学偏见”，而是根植于伊壁鸠鲁的近代复兴及其重要影响。

首先我们看伊壁鸠鲁哲学的近代复兴，这主要包括他宗教批判思想的复兴（下一节论及）和原子论学说在近代自然科学中的新兴两个方面。众所周知，伊壁鸠鲁是德谟克里特原子论的忠实门徒。原子论思想在古典时代曾受到柏拉图和亚里士多德的抵制或拒斥，在中世纪也未能受到人们应有的重视。然而，在近代物理科学的新兴中，这种古代基于感觉论的原子论学说获得了某种数学式的精致化，从而受到科学家和哲学家的热衷和追捧。如前所述，伊壁鸠鲁派对事物本质的探究是为了获知自然现象背后的秘密，从而消除人们因无知而产生的

① 参见施特劳斯:《剖白》，载于《苏格拉底问题与现代性》，彭磊、丁耘等译，华夏出版社2008年版，第270页。

焦虑和恐惧。换言之，伊壁鸠鲁原子论的自然哲学探寻（格物致知）是为了他的人生道德哲学，即修身凝神。这同样是近代物理学新兴的隐秘前提：如果没有受到天上诸物与死亡恐惧的困扰，根本没有物—理（性）科学研究的必要。而物理学研究提供的结论恰恰证明，自然灾害和天上诸物的神性与可怖根本不足道哉，因为它只是常人无法自然之理（规律、公式）的一种外在表现罢了。一旦人们获得了关于自然现象背后规律（理或因）的认识，对神明的焦虑和恐惧便会自行消散。① 因此，我们可以说，物理学为代表的自然科学的近代新兴，实际上是由敌宗教的伊壁鸠鲁式动机推动的。而且在近代隐秘的实证科学和经院哲学的对垒中，科学家和非学院派哲学家大多偏向于前者，这在斯宾诺莎 1674 年的致密友（雨果·博克赛尔）的信中便可见一斑，他强调："柏拉图、亚里士多德和苏格拉底的权威对我来说，并没有多大分量，要是你提到伊壁鸠鲁、德谟克里特、卢克莱修或任何一个原子论者，或者为原子作辩护的人，我倒会感到吃惊。那些……人……削弱德谟克里特的威信，这是不足为怪的，他们对德谟克里特的好声誉是如此妒忌，以致烧毁了他的一切著作，而这些著作正是他在一片颂扬声中发表的。" ②

其次，在对 17 世纪宗教批判的影响上，伊壁鸠鲁传统较之阿威罗伊传统和马基雅维利传统明显要重要得多。伊壁鸠鲁旨在个体心灵的安宁，他从欲望快乐和恐惧情感等人性状态的分析入手，从人的原初宗教经验出发去试图弄清"宗教的整个谬误究竟源于何处"，因而在整体的广度和深度上将宗教批判推向了"宗教批判的顶点和完成"。③ 而阿威罗伊主义传统所强调的"理论"（义理辨析）和马基雅维利传统所追求的"德性"（男子气概），与特定的时代境况纠缠在一起，因而不可避免地带有时代印迹和前提预设。对于近代启蒙哲人（尤其对斯宾

① 参见 Leo Strauss, *Spinoza's Critique of Religion*, translated by E.M.Sinclair, the University of Chicago Press, 1997, p.40。

② 斯宾诺莎：《斯宾诺莎书信集》，洪汉鼎译，商务印书馆 1993 年版，第 250—251 页。

③ Leo Strauss, *Spinoza's Critique of Religion*, translated by E.M.Sinclair, the University of Chicago Press, 1997, p.86.

诺莎而言）而言，他们想同旧世界的思想观念和政制秩序告别，就必不可免地要从哲学原点，即人性自然的分析出发，去探讨作为整体的宗教观念为什么错了，以及究竟错在哪里？那么，他们自然会遭遇伊壁鸠鲁，遭遇伊氏对宗教发生所做出的纯粹而又深刻的原初经验分析。这也是我们看到人性自然状况（如欲望、恐惧等）在霍布斯和斯宾诺莎的宗教分析中反复出现的原因之所在。① 而且，更重要的是，斯宾诺莎的圣经批判与伊壁鸠鲁的宗教批判分享了一个共通的前提，那就是，它们均是由敌宗教的动机发动的。这种动机以不信或质疑上帝为内核，以哲学理性为基准和前提。从根本上讲，动机预构了答案、先于具体论证，进而决定了问题的提出和论据的选择。总而言之，伊壁鸠鲁主义动机对 17 世纪宗教批判具有不可替代的根基意义或范式影响，因而我们说伊壁鸠鲁是 17 世纪宗教批判最为重要的资源。

当然，我们也应看到，伊壁鸠鲁动机对现代社会的介入和影响只具有相对的意义。例如，在近代两位重新发现伊壁鸠鲁的杰出代表瓦拉（Lorenzo Valla，1407—1457）和伽桑狄（Pierre Gassend，1592—1655）那里，他们复兴伊壁鸠鲁的动机并非为了理解伊壁鸠鲁而研究伊壁鸠鲁，而是源于对基督教的关心或出于对基督信仰辩护的目的去接近伊壁鸠鲁，这似乎与伊壁鸠鲁宗教批判旨趣之间完全异质。② 当然，伊壁鸠鲁旨在心灵安宁的批判宗教并不必然导致反对宗教，实际上，与自然哲人所强调的必然法则或命运的理论相比，伊壁鸠鲁更加喜欢神祇的故事。③ 因为，对伊壁鸠鲁来讲，只要我们敬仰的上帝或神祇

① 例如，与伊壁鸠鲁的传统一致，斯宾诺莎从恐惧与梦境（想象）中得出了启示宗教的核心事实，即“人们对启示的兴趣来自恐惧，而启示的内容则来自想象”。Leo Strauss, *Spinoza's Critique of Religion*, translated by E.M.Sinclair, the University of Chicago Press, 1997, p.207.

② Leo Strauss, *Spinoza's Critique of Religion*, translated by E.M.Sinclair, the University of Chicago Press, 1997, p.50.

③ 在施特劳斯看来，伊壁鸠鲁动机与不同理论之间的关联度可从高到低排列如下：“伊壁鸠鲁自己的神学和物理学，活跃有力的神话故事，物理学家的决定论。”“对我们的安宁和慰藉的渴求而言，机械论的物理学的那种严苛的决定论几乎毫无助益，因为它把人和人的世界视为外在于人的关联……这种关联对人类完全无动于衷。” Leo Strauss, *Spinoza's Critique of Religion*, translated by E.M.Sinclair, the University of Chicago Press, 1997, p.107.

是仁慈、至善、静默无为的，而非旧约所展现那种的严苛、暴力、反复无常的法官或复仇者形象，那么，这一上帝形象不仅不会让人心生恐惧，反而会凭借其独特的慰藉功能“增进心灵的平静，促使心灵从恐惧中解放出来”。① 也就是说，如果神祇信仰只是一个可怕的幻觉的话，那么伊壁鸠鲁反对的只是它令人恐惧的“可怕”面相，而非它慰藉心灵的“虚幻”一面。

尽管如此，伊壁鸠鲁派的主流取向仍是将宗教视为扰乱个体心灵安宁的首要原因，这与瓦拉和伽桑狄等近代伊壁鸠鲁复兴派的立场之间相距甚远。那么，我们似乎可以得出结论，近代宗教批判的启蒙者们有着完全异质于伊壁鸠鲁的启蒙动机和问题指向，他们并非出于单纯复兴伊壁鸠鲁学说的目的去接近后者。因此，要具体了解近代启蒙哲人对伊壁鸠鲁的挪用，我们就要深入到那场思想实践当中，具体辨析伊壁鸠鲁在近代启蒙宗教批判所发生的变形和产生的影响。

### 三、伊壁鸠鲁动机的近代挪用与修正

伊壁鸠鲁与 17 世纪宗教批判思潮相隔近两千年之久，故而在宗教批判的背景和对象上具有显见的差异：对伊壁鸠鲁而言，最扰乱人心安宁的是对神祇和死亡的恐惧。前者根植于一种神话—宗教的世界观，认为万物皆可归因于神力的喜怒无常和任意施为；后者受到宿命论或决定论的影响，坚信连续性原理，认为一切皆有命数并终将归于陨灭（死亡），这削弱了人对自身力量的确信。而对近代哲人而言，他们处身于一整套政教观念和上帝信仰之下。这一给定的信仰或观念一方面把宗教预设为维护国家的必要手段（阿威罗伊主义），另一方面强调基督信仰的不容置疑和政治正确，那么对宗教的批判便意味着必须打碎既有的神权政制统治（马基雅维利主义）。因此，与伊壁鸠鲁时代相比，近代宗教批判在背景、对象和目标上都发生了重大的转变。正是

① Leo Strauss, *Spinoza's Critique of Religion*, translated by E.M.Sinclair, the University of Chicago Press, 1997, p.59.

基于这种古今之变，近代哲人对伊壁鸠鲁的原初动机作出大幅修正和改造，以适应他们的独特倾向的宗教批判、思想启蒙和政制设计。概括地讲，近代启蒙哲人对伊壁鸠鲁宗教批判的挪用和修正主要体现在以下三个方面：首先，在宗教批判的动机上，从个体心灵的安宁转向对社会安宁的关注，这在达科斯塔的宗教批判中表现得尤为突出；其次，在宗教批判资源的选取上，更多地借助自然科学，人类（种）学和地理学等最新成果，这在拉佩雷尔的圣经批判中表现得相当自觉；最后，在宗教批判的人学动机和自然科学的联结上，霍布斯作出了强有力的思想贯通。从人的自然状态的分析入手，霍布斯构建了足以与伊壁鸠鲁相匹敌的近代宗教批判理论，并最终导致了斯宾诺莎圣经（科）学的出现。下面我们对这三点分而述之。

**（一）达科斯塔对伊壁鸠鲁动机的入世修正。**达科斯塔（Uriel Da Costa，1585—1640）是犹太裔自由主义思想家和启蒙斗士，其先驱形象对斯宾诺莎的影响很大，当他因反对灵魂不朽饱受迫害而自杀谢世时，斯宾诺莎还是个孩子（时年八岁）。达科斯塔的宗教批判源于他对死亡的恐惧，当然并非那种对自然死亡的天生恐惧，而是对基督教意义上永罚（eternal damnation，又译永恒的诅咒）观念的畏惧。自然意义上的死亡仅仅是一种丧失，是因质料易朽等自然原因造成的肉体消亡和灵魂离散，但基督教对原罪与惩罚的强调，让死亡从一种匮乏或丧失状态变成一种积极的、主宰性的存在。这种对死亡尤其是永罚的恐惧，让达科斯塔严守教规、如履薄冰。然而，当他意识到“忏悔无法带来对罪恶的宽宥，而且自己根本无法满足教会的要求。他发现按照教会的教导自己根本无法获得拯救和心灵的宁静，这让他十分绝望”。[①] 这种绝望让达科斯塔开始质疑彼岸生活的教义，并最终转向对灵魂不朽的激进批判。

达科斯塔对灵魂不朽的批判主要有三方面理论支撑：首先，对开

① Leo Strauss, *Spinoza's Critique of Religion*, translated by E.M.Sinclair, the University of Chicago Press, 1997, p.54.

端、起源的确信和对新事物的怀疑让达科斯塔笃信摩西律法的正当性，而灵魂不朽的教义却与摩西律法之间多有抵牾。摩西律法关注律法的现世赏罚，而非思考来世的生活和灵魂的不朽。达科斯塔认为摩西律法对灵魂不朽的主题保持了完全的沉默，因为它并没有对遵守或违背律法施加现世以外的赏罚。因此，出于对摩西律法的忠诚，达科斯塔开始质疑灵魂不朽的合理性。其次，达科斯塔对不朽教义的批判与他接受塞尔维特（Michael Servetus，1511—1553）的灵魂理论存在密切关联。塞尔维特是西班牙医生、文艺复兴时代的自然科学家和血液肺循环的发现者，他主张灵魂是一种源发自心脏的一股精气，并通过人的生育得以繁衍，那么灵魂便不是永恒不朽的，而是有生有灭的一种存在。最后，达科斯塔对不朽观念的质疑从根本上源于他的伊壁鸠鲁式动机。达科斯塔反对永恒的诅咒（永罚），因为这让他深感恐惧、难以心安；他同时对赐福和恩典的教义感到不满，因为它看起来像是一场“毫无胜算的赌博”（a wager against long odds）。因此，为了确保自己的心灵安宁不再受此折磨，他不得不对灵魂不朽的教义加以质疑和批判，而“这种怀疑让他得以从恐惧中解脱出来”。①

然而，值得注意的是，达科斯塔对灵魂不朽的质疑和批判并非为了获得伊壁鸠鲁式的个体内心安宁，而是最终指向了对社会的和平与安宁（social peace）的关注。两者之间的差异显而易见，伊壁鸠鲁对个体安宁的关注使他更加重视确定快乐的获取，而这样的快乐只能存在于往昔的回忆当中，因为追忆中的快乐“总是属于当下，不会受到任何未来危险的危及”。也就是说，伊壁鸠鲁对个体心灵宁静的关心，聚焦于对过去的善（快乐）的关注。与之不同，达科斯塔关注的并非过去的善，而是现实的或当下的善。在施特劳斯看来，“达科斯塔反对灵魂不朽，不仅仅因为这种信仰‘折磨他，让他承受重负’，因为它是导致恐惧的罪魁祸首，更多的是因为这种信仰诱使我们远离唯一

① Leo Strauss, *Spinoza's Critique of Religion*, translated by E.M.Sinclair, the University of Chicago Press, 1997, p.59.

真实的、确定无疑的善与恶，即当下的善与恶，因为这种信仰就是幻觉。因此，通过内心活动来获得心灵的解放并不足够，还有必要当借助外在手段来确保当下的善。因为当下的善容易受到他人或事件的攻击。这其中，首要的是确保外部的和平，即社会的安宁”。[①] 总而言之，当下的善才是唯一值得珍视的善，那么我们就必须无条件地要求社会的安宁。[②] 或许是由于强有力的外在压力和宗教迫害，让达科斯塔无法像伊壁鸠鲁那样超然，通过借助克己修身的方式从死亡与永罚的恐惧中获得自我解放。想象一下达科斯塔所遭受的羞辱迫害，并最终自杀的经历，我们似乎更能理解在一个连思考和潜意识都要加以控制的极权社会，独善其身、寻求内心的超然与宁静是多么困难的事。更为重要的是，从心性气质上看，达科斯塔显然不是远离世俗的隐居修士，他共享了启蒙哲人的反叛意识和价值观念，这种政治性的入世情怀和心灵倾向让这位犹太裔自由思想家坚信，他的宗教批判之举绝非一种不为外物所动的个性修为，而是一场“真理与自由反抗谬误和枷锁的斗争”，一场把“人类社会从其最邪恶的敌人（即‘祭司’）手中解放出来的政治行动”。[③] 正是这种源自马基雅维利传统的对当下善和社会安宁的兴趣以及个体所遭受的屈辱迫害经历，最终使得达科斯塔的宗教批判偏离了伊壁鸠鲁式动机，从内心恐惧和个体心灵安顿转向了关注社会安宁的大众启蒙和政治行动。

**（二）拉佩雷尔对伊壁鸠鲁宗教批判的人类学增进。**与达科斯塔对伊壁鸠鲁动机的入世（政治）修正不同，拉佩雷尔（Issac de la Peyrère，1596—1676）的宗教批判更加强调对自然科学最新成果的应用。从某种程度上讲，拉佩雷尔的宗教批判可以看作是达科斯塔基督教批判的升级版本。达科斯塔为了缓解生存的严酷，为了当下善的实现而远离基督教，投向尘世的摩西律法，并最终转向对灵魂不朽的质

①③ Leo Strauss, *Spinoza's Critique of Religion*, translated by E.M.Sinclair, the University of Chicago Press, 1997, p.61.

② Leo Strauss, *Spinoza's Critique of Religion*, translated by E.M.Sinclair, the University of Chicago Press, 1997, p.62.

疑和批判。这种回返犹太原初律法之路径的论证效果其实很弱，因为一方面，基督教之所以能够从犹太教中破茧而出，成为既包含犹太教要素，又兼具灵性特质的普世一神论宗教，端赖于它对古希腊理性哲学的消化和吸收。[①] 然而，达科斯塔寻求宁静的冲动让他返本求源，并没有对犹太教走向基督教的理据作出强有力的批驳，因而也就无法说明为何灵魂不朽会让他心生恐惧，而在对立的启蒙哲人那里却转变成了一种抚慰人心的真理，如康德在实践理性批判中对灵魂不朽的预设。在这一点上，拉佩雷尔不仅认肯灵魂不朽的教义，反而充分利用这一点来为他的圣经批判论证。一言蔽之，达科斯塔颇具私人性的复返之路抹煞了基督教哲学化的学理贡献，而拉佩雷尔却不折不扣地直面了这一历史进程。另一方面，达科斯塔对摩西律法的忠诚隐含了他对起源—开端的重视和对新事物的怀疑态度，这与拉佩雷尔热情拥抱新事物，竭力汲取数学化的物理学、地理学和新兴人类学成果之间形成了巨大反差。在此点上，后继的启蒙哲人显然更加倾向拉佩雷尔而远离达科斯塔。

拉佩雷尔的宗教批判鲜明地体现在他对圣经文本的“人类学”批判上。在1655年发表的《前亚当时代的人》(*Men Before Adam*)和《神学体系》(*Systema Theologicum*)中，拉佩雷尔旗帜鲜明地提出自己的论点：“早在亚当被创造之前，就有人类存在。”拉氏之所以会提出如此匪夷所思的看法，一方面源于他阅读《创世记》时所面临的困难：上帝为何要两次造人？这两次造的人有何不同？既然亚当是上帝用泥土所造，那么第一章中上帝用话语创造的又是谁？在拉佩雷尔看

---

① “基督教凭借道德命令和应许，相对于其他宗教尤其是犹太教，变得高高在上。摩西律法教导‘以眼还眼’……摩西律法应许现世的好处，作为对服从律法的酬报。如此一来，它甚至不如异教哲人的教导，因为后者要求为德性自身的缘故，或为其他精神上的善的缘故而遵循德性。不朽，作为德性的真正酬报，并不为摩西律法和异教哲学所知。上帝应许摩西的只是尘世的好处，然而实际上终其一生，摩西除了辛劳和烦恼之外一无所知，最后还被阻止进入应许之地，而基督获得的上帝的应许则是远为巨大的好处——复活。”Leo Strauss, *Spinoza's Critique of Religion*, translated by E.M.Sinclair, the University of Chicago Press, 1997, p.66.

来，上帝首次创造的是不信上帝的异教徒（heathen）；第二次才创造了亚当（犹太人之父），即上帝的选民。这一点从《罗马书》第5章13节中可以得到确证。根据该节的说法，“没有律法之前，罪已经在世上；但没有律法，罪也不算罪”(《罗马书》5：13)。拉佩雷尔认为，该节前半句的“律法”和“罪”其实可以更换为“亚当”和“人”。因为根据《圣经》的说法，上帝的第一条律法是为亚当设立的：上帝不准亚当吃善恶树上的果子，但亚当没有遵守这一禁令，结果受到了惩罚，原罪和死亡随之产生。也就是说，律法时代与亚当相伴而生，故两词可以相互替换。至于“人”可替换“罪”，因为罪是对人的行为的某种判定，没有人哪来的罪？因此，在拉佩雷尔那里，《罗马书》5章13节的前半句话——“没有律法之前，罪已经在世上”就被转译成了“没有亚当之前，人已经在世上”。该节的后半句对这一论点做出了进一步的限定和补充：罪不仅仅是对人的限定，还和律法有关，亚当之前的人虽有罪行，但没有律法，因此罪还未归咎于人，罪归咎于人是从亚当违反禁令开始的，但这两句话相得益彰，足以表明亚当之先早已有人存在的事实。

尽管拉佩雷尔的论断起因于对《创世记》第一章的疑惑，并得到《罗马书》5章12—14节的佐证，但事实的真相却是，这一论断是预设的结论在先，推理论证在后。也就是说，凭借健全的感受力和萌生不久的人类学眼光，拉佩雷尔开始怀疑亚当作为人类的祖先是否只是圣经的独断论教条，为了验证亚当之前已有人存在的假设，他到圣经中去寻找相关段落来对之加以证成。[①] 那么，地理学的最新进展、原初的人类学洞见以及人种学视野的扩大才是拉佩雷尔作出这一论断的首因。对拉佩雷尔而言，哥伦布在美洲大陆发现的人类应该不是亚当的后裔，同样地，更古老的迦勒底人、埃及人、埃塞俄比亚人以及西徐亚人（Scythians）也可能不是亚当的后嗣。如果真的是这样，那么，

① Leo Strauss, *Spinoza's Critique of Religion*, translated by E.M.Sinclair, the University of Chicago Press, 1997, p.64.

圣经中的一些论述便失去了普遍有效性，圣经的权威也因此遭到瓦解。例如，亚当只是犹太人的祖先，而非人类的始祖；摩西律法既非万法之法，也不是人类的第一部律法，只是诸多古代特定律法中的一种，是在特定时刻为特定的民族（犹太人）制定的律法，等等。①

可以看出，拉佩雷尔对圣经权威的质疑与他对开端和起源的漠视存在一定的因果关联。在拉佩雷尔那里，开端并不具有主导和支配地位，相反，它只代表了一种潜能，其意义只能在现实那里才能获得充分理解。例如，在亚当和耶稣基督的关系上，拉佩雷尔认为，亚当和原罪的开端意义在耶稣基督的赎罪之死的语境中得到充分揭示："亚当的罪之所以被归咎于人，是为了基督之死可以被归咎于人。……万物皆趋向各自存在的目的。"② 原罪（亚当）的目的是神秘的（基督）拯救，"是为了将人类提升到不朽的生命状态"。上帝用泥土创造了亚当，但质料的不纯使得第一次的创造物不得不面对死与堕落的宿命；然而，在末日拯救中，上帝会通过他的第二次创造敞开永恒生命的大门，在那时，"人从尘世必死的状态被现实地提升到不朽的状态"。③ 综上可见，拉佩雷尔的圣经批判充分借助了地理学和人种学等经验科学的发现，通过创设性地提出前亚当时代人的理论，拉佩雷尔有力地质疑了圣经的权威，为斯宾诺莎的对摩西五经语文学和历史批判打开了通道。

**（三）霍布斯对伊壁鸠鲁宗教分析的政治哲学重铸。**从上可知，在达科斯塔那里，伊壁鸠鲁对个体心灵宁静的关切退居幕后，对社会和

---

① 说摩西律法仅仅是为犹太人制定的法，因为圣经中从未提到过异教徒要为违反摩西律法负责。说摩西律法是特定时刻的律法，是因为在这部律法前后皆有其他律法存在。而且摩西律法对献祭和祭司的特殊规定，在摩西之前无效，后来又被基督废除。参见 Leo Strauss, *Spinoza's Critique of Religion*, translated by E.M.Sinclair, the University of Chicago Press, 1997, p.74。

② La Peyrère, *Systema the ologicum, ex Prae-Adamitarum hypothesi.* Pars prima, 1655, Vol.2. Leo Strauss, *Spinoza's Critique of Religion*, translated by E.M.Sinclair, the University of Chicago Press, 1997, p.280, note 53.

③ Leo Strauss, *Spinoza's Critique of Religion*, translated by E.M.Sinclair, the University of Chicago Press, 1997, p.68.

平的马基雅维利式关心走上前台；在拉佩雷尔那里，对开端、起源和人之原初完美状态的信奉受到贬黜，对自然科学、新事物以及进步的信赖受到激赏。而霍布斯则以无与伦比的思想力量综合了前两者：霍布斯对达科斯塔的推进表现在，他将当下善理解为保全生命和远离暴死的恐惧与威胁，这使得对社会和平的关注奠基在人性的基础之上。霍布斯对拉佩雷尔的超越表现在，他没有像后者那样从圣经文本出发为自己的人种学观点论证，而是从人的自然状况的视角出发解释宗教的形成，从而将后者对自然科学的偶性发挥提升为实证科学自我理解的经典形式。通过对人之自然状态（人性）的深入剖析，霍布斯扬弃了达科斯塔和拉佩雷尔互不融通，甚至相互抵牾，将二者的圣经批判推向顶点和完成，成为“宗教之实证主义理解的经典样态”。①正是在这个意义上，施特劳斯强调指出：“在霍布斯那里，宗教批判再次呈现出原发性的创构力，其整体的广度和深度只可见于伊壁鸠鲁和卢克莱修的宗教批判。”②

在剖析人的自然状态时，霍布斯对人的欲望结构和等级作出了区分。在霍布斯看来，人之欲望的首要对象是感官快乐，它总是存在于当下，并在厌腻（satiety）或厌恶（revulsion）中走向终结。另外三种欲望分别是荣誉（reputation）、权力和安全，它们以快乐为追求的对象和目标，但却指向未来而非当下。这三种欲望比快乐更加高等，因为它们永无止境，而这种无止境来自更强大的生命力或生命欲求。例如，人之所以追求权力，因为人不仅寻求当下的快乐，而且要保障未来与现在一样享有快乐。那么，致力于这一目的所诉诸的手段的集合便被称为权力。③而在争夺同一快乐事物过程中，获得敌手对优势或超出部分的承认便是荣誉。至于安全，在霍布斯看来，生命本身就是欲望，生命奔流不息、欲望时时更新，因而生命中根本不存在最终的快

①② Leo Strauss, *Spinoza's Critique of Religion*, translated by E.M.Sinclair, the University of Chicago Press, 1997, p.86.

③ 参见霍布斯：《利维坦》，黎思复、黎廷弼译，杨昌裕校，商务印书馆 1985 年版，第 93 页。

乐和最后的至善（幸福）。当然这不表明不存在次等的基本善——生命本身，以及存在着最大的恶——死亡，尤其是由暴力带来的充满痛苦的意外横死。对生命的保全和暴死的畏惧便有了安全的需求，以及基于生命保全之上各种自然权利的论证。一言蔽之，霍布斯的人学公式可以归结为如下命题："没有至高的善，只有最坏的恶。"① 正是基于这种对人类幸福和苦难的自然状况的分析，霍布斯得出了与达科斯塔类似的结论，最佳的善不是在记忆中驻存的往昔的善（快乐），而是当下善的实现，即确保生命的安全，免于暴死的恐惧。出于对暴死的恐惧和对安全的喜爱，人们开始寻求和平，订立契约，确保社会秩序的井然，这便构成霍布斯政治哲学立论的初衷，亦是他受马基雅维利传统影响的具体体现。②

从人的自然状况出发，霍布斯展开了他独特的启示宗教批判。在霍布斯看来，四种类型的欲望当中，最要不得的就是对荣誉或名望的追求。因为其他三种类型的欲望有着自然的正当性，例如：人天生追求感官和肉体的快乐，生命的安全是基础和主要的善，而权力是获取并确保快乐享受，维护生命安全所必不可少的手段。当然，霍布斯也承认权力与荣誉之间存在着一些类似之处，如二者都追求结果的不平等，都追求对他人的统治或优越于他者的地位。权力的这一特质有着僭越本职的危险性："由于人们这样相互疑惧，于是自保之道最合理的就是先发制人，也就是用武力或机诈来控制一切他所能控制的人"，那么，确保享受和安全的权力追求便转化为控制他人之权力的追求，最终，"这种统治权的扩张成了人们自我保全的必要条件"。③ 也就是说，

---

① Leo Strauss, *Spinoza's Critique of Religion*, translated by E.M.Sinclair, the University of Chicago Press, 1997, p.92.

② 霍布斯：《利维坦》，黎思复、黎廷弼译，杨昌裕校，商务印书馆 1985 年版，第 96—97 页。霍布斯在《论公民》的"致读者的序言"中宣称自己写这部作品是为了"研究和平"。因此施特劳斯强调认为，"和平和安全是霍布斯政治理论的目的"。参见 Leo Strauss, *Spinoza's Critique of Religion*, translated by E.M.Sinclair, the University of Chicago Press, 1997, p.94。

③ 即是说，对权力的不断追求并非起因于贪婪，而是起因于如下事实，即当前的权力只有获得更多的权力才能得以为继。参见霍布斯：《利维坦》，黎思复、黎廷弼译，杨昌裕校，商务印书馆 1985 年版，第 93 页。

对权力的追求可能“导致战争和不间断的危险。因为它更多地表现为追求自身的安全，而不愿意承认他人应得到的权利”。① 即便如此，霍布斯仍然认为与权力的追求相比，对荣誉或名望的追求才是“万恶之源”(the root of all evil)。霍布斯的理据是，其他三种类型的欲望包含着对基本善（生命安全）的恰当评估，而荣誉则耽溺于对纯粹虚幻之物的迷恋和追求，完全偏离了对自我生命保全的关注。例如，在通常情况下，我们追求对对象的快乐享受，然而，在对名望的追逐（而非对权力自身的追逐）中，重要的不再是对对象的快乐享受，而是“如何获得作为手段的对象，以便获得权力或对权力的承认，这样，目的变成了手段，手段变成了目的”。② 在霍布斯看来，宗教幻觉便是建立在这种虚荣之上的产物，因为它来自“对名誉和地位的渴望，源于对自身力量的过高估计”。③ 这种起于虚荣的过度自信，不再关注正当的世俗物质需求，而是沉溺于幻想的善（illusionary good）和空虚的炫耀，这导致人的自我迷失，甚至妄称自己就是受到神的启示而言说的先知，但事实上，这不过是他们熊熊燃烧的诉说欲望和“过盛、过久而产生癫狂的激情”的外化产物。④ 从上可见，霍布斯从荣誉欲的分析出发，把人性的虚荣和贪婪视为启示预言产生的基础，并据此批驳了圣经启示的合法性。

除了从人性视角对启示宗教加以批判外，霍布斯还从科学的立场出发对宗教的限度提出了质疑。首先需要申明的是，这里的科学指的是自然科学（尤其是物理学），以区别于政治学（尤其是人学）。物理学与人学的研究目的不同，前者致力于人对自然的理解、征服和控制，

① Leo Strauss, *Spinoza's Critique of Religion*, translated by E.M.Sinclair, the University of Chicago Press, 1997, p.94.

② Leo Strauss, *Spinoza's Critique of Religion*, translated by E.M.Sinclair, the University of Chicago Press, 1997, p.89.

③ Leo Strauss, *Spinoza's Critique of Religion*, translated by E.M.Sinclair, the University of Chicago Press, 1997, p.95.

④ 霍布斯:《利维坦》，黎思复、黎廷弼译，杨昌裕校，商务印书馆 1985 年版，第 11、54、55 页。

后者关心的则是人类的幸福和苦难。因此，从根本上讲，物理学是一种手段之学，它着力追求人类生活的舒适与便利。但缺乏人学的校准和方向，作为手段和工具的物理学很容易偏离初衷，甚至走向悖反。① 其次，需要注意的是，为手段的物理科学与作为人性欲望的权力之间存在密切关联。根据霍布斯的观点，权力是人获取并保证快乐的手段之集合。同样地，区别于人学的物理学表面上追求“为知识而知识”，但真理探寻的背后隐藏的是赤裸裸的话语权的争夺。关于这一点，并非尼采（权力意志）和福柯（话语即权力）的揭示让其变得一目了然，其实培根和霍布斯的“科学为了权力”（scientia propter potentiam，或译为“知识就是力量”）早就点破了玄机。② 最后，物理学对手段（权力）的寻求以探寻原因的方式进行。从这个角度看，科学和宗教走到了一起，因为两者都“源于同一种根源，都是对原因的思考”。③ 正是在这个意义上，霍布斯强调，“科学和宗教在本质上便相互对立”，当然这一对立并非“内容上而是方法上的对立，是有方法的思考和无方法的思考的对立”。④ 科学旨在战胜自然的严酷，增进生活的舒适和便利，它致力于对原因进行严密的逻辑或实证分析；宗教虽然教导人如何得到拯救和进入天国，但它诉诸的是迷幻的神迹故事，而非有条理的科学论证，因而堕入想象和迷信的泥潭，最终无法获取关于原因的真正知识，也就无法实现拯救人类的使命。可见，霍布斯站在科学的

---

① 在施特劳斯看来，“除非从人学的目的出发，否则无法清晰界定物理学的目标。因为，指向控制事物的努力，亦即指向现实生活的利益的努力，其本身没有自己的标准和自我约束。正是这种努力本身的性质，导致人对人的控制，导致憎恨和冲突，导致一切人反对一切人的战争”。这在两次世界大战中表现得尤为明显。Leo Strauss, *Spinoza's Critique of Religion*, translated by E.M.Sinclair, the University of Chicago Press, 1997, pp.94—95.

② Leo Strauss, *Spinoza's Critique of Religion*, translated by E.M.Sinclair, the University of Chicago Press, 1997, pp.90, 94, 95.

③ Leo Strauss, *Spinoza's Critique of Religion*, translated by E.M.Sinclair, the University of Chicago Press, 1997, p.90. 参见霍布斯:《利维坦》，黎思复、黎廷弼译，杨昌裕校，商务印书馆 1985 年版，第 79 页。

④ Leo Strauss, *Spinoza's Critique of Religion*, translated by E.M.Sinclair, the University of Chicago Press, 1997, pp.87, 90. 同时参见霍布斯:《利维坦》，黎思复、黎廷弼译，杨昌裕校，商务印书馆 1985 年版，第 79、80 页。

立场，最终将宗教判定为一种无效手段的尝试。

霍布斯科学与宗教关系的分析与伊壁鸠鲁的分析存在颇多相似之处，例如，他们都把科学作为一种手段之学，都从原因探知的视角来解释宗教的源起及其局限，等等。但两者的差异也同样明显，伊壁鸠鲁对宗教的敌意源于它是扰乱人类心灵宁静的罪魁祸首，因此，宗教批判的目的是为了获取人心的安宁与幸福。而霍布斯拒绝了伊壁鸠鲁等古代哲人们的“至福（beatitudo）观念，代之以得陇望蜀的欲望和对更大权力的无尽追求”，[①] 那么，人类社会要得以维系，就必须对人类自然欲望加以限制和对基本人权加以保护。换言之，从自我保全出发建构政制国家是霍布斯思想的核心关注点，同样地，霍布斯的宗教批判亦源于政制建构的需要，即让民众摆脱那些伪先知假预言的干扰，更好地“恪尽服务社会的义务”。[②] 毫不夸张地讲，宗教批判在霍布斯那里只是他人性和科学分析的副产品，是他政治哲学论述无法回避的一个方面。例如，霍布斯之所以去质疑圣经本身的权威，是想证明圣经权威的基础不在圣经本身，而在于尘世权力所下达的命令，因而依附于尘世的国家权威。对霍布斯而言，从纯粹的自然原则出发推导出尘世权力的基础后，论证宗教信仰与世俗政权之间的关系就变得无法回避。[③] 因此，霍布斯的宗教批判，从根本上受制于他政治哲学建构的动机。在这一点上，斯宾诺莎与霍布斯的宗教批判之间存在显见的不同。霍布斯不关心圣经学的建立，而斯宾诺莎恰恰相反。在《神学—政治论》中，斯宾诺莎以科学（哲学）理性为前提，将《圣经》这一人著（而非天启的圣书）进行了语文学和历史分析，从而开创了《圣经》解释的全新样式——圣经（科）学。这一差别或许源于两者不同的写作动机：对霍布斯而言，对政治的关注具有压倒性的地位，而

① Leo Strauss, *Spinoza's Critique of Religion*, translated by E.M.Sinclair, the University of Chicago Press, 1997, p.210.

② 霍布斯：《利维坦》，黎思复、黎廷弼译，杨昌裕校，商务印书馆 1985 年版，第 11 页。

③ Leo Strauss, *Spinoza's Critique of Religion*, translated by E.M.Sinclair, the University of Chicago Press, 1997, p.102.

斯宾诺莎并不太关注安全与和平之类的议题，相反，他更加关注自由的问题，尤其是哲学思考的自由。这种哲学的视角让斯宾诺莎感到古人关于智慧者与俗众区分的内在合理性，从而接受了阿威罗伊主义关于宗教是维护国家之必要手段的观点。① 这提醒我们，在与宗教传统的决裂上，或许斯宾诺莎远不如霍布斯来得彻底和决绝。② 总而言之，霍布斯从政治哲学建构的视角出发，对启示宗教的人性前提和方法提出了质疑，从根本上改变了伊壁鸠鲁动机的品格和性质，最终完成了对后者宗教批判的现代性改造。

## 四、小结

综上可见，作为一种心理倾向而非主义学说的伊壁鸠鲁动机在近代得到了全面复兴。为了启蒙大众，将人们从基督教的迷信和桎梏

---

① 斯宾诺莎在致友人的信中曾谈及自己写作《神学—政治论》的目的，其中第一条是祛除神学家的成见，在“比较审慎的人们的思想中肃清他们的一个影响”。这里的“比较审慎的人们”，联系到第三条的哲学思考的自由，可以理解为是少数能够进行哲学思考的智识精英，而非醉心于情欲权势的芸芸众生。参见斯宾诺莎：《斯宾诺莎书信集》，洪汉鼎译，商务印书馆 1993 年版，第 153 页。因此，施特劳斯强调“哲学思考的自由”是“斯宾诺莎撰写《神学—政治论》首要的，亦是最终的意图”。参见 Leo Strauss, *Spinoza's Critique of Religion*, translated by E.M.Sinclair, the University of Chicago Press, 1997, pp.112, 170, 171。

② 斯宾诺莎和霍布斯的区别主要表现在两个方面：一是伊壁鸠鲁式个体灵魂的宁静和幸福是斯宾诺莎国家学说的基础，这表现在斯氏对古人至福观念的重视和继承上；相反，霍布斯关于人及国家的理论，却在原则上拒绝了古人的至善观念，认为至善与现代生活的本性相抵牾。二是虽然二者都强调人的自我保全，但二者对这一范畴的理解却判然有别：在霍布斯那里，自我保全作为人的基本自然权利是从一切人反对一切人的战争的自然状态中推出来的，因而使得保全生命、社会和平和国家的建立成为必需；而斯宾诺莎没有从人的角度，而是从上帝（自然）的力量和权利同一视角来阐发人的自然权利及其自然状态，认为各种激情的自然权利违背理性和和谐。因此，对上帝和整全的自然秩序的理论沉思成为首要的旨趣。Leo Strauss, *Spinoza's Critique of Religion*, translated by E.M.Sinclair, the University of Chicago Press, 1997, pp.229, 230, 231, 232. 当然，斯宾诺莎对伊壁鸠鲁主义的继承是有限度的，他反对后者因唤起恐惧而否弃宗教的做法，对斯氏而言，“宗教起初并非因其唤起恐惧的能力而遭到摒弃的，因为这一唤起恐惧的特性仅仅是一种表征，宗教之所以遭到拒绝是因为它创造了种种希望，创造了一种无法控制机运的无力，创造了对命运的爱”。简言之，斯宾诺莎诉诸爱和幸福来对抗恐惧，这构成了他与伊壁鸠鲁主义若即若离的重要表征。Leo Strauss, *Spinoza's Critique of Religion*, translated by E.M.Sinclair, the University of Chicago Press, 1997, pp.101, 211.

下解放出来，近代启蒙思想家纷纷将矛头指向犹太教和基督教的《圣经》，并最终在霍布斯的自然状态分析和斯宾诺莎的圣经学批判那里达到顶峰。至此，生命的保全以及以之为基确立的各种自然权利，社会的和平以及相关的政制建构，沉思的自由以及相关的哲学批判得到强有力的奠基，政治合一的思想和政制形式遭到根底性的指控和批判。从这个意义上讲，伊壁鸠鲁式的敌宗教动机在近代宗教批判和思想启蒙中起到了先行奠基和主导支配作用，在这方面，我们如何强调它的意义都不为过。

但另一方面，应该看到，伊壁鸠鲁动机和学说在近代宗教批判中遭到了根本性的修正和改造。这主要体现在三个方面：首先，达科斯塔和霍布斯那里，伊壁鸠鲁对个人心安的格物修身转向了对生命保全和社会和平的关注，前者个体性的超然情怀最终导向了马基雅维利式的入世济民和政治建构设计。其次，在近代宗教批判中，实证科学的地位和作用变得愈加自觉和重要，这鲜明地表现在拉佩雷尔对人种学和地理学的应用，霍布斯对实证科学方法的确信和坚守以及斯宾诺莎以理性科学为基础对圣经的语文学和历史学研究等方面。对伊壁鸠鲁而言，科学只是一种手段或工具，是人摆脱恐惧并非不可或缺的原因探寻方式，然而，在近代宗教批判那里，科学的地位变得愈加不可或缺，甚至成了主导性的范式前提。在实证自然科学的强势崛起下，亚里士多德式的宇宙论学说和目的论观念变成了过时的错误主张。开端、起源、人类原初完美状态的信奉遭到抛弃，科学、进步，以及对新事物的接纳变得深入人心。最后，宗教从伊壁鸠鲁视域中让人心神不宁的恐惧之源转变为虚幻不实的迷信，成为国家统治俗众的必不可少的工具，这种源自阿威罗伊主义传统的主张在达科斯塔和斯宾诺莎的宗教批判中得到复兴，并逐渐成为现代宗教批判一种主导性意见。

总而言之，经过这一系列从动机、资源到结论的一系列修正和改造，伊壁鸠鲁节制而强调格物修身的古典德性遭到了遗弃，以追求社会和平、个体权利和思想解放的近代启蒙精神和世俗生活成为主流。但这不意味着伊壁鸠鲁主义学说作为一种过时的学说应当遭到遗忘，恰恰相反，通过我们上面的廓清，我们发现，根植于人性分析的伊壁鸠鲁学说仍然在达科斯塔永罚的宗教绝望体验，霍布斯的人类自然状况分析和斯宾诺莎的神学—政治批判历史研究中幽灵般地浮现，它与阿威罗伊主义、马基雅维利主义一道，以一种隐秘的方式影响着现代人对宗教的理解和认识，因而成为理解近代西方思想发生所不可绕过的一个重要方面。

## 第三节　施特劳斯对斯宾诺莎神迹批判的清理与重估

在后现代哲学高歌猛进的当下，斯宾诺莎再一次成为西方学界的“宠儿”。然而，回望历史，与亚里士多德、黑格尔等哲人的哲学命运相似，人们对斯宾诺莎的评价也经历了颇为戏剧性的峰回路转：可鄙的背教者（无神论者），无害的泛神论者，圣徒和启蒙的先驱，犹太民族的叛徒，实践哲学的一代宗师，等等。这些极端化的两极评价在施特劳斯思想起步的20世纪初得到高度浓缩化的展现，学界对斯宾诺莎的态度包含截然相反的两种立场：一方面，人们依据主流之见把斯宾诺莎视为“圣徒”和犹太同化的思想教父加以礼赞和膜拜①；另一方面，以赫尔曼·柯亨为代表的少数犹太哲人出于民族义愤和护教情绪将斯宾诺莎看作一条“死狗”，谴责斯氏犯了“从人的角度看不可理喻的背叛”②。施特劳斯并不赞同上述两种标签化斯宾诺莎的做法：一方面，日益深重的“神学—政治困境”让施特劳斯狐疑，如果斯宾诺莎的宗教批判和同化方案真的经得起推敲和礼赞，那么缘何会出现犹太神学的强势复兴和犹太人问题的持续恶化。③另一方面，施特劳斯也不满意柯亨的斯宾诺莎评断，斯宾诺莎的宗教批判背后有一整套的哲学体系作

① 参见 Leo Strauss，“the Testament of Spinoza”，in *The Early Writings*（1921—1932）, translated and edited by Michael Zank，State University of New York Press，2002，pp.220—222。

② Hermann Cohen，“Spinoza über Staat und Religion，Judentum und Christentum”，in *Jüdische Schriften*，ed. Bruno Strauss，Berlin：Schwetschke，1924，vol.3，S.361.

③ Leo Strauss，*Spinoza's Critique of Religion*，translated by E.M.Sinclair，the University of Chicago Press，1997，p.1.

为支撑，柯亨将斯氏的圣经批判归因为对犹太社团迫害的怨恨和报复，这显然误判了斯宾诺莎作为哲人的犹太身份认同（高估）和思想情怀（低估），未能充分留意斯氏书面“写作时所屈从的那种严峻的紧迫情势”。①

出于对上述两种思想倾向的不满，施特劳斯开启了自己独特进路的斯宾诺莎研究，其成果集中在他的处女作《斯宾诺莎的宗教批判》(以下简称《宗教批判》) 中。从立场旨趣上看，这部专著具有显、隐两个对照视角：显视角直接反对柯亨的心理动机评断②，试图从更为宽广的宗教批判传统，尤其是伊壁鸠鲁动机入手，在语文学和历史研究的视域内如其所是地展示斯宾诺莎的写作意图、理论观点和利弊得失；隐视角主要“回答启蒙运动观念中所存在的问题”，即重启古今之争，思考斯宾诺莎为代表启蒙理性主义在宗教批判问题上的根本限度及其问题所在。③ 从研究理路上看，施特劳斯一反柯亨心理动机分析，他以

① Leo Strauss, *Spinoza's Critique of Religion*, translated by E.M.Sinclair, the University of Chicago Press, 1997, pp.25, 207, 208.

② 在施特劳斯看来，斯宾诺莎宗教批判的准星“更直接地对准的是基督教的正统派，而不是犹太教的正统派”。参见 Leo Strauss, *Spinoza's Critique of Religion*, translated by E.M.Sinclair, the University of Chicago Press, 1997, pp.109, 111。

③ 之所以说是隐视角，是因为这一旨趣作为施特劳斯斯宾诺莎研究的大的背景视域和主要意图，淹没在施特劳斯繁琐冗长的学院化阐述和论证当中，其文本基础主要体现在该书第二部分第七章。关于这一视角更显白的表述体现在该书出版后施特劳斯与好友克吕格的通信中。例如，在 1930 年 1 月 7 日的一封致好友克吕格的信中，施特劳斯这样写道：“我的雇员身份迫使我在文章中对某些情况保持缄默；因为，我最初关切的是回答启蒙运动观念中所存在的问题，我的上司（指古特曼）觉得，这对研究的‘客观性’有害；姑且完全不说，我的机构不会容忍我公开表明作为我的问题之出发点的无神论前提，而这前提恰恰是我的出发点。我只好从命，虽然这减少了我的书的可理解性。”为了引导读者明晓其论著的真实意旨，施特劳斯在信中恳请好友能够拨冗阅读并撰写一篇关于《批判》的书评，对自己在书中的语焉不详提出批评。克吕格的书评（《评〈斯宾诺莎的宗教批判作为其圣经学的基础〉》）于 1931 年 12 月 20 日发表在 *Deutsche Literaturzeitung*（《德意志文学报》）上，中译文参见《斯宾诺莎的宗教批判》，李永晶译，华夏出版社 2013 年版，第 494—502 页。施特劳斯与克吕格的通信参见《回归古典政治哲学：施特劳斯通信集》，朱雁冰等译，华夏出版社 2006 年版，第 6、7、23 页。相关的研究性评述参见 David Janssen, “The Problem of the Enlightenment: Strauss, Jacobi, and the Pantheism Controversy”, in *Review of Metaphysics*, 2003, 56 (3), pp.605—632。(中译文参见施特劳斯：《哲学与律法：论迈蒙尼德及其前贤》，黄瑞成译，华夏出版社 2012 年版，第 186 页，注释②。)

理性和启示的关系（即“耶—雅冲突”）为分析框架，试图阐发斯宾诺莎与正统神学的怀疑论和独断论之间观点分歧和前提差异。严格地讲，重审启蒙的旨趣和“耶—雅冲突”的分析框架在《宗教批判》一书中初露锋芒，进而成为施特劳斯终生关注的重要论题和隐秘线索。在这一鲜明旨趣和独特进路的导引下，施特劳斯的斯宾诺莎研究可谓独树一帜，成为与左翼思潮和后现代研究极具对勘效应的思想史研究力作。

## 一、斯宾诺莎圣经批判的目的、任务及其方法

众所周知，斯宾诺莎的宗教批判主要集中在《神学—政治论》的论述当中。在为《神学—政治论》撰写的序言和同时期的几封通信当中，斯宾诺莎提到了自己搁置《伦理学》创作，转向《神学—政治论》写作的若干理由。例如，在1665年致奥尔登堡（Henry Oldenburg）的信中，斯宾诺莎写道：

> 我现正撰写一本解释圣经的论著。我这样做有下列几个理由：1. 神学家的偏见；因为我认为这些偏见是阻碍人们思想通往哲学的主要障碍，因此我全力揭露他们，在比较谨慎的人们的思想中肃清他们的影响。2. 普通群众对于我的意见，他们不断地错误地谴责我在搞无神论。只要有可能的话，我也不得不反驳这种责难。3. 哲学思考的自由，以及我们想什么就说什么的自由。我要全力为这种自由辩护，因为在我们这里由于传教士的淫威和无耻，这种自由常常是被禁止的。①

这段话比较完整地勾勒了斯宾诺莎撰写《神学—政治论》的三个初衷：一是祛除神学家的成见；二是肃清人们对他的无神论指控；三是捍卫哲学思考的自由。在这三个目的之中，第三个目的，即捍卫哲

---

① 斯宾诺莎：《斯宾诺莎书信集》，洪汉鼎译，商务印书馆 1993 年版，第 153 页。

学思考的自由是《神学—政治论》的“主要结论”，也是斯氏撰写该著“最主要的意图和最终的目的”。① 但单就《神学—政治论》一书而言，第一个目的显然更为激进、紧迫和优先。因为，要想实现哲学思考的自由，“首先必须把一些关于宗教的错误观念指出来……把一些对于政治权威的错误见解揭露出来”，② 对斯宾诺莎而言，“批判神学家的偏见不是哲学的分外之事……而是哲学本身必不可少的预备知识。只有神学家们的成见丧失了对人们头脑的控制之后，哲学才能获得不受羁绊、畅通无阻的思考领域”③。

从上所述，我们可以看出，《神学—政治论》的旨趣与其说是一种学理兴趣，不如说是直面一种无法回避的现实思想处境的需要：作为一个以真理探询为志业的哲人，斯宾诺莎对诠释圣经并没有自发的兴趣，也对宗教倡导的服从观念具有一种与生俱来的排斥感。然而，斯宾诺莎发现，“由于哲学探讨的自由受到了几乎未曾遭到挑战的圣经权威的妨碍，他发现自己不得不求助圣经”。④ 因而，我们可以粗略地将《神学—政治论》和《伦理学》的关系视为斯氏启示宗教批判的两个不同阶段：前哲学的批判和哲学的批判。前哲学批判的要义在于，它旨在“激发人们的勇气”，“通过号角吹响‘要敢于知道’（*sapere aude!*）来唤醒沉睡的理性”，促使“那些在反理性的启示面前放弃理性能力的人从迷思中醒来，弄清楚自己的目的何在”，从而唤起“理性对自身力量的信心”，最终获得“空无且敞开”（void and open）的“作为批判前提的自由”。⑤ 在施特劳斯看来，《神学—政治论》作为前哲学批判的典

---

①③　参见 Leo Strauss, *Spinoza's Critique of Religion*, translated by E.M.Sinclair, the University of Chicago Press, 1997, p.112。

②　Benedict De Spinoza, *Theological-Political Treatise*, translated by Michael Silverthorne and Jonathan Isreal, Cambridge University Press, 2007, pp.6—7.

④　参见 Benedict De Spinoza, *Theological-Political Treatise*, translated by Michael Silverthorne and Jonathan Isreal, Cambridge University Press, 2007, p.6; Leo Strauss, *Spinoza's Critique of Religion*, translated by E.M.Sinclair, the University of Chicago Press, 1997, p.258。

⑤　Leo Strauss, *Spinoza's Critique of Religion*, translated by E.M.Sinclair, the University of Chicago Press, 1997, pp.124, 123, 130.

范之作，为《伦理学》的哲学批判提供了必不可少的思想预备，如果没有前者祛除神学偏见、扫清思想障碍，《伦理学》就无法放开手脚，抛开神学教条或圣经文本中的诸种观念，借助“免于成见的自由”去构建自己的哲学体系。

由此可见，《神学—政治论》与《伦理学》是“破”与“立”的思想关联。要“立”一家之言，就要有它的思想前提，有与其体系建构相适应的方法论原则；然而要“破”一种教诲，就不能如此，否则容易自说自话，无法达到预期的效果。《神学—政治论》致力于“破”，就要与对手站在同一起跑线上，即屈从于对手的立场偏见，运用一种“与前哲学的立场相适应”的、非理性推证的方法论原则。[①] 一般而言，哲思的前提来自理性原则（自然之光的照亮），启示宗教的根基则是《圣经》。哲学追求的是真理，《圣经》则教导虔敬和服从。真理的标准是共识，以合乎理性的普遍性论证为基底，圣经则来自上帝的启示，传递的是超理性的教诲。因此，《神学—政治论》旨在“破”，就要以正统派《圣经》立场为前提，将《圣经》奉为自己的权威，依据《圣经》的言辞对正统的教诲加以评判。关于这一点，斯宾诺莎在“论解释《圣经》”（《神学—政治论》第七章）中作出了明确表述，他强调，“解释《圣经》第一步要把《圣经》研究一番，然后根据其中根本的原理推出适当的结论来，作为作者的原意。……那就是说，解释《圣经》及其历史不予立原理，只讨论《圣经》本书的内容……这种方法不但是正确的，而且也是唯一适当的方法”。[②] 当然，回到《圣经》本身并不是要放弃理性的原则和基础，相反，斯宾诺莎的圣经批判仍是以理性为前提和基础，只不过在以前哲学批判的特殊阶段，斯宾诺莎运用的并非体系化哲学的几何学论证模式，而是借助一种与推理论证方法相对立的经验“常识”

---

① Leo Strauss, *Spinoza's Critique of Religion*, translated by E.M.Sinclair, the University of Chicago Press, 1997, p.112.

② Benedict De Spinoza, *Theological-Political Treatise*, translated by Michael Silverthorne and Jonathan Isreal, Cambridge University Press, 2007, pp.98, 99.

意识。[①] 总而言之，为了达到前哲学批判的“破”题效果，斯宾诺莎的《神学—政治论》采用了与形而上学批判相对立的实证性的批判和语文学、历史研究的方法论原则来揭示《圣经》文本的前后矛盾，驳斥神学家所宣扬的《圣经》的神圣性和真理性。

斯宾诺莎在《神学—政治论》中对《圣经》教诲的审查可谓涉及方方面面，如先知预言理论、摩西律法学说、神意神迹观念、旧约仪式法，等等。在斯宾诺莎看来，在这些值得商榷的诸多神学教诲当中，神迹是《圣经》所有教诲的重要基础，因为没有什么能比神迹更清晰、更有力地（向人们）证明了上帝的存在。[②] 下面，我们就来着重分析一下斯宾诺莎对神迹的分析与批判。

## 二、斯宾诺莎对神迹的厘定和双重批判

依据对待理性的态度，我们可以将启示宗教的立场划分为两种类型：一是怀疑主义立场，即怀疑理性的自足确定性，强调理性应当服膺圣经的权威，这一立场以学院派正统神学为代表，并在新教改革派的教义中得到极端化的表达；二是独断主义立场，即相信理性和启示能够彼此相容，主张依据理性的原则来解释圣经，这一立场体现在犹太正统派，尤其是迈蒙尼德的思想中。作为迈蒙尼德的门徒，斯宾诺莎的圣经批判以理性为基底，因此他首要反对的便是怀疑派的立场，但另一方面，他又觉得迈蒙尼德的理性主义不够彻底，需要加以增进。[③] 因此，斯宾诺莎的神迹批判分散在他对怀疑主义和独断主义的批判中，下面我们通过神迹与自然、神迹与创世等范畴的对勘来廓清斯氏关于神迹批判的一些基本观点。

---

① Leo Strauss, *Spinoza's Critique of Religion*, translated by E.M.Sinclair, the University of Chicago Press, 1997, p.130.

② Leo Strauss, *Spinoza's Critique of Religion*, translated by E.M.Sinclair, the University of Chicago Press, 1997, p.132.

③ Leo Strauss, *Spinoza's Critique of Religion*, translated by E.M.Sinclair, the University of Chicago Press, 1997, pp.108—109.

### （一）神迹 vs. 自然：斯宾诺莎对正统派神迹观的批判

在对学院正统派的神迹批判中，斯宾诺莎借助与自然的对勘来阐明自己关于神迹的看法。在他看来，“自然不可违背，具有确定不移的秩序”（eternal，fixed and immutable order），神迹则是指那些“不能用自然的原因”，“无法通过自然之光所获知的自然事物的原则来加以解释的事物”。① 尽管从经验科学的视角来看，奇迹的发生突如其来、毫无征兆，违背人基本的常识经验，但从学院正统派的观点来看，神迹与自然不都是上帝意志行动的产物。两者的关系可以从下述三个层面来理解：首先，从源头上讲，自然秩序来自上帝的创世行为，神迹则来自上帝对自然秩序的某种修正或干扰。其次，从具体表现上看，上帝与自然表现为两种不同的力量运作：当上帝静默不动时，自然循常规不变的理法运行；当上帝施为神迹时，自然的原因和力量便停止作用。最后，从与上帝的关系上看，神迹更加直接地展示了上帝的存在、意志和力量，因此较之自然是上帝更为高级的作品。②

然而，正统派关于神迹与自然关系的看法，斯宾诺莎不以为然。在斯宾诺莎看来，《圣经》以故事的方式传达了关于上帝的教诲，这充分体现了其纯粹经验（mere experience）的一面，这一点在神迹上表现得非常明显。作为在时空中发生的某一迹象，神迹被报告或叙述出来用以说服那些异教徒或不信者，激发他们的想象，迫使他们感到惊奇，受到感动，进而变得虔敬。③ 但对斯宾诺莎而言，神迹的证明效力其实并不充分。因为根据经验论的证实原则，神迹要想获得证实，有赖于无可否认的目睹和见证。然而，《圣经》中叙述或报告的神迹并不具备这样的共识性质：神迹突然肇发，不可重复，在《圣经》中的

---

① Benedict De Spinoza, *Theological-Political Treatise*, translated by Michael Silverthorne and Jonathan Isreal, Cambridge University Press, 2007, pp. 82, 84, 85.

② Benedict De Spinoza, *Theological-Political Treatise*, translated by Michael Silverthorne and Jonathan Isreal, Cambridge University Press, 2007, pp.81, 83. 同时参见，Leo Strauss, *Spinoza's Critique of Religion*, translated by E.M.Sinclair, the University of Chicago Press, 1997, pp.127—128。

③ Benedict De Spinoza, *Theological-Political Treatise*, translated by Michael Silverthorne and Jonathan Isreal, Cambridge University Press, 2007, p.90.

叙述往往模糊不清，甚至前后矛盾。尤为悖谬的是，神迹与远古时代的某一特定民族紧密相连。那么，斯宾诺莎不禁要问，为何科技昌明的当下没有神迹出现？问题本身便包含着答案，在斯氏看来，当下没有神迹发生是因为它“无法经受当前严谨的观察和精确的分析”。① 在遥远的古代，精密的科学研究尚未出现，由于缺乏必要的科学训练和熏陶，人们根本无法区分何谓经验、何谓想象，从而将激情和想象而来的幻觉视为真实，最终陷入迷信和信仰之中。由此可见，在斯宾诺莎那里，神迹是古代民族对自然力量的无知、恐惧和想象的产物，它本质上缘于古代的特定民族，如犹太人的某种成见。②

如果神迹是一种凡俗的成见或是亵渎神灵的人添加进《圣经》中的伪作，那么确证上帝存在的任务便只能求助于“固定不变的自然秩序”。在斯宾诺莎看来，严格地讲，“圣经通过上帝的作为所理解的正是自然秩序，这一秩序必然源自永恒的法则”。③ 通过仔细耙梳《圣经》关于神迹的教诲，斯氏认为其论据主要体现如下：首先，《圣经》中的一些神迹完全可以用自然的原因加以解释；其次，自然的法则同样来自上帝的法令或意志；第三，《圣经》的一些段落教导说“自然维持一种固定不变的秩序”；最后，《圣经》中“没有任何一处告诉我们有违反或不遵循自然规律的事物出现”。④ 总而言之，在斯宾诺莎那里，神迹的证明效力被自然秩序的理解所取代，后者成为理解上帝存在及其行动的唯一证据来源。

### （二）创世论可否担保神迹？斯宾诺莎与理性独断论的神迹观分歧

从根本上讲，斯宾诺莎上述对神迹的自然批判是一种外在的实证

---

① Leo Strauss, *Spinoza's Critique of Religion*, translated by E.M.Sinclair, the University of Chicago Press, 1997, p.134.

② Benedict De Spinoza, *Theological-Political Treatise*, translated by Michael Silverthorne and Jonathan Isreal, Cambridge University Press, 2007, p.84.

③ Benedict De Spinoza, *Theological-Political Treatise*, translated by Michael Silverthorne and Jonathan Isreal, Cambridge University Press, 2007, p.84. Leo Strauss, *Spinoza's Critique of Religion*, translated by E.M.Sinclair, the University of Chicago Press, 1997, p.128.

④ Benedict De Spinoza, *Theological-Political Treatise*, translated by Michael Silverthorne and Jonathan Isreal, Cambridge University Press, 2007, pp.85, 95.

性批判。这种批判建立在理性的地基之上，试图借助自然的因果关联来理解超理性的上帝施为，这对于理性而言显然力所不逮。换言之，我们借助自然原因无法解释神迹的事件并不能证明神迹就不存在。神迹的证明价值源于对上帝的信仰，如果相信上帝是自由而全能的存在，那么上帝通过神迹启示圣谕就不是不可能的事情。这种对神性的信仰和对理性限度意识的理解便是犹太正统派，尤其是迈蒙尼德的立场。与斯宾诺莎对神迹外在的实证性批判不同，迈蒙尼德试图在启示宗教内部，通过创世说和神意论的资源来为神迹的发生证成。

在迈蒙尼德看来，神迹之所可能的前提条件在于承认上帝创世，因为创世本身便是一个神迹；肯定了创世说，也就肯定了神迹的存在。具体地讲，神迹和创世论的关系包含如下两个层面：一方面，世界之所以是现在这个样子，是由于上帝的意欲如此，当然，我们不会否认上帝的意志完全可以让世界变得全然不同，因此，创世说中蕴含着神迹的可能性。另一方面，这个世界作为一个整体所显示出的和谐秩序彰显了上帝创世的理性智慧，既然世界秩序出自其手、彰显了其智慧，那么上帝就不会无缘无故地通过神迹将它摧毁，因为这与上帝的理性、智慧和至善相悖。① 也就是说，创世论与肯定神迹不仅包含相互印证的一面，也包含相互冲突的一面。从相互印证的角度看，如果肯定作为神迹的上帝创世，那么神迹的可能性便获得了毋庸置疑的断定。与之相应的，由于神迹突显了无规则、不连续和超出自然秩序的一面，因此，肯定神迹便意味着对世界恒在说否定，这种否定本身间接证明了世界的被造。从相互冲突的角度看，如果我们肯定了创世说，肯定了上帝所造世界的至善完满，那么通过神迹去干预或修正这一世界秩序，就显得有些不可思议：因为对于完满而言，任何变化只能是下降或堕落，除非上帝创造的现存世界尚存欠缺和不足，需要加以增进或修正？那么，从世界被造的前提出发，我们岂不推出了神迹的不

① 迈蒙尼德：《迷途指津》，傅有德、郭鹏、张志平译，山东大学出版社 1998 年版，第 309、306 页。

可能性？

面对这样的疑难，迈蒙尼德诉诸神意来加以辩护。[①] 在他看来，《圣经》中所记载的神迹只是特定自然之物的改变和转瞬即逝的修正，因而不会危及自然秩序的整体。更重要的是，上帝之所以要借助神迹干预其秩序，并不是为了弥补创世或自然的缺失或不足，而是出于眷顾人类，关心人类福祉的需要。神迹的“发生不受人的干预，发生在人的领域之外”，却是为了人类：“所有可降临于人们的善与恶，均将作为赏罚而公正地降临”，这即是说，“在具体情境中看似偶然、非连续的神迹现象，背后则是连续的、一以贯之的神意作为基础”。[②] 可见，与创世说一样，神意也是肯定神迹的一个前提条件，因为“神意包含神迹，并在神迹中最清晰地显明其自身”[③]。

综上可见，斯宾诺莎与迈蒙尼德的根本分歧在于世界恒在论和世界创造论的紧张和对立：世界恒在论强调“自然有常，万物不离常轨”，以此为据，神迹不过是对必然性规律缺乏认识的产物；世界创造说则肯定了无中生有的可能性，认为世界源于上帝的无之创生，那么神迹便因上帝的创世行动得到了确证。与斯宾诺莎相比，尽管迈蒙尼德并不否认理性的价值和意义，但他并没有将立场奠基在科学之上，而是假定了圣经的神性根源。也就是说，科学只是迈蒙尼德为其所笃信的犹太神学立场进行辩护的工具。在施特劳斯看来，迈蒙尼德对启示信仰的强调和倚重，源于他对人之理性限度的清醒认识。对迈蒙尼德而言，世界受造还是永恒存在的问题非人的理性所及，“人所能真正通达的只能是他自己的世界，尘世的世界”。[④] 由于人们无法借助理性

---

① 迈蒙尼德：《迷途指津》，傅有德、郭鹏、张志平译，山东大学出版社 1998 年版，第 306 页。

② 迈蒙尼德：《迷途指津》，傅有德、郭鹏、张志平译，山东大学出版社 1998 年版，第 426 页。Leo Strauss，*Spinoza's Critique of Religion*，translated by E.M.Sinclair，the University of Chicago Press，1997，pp. 199，188.

③ Leo Strauss，*Spinoza's Critique of Religion*，translated by E.M.Sinclair，the University of Chicago Press，1997，p.162.

④ 迈蒙尼德：《迷途指津》，傅有德、郭鹏、张志平译，山东大学出版社 1998 年版，第 294、301 页。Leo Strauss，*Spinoza's Critique of Religion*，translated by E.M.Sinclair，the University of Chicago Press，1997，p.157.

的力量达及至福（beatitude）生活的目标，那么启示对拯救就变得不可或缺；① 与之相反，斯宾诺莎确信人有足够的能力导引其生活，从这一前提出发，他反对启示宗教、原罪说以及迈蒙尼德不彻底的理性主义。②

尽管二者在神迹观和人的理性自足性等问题上存在明显差异，但迈蒙尼德的理性主义并不是斯宾诺莎启示宗教批判的主要对象。作为理性主义者，迈蒙尼德一再提请人们注意理性自身的限度，但面对怀疑派的正统论，他仍为理性的正当性进行了卓有成效的辩护。换言之，由于理性前提的一致性，我们无法在斯宾诺莎和独断论的审查中充分揭示斯氏宗教批判的本质限度。相反，只有在遭遇了新教改革派激进的启示信仰立场，斯宾诺莎宗教批判成问题的特性才最终彻底显露出来。③

## 三、从“耶—雅冲突”审视斯宾诺莎神迹批判的根本局限

从上可见，在神迹的问题上，怀疑论（经院正统派）和理性独断论（犹太教正统）与斯宾诺莎的立场之间存在一些共契之处，例如：前者试图通过与自然事件的差异来确定神迹的含义；后者则强调理性在神迹解读中的基础意义，试图借助寓意性解释来化解《圣经》中神迹叙述的诸多矛盾之处。除了上述两种立场之外，还存在第三种更为激进、彻底的立场，即加尔文为代表的新教改革派的信仰立场。这一立场迥异于斯宾诺莎的理性视角，完全超脱了斯氏宗教批判的影响，从而更为鲜明地彰显了斯宾诺莎启示批判的限度。

简要地讲，斯宾诺莎和加尔文的根本分歧体现在“亚里士多德的

① Leo Strauss, *Spinoza's Critique of Religion*, translated by E.M.Sinclair, the University of Chicago Press, 1997, p.148.

② Benedict De Spinoza, *Theological-Political Treatise*, translated by Michael Silverthorne and Jonathan Isreal, Cambridge University Press, 2007, p.86. Leo Strauss, *Spinoza's Critique of Religion*, translated by E.M.Sinclair, the University of Chicago Press, 1997, p.160.

③ Leo Strauss, *Spinoza's Critique of Religion*, translated by E.M.Sinclair, the University of Chicago Press, 1997, p.192.

上帝”与“亚伯拉罕的上帝”的对立。“亚里士多德的上帝”是理性的上帝，是依靠人的心智能够通达的上帝；而“亚伯拉罕的上帝”则是信仰者心目中的上帝，对虔诚的信徒而言，上帝是仁慈的父和公正的法官，他无所不能、高高在上，非人的有限理性所能通达。“亚里士多德的上帝”肯定了理性的权能，通过对世界秩序的观察和思考，人们可以参悟作为终极因的上帝的至善完满。“亚伯拉罕的上帝”则翻转了人与上帝的关系，强调“对启示权威的真正认识取决于‘圣灵的内在见证’”，因而“根据在于上帝而非在人”。[①] 这两种上帝观的对立体现了双方对待理性的不同态度，在斯宾诺莎的新教论敌那里，任何对上帝的证明就都是画蛇添足，因为上帝自足全能，其权威不依赖于人类的见证。更重要的是，理性自身毫无任何正当性基础可言：我们放弃探究上帝是什么（*quid sit Deus*）的问题，不仅仅是由于上帝的本质超出了人的理解力，更是因为这种谈论或探究本身就是对上帝的亵渎——它体现了人的自恋傲慢和刚愎自用，体现了人们对启示的无视和上帝意志的违背，因而皆是罪的表现。[②] 总而言之，加尔文派彻底放弃了理性的讨论和证明，完全拒绝了斯氏对自然之光的求助，转身求助《圣经》中的上帝言辞，借助“圣灵的内在见证”来感受上帝的荣耀、神恩与全能。

从耶—雅冲突和对立的视角出发，我们可以看出斯宾诺莎和新教正统关于神迹的不同看法。例如，在致布林堡的信中，斯宾诺莎强调：“我们的分歧不仅在于那些最终可以从第一原则推出的结论方面，而且也在于这些原则本身。……如果您认为，神通过圣经比通过自然理智之光更能清楚和更有效地讲话，那么您完全有理由按照您归给圣经的意见去塑造您的理智。而我自己是无能为力的。就我自己来说，……我就完全默认我的理智显示给我的东西，而绝不怀疑我会受骗上

---

① Leo Strauss, *Spinoza's Critique of Religion*, translated by E.M.Sinclair, the University of Chicago Press, 1997, p.124.

② Leo Strauss, *Spinoza's Critique of Religion*, translated by E.M.Sinclair, the University of Chicago Press, 1997, pp.193—194, 195.

当。”[①] 正是基于这种对笛卡尔的我思的信任，斯宾诺莎对神迹展开了强有力的语文学分析和实证性批判。然而，这一基于精确观察和严格分析的实证路径遭到了那些在信仰中等待神迹降临的新教徒们的质疑：难道神迹只是实证的理性精神所确立或证实的？难道原初意义上的神迹“不是在祈祷和祈愿当中被期待和盼望的吗？”[②] 对于新教论敌们而言，斯宾诺莎的神迹批判要想获得成功，“必须能确证某一个别事件不可能作为自然原因的结果而发生的。换言之，自然权能的界限必须能完全为人们所知晓”，然而，目前“我们所知道的自然法则，就我们所知道的程度而言，并不足以用于解释那个事件。而且，我们也未知晓全部的自然法则。因此，我们对某一事件的自然原因一无所知，并不能推出任何结论”。[③] 正是在这个意义上，施特劳斯认为，尽管对神迹可知性的批判代表了斯宾诺莎宗教批判的主要成就，但“斯宾诺莎的矛只是重创了经院派的神迹理论，那种理论把神迹和自然事件严格区隔开来，因而从源头上是以理论上的自然概念作为前提的”。[④]

与斯宾诺莎从人的经验视角出发对立化理解自然与神迹的做法不同，加尔文从上帝的视角出发，试图弥合自然事物与神迹之间的鸿沟。在加尔文看来，人们通常所理解的自然事物在本质上其实与神迹并无二致，因为它们都是来自上帝的意志和行动，都是上帝的作品。同样地，在上帝那里，也不存在神迹比自然之物更地道、更本质的问题，因为“上帝的施为不仅清晰无误地体现在神迹当中，还体现在那些不均等、无规则、不连续性的（自然）显在秩序中”。[⑤] 总而言之，神迹并不是自然的例外状态，神迹与自然的区别不过是“异乎寻常的事件

---

① 斯宾诺莎：《斯宾诺莎书信集》，洪汉鼎译，商务印书馆 1993 年版，第 115—116 页。

② Leo Strauss, *Spinoza's Critique of Religion*, translated by E.M.Sinclair, the University of Chicago Press, 1997, pp.213—214.

③ Leo Strauss, *Spinoza's Critique of Religion*, translated by E.M.Sinclair, the University of Chicago Press, 1997, p.132.

④ Leo Strauss, *Spinoza's Critique of Religion*, translated by E.M.Sinclair, the University of Chicago Press, 1997, p.196.

⑤ Leo Strauss, *Spinoza's Critique of Religion*, translated by E.M.Sinclair, the University of Chicago Press, 1997, p.198.

与寻常的事件，新奇陌生的上帝行为与常见的上帝行为之间的区别”。[①] 加尔文对神迹的肯定建立在信仰的基础之上，“这种对信仰的服从以贬低一切理论性的反对意见为开端，认为后者源于世俗的理解，源于（对上帝）忤逆”[②]。对施特劳斯来说，这种把偏离溯源到恒常，将例外还原到日常的做法，构成了一种“斯宾诺莎无法批判的立场，因为它的根本前提在原则上已经拒绝了理论”。[③] 也就是说，从根本上讲，斯宾诺莎的神迹批判尚未击中、罔论摧毁了加尔文的神迹构想。

综上可见，斯宾诺莎与加尔文在上帝观和神迹观上的差异彰显了理性和启示信仰的根本冲突。关于这一“耶—雅冲突”，施特劳斯曾有一段精要的论述，他强调：“斯宾诺莎的立场与加尔文的立场完全异质、彼此攻讦，它们之间无法取得共识，甚至无法容忍对方。这些立场不是防御性的立场，但它们自洽的完整体系（fundamental circle）又让它们很难被驳倒，亦不适于向对方发起进攻。毋宁说，它们对自己事业的正义与真理富有激情的信念驱使各自彼此攻讦。对方立场的任何权利都遭到了否定。”[④] 一旦我们把斯宾诺莎与加尔文全盘拒斥理性的立场对照起来，斯氏启示宗教批判在根本上成问题的特征就变得一目了然。换言之，斯宾诺莎对启示宗教的神迹批判并不成功，因为在决定性的方面，即在理性是否具有充足性的论争当中，斯宾诺莎根本就没有去尝试理解对方的立场，只是简单抛弃了新教改革派的信仰立场和独断地假定了理性的自明和充足。[⑤] 用施特劳斯的话讲，“即便斯

---

① 加尔文：《基督教教义》，钱曜诚译，生活·读书·新知三联书店2010年版，卷1，章16，节7，第182—183页。Leo Strauss, *Spinoza's Critique of Religion*, translated by E.M.Sinclair, the University of Chicago Press, 1997, p.196.

② Leo Strauss, *Spinoza's Critique of Religion*, translated by E.M.Sinclair, the University of Chicago Press, 1997, p.197.

③ Leo Strauss, *Spinoza's Critique of Religion*, translated by E.M.Sinclair, the University of Chicago Press, 1997, p.200.

④ Leo Strauss, *Spinoza's Critique of Religion*, translated by E.M.Sinclair, the University of Chicago Press, 1997, p.196.

⑤ 克吕格：《评〈斯宾诺莎的宗教批判作为其圣经学的基础〉》，载于《斯宾诺莎的宗教批判》，李永晶译，华夏出版社2013年版，第498页。

宾诺莎举证的所有理由都雄辩有力，也不能证明什么。……以非信仰的理性科学为基础，人们充其量只能得出斯宾诺莎式结论”。①

然而，实际的情况是，在过去的三个多世纪当中，启蒙运动获得了巨大成功，人们对神迹的肯定越来越失去基础，甚至在信徒中亦是如此。其原因究竟何在？施特劳斯注意到，道德态度和修辞术在斯宾诺莎及其启蒙运动翘楚们的宗教批判中发挥了关键作用：“在反对正统派的斗争中，斯宾诺莎及其同仁取得的胜利归功于哄笑或嘲弄。他们试图通过嘲笑（mockery）的方式将正统派从自己的位置上笑出去，而这是无论从旧约中寻找证据，还是通过理性都无法实现的。……嘲笑并没有成功对正统原则作出反驳，而是它本身就是反驳。”② 这种道德评价和修辞学的方式在文艺复兴到启蒙运动的转变中表现得最为淋漓尽致。众所周知，宗教神学的祛魅首先发端于文学和艺术的“造反”，然后才有启蒙哲学致理性批判的继起。前者运用的是修辞学的夸张手法试图对僧侣生活方式加以调侃和嘲弄，后者则是运用演绎推演的理性方式证明启示宗教是一种源于古代的迷信或成见。因此，对启示宗教批判的战役中，嘲笑和讥讽充当了先锋官，并在反对启示宗教的斗争中发挥主导作用。这一点其实不难理解，在固有观念根深蒂固的背景下，理论性的批判论证容易被贴上可鄙的无神论的标签，从而引发信徒们本能的厌恶情绪。而荒诞的喜剧效果却能放松人们的警惕，让倾听者易于接受并深入人心，从而达到事半功倍的批判效果。“从这一点来看，我们就很容易理解，何以嘲笑在启蒙时代的宗教批判当中扮演了如此重要的角色。正如莱辛所指出的，启蒙运动不得不通过嘲笑将正统驱逐出局，因为舍此之外别无他法。”③

如果事实果真如此，那么启蒙运动的合法性根基便不复存在了。

---

① Leo Strauss, *Spinoza's Critique of Religion*, translated by E.M.Sinclair, the University of Chicago Press, 1997, p.204.

② Leo Strauss, *Spinoza's Critique of Religion*, translated by E.M.Sinclair, the University of Chicago Press, 1997, pp.28—29.

③ Leo Strauss, *Spinoza's Critique of Religion*, translated by E.M.Sinclair, the University of Chicago Press, 1997, pp.143, 144.

因为嘲笑只代表了一种个人态度，而非建立在值得信靠的理性地基上。那么，我们将启示宗教视为一种迷信或成见，便缺少充足的理性根据。20 世纪前二分之一时间里的两次世界大战便突显了启蒙运动的这种无根基性。面对日益深重的神学政治困境，施特劳斯试图重返启蒙运动的原初思想战场，试图在那个充满多样可能性的启蒙运动的开端处，检讨启蒙理性主义走向封闭僵化，甚至自我背反的原因所在。正是在这个意义上，克吕格在《斯宾诺莎的宗教批判》一书的书评中强调认为，施特劳斯高度学院化和客观中立的《宗教批判》背后，其实“隐藏着一个关于启蒙问题的根本性哲学讨论”。[①] 而要看清这一点，我们需要清理施氏关于耶—雅冲突和他关于中古犹太律法哲学的一系列见解，而这，恰是下一章要讨论的问题之所在。

① 克吕格：《评〈斯宾诺莎的宗教批判作为其圣经学的基础〉》，载于《斯宾诺莎的宗教批判》，李永晶译，华夏出版社 2013 年版，第 496 页。

# 第五章 “耶—雅冲突”与重返中古犹太律法哲学

施特劳斯的犹太人身份以及他所处时代日益恶化的神学政治危机，迫使施特劳斯反思自由民主制政治方案设计及其作为前者根基的现代理性主义的局限。为了廓清问题的症结所在，施特劳斯返回启蒙运动的开端处，重新检审近代哲学对宗教神学的讨伐与批判，反思哲学与宗教的原初对抗及其思想史进路。施特劳斯的这一考察在他一生的学术研究中占据重要位置：从学术起步绵延至生命的末期，不仅是他政治哲学展开的基础和重要组成部分，也是他犹太思想的核心论题。正是在这个意义上，布鲁姆（Allan Bloom）强调：“耶路撒冷与雅典之间深刻的对立，以及想要变更这种关系的现代企图——现在施特劳斯知道，这就是现代哲学隐秘的起点——构成了他持续不断沉思的唯一主题。”①

对耶—雅之争的关注反映了施特劳斯学术思考的理论偏好和价值取向。作为一个政治哲学家，施特劳斯没有像一些时髦的政治科学家那样将目光瞄准时下的国际政治中心——20 世纪上半期的伦敦—柏林冲突，20 世纪后半期的华盛顿—莫斯科紧张。另一方面，如沙尔（James V. Schall）所看到的：“施特劳斯经常谈论耶路撒冷与雅典。他从未在同样的语境中谈论罗马，从来不是耶路撒冷、雅典、罗马。在

① 布鲁姆（Allan Bloom）:《纪念施特劳斯（1973）》，朱振宇译，载于《施特劳斯与古典政治哲学》，前揭，第 16 页。

他看来，仅仅是两座城——而非三座——之间的动态张力滋养西方文明。”① 换言之，聚焦“耶—雅冲突”问题构成了施特劳斯思想的一个独特之处。但问题是，为什么施特劳斯的着眼点集中在耶路撒冷和雅典这两座城之上？这两座城市的背后含义是什么？“耶—雅冲突”问题与西方文明的生成、发展具有怎样的意义？“耶—雅冲突”对理解现代西方文明的危机又有何重要启示？在下面的论述中，我们将着重探讨这些问题。

## 第一节 “耶—雅冲突”的概念清理与预备性论述

从字面上看，耶路撒冷和雅典的区别意味着宗教与哲学、启示与理性的区别。但宗教、哲学这两个范畴的外延过大，容易遮蔽施特劳斯的原初所指。因为，宗教可以指称犹太教、基督教、伊斯兰教等等，而哲学也可以细分为古希腊哲学、基督教哲学、近代启蒙哲学等等。对施特劳斯而言，“传统犹太教—哲学的问题和耶路撒冷—雅典的问题是同一问题”②，而“哲学不意味着——这是关键之点——一套命题、一种教义，甚或一个体系，而是一种生活方式、一种为特殊的激情激发着的生活”③。也就是说，耶路撒冷在施特劳斯那里尤指犹太教及其《旧约》，而哲学则特指苏格拉底意义上的古希腊哲学。④ 更精确地说，施

① 沙尔（James V. Schall）:《治国之才的宽容度——施特劳斯论圣托马斯》，徐卫翔译，载于《施特劳斯与古今之争》，刘小枫选编，上海：华东师范大学出版社 2010 年版，第 149 页。

② Leo Strauss, *Jewish Philosophy and the Crisis of Modernity: Essays and Lectures in Modern Jewish Thought*, edited with an Introduction by Kenneth Hart Green, Albany: State University of New York Press, 1997, p.427.

③ 施特劳斯：《神学与哲学的相互影响》，林国荣译，何子建校，载于《信仰与政治哲学——施特劳斯与沃格林通信集》，恩伯莱、寇普编，谢华育、张新樟等译，华东师范大学出版社 2007 年版，第 307 页。

④ 值得注意的是，施特劳斯也常常将耶路撒冷等同于神学，而将雅典等同于哲学，如施特劳斯将其一篇探讨耶雅关系的文章以“神学与哲学的相互影响”（*The Mutual Influence of Theology and Philosophy*）作为题目。从总体上看，施特劳斯对基督教是持批判态度的，认为基督教应对现代理性主义的滥觞负责；而就哲学的涵义而言，施特劳斯拒斥中世纪基督教的亚里士多德主义和现代的黑格尔体系哲学。因此，一般而论，将神学、耶路撒冷理解为犹太教，将哲学的涵义限定在苏格拉底—柏拉图的意义上不会偏离施特劳斯的耶—雅概念真正所指。

特劳斯的“耶—雅冲突”是要深入到西方文明生发的根底处，在原初的意义上理解西方文明的萌芽、发展及其内在冲突。但是，对于一个已被启蒙的现代哲人而言，原初意义的古典哲学与犹太教的内在张力已受到后来诸多阐释的遮蔽，在经历了基督教经院哲学和现代观念的洗礼之后，我们要正确理解《圣经》和古希腊哲学的根本差异或冲突，就需要做一定的清理工作，以排除现代思维观念的束缚和干扰，保证哲学前提的彻底自明性。

## 一、几个需要清理的问题

在理解耶路撒冷和雅典所指涉的对象时，我们首先遇到现代文化科学观念的干扰。所谓文化的概念，是19世纪西方文化科学的产物。根据文化科学的看法，世界上曾有或现有多种文化——N种文化，希伯来文明和古希腊哲学只不过是这N种文化当中的两种，相应地，希伯来人和希腊人也只是世界民族之林当中的两个民族。作为近代启蒙哲学反对正统神学的结果，文化科学观念以彻底的反传统面相出现。在此之前，《圣经》的律法哲学是一个包含“政治、宗教以及道德于一身的统一体”①，而更早之前的古希腊，哲学更是一个无所不包的整全体系。然而，伴随着启蒙理性主义的胜利，宗教丧失了公共领域的话语权，变成了私人领域的个体选择。宗教与政治、伦理的统一体被切割开来，成为各自分离的学科部门。在科学和技术的日益成功之下，哲学人文科学渐渐失去了自信，纷纷仿效自然科学的标准力图使自己变得更加“科学”。整全的文化视野被分门别类的学科和文化部门所取代，崇尚差异的多元主义成为主流认可的学术标准。

然而，文化科学的这种做法只是成问题的流行意见，而非具有真理性的哲学洞识。原因主要有以下几点：首先，文化多元论消解了哲学的存在价值。文化科学将哲学看作一个学科、一个文化部门，剥夺

① 佩鲁肯（Corine Pelluchon）：《施特劳斯与基督教》，程宇译，蒋鹏校，载于《施特劳斯与现代性危机》，前揭，第239页。

了哲学作为一种生活方式的问询姿态和整全视野。相应地，人的生活以及人自身也被划分为一个个研究单元，人性、价值、美德以及追求完满至善状态的沉思活动因其主观性或难以客观量化而遭到冷落。其次，“文化科学宣称拥有的客观性与固有的主观性之间具有引人注目的矛盾”①。文化科学宣称要撇开与文化现象不相干的“概念体系”，尝试通过了解“各种文化或人群”等文化现象达到“客观性”。然而，文化现象的选取最终仰赖某种价值选择或主观偏好，说到底是基于某种主观性。因此，文化科学声称只做事实分析，无涉价值判断的原则成了前后矛盾的独断。再次，文化科学着眼于文化的特殊性，这势必带来“文化的多样性与真理的唯一性”之间的矛盾。文化科学倡导宽容、主张多元共存，这无疑取消了真理自身要求的唯一性。试想，一个基督徒如何放弃自己信仰的“真理”去认可其他宗教的“上帝”。因此，文化科学观念以及它主张的多元主义不过是一种流行的意见，相应地，文化科学将耶路撒冷和雅典拉平为众多文化当中一员的见解也因前提的独断而令人难以信服。

我们需要厘清的第二个问题是关于《圣经》研究的方法论原则问题。伴随着理性哲学对基督教传统的近代反叛，对《圣经》进行“历史考证研究”的诠释学原则逐渐流行起来，并成为压倒性的圣经解释学原则。在施特劳斯看来，历史考证研究经历了两个发展阶段：第一个阶段的标志是斯宾诺莎的《神学政治论》；第二次高潮是19—20世纪的《圣经》历史考证研究。这两个发展阶段的显著差别在于“对想象有不同的评价：对斯宾诺莎来说，想象压根儿低于理性，但在后来的时代想象却被赋予更高的地位，被当作宗教或精神体验的表达工具，这种体验必然要以符号以及诸如此类的形式来表达自身”。②这两个阶

① Leo Strauss, *Jewish Philosophy and the Crisis of Modernity: Essays and Lectures in Modern Jewish Thought*, edited with an Introduction by Kenneth Hart Green, Albany: State University of New York Press, 1997, p.378.

② Leo Strauss, *Jewish Philosophy and the Crisis of Modernity: Essays and Lectures in Modern Jewish Thought*, edited with an Introduction by Kenneth Hart Green, Albany: State University of New York Press, 1997, p.380.

段的共同之处在于对《圣经》根底上的怀疑。对《圣经》的历史考证始于这样的观察，“即《圣经》的记述在许多重要方面并不真实，而是被臆想出来的，并非由‘历史’（事实），而是由‘古代历史的记忆’构成的”①。这就构成了历史考证研究方法与传统《圣经》研究方法之间的本质性区别：在传统研究方法的基底里，“《圣经》上没有关于怀疑的字眼”，“《圣经》被理解为真实可靠地记述了上帝和人类从原初到被掳于巴比伦之后和好的事迹。上帝的事迹包括他的立法和他对众先知的默示，人类的事迹则包括他们对上帝的颂扬和祈祷以及他们那些受上帝激发的训诫”。②

在施特劳斯看来，欧美学界对《圣经》历史考证研究方法的热衷与历史主义的现代兴起密不可分。18 世纪以来，人们渐渐趋向于将某种特定或偶然的东西冠之以历史的。依据这种见解，人们将基督教认定为是对特殊的希伯来民族的《旧约》信仰加以神圣化、普遍化的结果。因此，“《圣经》在语义学的意义上是历史的，《圣经》是被发现的历史”，而哲学家“能够拥有的是一种自然宗教”，“哲学之为哲学本质上是非历史的”。神学与哲学的区别被认定为历史与非历史之间的差别。对于这种越来越为现代人所接受的观念，施特劳斯表示出极端的不屑：“至少就《圣经》的基本部分而言，我不相信这种方式会有助于对《圣经》的理解。”理由再简单不过：“以大写 H 开头的 History（历史），是一个非常晚近的和衍生性的概念，仅凭这个事实不足以向我们解释早先的思想，相反，早先的思想处在传统的开端，绝非衍生性的。”③

另外，关于如何看待《圣经》这一作品的态度问题也需要在此澄

① Leo Strauss, *Jewish Philosophy and the Crisis of Modernity: Essays and Lectures in Modern Jewish Thought*, edited with an Introduction by Kenneth Hart Green, Albany: State University of New York Press, 1997, p.380.

② 施特劳斯：《耶路撒冷与雅典：一些初步的思考》，何子建译，载于《信仰与政治哲学——施特劳斯与沃格林通信集》，前揭，第 159—160 页。

③ 施特劳斯：《神学与哲学的相互影响》，林国荣译，何子建校，载于《信仰与政治哲学——施特劳斯与沃格林通信集》，前揭，第 302 页。

清一下。换一种说法，我们要问，《圣经》是“人类心灵”的一部作品还是“神圣心灵”的作品？这一问题并非无关紧要的，它对我们如何看待《圣经》具有决定性意义。如果我们把《圣经》视为人类心灵的一部伟大作品，就像柏拉图、亚里士多德、黑格尔的著作一样，那么我们要对这部作品心怀敬意，同时也应该带着反思、争论、批判的意图去对待它。反之，如果我们把《圣经》看作上帝的作品，我们就要采取一种完全不同于阅读人类作品的态度去阅读《圣经》，即在不带任何怀疑的、敬畏的和聆听的态度中阅读《圣经》。在施特劳斯看来，上述两种方式的不同可简要描述如下：“过去，《圣经》乃是普遍地作为启示的卷宗来阅读的。今天，则往往是作为人类心灵诸多伟大卷宗当中的一部被阅读的。”① 这两种阅读方式的区别是根本性的、不容置疑的，是信仰者和异教徒之间的区别。那么，作为一名研究者，我们究竟应该以何种方式来阅读、阐释《圣经》。在施特劳斯看来，“只要我们声称是学者或科学家，我们就别无选择，只能在这种怀疑状态中接近《圣经》”②。也就是说，我们将《圣经》看作一种伟大的人类心灵的作品去接近他。但不同的是，“我们将要着手的地方是传统的和历史的《圣经》研究都必然问津的（开端）之处，在这个着手点开始的研究进程中，我们毋需就偏爱雅典而非耶路撒冷被迫预选做出决定”③，这也就保证了研究的客观性和真理性。

综上所述，我们在耶路撒冷与雅典的关系之前对现代学术中的一些主流见解——文化科学观念、方法论原则——历史考证研究、倾向性态度——以人类心灵作品的方式接近《圣经》作了必要的厘清。那么，在进行这些外围的清理工作之后，我们遭遇到的第一个问题就是，

---

① 施特劳斯：《〈创世记〉释义》，林国荣译，张宪校，载于《柏拉图的哲学戏剧》，刘小枫、陈少明主编，上海三联书店，2003，第 169 页。

② 施特劳斯：《〈创世记〉释义》，林国荣译，张宪校，载于《柏拉图的哲学戏剧》，前揭，第 171 页。

③ Leo Strauss, *Jewish Philosophy and the Crisis of Modernity*: *Essays and Lectures in Modern Jewish Thought*, edited with an Introduction by Kenneth Hart Green, Albany: State University of New York Press, 1997, p.382.

施特劳斯的耶路撒冷的确切所指到底为何？这就需要首先分析施特劳斯关于犹太教和基督教关系的一些基本观点。

## 二、“耶路撒冷”的具体所指与犹太教—基督教的质性区别

施特劳斯用耶路撒冷来指称神学，不仅是出于文明起源或时间上的考虑，更是基于观点立场上的审慎选择。在施特劳斯看来，是犹太教《旧约》及其中古律法宗教而不是基督教《新约》及其中世纪启示宗教是诊治现代西方文化危机的重要资源。因此，要恰切理解耶路撒冷的具体涵义，就要对施特劳斯关于犹太教和基督教之间重要差别的思想加以厘清。

然而，在谈到犹太教和基督教的区别时，我们首先遇到一些先见的干扰。根据施特劳斯的观点，这些先见的典型代表是斯宾诺莎和拉伽德（Lagarde）。两者的相似之处在于都从否定立场来理解和看待犹太教。在《神学政治论》这部“‘理性主义者’和‘世俗主义者’攻击启示信仰的经典文献”①中，斯宾诺莎站在基督教立场对犹太教进行了史无前例的攻击。其要点是：1. 犹太教是肉身的、具体的宗教，而基督教是精神的、普遍的宗族；2. 犹太教的核心是“作为一部排他的、部落性质的摩西律法，它只服务于犹太国世俗或政治的福祉”；3. 斯宾诺莎将犹太教还原为“犹太国的教义”，认为摩西律法起源于人而非上帝之手；4. 摩西律法是不讲授普遍道德的宗教。②拉伽德继续了斯宾诺莎批判犹太教的视角，在他看来，“犹太教的典型特征在于它的逃避现实以及它的物质主义”，而耶稣则是作为这种“物质主义”的对立面出现的。③在拉伽德那里，基督教和犹太教之间没有和解，二者的立场简

---

① Leo Strauss, *Jewish Philosophy and the Crisis of Modernity*: *Essays and Lectures in Modern Jewish Thought*, edited with an Introduction by Kenneth Hart Green, Albany: State University of New York Press, 1997, p.181.

② 参见 Leo Strauss, *Jewish Philosophy and the Crisis of Modernity*: *Essays and Lectures in Modern Jewish Thought*, edited with an Introduction by Kenneth Hart Green, Albany: State University of New York Press, 1997, p.158.

③ Leo Strauss, *Leo Strauss*: *The Early Writings* (*1921—1932*), translated and edited by Michael Zank, Albany: State University of New York Press, 2002, p.94.

直而且纯粹就是针锋相对的。这种对立可以从三个方面来理解：一是所有人的神子身份与犹太人的选民身份的差别；二是上帝之国与犹太会堂式国家的对立；三是灵性中的再生与亚伯拉罕的世系的差异。[①]

在施特劳斯看来，斯宾诺莎表面纠弹犹太教，目标却是要祛除基督教的政教合一统治（前已论述）；拉伽德则基于犹太复国主义的世俗目标拒斥犹太教，因为犹太律法的宗教性和排外性成为犹太人融入犹太民族国家的绊脚石。虽然目的不同，但斯宾诺莎和拉伽德都试图挖掘犹太教律法学说的一些负面因素。与前两者不同，施特劳斯更为看重犹太律法宗教的一些积极方面。准确地讲，施特劳斯并不是在泛泛而论的意义上比较犹太教和基督教的优劣，而是将二者的区别限定在基督教经院哲学和中古犹太哲学这一特定时段和特定形态上。在施特劳斯看来，二者的根本对立可以从以下几个方面来加以概括。

第一，犹太教和基督教在文献来源上具有重要的不同。这在实践哲学或政治哲学领域表现尤为突出。在基督教经院哲学那里，亚里士多德的《政治学》、西塞罗和罗马法占据着重要的位置；而在中古犹太哲学、伊斯兰哲学那里，柏拉图的《理想国》《法律篇》则占据显要的位置。在施特劳斯看来，"文献渊源的不同所暗示的不仅仅是政治哲学在内容上的不同，而且，首要的也标示了政治哲学之于整个哲学在重要性上的差别"。[②] 例如，法拉比受柏拉图《理想国》的影响如此之深，以至于将"整个的哲学都呈现在政治的框架之内"，这与阿奎那对上帝的理性证明之间构成了原则性的区别。

第二，从对启示含义的理解上看，犹太教和基督教之间具有本质的区别。犹太教和伊斯兰教所理解的"启示之特性在于律法，而非信仰"，而基督教则正好相反。在施特劳斯看来，犹太教的首要之事乃是

① 参见 Leo Strauss, *Leo Strauss: The Early Writings (1921—1932)*, translated and edited by Michael Zank, Albany: State University of New York Press, 2002, p.94。

② Leo Strauss, *Jewish Philosophy and the Crisis of Modernity: Essays and Lectures in Modern Jewish Thought*, edited with an Introduction by Kenneth Hart Green, Albany: State University of New York Press, 1997, p.418.

履行摩西律法，而就保罗的基督教而言，首要之事乃是信仰耶稣死而复活的神圣事件。[①] 因此“伊斯兰和犹太哲学家考量启示，首先要关注的不是一个信条或一套教义，而是一种社会秩序，这套秩序不仅规约行为，而且把思想或观点也统摄在内”[②]。换言之，较之基督教的启示信仰，犹太教社会显得更加专制和封闭，它将信徒的自由权限降至最低。在犹太教的律法秩序下，犹太教徒在思想、行为以及生活习俗的方方面面都受到严格的规制和限定。因此，在施特劳斯看来，《旧约》的核心不是“一神教”，而是虔敬灵魂的获取；犹太教的价值不在于对“永恒的唯一者”的崇敬，而是在所有的境遇下“履行上帝的诫命”。总而言之，犹太教的价值不在“表面忠诚的社会伦理中，而在‘犹太教崇拜的诗作’中”。[③]

根据施特劳斯的观点，犹太教律法秩序与柏拉图的《理想国》的精神要义紧密相关。在柏拉图那里，完全正义的政治社会是理性占统治地位的社会，在这一社会中，自由的限度几乎为零，出自个人自由的道德决断被不同品性等级的人类阶层的各安其位、各尽其责所取代。另一方面，柏拉图的正义社会仰赖于哲学家成王及其统治，犹太教则用先知替代哲学家，用先知的立法替代可遇不可求的哲学—王统治。由于先知的立法达到了完美的理性要求，剩下的就只是社会成员顺从律法的践行活动。因此，在犹太教那里，遵从律法的生活就是完美的政治生活。在这样的完美社会中，个体自由和所谓的普遍道德不仅不必要，而且会败坏律法权威与社会的和谐。

第三，在与古典哲学和现代哲学之间的亲疏关系上，犹太律法宗教更倾向于与古典政治哲学一致，而基督教则要为现代社会的政教分

---

①③ 参见 Leo Strauss, *Leo Strauss: The Early Writings (1921—1932)*, translated and edited by Michael Zank, Albany: State University of New York Press, 2002, p.93。

② Leo Strauss, *Jewish Philosophy and the Crisis of Modernity: Essays and Lectures in Modern Jewish Thought*, edited with an Introduction by Kenneth Hart Green, Albany: State University of New York Press, 1997, p.419.

离、主体性哲学以及人权至上观念的发生负责。在施特劳斯看来，“犹太思想和穆斯林思想，与古代思想之间有着深刻的一致性：并非《圣经》和《古兰经》，也许是《新约》，以及肯定是宗教改革运动和近代哲学，才造成了与古典思想的决裂”。① 前者的一致性表现在，关于神法的柏拉图哲学是“关于托拉和沙里亚的犹太哲学和穆斯林哲学的基础”。例如，阿维森纳（Avicenna）认为，“柏拉图的《法义》(*Laws*）就是关于预言和沙里亚的经典著作”。“先知在中世纪政治学中所占有的地位，与哲人—王在柏拉图政治学所占有的地位相同：通过实现柏拉图所列举的哲人—王的基本条件，先知就会建立起完美的城邦，也就是理想的柏拉图式的城邦。” ②

与犹太律法宗教和柏拉图政治哲学的一致相反，基督教经院哲学在根本上表现为与现代哲学的一致和与柏拉图政治哲学思想的分离。在一封致洛维特的信中（1946 年 8 月 15 日），施特劳斯强调指出：“[ 关于古今之争 ]：我并未否认而是坚持认为，现代哲学本质上与基督教—中世纪哲学是一致的；这意思是，现代人的攻击主要针对古代的哲学。” ③ 换言之，在施特劳斯看来，古今哲学之间存在着根本的决裂：断裂的一方是古希腊人、犹太教—伊斯兰教的中古律法哲人；另一方是基督教经院哲人和现代人。概括言之，基督教与现代观念的亲缘性主要有三个方面：一是基督教改变了自然的意义，使我们无法理解古人对自然的思想；二是基督教倡导个体心性和上帝之间的直接沟通，强调信仰较之律法的重要性，从而为政教分离观念深入人心铺平了道路；三是基督教信仰对犹太教律法的取代，凸显了个体内在自由与主体性的重要，从而为主体性哲学的肇端和权利至上观念的滥觞提

---

① 施特劳斯：《简评迈蒙尼德和阿尔法拉比的政治学》，程志敏译，载于《柏拉图的哲学》，阿尔法拉比著，程志敏译，华东师范大学出版社 2006 年版，第 200 页。

② 《简评迈蒙尼德和阿尔法拉比的政治学》，程志敏译，载于《柏拉图的哲学》，前揭，第 200—201 页。

③ 施特劳斯等：《回归古典政治哲学——施特劳斯通信集》，迈尔编，朱雁冰、何鸿藻译，华夏出版社 2006 年版，第 324 页。

供了可能。[①]应该说，施特劳斯对于基督教与现代启蒙哲学关联的打通为我们批判现代性以及寻找新的资源（中古犹太—伊斯兰律法宗教）诊治现代性危机提供了崭新视角。但另一方面，正如佩鲁肯（Corine Pelluchon）所强调的，施特劳斯对基督教的批判发生在批判现代性的过程中，这是否会由于现实旨趣的原因而影响了对基督教的客观评价，这也是一个值得考察的论题（因本文主题所限，此不赘述）。

第四，犹太教、基督教在与哲学的关系上具有重要的不同。哲学在犹太教那里处于“岌岌可危的地位”，而在基督教那里，哲学是“不可或缺的组成部分”。[②]哲学在犹太教和基督教中地位上的差别，一方面解释了“在犹太世界和伊斯兰世界哲学最终衰落”的原因；另一方面也说明哲学在犹太世界较之基督教世界的幸运之处。说幸运，我们可以将犹太世界的哲学境遇与古希腊社会的哲学境遇作一比较来加以说明。在古希腊社会，尤其是在柏拉图的时代，“民族和城邦是不认可哲学的”。人们常把希腊城邦视为极权社会，因为“它将道德、神灵崇拜、悲剧和喜剧尽数囊括在内，统统加以管制”。[③]同样地，在犹太世界和伊斯兰世界，哲学的合法性地位也未获得承认，在律法的权威视域下，“哲学和哲学家意味着一种具有颠覆性的追问和一群极具危险性的人”。[④]然而，我们知道，希腊城邦的极权性质却保证了哲学作为一种私人事务的合法性。这在犹太和伊斯兰世界同样如此，“哲学危险的地位倒保证了它私人的品性，并因此而保有了其免于监管的内在自

---

① 参见佩鲁肯（Corine Pelluchon）:《施特劳斯与基督教》，程宇译，蒋鹏校，载于《施特劳斯与现代性危机》，前揭，第 230—254 页。

② 参见 Leo Strauss, *Jewish Philosophy and the Crisis of Modernity*: *Essays and Lectures in Modern Jewish Thought*, edited with an Introduction by Kenneth Hart Green, Albany: State University of New York Press, 1997, pp.426—427。

③ 参见 Leo Strauss. *Jewish Philosophy and the Crisis of Modernity*: *Essays and Lectures in Modern Jewish Thought*, edited with an Introduction by Kenneth Hart Green, Albany: State University of New York Press, 1997, p.428。

④ Leo Strauss. *Jewish Philosophy and the Crisis of Modernity*: *Essays and Lectures in Modern Jewish Thought*, edited with an Introduction by Kenneth Hart Green, Albany: State University of New York Press, 1997, p.426.

由”[①]。与之形成鲜明对照的是，基督教对哲学的官方认可使得哲学“屈从于教宗的监管之下”，哲学被剥夺了“其作为生活方式的特性，仅仅成为一个非常重要的组成部分”[②]，最终沦为神学信仰论证的工具。与之相应的，哲学在近代虽然逃离了神学的羁绊，却蜕变为各种主义学说论证的工具。哲学从神学的婢女摇身一变成为了政治的女仆。而这也是施特劳斯批判基督教、批判基督教和现代哲学家族相似的原因所在。

第五，对犹太教而言，弥赛亚时代还未来临，而对基督教而言，救世主已然降临。这一点区别源于信仰的差别，无法获得理论论证上的辩护，但在实践上却相当紧要。因为这涉及对耶稣基督地位的认定问题：如果说世界得救的时刻尚未来临，那么耶稣基督的神位如何处置？基督教整个信仰启示的合法性根据又如何可能？因此，关于拯救是否来临的信与不信的分歧成为前现代犹太人的迫害的触媒。根据施特劳斯的看法，犹太人作为上帝的选民，其迫害、歧视问题始终变换着各种形式一直存在的事实表明，这个世界获得拯救的时刻尚未来临。而对于基督教来说，救世主已经降临，他就是耶稣。唯有相信耶稣是基督，信徒才能获救。正是在这个最基本信条的分歧当中，我们看到犹太教与基督教之间的根本性对立。换句话说，犹太教天生就是反基督教的。

综上可见，在施特劳斯的视野中，即在现代性危机批判的视域下，中世纪犹太律法宗教和基督教启示宗教之间存在着原则上的根本冲突。虽然犹太教和基督教都反对神话、反对偶像崇拜，两者作为宗教的一种特殊样态都与哲学的生活方式之间存在着质性的区别。但在耶路撒冷和雅典永恒冲突的原初意义上，施特劳斯的立场还是相当明确的。耶路撒冷首先、首要地是指犹太教，而不是基督教及其经院哲学。既

---

① Leo Strauss, *Jewish Philosophy and the Crisis of Modernity*: *Essays and Lectures in Modern Jewish Thought*, edited with an Introduction by Kenneth Hart Green, Albany: State University of New York Press, 1997, p.427.

② 施特劳斯：《神学与哲学的相互影响》，林国荣译，何子建校，载于《信仰与政治哲学——施特劳斯与沃格林通信集》，前揭，第 307 页。

然我们对耶路撒冷的涵义已做了较为深入的廓清，现在我们的问题是，雅典在是施特劳斯的思想中主要指的是什么？换句话说，施特劳斯政治哲学思想的哲学观到底是什么？进一步的，施特劳斯关于耶路撒冷与雅典冲突的基本观点又是什么？

## 三、“雅典”的涵义与施特劳斯的哲学观

根据上面的分析，我们知道耶路撒冷在施特劳斯那里特别指称中古犹太教及其《旧约》。那么，雅典在施特劳斯那里是否有着特别的意指呢？在《神学与哲学的相互影响》一文中，施特劳斯指出，在有关神学与哲学关系的讨论中，哲学的涵义常常为一些事实所模糊。这种模糊最终归因于这样的一个事实：“哲学被等同于完整的哲学体系，在中世纪当然首要地等同于亚里士多德……在现代则肯定等同于黑格尔。”① 然而，作为哲学体系的哲学“仅仅是哲学的一种特殊形式；它不是哲学必然和首要的形式”②，不是原初意义上的哲学涵义。原初意义上的哲学不意味着“一套命题、一种教义，甚或一个体系，而是一种生活方式、一种为特殊的激情激发着的生活”③。简言之，在涉及哲学的原初意义时，施特劳斯将哲学区分为作为工具的哲学、作为体系的哲学和作为生活方式的哲学三种形态。作为工具的哲学主要指为启示做论证的基督教经院哲学和为意识形态做嫁衣的近现代政治哲学（部分意义上）；作为体系的哲学主要指亚里士多德—黑格尔意义上的哲学体系；而施特劳斯将自己的哲学观确定为作为一种生活方式的探究式哲学，即苏格拉底—柏拉图意义上的政治哲学。

问题是，柏拉图与苏格拉底的哲学观是一回事吗？亚里士多德曾对苏格拉底和柏拉图之间做出明确的区分。近代新康德主义之父柯亨也坚持在苏格拉底和柏拉图之间划分一条明确的界线。但施特劳斯并

---

①② 施特劳斯：《神学与哲学的相互影响》，林国荣译，何子建校，载于《信仰与政治哲学——施特劳斯与沃格林通信集》，前揭，第 306 页。

③ 施特劳斯：《神学与哲学的相互影响》，林国荣译，何子建校，载于《信仰与政治哲学——施特劳斯与沃格林通信集》，前揭，第 307 页。

不赞成这种做法[①]：原因是这种划分"不仅以传统，而且以现代历史考证学的成果为基础；然而，在决定的意义方面这些成果却以假设为前提。对于我们来说，关键之处在于柏拉图离开自身转向了苏格拉底"。[②]这种离身转向不仅是由于柏拉图对苏格拉底充满敬意，更重要的是，"柏拉图不仅面对苏格拉底的言论，而且面对他的一生和他的命运"[③]。换句话说，"苏格拉底之死"构成了柏拉图一生研究的重要主题和重大转向，它使柏拉图洞悉到哲学与政治之间的张力，哲学隐微写作艺术的紧迫性，政治哲学之于哲学的必要性以及哲学家为王对完美社会的前提性。准确地讲，在施特劳斯那里，所谓的苏格拉底，不过是柏拉图对话中的苏格拉底、色诺芬笔下的苏格拉底和诗与哲学之争视域中的苏格拉底，而且首要地，是柏拉图政治哲学言辞中的苏格拉底。但从另一个角度讲，施特劳斯强调柏拉图与苏格拉底的一致性却意在突出苏格拉底与亚里士多德之间的差异。因此，要了解苏格拉底与柏拉图意义上的原初哲学，我们还需要厘清苏格拉底与亚里士多德的区别，从而凸显哲学的政治性以及作为生活方式的探究本性。

在《柯亨与迈蒙尼德》一文中，施特劳斯总结了苏格拉底—柏拉图式政治哲学的基本思想以及与亚里士多德哲学理念之间的本质区别。苏格拉底哲学的要点是：1. 苏格拉底哲学表现为"只是一种寻问：寻问正确的生活"；2. 苏格拉底式的寻问表明，"关于好的寻问必定待在

① 在《写作与迫害的技艺》一文中，施特劳斯也谈到法拉比关于苏格拉底与柏拉图区分的观点。如苏格拉底方式的特点是"科学地探究正义和美德"，而柏拉图的技艺则是要提供一种"关于本质的科学"；柏拉图对苏格拉底方式进行了大幅修整和纠正，与苏格拉底方式不同，"柏拉图方式乃是由苏格拉底方式和色拉叙马霍斯方式结合而成"，等等。但从总体上看，施特劳斯更加关注苏格拉底和柏拉图政治哲学方面的深刻一致，尤其是在古今差异和现代性批判的视角下理解苏格拉底—柏拉图的区别以及柏拉图—亚里士多德的差异。换言之，施特劳斯认定，苏格拉底—柏拉图的细微差别在古今之争背景下是可以忽略不计的。

② Leo Strauss, *Jewish Philosophy and the Crisis of Modernity*: *Essays and Lectures in Modern Jewish Thought*, edited with an Introduction by Kenneth Hart Green, Albany: State University of New York Press, 1997, pp.399—400.

③ Leo Strauss, *Jewish Philosophy and the Crisis of Modernity*: *Essays and Lectures in Modern Jewish Thought*, edited with an Introduction by Kenneth Hart Green, Albany: State University of New York Press, 1997, p.400.

寻问中”，而不在于寻问中达成的共识；3. 苏格拉底哲学寻问的性质在于，“问题和问题的对象自身本已地是政治的”。[①] 我们可以断言，苏格拉底哲学提问的前提预设是将“好”的问题、“正确生活”的问题视为“最高和最迫切的问题”，同时预设“人及其生活”是最为重要的生活，因为这些构成了苏格拉底政治哲学寻问的重要主题。但是亚里士多德翻转了苏格拉底的这一理论预设。在亚里士多德看来，最值得推崇的生活不是道德—政治的生活，而是在“纯粹的观察和认知中、在理论静观中生活”[②]。换言之：1. “苏格拉底的哲学思想就是寻问人类生活的好、寻问真正的国家”，而亚里士多德的哲学思想关注“对存在者的观察和对存在的理解”；2. 苏格拉底的哲学思想本身是“政治的”，而对亚里士多德来说，人和政治只是第二位的，首要的是宇宙和纯存在。[③] 施特劳斯强调，亚里士多德表面上对苏格拉底哲学构成了一种超越，但实质上，这种超越是一种退化。因为，第一，苏格拉底的智慧之处就在于认为我们不可能掌握整全的知识，哲学本质上是对知识的寻求过程，而亚里士多德却自负地认为可以获得最高的知识，这种最高的认识就是对最高存在者的认识，这最高的存在者就是纯形式——神（上帝）。但是亚里士多德的上帝不是亚伯拉罕的上帝、以撒的上帝、雅各的上帝。因此第二，亚里士多德为哲学论证上帝信仰开辟了道路，从而为哲学丧失自由探询的本性，堕落为信仰辩护的婢女提供了可能。另外，一旦将理性的沉思看作高于人的公共政治生活之上的存在，就意味着忽略了哲学与政治之间的本质紧张。这在信仰当道的中世纪尤为如此，亚里士多德意义上的理性沉思的无界性必然触及上帝的正当合法性，威胁到信仰的根基，因此是极度危险的和紧迫的。而柏拉图的双重写作技艺则为保护哲学本性提供了私密空间，从而成为施特劳

① 施特劳斯：《柯亨与迈蒙尼德》，载于《犹太哲人与启蒙——施特劳斯讲演与论文集：卷一》，前揭，第 143 页。

② 施特劳斯：《柯亨与迈蒙尼德》，载于《犹太哲人与启蒙——施特劳斯讲演与论文集：卷一》，前揭，第 144 页。

③ 施特劳斯：《柯亨与迈蒙尼德》，载于《犹太哲人与启蒙——施特劳斯讲演与论文集：卷一》，前揭，第 144—145 页。

斯最为看重的哲学样式。

## 四、施特劳斯关于"耶—雅冲突"的基本观点

在做了上述的廓清工作之后，我们现在对施特劳斯关于原初意义上的"耶—雅冲突"的观点加以简要总结。这主要包括如下三个方面。

第一，耶路撒冷和雅典之间存在着根本的差异或冲突。这种冲突主要表现在：一是在面对不同社会神法规范之间相互冲突的问题上，哲学家全然"超越了神法的维度，超越了整个虔敬的维度和对预先给定的法规的虔诚的遵从"，转而致力于"对万物始基、初始者以及原则的追寻"；《圣经》的做法则是把一种"特定的神法接受为真正的神性"，认定"一个特定部族的特定法规是神性的法规"。① 毫无疑问，这个特定的部族是希伯来民族，特定的法规是《旧约》。二是在拒斥神话的取向上二者存在着差别。哲学的取向是以"自然和理智的必然性"取代神话的那种"非人身的命运"。《圣经》的解决之道则是"全赖于对上帝全能的信仰"，即是将"上帝设想为万物的原因"，从而把神话的那种"非人身的必然性"纳入上帝的全能范畴之内。② 三是两者的路径不同。哲学诉诸的方法和路径是理性的沉思和自由的探问，这一路径离不开"感官直觉以及在此基础上的理知推定"。而在《圣经》中，人们"在对上帝的体验的基础上谈论上帝的行为和许诺"。因为，"《圣经》这部书就是叙述上帝所做的和所许诺的，而不是对上帝的沉思"。因此，对上帝的体验，而不是基于感官知觉的理知推定是"《圣经》智慧的根源"。③ 四是耶路撒冷和雅典的尖锐差异还体现在双方不同的"文字品格"上。"一个人、一本书的模式"是希腊哲学的特征，而《圣经》则基本上是各种源泉的汇集，并没有"出自单个人的起始点"。

---

① 施特劳斯：《神学与哲学的相互影响》，林国荣译，何子建校，载于《信仰与政治哲学——施特劳斯与沃格林通信集》，前揭，第 303 页。

② 施特劳斯：《神学与哲学的相互影响》，林国荣译，何子建校，载于《信仰与政治哲学——施特劳斯与沃格林通信集》，前揭，第 303—304 页。

③ 施特劳斯：《神学与哲学的相互影响》，林国荣译，何子建校，载于《信仰与政治哲学——施特劳斯与沃格林通信集》，前揭，第 304 页。

在施特劳斯看来，这种写作风格与“犹太传统所偏爱的风格——评注——有亲缘关系，即总是参照早先的东西，个人并不营造开端”。① 另一方面，希腊哲学著作的作者会把一切不能达及写作目的的因素从作品中清除掉，但“整本《圣经》，尤其律法书的编纂者却遵循截然相反的规则。编纂者需要毕恭毕敬地对待一大堆早已存在的神圣讲辞”，即使因为这样导致《圣经》本身充满“种种矛盾和重复”，编纂者也不会遵循矛盾律的逻辑法则而对其加以随意删改。因此，一部《圣经》，“从来没有人有意为之”；而对于希腊哲学作品，“没有任何东西不是作者有意为之的”。② 最后，我们还可以从二元格局的视角理解《圣经》与希腊哲学的冲突，即“希腊哲学断言思与言的优先，《圣经》则断言行优先”③。

第二，耶路撒冷与雅典冲突的实质是顺从启示生活与自由探寻生活之间的根本对立。根据施特劳斯的观点，哲学是对终极原因和最高善的追寻。然而，这种对智慧的寻求首先遇到祖传习俗的阻挠。在政治社会中，人们往往将祖传神法的规定视为正确的、不容置疑的。但人们发现，不同政治社会的神法规定之间往往相互矛盾，甚至相互冲突，因此，这些约定俗成的祖传习俗在哲人的眼中是需要检审的意见，而非不可怀疑的真知。哲学试图走出洞穴，达到认识的最终确定性和不可怀疑性。然而，苏格拉底的哲学探问告诉我们，人们对一些最重要的事情是无知的，因此，哲人并不以智慧的拥有者姿态自居，而是躬身于“最重要的事情的知识的追求”。在“获取最大可能的清晰性的过程中”，哲人获得了宁静且持久的幸福。可见，在原初的意义上，哲学就是一种为特殊的爱知之欲激发着的生活方式，是以沉思和无条件

① 施特劳斯:《神学与哲学的相互影响》，林国荣译，何子建校，载于《信仰与政治哲学——施特劳斯与沃格林通信集》，前揭，第 304—305 页。

② Leo Strauss, *Jewish Philosophy and the Crisis of Modernity: Essays and Lectures in Modern Jewish Thought*, edited with an Introduction by Kenneth Hart Green, Albany: State University of New York Press, 1997, p.394.

③ 施特劳斯:《神学与哲学的相互影响》，林国荣译，何子建校，载于《信仰与政治哲学——施特劳斯与沃格林通信集》，前揭，第 305 页。

的反诘、追问为路径的真知求索。与哲学的自由生活方式相反，神学的生活方式是权威统治下的顺从生活。《圣经》的教导是以上帝的全能和信徒的虔敬顺从为前提的。在《圣经》的词条中不容许有怀疑的字眼，上帝创造了世界，并为这个世界规定了秩序，为人们的行为启示了律法原则。在信徒的视域中，神法治下的社会是最为完美的政治社会，任何怀疑律法信条和上帝存在的理性追问都是对全能上帝的亵渎。因此，在施特劳斯看来，哲学和启示的对立是自由生活与顺从生活的对立和冲突，"哲学绝无可能驳倒启示"，"启示和神学同样从未驳倒过哲学"，没有人可以同时集神学家与哲学家于一身，"所有宣称对启示的拒斥都预设了对启示的不信，所有宣称对哲学的拒斥也已经预设了对启示的信仰"。[①]那么，我们每个人只能在这两种生活方式之中择取其一，而那种试图寻找"超越哲学和神学冲突"的第三种立场或者试图综合二者的做法在施特劳斯看来都是没有直面问题的表现。

第三，"耶—雅冲突"不是西方文明的不幸，相反是西方文明永葆活力和生机的不竭源泉。施特劳斯的一个独特说法是，耶—雅之间的冲突不是西方文明的缺陷，而是西方文明的特质，是"西方文明勃勃生机的秘诀所在"[②]。要想论证这一点，我们最好从反例说明它。这种反例的典型案例有两个：一个是基督教经院哲学的案例，一个是现代西方文明的危机。"在基督教的中世纪，哲学肯定已经被剥夺了其作为生活方式的特性，仅仅成为一个非常重要的组成部分。"[③]当失去哲学这一有力的竞争对手后，中世纪的基督教渐渐丧失了活力，剔除了警惕，安逸于神权与政治的联姻，导致了中世纪的一潭死水和黑暗污浊，并最终为现代的启蒙运动所反动。但是现代启蒙运动走到了另一个极端，它试图全盘否定神学的政治权威，依靠万能的理性在尘世创建人间天

① 施特劳斯:《神学与哲学的相互影响》，林国荣译，何子建校，载于《信仰与政治哲学——施特劳斯与沃格林通信集》，前揭，第 318 页。

② 施特劳斯:《神学与哲学的相互影响》，林国荣译，何子建校，载于《信仰与政治哲学——施特劳斯与沃格林通信集》，前揭，第 305 页。

③ 施特劳斯:《神学与哲学的相互影响》，林国荣译，何子建校，载于《信仰与政治哲学——施特劳斯与沃格林通信集》，前揭，第 307 页。

堂。理性的僭越加速了理性的毁灭，按照理性模式建立的自由社会走向了极权专政统治和人与人之间的兄弟相残——两次世界大战；现代理性最引以自豪的科学技术（提供武器）成为人类互相屠杀的帮凶。而且，理性最终证实了无法构筑人的心灵深处的家园感，无法克服人与人之间的原子化与疏离感。从中世纪的神学主导模式和现代哲学的理性至上模式来看，西方文明都渐渐走向没落和危机。因此，施特劳斯认为，唯有恢复理性和启示的相互限制，只有让犹太教律法传统来规约理性的僭越才能保持西方文明的两种张力之间的平衡，从而解决现代西方文明的危机。

综上所述，施特劳斯力排前人之见，直面耶—雅之间的永恒冲突，并认为这种冲突是西方文明的特质所在，同时也是西方文明永葆生机与活力的密码和诊治现代西方文明危机的万能密钥。然而，上面的归纳只能展示施特劳斯思想的某些精辟结论。要想更深入地理解耶—雅冲突的观点，我们还需要分析施特劳斯对《创世记》1—3 章的独创性阐释，从而更深入、更丰富地展现后者关于耶—雅冲突的思想。

## 第二节　从《创世记》1—3 章看“耶—雅冲突”

与施特劳斯强调政治哲学研究要回到起点相同，施特劳斯的耶—雅冲突问题研究也强调回到开端。施特劳斯认为，回到开端，可以避免受到众多《圣经》阐释作品的影响，尤其是受到现代历史主义《圣经》阐释学的干扰，从而可以更清楚地看清问题本身。因此，施特劳斯的“耶—雅冲突”问题论述从政治哲学的源头苏格拉底问题和《圣经》源头《创世记》的阐释开始，这也是我们从《〈创世记〉释义》一文分析施特劳斯耶—雅冲突思想的原因所在。①

施特劳斯选择《圣经》的《创世记》前三章进行解读，还有一个

① 这在施特劳斯的《耶路撒冷与雅典：一些初步的思考》（简称《耶路撒冷与雅典》，下同）的演讲中也有所体现。如《耶路撒冷与雅典》的第一部分的标题就是“《圣经》的开端及其希腊对应物”。

实际的目的，即抗击现代历史主义的高歌猛进，直面超历史的、永恒的人类主题，借此挽救哲学的当代式微。在施特劳斯看来，存在着一个"人之为人的根本境遇，任何变迁，尤其是所谓的历史变迁都无法改变这一境遇。它是整体的人类的基本境遇，这一整体很少屈从于历史变迁，因而是所有可能的历史变迁的条件之一"。[①]那么，我们如何获知这样一个永恒的人类境遇呢？在施特劳斯看来，我们只能从所谓的现象界开始，因为"它是给定的整体，一个被永恒地给予的整体，就像人类一样永恒，这一整体由天穹聚合而成，涵括了天上、地下以及天地之间的一切万物"[②]。更重要的是，无论希腊早期自然哲学，还是《圣经》，都是从这一作为"永恒给定的整体"的现象界出发的。因此，对《圣经》开端的阐释将是理解古希腊哲学与《圣经》之间原始反差的最佳文本材料：它可以使我们直抵神学与哲学关于世界整体的不同叙述和理解，直接面对神学与哲学两种生活方式的根本冲突。

## 一、《创世记》第一章对哲学主题的质疑

由于耶路撒冷与雅典在施特劳斯那里是非此即彼的两种立场，因此为了避免误解，施特劳斯在《〈创世记〉释义》的开场白中首先表明自己的诠释立场："我想声明自己不是一个《圣经》学者，而是一个专治政治理论的政治科学家。"[③]由此，我们不难解释为何一部神学经典的阐释文本处处彰显排疑解惑、厘清推定的逻辑清晰。具体而言，我们可以从以下几个方面来解读施特劳斯对《圣经》开端的阐释。

### （一）《创世记》第一章的两大难题

从哲学的角度解读《创世记》，首先便遭遇到理解的困难。入手

①② Leo Strauss, *Jewish Philosophy and the Crisis of Modernity: Essays and Lectures in Modern Jewish Thought*, edited with an Introduction by Kenneth Hart Green, Albany: State University of New York Press, 1997, p.361.

③ Leo Strauss, *Jewish Philosophy and the Crisis of Modernity: Essays and Lectures in Modern Jewish Thought*, edited with an Introduction by Kenneth Hart Green, Albany: State University of New York Press, 1997, p.359.

的困难是，究竟是谁在言说“起初，上帝创造天地”这件事，是上帝在讲述吗？但《圣经》引述上帝的话时都会使用“上帝说”之类的字眼。是无名氏在讲这句话吗？如果是，这个人肯定不是上帝创世这件事的目击者，因为没有人能目击上帝创世的过程，唯一的目击者只能是上帝。但叙述者并没有声称从上帝那里亲耳听到创世的事情，那么，或许他从某些人或某个人口中听到此事的传闻，或许是他自己在复述一个流传的故事。但哲学不能将前提安置于假定之上，这里我们只能悬置判断，认定《圣经》的起头并不容易理解。但更难理解的是接下来讲解的内容：“地是空虚混沌，渊面黑暗；上帝的灵运行在水面上……”。这是什么意思？是告诉我们地有其原初形态，并非上帝所创造，而是被上帝重新塑造了。那么，天呢？《圣经》此处未置一词，仿佛天较之地并不重要。还有，《圣经》说上帝六天创造万物，这里的天不能理解为通常意义上的日子，因为通常意义上的日子是依靠太阳的运行来决定的。但在《圣经》中，太阳是在第四天才被创造出来的。简言之，《圣经》起首处就让哲人的视角感到困难重重，这些难以理解的困难似乎在告诉我们，《圣经》是一种神秘的叙述，是人的智慧难以索解的，因此，我们似乎应该放弃理解的尝试，只能选择相信。

然而，我们不应就此偃旗息鼓，因为幸运的是，在《圣经》的创世叙述当中，有一些事情对我们来说是熟悉的。我们的解读可以从《圣经》中可以理解的部分开始。但在这之前，我们必须面对第一章当中两个最为显见的困难：一是光先于太阳而被造；二是植物先于太阳而被造。这两个断言犹如宣告了两个奇迹或神迹。所谓奇迹，是相对于自然而言的。奇迹之为奇迹是因为我们不知道它的自然原因，而且是无法（重复）演示的。根据人的自然常识，光首要的是太阳光，或者说太阳是最重要的或最先的光源；而植物需要太阳光才能萌芽、生长。因此，脱离太阳的光和无需太阳光而生长的植物是人所无法理解的。但是《圣经》为何如此安排创世的次序呢？让我们沿着施特劳斯的思路，看看他是如何解决这两个难题的。

1. 光先于太阳被创造

为了便于理解和叙述，我们将《圣经》创世的顺序和内容列表如下：

| 时间 / 天 | 受造物 | 时间 / 天 | 受造物 |
|---|---|---|---|
| 第一天 | 光 | 第四天 | 太阳、月亮和众星 |
| 第二天 | 天 | 第五天 | 水中动物与飞鸟 |
| 第三天 | 地、海和植物 | 第六天 | 地上动物和人 |

根据上表，如果说《圣经》的创世叙述是以从低至高的顺序来展示这些受造物的。那么，天空低于大地，天上的发光体的地位低于地上最卑微的动物。但在古希腊哲学中的情形却正好相反，天及其天体的位置是高于地上的生物的，甚至对天的沉思胜于对人类事物和对人本身的关注。《圣经》通过创世叙述似乎告诉我们，上帝才是一切万物唯一的主宰和创造者，根本不需要人们崇拜天或天体，唯一值得人敬畏的只有上帝。在这个创世叙述中，光的位置处于最低，光与天上发光体了无关系。那这种光是什么光呢？难道是闪电？在《旧约》的叙述中，上帝有时伴随在闪电之后向先知宣告律法。因此，我们可以将光理解为闪电，或把它视为上帝降临前的神秘征兆。然而，这恐怕不能被认为是《创世记》将光作为第一作品的原因。在施特劳斯看来，"创世似乎是创造一些可以分离的东西，就像果实可以从树上分离，创世似乎是与分离有关的活动"。① 从这一点来看，上帝将光作为创世的第一件作品是合情合理的，因为"光是开始，是区分或分离的原则"②。光意味着打开了创世的序幕，光只是与上帝相关，它来源于上帝，与

① Leo Strauss, *Jewish Philosophy and the Crisis of Modernity*: *Essays and Lectures in Modern Jewish Thought*, edited with an Introduction by Kenneth Hart Green, Albany: State University of New York Press, 1997, p.363.

② Leo Strauss, *Jewish Philosophy and the Crisis of Modernity*: *Essays and Lectures in Modern Jewish Thought*, edited with an Introduction by Kenneth Hart Green, Albany: State University of New York Press, 1997, p.364.

太阳等天体发光物没有什么瓜葛。因此，光先于太阳被造与上帝存在的预设是逻辑一致的。

2. 植物早于太阳产生

让我们再回头看看上表，大地、海洋和植物是第三天被创造出来的，而太阳第四天才被创造出来。《圣经》的创世排序似乎在告诉我们，植物与大地不可分离：大地生长植物，而植物是大地的皮肤。根据常识，植物生长需要阳光雨露。然而这只是人们千百年来农耕生活中总结出来的常识。古希腊人对天的敬意和拔高也主要源于生活中对天上雨水和阳光的依赖。但从上帝的视角看却未必如此。在《圣经》的叙述当中，我们知道最初的人在伊甸园里过着简朴且无忧无虑的生活，并不需要辛勤劳作获得果实，自然也就没有对雨水和阳光的特别需求。而那种所谓的靠天吃饭的农耕劳作不过是人的祖先违反上帝的禁令招致惩罚的结果。换句话说，我们不应按照人的视角来看上帝创世，而是要尝试沿着《圣经》的理路看看这种创世顺序有何内在根据。

### （二）上帝创世的两大序列及其相关原则

从上表中我们可以看到，上帝六天创世只有第三天和第六天是双重创造：第三天创造了大地、海洋和植物世界；第六天创造了陆生动物和人。而在其他的几天当中，上帝只是创造了一件或一套东西。因此，施特劳斯认为，《创世记》的叙述似乎存在一种平行，存在两个序列的创造，而每个序列的创造都用了三天时间。第一个序列从光开始，以植物世界为终结；第二序列从太阳的被造开始，以人的被造终结。那么，是否每个序列都有着自己的创世原则。我们先来看第一序列的受造物：光、天、大地、海洋和植物。它们所共有的特点是都不能改变自己的位置。再看第二序列的受造物：太阳、月亮和星辰，水生动物和飞鸟，陆生动物和人，它们的共有特点是都不固定在某个位置，能够进行某种位置移动。从这两个共有特点的不同出发，我们就理解了，植物世界之所以先于太阳被造，是因为它缺乏位置移动，它只能固定在大地的某个位置，不能像太阳那样进行位置移动。

根据上面的分析，现在我们做一下简要小结：上帝六天创世包括两大序列；第一序列从创造光开始，第二序列从创造太阳开始；第一序列的创世原则是区分或分离，第二序列的创世原则是位置移动；第一序列的受造物在等级上低于第二序列的受造物；第一序列的创世原则低于并被包含在第二序列的创世原则之中，即是说，位置移动是更高级别的分离，分离与区分的原则存在于第二序列的受造物当中，如人与动物不同。

然而，仔细分析第二序列的受造物，位置分离只能被看作是区别于第一序列创世原则的基础原则。因为，第二序列的受造物之间也存在较大的差异，诸如天体只能改变位置，但不能改变运动路线；有生命的动物既能改变运动路线，也能改变行动方向，但却改变不了生活"方式"（ways），唯独人能够改变（生活）方式。① 在施特劳斯看来，人是唯一按照上帝的形象被创造的存在者，因此，只有人的被造才是《圣经》创世论意义上的"创造"（creating），而其他所有受造物只能说是上帝"制造"（making）了它们。这一方面说明人在上帝创世秩序中的位置最高；另一方面可以理解为人拥有着上帝的某些特质，如人能改变习性，拥有智慧和某种制作能力。

在分析了第二序列受造物之间的关系之后，我们可以完整地对《创世记》第一章的创世序列加以说明：从分离的原则出发，上帝创生了光；接着创生了能够分离空间的东西——天；然后创生了分离的事物——地和海洋；此后创生了具有分离能力的植物；接下来创生了可以位置移动的天体；再下来创生了可以与行动路线分离的动物；最后创生了可以与其道路或正道相分离的人。这一创世序列及其过程可以从二元论的视角度列表如下：

① 参见 Leo Strauss, *Jewish Philosophy and the Crisis of Modernity*: *Essays and Lectures in Modern Jewish Thought*, edited with an Introduction by Kenneth Hart Green, Albany: State University of New York Press, 1997, p.383。

↗不占据位置的受造物，如光
↘占据一定位置的受造物↗没有确定的位置，只是填充着整整一个区域的受造物，如海洋
↘只填充区域内某个位置的受造物，如天空中、海洋里、大地上

只填充某个位置的受造物↗缺乏位置移动
↘拥有位置移动↗没有生命的受造物，如天体
↘拥有生命↗非陆地的水生动物、飞鸟
↘陆生存在物↗非上帝形象创生，如野兽
↘按上帝形象创生，如人[①]

上面的分析表明，《圣经》的创世论叙述并不是神秘或前逻辑的陈述，相反，它和“哲学的叙述并没有什么不同”。《圣经》的叙述以显见的区分或分离原则为基础，表达了对整全世界的一种宇宙论的理解。而在终极的意义上，“所有的哲学都是宇宙论”。另外，《圣经》的创世叙述是从我们熟悉的事物开始，而且是从“所有时代”对“所有人”都熟悉的事物开始的，如光、天、地、海洋、太阳、植物、动物、人，等等。而哲学，尤其是古希腊早期自然哲学，也都是从人们熟悉的自然事物出发寻求不变的始基和本原。可见，在《圣经》和古希腊哲学之间存在着某种原初的一致性。当然，这种一致性只是原则上的相同，相同原则背后具有的却是意图和内容上的根本对立，这就构成了《圣经》和希腊哲学之间的原初反差。要想了解这种原初反差，让我们先廓清《创世记》第一章的基本意图所在。

① 参见 Leo Strauss, *Jewish Philosophy and the Crisis of Modernity: Essays and Lectures in Modern Jewish Thought*, edited with an Introduction by Kenneth Hart Green, Albany: State University of New York Press, 1997, p.367。

### （三）《创世记》第一章的基本意图

在施特劳斯看来，《圣经》第一章虽然包含着一种宇宙论的预设和观点，但这种对可见世界的宇宙论表达是《创世记》作者的“非主题性预设”，或者说这不是《创世记》作者的意图和主题。《创世记》的真正主题和意图是要表达上帝创造了这个世界。上帝创造了这个世界，并给予不占据确定位置的受造物以名称，如天、地和海洋。剩下的受造物，上帝留给人去命名。在受造的这些事物中，上帝将大部分称之为善的，“唯一没有被上帝称之为善的，而且没有受到上帝的祝福而加以拯救或者没有按照上帝的形象创造的事物是天”[①]。因此，我们可以说，《创世记》第一章的作者意图是“贬低天”。其论据有二：1. 在上帝的造物中，太阳、月亮和星辰是第四天才被创造出来的，在等级次序上低于卑微的动物。这一较低等级的位置源于《圣经》将诸天体视为无生命的存在物，而不是将它们视为神灵。2. 在功能作用方面，太阳、月亮与众星只是作为某种“工具或器具”而被造的，它们的作用在于给大地以光明，为地上的生命，如动植物和人提供生存条件。

但对古希腊哲学而言，天较之大地以及大地上的生命来说更为重要。在希腊哲学家那里，天与世界、宇宙同义，意味着整全或整体。地上的生命需要天的庇护和雨露滋养，而天则不需要大地及其事物的任何佑助。在柏拉图等哲学家那里，天的位置虽然不能居于首位，如理念超越了天，但地上的事物以及人间事物较之天还是要低下得多。因此，较之古希腊哲学对天以及天上事物的高扬，《创世记》第一章的作者则意图贬抑天，祛除天的神圣性，使其在等级上低于大地和地上的生命。问题是，我们这样对比，是否断言了《圣经》熟知古希腊哲学，进而与希腊哲学提出了相反的诉求。在施特劳斯看来，《创世记》作者应该是不了解严格意义上的古希腊哲学的。但这并不排除他们对原初意义上的哲学理路是熟悉的，如在巴比伦，对天的沉思以及通过

① Leo Strauss, *Jewish Philosophy and the Crisis of Modernity: Essays and Lectures in Modern Jewish Thought*, edited with an Introduction by Kenneth Hart Green, Albany: State University of New York Press, 1997, p.369.

对天的沉思带来的智慧增长体现了哲学的原始形式和原初意图，这对《创世记》作者来说应该是熟悉的。因此，《创世记》第一章的起意可以说是针对着这些哲学的原始形式发出的自己的声音。

综上所述，《创世记》第一章的基本意图是对天的贬抑和对大地以及地上人的位置的拔高。《创世记》的基本主题断言了世界起源于上帝的创造，起源于神圣的创世。这就构成了与古希腊原初哲学之间的深刻对立：一方是上帝的至高无上性，另一方是天的神圣整体性；一方面是强调世界的被创造性，另一方面强调世界的恒在性。《圣经》与希腊哲学在世界的开端问题上表现出了明显的原初对抗。

## 二、《创世记》第二、三章对哲学意向的批判

《创世记》第一章回答了世界是如何形成的问题。但这个创世叙述并不充分，因为，它没有把人和其他受造物，尤其是其他生物之间的本质差异充分展现出来。在《创世记》第一章的叙述当中，我们知道人是在第六天和陆生动物一同被创造出来的。人的最高等级的特性仅仅表现在将位置移动的原则发挥到最高的程度或等级，即能够改变正道或生活方式上。当然，有人可能会反驳，人不是按照上帝自己的形象被造出来的吗，这完全可以看作人和其他生物之间的本质区别。但上帝的形象指的又是什么呢？是具有上帝的体姿外貌，还是像上帝一样地拥有智慧？《圣经》第一章对此语焉不详，它没有充分展示人之为人的特性，也没有展示人的生命将何去何从，人应该如何生活的问题。因此，《创世论》在第一章的创世说明之后，又进行了一次创世说明，这第二重的创世叙述体现在《创世记》第二章到第三章。那么，这两重创世说明之间又有着怎样的区别和联系呢？

### （一）《创世记》第一章和第二、三章的关系

《创世记》第一章和后两章的创世叙述之间具有显见的差别。可简略归纳如下：1. 第一次创世说明结束于人，第二次创世说明从人开始；2. 第一章创世说明的主题是回答世界是如何形成的问题，而第二次创世说明的主题是关于人的生命何去何从的问题；3. 第一次创世说明中

人是按照上帝的形象所造，而第二次创世说明则将人的被造归结为依赖于地上的尘土；4. 在第一个创世说明中，男人和女人是在同一个创世行动中被创造出来，而在第二个创世说明中，男人先被创造，野兽次之，最后是以男人的肋骨为质料创造了女人；5. 第一个创世说明中上帝给人的只是"滋生繁多"一类的描述性命令，而第二个创世说明中上帝给人的则是一个否定性命令，一种禁令。

为什么一部《圣经》的创世叙述前后会有如此显见的差别呢？"按《圣经》之后面的说法，律法书（Torah）的自相矛盾正是律法书的奥秘所在，而关于上帝的种种矛盾说法也正是上帝的奥秘所在。"① 但我们的阐释视角是哲学的，哲学范畴的题中之义就是反对前提的模糊不清和自相矛盾。那么我们如何来索解关于《圣经》创世说明的这种前后矛盾呢？

《圣经》在第一次创世叙述中将天和人以外的受造物都称之为是善的，但是恶或不善是从何而来的呢？根据传统的说法，恶来自人而非上帝。《创世记》第二章将创造人的质料归结为泥土而不是上帝的形象。我们是否可以从泥土的低下性来解释恶的来源。我们知道，人类早期的大部分生活是土地耕种的生活。这种生活需要雨水和辛勤劳作。因此，人的生活状态是异常艰苦的谋生状态。但这种贫苦生活是否可以为人走向不义或恶提供借口？事实上，《创世记》第二章并没有把恶的来源归结为人的本性的低下性（泥土），也没有将人的贫困生活看作人之不义的根源，而是将人的堕落和恶归结为人违反了上帝的禁令——吃了知善恶树上的果实。换言之，善恶之知的获得成了不义或恶的来源。《创世记》第二章的主题似乎是在贬抑善恶知识。

根据《创世记》第二章的叙述，人的原初状态是无忧无虑的伊甸园生活，并不需要雨水和辛勤劳作来获得食物。上帝给予人单纯而简

---

① Leo Strauss, *Jewish Philosophy and the Crisis of Modernity: Essays and Lectures in Modern Jewish Thought*, edited with an Introduction by Kenneth Hart Green, Albany: State University of New York Press, 1997, p.385.

朴的快乐生活，但禁止人吃知善恶树上的果实，否则人将遭受到死亡之类的惩罚。但女人在蛇的诱惑下违反了禁令，男人依恋女人，也就跟着吃了女人摘给他的果子。《圣经》没有说人的第一个祖先违反禁令是出于欲望推动或意图反抗上帝，而是说他忘记了要服从上帝，在不自觉间犯下了违抗禁令的错误。上帝不让人知善恶，是希望人过单纯而简朴的生活，用不着凭借善恶知识去指导自己的生活。但人违反了禁令，获得了善恶之知，为了避免人再吃生命树上的果实，上帝将人逐出了安居的乐园，让人过起了自食其力的贫苦生活。因此，人似乎应对自己自由选择的结果负责，或者说恶源于人的意志的自由选择。

问题是，上帝是否真的不想让人知善恶，这不好说。因为如果不想让人知善恶，上帝为何要创造蛇，并默认蛇到伊甸园去引诱女人。上帝是全能的，也是全知的，他没有禁止的行为本身意味着默许蛇的行为。还有，根据《圣经》，人类获得的善恶知识都是上帝通过先知传达给人们的，“上帝向他的先知，特别是向摩西启示的内容几乎成为了善恶之知的唯一源泉”[①]。因此，《圣经》的最初指示和最后指示之间存在明显的差异。最初指示是上帝禁止人采食知善恶树上的果子；最后的指示是律法书的天启，使人获得最高的善恶之知。这种差异意味着什么？是否是为了避免人在获得善恶之知后行恶而颁布律法书以教导人们从善？《圣经》后来关于挪亚方舟和大洪水的叙述似乎验证了这一点。根据《圣经》后来的表述，人在采食善恶之树上的果实之后不仅具有了关于善的知识，也拥有了作恶的能力，而且颁布律法书之前的人类社会曾一度朽坏不堪。在使用了最极端的惩罚措施之后，如用大洪水再次毁灭人类，上帝感觉到没有法律约束的人类生活绝无可能成为善的美好社会，因此就有了上帝和人的立约——摩西律法。可见，上帝曾禁止人在伊甸园采食知善恶树上的果实，是因为善恶之知会使

① Leo Strauss, *Jewish Philosophy and the Crisis of Modernity: Essays and Lectures in Modern Jewish Thought*, edited with an Introduction by Kenneth Hart Green, Albany: State University of New York Press, 1997, p.393.

人作恶而不是从善，会败坏人类社会的美好。换言之，上帝希望人没有善恶知识，只有这样，人才能过没有律法约束的、不受贪婪引诱的、像孩子般单纯的、无辛苦劳作的、简朴快乐的美好生活。而有了善恶之知，危险就产生了：人有可能去采食生命树上的果实从而变得跟上帝一样，因此人受到了惩罚，被贬到尘世与甘苦为伴。可见，《创世记》第二个创世说明的意图就是对善恶知识的贬低。然而，善恶知识是哲学家寻求的目标。苏格拉底的名言即是“德性即知识”，哲学家试图通过理性，通过对天的沉思获取善恶知识，这无疑与《圣经》对善恶知识的贬抑之间构成了内在的紧张。

综上所述，《创世记》的两个创世说明之间具有明显的区别与联系。双方的区别在于第一次创世说明意在强调世界来源于上帝的创造，第二次创世说明意在指明何谓人的最佳生活方式。两次创世说明的一致性表现在对哲学的质疑和批判上。《创世记》第一章意图贬低天，第二、三章试图贬低善恶知识。而对天的敬仰和沉思，对善恶知识的寻求正是哲学的主题。因此，无论《圣经》在创世说明的细节上有何矛盾，在根本的取向上，尤其是反对哲学的取向上是前后一贯的。

**（二）《创世记》第二章的主题以及与哲学的差异**

根据上面的分析，我们知道《创世记》第二章延续了第一章的视角。在第二章的创世叙述中主要表明了两点：一是人生活在伊甸园中，无需辛勤劳作，也没有对雨的需求，这就间接贬低了雨的来源——天；二是人的原罪在于违反了上帝的禁令——吃了知善恶树上的果实。这里暗含的意思是，人不应自主获得善恶知识，吃了知善恶树上的果子是人自主获得善恶知识的方式，这忤逆了上帝的意旨。因此，第二章叙述旨在贬抑善恶知识，继续了第一章对哲学的批判。

从《圣经》后面的叙述来看，善恶知识不是通过人自主获得的，而是上帝通过先知启示给信徒的。问题是，《创世记》第二章所贬抑的善恶知识具体指是什么样的知识呢？在施特劳斯看来，《圣经》开端禁止的善恶知识只是那些“以对万物本性的理解为基础的善恶知识”，更准确地说，“是以对天的沉思为基础的善恶知识”。[①] 天是希腊哲学的沉思对象，善恶之知是希腊哲学，尤其是苏格拉底哲学的寻求目标。因此，《创世记》第一章对“哲学的主题”提出了质疑，《创世记》第二章则对“哲学的意向”提出了批判。

因此，我们可以得出结论，《创世记》第二、三章与第一章一样为相同的精神倾向所激发。较之其他任何圣典，《创世记》1—3 章“更为清晰地使我们遭逢这样的一个根本选择：顺从启示的生活——顺从中的生活，或者自由人的生活——希腊哲学家所代表的生活”。[②] 这两种生活方式之间存在着根本的对立，是人的生活选择必须直面的两种根本不同的生存境遇。无论是顺从诸神统治的古希腊城邦生活，还是顺从宗教启示的律法生活，抑或顺从意识形态的自由民主制生活，在根本上都是顺从生活在不同时代的变种。因此，要么选择哲学家生活方式，质疑一切前提预设，做时代精神的牛虻或正义生活的沉思者，要么反之，而那种试图综合两者的做法是徒劳的，也是不可能的，它只是“牺牲其中一方的决定性诉求”。

综上所述，《创世记》1—3 章拒斥了对自主知识的哲学追求，高扬了上帝相对于世界和人类的至高无上性和神圣性。上帝存在是《圣经》及其启示信仰的最高主题和最终预设，一旦承认这一点，哲学上的追问将成为不可能的。“因为不可能有一个人类的作者能以统治者的方式决定什么是开始、什么是结束”，换言之，“人不是（世界）如何开端的定夺者”。[③]《旧约》的编纂者带着敬畏和谦卑的精神面对这些神圣著述，而哲学家则带着质疑的眼光来看待《旧约》前提的偶然性和独断性。对《圣经》而言，上帝是神秘的、不可窥探的，任何施之以理解的尝试都是渎神的，尤其在一个启示教义占意识形态统治的中世

①② Leo Strauss, *Jewish Philosophy and the Crisis of Modernity*: *Essays and Lectures in Modern Jewish Thought*, edited with an Introduction by Kenneth Hart Green, Albany: State University of New York Press, 1997, p.373.

③ Leo Strauss, *Jewish Philosophy and the Crisis of Modernity*: *Essays and Lectures in Modern Jewish Thought*, edited with an Introduction by Kenneth Hart Green, Albany: State University of New York Press, 1997, p.374.

纪，不信或不从是一种危险的行为。因此，哲学与神学的冲突具有极端的紧迫性，它不仅仅是一个理论问题，还是一个实践问题，政治问题。这种冲突在古今都不乏经典案例，如苏格拉底之死。

## 三、论苏格拉底与众先知的相互关系

把苏格拉底和先知拿出来一起比较是因为二者都具有某种特殊的神圣使命。面对着这一使命，先知与苏格拉底的不同表现及其后果表现出了启示与哲学之间的原初差异。但在具体介入这种差异之前，我们首先要对先知的概念加以廓清。

### （一）何谓先知

按照传统的理解，先知一般被认为是具有某种特殊使命或能力，能够获得或传达上帝启示的人。然而在迈蒙尼德那里，先知却被看作是人的一种最高可能性，这与古希腊哲学之间形成了张力，因为在后者那里，哲人通常被看作是最有智慧的人。因此，我们可以通过哲人和先知的比较来廓清先知这一范畴的涵义。

根据迈蒙尼德的理论，先知的涵义主要具有以下几个方面的特点。第一，先知在认知方面优于哲人。因为先知具有哲人所没有的预感能力，他能预知未来的事件，拥有超出哲人的直觉能力。第二，先知能够形象地表达自己获得的真知。“在先知式的认识活动中，不仅像在哲人那里一样，有认知在起作用，而且从认知出发还得以把握和引导想象力。”① 因此，先知的表述具有哲人著述所没有的通俗性和感染力，因而获得了哲学家所无法奢望的受众面。第三，先知不像哲人那样只面对少数人，他能够面向普通大众，并领导他们。第四，先知较之哲人是个综合体，他是哲人、立法者、政治家、占卜者、巫术师的统一体。第五，先知的主要活动是立法，而哲学的主要活动是求知。一言以蔽之，迈蒙尼德意义上的先知指的是“一种旨在人的真正完善的律法的

---

① 施特劳斯：《柯亨与迈蒙尼德》，载于《犹太哲人与启蒙——施特劳斯讲演与论文集：卷一》，前揭，第 155 页。

宣布者……一个旨在建立人的真正完善的团契的建立者”。①

**（二）先知与苏格拉底之间的关系**

先知和苏格拉底之间的关系主要表现在两者都面临着神圣的使命，且都完成了自己的使命，但两者在面对使命的态度上却有着明显的不同。

先知的概念本身预设了上帝的存在，因此，先知成为连接上帝和信徒之间的纽带或中介。这就意味着先知具有传达圣言的特殊使命。根据《圣经》的记载，先知面对使命具有不同的表现形式。第一种，自愿承担使命，如《以赛亚书》第 6 章中描述了以赛亚主动请命，甘愿为使命做出奉献的事例。第二种，躲避完成使命，如《约拿书》第 1 章记载了当耶和华让约拿（Jonah）到尼尼微大城去向城中的居民传话，约拿却逃往他施（Tarshish）躲避耶和华，最终上帝强迫约拿完成了使命的事迹；第三种，犹豫徘徊自认难以完成使命，如《耶利米书》1 章 4—10 节中讲述了耶利米自觉年幼无法完成使命，最后在耶和华的鼓舞支持下完成了使命。可见，先知面对上帝的使命时的表现是各不相同的，有的自愿担当，有的恐惧躲避，有的徘徊不决，但他们都没有质疑上帝使命的神圣性和正当性。

但苏格拉底面对使命的情形却不太一样。因为，苏格拉底是带着怀疑去面对并完成使命的。在柏拉图的《苏格拉底的申辩》中，苏格拉底通过自我辩护道出了自己的神圣使命。这个使命是苏格拉底的同伴凯勒丰（Chairephon）到德尔斐（Delphi）神庙向阿波罗求签获得的。女祭司皮提亚（Pythia）肯定了凯勒丰的求解，即没有人比苏格拉底更聪明。至于为什么凯勒丰要到神庙去求证苏格拉底是否最聪明的问题，这恐怕源于他的进取心或者说对荣誉的热爱。但苏格拉底没有因神谕的话而沾沾自喜，他相信神不会无缘无故地撒谎，但这并没有使他对这一神谕信以为真。因此，苏格拉底来到大街上，试图找到比

---

① 施特劳斯：《柯亨与迈蒙尼德》，载于《犹太哲人与启蒙——施特劳斯讲演与论文集：卷一》，前揭，第 157 页。

自己更聪明的人来反驳神谕。但事实最终证明，苏格拉底是最聪明的，其聪明之处就在于自知自己无知。苏格拉底试图反驳神谕，最终却证明了神谕的正确性。因此，苏格拉底的使命体现在他“乐于接受神的命令去检验他自己和别人，促使他所碰见的人理性地思考，并规劝他们实践美德——他成了由神派到雅典城邦的牛虻”。①

苏格拉底与先知一样都具有神圣的使命，但苏格拉底的使命不像先知那样是上帝和信徒之间的传信者。苏格拉底的使命是间接地通过朋友到神庙求解获得的，神并没有直接告诉苏格拉底去做什么或完成什么使命，但苏格拉底通过质疑神的断言达到了神最初想要达到的意图：成为雅典城邦的牛虻。因此，在完成使命的神圣性方面，苏格拉底和众先知一样具有神圣的来源。同时，苏格拉底和众先知都关注社会的正义与公平，都希望拥有一个免除一切罪恶的政治社会。换言之，“苏格拉底对最正义社会秩序的推证与众先知对弥赛亚时代（the Messianicage）的想象是一致的”②。另外，苏格拉底和众先知都秉持特殊拯救论，这在苏格拉底那里表现为让拥有最高知识的哲学家当王，在犹太教先知那里表现为特殊的选民——犹太民族获得救赎。

另一方面，苏格拉底和众先知之间也具有显著的差异。表现在：1. 苏格拉底面对神圣使命时的最初反应是怀疑神的预言的正确性。众先知虽然对上帝的使命表现出不同的反应，但却没有质疑上帝圣言的真理性。2. 苏格拉底和众先知都追求正义社会的实现，但二者在实现路径上有着明显的歧见：苏格拉底认为正义社会的实现仰赖于可遇不可求的机遇，即哲学家成王。而先知则认为最美好社会的实现是遵从上帝的律法。3. 在苏格拉底的理想社会中武士是一个必备的阶层，即是说最好的社会应消除罪恶，但并不必然消灭战争。但先知期冀中的

① Leo Strauss, *Jewish Philosophy and the Crisis of Modernity*: *Essays and Lectures in Modern Jewish Thought*, edited with an Introduction by Kenneth Hart Green, Albany: State University of New York Press 1997, p.402.

② Leo Strauss, *Jewish Philosophy and the Crisis of Modernity*: *Essays and Lectures in Modern Jewish Thought*, edited with an Introduction by Kenneth Hart Green, Albany: State University of New York Press 1997, p.403.

弥赛亚时代却是一个普遍和平的世界。4. 在苏格拉底那里，最优秀的人是哲学家，是献身于爱智的生活，拥有善恶之知的人；在先知那里，正直的人必定是上帝的忠实信徒，信徒的虔诚胜于知识，或者说根本无须追求善恶知识，唯有信仰和顺从才能获得救赎。5. 苏格拉底通常只对个人谈话，而先知却面向大众，甚至面向所有人言说。综上可见，苏格拉底和先知之间具有根本对立，这种对立揭示了处于巅峰期的雅典和耶路撒冷之间的差异，体现了哲学家的神与亚伯拉罕、以撒和雅各的上帝之对立，说到底是“理性和天启之对立”，是哲学家自由探询的生活方式和顺从生活之间的根本紧张与对立。

## 第三节　迈蒙尼德及其前贤的先知律法学说

前面我们对施特劳斯的犹太人问题和耶—雅冲突问题进行了较为系统的论述。犹太人问题是施特劳斯走向现代性危机审查的思想触媒和理论出发点。耶—雅冲突问题是西方文明发展进程中一个不可回避的内在因素，是现代性危机检审无法绕开的理论节点。但施特劳斯与众不同之处在于他没有从基督教—近代哲学的路向来分析耶—雅冲突问题。而是试图深入到西方宗教的源头——犹太教《旧约・创世记》和古希腊哲学的源头——苏格拉底问题来廓清耶—雅冲突在开端处便具有的思想对立。既然施特劳斯的耶路撒冷特别指代犹太教律法学说，为了更好地理解耶—雅冲突，我们就需要遵循施特劳斯的思路对中古犹太教的先知律法学说加以厘清。施特劳斯对迈蒙尼德及其前贤的犹太经典著述研究持续了近三十年时间，留下了一批相当重要的文本学注疏作品，这成为他犹太思想的一个重要组成部分。迈蒙尼德的先知律法学说是在中古伊斯兰前贤阿尔法拉比等人研究成果的基础上发展起来的。可以说，不理解阿尔法拉比的律法政治思想，就难以理解迈蒙尼德思想的意图及其要点。因此，在论述迈蒙尼德的先知律法思想之前，我们先来了解一下阿尔法拉比思想对中古犹太先知律法学说的奠基意义。

## 一、阿尔法拉比对中古先知律法学说的奠基意义

在施特劳斯看来，阿尔法拉比是柏拉图门徒中第一个真正理解柏拉图思想要义的哲人。[①] 因为阿尔法拉比注意到了《理想国》对高贵谎言的修辞学运用以及《法律篇》对苏格拉底角色沉默的事实。这表明柏拉图的对话作品修正了苏格拉底的方法。苏格拉底的方法是不妥协的追问，表现为对真理的不懈追求和对流行意见的公开拒斥。色拉叙马霍斯的方法以城邦的权威意见为前提，是处理诗人与大众之间关系的有效方法。在《理想国》中，柏拉图直面了诗人阿里斯托芬在喜剧《云》中提出来的根本问题，即哲人与城邦的张力，促成了面向精英的苏格拉底式问询与面向公众的色拉叙马霍斯技艺之间的和解。[②] 在《法律篇》中，柏拉图让苏格拉底缺席，让苏格拉底对法律问题缄默不言。因为法律的政治统治低于哲人王的城邦管理，是次好城邦（可实现的正义城邦）而非最佳城邦的条件。更重要的是，法律代表的是公共意见，其前提对哲人来说是可质疑的，法律作为城邦基础的不可置疑性与哲人探询的穷根究底之间产生了根本紧张。

阿尔法拉比将古典哲学的，尤其是柏拉图关于神法的理论视为穆斯林哲学的基础。但这不意味着法拉比完全赞同柏拉图的观点。事实上，在对柏拉图《法律篇》的解读中，法拉比的阐释内容与柏拉图在《法律篇》中明确说过的东西之间存在重大差异。在施特劳斯看来，“法拉比也许已重述了《法义》(即《法律篇》)，大约注意到了伊斯兰

---

① 在“苏格拉底问题”第五讲中，施特劳斯断言《理想国》的学生中唯一理解柏拉图对话的关键事实的弟子是阿尔法拉比，一位鼎盛期约在公元900年的伊斯兰哲人。而这个关键事实是阿尔法拉比看到隐微写作的修辞技艺对于实现正义城邦的不可或缺性，而柏拉图深谙此理，因此在《理想国》第五卷中让苏格拉底和色拉叙马霍斯成为朋友。参见 Leo Strauss, *The Rebirth of Classical Political Rationalism*: *An Introduction to the Thought of Leo Strauss*, selected and introduced by Thomas L.Pangle, Chicago and London: the University of Chicago Press, 1989. p.159。

② 关于这一点，比较柏拉图《理想国》第一章和第五章色拉叙马霍斯角色的转变即可知晓。参见柏拉图:《理想国》，郭斌和、张竹明译，商务印书馆 1986 年版，第 178 页。

教或一般启示宗教的崛兴所造成的形势”。[①] 因为“对柏拉图同时代人可理解的那些暗示，对法拉比的同类同时代人来说，并不同样地是可以理解的”。[②] 为了适应时代的形势变化，阿尔法拉比通过修正柏拉图《法律篇》中的说辞来适应律法宗教统治的需要。正是阿尔法拉比对柏拉图的重新诠释影响了迈蒙尼德的思想进路，也为施特劳斯理解迈蒙尼德的精神要义奠定了基础。具体而言，阿尔法拉比的奠基和先导性意义表现在以下三个方面。

首先，阿尔法拉比把柏拉图的神法学说视为伊斯兰、甚至所有宗教神法学说的基础。在《柏拉图〈法义〉概要》(下文简称《概要》)一文中，阿尔法拉比对哲学只字未提，他没有像自己的《柏拉图的哲学》一文中那样将哲人视为幸福的充要条件。在施特劳斯看来，《概要》中对哲学的缄默表明了阿尔法拉比的个人观点——“幸福来自对神法或神明的遵从”。哲学是大众的对立面，是对至善的沉思和永恒理念的寻求。而神法是要训导大众的，其前提是必须要了解政治事物的本质，并具有劝谕大众信服的技巧。因此，“《柏拉图的哲学》和《概要》的关系，反映了哲学与神法的关系，也就是两个全然不同的世界”[③]。在《概要》中，“阿尔法拉比披着评注柏拉图《法义》的外衣，展示了柏拉图对希腊神法的探究及其与对所有神法的研究及理解之间的关系。顺此印证了阿维森纳那个著名的说法，即柏拉图的《法义》探讨的是预言和神法”。[④] 换句话说，阿尔法拉比通过自己的疏解证明了穆斯林思想与古代思想之间具有深刻的一致性：古希腊人一致认可的主导观念恰恰是一神论的观念，而且这种观念构成穆斯林律法学说的基础。

---

① 施特劳斯:《阿尔法拉比如何解读柏拉图的〈法义〉》，程志敏译，载于《柏拉图的哲学》，阿尔法拉比著，程志敏译，华东师范大学出版社 2006 年版，第 186 页。

② 施特劳斯:《阿尔法拉比如何解读柏拉图的〈法义〉》，程志敏译，载于《柏拉图的哲学》，前揭，第 181 页。

③ 施特劳斯:《阿尔法拉比如何解读柏拉图的〈法义〉》，程志敏译，载于《柏拉图的哲学》，前揭，第 182 页。

④ 穆欣・马迪:《柏拉图〈法义〉概要》英译者导言，载于《柏拉图的哲学》，前揭，第 54 页。

“对法拉比来说，‘元首’不仅是伊玛目、先知、立法者和君主，还尤其是哲学家。”[①] 阿尔法拉比的元首是柏拉图哲学—王的中世纪对应者，他的意图是用实践的神学政治秩序替代柏拉图在言辞中勾画的正义社会。

其次，阿尔法拉比阐发了柏拉图的双重教诲学说。在《概要》的导言部分，阿尔法拉比直陈自己的写作目的：“聪慧的柏拉图在向所有人启发和揭引每一种知识时，并未感到自由。所以柏拉图采用了象征、谜语、晦涩和笨拙之类的成法，好让知识不会落入那些不配享有、反而会使知识变形的人手中，或者不会落入那些不识货或不会恰当运用的人手中。……（这）就是柏拉图著作的秘密之一。”[②] 阿尔法拉比之所以能够洞悉柏拉图的双重写作技艺，是因为他注意到柏拉图在苏格拉底之死的问题上管窥到了哲学与政治之间的根本冲突，为了避免再次遭到城邦的不公正待遇，柏拉图通过模棱两可、暗示、沉默、一反常态、误导性以及晦涩的言辞等修辞技艺将自己的真实想法以及对真理的揭示向非哲人的大众封闭起来，而那些具有潜质成为哲人的精英则可以通过反复阅读和深入思考获取无害言辞下面的危险真理。在阿尔法拉比看来，柏拉图的双重教诲一方面因为迫害情势的逼迫而变得可以理解并具有正当性，另一方面也使得在思想管制极为严格的社会条件下阐明危险的真理成为可能。如果说一个人的读法决定了他的写法，那么，阿尔法拉比不仅读懂了柏拉图的双重教诲，而且获得了柏拉图写作技艺的真传。这不仅表现在阿尔法拉比以注疏前辈哲人著作这一无害的形式进行写作，尤其表现在阿尔法拉比在文本注疏中通过修正或沉默等方式来表达自己的见解。如在《概要》中，阿尔法拉比通过对《法律篇》第 10 卷这一绝好论述神学问题章节的沉默来表达自己最为关注的律法宗教的学说。也正是基于这种双重技艺的祛蔽，施特劳斯才断言阿尔法拉比是获得柏拉图思想真传的第一位弟子。

---

① 施特劳斯：《简评迈蒙尼德和阿尔法拉比的政治学》，程志敏译，载于《柏拉图的哲学》，前揭，第 210 页。

② 阿尔法拉比：《柏拉图的哲学》，前揭，第 56 页。

再次，阿尔法拉比把幸福和政治相连接，把政治学定性为处理神性事物的御用学科。在阿尔法拉比那里，政治学较之伦理学具有更为根基的地位。因为伦理学关注德性与邪恶，善举与恶行之间的区别。但德性只有作为获得人的幸福的手段时才是善的，因此在对德性与邪恶区别之前要首先进行真正的幸福和虚幻的幸福之间的甄别。但有些幸福是寓于政治共同体之中的，只有通过政治共同体的生活才能获得。因此，法拉比在关于政治体制的论著中才论及幸福，并认为只有完美领袖治理下的顺从公民才会成为幸福的人。由于德性与幸福之间的紧密关联，导致伦理学和政治学的区分变得不再必要也不再可能。因此，在阿尔法拉比那里，没有一种先于政治学或与政治学相分离的伦理学。因为追随阿尔法拉比教诲，迈蒙尼德也将幸福限定为严格意义上的政治学的研究对象。但根据柏拉图的理论，现世城邦很难转变成为最佳正义城邦，因此人在今生无法获得真正的幸福，只能寄希望于来世。换言之，政治学如果不关注上帝和天使等神圣的事物，就无法处理真正至福的问题。正是在这个意义上，“法拉比把宗教科学、法学和护教学置于政治学之下”①。追随法拉比的这一思路，迈蒙尼德将摩西律法视为一种政治事实或政治秩序，进而将研究摩西律法的存在理由、目的及其条件的学科认定为政治科学。

## 二、迈蒙尼德的先知律法学说

施特劳斯青年时代投身犹太复国主义运动，后经柯亨和门德尔松的启蒙思想回溯到斯宾诺莎的宗教批判理论，最后抵达迈蒙尼德的犹太律法学说以及政治哲学的开端苏格拉底问题。为了检审古今之争的价值，重估斯宾诺莎对正统犹太神学，尤其是对迈蒙尼德思想批判的力度和限度，施特劳斯对迈蒙尼德的著述进行了艰苦卓绝的研究，如施特劳斯在《如何着手研读〈迷途指津〉》一文的序言中曾坦言，自

① 施特劳斯：《简评迈蒙尼德和阿尔法拉比的政治学》，程志敏译，载于《柏拉图的哲学》，前揭，第 208 页。

己用了近二十五年的时间来深入研读这一著作，甚至达到对这一复杂著作烂熟于心的程度。①

根据施特劳斯的说法，迈蒙尼德及其前贤的先知律法学说的主要内容可概述如下："人要过日子，就需要指导，结果也就需要律法；日子要过得好，就需要获得幸福，需要神法……神法是藉着一个叫作'先知'的人（为中介）而赐给人们的，先知在自己的人格中，结合了哲人的所有基本品质以及立法者和国王的基本品质；先知的恰当活动就是立法。"② 根据这一论述，我们可以将迈蒙尼德的神学政治理论细分为以下几个部分：一是预言学说，即律法理论的基础问题；二是先知学说，包括先知的品质、能力和主要活动；三是律法学说，包括律法的理由和目的、律法（神法）与人法的关系等问题；四是神意学说，即神的奖赏和惩罚学说、恶的起源和种类以及神的全知问题等方面。下面我们分别述之。

首先是预言学说。预言先于律法，因为律法来源于预言，没有先知，也就无法传达预言，自然就无法获得律法。在迈蒙尼德那里，预言是一种基本的政治事实，换言之，预言不是思辨哲学而是实践哲学的主题。在《迷途指津》一书中，迈蒙尼德对预言的本质做出如下规定："预言实际上是由神发出的一种流，经过能动理智这一中介首先传给人的理智，然后到达他的想象力；这是一个人所能达到的最高等级和最大的完满性，是想象力的最充分的发挥"③。如果这种流仅扩及理性能力，没有扩展到想象能力，就成为了思辨者或哲人；反之，如果这种流只达及想象能力，就成为了城邦的统治者、立法者、占卜者或巫师。而先知是这种流同时扩展到理性能力和想象能力的结果，因此，先知是哲人和政治家、占卜者的统一，是高于哲人、统治者、占卜者

---

① 施特劳斯：《如何着手研读〈迷途指津〉》，王承教译，载于《犹太教中的柏拉图门徒》，刘小枫、陈少明主编，华夏出版社 2007 年版，第 2 页。

② 施特劳斯：《简评迈蒙尼德和阿尔法拉比的政治学》，程志敏译，载于《柏拉图的哲学》，前揭，第 200 页。

③ 迈蒙尼德：《迷途指津》，傅有德、郭鹏、张志平译，山东大学出版社 2004 年版，第 340 页。

的预言接受者。

其次，先知学说。按迈蒙尼德的说法，先知是兼具理性能力和想象能力的人的最高可能性，他能够接受灵感，他上升是为了下降，是为了教导和指导大众。简言之，先知是“哲人—政治家—占卜者”。在《迷途指津》一书中，迈蒙尼德分析了先知具备的三种能力：勇敢的能力、占卜的能力、直观真理的能力。① 对先知勇敢能力的强调申明了先知的政治功能：先知是启示真理的教导者，这正如哲人在政治社会中可能受到大众或当政者误解或威胁一样，先知的公开教导会让独裁统治者不悦，因而将自身置于危险之中。在危及生命的宣教活动中，如果先知不具备勇敢的品质，是无法完成传布启示真理的任务的。在迈蒙尼德看来，先知具有真假、高低之分，其中摩西是最伟大的先知，因为较之其他先知，唯有摩西的预言是立法的，“摩西之前的先知是在为神圣的立法做准备，摩西之后的先知则保护或巩固这种立法，而摩西（以之为媒介）则完成了这种当时最为完美的立法”②。换言之，先知的主要活动是立法，而立法的结果就是神圣律法。

再次，律法学说。首先的一个问题是“为什么需要律法？”依照亚里士多德的说法，人是天生的政治动物，人只有在人群中才能得以生存。但人与动物不同，人个体之间的差异巨大，“只有当他们有一个向导能更正邪恶的极端，要么补其不足、要么损其盈余时，才能生活在一起”③。这个向导在迈蒙尼德那里就是先知—立法者。先知—立法者通过制定永恒不变的律法，把个体的极端天性削适到中庸且正义的环境中，从而使天性相反的人之间能在一个政治环境下和谐共存。因此，律法的目标着眼于灵魂的宁静。正是在这一点上，神法与人法之间的差别凸显出来。人法的目标在于身体的安康，因为人法的制定者不是

① 参见迈蒙尼德：《迷途指津》，前揭，第345—347页。

② 施特劳斯：《简评迈蒙尼德和阿尔法拉比的政治学》，程志敏译，载于《柏拉图的哲学》，前揭，第218页。

③ 施特劳斯：《简评迈蒙尼德和阿尔法拉比的政治学》，程志敏译，载于《柏拉图的哲学》，前揭，第220页。

哲人，当然也不是先知，而是非哲人的大众。非哲人的大众不关注灵魂的幸福和至善的真理，他们只关注身体的需求，关心荣誉、利益和欲望的满足。哲人和先知不仅关注身体上的善，更加关注灵魂上的善，神圣的善，关注真正的幸福和完美的知识。正因为先知—立法者的这种心性取向，因此，先知—立法者才能制定完美的律法——神法。迈蒙尼德的先知—立法者以柏拉图的哲人王为基底，通过神法的制定与实施实现柏拉图言辞中构建的正义城邦。

最后，神意学说。根据上面的论述，我们知道完美的神法不同于人法，不仅关注身体的安康，而且也关注灵魂的幸福。但是，如何将这一神法贯彻下去？如何诠释好人厄运，恶人享福的世俗悖论？如何保证律法的教导能够得到异教徒、偶像崇拜者等的普遍认同和顺从？这就涉及神意学说。所谓神意，是指上帝根据人的功过、善恶表现出愤怒和悲悯，进而对世人进行奖赏和惩罚的行动。神意表明上帝的本质不是沉思和理性，而是行动和意志。在施特劳斯看来，迈蒙尼德从“理论哲学的领域排除了特殊神意的问题（以及与此相关的神的全知问题）……这一排除意味着特殊神意的问题在任何意义上都不归诸启示神学而是归诸政治学”。[①] 迈蒙尼德的这一做法与当时伊斯兰—犹太神学传统的主流观点明显相悖，因为后者将特殊神意问题认作为自然神学的主题，因而也是理论哲学的主题。因此，神意学说的政治学论题处理“不能追溯到伊斯兰—犹太神学传统，而是要追溯到一种真正的哲学传统”[②]，尤其要追溯到柏拉图那里。“柏拉图肯定特定神意的教义，是因为它在政治上有用：一个由法律、而不是哲学家统治的城邦，不可能是完美的，除非在城邦中建立起这样的信仰，即上帝根据人的行为来行赏罚。”[③]

---

① 施特劳斯：《神意学说在迈蒙尼德作品中的位置（1937）》，张缨译，载于《犹太哲人与启蒙——施特劳斯讲演与论文集：卷一》，前揭，第 210 页。

② 施特劳斯：《神意学说在迈蒙尼德作品中的位置（1937）》，张缨译，载于《犹太哲人与启蒙——施特劳斯讲演与论文集：卷一》，前揭，第 212 页。

③ 施特劳斯：《简评迈蒙尼德和阿尔法拉比的政治学》，程志敏译，载于《柏拉图的哲学》，前揭，第 229 页。

综上所述，迈蒙尼德思想的真正前提是“借自柏拉图的政治哲学”，而不是“源自犹太教”或“源自亚里士多德”。[①]迈蒙尼德追随阿尔法拉比，将柏拉图的法律学说作为他的先知律法学说的基础，通过哲人—王的先知—立法者改造，试图在现世在不改变人性的前提下建立起神法政治秩序的正义之城。迈蒙尼德将摩西律法视为最高政治秩序的一种规定，将律法秩序中犹太人顺从的神学政治生活方式视为柏拉图对话中的最佳正义城邦的现实实践。在迈蒙尼德的理论中，弥赛亚王的出现并不给犹太世界带来改变，因为弥赛亚同时也是一个先知—王，是柏拉图哲人—王的中世纪对应者，弥赛亚王所做的只能是让民众更好地践行神圣律法的规定，从而保障信徒心灵的幸福和身体上的安康，这与弥赛亚时代降临之前的中古犹太世界并无二致。综上可见，迈蒙尼德的先知律法学说践行了柏拉图的双重写作技艺，在理性和启示冲突的中世纪，有效地处理了哲学与宗教之间颇为棘手的冲突，从而有力发展了柏拉图式的政治哲学。

## 三、中古先知律法学说的主要特征

作为已被启蒙的现代人，我们为什么要研究中古先知律法学说？毕竟中世纪经院哲学赖以立基的亚里士多德的宇宙论学说早已被伽利略、牛顿等彻底驳倒了，更重要的是，中世纪政治思想对现代人所熟知的代议制度、人权理论、宗教宽容等原则几乎一无所知。那么我们又为何要热衷于研究中古先知律法学说呢？应该说，这个问题的提法本身就已经过于现代了，或者说它是基于现代思想的前提。现代思想的前提认为，我们的现代社会要远远优越于古代社会，要优越于中世纪和古希腊城邦的极权统治。既然如此，我们就没有必要回到古典，没有必要躬身阅读中古犹太律法学说。问题是，我们的现代社会真的优于古代社会吗？现代社会取代古代社会真的是一种进步吗？许多现

① 施特劳斯：《阿布拉瓦尔的哲学倾向与政治教诲》，余慧远译，李致远校，载于《犹太哲人与启蒙——施特劳斯讲演与论文集：卷一》，前揭，第 222 页。

代大哲并不这样认为，这只要提到卢梭、尼采、海德格尔等人的名字就足够了。这些哲人纷纷回到古典，无非是基于对现代科学文明的所谓进步持怀疑态度。

但同样关注前现代哲学，现代哲人们在研究方法和态度上却有着原则上的区别。归纳起来，主要有两种诠释前现代经典文献的方法论原则：一个是非历史的理解或者叫理想化解释，另一种叫历史地理解。理想化解释秉承康德的理念，在《纯粹理性批判》中，康德在解读柏拉图思想时宣称："我只指出，不论是在通常的谈话中还是在文章中，通过对一个作者关于他的对象所表明的那些思想加以比较，甚至就能比他自己还要更好地理解他，这并不是什么奇谈怪论，因为他并不曾充分规定他的概念，因而有时谈话乃至于思考都违背了自己的本意。"① 也就是说，康德自信地认为自己作为读者或阐释者能够比作者（如柏拉图）更好地理解作者的思想要义。康德的这一理念为柯亨所继承，并将之应用到中世纪犹太哲学的研究领域，尤其表现在阐释迈蒙尼德伦理学思想的文章中。

在施特劳斯看来，这种非历史理解理念的前提是预设现代阐释者的见识要高过以往时代的作者，或者认为思想史整体上在进步，晚近的哲学思想要胜过前现代的哲学思想，要比后者更接近真理本身。非历史解释的后果是极为有害的。因为，既然现代思想要胜过过去思想，就没有必要去理解过去思想本身，或者只是将过去的思想看作现代思想的铺垫加以研究。在这种傲慢的思想指导下，思想史家在"研究过去的思想时，他们首要关心的不是'原作者的精深要义是什么？'而是想知道'这一学说对我们的信念有何贡献'，'从现在的视角看，原作者还有什么没有弄明白的'，'从后来的发展看，它的意思是什么'"②，等等。因此，在非历史理解方法的指导下，研究者粗暴地拆解、过度

---

① 康德：《纯粹理性批判》，邓晓芒译，杨祖陶校，人民出版社 2004 年版，第 270 页。

② Leo Strauss, *The Rebirth of Classical Political Rationalism: An Introduction to the Thought of Leo Strauss*, selected and introduced by Thomas L.Pangle, Chicago and London: the University of Chicago Press, 1989, p.209.

诠释过去思想家的思想，遮蔽了过去思想家思想的本真面目和精神力量，因而也就无法真正理解过去思想家的思想意图。正是在这个意义上说，施特劳斯赞同蒙克、考夫曼等人的观点，认为，“像哈勒维的《库撒利》(*Cuzari*) 和迈蒙尼德的《迷途指津》等著作，现代学术还没有摸到门儿：我们还只是处于（中世纪经典研究）的起步阶段。”①

与理想化解释文本针锋相对的是历史地理解古典文本。所谓历史的理解是指“恰如过去思想家理解自己那样去理解他们”(to understand the thinkers of the past exactly as they understood themselves)。历史的理解意味着承认历代最伟大的思想家在智力水平上是同等的，都是其时代精神的最卓越体现。甚至在某些方面可以说，古希腊的或中世纪的思想要高于任何现当代哲学家所阐发的思想力量。因此，要想对古典文本进行历史的理解，就需要我们垂下眼帘，用一种谦卑、求教的心态去面对前现代哲学家的著述，要避免让自幼熟悉的现代思想观念牵着鼻子走，尤其避免现代学者浅薄之见的引导或听命于教科书中随处可见的简易公式的指导，而是要努力挖掘并遵循古代思想家思考的足迹，像过去哲学家理解自己的思想那样去理解他们。② 因此，历史的理解是我们理解中世纪思想乃至古希腊思想的总体原则和方法论基础。基于这样的方法论原则，我们认为中古犹太先知律法理论主要有以下几个特点。

第一，中古犹太先知律法学说寻求一种最佳的生活方式或最好的政治秩序。一方面，与古希腊哲人将自由探询的沉思生活视为人的最完满状态和最好的生活方式不同，中古犹太先知律法学说将神法指导下的敬畏、顺从的生活方式视为最佳的生活方式。另一方面，古希腊哲学和中古伊斯兰—犹太律法学说将自身理解为一种生活方式的做法，

---

① Leo Strauss, *The Rebirth of Classical Political Rationalism: An Introduction to the Thought of Leo Strauss*, selected and introduced by Thomas L.Pangle, Chicago and London: the University of Chicago Press, 1989, p.214.

② Leo Strauss, *The Rebirth of Classical Political Rationalism: An Introduction to the Thought of Leo Strauss*, selected and introduced by Thomas L.Pangle, Chicago and London: the University of Chicago Press, 1989, pp.211—212.

又与现代政治哲学将自身视为真理拥有者的观念之间具有本质的区别。古希腊城邦与哲学的根本冲突，到中世纪转换为神学政治秩序与哲学之间的原则冲突，或者说启示和理性之间的永恒冲突。但根本上，阿尔法拉比—迈蒙尼德等将律法学说，尤其是把摩西律法学说定性为政治学科的取向，与古代思想，尤其是柏拉图思想之间具有根本的一致性和连续性。而《新约》、宗教改革运动和近代哲学则与中古律法哲学和古代思想之间划清了界限，导致了古今理性主义的决裂。

第二，中古伊斯兰—犹太哲人以一种温和、无害的面貌出现，倡导一种双重教诲的写作方式。在《柏拉图〈法义〉概要》一文中，阿尔法拉比阐发了柏拉图的双重写作技艺。阿尔法拉比此举的目的无疑为自己效仿柏拉图的修辞技艺提供了间接辩护。迈蒙尼德继承了阿尔法拉比这一思想，在《迷途指津》一书的绪论中他将这一技艺比喻为“装在银器里的金苹果”：银器是用银丝做的网状物，上面布满小孔，象征着教诲的表面意思；银器内扣着金苹果，象征着比表面含义更加重要且华美的内在涵义。银器为非哲人的大众所见，是对社会无害的言辞；金苹果则需要具有潜质且细心的哲人透过银器之孔才能瞥见，包含着“深奥的智慧，它有益于认识真理本身”。[①] 从中古伊斯兰—犹太学界两位重量级哲人的注疏和表述可以看出，中古犹太先知律法学家普遍践行一种双重教诲的写作技艺，这一技艺是柏拉图式政治哲学的一个核心特征。

第三，中古伊斯兰—犹太先知律法学说以哲人王及其哲人治理下的政治共同体的学说为理论基石。经院哲学，尤其是托马斯·阿奎那的亚里士多德主义将哲学视为启示宗教的重要入门学科和基本组成部分。阿尔法拉比也是亚里士多德主义者，但他并没有翻译、疏解亚里士多德的《政治学》，而是疏解了柏拉图的《法律篇》和《理想国》，后继者阿维罗伊那里的情形也同样如此。这在施特劳斯看来绝非偶然，而是“精心选择的结果”：“伊斯兰哲人并不相信启示”，而是“只愿意

---

① 迈蒙尼德：《迷途指津》，前揭，绪论，第12—13页。

倾听理性的声音”，因此，“他们被迫要为他们不得不接受的启示找到某种理由”，而“启示具有律法的形式，这一事实为他们的任务提供了便利，按照这种理解，启示就可以被忠诚的哲人们解释成一种完善的、理想的律法，一种理想的政治秩序”。[①] 因此，为了将启示解释成神圣律法，伊斯兰哲人将先知—立法者与哲学王等同起来，但“哲学王或哲人治理下的政治共同体并不是亚里士多德式政治哲学的主题，而是柏拉图式政治哲学的主题”[②]。因此，中古伊斯兰律法学家的学说基础是柏拉图思想，而非亚里士多德主义。迈蒙尼德则承继了这一传统，进而将柏拉图式政治哲学思想推向顶峰。

综上可见，中古伊斯兰—犹太律法先知学说是柏拉图式政治哲学的中世纪形态。虽然在具体内容方面，两者之间具有重要的不同，如在古希腊哲人那里，最佳生活方式是哲人的自由生活，最重要的矛盾是哲学与城邦、哲学与诗之争，而在中世纪律法哲学那里，最佳生活方式是神法秩序下的顺从生活，最重要的冲突是哲学与启示之争。但两者在一些本质规定性方面却有着重要的家族相似，如两者都探究最佳的生活方式，践行双重教诲的写作技艺，寻求哲人王治理下的政治共同体的政治秩序。因此，我们可以断言，中古犹太先知律法学说本质上就是柏拉图式政治哲学，然而，要深入理解柏拉图式政治哲学，我们还要继续向前回溯，回到古希腊政治哲学的起源和苏格拉底问题，以便在开端处理解柏拉图式政治哲学的本真样态。

## 第四节　政治哲学的起源与苏格拉底问题

回溯政治哲学的起源，并非基于一种好古的偏好，而是源于对当前政治现状的不满。不满的一般原因是人的需求不能够在任何时代的

① 施特劳斯：《阿布拉瓦尔的哲学倾向与政治教诲》，余慧远译，李致远校，载于《犹太哲人与启蒙——施特劳斯讲演与论文集：卷一》，前揭，第 223 页。

② 施特劳斯：《阿布拉瓦尔的哲学倾向与政治教诲》，余慧远译，李致远校，载于《犹太哲人与启蒙——施特劳斯讲演与论文集：卷一》，前揭，第 224 页。

政治共同体当中得到完全的满足；不满的特殊原因是当前的政治哲学已被实证的政治科学所取代，政治哲学面临着深重的合法性危机。为了解决这种危机，施特劳斯认为有必要突破现代政治视角，向前回溯，在前科学的原初政治视角中看待政治哲学，亦即回返政治哲学的源头。

## 一、政治哲学的涵义及其起源

从原初的政治视角着眼，我们知道，政治哲学和政治科学在古希腊是一体不分的，政治哲学与政治科学的划分不过是启蒙以将哲学与科学被区分的结果。在古典的意义上，政治哲学是探究最佳政体或最好社会的一种理论活动，而政治哲人是指那种不参加政治实践活动，但试图描述最佳政体的人。因此，要想回到政治哲学的源头，就需要找到第一个不参加政治活动却描述最好政体的哲人。根据亚里士多德的著作，我们知道这个人是米利都的希波达莫斯（Hippodamus from Miletus）："米利都人尤里本的儿子希波达莫斯……是第一位探究政体最佳形式的非政治家。"[①] 希波达莫斯将最佳政体的城邦主体分为三个部分：工匠、农夫和武装战士。城邦所属的土地也分为三个部分：供祭祀所用，为公共所有，为私人所有。希波达莫斯还将法律分为三个部分，以分别对应三类诉讼案件，即杀人案件、伤害案件和侮辱案件。可见，希波达莫斯对数字"三"极为看重，并将城邦政体的最佳形式描述为"三合一"的方案。但正如亚里士多德所指出的，希波达莫斯的主张其实是"一团混乱"。[②] 这种混乱表面上是希波达莫斯过分简单化的欲望引起的。希波达莫斯将数学代表的清晰和简约视为圭臬，试图用最简单易行的方式来构造他的最好城邦模式，但他没有看到"政治事务的特殊性，他没有发现政治事物是自成一家的"[③]。用亚里士多德

① 亚里士多德：《政治学》，颜一、秦典华译，中国人民大学出版社 2003 年版，第 50 页。

② 详细分析参看亚里士多德：《政治学》，颜一、秦典华译，中国人民大学出版社 2003 年版，第 51—55 页。

③ 施特劳斯：《苏格拉底问题六讲——政治学问的起源与苏格拉底问题》（第一讲），肖涧译，载于《苏格拉底问题》，刘小枫、陈少明主编，华夏出版社 2005 年版，第 5 页。

的话讲，希波达莫斯没有区分理论智慧和实践智慧，不知道研究不变知识的数学以及理论理性与研究可变事物的政治事务之间的本质区别。因而，希波达莫斯将数理科学的公式运用到政治事务领域，粗暴地僭越了理性沉思生活与可变属人生活之间的界限，其达到的不是一劳永逸的清晰，而是永远的“含混不清”。因此，我们或许可以说希波达莫斯是探究政治哲学的第一人，但是不能把他的思想视为政治哲学的起源。

一般而言，政治哲学的起源要求达到这样一种状态：政治哲学作为一种探究在某个临界点之后便成为独立自足的一种理论自觉。这个临界点可以是一个时刻或一部专著，或是某个哲人的思想行为。换言之，政治哲学的出现要求对政治事务和非政治事务，政治生活与非政治生活作出本质的区别。这项工作被认为是由苏格拉底进行的，因为在苏格拉底之前，哲人们关注数学和自然，探究事物由所从来的根据和本原，“苏格拉底是第一个把哲学从天上唤回，引入城邦甚至家庭之中，迫使哲学追问生活与道德，追问好与坏”①。苏格拉底确立了政治哲学的根基：“政治事务是一个自足的领域，政治事务和非政治事务之间有着本质的区别，或者更进一步说，公共善与私人之善之间有着本质的区别。”② 正是在这个意义上，苏格拉底被认为是政治哲学传统的奠基者和真正源头。

然而，强调政治事务和非政治事务的区分并不是政治哲学起源的充要条件，我们还要看苏格拉底如何实现这种从天上到地上转变的？这种转变对哲学的性质是否产生影响？我们知道，在苏格拉底转向之前，哲学家从事对自然的研究，这种研究首先质疑了习俗和城邦信仰的权威确定性，并试图为人的安身立命和宇宙整体寻找自明的前提和基础。而苏格拉底转向政治事务领域，将对不变本质的哲学探求转为

---

① Cicero, *Tusculan Disputation*, trans. J.E.King, Cambride MA: Harvard University Press, 1996, v.4.10—11.

② Leo Strauss, *The Rebirth of Classical Political Rationalism: An Introduction to the Thought of Leo Strauss*, selected and introduced by Thomas L.Pangle, Chicago and London: the University of Chicago Press, 1989, p.132.

对可变的政治事务的分析，这似乎偏离了哲学穷根究底的本性。但事实上并未如此，因为苏格拉底开创了哲学目的论[①]，借以沟通宇宙论哲学与政治事物之间的鸿沟。哲学目的论意味着理解某物要根据目的来理解，对宇宙不变事物的理解如此，对可变人事活动理解亦是如此：人的活动被视为有目的的活动。目的论的等级秩序成为贯通可变事物与不变真理的内在线索。因此，苏格拉底的转向既表达了对政治事物的高度关注，又通过目的论理论弥合了哲学与政治领域之间鸿沟，当"哲学承认人类（事物）有某些值得认真对待的地方，这一事实、即意味着政治哲学的起源"[②]。因此，苏格拉底赋予了哲学探究政治事物的必要性，并且走上市场通过对话实现了从政治意见的大众理解到整全真理的上升过程。换言之，苏格拉底用他的实际行动，用他的生与死开启了政治哲学的传统。

现在的问题是，即使我们认定苏格拉底是政治哲学的起源，但苏格拉底生前不著一字，其身后未留下只言片简，我们又如何确定苏格拉底思想的本真面目呢？况且流传下来的关于苏格拉底思想特征的文献来源之间的论断又彼此矛盾，"在这些纷繁不一的'出处'中，我们能否获得一个彼此关联的苏格拉底形象"[③]。因此，为了更好地理解政治哲学的起源及其现代危机，我们有必要厘清不同文献资源中关于苏格拉底思想的不同面相。

## 二、苏格拉底问题的三种面相

首先有必要澄清一个概念，即什么是苏格拉底问题？所谓的"苏

---

① 考夫曼认为，"在政治知识中导引出目的论的原理，是政治哲学的哲学成就。现代性工程之所以废除了政治哲学，也是因为它清除了关于目的论原理的自然知识"。参见考夫曼（Klemens Kauffmann）：《斯特劳斯论苏格拉底问题》，邓安庆译，载于《世界哲学》2004年第3期。

② Leo Strauss，*The Rebirth of Classical Political Rationalism*：*An Introduction to the Thought of Leo Strauss*，selected and introduced by Thomas L.Pangle，Chicago and London：the University of Chicago Press，1989，p.126.

③ 考夫曼（Klemens Kauffmann）：《苏格拉底：政治哲学的起源与重建》，胡慧茹译，凌曦校，载于《苏格拉底问题》，刘小枫、陈少明主编，华夏出版社2005年版，第171页。

格拉底问题”就是苏格拉底直面的问题，苏格拉底试图解决的问题和试图克服的障碍以及这种直面、解决、克服所带来的思想史意义上的转向及其意义。苏格拉底将哲学的目光从天上转到人间，从而带来了哲学史上的重要转折。因此，苏格拉底问题与古典政治哲学问题之间具有了某种亲缘性：苏格拉底问题就成为探讨古典政治哲学的性质和主张的问题，成为古典政治哲学试图解决的问题和试图克服的障碍。苏格拉底问题的极端表现形式是“苏格拉底之死”——城邦对哲人的迫害以及对哲人生活方式的否定。因此，苏格拉底问题的实质是哲学的政治性质问题，或者说哲学与城邦的根本张力问题。这种张力首先表现在阿里斯托芬的苏格拉底身上，并在色诺芬和柏拉图的回应中得到深化和丰富。因此，我们下面依次勾勒阿里斯托芬、色诺芬和柏拉图笔下苏格拉底思想的不同面相，并试图在这些不同的面相中获得苏格拉底问题彼此关联的一致性。

### （一）面相之一：缺乏自我知识和实践智慧的自然哲人

阿里斯托芬的喜剧《云》是关于苏格拉底思想的最为古老的文献。在《云》中，苏格拉底拥有并经营着一个思想所，从事着关于天上地下之事的自然哲学研究，并教人修辞术以打赢官司。喜剧的主角斯瑞西阿得斯（Strepsiades）为了逃避巨额债务，决定将其奢侈无度的儿子斐狄庇得斯（Pheidippides）送到苏格拉底那里去学习论辩术以逃避债务。在阿里斯托芬的笔下，苏格拉底是一个无道德感且极其愚蠢的人。因为，苏格拉底并没有因斯瑞西阿得斯的不正义要求而拒绝教授他的儿子。在斐狄庇得斯学到言说的技艺后，斯瑞西阿得斯拒绝向债主偿还债务，并侮辱了债主。但事情并没有因此终了，父子之间发生了冲突，儿子斐狄庇得斯甚至打了父亲，并通过正义言说成功地向父亲表明，他打父亲的行为是正义的。当儿子试图通过不义言说证明自己有权利打自己的母亲时。斯瑞西阿得斯忍无可忍，他一面自责，一面将怒火转向苏格拉底及其学园，并最终焚毁了苏格拉底的思想所。通过喜剧情节的展开，阿里斯托芬不仅嘲弄了苏格拉底的迂腐，同时指控苏格拉底引诱青年，对传统道德的败坏和马拉松精神的沦丧负有不可推卸责任。

但《云》剧告诉我们，斯瑞西阿得斯将儿子送到苏格拉底的思想所，目的是让他学习欺骗的技艺，因此，父亲应对儿子的堕落负有责任。斯瑞西阿得斯烧毁苏格拉底的思想所，理由是苏格拉底应为其不虔敬受到惩罚：苏格拉底信仰云神，而不信仰雅典人崇拜的神明。但实际上，并不是苏格拉底的不虔敬，而是儿子可以打老子的说辞让斯瑞西阿得斯怒不可遏，从而导致苏格拉底的学园的烧毁。当然，苏格拉底本人不是没有问题，阿里斯托芬笔下的苏格拉底具有致命的先天不足。

首先，苏格拉底缺乏自我知识和实践智慧。在《云》中，苏格拉底是一个自然哲学家，他献身于自然整体的研究而对政治事务全然无知。哲学关切永恒不变的本质，超越了人类活动的短暂现象。按理说，苏格拉底囿于学院专注于自己的事情并不会危害城邦和他人。问题是，苏格拉底缺乏自知，他没有看到哲学研究的政治处境，也不了解并不是所有人都能过理论生活这一事实。出于这种无知和审慎美德，苏格拉底向不具有哲人潜质的斐狄庇得斯传授哲学真理，后者则将其所学用来颠覆城邦权威信仰和道德习俗，从而导致了城邦道德的败坏以及城邦对哲人的粗野报复。阿里斯托芬通过这一事实是要告诫苏格拉底，哲人的生活是不自足的，它需要政治事物的研究作以补充，因此，人类事务是值得认真对待的一个领域。

其次，自然哲人相对于诗人的欠缺性。在《云》中，自然哲人苏格拉底不在意正义和政治事务，表现出极端的非政治性和缺少智慧。相反，诗有自知，它从城邦的根基——诸神的权威教诲起步，对政治事物及其本质了然于胸，能够对民众施以合乎法度的教诲和引导。哲学对自然的探究和对修辞学的熟稔并没有给予其以“政治强力”，因为“它们不是公共权力”，而诗则是一种“公共权力”，它会以一种适合它的手段影响公众。[①]“哲学超越了人性，超越了朝生暮死”，因此哲学无

① Leo Strauss, *The Rebirth of Classical Political Rationalism*: *An Introduction to the Thought of Leo Strauss*, selected and introduced by Thomas L.Pangle, Chicago and London: the University of Chicago Press, 1989, p.125.

力说服非哲人或常人，对大众没有任何吸引力。[①]诗则优越于哲学，正如希罗多德所说，荷马和赫西俄德赋予了奥林匹亚诸神以荣誉、形状和技艺。诗人熟悉诸神信仰，并且善于从大众的道德习俗出发阐发自己的正义言辞。

然而，我们需要确定的是，阿里斯托芬对苏格拉底的刻画是客观公允的吗？或者说，阿里斯托芬喜剧中的苏格拉底形象是历史的事实还是人为的杜撰？如果根据色诺芬和柏拉图的作品，阿里斯托芬对苏格拉底的嘲弄与指控全然没有根据。那么，我们要问，苏格拉底是只关注天上地下事物的自然哲人吗？苏格拉底被焚烧的思想所或学园真的存在过吗？

关于前者，即苏格拉底究竟是政治哲人还是自然哲人？应该说这两种说法都对。更准确地说，苏格拉底有一个从自然哲人向政治哲人转变的过程。在柏拉图的《苏格拉底的申辩》中，苏格拉底在辩护中提到好友凯瑞丰到德尔斐请求神谕之事，为了验证神谕，苏格拉底走向市场，试图验证或驳倒神谕。[②]这一事件通常被认为是苏格拉底的"第二次启航"或苏格拉底的转向。另外，在《斐多》中，柏拉图笔下的苏格拉底在临终前的那天曾谈及自己年轻时曾非常专注于自然哲学研究，甚至到了痴迷的程度。但是，苏格拉底没有提及具体时间，我们也无从考证这段时间是否与阿里斯托芬构思《云》剧的时间是否一致。但这却可以说明阿里斯托芬笔下的苏格拉底的自然哲人形象绝非子虚乌有。

至于苏格拉底是否曾经拥有一个思想所或学校，我们可以从色诺芬那里得到间接确证。在《回忆苏格拉底》一书中，色诺芬谈及苏格拉底曾与朋友一起研读古圣贤书一事。"贤明的古人在他们所著的书中遗留下来的宝贵的遗产，我也和他们共同研讨探索，如果我们从古人

---

① Leo Strauss, *The Rebirth of Classical Political Rationalism: An Introduction to the Thought of Leo Strauss*, selected and introduced by Thomas L.Pangle, Chicago and London: the University of Chicago Press, 1989, p.125.

② 柏拉图:《苏格拉底的申辩》，吴飞译、注，华夏出版社 2007 年版，第 77—85 页。

的书中发现什么好的东西，我们就把它摘录出来，我们把能够这样彼此帮助看作是极大的收获。”[①] 这里描述的读书活动一般难以在市场上进行。考虑到苏格拉底在色诺芬作品中惯有的主导地位，我们可以揣想读书活动是由苏格拉底一方作为教师，其他人一方作为学生进行的。这种有老师有学生的读书活动，其处所只能是思想所或学校，而不是什么市场或公众集会的某个场所。

综上所述，阿里斯托芬塑造了一个具有说服力的苏格拉底形象。这一形象意在向哲人宣战，告诫哲人生活方式的不自足性，警告哲人应关注政治事物，关注人类事务朝生暮死的现象，否则将会面临城邦迫害的下场。因此，阿里斯托芬的苏格拉底不应只看作是单纯的攻击或控告，同时应理解为一种提醒和警告。从后来苏格拉底被审判的事实可以看出，阿里斯托芬的警告不仅是善意的提醒，而且抓住了政治与哲学，习俗与自然冲突的本质，从而有力地指出了人类事物在一定程度上是值得严肃对待的哲学课题。

### （二）面相之二：与城邦和谐相处的好人

苏格拉底的第二个理论形象是由色诺芬的作品提供给我们的。在诸多关于苏格拉底思想的资料来源中，色诺芬的著作似乎是最为可靠的来源。因为色诺芬综合了两个最为重要的因素于一身：一是他与苏格拉底关系甚笃；二是他通过行动证明了他能够并愿意成为一个历史学家。[②] 但实际上，色诺芬的文献在当代并未获得应有的重视。究其原因，一方面是自近代以来，尤其是在笛卡尔—康德—黑格尔的统续中，形而上学一直处于主导地位，色诺芬因为不谈形而上学而被冷落。[③] 另一方面是因为古典修辞术的当代式微影响了人们对色诺芬伟大写作技

---

① 色诺芬：《回忆苏格拉底》，吴永泉译，商务印书馆 1986 年版，第 37 页。

② Leo Strauss, *The Rebirth of Classical Political Rationalism: An Introduction to the Thought of Leo Strauss*, selected and introduced by Thomas L.Pangle, Chicago and London: the University of Chicago Press, 1989, p.127.

③ 参见施特劳斯、科耶夫：《论僭政——色诺芬〈希耶罗〉义疏》，古热维奇、罗兹编，何地译，观溟校，华夏出版社 2006 年版，“色诺芬注疏集”出版说明，第 2 页。

艺的评估与理解。

色诺芬关于苏格拉底思想的著作主要有四部：《回忆苏格拉底》、《家政学》(或译《齐家》)、《会饮》和《苏格拉底的申辩》(后两种与柏拉图的著作同名)。其中《回忆苏格拉底》意欲证明苏格拉底的正义，其他三部著作则主要展示苏格拉底的活动。按照色诺芬的观点，人的活动主要包括言谈、行事和沉思活动。相应地，《家政学》展示了作为谈话者的苏格拉底，《会饮》展示了作为行动者的苏格拉底，《苏格拉底的申辩》展示了作为思想家的苏格拉底。色诺芬的其他著作主要是关于波斯帝国缔造者居鲁士的。可以说苏格拉底和居鲁士构成了色诺芬作品的两极，代表着对立的两个人格典范——哲学家的典范和统治者的典范——和两种不同生活方式的对抗：哲学与城邦的紧张对抗。在这种对抗与紧张中，苏格拉底作为一个深谙政治事物和领袖技艺的政治教育家的形象被生动刻画出来。

因此，色诺芬的苏格拉底可以视为是对阿里斯托芬的苏格拉底的一种回应。我们可以把这种回应勾勒为以下几个方面：一是阿里斯托芬笔下的苏格拉底是“前苏格拉底”的苏格拉底，即专事天上、地下之事研究的自然哲学家；色诺芬的苏格拉底则是“苏格拉底”的苏格拉底，即不仅是天地间事物的“单纯观察者”，更是卓越的政治教育家。二是阿里斯托芬笔下的苏格拉底缺乏自我知识和实践智慧，因此显得迂腐而且无所顾忌；色诺芬的苏格拉底则深谙政治事物的本质并拥有充分的政治技艺，因此能够给予政治事物和城邦意见以得体的尊重。三是阿里斯托芬从自然哲学的疯狂本性出发，认为哲学应被统合进由诗操控的更大的整体中，需要受到诗的庇护并在诗的教导下得到完善，因此诗是智慧的基础和拱顶石；色诺芬则主张哲学不是阿里斯托芬笔下的自然哲学，而是灵魂学。诗应在灵魂学中找到其位置，从而变成一种善或目的。① 四是阿里斯托芬笔下的苏格拉底显得缺乏教养

① Leo Strauss, *The Rebirth of Classical Political Rationalism: An Introduction to the Thought of Leo Strauss*, selected and introduced by Thomas L.Pangle, Chicago and London: the University of Chicago Press, 1989, pp.133—134.

和节制，而色诺芬的苏格拉底的性格特征是审慎和智慧。这种审慎一方面表现在完全没有前苏格拉底那种无畏地对自然知识进行根底探寻的知性疯狂，另一方面表现在对政治生活以及政治意见能够给以必要的尊重。因为色诺芬的苏格拉底深知，意见虽然不是真理，但却有益于政治生活。同样地，政治较之哲学虽然不是最高的，但它却是第一位的，因为它是最急迫的。“政治是一个场地，哲学的、道德的、内在的对立在其上得到决定性的表达。”①政治事物是一个中介和线索，“是通向所有事物的线索，是通向自然整体的线索，由于他们是最高或最低之间的连接点……是最高原则首次呈现自身之形式”②。

可见，色诺芬的苏格拉底著述可以看作阿里斯托芬的喜剧《云》的一种答复或公开回应。在色诺芬的笔下，没有任何哲人和哲学家能像苏格拉底那样具有政治德性。当然这种政治德性不像居鲁士那样崇尚勇敢或渴望实践其政治技艺。苏格拉底的政治德性一方面表现在他从普遍接受的政治意见出发，通过对话引导人们最终上升到普遍必然的本质。另一方面，苏格拉底虽然关注不变的本质和重视对整全的研究，但他把兴趣限制在仅关注属人的政治事务。因为“对自然的研究被怀疑为有窥探诸神之秘密的傲慢企图”。因此，苏格拉底将自然探求的哲学疯狂转换为对政治事务研究的节制与审慎，从而彰显了自然哲学家所罕有的政治德性。

苏格拉底的政治美德根本上源于其对政治本质的深刻洞察。在色诺芬的苏格拉底看来，政治事务与非政治事务之间具有着本质的区别，政治事务是一种独立自足的领域。对政治事务的判断依赖于对政治事物的分析。苏格拉底从法律现象开始对政治事物进行分析。因为法律是专属于政治事务的一种现象，是塑造公民并限制他们行动的唯一根

① 施特劳斯：《柯亨与迈蒙尼德》，李秋零译，载于《犹太哲人与启蒙——施特劳斯讲演与论文集：卷一》，刘小枫编，张缨等译，华夏出版社 2010 年版，第 134 页。

② Leo Strauss, *The Rebirth of Classical Political Rationalism*: *An Introduction to the Thought of Leo Strauss*, selected and introduced by Thomas L.Pangle, Chicago and London: the University of Chicago Press, 1989, p.133.

据。因此，城邦的存在与福祉仰赖于法律或守法。问题是，统治者是否应当遵守法律的规定。这里存在一个悖论：如果统治者不遵守法律限制，这样的政体很可能是一种僭主政体，因而不是一种最佳的政体；但如果统治者服从法律规定，由于统治者自身是法律的来源或原因，而法律的来源或原因是不能服从法律的，这就是“现代著名的主权难题”。另一方面，我们往往将能够制定善法的政体视为好政体的标准。如果制定善法的前提是智慧，那么，好政体将是由有智慧的人统治的政体。智慧者的统治高于任何法律的统治，因为智慧者不仅是最好法律的来源，同时具有最好法律都缺乏的灵活性。① 最好的政体，即最智慧的人施行统治的政体依靠的手段是智慧，而不是世系、选举、强力或者欺诈。智慧的手段既然放弃了强力，可行的方式只能依靠说服进行统治。但问题是，智慧者面对的是一帮庸众或群氓，通过说服的方式未必或者说很难达到效果。因此，最好的政体是很难在现实中实现的，哲人只能退而求其次，即通过法律进行间接的统治。总之，色诺芬的苏格拉底对政治事务分析的结果是，政治事务本质上是不完善的：它一方面是智慧与普遍同意的妥协，另一方面是哲学知性疯狂与审慎智慧的妥协。人的最高生活即哲学的沉思生活是在政治之外的，苏格拉底是哲学家的典范，而居鲁士是政治家的典范。苏格拉底与居鲁士的对立体现了哲学与城邦的基本张力。

综上可见，色诺芬的苏格拉底问题是城邦与哲人的根本张力问题。哲人崇尚沉思生活，寻求洞穴之外的真理之光，这是超越政治事务和大众生活的另外一种生活方式。但哲人必须生活在政治共同体当中，必须顾及政治共同体的权威意见，因此，哲学探索的疯狂必须辅以写作或表述的温和与审慎。因此，色诺芬的苏格拉底将审慎作为其特征，彰显了政治哲人的自知、智慧和中和之气。色诺芬的苏格拉底是具有高超政治技艺和政治德性的政治教育家。

---

① Leo Strauss, *The Rebirth of Classical Political Rationalism: An Introduction to the Thought of Leo Strauss*, selected and introduced by Thomas L.Pangle, Chicago and London: the University of Chicago Press, 1989, p.144.

### （三）面相之三：倡导高贵谎言的政治哲人

根据前面的论述，我们知道，阿里斯托芬的苏格拉底缺乏自我的知识，不能理解哲学家生存其中的政治处境，没有意识到哲学与城邦之间的根本张力，因而不能依从政治的特殊品格中来理解政治，最终导致其思想所被焚毁的可悲下场。面对阿里斯托芬的指控，色诺芬与柏拉图给予了基本一致的回应。也就是说，后两者的苏格拉底是政治的和爱欲的，他理解政治生活本身的非完善性和非理性特征，深谙整全由异质性的各种类别构成，因而政治事物与非政治事务之间具有本质的区别，因此柏拉图和色诺芬笔下的苏格拉底是具有节制、审慎政治美德的政治哲人，而不是缺乏自我知识和实践智慧的自然观察者。

然而，色诺芬的苏格拉底与柏拉图的苏格拉底之间也有着明显的差别：一是色诺芬的苏格拉底像个"市井中的好人"，而柏拉图的苏格拉底更像一个哲人。① 二是色诺芬性近史家，虽然其著作表面像讲历史故事实则在搞政治教育，而柏拉图则性近诗人，在这一点上柏拉图与阿里斯托芬距离更近，二者都通过艺术的手段——对话或喜剧情节的展开来进行政治教诲。三是与色诺芬作品中的苏格拉底与居鲁士的两极张力不同，柏拉图的著作几乎都是以苏格拉底为主角。柏拉图的对话看上去与其说是宣扬一种学说，不如说是在为苏格拉底的思想"树碑立传"。

那么，是否可以说柏拉图的苏格拉底是柏拉图思想的代言人呢？如果考虑到《蒂迈欧》《智术师》《巴门尼德》《政治家》等对话中苏格拉底作为静默的倾听者的情形，尤其是《法律篇》中苏格拉底缺席的例外，我们就很难坚持苏格拉底是柏拉图思想的代言人的说法。另外，柏拉图的苏格拉底以其反讽闻名，这就基本可以认定将苏格拉底视为

---

① 参见色诺芬等：《色诺芬的〈会饮〉》，沈默等译，刘小枫编，华夏出版社 2005 年版，编者前言，第 2 页。关于色诺芬使苏格拉底表现为与城邦和睦相处的好人形象，参见 Leo Strauss, *The Rebirth of Classical Political Rationalism: An Introduction to the Thought of Leo Strauss*, selected and introduced by Thomas L.Pangle, Chicago and London: the University of Chicago Press, 1989, p.129。

柏拉图代言人的说法是悖谬的：一个以反讽为特征的代言人等于根本没有代言人。因此，我们只能把苏格拉底视为柏拉图对话作品中的一个角色。当然，强调苏格拉底是柏拉图作品塑造的一个角色，并不意味着抹煞柏拉图思想中的苏格拉底情节。换言之，柏拉图通过对话的形式是为了更好地突出苏格拉底思想中的各个德性主题，因为对话是一种技艺之作，一种艺术重塑，它能够抽离不必要的因素干扰，更清晰地论证主题。从一般上讲，柏拉图的对话首先抽离了亲眼所见的东西，赋予了听和理解以重要地位；其次，柏拉图对话消解了偶然，以便通达必然性的清晰。具体到每一篇对话，柏拉图因不同主题又抽离掉一些独特的干扰因素，例如《游叙弗伦》处理虔敬问题时抽象掉了灵魂现象；《理想国》处理正义问题时抽掉了身体（肉体）。正因如此，《理想国》谈共产主义时才可以谈妇女和孩童的共产问题，这里孩童和父母之间的血缘关系——身体关系被悬置不虑了。

了解到柏拉图对话总体的诗学性质有助于我们祛除现代学术研究中的一种倾向：许多研究者偏爱于柏拉图的一些早期的特定对话，尤其是《苏格拉底的申辩》(以下简称《申辩》)。在他们看来，《申辩》是苏格拉底在最为庄重的场合发表的公开自我辩护，并论及自己的生活方式，而像《斐多》这样的对话则缺乏大庭广众之下的庄重感，而且充满了柏拉图自己的笔法。问题是,《申辩》也是柏拉图的一部作品，也是柏拉图的一部技艺之作，而不是什么现场速录或事实报道。因此,《申辩》与柏拉图的其他对话并没有什么区别。或许是柏拉图对话的文体形式容易给读者造成某种假象。那么，柏拉图为什么还要采取对话这种文体样式呢？这恐怕与柏拉图在《斐德若》中谈及的写作缺陷有关：因为与智慧的言说不同，写作对不同的人言说着同样的东西，因此，写作具有呆板无弹性的缺陷。另一方面，“一个人把自己的思想交给固定的、公开的交流形式是危险的，因为它会到达任何人手中”①。可能是由于以

① 克雷（Diskin Clay）:《一种被遗忘的阅读》，陈开华译，载于《古典传统与自由教育》，刘小枫、陈少明主编，华夏出版社 2005 年版，第 49 页。

上的顾虑，柏拉图采用对话的文体进行创作。事实上，柏拉图的对话确实达到了言说的弹性和灵活，如果读法得当，柏拉图的对话作品会向不同的人展示不同的内容。同时，柏拉图的对话中其本人是从不出场的，这就避免了因宣扬过分言论而遭到城邦迫害的危险。

在论述柏拉图对话的一般特征之后，我们现在来具体分析柏拉图的一部对话文本——《理想国》(或译《王制》)，以便更为清晰地展示柏拉图笔下苏格拉底的哲人特征。《理想国》表面上看是在阐明一种理想的国家方案。但在施特劳斯看来，这是一种错觉。《理想国》并未提供一种最好或最正义的城邦或政体，毋宁说只揭示了政治事务的本质特性。一种最好的国家方案其实是柏拉图的另一部对话《法律篇》(或译《礼法》）提供的。①《理想国》的对话场景是雅典的出海港庇雷埃弗斯——雅典军事（海军）力量和经济力量所在地。对话中共出现了十位谈话对象，象征着三十僭主统治时期控制着庇雷埃弗斯的十个人。这一对话场景的设置和谈话对象的选择包含着柏拉图的隐秘企图：推翻雅典民主制，创建最优的贵族政体。在十个对话者当中，苏格拉底的真正论敌是修辞学家色拉叙马霍斯。色拉叙马霍斯从现实城邦的论点出发，认为正义就是合法。由于合法与非法主要取决于城邦的立法者或者统治者，正义就等同于强者的意志。在苏格拉底使色拉叙马霍斯沉默以后，后者并没有从对话中消失，在《理想国》的第五卷的开端，色拉叙马霍斯从现实城邦的代言人摇身转为最好城邦中的参与者，这说明要复辟正义城邦，仍需要色拉叙马霍斯的技艺之助，即修辞术之助。

为什么哲学家通过言辞创建的最佳政体需要修辞术的协助？这就要分析《理想国》中的正义城邦创建的两种情形。第一种是在已然存在的正义城邦中，哲学家成王并行使着绝对的统治。但少数的哲人如

---

① Leo Strauss, *The Rebirth of Classical Political Rationalism*: *An Introduction to the Thought of Leo Strauss*, selected and introduced by Thomas L.Pangle, Chicago and London: the University of Chicago Press, 1989, p.162. 同时参见《政治哲学史》(第三版)，李红润等译，施特劳斯、克罗波西主编，法律出版社 2009 年版，第 59 页。

何获得多数的无智慧者的顺从呢？除非使用强力，否则所需的顺从是不可能出现的。但强力并不必然带来忠诚，智慧者如何获得无智慧的大众的忠诚呢？可行的方法是劝谕，因为，在智慧者行统治的正义城邦中，法律的呆板已经让位给了哲人的灵活。然而，智慧者的劝谕不会是显白地公布所有真相，如阿里斯托芬的《云》中所显示的，无智慧者获得真理的后果可能是败坏城邦道德和诸神信仰，因此，哲人劝谕无智慧者是以高贵谎言或哄骗的方式进行的。也就是说，在最正义的城邦中，修辞术是哲人统治非智慧的大众的必备技艺。

第二种是从实际的城邦转为最好城邦的情形。对于这种转变的正义城邦而言，仅有哲学家当王的条件就显得不充分了，它还需要劝谕实际城邦中的人或放弃原有的习俗和信仰臣服于哲人的统治，或搬出城邦（仅限于年长于 10 岁的成年公民）迁往乡下。换言之，现实的非正义城邦要转变为正义之城，仰赖于哲人具有劝服杂多民众信服和服从的能力。但哲学家是全然正义的，他只对精英或有潜质成为哲人的人实行教诲。因此，正如阿尔法拉比所看到的，正义城邦的条件是对待精英的哲人——苏格拉底和对待大众的修辞学家——色拉叙马霍斯的和解。如果缺少修辞学家的技艺，最好城邦的实现问题就全然不可解决。

然而，劝谕是有界限的，它无法清洗掉强大的习俗，也无法让大多数人为了正义城邦或后代的幸福去承受弃家舍子之痛。换句话说，《理想国》的最佳城邦是不可能的。除非所有人都成为哲人，除非人性被奇迹般地加以改造，否则最好的城邦是不可能实现的。因此，《理想国》深刻揭示了政治事物的本质，即政治不完全是理性的，其中还包括激情和欲望；政治的最高目标是达成共识，而不是走向不可置疑的真理之途；政治需要赢得普通大众的肯定和认可，必须迎合大众的意愿，因而其智慧必然大打折扣。因此，政治的生活是不完善的生活，它需要超政治的事物作为根据。根据施特劳斯的观点，这种超政治的事物在历史上包括三种典型样态。一是现代自由主义政治哲学，它把政治视为一种工具或国家机器，借以实现人的政治以外的生存权利和普遍平等；二是中世纪启示宗教，超政治的东西是上帝的存在及其救赎行为，人的政治生活必须纳入乐园—堕落—拯救的神圣事件中加以理解；三是古典政治哲学，超政治的东西是哲学，一种理论观照和对最佳的生活方式的寻求。[①] 较之前两种样态，唯有苏格拉底没有将政治排除于超政治的事物之外。政治的生活是不完善的、非完全理性的，但却是到达完满生活状态的起点，是上升到最高目的或善的一个现实环节。政治是哲学家赖以立基的场地，是保护哲人并约束哲人的一个场域。通由政治，并关注政治生活，哲人才能过上自足的沉思生活，并通过立法的方式将人类生活导向次好的最佳生活状态。

综上可见，阿里斯托芬的苏格拉底是不食人间烟火的非政治的自然哲人，色诺芬的苏格拉底则是与城邦和谐相处的充满政治美德的好人，柏拉图的苏格拉底则超越了这一对立：他既关切永恒本质和不变理念，也重视政治事物和政治美德，并且践行一种双重意义的写作技艺。在柏拉图笔下，在已然存在的正义城邦中，哲人苏格拉底与诗人色拉叙马霍斯实现了哲人治下的和解。这种和解仰赖于对政治事物的本质及其局限的认识。柏拉图的苏格拉底重视哲学的政治处境，主张哲人的隐秘探究应顾及政治的意见，应顾及城邦的法律和公民的常识之见。尽管哲学家个体是最为正义的，他知道什么是真正重要的事物，并乐于过一种隐居式的理论生活。但柏拉图强迫哲人去关注政治事物，去为非哲人的大众着想，并服从城邦的习俗和法律，甚至不惜将哲学沦为实现正义城邦的手段（如《理想国》所揭示的）。可见，柏拉图笔下的苏格拉底是一个深谙政治本质特征和限度，追求完美生活又兼具诗性智慧，倡导完美正义又兼施高贵谎言的政治哲人。

### 三、从苏格拉底问题看政治哲学的现代危机

在勾勒政治哲学起源与苏格拉底思想特征的三个面相之后，我们

---

① Leo Strauss, *The Rebirth of Classical Political Rationalism: An Introduction to the Thought of Leo Strauss*, selected and introduced by Thomas L.Pangle, Chicago and London: the University of Chicago Press, 1989, pp.161—162.

从古典视域返回到现代视域，在古今对比中尝试厘清现代政治哲学的危机及其成因。这也是我们的目的所在：回到起源和开端，源于对现代文明状况的不满以及对现代政治哲学危机考察的需要。根据施特劳斯的判定，政治哲学的现状是被实证主义政治科学所取代。实证主义政治科学产生于现代政治哲学的复杂转型，而现代政治哲学又脱胎于古典政治哲学的转型。因此，要想了解现代政治科学及其危机，就需要研究古典政治哲学的思想，从而获得一种前科学的政治哲学的视角。

为什么需要获得一种前科学的政治哲学视角？因为哲学探究不同于数学等其他科学研究。后者总是以公理或假设作为为其学科的前提和根基，并在这一基础上运用演绎推理的方法推出公式或结论。问题是，一旦这个公理或假设自身出了问题，后面的论证无论怎样精细和严密，整个学科的大厦都将轰然倒塌。哲学的独特之处就是要进行前提批判，要将自己的前提建立在自明的、不可怀疑的根基之上。而只有回到原初、开端，才能恢复一个论点提出时的可争议性和可选择性，从而容易看清哲学选择的根基是否牢靠。另一方面，现代政治哲学已经与政治哲学创始之初有了重要的不同：现代哲人生活在前辈哲人概念的世界中，古典哲人则没有这种前见的影响，而是直接面对政治事务，以直观或感受的方式对政治事务进行综合。因此，现代哲人面对身处其中的文化危机，只有跳出作为现代性前提的各种观念和视角，才能使问题得到彻底的盘问和根基性探讨。要想做到这一点，回到政治哲学的起点简易有效的途径。

通过对照古典政治哲学和现代政治哲学所呈现的哲学选择，我们可以扼要地勾勒现代政治哲学危机的一些要点。

首先，现代政治哲学的危机是现代性危机的首要形态。现代性肇始于启蒙运动，其最初表现为一场作为文艺复兴的文学运动。这场运动的深层动机是反对政教合一的封建专制，并试图代之以理性主义为根基的生活方式。这尤其表现在马基雅维利的政治学说中。马基雅维利开启了古今之争的帷幕，他以彻底的反叛和温和的表述表达了与古代思想方式的决裂：一是降低哲学的目光，将古典政治哲学对应然的、最高善的正义生活转为对实然的、现世可达到的幸福生活的追求；二是在前者的基础上，将政治与道德，政治与德性，政治与哲学目的论的关联斩断，将政治从人的完满德性的实现方式转变为一种政治技术和手段。丧失道德约束的政治问题变成了技术问题。马基雅维利的后继者霍布斯、洛克继承了这一现代意图。通过重述人的自然状态，通过天赋权利对自然法的成功替代，霍布斯等将政治视为一种为了实现人的有限幸福和天赋权利的手段。但马基雅维利及其后继者设计的一整套的政治方案遭到了卢梭、尼采的猛烈批判。黑格尔之后的非理性主义泛滥，自由民主政制的国家社会主义变体，人类社会持续不断的战争和人的精神领域的日益萎缩……科学理性高歌猛进以及带来的自我否定使现代人对理性的乐观主义产生怀疑，现代人发现启蒙理性的现代方案并没有带来最初宣称的理想图景，西方文化陷入自我怀疑的危机之中。

其次，现代政治哲学危机的实质是对现代方案之理性主义根基的怀疑。西方文明的目标是创建普遍均质的社会——“是由诸平等民族构成的社会，各民族又由自由平等的男人和女人构成”。[①] 普遍均质的社会是世界范围的、开放的人类社会，它以科学技术的发展以及科技带来的生产力的提高为前提条件。西方人乐观地认为技术的进步和发展会带来人类力量的增强和社会的普遍富裕，普遍的富裕会带来普遍且正义的社会，带来一个幸福的社会。然而理性的乐观主义最终转为理性的悲观主义。这源于普遍同质社会目标中存在诸多可质疑的因素：一是技术作为一种工具和手段，它能为正义的人所用带来富裕和社会进步，也能为邪恶的人所用作为屠杀其他民族的武器。二是普遍的物质富裕一定会带来精神上的幸福吗？或者说幸福的条件仅仅以物质的富足为条件吗？物质富足带来的更多是欲望的暂时满足，但欲壑难填，古典哲人倡导节制、适度就是试图用德性或理性束缚欲望。三是封闭

① 施特劳斯：《我们时代的危机》，李永晶译，载于《苏格拉底问题与现代性——施特劳斯讲演与论文集：卷二》，刘小枫编，华夏出版社 2008 年版，第 2 页。

社会或者说地区性的爱国主义难道真的比开放社会更差吗？现代人相信用科学的力量能够改造自然，这暗含着可以改造人的本性（nature），进而实现普世正义的人间天堂。但人性真的能被改造吗？现代西方人已经开始怀疑这套现代方案是否能够真的能够达及其宣称的目标。正是在这个意义上，施特劳斯宣称："现代文化是特别理性主义的，相信理性的权力；这样的文化一旦不再相信理性有能力赋予自己的最高目的以效力，那么，这个文化无疑处于危机之中。"①

再次，现代政治哲学危机的直接表现就是现代政治哲学被实证主义政治科学所取代。这种取代的前提是政治哲学与政治科学的区分以及哲学与科学之间的区分。在实证主义者看来，自然科学意义上的知识才是真正的知识，哲学的知识或是不可检验证实的本质主义独断，或是关于价值判断的主观臆测，因而不是真正科学的知识。实证主义的方法是事实—价值的区分方法，即只研究事实的问题，不做价值的判断，从而保证了研究结果的客观性和可证实性。然而，"事实与价值的区分最终是站不住脚的，因为理论性理解的诸最高原则与实践的诸最高原则不可分离"。② 在科学家选择某一事实进行研究时，就已经包含了某种价值的判断和先验知识的介入。正如胡塞尔指出的："科学观念被实证地简化为纯粹事实的科学。科学的危机表现为科学丧失生活意义。"③ 现代人热衷于实证科学造就的繁荣，却忽略了那些"对于真正的人来说至关重要的问题"④。

为了把问题想到桶底脱落，我们假设事实与价值区分的方法在实证主义政治科学家那里得到了严格的执行，但构成鲜明反差的是，"公民并不做这种实事—价值区分"。换言之，这里存在着"最初的视角——普通民众的视角"和"第二位的或派生的视角——政治科学家

① 施特劳斯：《现代性的三次浪潮》，丁耘译，载于《西方现代性的曲折与展开》(《学术思想评论》第六辑)，贺照田主编，吉林人民出版社 2002 年版，第 87 页。

② 施特劳斯：《政治哲学的危机》，李永晶译，载于《苏格拉底问题与现代性——施特劳斯讲演与论文集：卷二》，刘小枫编，华夏出版社 2008 年版，第 17 页。

③ 胡塞尔：《欧洲科学危机和超验现象学》，张庆熊译，上海译文出版社 2005 年版，第 6 页。

④ 胡塞尔：《欧洲科学危机和超验现象学》，张庆熊译，上海译文出版社 2005 年版，第 7 页。

的视角”的差别。[①] 并且，第二位的政治科学的理解依赖于前科学的理解。例如，某位社会科学家要到特定人群中作案例调查，这位科学家事先需要准备必要的相关知识，但他不会事先准备给人作调查而不是给动物或植物作调查的知识，也不会准备应如何区分人与动植物这类的知识，等等。这说明，“号称自足的科学知识非常依赖某种‘先验’的知识，亦即某种在整个科学发展过程中从未质疑过的前科学知识”。[②] 政治民众的常识性理解是一种“前后一致的综合理解，优先于对一切科学理解”，换言之，如果“我们不按公民或政治人对政治事务的感受去理解政治事务，那么社会科学就无法搞明白自己的所作所为”。[③] 因此，实证主义政治科学对政治哲学的取代表面上带来了清晰与客观，实质上带来的是混乱和武断。它的直接结果是取消了政治哲学，导致了现代政治哲学在现代文教体制中的失语；其最终后果是导致了相对主义、虚无主义对青年一代的僭政，从而使我们恢复传统美德和政治哲学的梦想显得更加渺茫。[④]

最后，现代政治哲学危机的现实表现是现代人精神上的虚无主义和世俗社会的战祸连绵。现代政治哲学的特点是依靠理性将“彼岸的圣经信仰彻底此岸化”，从而凭借“纯粹人类的手段在尘世上建立天国”。[⑤] 但是，现代方案与古典政治哲学的看法不同：现代方案通过“具体的政治或经济制度”来完善社会发展，而非依赖“品德的培养”。具体政治经济制度的完善依赖科技力量的发展和“科层制”的完善。科技力量实现了现代人的物质富足，科层制则使政治制度和社会结构

---

① 施特劳斯：《苏格拉底问题六讲——政治学问的起源与苏格拉底问题》（第一讲），肖涧译，载于《苏格拉底问题》，刘小枫、陈少明主编，华夏出版社 2005 年版，第 8 页。

② 施特劳斯：《我们时代的危机》，李永晶译，载于《苏格拉底问题与现代性——施特劳斯讲演与论文集：卷二》，刘小枫编，华夏出版社 2008 年版，第 11—12 页。

③ 施特劳斯：《我们时代的危机》，李永晶译，载于《苏格拉底问题与现代性——施特劳斯讲演与论文集：卷二》，刘小枫编，华夏出版社 2008 年版，第 12 页。

④ 关于民主政体对西方大学教育影响的深入分析，参看布鲁姆：《美国精神的封闭》，战旭英译，冯克利校，译林出版社 2007 年版。

⑤ 施特劳斯：《现代性的三次浪潮》，丁耘译，载于《西方现代性的曲折与展开》（《学术思想评论》第六辑），贺照田主编，吉林人民出版社 2002 年版，第 87 页。

日益精细和专门化，但价值领域的悬置和物欲的不断膨胀挤压了现代人的精神家园。文化相对主义和虚无主义的盛行使现代人不知道什么是好的，什么是坏的；不知道什么是高贵的，什么是低俗的。现代人，就像尼采所深刻指出的，为现代方案目标的实现付出了沉重的代价——“人的最极端的堕落”。普遍均质社会的人是获得幸福的人，但却是一个幸福的“末人”：“他的生命中不再有苦难、不幸、不可解之谜、冲突和不平等，因此他远离所有的重大使命、所有的英雄主义、所有的献身精神。”[①] 精神上的虚无主义与现代科技的巨大力量的联姻促成了两次世界大战的巨大灾难和“911 事件”的现代奇迹。现代人的精神上无家可归与普遍、局部战争的频发不断提醒着现代人反思西方现代文明的意义及其限度。

综上所述，现代政治哲学对古代思想的“成功”替换，并不意味着现代政治哲学的高明。相反，在现代人恣意于现代文明所带来的物质享受的同时，其精神家园却日渐萎缩。当然，现代性的发展并不是单一的线性发展，而是伴随着回溯的波浪式推进。这种回溯尤其表现在卢梭和尼采的身上。但热衷于设计和前提的不彻底性给现代性带来了更大一轮的浪潮迭进。因此，我们回返古典政治哲学并不能指望用回归的方法解决西方文明的危机。这种回到源头充其量是提供我们反观自身，反思现代政治设计的一个对照视角。在这个对照视角的参照下，我们可以重新估价政治哲学古今之变的意义和限度，可以更清楚地厘清现代性迭进的学理线索，可以更清晰地审视现代方案的狂妄及其“理所当然”。我们可以借用斯威夫特的比喻将古人看作巨人，把现代人视为小人国里的芸芸众生，纵然巨人无法替代，无法事必躬亲地解决小人国中的诸多问题，却可以更好地为小人国的统治者提供智慧的建议或另类的视角。这恐怕是我们不断回到起点，重新思考古典哲人哲学选择的根据所在。

---

① 施特劳斯：《苏格拉底问题六讲——政治学问的起源与苏格拉底问题》(第一讲)，肖涧译，载于《苏格拉底问题》，刘小枫、陈少明主编，华夏出版社 2005 年版，第 11 页。

## 第五节 迈蒙尼德 VS 斯宾诺莎：犹太哲学中的“古今之争”

对于一个有着虔诚宗教信仰的犹太人而言，“犹太哲学”是一个怪异的范畴组合：犹太传统的根底是犹太教，意味着信仰和服从，而哲学是 logos（理性）的学问，根植于不竭的探求和爱智追问。因此，“犹太—哲学”以极其醒目的方式将两种异质的元素——理性和信仰，怀疑与服膺结合在一起。正因如此，在犹太哲学内部，依据对理性是否自足的不同态度，天然地裂分为两种不同的趋向：一派是怀疑论的立场，他们否认理性的自足确定性，反对以理性为基础去揣测上帝的意旨，要求理性应当服从于圣经的权威；另一派是独断论的立场，认为理性是理解启示律法的唯一通道，圣经的教导应俯就自身以适应理性的原则。一般地讲，怀疑论的立场是犹太教的主流看法，但独断主义亦是犹太教内部一股不容忽视的重要思潮：从中古时代的迈蒙尼德，到启蒙运动时期的斯宾诺莎、门德尔松，再到二十世纪初叶的赫尔曼·柯亨、列奥·施特劳斯，犹太理性主义或者说犹太教中的理性主义思潮一直或隐或现、连缀不断。当然，这种类型学的划分只是一种笼统的说法，因为，细致考究起来，我们可以在迈蒙尼德（肇端者和原创典范）与斯宾诺莎（中兴者和革新派）那里看到古今犹太理性主义之间巨大裂痕。这一裂痕所彰显的犹太哲学的“古今之争”在施特劳斯那里得到某种突出强调和严肃对待，本节便以《斯宾诺莎的宗教批判》第六章为切入点，来梳理一下发生在犹太理性主义内部的这一古今之争。

### 一、迈蒙尼德和斯宾诺莎的不同问题旨趣和写作动机

显而易见，迈蒙尼德与斯宾诺莎的时代处境、思想背景和学术指向之间具有重要的不同，因此，为了避免脱离历史境遇的抽象比较和时代错置，我们在具体铺展二者的理论分歧和思想论争之前，有必要

粗略回顾一下两人各自写作的思想指向和动机意图。

迈蒙尼德生长在一个犹太人大流散的时代，一个思想上高度融合和繁荣，而在生存处境上却不断遭受基督教和阿拉伯世界极端迫害的时代。在这样的背景下，离散的无根犹太人面对着内、外两方面的思想困境：从犹太教外部来看，古希腊的理性哲学，尤其是以阿拉伯亚里士多德主义的古典理性主义风头无二，阿拉伯人的正统派“经院哲学”——凯拉姆学（the Science of Kalām）也以某种方式支配着一些犹太人的信仰理解；从犹太教内部来看，犹太人的律法传统在强大异质思潮的冲击下无力支撑起犹太人的信靠问题：一方面犹太口传律法戒规纷繁驳杂、前后解释之间相互抵牾，往往令信众无所是从；另一方面，如何含弘约取异质的希腊理性元素，重新激发出犹太律法传统的活力，使犹太人在日益艰难的生存处境下获得灵魂信靠成为一种不容回避的思想任务。因此，迈蒙尼德撰写《迷途指津》便可视为对上述内、外思想困境做出的理论上的回应。迈蒙尼德的具体做法是采取双线作战的方式来直面这两方面的思想挑战：一是在正统信仰的地平上为理性的正当性辩护；二是在直面哲学时，提请人们注意理性的界限。①

对迈蒙尼德而言，贬抑理性的正统派论敌主要来自两个方面：首先是犹太教的拉比教统，他们将《圣经》和《塔木德》视为绝对的权威，拒绝任何理性的原则。在迈蒙尼德看来，这种对《圣经》字面含义的忠诚彰显了拉比经师们的愚蠢和无知，因为他们只能获得律法教诲的银质外壳而无法得见隐藏在银器内部的、更加精美的金质内核（金苹果，apples of gold）。② 其次，与犹太正统对理性的弃绝相比，凯拉姆学（阿拉伯的正统）试图从理性的原则出发来论证上帝的无中创世。他们首先预设了一系列形而上学的前提假设，然后从这些前提

① Leo Strauss, *Spinoza's Critique of Religion*, translated by E.M.Sinclair, the University of Chicago Press, 1997, p.148.

② Moses Maimonides, *The Guide of the Perplexed*, translated with an introduction and notes by Shlomo Pines, Chicago and London: the University of Chicago press, 1963, pp.11—12.

（公认的十二个前提）出发，来证明宇宙并非永恒存在，以及上帝的存在、单一性和非形体性等属性。[①] 然而，在迈蒙尼德看来，凯拉姆学的这些形而上学前提预设，如事物由原子构成（前提一），存在着虚空（前提二）等耽于玄设，并未获得严格的论证。因此，从这些含混而不确定的前提出发"非但无法证明上帝在时间中创造了宇宙，反而摧毁了我们关于上帝存在、单一性的证明以及我们关于上帝非形体性的否弃"。[②] 换而言之，凯拉姆学者对理性的滥用看似强化了，实则削弱或阻碍了信众关于理性有助于通达信仰的认识。在迈蒙尼德看来，世界恒在还是被造的问题，"处在理性必须止步限界"的地方，因此，在理性认知的临界点上，我们应当反过来从圣经和律法书的教诲出发，即将律法书所教导的创世说作为事实接受下来，然后从这一前提出发来论证创世说的客观可能性。

可见，迈蒙尼德的律法学说大胆汲取古希腊理性精神的质素来疏解《圣经》，从而试图达成信仰与理性的和解。然而，在这么做时，信仰的原则是第一位的，一旦理性的原则与信仰的根基发生抵牾，例如，一旦亚里士多德的宇宙恒在说与上帝的创世说以及上帝的神意、神迹教义发生矛盾，迈蒙尼德便毫不犹疑地转向神学的立场，并且宣称"人的理性是有限界的，必须适可而止"[③]。正是在这个意义上，施特劳斯宣称，迈蒙尼德的《迷途指津》不是一部哲学著作，而是一部犹太著作，因为"这本书不是写给持另一种信仰的哲人们，也不是写给无信仰的哲人们，而是写给那些有信仰的犹太人的……尤其是写给那些在哲学训练中陷入怀疑和困惑的有信仰的犹太人"[④]。

---

① 参见《迷途指津》卷一的73—76章。Moses Maimonides, *The Guide of the Perplexed*, translated with an introduction and notes by Shlomo Pines, Chicago and London: the University of Chicago press, 1963, pp.194—231.

② Moses Maimonides, *The Guide of the Perplexed*, translated with an introduction and notes by Shlomo Pines, Chicago and London: the University of Chicago press, 1963, pp.194, 230—231.

③ 参见 Moses Maimonides, *The Guide of the Perplexed*, translated with an introduction and notes by Shlomo Pines, Chicago and London: the University of Chicago press, 1963, pp.69, 70, 319。

④ Leo Strauss, *Spinoza's Critique of Religion*, translated by E.M.Sinclair, the University of Chicago Press, 1997, p.163.

与迈蒙尼德这种以犹太教信仰为根基，心系犹太人的安身立命、安宁福祉，试图汲取古希腊理性精神来复兴犹太律法传统的思想抱负和宗教使命相比，斯宾诺莎的思想格局和立意取向则全然不同。在1665年致奥尔登堡（Henry Oldenburg）的信中，斯宾诺莎曾明确阐述自己撰写《神学政治论》一书的三个目的：1. 祛除神学家的成见，因为这些成见是人们思想通往哲学的主要障碍；2. 反驳无神论的指控；3. 获得哲学思考的自由以及我们想什么就说什么的自由（言论自由）。① 对于斯宾诺莎而言，哲学思考的自由具有首要的重要性，然而，要想获得哲学思考的自由，首先必须祛除根深蒂固的神学成见，因为"批判神学家的偏见是哲学必不可少的序曲。唯有神学家们的成见丧失了对人们头脑的控制之后，哲学的思考才会迈入畅通无阻之境"。②

对斯宾诺莎而言，《神学政治论》首先需要祛除的神学偏见是怀疑论的立场，这里的怀疑派特指基督教的正统派（尤其是加尔文主义），而非犹太教的正统派（如拉比学说），妄论迈蒙尼德的理性主义。尽管犹太教正统和迈蒙尼德主义在西方政教秩序中处于边缘位置，但它们作为宗教（犹太教）信仰的两种重要形态仍对哲学思考具有阻碍意义。更为重要的是，面对基督教政教合一的威权高压统治，要想让人们接受对神学义理的质疑和批判，诉诸基督徒的偏见，尤其是对犹太教偏见的批判无疑可以混淆视线，达到声东击西、一石二鸟的客观效果。因此，《神学政治论》中不仅批判基督教的正统派和加尔文主义，而且对犹太教的正统和迈蒙尼德的寓意释经学进行了旗帜鲜明的批判。简而言之，与迈蒙尼德的忠诚和虔敬相比，斯宾诺莎的马基雅维利式的《神学政治论》写作既缺少宗教信仰的支撑，也缺少犹太人的身份认同意识，他的带有普世主义的真理追求和诉求哲学思考自由的写作意图与迈氏以犹太教信仰为基底的犹太书写之间构成不容忽视的巨大张力。下面，我们从三个方面来对这些张力或论争展开评述。

---

① 斯宾诺莎，《斯宾诺莎文集》第5卷，书信集，洪汉鼎译，商务印书馆2014年版，第164—165页。

② Leo Strauss, *Spinoza's Critique of Religion*, translated by E.M.Sinclair, the University of Chicago Press, 1997, p.112.

## 二、迈蒙尼德与斯宾诺莎前提预设上的思想分野

迈蒙尼德和斯宾诺莎可以分别视为古今两种犹太理性主义的重要代表：他们一个以犹太教的信仰为基底，一个以普遍怀疑的自足理性为前提；一个采取寓意释经学的原则，另一个运用语文学—历史考据的方式，对《圣经》的文本展开各具典范性的读解。概而言之，二者在前提预设上的差异体现在：1. 理性是否具有自足确定性；2. 核心神学预设上的不同判定；3. 是否认同犹太生活方式。下面我们分而述之。

（一）关于理性是否自足的分歧。毫无疑问，迈蒙尼德和斯宾诺莎的《圣经》诠释都以理性为基础，他们都反对正统怀疑派对理性的敌视和否定。然而，在具体面对理性的态度上，两者之间又存在显著的对立和冲突。斯宾诺莎以笛卡尔的我思为基点，认为理性显示给他的东西具有绝对的自明性，在致布林堡的信中，斯氏强调自己所有立论的首要原理（Das erste Prinzip）在于："我完全默认我的理智显示给我的东西，而决不怀疑我会受骗上当，或怀疑我未能探究的圣经会与它相抵牾。"[①] 正是基于对理智所知之物的充分确信，在斯宾诺莎《神学政治论》中做出如下论断："解释《圣经》的方法与解释自然的方法没什么两样……因为解释自然在于构造自然的历史，根据某些确定的数据推出自然事物的定义来，同样地，解释《圣经》我们需要首先搞清《圣经》的真正来历，然后根据这个来历，根据其中的确定公理和原则推出《圣经》作者思想的原意来。"[②]

这即是说，首先，斯宾诺莎想要借助解释自然的方法来解释《圣经》，解释自然运用的无疑是演绎推理的原则，那么解释《圣经》也要以这一理性原则作为基准和前提；其次，这段话表明斯宾诺莎祛除了《圣经》的神圣光环，他要探究《圣经》写作的历史，他把《圣经》看

① 斯宾诺莎,《斯宾诺莎文集》第5卷，书信集，洪汉鼎译，商务印书馆2014年版，第124页。

② Benedict De Spinoza，*Theological-Political Treatise*，translated by Michael Silverthorne and Jonathan Isreal，Cambridge University Press，2007，p.98.

成了人的作品的集成，而非上帝圣言的忠实记录，他要从人的作品的角度，借助文学和历史考据学的方法来揭示《圣经》诸篇的写作历史和原初意图。① 总而言之，斯宾诺莎是在理性的法庭上对《圣经》进行考察，进而质疑：1.《圣经》的基础是否牢靠（神迹批判，第 6 章）；2. 先知教诲之间是否前后一贯、没有矛盾（圣经教诲批判，第 2 章）；3.《圣经》诸文的编撰是否存在残损、乱入伪作或作者冠名失误的问题（语文学和历史批判，第 8—10 章）。在展开如是工作时，理性在斯宾诺莎那里赢获了自足的确定性和权威可靠性，成为可以理解并且能够通达上帝之言的不二选项。

然而在迈蒙尼德那里，对理性的确信从未达到如此高位。在迈蒙尼德看来，启示的真理部分地或整个地超越于人的理性，尽管律法书教义并不与理性的原则相违背，而且后者是理解前者真义的必备前提，但在根本上，理性必须服膺《圣经》超理性的神圣根源。因为在迈蒙尼德的观念中，一方面人之理性所能通达的只限于他自己的世界，他所能经验到的月下世界，即尘世或现世的世界，而不足以认识天界，妄论上帝的超越本质。② 另一方面，如果假定人的理性具有自足性，不需要启示的流溢和律法的指导便能过上良善的至福生活，那么“启示便遭到了废黜；人们或许还会信仰启示，但一定不会再对启示具有兴趣”。③ 正因如此，我们发现《迷途指津》和《神学政治论》写作上的显著不同：在《迷途指津》的开篇，迈蒙尼德对先知书中的一些语词的寓意疏解看似偏离了《圣经》的字面含义，但稍加体会便可看出，迈氏散漫无奇的字词辨析无不以犹太信仰的十三条信纲（如上帝存在、单一和非形体性）和先知预言的真实作为前提。与之相反，斯宾诺莎

---

① 参见《神学政治论》第七章“论解释圣经”的第三项准则。Benedict De Spinoza, *Theological-Political Treatise*, translated by Michael Silverthorne and Jonathan Isreal, Cambridge University Press, 2007, p.101.

② Moses Maimonides, *The Guide of the Perplexed*, translated with an introduction and notes by Shlomo Pines, Chicago and London: the University of Chicago press, 1963, pp.307, 319—320.

③ Leo Strauss, *Spinoza's Critique of Religion*, translated by E.M.Sinclair, the University of Chicago Press, 1997, p.160.

为《神学政治论》撰写的序言充溢着对先知预言的轻蔑和不屑，其剑锋直指对人的理性之不自足的怀疑和论断。[①] 这种鲜明的态度差异彰显了二者在理性和启示关系问题上的根本分歧。

总而言之，对理性是否自足的判断构成了迈蒙尼德与斯宾诺莎写作的不同前设和首要区别：在迈蒙尼德那里，人的理性不足以获得关于上帝的完整知识，因此理性直观不得不仰赖于神圣超越者的流溢和启示。这即是说，迈蒙尼德对理性的限度保持着高度的警惕和清醒的认识，他从根本上否认了人能凭借一己之力抵达至福的良善生活的可能，相反，唯有借助上帝的佑助、启示和律法指导，人类才能远离罪恶，过上幸福生活。斯宾诺莎反对迈蒙尼德借助超自然的力量（上帝启示）来导引人类生活的观念。在前者看来，人的理性具有充分的自足性，故而人类不需要借助外在的神力去安排设计，就能过上自己想要的理想生活。正是基于这种理性自足的哲学假设，斯宾诺莎感到，"在进行哲学思考之前，必须先质疑启示信仰，因为后者要求人们怀疑对自身理性的信赖"。[②] 为了让理性彻底摆脱神学偏见的羁绊，获得自由思考的领地，斯宾诺莎在《神学政治论》中对神学和理性的领域做出了明确的二元区隔，他强调，"我们完全可以对这种观念和迈蒙尼德的学说置之不理，神学不必听从理性的使唤，理智也毋需听从神学的使役，两者各有其独立的地盘……理智的范围是真理和智慧，神学的范围是虔敬和服从"。[③] 由上可见，在人的理性是否自足的问题上，斯宾诺莎和迈蒙尼德具有显著不同的态度，这一立场态度直接导致了二者关于神学核心教义的不同判断。

（二）核心神学预设上的分歧。迈蒙尼德和斯宾诺莎在核心神学预设上的分歧主要聚焦在上帝理智与意志的关系上。在斯宾诺莎看来，

---

① Benedict De Spinoza, *Theological-Political Treatise*, translated by Michael Silverthorne and Jonathan Isreal, Cambridge University Press, 2007, pp.3—12.

② Leo Strauss, *Spinoza's Critique of Religion*, translated by E.M.Sinclair, the University of Chicago Press, 1997, p.113.

③ Benedict De Spinoza, *Theological-Political Treatise*, translated by Michael Silverthorne and Jonathan Isreal, Cambridge University Press, 2007, p.190.

“上帝的意志和上帝的理智实际上是一回事。只是我们形成关于上帝理智的观念时，它们才区分开来”。① 因为上帝意愿他所知的一切事物，除了现实的事物，其他的事物皆无可能。对斯宾诺莎而言，在上帝那里根本没有“可能”与“现实”的分野，上帝所知的全都凭借他的意愿行动得到了实现。正因如此，“上帝所肯定或否定的东西都包含着永恒的必然性或真理”，“我们称之为上帝理智的东西，现在也被称为上帝的意志或命令”。② 与斯宾诺莎不同，迈蒙尼德反对上帝的理智与意志同一的提法。在迈氏看来，上帝之中没有复多（multiplicity），因为上帝是单一（oneness）的实体，任何肯定属性都假定了上帝的某种复多性，如上帝存在，上帝有生命、理智，或是意志，等等。就人之有限的理智而论，我们充其量只能对上帝进行否定性的描述，因为“否定属性并不暗示任何复多性的观念，而且它们最大限度地向人传递关于上帝的知识”，因此，“否定属性是我们必须用以指引我们的心灵，通达我们必须信仰的关于上帝的真理的东西”，“我们对于上帝的全部认识即在于，我们仅仅知道自己无法真正地去理解他……不管我们怎样颂扬和赞美上帝，我们所说的总包含一些不适合用于上帝的东西，包含了一些有损于上帝的说法”。③ 总而言之，迈蒙尼德反对将意志和理智两种肯定属性归给上帝，然后认定这两者之间存在同一性的做法，因为这样的推断完全违背了迈蒙尼德“否定神学”的主张。

值得注意的是，上述核心神学预设的分野并非无足轻重的言辞之争，而是突显了双方在神学基本观念上的紧张和对立。例如，斯宾诺莎从上帝的理智和意志同一的观点出发，认为不可能存在来自启示的律法。因为上帝意欲（肯定或否定）他所知的一切事物，如果上帝是智慧、大能和良善的综合统一体，那么一旦他发现人有原罪或本罪的

①② Benedict De Spinoza, *Theological-Political Treatise*, translated by Michael Silverthorne and Jonathan Isreal, Cambridge University Press, 2007, p.62.

③ Moses Maimonides, *The Guide of the Perplexed*, translated with an introduction and notes by Shlomo Pines, Chicago and London: the University of Chicago Press, 1963, pp.132, 134—135, 139—140.

苗头，就必然会将其消灭在萌芽状态。这样一来，源于启示的律法就丧失了其存在的正当性，因为律法是以恶或罪的可能性为前提条件，既然罪和恶的可能性在上帝那里遭到了抹除，就没有了上帝启示先知、警告世人如何过有德性的律法生活的必要。① 与之相对，迈蒙尼德认为，我们不应当将理智和意志的属性归于上帝，但如果预设了《圣经》律法书的表述为真，那么我们就应当承认上帝是意志性的存在，因为上帝的无中创世彰显了上帝的意志性的一面。也就是说，以创世论为前提，迈蒙尼德认可了上帝理智与意志的区分，从而肯定了神迹、启示律法、惩戒、恩典和救赎的存在可能性，因为它们可以视为意志行动者——上帝依据人们对其诫命的顺服与否所作出的某种裁决。

总而言之，斯宾诺莎从几何学为根底的神学立场出发预设了上帝是理性和意志的同一，进而否定了神迹和源于启示的律法的正当性基础；迈蒙尼德则以《圣经》的创世论为前提，认肯了上帝意志与理性之间的区分，进而认肯了人有违逆神恩以及上帝启示律法、行赏施罚的可能性。如果将斯宾诺莎式上帝视为无为而治的真理和必然性的化身，那么迈蒙尼德的上帝便是充满爱恨情欲的行动主体，这就为犹太教的立法者——上帝介入人世、恩赐赏罚和启示律法的提供了正当性依据。需要看到的是，斯宾诺莎和迈蒙尼德之所以会提供如此差异显著的上帝形象，与他们是否认同犹太人的生活方式存在内在的关联。

（三）在犹太身份认同上的差异。如前所述，迈蒙尼德和斯宾诺莎都生活在耶—雅冲突的时代。一方面，从理性视角来看，在迈蒙尼德那里，阿拉伯亚里士多德主义的中兴是他不得不直面的重要理论资源，而对斯宾诺莎而言，笛卡尔为代表的近代理性主义正作为一种冲破神—政秩序牢笼的强大力量在萌生壮大。当然，同为理性主义，两者指涉的含义却具有显著的差异，例如迈蒙尼德所直面的理性主义是以

---

① 参见斯宾诺莎关于原罪和十诫的论述。Benedict De Spinoza，*Theological-Political Treatise*，translated by Michael Silverthorne and Jonathan Isreal，Cambridge University Press，2007，pp.62—63. 同时参见 Leo Strauss，*Spinoza's Critique of Religion*，translated by E.M.Sinclair，the University of Chicago Press，1997，p.154。

亚里士多德思想为基底的12世纪的目的论形而上学体系，然而这种形而上学到了17世纪，俨然成为一种人人喊打的经院哲学的代名词，因而成为物理学和哲学所致力攻击的对象。另一方面，以信仰的视角观之，斯宾诺莎和迈蒙尼德都生长于犹太共同体当中，差别在于：迈蒙尼德对犹太律法主义生活方式保持着高度的认同和忠诚，他对理性主义的接受是从一个犹太教教师——拉比的身份开始的，他的所有立论和驳论皆源自他作为犹太人的生活处境，亦是为了回应其时代所身处的犹太人困境。“当哲学家们威胁到犹太人的生活处境时，迈蒙尼德为受到哲人们威胁的犹太人的生活处境进行辩护。在犹太教能够被理性之光照亮的限度内，他以哲学为手段对犹太教进行启蒙。以哲学为支点，迈蒙尼德再一次将犹太教提升到其原本已然达到的高度。……就根本而言，迈氏的哲学以犹太教为基础，并贯彻始终。”① 也就是说，迈蒙尼德从未像斯宾诺莎那样抛弃犹太教的生活原则，也没有像后者那样以理性原则为地基，建构出一套与犹太传统完全异质的哲学体系或教育方案。正因如此，迈蒙尼德在其时代的犹太人当中享有盛名，成为犹太律法的一代宗师、可敬的拉比、社团的领袖、犹太传统的捍卫者和灵魂的慰藉者。

与之相对，斯宾诺莎亦是作为一个犹太人被抚养成人，但理智的沉思让他与这个传统日渐疏离，甚至最终分道扬镳。在这位普世情怀的圣者那里，作为犹太人的成长经历似乎就是一种被灌输成见的过程，而远离犹太教的过程，似乎成了爬出柏拉图式意见洞穴，获得真理之光照亮的祛魅之旅。也即是说，与犹太教拉开距离，一方面为斯宾诺莎创造了不受阻碍进行自由哲思的场域，从而使他不必绞尽脑汁去考量如何不会触碰犹太教的诸种戒律。另一方面，与迈蒙尼德着力在犹太教的法庭上为理性进行辩护的论姿不同，与犹太教的彻底决裂让斯宾诺莎的哲学书写获得了一个崭新的立脚点：它让犹太教在理性（人

① Leo Strauss, *Spinoza's Critique of Religion*, translated by E.M.Sinclair, the University of Chicago Press, 1997, p.164.

性）的法庭上为自己的正当性基础辩护，证明的责任从自己的肩头一下甩到敌手的肩头。在斯宾诺莎看来，犹太教的自我辩护完全苍白无力，因为真正的辩护应当“站在犹太教之外的地平上，为犹太教进行实证性的正当性辩护”，也就是说，犹太教需要“在一位内心可能无恨，但一定要无爱的法官面前进行这一自我辩护，这位法官具有一种‘自由的精神’，带着一种铁面无私的严苛去检验这些辩护”。否则，以犹太教为基底去调校自己的方向，像迈蒙尼德所做的那样，形同于自囚于成见之中。①

综上可见，与迈蒙尼德对犹太生活方式的高度认同和忠诚不同，斯宾诺莎将犹太传统视为阻碍自由哲学思考的成见和牢笼。斯宾诺莎似乎不在意犹太人对其思想的误解和无神论指控，也不恼怒自己被逐出犹太共同体，遭受了母族极不公正的诅咒。② 因为在撰写《神学政治论》的三个目的当中，斯宾诺莎对驳斥自己的无神论指控一事进言最少。真实的原因或许在于，一个已然爬出洞穴的哲人（如斯宾诺莎）根本无意于企望洞中被困的囚徒（如犹太信徒）的理解。与之相对，我们也不应从哲学的视角出发来理解迈蒙尼德的《迷途指津》，因为后者不像《神学政治论》那样是写给未来哲人的哲学著作，而是旨在教导那些具有哲学潜质，但在信仰之途上陷入困惑的犹太人的律法释疑指南。总而言之，从两部作品的不同指向和不同品质，我们可以得出结论，迈蒙尼德和斯宾诺莎对犹太生活方式具有完全不同的态度，正是这两种不同态度为读者开启了犹太理性主义的两种不同路向。有了上述预设差异的铺垫分析，我们就可以深入文本，缕析二者在犹太哲学核心论题上的“古今之争”和“隐匿对话”。

---

① Leo Strauss, *Spinoza's Critique of Religion*, translated by E.M.Sinclair, the University of Chicago Press, 1997, p.164.

② 但是斯宾诺莎的反应并非狭隘地采取以牙还牙、以眼还眼的策略，他超然、宁静，关注哲思的自由和对犹太人的解放报以同情式的期许，后者尤其体现在他对犹太人个体同化和政治犹太复国主义之可能的理论建构上。而且，斯宾诺莎在雅可比和门德尔松的泛神论之争后变成了犹太人的圣徒和至圣先师，尽管不乏柯亨等人的恶毒反拨，但主流犹太看法仍然对斯宾诺莎充满敬意和加以颂扬。

## 三、隐匿的对话：斯宾诺莎与迈蒙尼德神学观念上的“古今之辩”

斯宾诺莎与迈蒙尼德在神学立场上的紧张和对立主要集中在神法、启示预言和神迹三个方面。下面我们分而述之。

首先，在神法方面。迈蒙尼德认为，与古希腊的政治律法、萨比教徒的习俗戒规相比，律法书是以创世信仰为基础的神圣作品，其目的指向人的“灵魂完善和肉体完善”。[①] 所谓肉体完善，在于实现身体方面的是其所是或健康。然而，作为社会（政治）的动物，人没有办法凭借一己之力获得健康所需的各种条件。因此，肉体的完善需要在社会中，借助良善的共同体政治和伦理生活来加以实现。也就是说，肉体完善的实现具有社会性和政治性，首先它要惩罚暴力和消除不义，建立社会的公正秩序；其次它要培育个体的高尚德性，培育道德人格。[②] 与肉体完善（道德完善）不同，灵魂完善指向真理的探求，它借助人的理性之思来获取真理，故而具有自足性和内在性的特质。在迈蒙尼德那里，神法是肉体完善和灵魂完善的有机统一，其目的既包括肉体完善所需的德性培育和消除不义，亦包含灵魂方面的获取真理。因此，在《迷途指津》中，迈蒙尼德将神法的目的总结如下：“要么是为了消除恶行；要么是为了敦品化俗、促进社会良善关系；要么是传达真知灼见，这一真知灼见对于阐明戒律自身，革除不义和培育高贵美德是必不可少的。”[③] 正是基于这样的神法理解，迈蒙尼德在《密西那托拉》中将犹太教 613 条戒律划分为 14 大类，明确其具体意旨，阐明其内在根由。而在这些律令当中，摩西律法堪称神法的典范之作，这不仅由于它所确立的神法最先实现了肉体完善和灵魂完善的有机统

---

① Moses Maimonides, *The Guide of the Perplexed*, translated with an introduction and notes by Shlomo Pines, Chicago and London: the University of Chicago press, 1963, p.381.

② Moses Maimonides, *The Guide of the Perplexed*, translated with an introduction and notes by Shlomo Pines, Chicago and London: the University of Chicago press, 1963, p.510.

③ Moses Maimonides, *The Guide of the Perplexed*, translated with an introduction and notes by Shlomo Pines, Chicago and London: the University of Chicago press, 1963, p.513.

一，[①] 还因为作为先知，摩西具有独一无二的地位。

然而，在斯宾诺莎看来，摩西律法实在称不上是一部神法。首先，斯宾诺莎不认同迈蒙尼德的神法含义：迈氏认为神法具有肉体与灵魂完善双重指向，斯宾诺莎则认为肉体完善是人法的对象，而神法独司灵魂完善一职。也就是说，斯宾诺莎将人法和神法加以区分，认为人法着眼于生命和国家的安全，因而是一种政治上的特定方策，而神法则将目光瞄向"最高的善，即获得关于上帝的真正知识和爱上帝"。[②] 既然二者权属职责不同，那么将二者加以区隔也就有了天然的正当性。其次，迈蒙尼德认为上帝向人类传达圣谕、启示律法，是为了让人远离他神，去除谬见陋习，根绝一切偶像崇拜，简而言之，就是让人们"敬畏上帝，听从上帝的吩咐"。[③] 斯宾诺莎反对人格性（意志性）的上帝说法，他从上帝意志和理性同一的预设出发，认为上帝的命令与自然律一样，包含永恒的真理和必然性。既然神法来自上帝的命令，那么也就具有真理的普遍性特质，或者说对所有人都是共同的命令或规范。以是观之，摩西律法显然不具有这样的普遍属性，因为，它"不是从普遍的人性中抽绎出来的"，而是为了迎合"某一特殊民族的气质和保全"[④]。从这个角度看，摩西律法太过政治性和特殊主义，它俨然就是一种为希伯来人量身定制的特殊律例，既无普遍人性的关怀，亦无个体幸福和灵魂拯救的关切，因此岂可称之为神法。

可以看出，斯宾诺莎之所以抛弃迈蒙尼德对神法"灵—肉"一体

① 在《迷途指津》中，迈蒙尼德强调摩西律法的两个旨归："首先，它要消除不义，培养人高尚优良的品格，以在人与人之间建立良善的关系"，"其次，它通过夯实信仰、传达真知灼见的方式增进我们灵魂的完善"。Moses Maimonides, *The Guide of the Perplexed*, translated with an introduction and notes by Shlomo Pines, Chicago and London: the University of Chicago press, 1963, p.511.

② Benedict De Spinoza, *Theological-Political Treatise*, translated by Michael Silverthorne and Jonathan Isreal, Cambridge University Press, 2007, p.59.

③ Moses Maimonides, *The Guide of the Perplexed*, translated with an introduction and notes by Shlomo Pines, Chicago and London: the University of Chicago press, 1963, pp.521, 523, 630.

④ Benedict De Spinoza, *Theological-Political Treatise*, translated by Michael Silverthorne and Jonathan Isreal, Cambridge University Press, 2007, pp.59—61.

的整全理解，缘于他没有从《希伯来圣经》或特选民的视角出发，从生活方式的角度同情式地理解上帝立言力行的亲在性和内在性；相反，他从后犹太教律法的视角出发，即以基督教《新约》的普世主义立场为支点，批评指摘摩西律法的民族性、政治性和特殊主义，这突显了他对“犹太教的根本疏远。因此，他对摩西律法的摒弃可以归根于这种疏远（即归根于‘免于成见的自由’）”①。更为重要的是，对迈蒙尼德而言，肉体和灵魂的完善一体不分地同时寓于托拉（口传律法）的教诲之中，斯宾诺莎借助外在化的理性标准将它们区隔开来，让人法和神法各自掌管灵—肉的一维，然而，“如果神法和人法之间不可调和的矛盾特质尚未得到证实，我们就不可能依据《圣经》证明摩西律法是纯粹人法”。② 换言之，就其本质而言，斯氏对摩西律法的驳斥只具有修辞学的效力，而不具有理论上的证伪效力。

其次，关于预言。斯宾诺莎通过人法和神法的区分来批判迈氏关于摩西律法为神法的论断，同样地，他借助理智和想象力的对立来反对迈蒙尼德的预言理论。对迈蒙尼德而言，由于上帝超乎人的理解之外，故而要获知上帝的圣言教诲，就要借助理智与想象力的通力合作。在《迷途指津》中，迈蒙尼德强调：“预言的真正本质是上帝发出的一种流，通过能动理智的中介，它首先传给人的理智，然后到达人的想象力；它是人之存在所能达到的最高等级和最大的完满性，亦是人的想象力的最充分的发挥。”③ 这即是说，作为最为接近上帝的先知，凭借理性认知去接近上帝是不够的。除了具有强健的推理能力外，先知还要具有远离低级趣味的道德品质和不畏艰险的个人勇气，尤其是要具有强大的直觉力和超凡的想象力。唯有如此，他才能通过异象或在梦境中接收上帝所流溢出给他的启示教诲和神圣戒律。

---

① Leo Strauss, *Spinoza's Critique of Religion*, translated by E.M.Sinclair, the University of Chicago Press. 1997, p.169.

② Leo Strauss, *Spinoza's Critique of Religion*, translated by E.M.Sinclair, the University of Chicago Press. 1997, p.170.

③ Moses Maimonides, *The Guide of the Perplexed*, translated with an introduction and notes by Shlomo Pines, Chicago and London: the University of Chicago press, 1963, p.369.

与迈蒙尼德这种颇具神秘色彩的新柏拉图主义预言学说相比，斯宾诺莎从确定性与自明性的笛卡尔主义立场出发，将预言理解为“上帝启示于人的必然知识，而预言家就是某位把上帝的启示解说给那些无法获得这种确切知识的人”。[①] 既然预言只是某种具有必然性的知识，那么，我们就能而且只需要以理智的方式去获取它们。对斯宾诺莎而言，求真的路上，想象力对确定性知识的寻求不仅无益，而且起到干扰或抑制作用。因此，斯宾诺莎从认识论（而非信仰）的视角出发，强调想象力和理智之间不仅相互干扰、甚至相互对立：“有高度想象力的人并不适宜于抽象的推理，而以运用智力见长的人的想象力较为羸弱，他们试图遏制自己的想象力，唯恐其越俎代庖，对理智运用造成干扰。”[②]

对斯宾诺莎而言，迈蒙尼德关于想象力对于感官知觉所具有的优越性和可区分性根本不值一提。因为在以清醒或确定性追求为旨归的理性认知图谱中，感官知觉与想象力之间的差别已变得无关紧要，它们聚焦于感动印象和变动事物的联结，充满含混、耽于表象，故而低于自明性的理性推理，是需要加以悬置和怀疑的对象。正是立基于这种自足性和确定性的原则，斯宾诺莎批判迈蒙尼德寓意解经原则。在前者看来，《圣经》批判应首先预设《圣经》的字面表述为真，然后通过理性拷问（语文学或历史学）的方法，辨析《圣经》诸篇叙述是否逻辑一贯、没有矛盾，从而断定这些预言表述的真伪问题。对于后者而言，人的理性是有限的，因此我们不能唯《圣经》的字面表述是从。因为这些表述是先知为适应当时信众的接受能力而进行的比喻性或形象说法，我们需要从信仰的十三信条出发，从这些形象的表面说辞出发，细细品味其下所蕴藏着的真义。简而言之，《圣经》表述要区分它的内在含义和外在含义、字面含义和真实意义，这之于神法上，表

① Benedict De Spinoza, *Theological-Political Treatise*, translated by Michael Silverthorne and Jonathan Isreal, Cambridge University Press, 2007, p.13.

② Benedict De Spinoza, *Theological-Political Treatise*, translated by Michael Silverthorne and Jonathan Isreal, Cambridge University Press, 2007, p.27.

现在它一方面通过外在意义来规约人们的共同体生活，另一方面通过其内在含义传达真理的教诲。总而言之，与迈蒙尼德以犹太人的生活和信仰为出发点的预言阐释不同，斯宾诺莎的立论以近代科学的理性精神为主导，从根基上，他已然偏离了对《圣经》的关注，尤其是对《圣经》启示特性之神圣性的认信。在施特劳斯看来，以这样的前提来批驳迈蒙尼德寓意解经的大胆和含混，非但无法真正证伪迈蒙尼德，相反堕入到论证的自我循环之中。①

最后，关于神迹。对迈蒙尼德而言，人的至福与最高目的在于爱上帝，而通过理性地获得关于上帝的认识只是为了更好地信仰上帝和爱上帝。然而，人的理性不能获得对上帝的整全认识，例如，人类无法经验地获知世界的恒在抑或被造，也无法借助理性推理融洽地解释神迹的发生及其缘由所在。当然，理性能力的不足并不能成为否定创世说的借口，如果以上帝信仰为前提，那么我们只能选择相信世界的被造而非亚里士多德意义上的世界恒在。因为一方面，世界被造是相信上帝存在的前提条件，是诸神学信条得以可能的前提预设和自明公理，也就是说肯定了无中创世，才能确立上帝存在的信念；反之，否认世界被造，便意味着否认上帝存在的事实。另一方面，无中创世不仅体现了上帝的存在和大能，其本身也是一个奇迹，而且是一个首要的、最大的神迹，它预设了上帝是一个意志性的存在。从这两方面出发，迈蒙尼德强调指出，“从世界在时间中被创生的信仰出发，一切神迹，一切律法都变得可能。一切随之而起的疑问都将消失”。反之，如果“成功证明了亚里士多德所理解的世界永恒存在，那么，整个律法书都将被推倒，而我们将不得不另做主张，故而，这是至为关键的问题”。② 简而言之，基于对上帝存在和上帝创世的信仰，迈蒙尼德认可了神迹的存在及其可能。

---

① 参见 Leo Strauss, *Spinoza's Critique of Religion*, translated by E.M.Sinclair, the University of Chicago Press. 1997, p.173。

② Moses Maimonides, *The Guide of the Perplexed*, translated with an introduction and notes by Shlomo Pines, Chicago and London: the University of Chicago press, 1963, pp.329—330.

迈蒙尼德对神迹的认定来源于创世说和对上帝意志性的肯定，① 但斯宾诺莎否定了上帝理智和意志的分离。在后者看来，上帝所欲之事便是他所知之事，因此，上帝的意志和命令便具有永恒的必然性和真理性，或者说自然界的法则和规律亦来自上帝的意志和命令，世上根本没有超逾自然的普遍法则的事物存在。那么，我们又当如何来理解奇迹呢？在斯宾诺莎看来，奇迹不过是那些不能用自然原因来加以解释的事物，亦即“不能为我们通过理性的自然之光所照亮的那些自然事物的法则来加以解释的事儿”。② 问题在于，这些事情无法通过自然的原因加以解释，是因为它的是其所是超越了自然的常轨？还是因为神迹有其自然的原因，只不过这些原因尚未被人的理智所省察？从斯宾诺莎的第一条定则——“自然有万古不移的理法，任何事物不能违背其普遍法则”——可以看出，斯氏显然认可第二种说法。正是在这个意义上，斯宾诺莎强调：“奇迹若是指一些反乎自然规律的事物，它们非但不能证明上帝的存在，反而会使我们怀疑上帝的存在。”因此，认为“奇迹无论是违反自然，或超出自然的界限之外，纯属无稽之谈”，故而，我们可以得出如下结论：“奇迹是自然的事件，职是之故，我们不可把它解释为‘新事’（所罗门语），也不将其视为与自然冲突的事件，而是尽可能地把它说成与自然事实相契合。”③

如果我们认可斯宾诺莎对神迹自然理解，那么我们就不得不面对自然秩序和违逆自然律的神迹现象之间的冲突问题。在这一点上，迈蒙尼德尽管从创世论出发肯定了神迹的存在，但他也未否认创世和神

① 尽管迈蒙尼德通过创世和神迹理论推出上帝具有意志属性，但他反对人用自己的理智去理解或揣测上帝的意志和行动，这尤其体现在他对《约伯记》的疏解中：“正如自然行动与人造物的行动不同一样，在上帝那里对于自然事物的统治、护佑、欲求也与人对事物的统治、保佑和欲求有着决然的差别。《约伯记》全篇的根本目的就是向我们表明这一点。” Moses Maimonides, *The Guide of the Perplexed*, translated with an introduction and notes by Shlomo Pines, Chicago and London: the University of Chicago Press, 1963, p.497.

② Benedict De Spinoza, *Theological-Political Treatise*, translated by Michael Silverthorne and Jonathan Isreal, Cambridge University Press, 2007, p.84.

③ Benedict De Spinoza, *Theological-Political Treatise*, translated by Michael Silverthorne and Jonathan Isreal, Cambridge University Press, 2007, pp.85, 87, 96.

迹之间可能存在的冲突问题。如果上帝创造的世界秩序来自他的智慧和良善，那么现有的世界秩序便是和谐的和至善的，那么上帝借助神迹所做出违逆自然秩序的修正是否是对他创世秩序的某种自我否定？迈蒙尼德借助永恒和短暂，经常出现与偶然发生的区分来化解这一问题，在他看来，神迹作为一种转瞬即逝的偶然修正，并不会对世界秩序的整体和谐造成危害。问题的关键在于，既然世界被创造得如此完美无瑕，那么上帝为何要实行奇迹？在迈蒙尼德看来，上帝施行神迹不是为了自然，而是为了人类：神迹的题中之义在于它是上帝的行动，它不受人类的干预，却又为了人类的缘故。这一本质性规定一方面表明神迹源自上帝的意志行为，另一方面又强调这种行动为人属性，亦即上帝是出于眷顾人类、关心人类福祉（亦即神佑）的需要而施行神迹。那么，神迹之所可能的条件便不仅包括创造，还有神意。也就是说，在迈蒙尼德那里，"在具体处境中偶然出现、不会持续发生的神迹，背后蕴涵着连续且一成不变的神意"，在施特劳斯看来，这是一种对人类看护、眷顾、警醒，甚或公正赏罚以促其向善的神意。①

斯宾诺莎显然不同意这种基于神意或神佑主张的神迹理论，在他看来，"《圣经》中上帝的命令、意志与神意是指必然遵循他的永恒法则的自然秩序"，"自然的法则规律即是上帝的意旨命令"，因此，那种认为自然的普遍法则会因为人的缘故而遭到修正的说法便是荒诞不经的：因为"上帝按普遍规律的要求支配自然，（决）不按照人性特殊规律的驱策役使自然"。② 出于对普遍必然法则的敬重和爱欲，斯宾诺莎不仅对神迹丧失了兴趣，而且让他对《圣经》中神迹记述的真实性产生了怀疑。在《神学政治论》中，斯宾诺莎认为，"《圣经》中有很多叙述得煞有其事的事情，事实上只是被认为是真的，实际上只是一种象征或想象而已。……这些事情毫无疑问只是幻象，只不过见证它们

① Leo Strauss, *Spinoza's Critique of Religion*, translated by E.M.Sinclair, the University of Chicago Press. 1997, p.188.

② Benedict De Spinoza, *Theological-Political Treatise*, translated by Michael Silverthorne and Jonathan Isreal, Cambridge University Press, 2007, pp.82—83, 88.

并将其传给我们的人以为真是如此”。[①]

我们应当如何理解和评定评价斯宾诺莎这种对神迹的理解和篡改，在《斯宾诺莎的宗教批判》中，施特劳斯提供了一个值得重视的见解，他认为，“要想否定神迹，就必须否认世界的被造，在斯宾诺莎的案例中，他对世界被造的否认源自他的哲学体系”。[②] 而这一哲学式的前提与迈蒙尼德从创世、神意和神佑出发对神迹的肯定之间形成了尖锐的紧张关系。对此，施特劳斯评述道，如果斯宾诺莎对迈蒙尼德的批判不是宗教批判，而是哲学批判，那么“他对迈蒙尼德的批判从原则上说就是错误的”，因为“迈蒙尼德一开始就没有把其立场奠定在科学之上，而仅仅是以科学为根据为其既定的犹太立场进行辩护”。[③] 而斯宾诺莎则“以外在于犹太教的事物为基础，为犹太教作实证性的正当性辩护”。这即是说，两者的立论和反驳完全没有处在同一个地平上，问题是，“如果信仰和无信仰没有共同的地基，那么批判将在何种基础上发生？”[④] 显然，对施特劳斯而言，这种批判只能是隔靴搔痒，打不到对方的痛处。正是在这个意义上，施特劳斯认为斯宾诺莎并未触及他所批判的立场，也就是说，斯宾诺莎并未驳倒迈蒙尼德，他对迈氏律法批判充其量是放弃了对方的立场，在哲学的地平上转换了宗教思考的崭新方向。

## 四、小结

综上所述，斯宾诺莎的宗教批判是为了祛除神学偏见，为自由的哲学思考扫除障碍。在斯宾诺莎看来，尽管迈蒙尼德同样以理性为地基来理解犹太教的先知圣言和律法教诲，但后者立场仍是以犹太人的生活和信仰为前提和出发点的。因此，他的神学—政治批判要完成祛

---

① Benedict De Spinoza, *Theological-Political Treatise*, translated by Michael Silverthorne and Jonathan Isreal, Cambridge University Press, 2007, p.93.

②③ Leo Strauss, *Spinoza's Critique of Religion*, translated by E.M.Sinclair, the University of Chicago Press. 1997, p.191.

④ Leo Strauss, *Spinoza's Critique of Religion*, translated by E.M.Sinclair, the University of Chicago Press. 1997, pp.164—165.

除神学偏见的任务，不仅要反对基督教的正统怀疑派，犹太教的神秘主义取向，也要反对迈蒙尼德的犹太律法主义观念。对斯宾诺莎而言，迈蒙尼德的古典理性主义因其信仰前提仍囿于偏见之中，因而要想理性地解释圣经，首先要祛除迈蒙尼德的寓意解经原则，这是他圣经批判不得不直面的一个重大阻碍。

问题是，斯宾诺莎真的做到这一点了吗？公允地讲，斯宾诺莎的批判并未真正击垮迈蒙尼德学说的基石。究其原因，两者的立论奠基在完全不同的预设前提之上，这表现在：首先，在斯宾诺莎那里，理性是自足的，他要在理性的法庭上审判信仰，而在迈蒙尼德那里，理性不足以认识上帝，尽管理性是认识和信仰的必不可少的手段；其次，斯宾诺莎预设了上帝理性和意志的统一，从而否定了上帝意志与神迹的可能，而迈蒙尼德则从犹太信仰的视角出发，肯定了上帝创世的正当性以及上帝存在的意志属性；最后，在犹太生活方式的认同上，斯宾诺莎从理性的普遍性原则出发，批判犹太律法生活的特殊主义和民族特质，而迈蒙尼德则对犹太生活方式保持了高度的认同和忠诚。正是基于上述理论预设的分歧，斯宾诺莎和迈蒙尼德在神学观念上，尤其是在对神法、预言和神迹等神学观念的认识上存在重大的差异。在施特劳斯看来，二者分歧的关键在于他们分别立基于信仰和无信仰的不同地基之上，因为没有共同的基础，所以斯宾诺莎的批判只具有修辞学的夸张和贬抑，并未在学理上最终驳倒迈蒙尼德的主张。

然而，如果从后世的影响来看，事情变得扑朔迷离起来。一方面，从哲学上讲，斯宾诺莎的批判只是证实了人类理性的能或不能，而迈蒙尼德却假定了《圣经》的神圣根源。斯宾诺莎因为未能直面或直接抛弃迈蒙尼德的地基而宣告了他的批判无效。另一方面，从后果上看，斯宾诺莎的圣经批判又获得了巨大的成功，因为后世的哲人和犹太律法学家，无一不是从斯宾诺莎的激进理性主义（而非迈蒙尼德信仰为前提的温和理性主义）立场出发，从斯宾诺莎等哲人所开启的理性万能的启蒙立场出发去反对神学，最终将政教秩序打进历史的垃圾场和故纸堆。从这个角度上讲，斯宾诺莎的宗教批判获得了成功。

# 第六章　隐匿对话与思想论争：施特劳斯与同时代哲人的比较研究

施特劳斯是一个生于忧患年代的犹太哲人，作为一个犹太人的遭遇和体悟直接影响了他的学术旨趣和研究方向。同样的，在风雨飘摇的魏玛共和国，在思想高度活跃和繁荣的20世纪二三十年代，活跃着一批与施特劳斯年龄相仿的犹太知识分子，如阿多诺、本雅明、阿伦特、洛维特、约纳斯（Hans Jonas）、索勒姆、列维纳斯，等等。他们在德国接受教育，在纳粹主义执政之前逃离德国，成为避居美国的流亡犹太哲人，并从批判哲学、文学批评、政治哲学、历史哲学、神学等不同角度对反犹主义和极权专政主义现象进行了深入反思。因此，将施特劳斯的犹太思想置于诸多同时代政治哲人的整体背景视域下加以考察，不仅可以甄别学术旨趣和心性取向不同导致的观点差异，也可以更好地理解和评价施特劳斯犹太思想较之其他哲人思想的独创性意义。本章择取阿伦特、洛维特、科耶夫和波普尔等四位哲人思想与施特劳斯思想进行比较，以期在更大的学术背景下评判施特劳斯哲学思想的意义及其限度。

## 第一节　“奥斯维辛”的哲学批判：阿伦特和施特劳斯的三个理论歧见

在20世纪流亡犹太哲人当中，阿伦特和施特劳斯是两个值得注意的政治哲学家。因为二者之间有着重要的背景相似性：他们都是有着犹太身份认同的政治思想家；作为犹太人的生存境遇和社会边缘人的经验体悟以及对犹太人问题的关注构成了两者学术思考的理论起点；他们在 20 世纪 20 年代先后到马堡大学求学，海德格尔对古典思想的有力阐释和深度掘进对二者学术理路的最终成型影响很大；二者对纳粹极权主义有着重要的反省意识，并将理解和反思极权主义现象的根源视为自己重要的学术使命；二者都曾参与犹太复国主义运动[①]，对政治犹太复国主义的实践结晶——以色列国都葆有哲人克制的沉思距离；他们都走向实践的政治哲学而非纯思的理论哲学，都致力于政治问题和时代危机的审理，都对建构一套政治理论体系或政治设计方案持怀疑态度……然而，共同的身份认同和时代背景因素并没有拉近阿伦特与施特劳斯的思想距离，二者从相同的起点走向了不同的探究之途：前者将目光锚定于启蒙以降的现代社会，试图在纷繁复杂的政治、经济、社会现象和事件中洞穿本质，找到症结；后者试图从现代精神的诸思想前提中抽身而出，通过重启古今之争，意图站在古人的立场为现代政治哲学的“误入歧途”开方。为什么起点相同而终点迥异呢？我们如何评价两者理论诉求的视点高下？本节试图从犹太思想的角度入手，通过廓清二者理论观点的三个歧见，管窥两位政治哲人思想旨趣和理论观点差别的实质及其原因。

### 一、犹太人问题：政治问题抑或现代性问题

在《极权主义的起源》一书中，阿伦特用一卷（共三卷）的篇幅来处理犹太人问题。在阿伦特看来，犹太人问题的实质是“反犹主义”（antisemitism），即“一种世俗的 19 世纪意识形态”[②]。换言之，阿伦特

---

① 施特劳斯在 17 岁时加入犹太复国主义阵营，成为复国主义运动在德国最辉煌的一段时期的活跃分子。随着学术思考的深入，施特劳斯最终在十年后（1928 年）脱离了该组织。阿伦特一生，尤其是 20 世纪 30 年代曾直接或间接地为犹太复国主义运动工作，但她始终保持着独立的学者批判意识，并且一直没有加入犹太复国主义组织。

② 阿伦特：《极权主义的起源》，林骧华译，生活 · 读书 · 新知三联书店 2008 年版，第一部《反犹主义》序言，第 4 页。

将“犹太人问题—反犹主义”定性为西方现代社会独有的一种政治现象，从而将“仇视犹太人”（Jew-hatred）和反犹主义区分[①]开来。翻开一部犹太史，我们可以清楚地看到从古罗马帝国末期、中世纪到近现代，犹太人始终不断地遭到歧视、驱逐和屠杀。阿伦特又是依据什么标准将19世纪之前的仇视犹太人和19世纪之后的反犹主义加以斩断的呢？这主要涉及两方面的原因。

一是在阿伦特看来，“反犹主义只有在犹太人与非犹太人之间通过种族范畴，而非通过宗教信仰范畴进行区分时才开始出现”[②]。阿伦特将反犹主义置于启蒙以来欧洲政治历史发展的背景下加以理解。在阿伦特看来，以往仇视犹太人的原因主要是由于信仰的敌对煽动起来的。随着现代民族国家的出现，尤其是政教分离、宗教信仰转变为宗派选择，仇视犹太人的“理论根据和感情缘由”发生了质性变化，即不再是由于教义信仰的不同，而是由于政治、经济、社会等世俗因素的原因导致社会的反犹行为。因此，从犹太人迫害原因的变化上看，反犹主义实质上是近代民族国家产生以来的晚近之事，是区别于前现代宗教反犹的现代政治事件。

二是阿伦特将仇视犹太人与反犹主义加以区分是为了反对纳粹屠犹事件的两个流行偏见。在阿伦特看来，与反犹主义事件本身相比，这两种流行解释“都是仓促的胡编乱造，只是为了掩盖问题，严重威胁着我们的衡态感受与明智愿望”[③]。第一个流行见解是“替罪羔羊”（scapegoat）的说法。这种说法认为犹太人作为受害者是完全无辜的：“他不仅未曾作恶，而且根本未曾做过与面临的问题有关联的任何事情。”[④]在阿伦特看来，替罪羔羊论无法解释世界上如此众多的民族为何唯独犹太民族遭到灭顶之灾，它也无法解释为何在“本世纪悬而未决

① 克里斯蒂瓦认为阿伦特是第一个对旧极权反犹主义和现代极权反犹主义加以区分的政治哲人。参见克里斯蒂瓦：《汉娜·阿伦特》，刘成富等译，江苏教育出版社2006年版，第124页。

② 约翰逊：《阿伦特》，王永生译，中华书局2006年版，第26页。

③ 阿伦特：《极权主义的起源》，前揭，第37页。

④ 阿伦特：《极权主义的起源》，前揭，第40页。

的全部重大政治问题中，这个似乎无足轻重的犹太人问题”，而不是其他民族的迫害问题，“启动整部地狱机器”。[①] 说到底，替罪羔羊论等于什么也没有解释或说明，其“内在破绽足以说明它是一种逃避主义的说法是应该被抛弃的”[②]。第二种流传甚广的见解是替罪羔羊论的反面说辞：“永恒的反犹主义”（eternal antisemitism）。这种理论认为，现代反犹主义不过是犹太人两千多年被迫害史的自然延续。令阿伦特吃惊的是，这种说辞不仅受到反犹主义者的推崇，而且许多并无偏见的历史学家，甚至相当多的犹太人也接受了此说。对阿伦特而言，这种解释无视犹太人迫害原因的现代转变，“否定犹太人的一切责任，并且拒绝从特定的历史出发来讨论问题”。也就是说，要想获得反犹主义根源的合理解释，只能“在民族国家发展的比较普遍的框架中来观察现代反犹主义，同时应该从犹太历史的某些方面，尤其是上几个世纪里犹太人所起的作用方面去寻找它的根源”。[③]

正是藉由这种政治的、历史的视角，阿伦特开始了反犹主义诸影响因素的考察。阿伦特将反犹主义定性为一种政治问题，通过分辨“社会歧视变成政治争端的时刻”来理解反犹主义的本质。[④] 在阿伦特看来，反犹主义是极权主义的重要组成部分和触发原因。极权主义及其官僚统治剥夺了公民的自由权利，压缩了现代人自由行动的公共空间，因此，作为极权主义组成部分的反犹主义在本性上就是政治的。阿伦特强调：“犹太人命中注定走向历史事件的风暴中心，决定性的力量无疑是政治力量。”[⑤] 然而不幸的是“只有它的敌人——而且几乎从来没有一个朋友——才理解犹太人问题是一个政治问题”。[⑥] 原因似乎很

---

① 阿伦特：《极权主义的起源》，前揭，第 37 页。

② 阿伦特：《极权主义的起源》，前揭，第 40 页。所谓逃避主义，是指这种反犹主义解释回避了反犹主义的严重性，以及降低了犹太人被驱赶到事件的风暴中心这一事实的意义。关于逃避主义参见阿伦特：《极权主义的起源》，前揭，第 41 页。

③ 阿伦特：《极权主义的起源》，前揭，第 43、45 页。

④ 参见阿伦特：《极权主义的起源》，前揭，第 63 页。同时参见约翰逊：《阿伦特》，前揭，第 26 页。

⑤ 阿伦特：《极权主义的起源》，前揭，第 138 页。

⑥ 参见阿伦特：《极权主义的起源》，前揭，第 100 页。

简单，因为犹太人长期处于一种无领土和民族政权的散居状态，因此缺乏必要的政治敏感性和判断力。这在法国“德雷福斯”事件中表现得尤为明显，这一事件之所以如此错综复杂并且影响重大，原因在于它不是一个简单的司法错误问题而是牵涉到“一场有组织地针对着他们（犹太人，笔者注）的政治斗争”①。当然，德雷福斯事件也并非全无结果，它导致了犹太人对反犹主义作出了唯一一次政治回答，即犹太复国主义运动的产生：犹太复国主义可看作是犹太人认真地从敌对角度采取的唯一意识形态。②

在将犹太人问题视为现代社会所特有的政治现象的观点上，施特劳斯与阿伦特观点一致，但二者的理由不同：阿伦特的着眼点是针对反犹主义的主流偏见进行批判，从而将前现代的信仰差别引发的犹太人迫害和现代社会的世俗原因导致的反犹主义区分开来；施特劳斯则将目光瞄向古今之变的开端处，试图在现代西方文化危机的背景下理解犹太人问题的实质，因此施特劳斯对阿伦特那种对现代社会反犹主义历史发展的内在机理的琐碎分析不感兴趣，而是试图跳出现代思想的前提，通过疏解古典作品为现代性危机和犹太人问题把脉。基于这样的立场，施特劳斯认为犹太人问题完全是一种现代式的提法。因为在前现代政教合一的体制下，犹太人基于犹太教信仰的选民意识和弥赛亚观念认为犹太人迫害问题是犹太民族独有的历史使命，而不是一个需要人为方法解决的社会问题。只是当启蒙理性主义对正统神学及其治下的生活方式实现了彻底抛弃，并试图依靠万能的理性而解决尘世人的所有问题时，犹太人的迫害问题才转变为一种亟需解决也能够得到解决的社会压迫、民族歧视问题。

然而，理性主义提出的犹太人问题解决方案，如自由主义同化方案，民族建国的犹太复国主义方案并没有达到最初的理想。在施特劳斯看来，犹太人史无前例的大屠杀事件已证明现代理性主义解决方案

① 阿伦特：《极权主义的起源》，前揭，第 176 页。

② 阿伦特：《极权主义的起源》，前揭，第 179 页。

的彻底失败。“由于现代文化是特别理性主义的，相信理性的权力；这样的文化一旦不再相信理性有能力赋予自己的最高目的以效力，那么，这个文化无疑处于危机之中。”[①] 换言之，施特劳斯通过犹太人问题存在的历史事实看到了理性主义的覆灭或现代性的危机。

依照阿伦特对“永恒的反犹主义”观点的批判，施特劳斯应该属于那类愚蠢的“并无偏见的历史学家”，因为后者没有对反犹主义的现实因素和历史演进花费精力，因而无法看清反犹主义存在的真正原因。而按照施特劳斯的观点，阿伦特是一位历史主义的政治哲学家。正是历史主义以及其催生的虚无主义才导致了极权主义和纳粹屠犹事件的发生。在施特劳斯看来，历史主义否定永恒的哲学观念，将真理还原为特定时间、地域以及受这一时空背景下政治经济因素制约的相对真理，这无疑取消了那种试图把握永恒真理观念的哲学问询。因此，是历史主义助长了相对主义和价值虚无主义，而一个没有好坏观念和敬畏意识的虚无主义立场与技术理性这一有力工具的联姻促成了史无前例的犹太人大屠杀。因此，在施特劳斯看来，那种囿于自由主义前提的历史主义理解和实证主义分析不过是治标不治本的自欺欺人。既然犹太人问题的存在已经表明现代理性主义解决方案的彻底失败，那么，我们或者回头，从前现代的理性传统中寻求药方；或者前进，彻底摒弃现代理性主义和现代文明，重开一种迥异于现代设计的方案。正是坚信回头优于前进的路向选择，施特劳斯埋头皓首穷经，向前现代的中古阿拉伯—犹太律法学说中寻求资源，以图找到解决现代性问题的万能密钥。

## 二、极权主义的起源：群氓心理抑或虚无主义

在阿伦特看来，极权主义运动的产生仰赖于群氓（the mass）[②] 的形

① 施特劳斯：《现代性的三次浪潮》，丁耘译，《苏格拉底问题与现代性——施特劳斯讲演与论文集：卷二》，前揭，第 33 页。

② 在《极权主义的起源》第三卷第十章，中译者将“the mass”翻译为群众，笔者认为群众一词过于中性，无法体现这一概念的贬义成分，因此采用“群氓”的译法。

成与发展。所谓群氓，是指那些潜在地生存于每一个国家，由大量中立的、政治上无动于衷的、从不参加政党的、几乎不参加民意测验的大多数人构成。阿伦特指出，群氓现象的出现是欧洲国家“阶级制度崩溃”的结果，“阶级制度的崩溃”[①]导致了政党制度的自动瓦解，因为利益政党已不再能代表阶级的利益。“阶级保护墙的倒塌将一切政党背后迟钝的大多数人转变为一种无组织、无结构、由愤怒的个人组成的群众”[②]，转变为没有共同利益，没有共同纽带的原子式个人混合体。当人数规模巨大的没有共同利益的个人混合起来，就产生了一种群氓心理，即“面对死亡或其他个人灾难时显出玩世不恭或因厌倦而冷漠，激情倾向于最抽象的概念（例如对生命的引导），普遍地嘲弄甚至最明显的常识规律”。[③]极权主义运动正是利用了这种冷漠和嘲弄一切既有秩序的群氓心理颠覆了民主原则的自尊和宪政制度的基础，实施了一系列“蔑视现实”、捣毁一切的征服运动乃至种族屠杀。正是在这个意义上，阿伦特将极权主义运动定性为“分子化、孤立的个人的群众组织”的运动。[④]

阿伦特在《极权主义的起源》中对群氓现象及其心理的描述，尤其是对群氓个体的孤独、原子化、自我放逐于群体的生存结构的分析让人很容易联想到海德格尔的早期思想。在《存在与时间》中，海德格尔对此在生存结构的本质直观，对此在的沉沦、焦虑情绪和常人状态的现象学描述依赖于他对自己所处时代精神状况的敏锐洞察。而阿伦特的群氓及其心理的社会历史分析可以视为海德格尔此在的生存论描述在政治实践领域的一种精彩运用。然而，这种思想上的承继关系也表明阿伦特仍处于海德格尔精神影响之下，她缺少对海德格尔的哲学限度，尤其对海德格尔作为哲人的政治失足事件作出独立性的批判

① 阿伦特：《极权主义的起源》，前揭，第407页。
② 阿伦特：《极权主义的起源》，前揭，第411页。
③ 阿伦特：《极权主义的起源》，前揭，第412页。
④ 阿伦特：《极权主义的起源》，前揭，第421页。

反思意识。①

同样是海德格尔的弟子②，施特劳斯则认真对待了海德格尔纳粹丑闻的哲学意义。③作为严肃的政治思想家，施特劳斯对海德格尔的反思并非出于偏狭的民族情感，而是基于对海德格尔思想的激进历史主义的一种哲学思考。在施特劳斯看来，纳粹极权主义不过是德国虚无主义的一个变种。与阿伦特和海德格尔将民族社会主义理解为一种欧洲现象不同，④施特劳斯将虚无主义看作特别是德国的，将民族社会主义（National Socialism）视为“德国虚无主义最有名的形态”。而且，施特劳斯强调，“民社主义的失败未必意味着德国虚无主义的终结。因为，那种虚无主义的根基比希特勒的煽动蛊惑、比德国在世界大战的战败以及所有诸如此类的事情都要深得多”。⑤

---

① 阿伦特在美国多年来一直努力捍卫海德格尔的思想，抵制学界对海德格尔向纳粹主义妥协的攻击，这在 1969 年阿伦特发表的《马丁·海德格尔 80 寿诞》一文中表现尤为明显。参见克里斯蒂瓦：《汉娜·阿伦特》，刘成富等译，江苏教育出版社 2006 年版，第 17 页。沃林教授认为海德格尔的弟子，诸如阿伦特、马尔库塞、约纳斯等人都没有对海德格尔政治丑恶的一面作出深刻的反省。参见沃林：《海德格尔的弟子——阿伦特、勒维特、约纳斯和马尔库塞》，张国清、王大林译，江苏教育出版社 2005 年版，代译者序，第 4 页。

② 施特劳斯的海德格尔弟子身份不如阿伦特正宗（参见 Eugene R. Sheppard. *Leo Strauss and the Politics of Exile*：*the Making of a Political Philosopher*，Hanover and London：Brandeis University Press，2006，p.36 以及 p.149 的注释 116），但海德格尔的亚里士多德讲座对青年施特劳斯思想触动很大，这在晚年施特劳斯与克莱恩公众对谈——《剖白》中有所揭示。毫不夸张地讲，施特劳斯著作中透露出来的海德格尔痕迹可以看出施特劳斯的哲学努力始终是以理解和对抗海德格尔思想为主要对象的。参见《剖白——施特劳斯与克莱恩的谈话》，载于《苏格拉底问题与现代性——施特劳斯讲演与论文集：卷二》，前揭，第 271—272 页；施特劳斯：《自然权利与历史》，彭刚译，甘阳选编，生活·读书·新知三联书店 2003 年版，第一章；施特劳斯：《〈斯宾诺莎宗教批判〉英译本导言》，汪庆华译，载于《西方现代性的曲折与展开》（《学术思想评论》第六辑），吉林人民出版社 2002 年版，第 226—272 页。

③ 在生命末期的一封致索勒姆的信中，施特劳斯坦言：“在度过如此漫长的岁月之后，我现在才明白，他（指海德格尔，笔者注）究竟错在哪里：具有非凡的才智，这才智却依附于一个俗不可耐的灵魂。”参见施特劳斯等：《回归古典政治哲学——施特劳斯通信集》，前揭，第 481 页。

④ 沃林：《海德格尔的弟子——阿伦特、勒维特、约纳斯和马尔库塞》，张国清、王大林译，江苏教育出版社 2005 年版，第 32 页。

⑤ 施特劳斯：《德意志虚无主义》，丁耘译，载于《苏格拉底问题与现代性——施特劳斯讲演与论文集：卷二》，前揭，第 103 页。

那么，什么是虚无主义？虚无主义是如何产生的以及它又是如何导致纳粹极权主义起源的呢？

施特劳斯认为，虚无主义是“对文明本身的拒斥”。这一本质性表述包含三个层面的涵义：一是这个定义的前提是要求虚无主义者必须知晓文明的原则。或者说，一个不了解现代文明的未开化者、野蛮人绝不是虚无主义者。因此，是否知晓文明是区别希特勒代表的现代极权主义与过往专制政府、僭主暴政和独裁的一个基本原则。二是在程度上，虚无主义并非绝对的虚无主义，即德国虚无主义并不意欲万物全都毁灭，它只意欲现代文明的毁灭。更准确地说，虚无主义只是意欲现代文明中道德价值方面的毁灭，而不反对现代文明的技术原则，如依靠现代技术手段制造的大规模杀伤性武器，依据技术理性设计的官僚科层统治，等等。也就是说，虚无主义实质上指的是价值虚无主义。三是在源流关系上，要知晓虚无主义的起源还需要廓清虚无主义与军国主义的关系。因为“德国军国主义是德国虚无主义的父亲”，或者反过来说，“德国虚无主义是德国军国主义的激进形态”。[①] 因此，要透彻理解虚无主义就需要先理解军国主义。在施特劳斯看来，要找到德国军国主义的根源，就要撇开“德国文明的史前史，直接观察德国文明本身”。我们知道，现代文明的源头是英国和法国。现代文明的倾向，尤其是法国革命的知识倾向是降低道德标准和要求，将道德善好等同于个人权利和自身利益的目标。由于德国较之英、法步入现代文明较晚，其传统自身残留的贵族意识和神法观念具有一种对道德和哲学精神堕落的本能抵触。在这一本能抵抗过程中，英勇、武德作为“毫不含糊的非功利德性”突显出来。因此，“德国虚无主义为了战争与征服的缘故，为了武德的缘故拒斥文明本身的原则。由此德国虚无主义接近德国军国主义”。[②] 在施特劳斯看来，将德国军国主义最终导

---

① 施特劳斯：《德意志虚无主义》，丁耘译，载于《苏格拉底问题与现代性——施特劳斯讲演与论文集：卷二》，前揭，第126、第125页。

② 施特劳斯：《德意志虚无主义》，丁耘译，载于《苏格拉底问题与现代性——施特劳斯讲演与论文集：卷二》，前揭，第124页。

向虚无主义主要是由于德国思想家的工作，如尼采、斯宾格勒、布鲁克、施米特、恽格尔、海德格尔，等等。他们为这种消解性而非肯定性的反对现代文明提供了精神上的支持，并“有意无意地为希特勒铺平了道路”。①

正是在这个意义上，施特劳斯批判尼采、海德格尔对现代文明的拒斥导致了否定文明本身的原则，最终走向了虚无主义。“尼采与德国的纳粹革命的关系一如卢梭与法国革命的关系”，“最该对德国虚无主义的产生负责的，乃是尼采”。②作为尼采思想的强有力阐释者，海德格尔自然难辞其咎，遑论他那众所不齿的政治丑闻。可见，对海德格尔的辩护或批判，构成了阿伦特和施特劳斯对纳粹极权主义反思的重要区别：阿伦特群氓心理的政治现象学和历史主义分析以及对海德格尔思想的倚重在施特劳斯看来无非是混淆本质的做法，而施特劳斯对虚无主义的海德格尔式问责也是阿伦特在美国竭力为海德格尔辩护的一个原因。然而，二者之间更重要的区别在于二者的思想旨趣的差异：对阿伦特而言，对 20 世纪主要政治现象的本质及其弊端分析是其著述的要点，而施特劳斯则将目标瞄向遥远的中世纪和古希腊传统。

## 三、理论旨趣的差异：躬身现代抑或返身古典

与施特劳斯回归古典政治哲学的旨趣不同，阿伦特试图用“历史学家的回顾眼光和政治学家的分析热情”来理解和把握极权主义这一政治现象的原因及其后果。因此在文献的阅读和引用上，施特劳斯对同时代社会学、政治学和哲学等领域的作品很少关注，而阿伦特的作品中则大量引用现代文献、史料和事例，并试图深入现代社会的机理当中寻找反犹主义的历史脉络。阿伦特的理论旨趣相当明显，她是立足于现代社会，通过参与现代政治生活的方式为现代极权主义的发生把脉。

① 施特劳斯：《德意志虚无主义》，丁耘译，载于《苏格拉底问题与现代性——施特劳斯讲演与论文集：卷二》，前揭，第 112、第 124—130 页。

② 施特劳斯：《德意志虚无主义》，丁耘译，载于《苏格拉底问题与现代性——施特劳斯讲演与论文集：卷二》，前揭，第 126、第 128 页。

施特劳斯则从犹太人问题中看到了现代理性主义及其政治设计方案的致命缺陷：（1）现代理性主义试图取代上帝的位置，解决人类社会的所有问题，但事实证明它无法取代信仰在人的灵魂中的位置。因此，现代理性主义支配下的现代社会不过是满足了人的物质需求和无限膨胀的欲望，却导致了现代人精神上的无家可归。（2）现代自由民主制国家通过政教分离的方式将宗教信仰转变为私人领域可供自由抉择的宗教派别，由此消除因信仰差异导致的犹太人的政治迫害。自由民主制以公共领域与私人领域的区分为前提条件，“私人领域不仅必须受到法律的保护，还必须被理解为不受法律的干预”①。因此自由民主制能够免除公共领域犹太人的政治迫害却无法消除私人领域的反犹情绪。②既然自由主义同化方案无法解决犹太人问题，施特劳斯放弃了深入现代社会内部分析反犹主义现象及其原因的努力，而是试图回到现代社会的肇端处，通过重启古今之争的方式来理解现代性的产生及其演进。

然而，要想重启古今之争，就必须像启蒙哲人一样了解他的批判对象——正统神学教义及其古典思想的涵义。因为只有这样，才能准确估价启蒙哲人在哪些方面战胜了古人，在哪些方面只是悬置了问题。正是基于这一考虑，施特劳斯从犹太哲人斯宾诺莎思想的研究转向对中古伊斯兰—犹太律法宗教，尤其是对迈蒙尼德的先知律法学说的考辨，进而回返到律法的古希腊来源，即柏拉图的政治哲学思想。可见，施特劳斯的思想旨趣是在预设现代社会整体退步而非进步的前提下，通过疏解古代经典作品恢复对政治哲学原初问题的检审，从而得出自己对现代西方文化危机的独立判断。③

---

① 施特劳斯：《我们时代的危机》，李永晶译，载于《苏格拉底问题与现代性——施特劳斯讲演与论文集：卷二》，前揭，第 8 页。

② 参见 Leo Strauss, *Jewish Philosophy and the Crisis of Modernity*: *Essays and Lectures in Modern Jewish Thought*, edited with an Introduction by Kenneth Hart Green, Albany: State University of New York Press, 1997, p.315。

③ 参见施特劳斯：《评柯林伍德的历史哲学》，余慧元译，李致远校，《苏格拉底问题与现代性——施特劳斯讲演与论文集：卷二》，前揭，第 155 页。

施特劳斯意图在超逾现代思想前提的基础上对自由主义进行批判，[①] 这阻碍了他像阿伦特那样借助现代学者的思想文献资源，深入到现代社会的政治、经济、社会、历史、心理等因素的分析当中。站在古典政治哲学的立场，施特劳斯反对人人平等的启蒙观念，反对历史主义将永恒真理消解为具体时空条件下的相对真理。而阿伦特的工作正是在承认启蒙精神的某些基本原则的条件下，开展着施特劳斯一直反对的研究工作。

综上可见，施特劳斯的工作是有意义的，他有助于我们反思现代人自以为是的傲慢倾向，提醒现代读者要以谦卑的求教心态去接近古人，去阅读和理解古代经典作品。但另一方面，我们也不能固执于施特劳斯的立场而抹煞阿伦特哲学探索的意义。正如伽达默尔在评论施特劳斯时所谈到的："人们可以承认柏拉图和亚里士多德优越于我们，但这不意味着人们便必须认为，他们的思想是可恢复的。"[②] 换言之，现代人已经成功地创建了古人所不知道的现代政治制度及其原则，尽管现代民主制度弊端重重，但它仍是当今世界上最好的制度之一，而且目前尚无更好的政治方案来替换它。如果我们深处现代社会而无法回返到前现代，那么阿伦特的方式，即历史地深入理解现代社会的各种政治现象及其本质的做法就是有益的，它可以使我们可以更好地理解我们时代重大政治现象的本质及其弊端。

另一方面，依照阿伦特的观点，施特劳斯将犹太人问题视为绝对的、无法解决的观点是一种极端悲观的论调，是放弃理解尝试的逃避主义。阿伦特在"'犹太人身份'和'犹太教'之间作出区分"，她承认自己的犹太人身份，但否认作为犹太传统遗产的犹太教律法学说。虽然阿伦特在黑暗的政治现实中仍然坚持犹太人问题有解决的希望，但这种希望淹没在诸种不定因素和邪恶政党政治的不确定性当中。因

① 参见施特劳斯：《〈政治的概念〉评注》，刘宗坤译，载于《隐匿的对话：施米特与施特劳斯》，迈尔著，刘小枫主编，华夏出版社 2008 年版，第 209 页。

② 伽达默尔：《访谈：伽达默尔论施特劳斯》，田立年译，载于《回归古典政治哲学——施特劳斯通信集》，迈尔编，朱雁冰、何鸿藻译，华夏出版社 2006 年版，第 487—488 页。

此，在犹太人问题不可解决和政治本性的不完善性的理解方面，施特劳斯对神学政治问题的关注以及对封闭政治社会残酷性的揭示比阿伦特的美好愿景在本质上更切近真相本身。

## 第二节 虚无主义的历史与哲学克服：洛维特与施特劳斯的分歧与会通

一般而言，同时代哲学家之间的思想关系大致包括两种情形：一是具有史实性的思想关联；二是纯粹思想性的关系，而非生平史上实际发生过的相互间或单方面的思想影响。① 后者如施特劳斯与阿伦特的思想关联：鲜有文献表明阿伦特受到过施特劳斯著述的影响；而施特劳斯则明确声称自己没有读过阿伦特的只言片语。② 施特劳斯与洛维特的思想关系则可视为第一种情形：二者于 20 世纪 20 年代在马堡大学相识，分开后相互通信一直到生命暮年；二者求学的时代恰逢尼采思想大行其道，西方文化危机以及犹太人生存困境构成他们学术起步的背景视域，对现代虚无主义的审理和现代性危机的省察构成二者哲学思考的深层脉动。

洛维特重视施特劳斯研究的思想史意义，他曾于 1952 年在伊拉诺斯（Eranos）召开的国际学术会议上做过“关于列奥·施特劳斯对历史主义批判的报告”③；同样的，施特劳斯对洛维特的尼采研究尤为激赏，并将后者论尼采的作品视为当时最优秀的学术研究成果。④ 另一方面，洛维特和施特劳斯在某些关键点上的高度一致伴随着一些重要

① 参见刘小枫：《编者前言》，载于《墙上的书写——尼采与基督教》，田立年、吴增定等译，华夏出版社 2004 年版，第 4 页。

② 施特劳斯在 1962 年致洛维特的信中明确声称自己“没有看过阿伦特的政治哲学论文”，因此无法答复洛维特关于“阿伦特的政治哲学文章值得一读吗？”的问题。见施特劳斯、洛维特等：《回归古典政治哲学——施特劳斯通信集》，迈尔编，朱雁冰、何鸿藻译，华夏出版社 2006 年版，第 427、426 页。

③ 施特劳斯、洛维特等：《回归古典政治哲学——施特劳斯通信集》，前揭，第 369 页。

④ 施特劳斯、洛维特等：《回归古典政治哲学——施特劳斯通信集》，前揭，第 359、360、244、252 页。

问题上的根本性区别，如历史主义立场是否可取、古今之争的可能性、回归到苏格拉底还是回归古代晚期的哲学、犹太人身份认同意识等等。因此，本节的着力点在于挖掘洛维特和施特劳斯在思想旨趣、研究方法和犹太人身份认同意识等方面的会通与分歧，从而更好地理解两位思想家的思想力度及其现实意义。

### 一、洛维特对虚无主义的基本判断

在洛维特的学术生命中，尼采和海德格尔占据了重要的位置。从博士论文《论尼采的自我解释和对尼采的解释》（1923）到成名代表作《从黑格尔到马克思》（1941），尼采思想一直是洛维特倾注精力的主要对象。[①] 或者反过来说，尼采的思想正是通过海德格尔、洛维特、施特劳斯等一代学人的关注和诠释才成功颠覆了黑格尔及其弟子们在德国精神生活和政治生活中的主导性影响，在 20 世纪凝聚为一种压倒性的“德意志意识形态”。[②] 在与海德格尔的关系上，作为海德格尔在马堡大学的第一个入室弟子和密友，洛维特从 1919 年开始用了整整 9 年的时间听海德格尔讲课并参加后者主持的研讨班，并在海德格尔指导下完成了大学教职资格论文。因此可以说，尼采、海德格尔的问题意识及其治学理路决定性地影响了洛维特的学术路向和研究方法：通过思想史审理与现代虚无主义抗争。但与前两者的道德谱系或存在史检审不同，洛维特的思考重心是从“现代历史生活的错位和颠倒”出发，研究导致“欧洲灾难道德文化思想前提”，[③] 并在此基础上试图最终恢复古希腊晚期“斯多葛的自然理念”[④]。

---

① 在 1959 年为海德堡科学院全体院士所做的具有传记性质的简短演说中，洛维特强调，尼采对于他具有“一种特殊而非比寻常的意义，因为没有人像他那样预先思考了‘欧洲虚无主义’的起源与兴盛，而且在‘世纪末’结束的年代里有了崭新的开始”。参见洛维特：《生平经历（1959）》，载于《纳粹上台前后我的生活回忆》，区立远译，学林出版社 2008 年版，第 174 页。

② 参见洛维特：《从黑格尔到尼采：19 世纪思维中的革命性断裂》，李秋零译，生活·读书·新知三联书店 2006 年版，第一版序言，第 3 页。

③ 沃林：《海德格尔的弟子——阿伦特、勒维特、约纳斯和马尔库塞》，张国清、王大林译，江苏教育出版社 2005 年版，第 79 页。

④ 洛维特：《世界历史与救赎历史：历史哲学的神学前提》，李秋零、田薇译，上海人民出版社 2006 年版，中译本导言，第 7 页。

在洛维特看来，尼采透过青年黑格尔派的危机意识天才般地预见到了欧洲虚无主义的兴起。这种虚无主义认为，“在基督教对上帝的信仰以及随之而来的道德的没落之后，‘不再有真的东西’，而是‘一起都被允许’”。[①] 尼采的虚无主义强调通过颠覆既往的道德学说和基督教的价值主张，使“我们迄今为止的一切价值都变得毫无价值，毫无意义”[②]。在洛维特看来，尼采是第一个预见并试图克服虚无主义的哲学家，“尼采的全部学说就是一个双面脸谱：它是虚无主义的自我克服，……尼采追求永恒的意志就是将自己的意志扭转向虚无”。[③] 就根本而言，“尼采真正的思想是一个思想体系，它的开端是上帝之死，它的中间是从上帝之死产生的虚无主义，而它的终端则是对虚无主义的自我克服，成为永恒的复归”。[④]

然而，洛维特认为尼采的虚无主义宣告在尼采所处的时代不过是理论上的一种预言，因为虚无主义的高歌猛进严格说来是尼采死后的事情，是 20 世纪才开始在德国乃至欧洲横行的精神事件。因此，洛维特接过尼采抗击虚无主义的大旗，并将其视为自己的学术使命和责任，试图通过贯通 19 世纪欧洲精神史关键性环节的自我裂变勾勒出虚无主义产生的原因及其运行机制。具体而言，洛维特对 20 世纪德意志虚无主义的描述主要包括以下三个方面。

一是第一次世界大战的战败和经济衰退的持续恶化，为德意志虚无主义的兴起提供了时代氛围和道德环境。一战的失败给一直以高贵自居的德国民众带来了强烈的民族屈辱意识，祸不单行，随后德国又爆发了经济领域的全面崩溃。18 年后，洛维特回忆起这段经历仍念念不忘，且不惜笔墨揭示经济上的通货膨胀带来的思想道德层面的深刷影响：

① 洛维特：《从黑格尔到尼采：19 世纪思维中的革命性断裂》，前揭，第 255 页。

② 洛维特：《基尔克果与尼采——对虚无主义的哲学和神学克服》，吴增定译，载于《墙上的书写——尼采与基督教》，华夏出版社 2004 年版，第 98 页。

③ 洛维特：《从黑格尔到尼采：19 世纪思维中的革命性断裂》，前揭，第 262 页。

④ 洛维特：《从黑格尔到尼采：19 世纪思维中的革命性断裂》，前揭，第 261 页。

> 不只是货币的贬值而已，而是一切价值的贬值，国家社会主义的“价值革命”也就是这股风潮的一个结果。为这场政变提供基本条件的首要因素是大战，第二就是通货膨胀：这些因素将现存的一切都吞噬消耗，于是社会的与政治的生活便随之变得激进而极端了。中产市民社会的安定秩序于是宣告终结，中产市民在一场豪赌之中丧失了所拥有的一切……就连四年之久的战争（指第一次世界大战，笔者注）也没有像这场狂扫的风暴，这样严重地粉碎了人的道德以及整个生活。这风暴把人们每天一再地掷入深渊，使年轻人从绝望中兴起一种冒险的意愿、一种不顾一切的态度。①

洛维特作为犹太富家之子经历了从衣食无忧到一夜赤贫的骤变，这一切肤体验为他的虚无主义反思提供了独特的历史经验视角，即把经济事件与社会稳定、价值颠覆以及战争爆发勾连起来，并将其理解为虚无主义在德国泛滥的助推力量和背景要素。洛维特强调，在“这种诡谲的事件（经济大崩溃的事件，笔者注）里，大战的真实意义才真正彰显出来：它代表一种倾其所有的支付行为、一种全盘的毁灭，其结果就成了这段物价膨胀期间的一切归零，也是这千年帝国的归零。”②

二是德国思想文化领域对古典传统思想的颠覆意识，为虚无主义的盛行打开了通道。德国思想领域的颠覆品质导源自新教精神（Protestantismus）③的抗议意识。在希特勒上台之前，这种毁灭意识已经盛行多年，并且演变成了一种激进变革的观念。④洛维特把这种观念视为当时“德国知识界各种不同的团体”共同推动的结果，这间接为国家社会主义的极端政治行动扫清了思想障碍。因此，洛维特强调，要想真正理解纳粹极权主义现象，就要了解欧洲灾难的文化思想前提，就要

① 洛维特：《纳粹上台前后我的生活回忆》，区立远译，学林出版社 2008 年版，第 76—77 页。

② 洛维特：《纳粹上台前后我的生活回忆》，前揭，第 77 页。

③ 新教精神（Protestantismus）一词包含有表达异议之意，是英语抗议（Protest）一词的来源。

④ 洛维特：《纳粹上台前后我的生活回忆》，前揭，第 34 页。

了解德国思想界“一体化”和集体失语由所从来的历史背景，即19世纪精神史的革命性变革。洛维特把这一变革描述为“歌德的自然赖以为生的中心，黑格尔的精神在其中运动的调和，都在马克思和基尔克果那里重新分裂为外在性和内在性这两极，直到最后尼采要借助一次新的开始，从现代性的虚无中召回古代，并在从事这种试验时消逝在癫狂的黑暗之中”。① 换句话说，洛维特将20世纪盛行于思想界的毁灭意识追溯到青年黑格尔学派的危机意识，尤其是基尔克果等对抗既有基督教的深沉热情，“到了1920年代，这热情又重新抬头，成为风潮，进而导向一种神学的、哲学的与政治的意志决断论——所谓‘**导向**’，其实也是‘**误导**’”。② 其结果是，“所有传统本体论限制的消除，加上极端历史主义的胜利，为欧洲虚无主义的泛滥打开了大门”。③

三是20世纪德国思想界的各种决断论是德国虚无主义的突出标志，并成为纳粹极权主义政治统治的宣传鼓手。在洛维特看来，这种决断论“不仅限于政治的决断论……同样是辩证神学和坚定的生存哲学的特点”④。政治决断论的代表是施米特的政治敌友论。洛维特强调，施米特说明政治浪漫主义时采取的是“反讽的机缘论”，说明政治神学时采用的是“主权的决断论”，但归根结底，施米特的“反浪漫主义的、非神学的决断论与其政治行为相当一致，因为无论在什么情况下，它们都受到时机和环境支配”。⑤ 哲学上决断论的代表是海德格尔

---

① 洛维特：《从黑格尔到尼采：19世纪思维中的革命性断裂》，前揭，第38页。

② 洛维特：《生平经历（1959）》，载于《纳粹上台前后我的生活回忆》，前揭，第174页。

③ 沃林：《海德格尔的弟子——阿伦特、勒维特、约纳斯和马尔库塞》，前揭，第81页。

④ 洛维特：《施米特的政治决断论》，冯克利译，载于《施米特与政治法学》，前揭，第62—63页。

⑤ 洛维特：《施米特的政治决断论》，冯克利译，载于《施米特与政治法学》，前揭，第28页。当代德国学者迈尔对洛维特关于施米特机缘论的解释提出了批判，认为洛维特没有看到施米特骨子里的政治神学本性，也没有看到施特劳斯“政治的概念”评注对施米特三次修改《政治的概念》一书的决定性影响。迈尔细致的文本考证确实看到了洛维特关于施米特机会主义指控的软肋，但他没有看到洛维特所强调的虚无主义与决断论之间关系的本质性关联。另外，划分敌友的政治决断与因时机、环境变化而改变政治观点的机缘论也有本质的不同。参见迈尔：《隐匿的对话——施米特与施特劳斯》，前揭，第6页、第8页、第15页注释①、第101页注释①。

的存在主义哲学。在海德格尔那里，死亡就是虚无，是此在无可抗拒的命运性力量，“人的时间性此在在它（死亡）面前暴露出了彻底的有限性”[①]。因此，死亡可以将此在从浑浑噩噩的常人状态中呼召回本真之在，这种向死而在的自由决断与战争中为总体国家牺牲个体生命的决断之间具有本质性的内在关联：“彻底回到最终的东西即纯粹的事实性的决断，这就是说，一个人当完全摆脱习传的生活内容或何为人的规定，回到生活中仍然存在着的事情中去。”在洛维特看来，海德格尔强调的“永远属于个人存在的向死的自由，在民族共同体的政治视域中，就表现为为了民族牺牲个人生命”。[②]因此，海德格尔的存在主义与国家社会主义超越了“党派意识形态和纲领”的层面走到一起，而这也体现了海德格尔的私密目的：通过国家社会主义涤除一切既有习俗、摧毁一切现存之物的方式实现他对传统形而上学的哲学摧毁。但事实上，海德格尔还是看走了眼，“国家社会主义其实是个小中产市民的运动，是一个普罗化的中产阶级的暴动，所以根本不是中产市民时代的终结，而是中产市民阶层的庸俗化”[③]。神学上决断论的代表是戈嘉敦的辩证神学，戈嘉敦把“信仰理解为一种‘虚无中的决断’”，试图在“创造的毁灭”中实现与上帝无中介的联系。在洛维特看来，政治、哲学和神学上的决断论来源于一种共同的坚定认识：“一切传统美德、秩序、实质和尺度，以及其中所隐含的把‘世界’等同于历史的人类世界的观念，都已化为乌有。”[④]正是在这个意义上，洛维特强调：“在两次世界大战之间，赞成纯粹为作出决断而决断的热情受到普遍赞扬，这种决断热情替希特勒作出的决断铺平了道路，使‘虚无主义革命’的政治颠覆成为可能。”[⑤]

---

①② 洛维特：《施米特的政治决断论》，冯克利译，载于《施米特与政治法学》，前揭，第64页。

③ 洛维特：《纳粹上台前后我的生活回忆》，前揭，第62页。

④ 洛维特：《施米特的政治决断论》，冯克利译，载于《施米特与政治法学》，前揭，第76页。

⑤ 洛维特：《施米特的政治决断论》，冯克利译，载于《施米特与政治法学》，刘小枫选编，上海三联书店2002年版，第62页。

## 二、施特劳斯对洛维特历史主义立场的批判

作为洛维特思想上的诤友，施特劳斯敏锐洞察到洛维特虚无主义判断的历史主义立场，即将虚无主义的发生认定为特定时空和特定国家经济、文化等条件影响下的一种结果。在1941年为洛维特《从黑格尔到尼采》一书所写的书评中，施特劳斯谈道："这部书当应引起凡想要理解出现欧洲虚无主义尤其德意志虚无主义的人的兴趣。书的论题可以叫作以歌德和黑格尔为代表的欧洲人文主义之转变为德意志虚无主义。"[①] 也是在这一年（1941），施特劳斯为意图理解德国纳粹主义现象的美国听众做了"德意志虚无主义"的演讲。在演讲中，施特劳斯采取了与洛维特相似的论点，即将虚无主义定性为道德（价值）虚无主义。因为在施特劳斯看来，虚无主义并不意欲现代文明中的技术成果的毁灭，[②] 相反，虚无主义的政治实践还热衷于运用现代技术武器达到它想毁灭现实的目的。但与洛维特虚无主义的历史主义研究不同，施特劳斯走的是反历史主义的思想路径。

洛维特历史哲学的现象学考察经历了两个思想时期：第一个时期，从思想起步到《从黑格尔到尼采》(1941）一书的出版，洛维特试图在"当代的视野中'重写'19世纪的哲学历史"[③]，进而找到20世纪虚无主义兴盛的原因。第二个时期，将思考继续向前推进一步，试图找寻以进步观念为核心的现代世俗史观的衍生机制及其神学前提[④]，其理论

① 洛维特：《从黑格尔到尼采：19世纪思维中的革命性断裂》，前揭，中译本前言，第3页。

② 施特劳斯：《德意志虚无主义》，丁耘译，载于《苏格拉底问题与现代性——施特劳斯讲演与论文集：卷二》，前揭，第104页。

③ 洛维特：《从黑格尔到尼采：19世纪思维中的革命性断裂》，前揭，第一版序言，第3页。

④ 洛维特指出，之所以将现代史观的前提追溯到中世纪而不是古希腊，一是进步观念与基督教的堕落—负罪—拯救的救赎史观，而不是与古希腊宇宙论的循环史观之间存在直接因果关系；二是严格说来，古希腊思想中，并没有"以历史为对象的哲学"这回事，因为"历史只探讨一次性的事情或偶然的事情，而哲学和诗却探讨永远如此的存在者。对古希腊的思想家来说，'历史哲学'是一个悖论"。参见洛维特：《世界历史与救赎历史：历史哲学的神学前提》，前揭，绪论，第34页；同时参见洛维特：《生平经历（1959）》，载于《纳粹上台前后我的生活回忆》，前揭，第177页。

成果集中于《世界历史与救赎历史》(1949/1953)一书中。

与洛维特对历史观、上帝观的关注不同，施特劳斯致力于审理政治思想史的理论嬗变。在施特劳斯看来，巴特和罗森茨威格代表的新正统神学的当代复兴，以及20世纪道德虚无主义的盛行使我们有必要考察肇端于17世纪的那场对正统神学的批判“在何种程度上可以被称为取得了胜利”。[①] 因为，如果诚如现代人所坚信的那样，把古今之争的结果认定为理性一劳永逸地打败了宗教迷信，从而可以通过人类自己的（理性）手段在此世建立《圣经》所宣称的彼岸天堂。那么我们在启蒙胜利后，在全面践行启蒙哲人政治设计方案的二百年后，为何还会出现诸如战祸不断、精神虚无、道德沦丧、狂热蒙昧主义盛行的文化危机。换言之，肇端于17世纪的那场古今之争的意义是一件尚需重新检审和评价的精神事件。因此，施特劳斯试图通过重启古今之争，重估哲学—神学、古人—今人胜负优劣的方式来理解现代性危机的产生原因及其演进机理。

而这也导引出施特劳斯与洛维特思想差异的**第二个方面**，即从时间段上看，洛维特将精力主要集中在18世纪以来历史观和人性观的转变上，而施特劳斯则将关注点继续向前提了一步，即放在古今之争的思想平台上。在洛维特看来，“历史必然是由当下活着的每一代人去不断地重新回忆、思考和研究。我们是在同时代人的成见的影响下去理解——并且误解——古代作家的”[②]。这一立场被施特劳斯斥为典型的历史主义立场。在1946年的一封致洛维特的信中，施特劳斯批判道：“说实话，您在关键之点上还不够质朴、简单，而我自认为我质朴简单。您还没有充分地从字面看待哲学的质朴内涵。哲学是以对整体的真知取代关于整体的意见的尝试。对您而言，哲学只是人的自我理解或者自我解释，而非其他什么，这里的人自然是受历史限定的人”[③]。

---

① 施特劳斯:《〈霍布斯的政治学〉德文版前言》，娄林译，载于《苏格拉底问题与现代性——施特劳斯讲演与论文集：卷二》，前揭，第66页。

② 洛维特:《世界历史与救赎历史：历史哲学的神学前提》，前揭，绪论，第31页。

③ 施特劳斯、洛维特等:《回归古典政治哲学——施特劳斯通信集》，迈尔编，朱雁冰、何鸿藻译，华夏出版社2006年版，第332页。

对于施特劳斯的历史主义指控，洛维特并未置否，相反，他去质疑施特劳斯古今之争的可能性："您怎么会相信，在美国返回古代可能成为一个认真的追求或者时尚？……涉及古今之争我也怀疑，您是否百分之百有道理，如果您从字面看待这场讨论，并将它仅仅与'古代人'联系起来的话。至少追踪一下……进步理念的形成，问题就不再是我们是否比古希腊人和罗马人走得更远，而是我们是否能够实在地取代基督教。"[①] 换言之，洛维特指责施特劳斯的问题方向找错了，是基督教及其救赎史观而非古典哲学的循环宇宙论或自然观念导致了现代进步理念的产生，从而导致线性历史进步观的滥觞并引发了虚无主义的盛行。

对于这一反驳，施特劳斯指认洛维特落入了海德格尔哲学的窠臼。因为与海德格尔一样，洛维特将现代文明与基督教经院哲学加以勾连。因此，当"海德格尔对'我们在世界中的存在的终极诉求所在'的问题作出了回答，您（指洛维特，笔者注）无法提出任何与之对抗的东西。要是我（指施特劳斯，笔者注），就会以（依循自然的生活）与他的回答对抗；但是，您基于您的历史主义而不可能这么做"。[②] 施特劳斯将海德格尔的极端历史主义视为现代性的极端表现形式，因为"历史主义的顶峰就是虚无主义"[③]，就是放弃追求永恒的哲学生活方式。因此，在施特劳斯的眼里，洛维特追随海德格尔，着迷于对现代历史逻辑进程的勾勒，仍然受制于现代性的前提视域，因此无法对虚无主义作出根底上的彻底澄清。[④]

总之，洛维特与施特劳斯对虚无主义的批判采取了根本不同的思想立场——历史主义立场和反历史主义立场。而这一立场之差别又源于二者对现代社会及其文明的态度。施特劳斯贯彻的是极端的彻底批判现代文明的立场，他试图跳出现代自由主义理论的前提域限，以古人理解自己的方式理解古人，从而还原古典哲人思想的微言大义，使古今哲人在完

---

① 施特劳斯、洛维特等：《回归古典政治哲学——施特劳斯通信集》，前揭，第 328 页。

② 施特劳斯、洛维特等：《回归古典政治哲学——施特劳斯通信集》，前揭，第 463 页。

③ 施特劳斯：《自然权利与历史》，彭刚译，甘阳选编，生活·读书·新知三联书店 2003 年版，第 14、19 页。

④ 在 1946 年 8 月 15 日的一封致洛维特的信中，施特劳斯指出："要克服现代性，不可用现代手段……尝试着向古人学习。"见施特劳斯、洛维特等：《回归古典政治哲学——施特劳斯通信集》，前揭，第 325 页。

全对等的平台上展开论辩，进而重新考察现代选择是否在根本上是一个优等的选择。如果不是，这一可选项在开端处就已经埋下了虚无主义和现代性危机的种子，这也就可以找到虚无主义兴起的思想萌芽和诊治方案：用古典哲学的审慎来中和现代哲学的极端与偏执。而洛维特则不想回到极端的反叛现代思想的立场，“您（指施特劳斯，笔者注）说，尼采或者我们‘现代人’中的某个人可以完全摆脱‘陷于现代前提的偏执的情况’。并——从原则上——‘重温’古代的思想……由于我不要求什么乌托邦的、激进的和极端的东西……所以，对我来说积极批评的尺度只是通过返归执中和适度思想，从根底上解构所有那种种极端”。①

**第三**，洛维特试图恢复斯多葛的自然法观念，而施特劳斯则试图回到斯多葛学派的祖师爷苏格拉底那里去。在 1935 年洛维特关于施特劳斯《哲学与律法》一书的评论书信中，洛维特表明了自己哲学旨趣：“我本人既不从这种虚无主义跳进基尔克果悖理的‘信仰’，也不跳进尼采同样荒诞的重现说，而是……将这类‘彻底的’颠倒从根本上看成错误的和非哲学的，并离开这种毫无节制和绷得过紧的东西，以便有朝一日也许能够以真正古代晚期的方式（斯多葛的—伊壁鸠鲁的—怀疑论的—犬儒的方式）达到现实中可以实践的生活智慧，达到‘最切近的事物’而非最遥远的事物。”② 在回信中，施特劳斯批判了洛维特的这一哲学诉求并申明了自己的批判理由和学术基点：“您要‘以完美的古代晚期的方式（斯多葛的—伊壁鸠鲁的—怀疑论的—犬儒的方式）’进行哲学推理。但是，这些古代晚期的哲学家们——甚至怀疑论者——太教条主义了，您恰恰不可能滞留在他们那里，您必然回到所有这些人的祖师爷苏格拉底那里去，后者并非教条主义者。”③

洛维特之所以热衷于犬儒主义的生活智慧，源于纳粹主义的“划分种族成分的政治动物学”④ 使洛维特感到了身份分裂带来的存在分裂，

① 施特劳斯、洛维特等：《回归古典政治哲学——施特劳斯通信集》，前揭，第 249—250 页

② 施特劳斯、洛维特等：《回归古典政治哲学——施特劳斯通信集》，前揭，第 235 页。

③ 施特劳斯、洛维特等：《回归古典政治哲学——施特劳斯通信集》，前揭，第 246 页。

④ 洛维特：《纳粹上台前后我的生活回忆》，前揭，第 69 页。

这种分裂与无助对洛维特的影响是根本性的。[①] 但情况到了施特劳斯那里就有了明显的不同，因为施特劳斯是尚未完全同化的犹太人，因此，较之洛维特，施特劳斯有着强烈的犹太身份认同意识，这一认同意识使施特劳斯对传统犹太律法思想资源兴趣浓厚，在研究中古迈蒙尼德律法学说的过程中，施特劳斯愈发感到迈蒙尼德的思想基础在于柏拉图乃至苏格拉底的思想学说，因此，施特劳斯将目光投向了古希腊晚期哲学的鼻祖苏格拉底。可见，就施特劳斯与洛维特而言，犹太身份的认同对他们的理论归宿（苏格拉底抑或斯多葛学派）及其思想资源（犹太思想资源抑或基督教思想资源）的择取而言具有关键性的决定意义。

### 三、洛维特与施特劳斯对犹太身份认同的不同选择

从现代自由主义的观点来看，是否选择做犹太人是一个私人性的自由抉择问题。但对 20 世纪 30 年代的犹太裔德国人而言，这却是一个非此即彼的政治选项。在 1962 年的一封致施特劳斯的信中，洛维特回忆道："我毕竟完全在犹太传统之外的环境里长大呀，而且，要不是希特勒，我大概永远都不会清楚我是一个犹太人（我父亲[②] 确实是一个犹太母亲和一个非犹太人的维也纳男爵的私生子）。所以，我只在 1933 年以后才研究柯亨关于斯宾诺莎的文章和罗森茨威格的著作。"[③] 但颠沛流离的流亡生涯和纳粹主义的不公正待遇并没有使已完全同化的洛维特转而认同自己的犹太人身份。因此，如果施特劳斯将自己首先认定为一个犹太人，其次才是一个德国人；那么洛维特则会说，我首先是一个德国人，而且我就是一个地道的德国人。

---

① 在《纳粹上台前后我的生活回忆》的后记中，洛维特谈到德国属性与犹太属性的分离给他带来了巨大的精神创伤。"在德国时，我努力从犹太文化中解放出来，现在这努力被中断了，而这中断也决定了我的人生，甚至把问题升高到一个关键点……即便有人可以重新找到一个家乡，在另外一个国家取得公民权，这个人也必定得耗费人生里一段很长的时间，来填补这个被撕开的裂缝。而且……之前愈是毫无疑惑地当一个德国人，愈感觉自己是德国人，那么他需要填补的裂缝也就愈大。"洛维特：《纳粹上台前后我的生活回忆》，前揭，第 165 页。

② 洛维特的母亲是一个地道的犹太人，加上他的父亲的二分之一犹太血统，因此洛维特声称自己拥有四分之三的犹太血统，四分之一的雅利安人血统。参见：洛维特：《纳粹上台前后我的生活回忆》，前揭，第 69 页。

③ 施特劳斯、洛维特等：《回归古典政治哲学——施特劳斯通信集》，前揭，第 428 页。

为什么洛维特会如此痴迷于自己的德国公民身份呢？这主要有三个方面的原因：一是与德国犹太人居住环境的同化程度有直接的关系。在自由主义同化方案的影响下，德国西部经济发达地区的犹太人同化程度较高，无论精神上还是社交上都已脱离犹太社区的局限，甚至与当地的德国雅利安人没有什么区别；而德国东部由于经济比较落后，因此保存着封闭而完整的犹太人聚集区，在那里成长的犹太裔青年受到了较为正统的犹太律法宗教习俗的影响。洛维特就是生活在同化较为彻底的西德。二是自小耳濡目染的文化认同和精神归属意识使洛维特自觉地排斥于犹太文化传统之外。纳粹主义的政治歧视对于洛维特而言更多地被感受为个人的特殊遭遇，而不是犹太人共有的命运。"这自然是顺着我（指洛维特，笔者注）所受的教育与所作的选择而来的结果：两者的基本目标，都是要从犹太身份解放出来，而成为德国人。"① 也正是由于这样的原因，洛维特在流亡期间只和"觉得自己是德国人的犹太人或半犹太人交往"，而尽力避开"过着类似隔离区般生活的犹太人"。② 三是与洛维特作为哲人的立场选择有关。洛维特强调："我生命的重心在于'解放'"，"我一开始便持有的立场：我要从犹太文化里解放出来，而进入德国文化。"③ 由于洛维特经过"历史思维洗练过的自我认同"是基督教式的，与过着严格律法生活的犹太宗教格格不入。因此，让洛维特认同犹太身份的问题，就是让一个学术旨趣和致思理路业已成型的哲人瞬间改弦易辙，放弃原有的哲学立场一切重新来过。这是不可能，也是不现实的。

因此，对于洛维特而言，犹太人的身份认同不仅仅是个民族认同的自由抉择问题，而且是一个影响学术路向和思想旨归的问题。正是在这个意义上，犹太人的身份认同与否成为理解施特劳斯和洛维特思想差异的关键点。施特劳斯生于、长于拥有正统犹太教育的东欧，因此他对犹太传统绝不陌生，这成为他关注犹太人问题，转向考察斯宾诺莎正统神学批判，进而回溯中古伊斯兰—犹太先知律法学说和柏拉

① 洛维特：《纳粹上台前后我的生活回忆》，前揭，第 118 页。

② 洛维特：《纳粹上台前后我的生活回忆》，前揭，第 112 页

③ 洛维特：《纳粹上台前后我的生活回忆》，前揭，第 69 页。

图式政治哲学，并借以反思现代性危机的背景支援。而洛维特所受的教育使他一开始便在“非犹太教的氛围中成长起来”，因此，他对“迈蒙尼德和整个中世纪犹太教哲学全然一无所知”。①但是洛维特熟悉黑格尔、马克思、基尔克果、尼采、布克哈特、布尔特曼这些基督教的或反基督教的哲学家，因此，洛维特的思想资源主要在于历史哲学和基督教传统，这也决定了他反思现代性只能依靠历史现象学描述的方式和回溯到基督教资源的方式来进行。另外，对犹太人身份的认同与否不仅影响施特劳斯和洛维特思想资源的运用，而且也影响二者对定居国的抉择。从流亡海外的时刻起，洛维特在精神上始终“强烈地眷恋着”德国，并最终在有契机回国任教时义无反顾地踏上了归乡之途；而施特劳斯从离开德国后，只有一次回到故地作短暂停留，之后就再也没有回到那个让他没有家园感的德国。

总之，犹太生活经历和犹太人身份认同的差异构成了施特劳斯与洛维特不同研究路径和思想结论的重要原因，这深刻影响了二者对虚无主义审理的不同路向和不同判断。洛维特以其现象学的清晰和直接为我们展开了19世纪精神史的思想图景，为我们更好地理解这个时代，理解这个时代的精神走向和潜在危险提供了强有力的论证；施特劳斯则为我们理解西方哲学史提供了不同的视角，并摊开了西方思想史的不同思想景观，这对于我们如何解读古人及其经典作品，如何导引优秀青年的提升灵魂做出了典范。

## 第三节　政治哲学的“古今”之辩：试析施特劳斯与科耶夫的三个理论歧见

哲学家群体绝非铁板一块，而是有着重要的层次或等级差别。概括地讲，从哲学家终生关注之根本问题的眼界高低可以将他们划分为两种类型：思想家（哲学家）和学者（哲学教授）。前者隐秘的哲学关切是根基性的抑或颠覆性的，他们试图与过往最伟大的哲人一起思考，旨在扭转哲

① 施特劳斯、洛维特等：《回归古典政治哲学——施特劳斯通信集》，前揭，第234页。

学发问的根本取向；后者则试图理解和评估伟大哲人思考问题的含义及其意义，他们自知无力洞见哲思前提的基本公理，因而知趣地把理解伟大哲人的思想作为主要任务，并以此为根基在哲人与大众、哲学与社会之间做些中介性的“布道”工作。毋庸置疑，哲学家非常重要，没有他们，哲学思考的范式无望扭转，某一路向的哲学思考方式也难以在穷途末路实现峰回路转；学者同样不可或缺，因为一方面，哲学家由于思考问题的根本和艰深而无暇（无意）普及真理，另一方面，哲人之间观点的巨大差异常常使读者无所适从，这需要学者们加以梳理、廓清、比较和评定，从而在哲学家艰深的理论思考和民众的习常之见之间架起桥梁。

如果假定上述的区分原则具有真理性，那么我们可以依此判定施特劳斯和科耶夫是现代西方哲学史上具有思想穿透力的哲学家。① 因为无论是学理思考的较高起点还是思想观念的实践效应上，二者均堪称典范：施特劳斯从古今之争的原初地平入手，从柏拉图式政治哲学视角管窥现代性政治哲学（政治事件）的误入歧途及其症结所在，并且通过躬行实践在身后留下了一个源远流长、影响深巨的施特劳斯学派②；科耶夫则容纳现象学、生存论的存在论、黑格尔主义、俄国神秘主义及马克思主义等于一身，凭借六次黑格尔研讨班（1933—1939）决定性地影响了法国整整一代思想家及其学术风向③。毫无疑问，二者之间

---

① 这一客观性的评价与当事人的自我评价未必吻合。例如，海德格尔公认是 20 世纪最伟大的哲人之一，但在与友人的通信中，他常向友人慨叹自己较之那些原创性的古希腊哲人的知之甚少（参见吕迪格尔·萨弗兰斯基，《来自德国的大师：海德格尔和他的时代》，靳希平译，商务印书馆 2007 年版，第 276—277 页）。同样的，施特劳斯也多次戏谑地（也是真诚地）宣称自己与伟大头脑相比只是一个学者。如，在 1949 年 6 月 27 日的一封致科耶夫的信中，他坦言，“越年长，也越清楚地明白，一个人理解的东西多么少，无知的程度更加剧了”（施特劳斯、科耶夫，《论僭政：色诺芬〈希耶罗〉义疏》，何地译，观溟校，华夏出版社 2006 年版，第 272 页）。施特劳斯作为伟大思想家的特质还体现在他对学术诤友的极其严苛的拣选标准上。众所周知，在同时代的思想家中，能进入施特劳斯鹰眼并撰文与之智力较量的堪称寥寥：施密特充其量是他早期转向霍布斯研究的中介性人物（参见《〈政治的概念〉评注》），古特曼则被他看作蹩脚的囿于现代观念前提的犹太史家（参见《哲学与律法》）。要说像幽灵一样一直缠绕着施特劳斯，让他既敬又厌的同时代哲人，首要人选毫无疑问是海德格尔，如果说还有其次，那么恐怕要数科耶夫。

② 参见詹姆斯·罗德之：《柏拉图的政治理论：以及施特劳斯与沃格林的阐释》，张新刚译，上海三联书店 2012 年版，第 81、84 页。

③ 参见伊森·克莱因伯格：《存在的一代：海德格尔哲学在法国（1927—1961）》，陈颖译，新星出版社 2010 年版，第 63—111 页。

存在着诸多交集和相似之点：从年龄上看，二者均出生于20世纪之交[①]；在学术起步阶段，二者均致力于宗教哲学的论题：前者的最初两部论著是《斯宾诺莎的宗教批判》（1930）和《哲学与律法》（1935），主要集中于古今犹太哲人和中古穆斯林思想家的研究；后者则在弗莱堡大学师从有神论的存在主义大师雅斯贝尔斯，其博士论文研究的是索洛维约夫的宗教哲学。两人于20世纪20年代在柏林初识，1929年（科耶夫）和1932年（施特劳斯）又先后前往巴黎，从此建立起智识上的亲密联系。以至在芝加哥大学执掌政治哲学教席之后，施特劳斯曾一度"怂恿"自己最有天赋的一些弟子（如布鲁姆、罗森等）远渡重洋到巴黎跟随这位体制外哲人（科耶夫）学习哲学（好像偌大一个美国没有可求教的哲学家似的）。然而，必须看到，二者的相互敬重、惺惺相惜[②]绝非源于他们思想观点上的趋同或一致；相反，在

① 施特劳斯生于1899年，略早于1902年出生的科耶夫。

② 这种尊重和惺惺相惜不仅体现在双方非常珍视彼此的思想观点进而在《论僭政》中进行认真的对话，而且体现在双方的来往信函中。在施特劳斯看来，科耶夫是马克思主义阵营里唯一值得认真对待的彻底的思想家。在1935年5月9日致科耶夫的信中，施特劳斯强调："在巴黎只有一位真正才华横溢的人，那就是——科耶夫尼科夫。我不否认在巴黎也有一些比你更聪明的'辩证能手'，——但缺乏生命力的'尖锐'（附带说说，那总是证明细致研究的极端无聊）显然与理解和洞见毫无关系。理解就是美德（美德＝知识），对紧要的东西有洞见并处理相关事情的人，都是'热情地'对事情而非事物感兴趣——而你是我知道的在巴黎唯一一个对事情感兴趣的人，因此，你是他们中最聪明的人。"在对科耶夫《论僭政》评论的回复文章中，施特劳斯再次重申，"科耶夫属于那知道如何思考并且热爱思考的极少数人……简言之，科耶夫是一个哲人，而不是一个知识分子"（施特劳斯、科耶夫：《论僭政：色诺芬〈希耶罗〉义疏》，前揭，第253、202页）。当然，施特劳斯不是对其他马克思主义者全无关注，但从他在《相对主义》（1961）一文中对卢卡奇寥寥数页的一带而过上，可以看出他对科耶夫之外的马克思主义者的不屑（参见施特劳斯：《古典政治理性主义的重生》，潘戈编，郭振华译，华夏出版社2011年版，第62—65页）。这种不屑，在1949年9月4日致科耶夫的信中表现得更为直接："我很高兴又一次看到我们在什么是真正的问题上意见一致，如今各方面在这个问题上不是否定（存在主义）就是浅薄（马克思主义和托马斯主义）。此外，我很高兴最终有人深思熟虑地和具有完备知识地阐述了现代的立场——而没有海德格尔胆怯的暧昧。"（施特劳斯、科耶夫：《论僭政：色诺芬〈希耶罗〉义疏》，前揭，第274页）。与施特劳斯对科耶夫的激赏相似，科耶夫也非常重视施特劳斯的学品与人品，例如在1936年11月2日的一份致施特劳斯的信中，科耶夫强调，"在'为人'与'哲学'上，我一直都非常赞赏和珍视你"（参见施特劳斯、科耶夫：《论僭政：色诺芬〈希耶罗〉义疏》，前揭，第256—259页。）。

最根本的哲学问题上，例如，何谓哲学？哲人的使命与角色为何？什么是最佳正义的政体？哲学与城邦之间冲突是否可以解决？等等问题上，二者的立场可谓针锋相对。但是，正如《论僭政》[①]一书编者所看到的，“双方理解问题的愿望远比坚持他们的立场的愿望更强”，尽管他们之间“有着深刻的哲学和政治上的不同，但其实非常尊重对方。他们相互珍视对方的严肃和分享彼此的智慧。每一个都认为对方是自己唯一有意义的哲学对立面，并把对方作为最不可能调和的这一对立面的代言人”。[②]正是基于这一前提，才促成了20世纪这部堪称经典的思想论战。下面，我们从三个方面对两位哲人的思想分歧加以廓清。

## 一、伊壁鸠鲁式沉思哲人与马克思式实践哲人

从气质风格上着眼，哲学家大致可以分为两种类型：一类是沉思型隐士哲人，如康德、胡塞尔，隐居斗室，为哲学真理冥思苦索，孜

① 《论僭政：色诺芬〈希耶罗〉义疏》（又译《论暴政》，以下简称《论僭政》）堪称政治哲学的经典之作。该书英文初版（1948）不久便推出了法文增订版（1954），随后在法语尤其是英语世界多次再版重印。《论僭政》初版仅是100多页的小册子，包括施特劳斯的原初研究和他所在学校——社会研究新学院（又称“流亡大学”）校长约翰逊（Alvin Johnson）撰写的引言“论色诺芬与施特劳斯博士”（“On Xenophon and Dr. Strauss”）。伽利玛（Librairie Gallimard）出版社1954年推出的法文版增补了色诺芬《希耶罗》的法译文，科耶夫对施特劳斯文章的评论，以及后者的回应之作“重述色诺芬《希耶罗》”。1963年，芝加哥大学出版社以法文版为蓝本重新推出《论僭政》英文版，内容上较之1954年版并未有大的改变。1991年芝加哥大学版则对1963年版做了较大的增订：不仅重译了科耶夫文章的英译文，同时增加了施特劳斯与科耶夫之间现存的全部通信。之后的版本，如1997年伽利玛法文版，2000芝加哥大学英文版都以1991年版本为蓝本，出版时仅订正了少许打印错误和增加了一些编者新注。《论僭政》的最新版本重印于2013年，芝加哥大学出版社与时俱进地推出了该书的纸质版和电子版。参见 *Leo Strauss and His Legacy: A Bibliography*（《施特劳斯及其遗产：文献目录》），John A. Murley 编，Lexington Books，2005，pp.1—14；*The Crambridge Companion to Leo Strauss*（《剑桥施特劳斯研究指南》），Steven B.Smith 编，New York：Cambridge University Press，2009，pp.27—28。关于约翰逊在建立流亡大学中的角色以及对施特劳斯早期美国学术生活的影响，参见谢帕德（Eugene Sheppard），*Leo Strauss and the Politics of Exile: The Making of a Political Philosopher*（《施特劳斯与流亡政治：一个政治哲人的锻成》），Brandeis University Press，2006，pp.88—92。

② 施特劳斯、科耶夫：《论僭政：色诺芬〈希耶罗〉义疏》，前揭，“英文版编者导言”，第4、236页。

孜追求；另一类是实践型论战哲人，如马克思、尼采，为时代的正义或精神状况焦虑忧灼，以笔为剑，甘当社会良心。如果假定这一漫画式的说法为真，那么，施特劳斯无疑属于前者，科耶夫则属于后者。对于沉思的隐士哲人，科耶夫形象地称之为“伊壁鸠鲁派”哲人，认为这类哲人将“所有的时间都贡献于对智慧的探求，那是他最高的价值和目的。他因此将不仅放弃了‘世俗的快乐’，甚至将放弃所有的行动，包括直接或间接的统治行为。……正是这种‘伊壁鸠鲁式’的态度给出了哲学生活的通常形象。根据这种形象，哲人生活在‘世界之外’：他退隐到自身，与其他人隔离，对公共生活没有兴趣。他把他所有的时间都用来追求‘真理’，这真理是纯粹的‘理论’或沉思，不需要和任何行动相联系。”[①] 在科耶夫看来，伊壁鸠鲁派哲人固然可敬，但根据黑格尔的观点评判却不值得激赏，因为，他们“以一个很成问题的真理概念为前提，根据这一概念，所有地方的‘主观确定性’和‘客观真理’是始终一致的：一旦一个人主观上‘确信’拥有真理（例如有一个‘清楚明确的观念’），他就被认为是有效地拥有了真理（或一个真理）”。[②] 然而，“这一真理本身并不是‘自明的’……仅仅如下事实就使之失效，即世界上总是有自称的先知先觉者和‘伪先知’，他们对他们‘直觉’的真理性或他们以某种形式得到的‘启示’深信不疑。简言之，一个‘孤立的’思想家的主观‘证据’作为一种真理的标准是无效的，因为事实上是存在疯狂的，而这种疯狂就其是从主观‘自明’前提的正确推演而言，可以是‘系统的’或‘合乎逻辑的’”。[③] 一言蔽之，科耶夫反对柏拉图—笛卡尔—胡塞尔—施特劳斯一派伊壁鸠鲁式哲人，认为他们与其说通过理智直觉推动的明证感获得了真理，不如说深陷迷狂而不自知，更不要说这派哲人的封闭小圈

① 施特劳斯、科耶夫：《论僭政：色诺芬〈希耶罗〉义疏》，前揭，第 164 页。

② 施特劳斯、科耶夫：《论僭政：色诺芬〈希耶罗〉义疏》，前揭，第 167 页。

③ Leo Strauss, *On Tyranny* (Revised and Expanded Edition, Including the Strauss-Kojève Correspondence), edited by Victor Gourevitch and Michael S. Roth, Chicago and London: the University of Chicago Press, 2000, p.153.

子容易滋长的强化偏见、僵化教条的危险。[①]

在生动刻画了伊壁鸠鲁式哲人耽于幻想、沉溺己思的危险本性之后，科耶夫强调真正的哲人应该走出“文字的共和国”（花园、学园），以“以某种方式介入政治（或加入政府）”，即成为实践哲人。这种介入一方面可以使哲人在日常政治行动的现实化中检验自己哲思的真确性以避免陷入主观标准的迷狂，从而推动哲学朝向真理或智慧的进步；另一方面也是社会历史对哲学提出的要求：因为“如果哲人完全不给予政治家任何‘建议’，在没有任何政治教诲能（直接或间接地）从他们的观念演绎出来的意义上，就不会有任何历史进步，因而也没有严格意义上的历史”[②]。然而，哲学与政治历史的砥砺共进却受到哲学使命与人之有限性的制约：一方面，人是有死的存在，真理之路异常崎岖而艰辛，超凡头脑耗费一生恐怕都难以企及，以真理为志业的哲人哪有时间和精力介入政治实践？另一方面，指导一个国家，无论它是多么小，也要占用很多时间，甚至要占用哲人的所有时间。那么，哲人在对真理或智慧的追求这一最高目标和介入政治实践这一必要目标之间又应当如何抉择？要知道，“将其所有的时间贡献给政治也就是停止作为一个哲人，因而也就失去了对僭主和‘未入门的’顾问本来拥有的优势”。[③] 在科耶夫看来，唯一的解决方案是哲学家做僭主的顾问（老师）。因为首先，哲人提供的改革方案“必然是彻底对立于习常之见的”，为了排除阻碍，迅速而彻底地施行自己的哲学理念，“那些想要在当下政治中行动的哲人，总是被拉向僭政”或诉诸“那总是要被指为‘僭政’的政治程序”。其次，也是更为重要的，“在所有政治

① 当一个哲人活生生的哲学思考演变成一个教义时，任何采纳或尊奉这个教义的封闭社会或精英群体都倾向于将“这一教义的偏见固化”。从而使得这一天才性的哲学思考因其僵硬教条而成为一种意见。科耶夫撰写上述文字时，施特劳斯尚未赶赴芝加哥大学，也没有形成后来影响北美政治哲学几十年的施特劳斯学派，但科耶夫依据其真理性的洞见和演绎推理，天才地洞见到了施特劳斯学派的形成及其弊端。参见施特劳斯、科耶夫：《论僭政：色诺芬〈希耶罗〉义疏》，前揭，第 169 页。

② 施特劳斯、科耶夫：《论僭政：色诺芬〈希耶罗〉义疏》，前揭，第 191 页。

③ 施特劳斯、科耶夫：《论僭政：色诺芬〈希耶罗〉义疏》，前揭，第 181 页。

家中，僭主无疑是最有可能听取和实行哲人的建议的”。民主领袖（驯化君主）因为过分在意大众或其代表的意见而在关键问题上踌躇不前，而希望变革的僭主则不会瞻前顾后、犹疑不决，因此，如果一个哲人“想迅速取得成功，他就必须对僭主而非民主领袖说话”。①

科耶夫对伊壁鸠鲁式哲人的指控和对实践哲人的激赏，施特劳斯并不认同。尽管他认为科耶夫有力地洞见到哲人所无法摆脱的政治性和社会性：“哲人不可能过一种绝对孤独的生活，因为那样的话，合理的‘主观确定性’与精神错乱者的‘主观确定性’无法区分。真正的确定性必须是‘交互主体的’”。②但施特劳斯强调，“科耶夫没有区分哲学的政治行为与哲人可能承担的旨在建立最好的政体或改善现有秩序的政治行动”。③换言之，施特劳斯强调，哲人首先是政治哲人，或者说一切哲人的思考都具有直接或间接的政治意义，这是哲学与政治之间的本质冲突（下面第三点详述）决定的。但是，哲学思考所具有的政治影响，与哲人介入政治，颠覆现有政治秩序的政治行动之间根本不同。极端地讲，根本不存在科耶夫所说的那种只追求纯粹理论，不具有政治影响的哲学家类型，“哲学远非在政治上是无效的，它彻底地变革了政治生活的特征。一个人甚至能够说，仅仅哲学的观念就有重大的政治效果”④。因此，施特劳斯认为科耶夫的哲人的类型划分看似逻辑严密，实则是建立在错误的根基之上。同样地，施特劳斯也不认同科耶夫所践履的实践哲人样板。在他看来，从马基雅维利肇端的现代性的三次浪潮，充分彰显了哲学家试图依靠其精心设计的理性方案建立美好社会的努力。然而，其结果呢？哲学家预言的人间天堂并未实现，激进历史主义和道德虚无主义却甚嚣尘上，催生了纳粹极权主义的怪胎。换言之，施特劳斯试图表明，哲学家介入政治现实非但未能实现人类社会的美好，相反，由于人性和理性自身所固有的局限性，导致了人类社会的众神倒地、物欲横流。因此，审慎的哲人应该像古

① Leo Strauss, *On Tyranny*，前揭，pp.164—165。

② Leo Strauss, *On Tyranny*，前揭，p.194。

③④ 施特劳斯、科耶夫：《论僭政：色诺芬〈希耶罗〉义疏》，前揭，第223页。

代先贤那样认清政治事务本质上的有限性，在迎合政治（洞穴）意见，恪守社会职责的前提下隐微写作，而不应该像现代哲人那样天真地（毫无政治意识）将政治作为实现哲学理想的手段，其结果不是哲学理想的现实实现，而是个体性的哲学思考固定为教条化的意识形态，并最终沦为为政治正当性论证的女仆。

## 二、最佳政体究竟为何？王制政体还是普遍同质国家

上述哲人身份的不同选择彰显了施特劳斯和科耶夫对待古今哲学的不同立场：前者依据柏拉图的洞穴譬喻，认为哲学高于政治，二者之间不仅本质不同，而且根底冲突，因此，哲学家应当私人思考和公共写作，即做审慎节制的柏拉图式政治哲人；后者则从黑格尔式马克思主义立场出发，认为哲学不应该只是解释世界，更重要的在于改变世界，这不仅是哲人求真的应然之意，更是社会历史发展的理论需求。然而，二者对古今哲学立场的不同坚守不仅体现在哲人身份的不同抉择上，更主要的体现在他们对何谓最佳政体的歧见上。

在科耶夫看来，“色诺芬的文本并不像黑格尔的论述那样有价值”。[①] 这主要体现在两个方面。首先，在内容上，色诺芬的《希耶罗》将较主观、私人的爱、爱戴和幸福与较公共、客观的满意或满足搅在一起。“僭政或一般类似的政治行为不可能产生‘爱’‘爱戴’或‘幸福’，因为这三种现象涉及与政治无关的因素……最完全的政治成功是与一种深刻不幸的私人生活完全相融的。”因此，“更可取的是采用黑格尔的准确公式：它不是指向‘爱戴’或‘幸福’，而是指向‘承认’和‘承认’产生的‘满足’”。[②] 其次，在论述方法上，科耶夫认为色诺芬和柏拉图所倡导的辩证法（dialogue，对话）并非自足的方法论原则，“对黑格尔来说，‘对话’的古典‘辩证’的结果，亦即在纯粹言词的‘讨论’中的取胜，并不是真理的一个充分标准。”[③] “如果一个人严守色诺芬—施特劳斯解释的苏格拉底的态度，他就必须回到那对别

---

①② 施特劳斯、科耶夫：《论僭政：色诺芬〈希耶罗〉义疏》，前揭，第 156 页。

③ 施特劳斯、科耶夫：《论僭政：色诺芬〈希耶罗〉义疏》，前揭，第 183 页。

人对他的意见完全不感兴趣的孤立的哲人的状况中去。”因此，若想避免陷入主观的迷狂，唯有“试着通过超越于哲人们的讨论，用黑格尔的‘客观’方法（即历史证明的方法）来达到一个‘无可争议的’结论”。[①] 总而言之，科耶夫基于对黑格尔哲学理论和方法上的自信站在了现代哲学一边。通过强有力地阐发《精神现象学》中的主奴思想，他认为历史发展的强大动力来自承认的欲望：“人们的最高目标和根本动力是荣誉”，世人无休止地追求权力、名誉、地位，其实质不过是为了获得某种承认。[②] 另一方面，科耶夫认为，承认推动的历史发展不会像哲学论辩那样无休无止，因为一旦像亚历山大和拿破仑那样突破民族、宗派、宗教和地域的限制，实现了国家的普遍性，一旦人与人之间摆脱了阶级、地域、身份、种族、信仰、性别等的任意区分，实现了真正意义上的人人平等（等质），那么历史就会在普遍等质的国家中获得承认的最终满足，从而达到其最高的顶点，即“历史的终结”。正是在这个意义上，施特劳斯指认科耶夫“满意于‘普遍和等质的国家’是唯一最好的社会秩序”，其真实主张一言蔽之，即“普遍和等质的国家是唯一本质上正义的国家；而古代经典中的贵族制本质上是特别不正义的”。[③] 也正是基于这样的最佳政体观念，科耶夫才会如此申明，“我不接受施特劳斯在这方面的观点，因为在我看来，迈蒙尼德—色诺芬的乌托邦已经被现代僭政实现了”。“对于黑格尔 / 马克思（但绝非柏拉图），哲人确实应该（因此也能够）成为国王……只要这种‘变成’是一种革命。”[④]

施特劳斯坚决反对科耶夫采取的黑格尔式的现代立场[⑤] 以及他所激赏的普遍同质国家。在 1957 年 9 月 11 日的一封致科耶夫的信中，

---

① Leo Strauss, *On Tyranny*，前揭，pp.158，167。

② 施特劳斯、科耶夫：《论僭政：色诺芬〈希耶罗〉义疏》，前揭，第 153 页。

③ 施特劳斯、科耶夫：《论僭政：色诺芬〈希耶罗〉义疏》，前揭，第 183、209、224 页。

④ 施特劳斯、科耶夫：《论僭政：色诺芬〈希耶罗〉义疏》，前揭，第 152、354 页。

⑤ 在反驳科耶夫的评论中，施特劳斯指出，科耶夫“拒绝对基本问题的古典解决办法……他事实上是把黑格尔的教诲视为原则上最后的教诲”。施特劳斯、科耶夫：《论僭政：色诺芬〈希耶罗〉义疏》，前揭，第 202—203 页。

施特劳斯强调："我们两个南辕北辙。问题的根本在于，我猜想就如问题一直以来的那样，你相信黑格尔（马克思）的真理而我不。你从没有对我的问题给出一个回答：a）难道尼采描述黑格尔—马克思的目标为'末人'不正确吗？b）你把黑格尔的自然哲学放在什么地位？我有一个这样的印象，你读柏拉图是从你的黑格尔观点出发的，没有充分地准备通过完全倾听和严格跟随他的建议，来看看柏拉图的看法本身展示了什么。"① 在施特劳斯看来，黑格尔哲学不过是"以某种方式继续了现代解放激情，因而也解放'竞争'的传统。这一传统是由马基雅维利发端的，由霍布斯和亚当·斯密这样的人予以完善。"尽管"黑格尔的教诲要远比霍布斯的精巧，但还是属于同一种建构。两者都是从一个不真实的前提来开始建构人类社会：人作为人是被设想为一种缺少对神圣约束的意识的存在，或者作为一种只受对承认的欲望指导的存在"。② 与科耶夫的现代立场相反，施特劳斯认为"僭政式的古典概念是来自对基本社会现象的一种恰当分析"，因此他随时准备完全倾听古典的教诲而不是要以现代观念来框解古代哲人的观念。在施特劳斯看来，科耶夫所强调的承认究其实质只是一种欲望，这在古典哲学那里是低于理性的东西，相应地，与承认相关联的荣誉也是低于智慧的并非自足的一种善。③ 至于科耶夫所激赏的普遍等质国家，施特劳

① 施特劳斯、科耶夫：《论僭政：色诺芬〈希耶罗〉义疏》，前揭，页338。施特劳斯这里对科耶夫的质疑主要包括两个方面：一是它未能成功根除自然哲学，因为历史并非理解人和世界的自足前提；二是科耶夫强调的最终国家并不会带来人类的最终满足，因为它是非理性的。Emmanuel Patard 认为，这两方面质疑最终使得科耶夫认同了施特劳斯的结论，这意味着，"科耶夫承认终极智慧的尚未完成，因此他默认了自己关于最后国家目前已经实现的论断是错误的"。见 Emmanuel Patard，*Remarks on the Strauss-Kojève Dialoge and its Presuppositions*（《论施特劳斯—科耶夫对话及其前提》），载于《现代性及其所失去的：基于施特劳斯遗产的考量》（*Modernity and What Has been Lost*：*Considerations on the legacy of Leo Strauss*），Pawel Armada 和 Arkadiusz Górnisiewicz 编，Jagiellonian University Press，2010，pp.116，120。

② 施特劳斯、科耶夫：《论僭政：色诺芬〈希耶罗〉义疏》，前揭，第208—209页。

③ 施特劳斯强调，"色诺芬或他的迈蒙尼德并不相信荣誉是最高的善……最高的善是投身于智慧或德性，荣誉只是一种虽很愉悦但却是第二位的、可以分离的奖赏。"施特劳斯、科耶夫：《论僭政：色诺芬〈希耶罗〉义疏》，前揭，第207页。

斯认为它是建立在无限征服自然和自然人性的基础上的。古典哲人基于宇宙（善）目的论的自然正当观念，认为人与人之间存在高低贵贱之分，现代启蒙试图掩盖这一基本事实，用平等观念来拉平一切性别、阶级、身份，甚至智慧上的差异，其最终达到的不过是尼采所宣称的末人社会，即一个没有好奇、不知敬畏、没有恐惧、不知羞愧的“最后的人”组成的政治社会。因此，施特劳斯强调，普遍同质国家绝非最佳的政体形式，它不仅难以实现，更不可欲。① 极端地讲，普遍同质国家引领人类社会进入的并非人间天堂，而是“空虚流转、虚荣循环”的人间炼狱。因此，施特劳斯认为最好的政体只能是古代经典所宣示的最好的人或贵族来统治的政体，即王制政体。

### 三、“城—哲冲突”能够实现和解吗？

施特劳斯与科耶夫第三方面思想分歧表现在对城—哲冲突能否达成和解观点不同。科耶夫同意施特劳斯关于哲学与社会之间存在一种紧张，甚至冲突关系的看法，但他认为，这种紧张与冲突是可以实现和解的。首先，人类历史的发展进程已然表明，是哲学与政治实践的良性互动推动了社会历史的发展。例如，亚历山大超越种族、地域的帝国概念（普遍国家观念），无疑受到了苏格拉底—柏拉图—亚里士多德哲学的影响；而拿破仑 1806 年指挥的耶拿战役，从长远看，使得欧洲，乃至世界的其他部分向法国大革命的原则开放。② 这些事例表

---

① 对施特劳斯而言，国家的普遍性，即开放国家很难实现，因为“普遍的国家要求在基本的问题上达成普遍的共识，这样的共识只有在真正的知识或智慧的基础上才有可能。建立在意见上的共识不可能成为普遍的共识。每一个要求普遍性、亦即要求被普遍地接受的信仰，都必然刺激出提出同样要求的对立信仰”。更重要的是，“作为历史目标的所有人的实际满足是不可能的”，“如果情形是这样，普遍的国家看来就是不可能的了”。另一方面，施特劳斯强调等质国家并不可欲，因为它是尼采意义上的末人国家：“空虚流转、虚荣循环……不再有高贵和伟大行为的可能性的国家”。施特劳斯、科耶夫：《论僭政：色诺芬〈希耶罗〉义疏》，前揭，第 209—210、225、227 页。

② “在这个战役中和通过这个战役，人类的先驱者潜在地已经到达了终点和目的，即人的历史发展过程的终结。从此以后，发生的事件只不过是在法国由罗伯斯庇尔—拿破仑实现的普遍革命力量在空间的延伸。”科耶夫：《黑格尔导读》，姜志辉译，译林出版社 2005 年版，第 518 页注释。

明，哲学家已经对社会历史现实产生了深远影响：“‘专制的’国王和严格意义上的僭主所做的一切都是要在政治上实行哲人的教诲”，因此，“哲人的建议实际上被遵循了”。① 对科耶夫而言，世界历史的每一次跃进，首先来自哲学观念的重大变革，虽然这种变革需要借助知识分子的中介作用方能达及现实。② 正是在这个意义上，科耶夫强调，哲学家不应离群索居、独善其身，而是要采取行动，主动介入政治生活。

其次，科耶夫认为城—哲冲突之所以能实现和解，还在于哲人和政治家本质上具有共通性：他们都为承认的欲望所推动，而且全都热衷于从事政治教育活动。在科耶夫看来，僭主希耶罗希望通过自己的行动获得多数公民的承认，而西蒙尼德之所以欲望完善，同样是希望人们因为他的完善而承认他。对于施特劳斯强调的政治家寻求多数人的承认，而哲人只寻求少数精英承认的观点，科耶夫感到匪夷所思：这或许对民主领袖成立，但对于僭主，则未必依赖于多数的意见；而且，“为什么哲人就应当总是避开‘多数’的赞扬”。“事实上，一个人只要得到这样一些人的承认时他就是满足的……这对政治家和哲人来说都是同样真实的。”换言之，政治家和哲人之间并没有什么原则的不同，“这两种人都是寻求承认，他们的行动都是为了使自己配得到它”。③ 另一方面，为了获得更多人的承认，政治家常常有意无意地承担起政治教育者的任务，这对哲学家也同样适用，因为哲学家总要利用一部分时间从事哲学教育活动，历史上这样的例子不胜枚举。既然同为教育者，“为什么哲人的入门者或门徒的数目就必须受限，或者说就必须比政治人的有能力的赞扬者人数少呢？”④ 在科耶夫看来，施特劳斯主张智慧者满足于少数人的赞扬，其实质是无原则地遵循“色诺芬的观点（符合古典的传统）”的结果。然而，“这一传统依据的

---

① 施特劳斯、科耶夫：《论僭政：色诺芬〈希耶罗〉义疏》，前揭，第 190 页。
② 施特劳斯、科耶夫：《论僭政：色诺芬〈希耶罗〉义疏》，前揭，第 190—192 页。
③ 施特劳斯、科耶夫：《论僭政：色诺芬〈希耶罗〉义疏》，前揭，第 171、172 页。
④ 施特劳斯、科耶夫：《论僭政：色诺芬〈希耶罗〉义疏》，前揭，第 172 页。

是一种贵族式的偏见”，它的“观念和实践涉及一个很严重的危险”，因此，“我必须说，在此我再次不同意施特劳斯及其想遵循的古代传统”。[①]

科耶夫层层推进、逻辑严密、言之凿凿，施特劳斯却不为所动。在他看来，科耶夫立论的前提是现代的立场，或者说是反对古典哲学的立场。现代的立场将“技术的无限进步和普遍的启蒙”视为真正满足人性的要素。它预设了对自然的控制和支配：自然（nature），从宇宙目的论视域下活生生的共同在此转变成冷冰冰的有待征服的客观对象。更重要的是，对自然的无限征服预设了对人之本性（nature）的改造，即相信通过理性的力量可以抹平人与人之间灵魂秩序上的本质差异，最终实现人们之间的普遍平等。既然哲人的思想启蒙有助于达成这一目的，那么有什么理由相信哲学家的门徒就一定比政治家的教育对象少。简言之，从现代立场审视，施特劳斯的隐微写作和哲学精英论完全是与普遍启蒙和人人平等观念相背离的。施特劳斯对此十分清楚，但他从怀疑论的视角出发，认为理性并不像现代哲学所宣扬那样无所不能，否则：为什么犹太人问题非但没有解决，反而愈加深重？为什么人类社会没有实现普世太平，反而战乱不断（第一、第二次世界大战）……究其实质，施特劳斯认为，西方文明的动力并不像科耶夫所说的那样来自承认的满足，而是来自耶雅冲突的内在紧张和相互制衡。作为西方文明的两个源头，理性与宗教的内在张力时刻提醒对方要慎思明辨、审慎节制，这正是“西方文明勃勃生机的秘诀所在”[②]。反之，中世纪的神学至上，现代启蒙的理性万能，都使得西方文明最终变得僵化教条，死水一潭，甚至走向自我背反。因此，施特劳斯认为，唯有正视哲学与宗教、哲学与政治之间的内在张力，恢复耶—雅之争抑或城—哲冲突这一西方文明的内在动力，才能避免哲学逃脱神

---

① 施特劳斯、科耶夫：《论僭政：色诺芬〈希耶罗〉义疏》，前揭，第169页。

② 施特劳斯：《神学与哲学的相互影响》，林国荣译，何子建校，载于《信仰与政治哲学——施特劳斯与沃格林通信集》，恩伯莱、寇普编，谢华育、张新樟等译，华东师范大学出版社2007年版，第305页。

学婢女的悲惨命运后，再次沦为政治意识形态的女仆。

在施特劳斯看来，城—哲冲突之所以不可解决源于二者本性上的水火不容。意见是城邦的空气，城邦为了稳续发展，它总要固定某种意见为权威意见，而哲学家为了获得真理，就要对各种意见进行质疑，甚至对权威意见进行质疑，这就有“颠覆社会的自我确信和削弱其意志的危险”。因此，城邦为了自身统治的稳固，就要对思想施行僭政，尤其是对城邦正当性基础造成威胁的哲人进行迫害，这在苏格拉底之死中达到顶点①。为了免遭苏格拉底式的极端命运，同时为了政治社会的道德信仰免遭哲人颠覆性言论的侵害，哲学家应当韬光养晦，采用隐微的方式宣示真理。正是在这个意义上，施特劳斯非常重视对话形式的戏剧特征和春秋笔法，认为这一论辩方式并不像科耶夫所批判的那样漏洞百出，相反是古典哲人应对城—哲冲突采取的智慧选择：一方面，对话具有言说的弹性与灵活，与论述的独断和说教不同，它能够实现对不同的人说不同的话；另一方面，由于对话中作者本人不出场，因此可以借助一对话者说出骇人听闻的真理性见解，而让另一对话者通过阐发主流之见来消解真理教诲的冲击力，从而拉开哲学与社会的距离来尽可能避免城—哲之间的冲突。可见，正是基于对政治事务劣根性和非自足性的清醒认识，施特劳斯认为哲学与政治的冲突不可避免且无法解决。

综上可见，《论僭政》是一部具有深度理论关切和强烈现实关怀的政治哲学著作。它从直接政治经验的僭政现象评价起步，一直深入到根基性的哲学生活与政治生活之间紧张关系的探讨。两位哲人分别立基于黑格尔式的现代哲学立场和柏拉图式的古典哲学视角，通过逻辑

① 柏拉图借用洞穴寓言的方式形象展示了苏格拉底之死所包含的城—哲冲突含义：洞穴代表着城邦社会，神灵崇拜和礼法习俗作为一种意见是城邦存活的空气；那个偶然挣脱束缚、艰难攀爬洞穴之外看见太阳（真理）的是哲人。如果哲人沉浸在真理的光照下，过着幸福的私人沉思生活对其本人而言无疑是一种至福，然而，作为肉身牵绊的有限存在，哲人离不开群居生活，因此，他必须重返洞穴，并试图教化洞穴囚徒，其振聋发聩之言引发青年人的强烈兴趣，但却令习见支配的成年人恐慌，因此他们借助民主选举的合法方式意图放逐或处死那个亵渎神灵，败坏青年的哲人。

论证和文本注疏两种不同方式深入探讨了什么是最佳正义的政体、哲学家的身份如何选择、历史发展的动力为何、普遍同质国家是否可能、城邦与哲学之间的冲突能否实现和解，等等问题。施特劳斯认为现代僭政的史无前例来源于政治哲学的古今之变，因此需要恢复古典哲学的隐微之道，重新为现代政治科学注入价值或德性的魂灵。科耶夫则认为哲学家不应该独善其身，沉迷于伊壁鸠鲁式的哲学沉思生活，而应当主动介入政治实践，为社会历史的发展，尤其是为实现最佳正义的普遍同质国家贡献心智。二者立场针锋相对、观点截然对立，智慧火花频现，在20世纪中叶为读者献上了一场古今对决的思想盛宴。我们不必苛求他们的讨论达成共识，毕竟立基于截然对立的古今立场，即使达成和解也只能是庸俗的折衷之言，这或许是真理的本来面相。

## 第四节　柏拉图是极权主义者么？

——兼论波普尔与施特劳斯的方法论差异

1945年，卡尔·波普尔（Karl Raimund Popper）发表了《开放社会及其敌人》(*The Open Society and Its Enemies*，下文简称《开放》）一书。这一继其《研究的逻辑》之后诞生的政治哲学著作确立了波普尔作为思想家的国际声誉。例证之一就是波普尔在时隔一年之后（1946年）获得了著名的伦敦经济学院的教授职位。然而，《开放》一书对柏拉图、黑格尔、马克思等的历史主义批判却激起了古典论者、马克思主义者等的多方围剿。本节不愿也无力涉足这一当时及其之后的纷争当中，对其是非曲直加以评说。这里，本节试图结合国内近几年兴起的施特劳斯学派的政治哲学思想，针对古典思想诠释的不同理路和方法，探讨哲学史追溯（或曰面对传统经典）的合法性依据和方法论原则。

### 一

首先，我们不禁要问：1. 作为一个蜚声学坛的分析哲学家，波普尔为何写作《开放》一书，突然转向政治哲学？2. 波普尔解构柏拉图形象的理论逻辑基点是什么？其合法性依据何在？3. 波普尔哲学史回溯（尤其是对待古典哲人柏拉图）的方法论基础为何？

可以肯定的是，波普尔绝非是那种穴居书斋，穷根究底的理论哲学家，如康德、胡塞尔、施特劳斯等，而是兼具纯粹问题意识和强烈时代关怀的混合哲学家。根据波普尔的自述，《开放》一书的写作主要源于两个方面的原因：一个是其青年时代追求而后抛弃社会主义理想的经历。这一经历促发了他对“极权主义的兴起以及各种社会科学和社会哲学没能成功地对其作出解释”的“持续关注”，这些思考的结果无疑为《开放》一书的写作提供了大量素材。① 第二个原因是第二次世界大战的爆发，这使波普尔“最终下定决心写这部书”从而为“理解这些事件及其背景和战争胜利后可能会出现的某些争端”提供一个尝试。②

波普尔断言柏拉图是极权主义者，这主要是基于他的历史主义批判。在《开放》一书的引言部分，波普尔明确表示：“对历史主义某些重要形式的产生和影响加以描述，是本书（指《开放》一书，笔者注）主要论题之一，而本书甚至可以被说成是一部有关某种历史主义哲学发展的旁注合辑。”③ 根据波普尔的理论，历史主义可归纳为如下几个特征：1. 历史具有普遍的“演化法则”或历史规律；2. 这些法则指向一个可预测的历史图景，也就是历史目的；3. 历史规律的实现者和推动者要么是“伟大的国家或伟大的领袖”，要么是“伟大的阶级或伟大的观念”；4. 根据必然的历史规律及其目的，可以采取明智的政治行为，即

---

① 波普尔在《开放社会及其敌人》一书的序言中坦陈自己“主要对物理学方法（因而也对与本书所探讨的那些问题相去甚远的那些技术问题）”感兴趣，但也对社会科学中的极权主义的兴起以及各种社会科学和社会哲学没能成功地对其做出解释“一直有所关注”。参见波普尔：《开放社会及其敌人》，陆衡等译，中国社会科学出版社 1999 年版，引言第 16—17 页。

② 波普尔：《开放社会及其敌人》，陆衡等译，中国社会科学出版社 1999 年版，第二版序言第 11 页。

③ 波普尔：《开放社会及其敌人》，陆衡等译，中国社会科学出版社 1999 年版，引言第 16 页。

乌托邦社会工程来影响和推进历史发展；5. 整体主义历史观将个体的人看作工具，认为为了达成历史理想可以牺牲家庭或个人的幸福、利益。简言之，所谓历史主义中心学说，就是“历史受控于明确的历史或演化法则，这些法则将使我们能够对人的命运进行预言”。[①]波普尔进一步指出，历史主义是一个古老的信念，它在古代、中世纪、近现代拥有不同的表现形式（具体见下表[②]）。

| 具体形态 | 历史法则 | 领导者 | 历史未来图景 | 典型例证 |
|---|---|---|---|---|
| 自然主义历史主义 | 人类自然本性的不平等 | 哲学家 | 各个阶级各司其职、各尽其责，哲学家治国 | 柏拉图的政治学说 |
| 有神论历史主义 | 由上帝意志决定 | 上帝的选民 | 选中的民族最终获得世界 | 犹太教的《旧约》 |
| 唯灵论历史主义 | 绝对精神的辩证法规律 | 民族精神 | 符合绝对精神的国家 | 黑格尔的国家学说 |
|  | 种族进化规律 | 优等的种族 | 优等的种族取代劣等种族 | 法西斯纳粹主义 |
| 经济历史主义 | 经济发展规律，一切历史都是阶级斗争史 | 先进阶级 | 共产主义 | 马克思的共产主义 |

以其历史主义批判为参照点，波普尔指认柏拉图是古希腊极权主义（即历史主义）的重要代表。这主要表现在以下几个方面：1. 在历史发展规律上，柏拉图“把现存社会解释为理想国家的衰退摹本”[③]，认为变化是邪恶的，静止是神圣的，历史上“所有社会变化都是腐败、退化或衰亡”的过程。其鲜明的例证就是柏拉图在《理想国》中对贵族政制→寡头政制→民主政制→僭主政制的堕落过程进行的逻辑论证。[④] 2. 在历史的推动者或领导者问题上，柏拉图主张哲学家当王。

① 波普尔：《开放社会及其敌人》，陆衡等译，中国社会科学出版社 1999 年版，第 26 页。

② 参见波普尔：《开放社会及其敌人》，陆衡等译，中国社会科学出版社 1999 年版，第 25—28 页。

③ 波普尔：《开放社会及其敌人》，陆衡等译，中国社会科学出版社 1999 年版，第 115 页。

④ 参见柏拉图：《理想国》，郭斌和、张竹明译，商务印书馆 1986 年版，第 321—352 页。

在波普尔看来，“谁应当统治”这一《理想国》的重要议题本身就预示了城邦未来受历史规律的支配，应然的统治者意味着历史规律的解密者和执行者。3. 在实施步骤和制度设计上，柏拉图主张乌托邦工程。所谓乌托邦工程，是严格按照历史规律对社会政治进行通盘计划和改造，使历史朝着完美至善的理性目标发展。波普尔对乌托邦工程嗤之以鼻，认为“即使怀抱着建立人间天堂的最美好的愿望，但它只是制造了人间监狱——人以其自身的力量为自己的同胞们准备的地狱”。① 4. 在国家、集体与个人的关系上，柏拉图倡导整体主义伦理观，从而抹煞了个人自由和权利。在《理想国》一书中，柏拉图依据自然主义人性论，认为人先天的不平等决定了人在国家整体中相应的位置。“在国家这个大钟里，齿轮用两种方式来体现其品德。第一种，它们的尺寸、形状、力量等必须符合自己的工作；其次，每一个都必须安装在恰当的位置并且必须固守这一位置。”② 因此，波普尔断言，极权主义是“封闭社会—集团式部落的道德……不是个人主义的自私，而是集体主义的自私”。③

依照上面的比照分析，波普尔指认柏拉图为极权主义者确实逻辑严密，令人信服。“柏拉图把正义和阶级统治和阶级特权原则等同起来。”认为“只有统治者统治，工人们工作，而奴隶们被奴役，国家就是正义的”。④ 然而，个人的自由与幸福安在？难道有人天生就该当王，有人命定就是奴隶么？“柏拉图不把正义看作个人之间的一种关系，而是视为以阶级关系为基础的整个国家的一种性能。只有具备了健全、强大、统一——稳定，国家才是正义的。”⑤ 这是什么？这不就是赤裸裸地抹煞个体存在的国家至上主义！这不就是无视个人自由、平等、幸福的极权主义政治观！

问题是，波普尔何以具有如此鹰眼，可以洞穿常人所未觉之事。这恐怕与其证伪理论具有直接的关系。在《研究的逻辑》一书中，波普尔通过重提“休谟问题”对基于归纳法的证实原则进行了质疑，提

---

① 波普尔：《开放社会及其敌人》，陆衡等译，中国社会科学出版社 1999 年版，第 315 页。
②③ 波普尔：《开放社会及其敌人》，陆衡等译，中国社会科学出版社 1999 年版，第 210 页。
④⑤ 波普尔：《开放社会及其敌人》，陆衡等译，中国社会科学出版社 1999 年版，第 177 页。

出了否证论思想，即证伪法或试错法。这一理论指出，自然科学领域根本不存在什么普全的真理或规律，只有假说和猜想，因此我们只能通过经验上的证伪而非证实原则来确立“科学的‘意义’”。同样，在社会历史领域也不存在什么必然性的永恒历史规律。历史现象是一次性的、受偶然因素影响的、不可重复的社会现象，“总括性的历史预言完全超出社会科学力所能及”。因此“未来依靠我们自己，而我们不依靠任何历史必然性”。[①] 可见，在否定了普遍必然的自然科学规律的基础上，波普尔也否定了决定社会发展的历史铁则，而其最终的秘诀就是证伪这一方法论原则的运用。

## 二

波普尔对柏拉图形象的认定言之凿凿，看似无懈可击？然而，同样开展历史主义批判的思想史家列奥·施特劳斯（Leo Strauss）却得出了截然相反的结论。两位思想家之间的共性是显而易见的，[②] 然而，他们之间在问题旨趣、价值立场和方法论原则上的差异同样显著。虽然波普尔尖锐地批判历史主义，但在施特劳斯的视域中，波普尔本人就是一个历史主义者。在其成熟时期的重要著作《自然权利与历史》（*Natural Right and History*）中，施特劳斯对历史主义的产生及其演变进行了梳理。[③] 与波普尔的证伪原则的社会历史应用不同，施特劳斯特别关注古今思维观念之间的断裂。“对古典派而言，哲学化就是要走出洞穴的话，那么对我们的同代人来说，所有的哲学化本质上都属于某一‘历史世界’、某一‘文化’、‘文明’或‘世界观’——那也就是柏拉图所称之为洞穴的。我们把这种观点叫作‘历史主义’。”[④] 换言

---

① 波普尔：《开放社会及其敌人》，陆衡等译，中国社会科学出版社 1999 年版，第 17 页。

② 波普尔和施特劳斯之间具有很多共同之处，如二者都是犹太人，在二战期间都受到纳粹主义的驱逐而成为文化流亡者；面对时代的政治状况，二者具有同样强烈的关切意识；在对待纳粹主义和马克思主义的定性上二者的态度同样鲜明：即纳粹主义和马克思主义都是专制集权主义。然而，在对待古典政治哲学尤其是柏拉图的理论形象上，二者之间却有着质性的差异。

③ 参见列奥·施特劳斯：《自然权利与历史》，彭刚译，生活·读书·新知三联书店 2003 年版，第 10—36 页。

④ 列奥·施特劳斯：《自然权利与历史》，彭刚译，生活·读书·新知三联书店 2003 年版，第 13—14 页。

之，施氏眼中的历史主义贬斥超越时空的普遍原则，崇尚与“特定时代或特定民族”相关联的具体的或特殊的历史原则。但是在“动摇了普遍的或抽象的原则”之后，历史主义呈现给我们的是一幅“让人沮丧的画面”：1.“‘历史过程’本身就像是人们的所作所为和所思所想织成的一张毫无意义的网，纯粹由偶然造成——就像是一个白痴讲述的故事。”2.“历史的标准……是那些纯粹主观性的标准。它们除了个人的自由选择之间的分别并无任何客观标准可言。”① 既然，连判断好坏的客观标准都没了，那么剩下的就只有虚无主义。因此，施特劳斯断言，“历史主义的顶峰就是虚无主义”。近代启蒙打倒了彼岸的理念世界（柏拉图）和上帝（基督教），将一切标准和自决交付给人的理性，认为可以在此岸的尘世获得“完完全全的家园感”，可结果却“使得人们完完全全地无家可归了”。②

可见，施特劳斯与波普尔的历史主义是在两个不同维度上的言说：波普尔的历史主义是比照自然科学规律而言的历史规律。波普尔在证伪了自然科学领域普全真理的基础上，也试图证伪社会政治领域的历史规律。因此，波普尔始终在经验论证的层面打转转。囿于休谟问题波普尔忘记了康德的警告：经验认识仅对事实领域有效，却对价值善恶问题、形而上学问题和宗教信仰问题无能为力。施特劳斯的历史主义则着眼于价值标准的绝对性和永恒性，其实质是现代性批判。因此，施特劳斯追问：是否“一切的人类思想，而且当然地，一切的哲学思想所关切的都是相同的根本主题或者说是相同的根本问题”？③ 如果都是相同的根本主题或根本问题，那么对这些问题的解答就具有超越时空的、普遍有效的性质。进而，柏拉图的理想国的最佳政体就不会是那个时代、那个城邦的特定构想，因此，也就超脱了历史主义的视域。

---

① 列奥·施特劳斯：《自然权利与历史》，彭刚译，生活·读书·新知三联书店 2003 年版，第 19 页。

② 参见列奥·施特劳斯：《自然权利与历史》，彭刚译，生活·读书·新知三联书店 2003 年版，第 17—19 页。

③ 列奥·施特劳斯：《自然权利与历史》，彭刚译，生活·读书·新知三联书店 2003 年版，第 25 页。

事实上，在施特劳斯看来，“历史主义的论题是自相矛盾的或者说是荒谬的”。因为历史主义的相对主义在根基上却是绝对主义的，即“思想无论经历了多少变化，还将经历多少变化，他都永远是历史性的”。①

根据上面的分析：我们可以将波普尔和施特劳斯之间的区别归纳如下：第一，价值根基的不同。波普尔认同的社会样态是现代文明，或曰开放社会。他反对那种为了实现完全虚幻的乌托邦理想——历史规律而牺牲个体人的自由、权利和幸福。施特劳斯则对现代文明持一种审慎的批判态度。在施特劳斯看来，所谓的“开放社会其实是不可能的”，其实质不过是基于“进步”这一“巨大的幻想”的一种说法而已。那些“声称渴望开放社会的西方诸社会，实际上是些处于分崩离析状态下的封闭社会：它们的道德价值与可敬之处，完全有赖于他们仍是封闭社会”。② 第二，研究旨趣不同。波普尔和施特劳斯都对现实的政治状况充满关切，并试图对极权主义的产生及其源流作出哲学史的梳理。但施特劳斯沿着这个思路又向上走了一程，即“在现代性的顶点重温古代”——先对现代文明的始点及其流变进行批判性的省察，然后在古今之变的断裂中重返古代的学说本身。③ 施特劳斯此处的高明之处在于：a）避免了以现代的逻辑强暴古人④；b）对自己倚靠的逻辑前提进行了清理，避免了波普尔那种未经批判地将开放社会作为自己的价值根基的片面性——这在后现代主义和西方马克思主义等对现代

---

① 列奥·施特劳斯：《自然权利与历史》，彭刚译，生活·读书·新知三联书店2003年版，第26页。

② 列奥·施特劳斯：《德国虚无主义》，丁耘译，载《施特劳斯与古典政治哲学》，刘小枫主编，生活·读书·新知三联书店2002年版，第740页。《德国虚无主义》系施特劳斯1941年所作的学术演讲，时间远早于波普尔的《开放社会及其敌人》（1945年），在这篇文章里，波普尔所秉持的开放社会的理想事实上已经被施特劳斯拒斥掉了。

③ 施特劳斯等著：《回归古典政治哲学：施特劳斯通信集》，朱雁冰等译，华夏出版社2006年版，第244页。

④ 参见赵敦华：《赵敦华讲波普尔》，北京大学出版社2006年版，第137页。赵敦华教授在该书前言曾疑惑：作为中国实行改革开放政策之后被介绍进来的第一个西方现代哲学家，波普尔何以被如此忽略。“在政治哲学领域，人们现在热衷于罗尔斯、哈耶克、列奥·施特劳斯，却很少提及波普尔，这在我看来，是一件很奇怪的事。”那么，笔者此处的探讨或许可以对此疑惑提供一种个性化的解答。

性的反思和批判上便可见一斑。第三，方法论原则不同。波普尔立论依据的是英美经验论系统的证伪原则，施特劳斯采用的则是欧陆哲学的经典解释学方法[①]。波普尔试图以自然科学思维和现代文明为基底来评判古人，施特劳斯则首先悬置现代观点和立场，按照古代哲人理解自己那样去理解他们。依此观点视之，柏拉图理想国构想的基石是古代的自然法理论。自然法的核心是人生来而不平等，有的人生来就适合做王，而这是符合自然人性，也是符合理性原则的。而现代民主国家的基石是现代自然权利论，即人人生而平等，同时具有不可剥夺的权利，其中包括生命、自由和追求幸福的权利，国家的设立也是基于保护人的自由、平等的权利。这是两种完全不同的理路，以今人俯视古人的做法是浅薄无知的僭越。

## 三

一般而言，研习哲学的过程就是回返哲学史的过程，而回返哲学史就必须面对古人，尤其是面对古人的作品。然而，检讨西方近现代哲学史，我们不难发现现代人面对古典文本的狂妄和自大。究其原因及其表现，可归结为以下两点：首先，受自然科学繁盛和生物进化论的鼓舞，“人们常常倾向于对过去时代的愚昧落后嗤之以鼻，自以为己胜一筹”。“必须承认，多数人福利的增进以及我们这一时代带来的巨大的技术进

① 所谓经典解释学就是“要像过去的思想家了解自己一样了解他们，就需要放下自己的问题而注意他们的问题，需要尽可能多地依靠他们直接或间接地说过的话并尽可能少地依赖不必要的信息，应该尽量使用他们的术语及前提，避免使用不必要的现代术语及前提。”参见内森·塔科夫、托马斯·L.潘高：《列奥·施特劳斯与政治哲学史》，载于《政治哲学史》（下），施特劳斯、克罗波西主编，李天然等译，河北人民出版社1993年版，第1048页。在《纪念施特劳斯》一文中，布鲁姆强调：“我重申，施特劳斯对历史主义的反驳主要在于，要像古代哲人理解自己那样去理解他们，而不是像理性的历史主义那样，主张要比他们自己理解得更好，或者像激进的历史主义那样，标榜一种具有优越性的视野。”参见布鲁姆：《纪念施特劳斯》，载于《施特劳斯与古典政治哲学》，刘小枫主编，上海三联书店2002年版，第20页。事实上，施特劳斯的经典解释学类似于中国的解经方法，这与伽达默尔解释学的“效果历史”“视域融合”等多有抵牾。因为，在施特劳斯看来，伽达默尔的解释学说到底是一种历史相对主义。那么，我们也依此认为波普尔的柏拉图形象也无非是用现代的观点来揣度古人的一种解释学结果。

步确实为人们这种顽固不化的自负感提供了依据。”“但是，我们的后代们将对这一切做出怎样的评价呢？难道他们不会得出这一个世纪是放荡不羁的野蛮世纪的结论么？”①其次，现代解释学强调先见/偏见的本体论地位，认为无所谓历史的本来面目，一切历史都是主客体交融的效果历史，都是现代人的视界与古人的视界不断融合的过程。这就为以现代立场和视角俯视古人的文本提供了哲学上的合法依据。例如，海德格尔将古代文本解读成了千篇一律的存在发展史，而其后的怪胎——解构主义更是将古典文本拆解成了碎片。在施特劳斯看来，现代文明的出发点是建立在与古典传统决裂的基础上的，尼采和海德格尔的悖论在于：他们以“现代性的历史主义前提来恢复古希腊经典的地位”。②

迈尔（Heinrich Meier）教授在评价施特劳斯的历史地位时强调，“施特劳斯开辟了一条通向哲学史的新通道”，它“对理解哲学史有着颠覆性和根基性的意义”③。迈尔教授所说的“新通道”是指施特劳斯发现了古代哲人“隐微和显白的写作技艺”。古人发明这一技艺源于哲学与政治的二元紧张。一方面，政治需要传统的祖传习俗或神法观念等意见提供合法性根据，由于意见的易变性、无前提性，政治家通过约定或立法等方式将其固定下来，并通过强力或宣传促使其意识形态化。另一方面，哲学家往往对城邦根基的正当性穷根究底，例如柏拉图笔下的苏格拉底形象。哲学家的诘问直接危及城邦的基础，因此政治的多数人与哲学的少数人之间始终处在尖锐的紧张之中。如果哲人为了真理而试图对政治统治进行釜底抽薪，那么其结果就是非哲学的多数人对哲人苏格拉底的死刑宣判。因此，在“审查和迫害的环

① 德特马·多林：《卡尔·波普尔与开放社会》，载于《开放社会及其敌人》，陆衡等译，中国社会科学出版社1999年版，导言第1页。

② 参见施特劳斯、科耶夫：《论僭政：色诺芬〈希耶罗〉义疏》，何地译，华夏出版社2006年版，中译本说明，第1—2页。

③ 迈尔：《为何是施特劳斯？》，卢百羽译，载于《回归古典政治哲学：施特劳斯通信集》，朱雁冰等译，华夏出版社2006年版，代序。在中国大力推崇施特劳斯政治哲学的甘阳先生也认为“施特劳斯的重要价值其实并不在于他对当代西方的看法，而是在于他开了一个重新解读西方经典和传统的路向”。甘阳：《与友人论美国宪政书》，载于《现代政治与自然》，上海人民出版社2003年版，第449页。

境下写作的”哲人往往运用显白的（符合政治需要的）言辞对庸俗的多数人说话，而运用隐微的教诲对未来哲学家的少数人施教。因此现代人阅读经典必须摒弃厚今薄古的进化论思维模式，深入古人的作品当中精耕细读，在辨析其“本义和寓意”的基础上参悟作者的微言大义。

施特劳斯精耕细读的解经学原则开启了重新思考西方传统的路向，同时对国人如何面对自己的传统具有重要启示。与西方文明不同，近代中国学人对传统的拒斥是在西方坚船利炮的压迫下被动开始的。但所谓的中西之争核心仍然是古今之争。从“中体西用”的洋务运动，到移植西方君主立宪制度的戊戌变法，再到“打倒孔家店”的“五四”新文化运动。近代的一批爱国学人始终纠缠在如何面对儒法道统的国学。“五四”一代与中国传统的悍然决裂与西方现代文明对传统的颠覆如出一辙。但是，施特劳斯的思想史回溯表明，“五四”一代摒弃国学所参照的西方文明其实是染了病的文明，并不像当时所认为的那样一好百好。说其染了病，从量上说，这个西方文明充其量叫现代西方文明，而作为根基的古希腊—希伯来文明早已作为专制腐朽被一笔抹煞了；从质上说，这个西方文明本身是过度强调了科技理性的作用，从而导致了人的全面异化，这从政治哲学、后现代思潮、现象学、法兰克福学派等对启蒙和现代性的不断检省便可见一斑。

另一方面，我们应该重新审视自己的传统。既然“五四”一代借以参照的西方文明并不那么完美。我们的儒学传统是否像“五四”学人批判的那么一无是处呢？“其实中国历史上以往一切制度传统，只要已经沿袭到一二百年的，何尝不与当时人事相配合。又何尝是专出于一二人之私心，全可用专制黑暗四字来抹煞？”[①]那我们又应该如何面对中国的古代经典呢？是采用功利实用的拿来主义；还是以现代文明揣度古人，来一个某某教授的所谓《论语心得》《庄子心得》等等，取悦

① 钱穆：《中国历代政治得失》，生活·读书·新知三联书店2005年版，序第2页。

大众，博得名利双收；抑或是返回经典，面对古人，以古人理解自己的方式理解古人，恢复古典哲人的原初形象。晚年的施特劳斯用了近15年（从1958年《思索马基雅维利》开始到其1973年逝世）的时间解读经典，树立了西方传统解读的伟大典范。作为一个守着几千年优秀文化传统，又有着深厚解经学传统的中华民族，何时能够放下浮躁的功利之心，重返传统经典，让千年遗产重放光芒，这恐怕是施特劳斯带给我们的重要启示。

# 第七章　施特劳斯犹太思想的理论意义及其局限

施特劳斯的思想目前已受到国内外学界的普遍关注。[①] 随着研究的深入，研究者们对于如何评价施特劳斯犹太思想表现出不同的理论倾向。总体而言，学界主要包括三种典型观点。一是强调犹太思想是施特劳斯思想中相对独立的一个组成部分，甚至可以看作是与其政治哲学思想双峰并立[②]的一个学术领域。这一观点的代表是施特劳斯学派弟子格林（Kenneth Hart Green）。1995—1997年，格林主编出版了“施特劳斯犹太著作”丛书（*The Jewish Writings of Leo Strauss*，4部）。通过译介出版这些犹太思想著述，格林意图建立施特劳斯作为20世纪“少数几个真正原创性犹太哲学家”的当之无愧的

① 关于施特劳斯思想汉语学界研究的状况可参见《古今之争与文明自觉——中国语境中的施特劳斯》，徐戬选编，华东师范大学出版社2010年版。关于施特劳斯思想在欧美深具影响的介绍，参见甘阳：《政治哲人施特劳斯：古典保守主义政治哲学的复兴（“列奥·施特劳斯政治哲学选刊”导言）》，载于《自然权利与历史》，前揭，第5—6、29—40页。同时参见德鲁里：《列奥·施特劳斯与美国右派》，刘华等译，刘擎译校，华东师范大学出版社2006年版，第一章、第四章。

② 在《犹太哲学与现代性危机》一书的编者导言中，格林开篇强调：“施特劳斯被认为是20世纪最著名的政治思想家之一的看法长期以来已被学界所认可，但最近几年，施特劳斯思想同等重要的另一面才被发现出来，这就是他作为一个犹太学者，一个重要的犹太思想家的贡献。”参见Kenneth Hart Green, *Leo Strauss as a Modern Jewish Thinker.* in *Jewish Philosophy and the Crisis of Modernity*: *Essays and Lectures in Modern Jewish Thought*, Albany: State University of New York Press, 1997, p.1。

地位。[①]第二种观点来自自由主义学者对施特劳斯思想的批判，其主要代表是德鲁里（Shadia B. Drury）。德鲁里认为，施特劳斯政治保守主义立场和彻底精英主义论调与他作为德裔犹太人在特定历史条件下的创伤经历之间有着直接关联。因此，德鲁里强调：施特劳斯“被他自己的过去所缠绕，以至于无法让人相信他对周遭的感觉是正常的”。[②]第三种观点是古内尔（John G. Gunnell）所持的立场。与德鲁里一样，古内尔也强调施特劳斯早期犹太经历对于其思想发展的影响。但与德鲁里的政治立场驳难不同，古内尔试图廓清施特劳斯“贡献给美国学界来讨论的观念和关心”与其魏玛德国早期经历之间的因果关联，即通过“历史化地理解施特劳斯，把捉‘施特劳斯主义之前的施特劳斯’”。正是基于这样的考虑，古内尔在《施特劳斯主义之前的施特劳斯》一文中强调：“我关心在深思犹太神学危机过程中达到智力成熟的施特劳斯，关心那个在他离开德国那年第一个勇敢地直面批判施米特政治论题的施特劳斯，更具体地说，我希望挖掘施特劳斯批判自由主义的根源，他的历史—哲学事业的构想，他对哲学与政治之间张力的持续关切以及他的自然正当的观念。”[③]

较之前两种观点，笔者更倾向于古内尔的立场。因为格林的做法是典型的学院研究者的做法，他把施特劳斯政治文化危机处境中的直观体验和问题意识转变成了抽象、教条的理论分析，这无疑减弱了施特劳斯思想的激情和穿透力；同时，笔者不赞同格林将施特劳斯犹太思想与政治哲学思想加以同等看待的观点，因为犹太思想只是施特劳斯政治哲学思想的出发点和组成部分，换言之，施特劳斯思想是一种犹太路向的政治思想史研究。而德鲁里的主张则将论战放到了意识形

① 参见 Kenneth Hart Green, *Leo Strauss as a Modern Jewish Thinker.* in *Jewish Philosophy and the Crisis of Modernity: Essays and Lectures in Modern Jewish Thought*, State University of New York Press, 1997, pp.1—2, 49。

② 德鲁里：《列奥·施特劳斯与美国右派》，前揭，第 6 页。

③ John G. Gunnell, *Strauss Before Straussianism: Reason, Revelation, and Nature*, in *Leo Strauss: Political Philosopher and Jewish Thinker*, edited by Kenneth L. Deutsch and Walter Nicgorski, Lanham: Rowman & Littlefield Publishers, 1994, p.108.

态的层面进行，回避了思想家之间真正的思想交锋。但另一方面，对于古内尔将施特劳斯思想划分为早期思想和施特劳斯主义两个时期的做法，笔者不敢苟同。因为严格来讲，并不存在一个所谓的施特劳斯主义时期，如果说存在的话，那也不是发生在施特劳斯本人身上的事情，而是施特劳斯弟子或施特劳斯学派所作的“护教”性质的工作中衍生出来的一种结果。

施特劳斯年届不惑避居美洲大陆，他在魏玛德国时期对犹太人问题的反思和对古今犹太思想经典的文本学考辨无疑是他在美国学术思考的理论源头和“问题母体”。因此，不了解施特劳斯思想起步时期的问题意识和学术思考的内在转向，是无法理解施特劳斯思想的美国进展的。正是在这个意义上，我们说犹太人问题和犹太律法学说是施特劳斯政治哲学展开的理论平台和思想史审理直抵古希腊政治哲学源头的深层脉动。

## 第一节　施特劳斯的犹太思想与政治哲学的关系

犹太思想是一个笼统的说法，它用来概括施特劳斯思想中与犹太相关联的一些论题与学术思考。概括而言，这些论题和学术思考主要包括施特劳斯对犹太人问题及其解决方案的审察，对耶—雅冲突问题的研究以及关于中古犹太律法学说的注疏三个方面。施特劳斯思想中除了犹太思想之外，还包括对现代性危机的检审和对古典学的研究。因此，考察施特劳斯犹太思想在其思想整体中的位置，无非是考察施特劳斯犹太思想的三个组成部分与施特劳斯其他思想论题之间的内在关联，从而凸显施特劳斯思想的有机统一以及厘定犹太因素在这一有机整体中的地位。但在具体评价施特劳斯犹太思想的意义及其限度之前，我们有必要对施特劳斯思想的性质和犹太思想的逻辑构成及其思路演进加以概括总结。

### 一、施特劳斯的思想定位：犹太路向的古典政治哲人

对施特劳斯思想加以定性并不容易，自 20 世纪 80 年代以来，加

在施特劳斯头上的名签可谓让人眼花缭乱，有的甚至自相矛盾，如：古典政治思想史家、政治思想史家、政治哲学家、柏拉图式政治哲人；保守主义者、新保守主义政纲之思想教父、彻底精英主义者、反自由主义者；犹太律法学专家、犹太哲学家……因此，要想恰切理解施特劳斯思想的性质，我们需要甄别这些标签的具体所指，并诊断其是否恰当。

**政治哲学家—政治思想史家**。除了一些极端自由主义反对者外，将施特劳斯定位为政治思想史家恐怕不会引起较大争议。从对斯宾诺莎的研究开始，施特劳斯对霍布斯、马基雅维利、迈蒙尼德、阿尔法拉比、柏拉图、色诺芬、阿里斯托芬等思想大家的著述都做过精深研究，甚至出版专著逐一疏解这些思想家的作品，如《斯宾诺莎的宗教批判》《霍布斯的政治哲学》《关于马基雅维里的思考》《色诺芬的苏格拉底》《苏格拉底与阿里斯托芬》，等等。正是在这个意义上，迈尔将施特劳斯定性为政治哲学家，以区别于施米特的政治神学，进而澄清受到学界普遍误识的施米特思想的非纳粹主义根基。然而，我们不能在宽泛意义上将施特劳斯定位为政治哲人或政治思想史家，因为这无法说明为什么施特劳斯将目光锚定在柏拉图—阿尔法拉比—迈蒙尼德—斯宾诺莎路向的政治思想史研究，而没有像其他政治哲人那样将目光投向亚里士多德—西塞罗—托马斯·阿奎那—黑格尔一维的政治哲学史考察。换言之，研究对象的拣选需要眼光，更受制于研究者的学问偏好和问题旨趣。

在笔者看来，施特劳斯将研究限定在前者而非后者，源于施特劳斯对犹太人身份意识的高度认同以及与此相关联的研究旨趣。在晚年一些回忆性质的文字中，[①] 施特劳斯对自己一生学术思考的轨迹作了自

① 参见《剖白——施特劳斯与克莱恩的谈话》，载于《苏格拉底问题与现代性——施特劳斯讲演与论文集：卷二》，前揭，第269—274页；《〈斯宾诺莎宗教批判〉英译本导言》，载于《西方现代性的曲折与展开》，前揭，第226—272页。《我们为什么仍然是犹太人——犹太信仰和犹太历史仍然能够向我们言说吗？》，载于《犹太哲人与启蒙——施特劳斯讲演与论文集：卷一》，前揭，第385—440页。

传式的片段化描述。根据这些描述，我们知道，施特劳斯求学时代和学术起步阶段深陷于“神学—政治危机”之中，犹太人生存境遇的恶化和新正统神学的强劲崛起逼迫他反思犹太人问题现代解决方案的限度所在。为了准确把捉斯宾诺莎正统神学批判的力度和限度，施特劳斯将目光投向斯宾诺莎批判对象——迈蒙尼德的思想。对迈蒙尼德及其前贤的文本学研究使施特劳斯了解到中古律法先知学说的理论基石并非源自上帝的启示宗教，而是基于柏拉图的《法义》学说。因此，施特劳斯将目光再次投向柏拉图、色诺芬和阿里斯托芬的作品，从而开始了一去不复返的（晚年）二十余年的古典学研究时期。因此，从施特劳斯思想的起步、转向、深入的全过程来看，对犹太人问题及其现代解决方案的检审、对古今犹太经典作品的研究注疏以及对神学—政治问题的理论关注是施特劳斯一生学术思考的起点、理论资源和隐秘动机，这无疑在施特劳斯政治思想史的研究上打下浓重的犹太学印记。换而言之，施特劳斯的政治思想史研究本质上是犹太路向的政治思想史研究。

**犹太哲人—中古犹太律法学家**。从耶—雅冲突的角度看，犹太哲学家是一个自相矛盾的提法：犹太一词的首要意蕴是犹太教典籍，即一套启示教义或律法规范，而哲学家的原初意指是以自由探究作为生活方式的爱智者。犹太哲人的提法将顺从权威与无畏探究两种品质糅合到一起，导致自身含义的含混不清。因此，施特劳斯在注疏《圣经》作品或宗教典籍时往往开宗明义地宣称自己的政治哲学立场。[①]另一方面，施特劳斯从来没有宣称自己是犹太律法学家或塔木德注疏专家，尽管他对迈蒙尼德的《迷途指津》的研究长达数十年之久，甚至达到烂熟于胸的程度。[②]那么，作为研究者，我们如何定位施特劳斯对犹太

① 例如在《〈创世记〉释义》演讲的开头，施特劳斯强调：“作为开场白，我想声明我不是《圣经》学者；我是专治政治理论的政治科学家……”见施特劳斯：《〈创世记〉释义》（1957年），林国荣译，张宪校，载于《柏拉图的哲学戏剧》，前揭，第168页。

② 参见施特劳斯：《如何着手研读〈迷途指津〉》，王承教译，载于《犹太教中的柏拉图门徒》，前揭，第2页。

律法经典旷日持久的深入研究？如何理解施特劳斯为犹太哲学的当代发展所作的理论贡献？一般而言，对中古犹太教学说的回返包含两条路径：一是律法主义路径；二是弥赛亚主义路径。前者依据柏拉图的政治哲学，意图在先知立法的神学政治秩序下实现哲人王治下的正义城邦，因此较之神秘主义的弥赛亚信仰学说，律法主义是以政治学为主要研究科目的古典理性主义学说。换句话说，中古阿拉伯—犹太律法学说是柏拉图式政治哲学的中世纪发展。那么，施特劳斯的犹太律法学家身份就成为他政治哲学家身份的一个修饰限定词：犹太律法学说只是施特劳斯政治哲学研究的一个中经环节或组成部分，这也间接确证了施特劳斯是一位犹太路向的政治思想史家。

**新保守主义政纲之思想教父—反自由主义者**。在自由主义者看来，尤其是在德鲁里的笔下，施特劳斯是一个热衷现实政治，倡导精英主义、党派意识和隐秘统治的理论阴谋家（实践者），而非深居斗室不问时政的理论沉思者。然而，德鲁里的专著《施特劳斯与美国右派》一经面世，便遭到施特劳斯弟子的强烈质疑和全面围剿。[①] 单从施特劳斯作品本身来看，我们很难赞同德鲁里的结论。施特劳斯一生强调耶—雅冲突论题，他强调的是两座城：耶路撒冷和雅典，而不是三座城：耶路撒冷—雅典—罗马。即使流亡美国期间，在许多政治理论家为美苏两大阵营的冷战格局鼓噪论证的时刻，施特劳斯也没有著文强调华盛顿和莫斯科的紧张。同样，施特劳斯也从未因自己作为犹太人的悲惨境遇而着意刻画过柏林与伦敦的对峙。简言之，施特劳斯的理论关注点远远跳出现实政治的纠葛，投身关注更加根本的理论问题和永恒的哲学论题。当然，作为现代政治哲人，施特劳斯并非不食人间烟火的老学究，而是具有强烈现实关切的理论沉思者：他关注犹太人的生存境遇，并把它作为分析现代性危机的样板和入手点。他关注马克思

① 如曼斯菲尔德在 2003 年 5 月 15 日 NPR（国家公共电台）组织的广播讨论中谴责德鲁里的观点“完全建筑于对施特劳斯思想的肤浅解读与严重歪曲之上，其中最重要的歪曲是对施特劳斯思想的‘政治化’解读”。见德鲁里：《列奥·施特劳斯与美国右派》，前揭，代中译本序，第 3 页。

主义理论的学术进展，但施特劳斯认为其时代最严肃和最卓越的马克思主义者是科耶夫，一个对法国现代哲学产生深远影响的黑格尔主义式的马克思主义者。在与科耶夫持续一生的对话中，施特劳斯站在尼采的立场把马克思主义视为启蒙运动理想精致化的表达形式，从这一点出发，施特劳斯没有着意批判马克思主义流派，而是专注于对后者的思想前提——自由主义和现代理性主义的批判。为了这一批判，施特劳斯重启古今之争，并将目光瞄向现代政治哲学的开端处，在古今理性主义断裂的基础上诊断现代性危机的肇端及其演进。从这一深沉的理论进路来看，施特劳斯绝不是一个肤浅地沉溺于现实政治的意识形态鼓噪者，而是一个致力于引导学生阅读古书智慧的伟大教师。而德鲁里对施特劳斯的歪曲批判不过是将施特劳斯与施特劳斯学派混为一谈的一种结果。

综上可见，施特劳斯思想本质上是犹太路向的政治哲学研究。这里的犹太路向体现在它以犹太人问题作为研究的出发点，以古今犹太经典著作为他政治哲学研究的理论资源，以中古律法学说和神学政治问题作为重要的理论资源和研究论题。而施特劳斯的理论归宿和学术身份则是政治哲学研究和政治哲学家。

## 二、施特劳斯犹太思想的逻辑构成及其思路演进

施特劳斯犹太思想主要包括犹太人问题，耶路撒冷与雅典冲突问题，中古犹太律法学说三个方面内容。这三者之间并非孤立的各个组成部分：“耶—雅冲突”问题是施特劳斯犹太思想的核心论题，犹太人问题和中古犹太律法学说是“耶—雅冲突”问题在现代和中古时期的两种不同表现形式。在施特劳斯看来，“耶—雅冲突”问题及其相关联的神学—政治问题、“城—哲紧张”问题最终是在柏拉图式的政治哲学，即基于双重写作技艺的审慎表述中得到最为妥帖的处理的。这不仅可以看作是施特劳斯犹太思想的主要内容，也可视为施特劳斯整个政治哲学思想的核心要义。

### （一）犹太人问题

何谓犹太人问题？在施特劳斯那里，犹太人问题表面上是指犹太人如何避免迫害与歧视的问题。犹太人的迫害问题是个千年问题，它在基督教成为古罗马国教之后的“十字军东征”中表现得最为惨烈。但在前现代政教合一的话语系统下，犹太人遭受迫害并不成其为一个问题。因为在施害者基督徒那里，这是关乎信仰、背叛，关乎基督教教义是否正当、合法的信与不信的问题；在被害者犹太教徒那里，犹太人迫害被归因于犹太民族是上帝唯一的选民，因此遭受迫害是他们的宿命，也是彰显犹太民族独特性与高贵性，并最终获得弥赛亚拯救的内在要求。所以在前现代的封闭社会，（就整体而言）犹太人能够傲然、沉静地直面非人的迫害与歧视。犹太人迫害之所以成为一个问题，是在宗教式微，基督教丧失公共政治权威之后的事情。启蒙以降，现代自由主义哲人将宗教信仰贬黜为私人领域可以选择的宗教派别，同时坚信取代启示信仰的理性主义在现世就能建立起基督徒期冀于来世的天国。既然现代人可以信靠理性而非宗教启示在尘世建立人间天堂，那就意味着理性可以解决人世间的所有不公，构建出完全正义、美好的人类社会。在这样的理论逻辑下，犹太人的迫害问题在现代哲人那里成为需要解决也能够解决的社会问题，因为宗教已经遭到贬黜，出于宗教理由的犹太人迫害自然丧失其合法性依据。

问题是，启蒙自由哲人真能兑现其解决犹太人问题的承诺吗？如本文前面所述，自由主义原则包含的公私分立的痼疾以及它存在的蜕变为极权主义的危险宣告了现代理性主义在犹太人问题上的无能为力。同样的，犹太复国主义方案由于其根植于自由主义前提：以人为而非神学视角解决犹太人问题，最终遭到施特劳斯的解构。在施特劳斯看来，犹太人问题关涉犹太教传统遗产与现代西方主流文化的关系问题。在施特劳斯之前，现代犹太哲学关于这一问题主要有两种基本观点。一是主张调和犹太教与现代西方文化，其代表人物是新康德主义马堡学派的主将柯亨；二是批判现代理性主义，强调非理性主义信仰的罗森茨威格。施特劳斯反对柯亨的调和论，认为犹太民族宗教本性上的反现代因素无法与现代理性主义共容，因此主张调和的结果无非是放弃宗教启示的生活方式，放弃犹太民族文化的特殊性，这无疑是一种文化自杀行为。同样的，施特劳斯也反对罗森茨威格的非理性主义的犹太教信仰，因为后者表面上批判了现代理性主义的狂妄与独断，拉开了犹太传统民族文化与现代西方自由主义政教制度的距离，但它与海德格尔的非理性主义一样堕入历史主义的窠臼，其实质不过是现代理性主义的一个理论变种。① 与上述两种现代犹太哲学家的观点不同，施特劳斯在中古犹太律法学说那里发现了一种不同于现代理性主义的古典理性主义，并最终将其作为诊治现代西方文化危机，处理犹太教民族文化（启示）与西方主流文化（理性）的成功范例。这就关涉到“耶—雅冲突”问题。

**（二）“耶—雅冲突”问题**

如前所述，犹太人问题的实质是犹太（教）传统文化和现代西方文化的关系问题。犹太（教）传统文化指向耶路撒冷、代表启示；现代西方文化的本质是理性主义，其根源于古希腊（雅典）的理性主义。因此，犹太人问题就转化为耶路撒冷和雅典的冲突问题。然而要想看清楚“耶—雅冲突”的实质，仅仅靠分析它的现代变形——犹太人问题是难以胜任的。施特劳斯在晚年进行了多场关于耶路撒冷与雅典问题的讲座②。在上述讲座中，施特劳斯强调，耶路撒冷与雅典的冲突是根本性的，它代表着顺从与自由两种生活方式之间的根本对立，而且这种紧张对立为西方文明的生机提供了可能。另一方面，施特劳斯关

---

① 关于罗森茨威格与海德格尔之间内在关联的论述参见：Eugene R. Sheppard, *Leo Strauss and the Politics of Exile: the Making of a Political Philosopher*, Brandeis University Press, 2006, pp.35—41。

② 这些讲座的中译本参见施特劳斯：《〈创世记〉释义》（1957 年），林国荣译，张宪校，载于《柏拉图的哲学戏剧》，刘小枫、陈少明主编，上海三联书店 2003 年版，第 167—188 页；《耶路撒冷与雅典：一些初步的思考》（1967 年），何子建译，载于《信仰与政治哲学——施特劳斯与沃格林通信集》，谢华育、张新樟等译，恩伯莱、寇普编，华东师范大学出版社 2007 年版，第 155—192 页；《神学与哲学的相互影响》，林国荣译，何子建校，载于《信仰与政治哲学——施特劳斯与沃格林通信集》，前揭，第 301—319 页。

于耶路撒冷和雅典永恒冲突的理论是其犹太人问题不可解决之论断的深层理论根据。既然犹太人问题的本质是犹太（教）传统文化与现代西方文明的冲突问题，即耶—雅冲突的现代样板，因此犹太人问题就因“耶—雅冲突”的永恒性而变得无法解决了。反之，那种主张以调和的方式解决犹太人问题的方案只能是放弃犹太民族文化的特殊性，将自身同化于现代西方文化的主流话语之下；而那种诉诸信仰的弥赛亚主义因无法洞悉犹太人问题的实质，尤其是犹太教启示的律法性质而使犹太人问题的解决南辕北辙。当然，施特劳斯认为耶路撒冷与雅典的永恒冲突并不是真的没有值得效仿的处理方式，在回溯中古犹太先知律法学说的过程中，施特劳斯自认为找到了处理“耶—雅冲突”问题最为值得称道的古典理性主义。这就涉及施特劳斯犹太思想的第三个方面：中古犹太律法学说。

### （三）中古犹太先知律法学说

在中世纪犹太教传统研究当中，存在着两种截然相反的研究路向：一是施特劳斯属意的迈蒙尼德式的律法（理性主义）传统路向；二是索勒姆吁请的神秘主义的弥赛亚信仰路向。既然施特劳斯的问题意识是审查现代西方文化危机，其锋芒直指现代理性主义，为什么他没有像索勒姆那样走向非理性主义信仰之途，而是转向了与现代理性主义同宗同源的古典理性主义那里呢？这主要有三个方面的原因：第一，施特劳斯认为现代犹太哲人所展开的非理性主义方向是现代理性主义走到极端的一种逻辑悖反或理论变种，这种非理性主义与历史主义相伴而行，对虚无主义的产生及其大众形式——纳粹极权主义的出现“功不可没”，而拒斥虚无主义、历史主义是施特劳斯一生学术研究的旨趣所在。第二，与海德格尔等哲人的现代性危机诊断不同，施特劳斯认为现代理性主义的自我毁灭并不意味着理性主义自身走向穷途末路，相反，现代理性主义的步入歧途是源于否弃、遗忘古典理性主义传统的结果，因此，与其沿着步入歧途的现代理性主义路数向前走，最终达及极端的非理性主义，不如回过头来仔细检审现代理性主义的古典原初形式。因为在那里，我们可以看清楚现代理性主义后来走向悖反的萌芽或诱因——只要查清了疾因，自然容易对症下药，治愈现代文化危机的病灶也就有了希望。第三，也是最为重要的是，施特劳斯基于对犹太教和基督教之间区别的理解，认为犹太教的启示具有与基督教启示信仰完全不同的含义。施特劳斯强调："犹太人和穆斯林所理解的启示之特性在于律法，而非信仰。由此，伊斯兰和犹太哲学家之考量启示，首先要关注的不是一个信条，也不是一套教义，而是一种社会秩序。"① 换言之，施特劳斯敞开了德国新教神学造成的一个现代基本误识，即将启示等同于信仰。施特劳斯告诉读者，对于中古犹太哲人而言，"宗教首先是律法"，"宗教首先是作为一种政治事实进入哲学家的视野"，"讨论宗教的哲学科目不是宗教哲学，而是政治哲学或政治科学"②。那么，要像理解古人自己那样去理解古人的著述，我们就应该像中古犹太哲人那样将启示宗教理解为律法传统，而不是基督教式的强调个体信仰的弥赛亚传统。正因为如此，施特劳斯选择了犹太律法传统的回溯之旅，这也解释了施特劳斯为何最终没有成为一个犹太教信徒，而是在几十年的犹太学经典注疏中始终坚守政治哲学家的学术身份和立场。

综上可见，施特劳斯犹太思想是其全部哲学思考的出发点、隐秘关切和理论资源。沿着古今犹太思想家思考的轨迹，施特劳斯发现了西方内部的东方，并试图通过"圣经传统来察看理性主义的界限"，遏制技术理性主义的全球统治，克服西方现代性的危机。③"耶—雅冲突"问题是施特劳斯犹太思想的核心范畴，被施特劳斯认定为是超历史主义的永恒范畴之一。古希腊哲学内部的诗与哲学之争（城—哲冲突）可视为"耶—雅冲突"的一种早期形态，中世纪的经院哲学和现代的启蒙哲学是"耶—雅冲突"问题蹩脚的解决方式，只有柏拉图式的政

---

① 施特劳斯：《写作与迫害的技艺》（导论、第一章），林国荣译，载于《西方现代性的曲折与展开》（《学术思想评论》第六辑），前揭，第198—199页。

② 施特劳斯：《如何着手研究中世纪哲学？》，周围译，载于《经典与解释的张力》，刘小枫、陈少明主编，上海三联书店2003年版，第317页。

③ 施特劳斯：《海德格尔式生存主义导言》，丁耘译，载于《西方现代性的曲折与展开》（《学术思想评论》第六辑），前揭，第131页。

治哲学及其中世纪发展形态——阿拉伯—犹太教律法先知学说充分考虑了神学—政治问题，有效兼顾了理性与启示、哲学与城邦的内在紧张，遂成为现代政治哲学值得认真对待并指导其走出困境的理论典范。犹太人问题是施特劳斯学术思考的起点，是他重启古今之争，重审现代性危机的这一现实关切的出发点，同时也是施特劳斯展开“耶—雅冲突”问题的早期准备。[①] 中古犹太先知律法学说是有效处理“耶—雅冲突”问题的典范学说，是施特劳斯走向柏拉图式政治哲学的理论通道和重要一维，同时也是施特劳斯尝试解决现代西方文化危机的学术资源。因此，犹太人问题、“耶—雅冲突”问题和中古犹太律法学说构成了施特劳斯犹太思想连续和不断深化的有机整体。

### 三、犹太思想与施特劳斯其他思想主题之间的内在关联

施特劳斯犹太思想与其他思想主题之间的关联可以从总体—微观两个层面加以考察。从总体视角出发，笔者认为施特劳斯犹太思想是他整个哲学思想的中经环节和重要组成部分。根据施特劳斯嫡传大弟子布鲁姆的说法，施特劳斯的思想发展包括三个时期或阶段：第一时期叫作“前施特劳斯的施特劳斯”，代表作是《斯宾诺莎的宗教批判》《哲学与律法》和《霍布斯的政治哲学》；第二时期为隐微写作时期的施特劳斯，代表作包括《迫害与写作艺术》《僭政论》《自然权利与历史》；第三时期为古典学时期的施特劳斯，代表性作著作包括《思索马基雅维利》《城邦与人》《色诺芬的苏格拉底言辞》等。[②] 布鲁姆的说法并不算错，但他对施特劳斯的思想分期过于强调施特劳斯是否摆脱现代西方学术的写作形式和思想立场（走向古典）的一面，而忽略了施特劳斯颇具苦心的现实关切。施特劳斯的问题意识是广博的，涉及古

---

① 韩潮认为耶路撒冷和雅典的冲突在施特劳斯那里“最初是以犹太人问题的形式出现的”。参见韩潮：《天人之际 · 古今之变 · 中西之会——施特劳斯西来意》，载于《古今之争与文明自觉——中国语境中的施特劳斯》，前揭，第 268 页。

② 参见布鲁姆：《纪念施特劳斯（1973）》，朱振宇译，载于《施特劳斯与古典政治哲学》，前揭，第 17—22 页。

今之争、城—哲张力、耶—雅冲突、现代性批判、历史主义批判、经典（政治）解释学，等等，而且一些研究主题一直持续到晚年看似与现代社会无关的古希腊经典著述的疏解中。因此，很难用一个标准对施特劳斯思想整体加以统括或分期。

当然，这不意味着施特劳斯的思想意图是含混的，缺乏客观可描述性。笔者倾向于类别区分的方式对施特劳斯思想加以阶段划分，即将施特劳斯的思想划分为犹太思想，包括犹太人问题、耶—雅冲突问题和中古犹太律法学说；现代性批判，包括重启古今之争、历史主义批判和自由主义批判；古典学研究，包括重思城—哲冲突问题、发现并践行隐微—显白的双重写作技艺和经典解释学三个方面。

那么，施特劳斯犹太思想与现代性批判和古典学研究三者之间具有怎样的理论关联。就整体而言，施特劳斯贯穿一生的研究论题是现代性批判，犹太人问题是现代性批判的入手点，而中古犹太律法哲学和古典学研究是为诊治现代性危机提供的对照视角，如在晚期的《城邦与人》（1964）一书的开篇部分，施特劳斯就强调："我们之所以带着极大的热情、兴趣以及强烈的意愿走向古代政治思想，并非出于一种忘却自我的好古主义，也不是源于一种自我陶醉的浪漫主义，而是迫于我们这个时代的危机、西方的危机。"① 另一方面，施特劳斯生命晚期对柏拉图、修昔底德、阿里斯托芬、色诺芬等思想家著述的古典学注疏完全抛弃了将自己的问题强加到那些古代作者身上的愿望，而致力于呈现"像古代哲人理解自己那样去理解他们"，从而为重新敞开本真的、迥然不同于现代理性的古典思想世界做出了楷模。因此，犹太思想、现代性批判和古典学研究三者之间既紧密联系又有着本质上的区别。

从微观视角着眼，主要包括两个方面。

1. 犹太人问题是现代性危机的典型样板，是施特劳斯展开现代性

① Leo Strauss, *The City and Man*, Chicago and London: The University of Chicago Press. 1964, p.1.

批判的切入口。虽然犹太人问题是施特劳斯思想起航的隐秘动机，但必须澄清的是，施特劳斯并不是狭隘的民族主义者或原教旨主义者。在致洛维特的信（1935）和晚年的《〈创世记〉释义》（1957）讲座中，施特劳斯一再强调自己不是“正统的犹太教徒”[①]以及《旧约》诠释的政治哲学家视角[②]。为什么在私人通信和公开场合，施特劳斯反复声称自己的政治哲人立场而非犹太教信徒立场，为什么施特劳斯历经十几年的犹太教典籍的考古学研究最终没有成为一名犹太教拉比而始终坚守一名政治理论家的理论问姿。这主要源于施特劳斯穷根究底的心性偏好和致力于一种自由探究的哲学生活方式。对于施特劳斯来讲，犹太人问题不仅是自己所属民族的生存苦难问题和关涉公平、正义的宗族政治问题，更是一个可以证明现代自由主义和整个启蒙理想失败的一个政治现象。也就是说，从犹太人问题的持续存在，施特劳斯看到了自由主义政治设计方案，启蒙哲人声称用理性的方法在地上建立人间天堂之目标的最终失败。现代自由主义囿于公私分立的前提预设无法根除私人领域的犹太迫害，犹太复国主义的建国方案则抽空了犹太文化根底里的宗教信仰基础，将犹太国变成了一种没有内容的空壳（国家形式）。可见，犹太人的迫害问题在施特劳斯视野中并非一个启示信仰命题，而是现代社会特有的政治现象，是一个可以证伪自由主义政治设计最终失败的典型案例，是施特劳斯回到原初重新考察古今抉择胜负优劣的灵感触媒。

2. 中古犹太律法学说是柏拉图式政治哲学的中世纪形式。从表面上看，施特劳斯像犹太教拉比一样来解读迈蒙尼德的典籍作品。但与犹太教律法专家解经的信仰前提不同，施特劳斯是从政治哲学家的立场来注疏犹太教经典典籍。哲学是自由探寻的生活方式，它以不妥协的质疑和寻求整全真理为其根本要件；而宗教神学则倡导一种顺从

---

① 施特劳斯等：《回归古典政治哲学——施特劳斯通信集》，迈尔编，朱雁冰、何鸿藻译，华夏出版社2006年版，第246页。

② 参见施特劳斯：《〈创世记〉释义》，林国荣等译，载于《柏拉图的哲学戏剧》，前揭，第168页。

（绝对服从）的生活方式，对于一名虔敬的信徒而言，拷问神学根基的牢靠与否是一种亵渎神灵和不信仰的表现。因此，面对两种生活方式的非此即彼，施特劳斯最终选择了哲学的生存方式。正是从哲学的视角出发，施特劳斯发现了中古伊斯兰—犹太律法学说与古希腊政治哲学之间的内在亲缘性。换句话说，在古希腊的哲学—诗之争与中世纪的哲学—宗教冲突之间有着本质的一致性：政治和宗教都是以某种预设为前提的，都倡导一种顺从的生活方式，而哲学家则试图找到稳固前提的出发点，践行一种无妥协追问的生活方式。因此哲学无限追问可能危及神学—政治的正当性基础，自然也就受到教会和城邦的检控和迫害。面对着两种生活方式的永恒冲突，施特劳斯发现了成功调和这种冲突的古代样板，即妥善安置“城—哲冲突”柏拉图方式和有效处理“耶—雅冲突”律法先知学说。这两个样板的共同点是都倡导一种隐微写作的审慎原则，正是基于对神学—政治生活的有效尊重，才有了哲学与政治、神学之间的两敌共存，而这两敌共存的张力就成为了西方文明永葆生机的不竭源泉。相反，中世纪经院哲学和现代哲学对耶—雅冲突的简单抛弃导致了宗教神学的近代式微和现代理性主义的当代危机。因此，在施特劳斯那里，中古的律法先知学说是柏拉图式政治哲学的一个中世纪发展，是正确处理哲学无畏本性和审慎表达的成功样板。

根据上面的叙述，我们可以将施特劳斯犹太思想和其他思想论题的关系总结如下。从联系方面看，一是犹太人问题是施特劳斯重启古今之争，检审现代西方文化危机，进行现代性批判的切入口和出发点。二是中古犹太律法学说是施特劳斯重估斯宾诺莎等启蒙哲人对传统犹太教经典批判的合法性，重返古希腊柏拉图式政治哲学的参照视角、理论通道和思想资源。三是耶路撒冷与雅典冲突问题以及想要“改变这一深刻对立的现代企图”被施特劳斯认定为是现代哲学的隐秘起点。因此，“耶—雅冲突”问题作为施特劳斯一生关注的核心主题，不仅是其犹太思想的核心，也是他的现代性批判论题乃至整个哲学思考的重要论题。

从区别上看，主要表现在：首先，犹太人问题是一个特殊性问题，它关涉的是犹太民族文化在西方主流文化“尚同”理念侵袭之下的如何安身立命的问题，而现代性批判是考察古今西方生活方式的整体性断裂和重建的问题，具有普遍性和整全性的意义；其次，中古犹太律法先知学说包含大量的上帝启示的内容和神秘主义的非理性要素，这与古典政治哲学关于美好社会的寻求之间既具有同一性，又与古希腊哲学传统中对城邦与哲学、诗与哲学之间紧张关系的突出强调之间差距显著。换言之，中古犹太律法学说与古典学研究的论题之间存在着不可忽视的区别。

综上可见，犹太思想是施特劳斯整个哲学思想的起点、隐秘关切和重要组成部分。作为犹太人所遭遇的独特生存困境——神学—政治危机是施特劳斯思想起步到智力成熟阶段的时代背景要素[①]。施特劳斯独辟蹊径的政治哲学致思理路源于他对现代犹太哲人、中古犹太律法学家经典著述的批判、疏解和领悟，这使施特劳斯的政治思想史研究打上了犹太学的浓重印记，从而开掘出迥异于主流政治哲学史考察的思想景观。概而言之，在施特劳斯那里，政治哲学与犹太思想原为一体，其政治哲学研究的本质特性就在于它是犹太路向的政治哲学史研究。

## 第二节　施特劳斯犹太思想的理论贡献及其限度

在过去的二十多年间，施特劳斯的思想越发成为欧美学界关注的主题。政治哲学、解释学、犹太哲学、古典学以及外交政策等领域对施特劳斯或褒或贬的评论时常见诸报刊，激发人们对这位伟大政治思想家的兴趣与关注。如，法肯海姆（Emil Fackenheim）评价指出，“施特劳斯曾生活过、教诲过，这对犹太哲学的未来而言实为大幸事”。[②] 布鲁姆则强调：“我相信，下一代对我们这代人的评价，将很

① 参见施特劳斯：《古今自由主义》，马志娟译，江苏人民出版社 2010 年版，第 260 页。

② Emil Fackenheim, “Leo Strauss and Modern Judaism”, in *Claremont Review of Books 4*, no.4（Winter 1985）, pp.21, 23.

可能取决于我们如何评价施特劳斯。这对某些人是一种威胁，对其他人则是一种福音。”① 在《为何是施特劳斯？》一文中，迈尔指出：“出于哲学、生存以及政治方面的充足理由，我们很有必要研究施特劳斯……人们对施特劳斯的兴趣使他名噪一时，然而，就算这些兴趣最后会消褪、论争施特劳斯对美国外交政策的影响也烟消云散，这些理由仍然会继续存在。”② 问题是，施特劳斯何以成为人们政治哲学反思“堪称义务性质的参考点”③？ 施特劳斯思想中与众不同之处和特殊地位究竟何在？下面，我们通过评价施特劳斯犹太思想的理论意义及其限度来加以管窥。

## 一、施特劳斯犹太思想的理论意义

1. 施特劳斯对当代神学诠释的历史主义路向进行了批驳，并通过对中古犹太先知律法学说的政治解释开掘出了迥异于传统神学解释的律法—理性主义路向。与现代神学对古代犹太教经典的现代理性化（历史主义）解释不同，施特劳斯试图从柏拉图式政治哲学的视角来解读中古犹太教典籍。在施特劳斯看来，中古阿拉伯—犹太先知学的律法基础是哲学，尤其是柏拉图的《法义》学说。阿尔法拉比和迈蒙尼德意义上的先知是柏拉图哲人王的中世纪对应者，先知律法学说的目的在于通过先知（立法）确立的神法秩序的践行实现柏拉图哲人王治下可遇不可求的正义生活。施特劳斯在柏拉图—法拉比—迈蒙尼德统绪中对先知律法学的这种政治哲学解释背离了传统神学诠释主流观念对“神—哲和谐”的强调，凸显了宗教（启示）与哲学（理

① 布鲁姆：《纪念施特劳斯（1973）》，朱振宇译，载于《施特劳斯与古典政治哲学》，前揭，第 28 页。

② 迈尔：《为何是施特劳斯？》，卢白羽译，载于《回归古典政治哲学——施特劳斯通信集》，前揭，第Ⅳ页。

③ 在《列奥·施特劳斯：思想传记》的导言中，唐格维指出，“对于当代人们的政治哲学反思来说，施特劳斯的思想已经成为堪称义务性质的参考点”。见丹尼尔·唐格维（Daniel Tanguay）：《列奥·施特劳斯：思想传记》，林国荣译，吉林出版集团有限责任公司 2011 年版，导言，第 1 页。

性）之间的紧张对立。为了检审耶—雅冲突的解决方案，施特劳斯从中古犹太律法学说回返到苏格拉底问题，将兼顾神学政治权威秩序的审慎写作视为柏拉图式政治哲学的核心特征，也即处理耶—雅冲突的最佳方式。可见，施特劳斯对中古律法学说的政治解释开掘出了与传统神学解释不同的律法—理性主义诠释路向，对当代犹太神学的经典注疏作出了开创性的理论贡献。正是在这个意义上，施特劳斯的弟子，当代（二战以来）最著名的犹太思想家之一法肯海姆强调："施特劳斯作为榜样……甚于其他在我此生中还健在的其他犹太思想家，正是施特劳斯使我相信现代犹太哲学的时代价值，以及因此而来的必要性。"①

2. 施特劳斯通过犹太律法学说和古希腊经典著述的注疏对哲学本质的危险性方面给予了有力揭示，从而将政治哲学置于哲学的中心。在现代西方哲学史上，鲜有人比施特劳斯更加重视阿里斯托芬和色诺芬的著作。施特劳斯之所以注意阿里斯托芬的著作，因为是阿里斯托芬而不是其他人对哲学的政治性质，即对哲人无畏探究的危险性给予了如此强有力的揭示。在阿里斯托芬的笔下，哲人不妥协的追问具有质疑诸神神圣地位的倾向，因而是缺乏实践智慧和自知之明的行为。由于缺乏自知，哲人无法在城邦面前保护自己，因此，最终只能落得自取其辱的悲惨下场。施特劳斯关注色诺芬，是因为色诺芬改造了阿里斯托芬笔下的苏格拉底形象，赋予了苏格拉底在哲学表述方面的审慎品格和对政治生活的应有尊重。通过对阿里斯托芬、色诺芬以及柏拉图追随者法拉比和迈蒙尼德等人著述的疏解，施特劳斯有力揭示了城邦和哲学之间的内在张力，对哲学的危险本性和表述的审慎品格给予了充分的强调。如果考虑到卢梭与法国大恐怖，尼采与德国纳粹主义，海德格尔的政治失足事件等具有典型意义的思想事件，我们无论怎样强调施特劳斯对现代哲学无畏言辞批判的意义都不为过。因为，对哲学危险本性的忽略，对哲学政治性质的遗忘，对哲学表述的审慎

① Emil Fackenheim, *To Mend the World*, New York: Schocken, 1982, p.x.

品格的抛弃助长了现代理性主义的自以为是甚至自我毁灭。

另一方面，施特劳斯高扬作为生活方式的政治哲学，深刻质疑了现代各种主义学说，尤其是自由主义的“正当性”基础。施特劳斯因为重启古今之争而受到现代哲人的普遍诟病。其中也包括施特劳斯的好友科耶夫、洛维特、伽达默尔等人的质疑。但施特劳斯彻底批判现代思想前提的做法无疑具有重要意义，其中一个方面就是它有助于回到事实本身，即将现代各种主义学说的前提和立场放到括号里，从现代各种哲学（主义）主张提出的临界点重估现代哲学选择是不是一个优等选项以及在其中是否潜藏着现代性危机的思想萌芽。通过这种极端方式的强调，施特劳斯给那些以现代各种主义学说作为出发点的时髦政治学说以迎头棒喝，敦促他们反思自己的理论根基是否稳固。同时，施特劳斯的这一做法对于汉语学界“摆脱百年来对西方现代的种种‘主义’盲目而热烈的追逐”也有一定的警醒意义。施特劳斯重启西方文明的古今之争，为我们摊开了一个迥然不同于现代西方文明的古典西方文明。这就提醒我们，汉语学界一直引以为尊的西方文明，并非是西方文明的全部，不过是西方文明的现代部分，而且是反叛西方古典传统不太成功的一个样本和选择。在施特劳斯看来，现代西方文明是一个染了病的文明样态，而且病入膏肓、积重难返，因此必须搁置西方现代生活方式无限制的自由创造，回返古典政治哲学，用古典自由主义的德性之学和中和政制来调校现代自由主义的个体优先和民主政制；用柏拉图式政治哲学的异质性原则来修正现代政治哲学的普遍同质化倾向；用古代公民的敬畏意识和道德律法观念来训导现代民众的无畏意识和权利过度滥用倾向。只有这样，我们才能避免重蹈虚无主义大众形式——纳粹极权主义的覆辙，抵御实证主义、多元相对主义和历史主义对人类精神的致命性威胁，遏制技术理性主义的世界统治。

3. 施特劳斯关于犹太人问题的思考对廓清中国问题具有重要的借鉴意义。根据施特劳斯的见解，犹太人问题的实质关涉到犹太民族传统在西方尚同观念高歌猛进之下如何存续的问题，同样的，中国文明的构建也面临着在强势西方文化模式全面侵袭之下如何延续中国文化传统的问题。我们知道，中国现代的一整套政教制度并非原生型的，而是西方文明强行植入中国文明机体内部的。也就是说，本土的现代中国文化不过是异域西方文明的一种延伸或模仿，二者在本质上具有重要的家族相似性。因此，中西现代化之争就不再表现为千里之外的异地西方与本土中国之间的价值冲突，而是表现为直接发生在我们本土上的传统中国和现代中国之间的冲突。换言之，中西现代化之争实质上是传统中国与现代中国之争，即古今之争。当前学界片面强调中西文化的地域差异，过度关注中西的现代化之争，也就“掩盖了中国文化本身必须从传统文化形态走向现代文化形态这一更为实质、更为根本的古今文化差异的问题”①。施特劳斯从犹太人问题走向重启古今之争，试图检审西方古今文化之间的断裂和重建，其问题旨趣直逼西方思想史演进的深层脉动。如果说西方文明业已浸入现代中国文明的血脉，唯有了解西方，才能理解我们自身。那么，追随施特劳斯犹太路向的西方思想史检审，可以使我们从西方内部理解西方，从而获得对西方文化一种整全性的认识，这无疑为理解我们的现代中国文明的性质及其限度具有重要的意义。另一方面，施特劳斯的思想史考察走的是疏解本民族犹太教经典文本的路向，这就提醒我们检审本民族传统文化中是否具有超越“技术性世界社会”的理论资源。时下，中国传统儒家思想丧失了“应对现代性挑战的思想担纲地位”，沦落为“多元文化格局中偏安一隅的‘地方知识’”。②这恰好给人文知识分子重新检审自己的传统礼法习俗（nomos）以解决中国的现代性问题提供了契机。因此，施特劳斯对犹太人问题和对犹太传统遗产的检审给我们的启示是：重返西方古典传统，同时回返我们自己的nomos，借助古代中西文化的思想资源来为中国的现代性问题诊脉，为中国文明的理论构建和中国现代性问题的解决提供智力资源。

---

① 甘阳：《古今中西之争》，生活·读书·新知三联书店2006年版，第35页。

② 参见徐戬：《高贵的竞赛》，载于《古今之争与文明自觉——中国语境中的施特劳斯》，前揭，第9页。

4. 施特劳斯犹太思想的整全性视角对文化多元主义以及各种专家系统的局限性具有纠偏意义。施特劳斯通过现代性批判揭引出的西方古典世界表明，中国现代化进程中出现的诸多问题并非中国现代社会发展中所遭遇到的偶然个例，而是西方现代性本身的痼疾所在：西方的现代文明，尤其是其技术化的理性统治、无节制地征服自然的倾向、道德价值的虚无主义意识、割裂整体的多元化部门学科格局、违背人性自然的普遍同质化目标等，是我们现代化进程出现诸多层出不穷问题的根本症结所在。因此，现代国人赖以为信的学科视野的专家系统，颇具诱惑力的各种主义（如自由主义、保守主义、后现代主义等）学说，价值中立的实证主义研究等作为根植于现代性前提的派生品，在根本上是无法真正解决中国的现代性问题的。试问，一个不问善恶、好坏（价值中立）的技术专家群体，又怎能被寄予厚望，将人类正义、幸福（价值判断）的未来托付给他们来指导（只要想想恐怖分子利用现代科技制造的大规模杀伤性武器所实施的骇人听闻恐怖行动便可知晓）？

另一方面，施特劳斯通过美国的教书事业培养了一批可圈可点的弟子，为美国教育界和思想界的经典文本译介方面的成果积累功不可没。这一点无须赘言。对于中国学界而言，我们在教育内容上正屈服于西方的局面让人堪忧：从小学到大学，试问我们的各层次国家指定规划教材中还有多少中国传统文化的东西存在。在这方面，恐怕我们的教育较之英美教育显得更“左”，更加强调现代而遗忘传统。施特劳斯一生都在与历史主义和实证主义作斗争，并将其视为导致虚无主义的根本原因。回过头来，看看我们少得可怜的国学教育，尤其是大学课堂里通行的中国哲学史教程又经历了怎样的客观化和历史主义进程：孔子学说由往昔的圣人之言下降为诸子之学，然后再将诸子思想历史化，变成了具有主观性和历史局限性的一家之言，而不是为“为天地立心、为万世开太平”的担当教诲和万世恒言。施特劳斯批判历史主义消解哲学永恒性的做法，反对现代西方哲学缺失价值关怀和敬畏意识，而在我们的教育和研究当中，这种境况较之西方亦是有过之而无不及。这无疑是值得作为教育工作者的当今中国学人自觉反思的课题之一。

## 二、施特劳斯犹太思想的理论局限

施特劳斯思想在美国学界一直饱受争议。施特劳斯的经典解释学和对前现代思想史的热衷，在欧陆德法哲学中其实并不鲜见，这只要看看海德格尔、伽达默尔的哲学解释学以及法国解构主义学说便可知晓。因此，施特劳斯思想的美国“反响”恐怕是一种水土不服的表现：对于实用的美国人而言，这是无视脚下生活的一种杞人忧天式的庸人自扰，是对美国学界主流倾向和哲学努力的一种无礼漠视。而且更不能加以容忍的是，这样一种彻底批判现代自由主义的极端立场竟然堂而皇之地成为当前美国政界（外交领域）主流意识形态之一。

但是我们不能用“水土不服”的类似字眼随随便便地将施特劳斯思想的可争议性打发了。毕竟，在英美学界之外的德法哲学那里，施特劳斯诊治现代性危机的犹太路向，他的贴近阅读的解释学原则也是完全异类的。这不仅体现在施特劳斯对海德格尔的批判中，也表现在施特劳斯与伽达默尔、洛维特、科耶夫等密友的私人通信和公开论战中。当然，思想家之间观点差异并不能说明问题，古今的大哲学家之间往往不能相互说服对方，关键是看论争中的哲人能否看清各自的立场和地基。正是基于这样的认识，笔者认为施特劳斯思想在下面三个方面是值得商榷的。

**问题之一**：重启古今之争的可倡导性：我们真的能够回到古代吗？施特劳斯思想的一个重要方面是重启古今之争，重新估量启蒙哲人与传统思想彻底决裂是不是一个优等的选择。施特劳斯的立场是鲜明的，即站在古人立场批判今人，高扬古典理性主义的中和之气，指认现代理性主义已步入末路穷途。关于施特劳斯重启古今之争的思想史意义上面已经论及，此不赘述。问题是，我们真的能够回到古代吗？众所周知，现代社会已经成功创造出了一种全新的社会形式——自由民主制社会。这种政治制度设计及其现实运作虽然并非完美，但也充分证明，现代人已无法原样回到过去，回到古希腊那样的封闭社会。施特劳斯强调阅读古代经典作品，强调从古典政治哲学和中古先知律法学说那里吸取资源，并借此调校现代社会的种种弊端，这无可厚非，也非常重要。但单有这一维度并不足够。既然我们无法回到过去，我们也就不能完全听凭施特劳斯的思想回归来解决现代社会出现的各种问题，尤其不能像施特劳斯那样对现代西方哲学著述加以整体忽略和全盘拒斥。准确地说，我们要想了解现代社会，要想理解现代社会发展运行中的诸多问题，主要不是读施特劳斯的作品，而是要读自由主义、社群主义等现代学者的作品。例如，我们要了解反犹主义的现代发生，就应该读读阿伦特、鲍曼等的作品，要了解自由主义社会的正义分配问题，就应该读读罗尔斯等人的著述。当然，施特劳斯的作品会提醒我们对这些作者的论断保持距离。但毫无疑问的是，这些社会学家、自由主义学者等的作品深刻揭示了现代社会的运作机制、进程及其限度，而这些是跟随施特劳斯阅读古典著作所难以获取到的。因此，鉴于现代化进程的积重难返，即使我们认定回头而非前进的路向是一个优等选项，历史的车轮也无法原路返回了，正如一个历经沧桑的老年人无论多么怀念童年的纯真时光，在历经了岁月刻刀的无情雕磨之后，他也不可能再回到单纯懵懂的孩提时代了。

**问题之二**：施特劳斯犹太路向的可效仿性以及贴近阅读的解释学原则的有效性。施特劳斯之所以站在古人立场反对今人的一个重要背景就是他对犹太人身份的认同。正如阿纳斯塔普罗（Anastaplo）所指出的那样，犹太教在某种程度上有利于“施特劳斯既成为一个思想家，又成为一个细心的读者；同时又易于施特劳斯接纳前现代的哲学观念并抵抗某些现代观念”[①]。但问题是，较之自由主义同质化的强势文化而言，犹太思想资源只是一种民族性的边缘文化，我们如何能够像身为犹太人，熟悉犹太思想传统，又热衷犹太律法学说的施特劳斯那样思考问题？即使我们认定哲人会超脱民族的和宗教的狭隘偏见，从超越时空的普遍问题视角出发来进行哲学思考，但我们也很难否认施特劳

① *Jewish Philosophy and the Crisis of Modernity*：*Essays and Lectures in Modern Jewish Thought*，edited with an Introduction by Kenneth Hart Green，Albany：State University of New York Press，1997，p.476.

斯那种类似拉比注经的解释学模式的有效性。毕竟施特劳斯是带着现代意图回到古代的，这与施特劳斯批判的海德格尔并无二致。施特劳斯反对海德格尔六经注我，但批评者同样揣度施特劳斯解释学作品有“过度诠释”的成分。[①] 施特劳斯一生强调哲学思考的无妥协性与哲学表述的节制，并且把柏拉图的“显白—隐微”的双重写作技艺奉为圭臬。但问题是，施特劳斯本人的写作是显白的，也是隐微的双重写作。如果就施特劳斯的作品以注疏而非论争的形式面世而言，这符合柏拉图式政治哲学的隐微写作风格：柏拉图的绝大多数作品均以他人（如苏格拉底）而非自己作为对话主角。但同样是施特劳斯，他对隐微写作方式的揭引本身却是显白的。而且，毫无疑问的是，施特劳斯的思想对手也都十分清楚他彻底反现代、反对自由主义的思想本质。换言之，作为尼采的现代门徒，施特劳斯是今人而非古人，是启蒙真理的鼓吹者而非隐微写作的秘传家。这恐怕也是霍尔姆斯批判施特劳斯解释学“双重标准”的一个原因所在。[②]

**问题之三**：施特劳斯倡导的柏拉图式政治哲学视角的有限性。包利民教授在《“〈罗尔斯篇〉”与古今之争的得失》一文中认为，古今政治哲学在不同领域分别取得了各自的成就，因此古今之争不应像施特劳斯学派那样被激化为敌我之争，而应被视为是两大政治哲学范式的各有所长。这两大对立范式即强者政治学和弱者政治学，“从目标上说，强者政治学的核心概念是终极‘幸福’，这是一阶的或个人自己的生活价值；弱者政治学的核心概念是正义，这是二阶的或人际的道德价值。两种政治学背后显然有两种本体论的支撑：强者政治学的本体论是‘自足本体’，而弱者政治学的本体论是‘关系与依赖’”。[③] 从这一视角出发，

① 坎特在《施特劳斯与当代解释学》一文中提到，“终其一生，施特劳斯都被各种传统解释模式的代言人指责为对文本施暴、提出了过分精巧和过分单纯的阅读，把意义强加给文本”。见坎特：《施特劳斯与当代解释学》，程志敏译，载于《经典与解释的张力》，刘小枫、陈少明主编，上海三联书店 2003 年版，第 125 页。

② 霍尔姆斯（Stephen Holmes）：《反自由主义剖析》，曦中、陈兴玛、彭俊军译，中国社会科学出版社 2002 年版，第 111 页。

③ 包利民：《“〈罗尔斯篇〉”与古今之争的得失》，载于《古今之争与文明自觉——中国语境中的施特劳斯》，前揭，第 215 页。

包利民认为“罗尔斯关心的是弱者政治学，用罗尔斯自己的话说就是，正义的环境是物质中度匮乏和对促进他人利益不感兴趣的一般人。……相反，柏拉图关心的是强者政治学，他希望教导的是好人或希望成为美好优秀人的青年”。[①] 从施特劳斯的思想立场来看，包利民教授强弱两种政治哲学范式的划分及其各打五十大板的做法无疑是一种调和论的主张。对于一个哲人而言，哲学的真理只能具有一个，而不是各有利弊的二元或多个相对真理。在柏拉图那里，人性天生并不平等，人的天性差异或高下有别虽然事实残酷却符合自然正确，而罗尔斯的理论奠基在启蒙普遍平等的逻辑地平上，关注物质利益分配的正义问题无疑是现代物质主义时代治标不治本的实证主义政治学的做派。换言之，出生在和平年代的美国人罗尔斯没有施特劳斯那样对自由主义危机的切肤体验和对政治真理残酷面的直观认识，他无非是站在现代自由主义的立场上对启蒙方案试图加以当代完善。但另一方面，施特劳斯的柏拉图式政治哲学确实具有偏执于哲学立场的盲点之处。既然柏拉图敏锐洞察到最佳正义城邦实现的机运性或偶然性，那么在次好的可实现的正义城邦中，柏拉图对同一阶层（如农工阶层）内部的正义问题，尤其是弱者的利益问题缺少应有的同情和关注。而这在一个现实的政治社会里却十分重要，这恐怕就是罗尔斯正义论的优长之处。

总而言之，我们追随施特劳斯，因为他的睿智和深刻使我们对现代西方文明的美好保持冷静与克制，使汉语学界认识到中国的现代性问题实质是古今中西之争，使中国学人认识到中国文明的理论自觉不能完全依赖西方，尤其是现代西方文化。同时我们也应该清醒地认识到施特劳斯思想有着自己的理论盲点和视野局限。而所有这些，都需要学界深入研究施特劳斯作品的基础上才能做出。这也是我们研究施特劳斯并跟随他回到深度细读的古代经典的原因所在。

---

① 包利民:《“〈罗尔斯篇〉”与古今之争的得失》，载于《古今之争与文明自觉——中国语境中的施特劳斯》，前揭，第 215 页。

# 结 语

在汉语学界，提到列奥·施特劳斯，人们头脑中可能会出现完全不同的两个面相。本研究所论及的施特劳斯并非施特劳斯主义意义上的施特劳斯，因为后者容易让人联想到那个教条化的、具有邪恶意图和隐秘动机、一度卷入意识形态论争中的新保守主义思想教父。本文意图回到的则是那个有着时代困惑和个体关切、竭问省思、孜孜求索的犹太流亡政治哲人——施特劳斯。

对于这样一位学人，一些学者常常嗤之以鼻。何故如此，大体有理论和实践两方面原因。实践方面的原因显而易见（在此一笔带过）：以民主制为基底的美利坚民族收容了这位无家可归的流亡哲人，然而，纵观后者在其寄居国的数十载践行，无论从研究气质还是问题偏好，不说绵里藏针、釜底抽薪，也全无为其收容国之文教政事竭尽心力之举。这种不合时宜又抱屈含冤、振振有词的苏格拉底式做派，岂能让热衷民主政制、怀揣启蒙梦想的美利坚哲人（及其中国门徒）或媒体人不感到愤怒？一些眼尖（但又流于表面）的学者（如德鲁里）将施氏的此举归咎于其痛彻心扉的创伤记忆：魏玛民主国家到纳粹主义的蜕变使得他颠沛流离、历经磨难，施氏又岂能对连理同根的美式民主制提起兴趣！

理论进路上的原因可能要复杂一些。深受黑格尔—马克思传统影响的汉语学界一谈到哲学，首先想到的是那种远离具体物事的玄思。这种玄思指向道统（本源、原因），关涉崇高、思辨和整全，是对用

（属性）背后的体（存在、实体）的追问。然而，在施特劳斯的文本中，我们根本看不到这样的玄思和追问。柏拉图笔下那个摆脱锁困、艰难调适，最终爬出洞穴、沐浴阳光（无蔽之真）的形而上学进路遭到冷落，取而代之的尽是所谓神学—政治困境，哲学与城（诗）之争、耶—雅紧张之类的在世共在（洞穴—实践）命题。这种与黑格尔式哲学史进路大异其趣的琐碎细节和作者意图分析，岂能不让汉语同仁为之疑惑：施特劳斯到底算哪门子的哲学家？

但吊诡的是，这样一位地位和眼光远逊于康德和海德格尔的政治哲人竟然在世纪之交的中国“火”了起来，成为影响改革开放时期中国思想史进程的西学四导师之一[①]。

或许后现代主义的崛起有助于我们更好地理解施特劳斯的问题意识：施特劳斯根本不是什么因循守旧的保守主义者，而是比后现代更加激进地质疑现代启蒙价值合法正当性的哲学家。这种激进奠基在两者共属的思想地平之上：既然尼采大人已经掷地有声地宣告“上帝已死”、超感性领域失效、西方理性形而上学终结了，那么我们还有什么理由像新康德主义（如文德尔班）那样梦呓般地复述德国古典哲学的话语。余下的道路只剩两条：要么彻底解构正统形而上学传统，在西学形而上学的存在论根基上重新开掘出新的理解可能性来（如海德格尔）；要么另辟蹊径，走出迥异于黑格尔哲学史框架的诠释学路向（如施特劳斯）。归根结底，施特劳斯之所以见异于我们，不是因为他本人水平太 low，太过标新立异，而是我们跟不上他的思路和节奏：施氏把尼采的论断作为不言自明的前提预设，而我们还跟着德国古典哲学、尤其是黑格尔的路子在补对我们而言实属空白的形而上学旧课。

问题是，尼采的论断真的正确吗？或者说跟随黑格尔的正统形上解释难道有错吗？在哲学上，采取简单粗暴的正—误判断并不可取。就连施特劳斯本人也没有对尼采亦步亦趋，否则他就不会重返古典，寻找与现代理性主义（片面激进）相对的古典理性主义（审慎克制）

① 参见丁耘：《儒家与启蒙》，生活·读书·新知三联书店 2011 年版，第 4 页。

的可倡导性了。不过，尼采对西方正统形而上学或曰柏拉图主义摧枯拉朽的猛烈批判，为施特劳斯（以及海德格尔）重新敞开西学的全新路径提供了可能（契机）。

客观地讲，较之尼采和海氏，施特劳斯显示出了政治哲人的审慎克制：一方面，他并没有像尼采那样决绝地弃置古典理性主义的可能性，他对巴门尼德—柏拉图—黑格尔形而上学话语的沉默不语并不意味着否弃他们的合理性，因为放弃了以存在为对象的真理探究，哲学还是哲学？另一方面，施氏对理性主义的独断和限度保持了高度的警惕，他没有像尼采和海德格尔那样激进地将其宣称出来而走向虚无主义，而是对其存而不论（缄默不谈），转过身大书特书西方正统形而上学所忽略的哲学与城（诗、神话或宗教）之争。

城—哲冲突或者说政治不见容于哲学的面相在人类历史上从未离场，在西方哲学的发展史上，苏格拉底、柏拉图、斯宾诺莎、康德、马克思，等等，都曾受到城邦—政治这样那样的威胁和迫害。这在政治哲学的源头处显得尤为突出：可以说，苏格拉底之死对柏拉图所造成的震撼绝不逊于“相论”的重要性，而且它是活生生在场、不得不予以（与诗学）直面和抗辩的一个重要维度。而这一点，后柏拉图时代的正统形而上学一而再、再而三对其粗线条略过。现代启蒙所宣扬的“为真理而献身”，海式所宣称的“为本真性生存而决断”，与其说解决，不如说在自然洞穴之下又挖了一个意见洞穴，更浓厚地遮蔽了在古希腊哲人那里显得至关重要的这一面相。因此，施特劳斯对城—哲冲突面相，对柏拉图意图的祛蔽现容所作出的艰苦探询值得敬佩赞赏和高度重视。

但对后学而言，施特劳斯刻意避而不谈的形而上学也不容小觑。因为，西方大哲所阐述的政治哲学理念，无一不是建立在其形而上学（存在论或本原论）论述的根基之上的。缺乏对这些哲人道统的理解，就无法理解他们政制设计和政体优劣评论的具体缘由和力道所在。施氏本人对此亦是了然于胸，只不过他出于某种极端化问题的需要，亦是出于对抗海德格尔路向的需要，对此保持了意味深长的忽略而已。

综上所述，我们阅读、理解、走进施特劳斯，切忌陷入两种极端情况：一是一味地（亦是不得要领地）追随施特劳斯回到古典，把西方哲学史的研究变成了文史拷辨的古典学研究，而没有注意到本原论或存在论学说在理解古代哲学和哲人思想中不可偏废的根基意义；二是极端地否弃施特劳斯的研究路向：要么认为施氏的思想对现代政制建构毫无意义（其实反驳亦是贡献，它可以提醒人们对工具理性或理性万能的论调保持警惕）；要么认为施氏的学说是异端另类，是偏离主流正统的歪理邪说。

归根结底，哲学是一种生活方式，是个体修身正己、释疑解惑的心路历程，施特劳斯本己地直面了作为无根犹太人危机和困境，践行了一个哲人发自本心的爱智之旅，彰显了传道授业、化育英才的（大）师者本色。作为一个汉语学界的后学，我们是否笃信或反对施氏的观点其实并不重要，重要的是从本己的历史和时代处境出发，应对内心的困惑，将哲学作为一种生活方式去践行坚守。在如是行为时，施氏那里所突出强调的政治哲学（城—哲冲突）维度和他所三缄其口的形而上学（存在论）维度不可偏废，这恐怕是理解和走进（哪怕反对）施特劳斯所须臾不应忘记的一条重要准则。

# 附 录

## 犹太人问题与现代性批判

——从卡尔·马克思到列奥·施特劳斯

西学东渐百年后，中西文化冲突的问题在当下学术界仍是一个不依不饶的学术“焦点”问题。[①] 如果说“五四”一代学人的思想底色里涌动着救国图存，恢复中华的爱国主义激情，那么世纪之交的学术领航者们则立足于当下中国社会衍生的诸多问题重启“五四”问题，试图更加理性地辨析西方文明和中国传统之间的冲突与共契。其重要的成果借用甘阳的话说是一种“不对称的比较”，即用一个“近现代的西方来比较一个传统的中国”，从而得出了强大的西方文明和愚昧落后的中国文明的片面结论。[②] 用刘小枫的话讲则是把“冲击中国文化的西方精神看得过于单一，没有充分了解西方精神的现代分裂”[③]。换句话说，西方精神绝非铁板一块，可以说是“相当分裂、不和的思想体系”，而“五四”学人用“德先生”“赛先生”来概括西方文明的特质恐怕极不

① 学术会议的成果可参见《古典西学在中国（之一）》（载于《开放时代》2009 年第 1 期）和《世纪之交谈精神和信仰》（文献来源：http：//www.xici.net/b126934/d25794358.htm，上网时间：2009 年 12 月 13 日）；中文著作可参看萌萌主编的《启示与理性：从苏格拉底、尼采到施特劳斯》（中国社会科学出版社 2001 年版）、《启示与理性——哲学问题：回归或转向？》（中国社会科学出版社 2001 年版），等等。

② 《古典西学在中国（之一）》，载于《开放时代》2009 年第 1 期。

③ 《世纪之交谈精神和信仰》，文献来源：http：//www.xici.net/b126934/d25794358.htm，上网时间：2009 年 12 月 13 日。

全面。更极端地说，我们推崇的科学和民主不仅不是西方文明的长处，恰是西方精神的糟粕。因此，用病态的西方现代文明——现代性作为中国当代发展的样板，产生出诸多现实问题自然不言而喻。

甘先生和刘先生的话未必人人赞同，但他们[①]提出来一个相当紧要的问题：我们需要重新理解西方精神传统，尤其是代表西方文明起源和活力的古典西方传统，通过思考其中的一些中国思想未曾触及的基本问题，"逼得中国思想朝要害的方面走"，从而构建起与"中国崛起"相称的中华文明。然而，我们依靠什么、凭借什么来检审西方的精神传统？靠中国传统文化？还是靠西方传统自身？如果靠西方传统自身，我们就要落到作为西方传统承载者的哲学家或思想史家身上，因为所谓西方传统就是由这些哲学家和思想史家的著作所承载的思想建构而成的。问题是，我们到底信靠哪位思想家的著作抑或哪几个思想家的著作？这就需要国内学者的拣选了。拣选需要眼光，更需要时机，否则就只会形成各包山头式的私人言说。在此点上，施特劳斯是幸运的，借着刘小枫、甘阳等的大力推介和三十年改革开放中人们对"人类社会的繁荣"带来的"灾难"的真切体会，[②]施特劳斯的名字在世纪之交跃入国内学人的视野，并形成了一股可圈可点的学术研究热潮。

然而，学界推崇施特劳斯，借助其思想资源重新审理西方精神传统，进而重新理解中西文化的冲突问题。这种带有"功利性"的学术借助带来这样一个问题：我们会不会因为自己过强的现实关切遮蔽了施特劳斯自身的问题意识[③]和哲学意图？违背施氏解释学的基本原

---

① 这里把二者放在一起，并不代表甘阳和刘小枫的立场和观点完全一致。确切说，他们之间的立场和心性追求有着明显的差别，具体可参见水亦栎《政治与哲学——甘阳和刘小枫对施特劳斯的两种解读》（载于《开放时代》2004 年第 3 期）一文的相关论述。

② 陈家琪：《也谈"现代性的三次浪潮"》，载于《江苏社会科学》2003 年第 1 期。

③ 施特劳斯的嫡传弟子布鲁姆认为进入不惑之年的施特劳斯才真正"解放了自己，能够像作者理解自己那样去理解他们"，而早期（去美国之前）的施特劳斯则仍然"遵循着现代学术的规范及其历史前提"，"把自己的问题添加到了那些作者身上；还没有学会像那些作者看待自己的问题那样去看待它们"。参见布鲁姆：《纪念施特劳斯》，载于《施特劳斯与古典政治哲学》，上海三联书店 2002 年版，第 17、18 页。

则——“恰如过去思想家理解自己那样去理解他们”（to understand the thinkers of the past exactly as they understood themselves）①。伽达默尔的解释学纵然为读者的过度诠释（“六经注我”）提供了借口②，但我们更关心的是能否达及文本解读的作者本意，因为，对作者的思想的本真解读是我们之后进行借鉴、阐发、推论的逻辑支点，否则就会因为逻辑前提的错误使我们的任何努力消解为零。基于此点考虑，本文试图从犹太人问题和现代性批判的视角切入，管窥施特劳斯学术研究的隐秘动机，厘清施特劳斯政治哲学思想的意图和路向，从而敞开施特劳斯思想的逻辑基底，为理解施特劳斯提供一种新的尝试。另一方面，研究犹太人和现代性问题不能绕开另一位著名的犹太哲学家——马克思，鉴于其在中国文明当代建构中的核心地位，二者思想的内在纠葛将随着文章的展开得到论述和澄清。

## 一、马克思对“犹太人问题”的诊断

谈到“犹太人问题”③，我们有必要提及19世纪的一场重要的思想事件——青年马克思与布鲁诺·鲍威尔关于犹太人问题的学术争论。

---

① Leo Strauss. *The Rebirth of Classical Political Rationalism*，selected and introduced by Thomas L.Pangle，University of Chicago Press，1989，p.209. 内森·塔科夫和托马斯·L. 潘高认为“要像过去的思想家了解自己一样了解他们，就需要放下自己的问题而注意他们的问题……避免使用不必要的现代术语及前提”。参见《政治哲学史》(下)，施特劳斯、克罗波西主编，李天然等译，河北人民出版社1993年版，第1048页。

② 伽达默尔继承其恩师海德格尔的衣钵，创立了庞大的解释学理论。但从施派解释学立场看，伽达默尔对传统经典的诠释经验极没感觉。这不仅表现伽达默尔少得可怜的经典古书的解读著作（与此相反，施特劳斯用了近20年的时间诠释经典，留下大量有水准的解释学著作和论文），也表现在其认为今人胜过古人，读者能够更好地理解作者的妄自尊大上。

③ “犹太人问题”是一个关涉内容庞杂、层级复杂的概念范畴。目前学界对犹太人问题的论析可以粗略概括为以下几个方面：从宗教神学的角度看，涉及的是犹太律法信仰与基督教宗教哲学的对立和紧张；从启蒙的立场上看，涉及犹太民族独立建国或者散居各国的犹太人融入或隔绝于所在国家的文化传统的问题；从政治角度看，涉及的是如何安置“好公民”还是“好信徒”的个体身位的问题；从特殊历史现实看，涉及纳粹屠犹，各国虐待、歧视犹太人的政策与措施或者反映犹太人的在特定的历史时期、特定的地域的生存现状的问题；等等。本文试图从犹太文化与现代西方文明的关系，即在以个体身份主动同化、融入自由民主制，或在其故土上建立民族国家，抑或保持完整犹太信仰、自绝于现代文明之外等多维取向中界定犹太人问题这一范畴的内涵。

这是西方近代以来比较罕见的思想阻击战，其结果是有力地提升了学界对犹太人问题的本质认识。马克思和鲍威尔争论的焦点问题是何为犹太人问题以及如何解决犹太人问题。

鲍威尔认为，所谓的犹太人问题就是犹太人寻求公民权利，实现政治解放的问题，其核心实质是宗教问题。鲍威尔的理由是：犹太人信仰的宗教是封闭的、律法的民族宗教，他们将自己的民族看作是“神拣选的民族”，视种种迫害和磨难为祖先原罪的惩罚，它们严格恪守宗教律法，将目光瞄向彼岸的天国，寻求上帝的恩典与拯救。因此，犹太人将尘世的国家、现实的民族、人定的法律以及各种历史运动看作异己的东西加以对立。由于犹太人之为犹太人，全系其宗教秉性，又由于犹太信仰固有的与现代政治国家的悖论冲突。鲍威尔得出结论，除非放弃原有的宗教信仰，否则犹太人无法实现政治解放，获得平等的公民权利。

鲍威尔把犹太人问题指认为宗教问题、政治解放问题，马克思则在根底处纠弹鲍威尔的片面性。首先，马克思批判鲍威尔国家观念的不彻底性。“鲍威尔的错误在于：他批判的只是‘基督教国家’，而不是‘国家本身’。”[①] 所谓的基督教国家，是把“基督教当作自己的基础、国教”，因而对其他宗教加以排斥的国家。在马克思看来，基督教国家是不完善的国家，真正的国家——民主制国家不需要宗教从政治上充实自己，因为它已经用“世俗的方式实现了宗教的人的基础”。因此，实现基督教国家到真正国家的转变，就是使国家获得独立于宗教的世俗基础，使宗教由享有特权的宗教转变为公民成员的私人信仰。

其次，马克思认为鲍威尔混淆了政治解放和人类解放的关系。政治解放不是“人的解放的最后形式”，只是“在迄今为止的世界制度内，它是人的解放的最后形式”。[②] “人分为公人和私人，宗教从国家向市民社会的转移，这不是政治解放的一个阶段，这是它的完成。”因此，“政治解放并没有消除人的实际的宗教笃诚，也不力求消除这种宗

① 《马克思恩格斯全集》，第三卷，人民出版社 2002 年第 2 版，第 167—168 页。

② 《马克思恩格斯全集》，第三卷，人民出版社 2002 年第 2 版，第 174 页。

教笃诚”。[①] 另一方面，虽然政治解放实现了政治国家和市民社会的并存，为好公民和好信徒的兼容提供了可能。但是这一解放模式是不彻底的，它将完整的人分裂为一方面是市民社会的利己的、孤立的个体，另一方面是抽象的、公民的政治人。因此，马克思强调，“只有当现实的个人把抽象的公民复归于自身，并且作为个人，在自己的经验生活、自己的个体劳动、自己的个体关系中间，成为**类存在**的时候。只有……不再把社会力量以政治力量的形式同自身分离的时候……**人的解放**才能完成”。[②] 而鲍威尔提出的“不从犹太教彻底解放出来，就不能在政治上得到解放”的论断，则是“毫无批判地将政治解放和普遍的人的解放混为一谈”的结果。[③]

最后，马克思批判鲍威尔把“犹太人的解放问题变成了纯粹的宗教问题”，只看到“安息日的犹太人”，忽略了“日常的犹太人”。所谓“安息日的犹太人”是指仅从宗教里寻找犹太人的秘密，而没有从现实的世俗生活中确定犹太人的本质。立足于“日常的犹太人”的观察分析，马克思断言犹太教的世俗基础是“实际需要，自私自利”。在马克思看来，这种唯利是图、自私自利的“犹太精神”“不是违反历史，而是通过历史保持下来的”[④]。犹太人吁请寻求的自由、平等和安全的自然权利，无非想获得在市民社会中“任意地、同他人无关地、不受社会影响地享用和处理自己的财产的权利”。在这一点上，马克思认为“犹太人已经用犹太人的方式解放了自己”。更重要的是，“金钱通过犹太人或者其他的人成了世界势力，犹太人的实际精神成了基督教各国人民的实际精神”。因此，犹太人的解放，究其根本不是犹太人自身的问题，而是“人类从犹太精神中得到解放”，“社会从犹太精神中获得解放”。[⑤]

这样，马克思从对宗教的批判转到了对世俗基础的批判，从天上

① 《马克思恩格斯全集》，第三卷，人民出版社 2002 年第 2 版，第 175 页。
② 《马克思恩格斯全集》，第三卷，人民出版社 2002 年第 2 版，第 189 页。
③ 《马克思恩格斯全集》，第三卷，人民出版社 2002 年第 2 版，第 168、180 页。
④ 《马克思恩格斯全集》，第三卷，人民出版社 2002 年第 2 版，第 194 页。
⑤ 《马克思恩格斯全集》，第三卷，人民出版社 2002 年第 2 版，第 192—193、198 页。

的批判转向了地上的批判，从而开始了终其一生的“市民社会—资本主义”现实批判。可以说，马克思没有囿于特定的民族国家、特殊的民族情感来论析某一国家的犹太人问题，[①] 而是在人类解放的整体关切中看待犹太人的解放问题。在马克思的视野中，当我们消灭了宗教得以产生的世俗基础，宗教就会自行消失，在一个完全世俗的世界里，犹太人将和其他任何民族一样享有平等的自然权利。在全人类解放了以后，犹太人亦将彻底解放自己。

然而，马克思的解放构想和同化策略遭到了施特劳斯的坚决批判。归纳起来，主要包括两个要点：（1）施特劳斯借用尼采的用语，试问马克思，如果您的人类解放真的达成，是否是一个普遍同质的社会？而其中的成员——解放的人是否会成为尼采意义上的末人。在施特劳斯看来，苏联社会主义的反犹措施已经从实践上宣告了马克思犹太人方案的破产。如果为了达到人类解放这一善的目的可以采取任何不择手段的措施的话——如斯大林的排犹措施和大肆屠戮党员，那么犹太人的命运在实质上没有任何改观。何况人类的解放是以抹煞犹太人独有的高贵品性将“超人”拉平为“末人”为其最终图景的。[②] 换而言之，相较于乐观的马克思，施特劳斯是悲观的。他认为马克思的人类解放

---

① 在马克思看来，上述的三重批判：“国家观念”批判，“政治解放”批判和“世俗基础”批判，实际上是犹太人问题在当时德、法和美三国不同的表现形态。换句话说，“犹太人问题依据犹太人所居住的国家而有不同的表述”：在德国这样一个不存在“作为国家的国家，犹太人问题就是纯粹的神学问题”，在法国“这个立宪国家中，犹太人问题是立宪制的问题，是政治解放不彻底的问题”，在美国，犹太人问题才失去其神学的意义成为“真正世俗的问题”。参见《马克思恩格斯全集》，第三卷，人民出版社 2002 年第 2 版，第 168 页。

② Leo Strauss，*Preface to Spinoza's Critique of Religion*，in *Jewish Philosophy and the Crisis of Modernity*：*Essays and Lectures in Modern Jewish Thought*，edited with an Introduction by Kenneth Hart Green，State University of New York Press，1997，p.144. 中译本参见《西方现代性的曲折与展开》（贺照田编，汪庆华译，吉林人民出版社 2002 年版）。下引该文只标注英文出处，中译本出处省略。关于末人和普遍同质社会的论述，可参见施特劳斯和科耶夫关于色诺芬《论僭政》的争论。另外，马克思试图在人类解放的视野中看待政治解放的历史性，但施特劳斯认为，政治的消亡将带来的是技术、娱乐的世界，人在政治消亡的同时将丧失其严肃性。可参见施特劳斯与施米特关于《政治的概念》论述和迈尔的《隐匿的对话》一文。

的愿景是无法达到的，因为“人类无法创造一个免于矛盾的世界”[①]。（2）另一方面，施特劳斯指认马克思的人类解放学说是以近代启蒙的现代自然权利（自由、平等）为基础的。而现代自然权利的平等观又是以否认古典自然正确（nature right）的人的天生的不平等为代价的。这就抹煞了作为少数人的哲人和作为非哲人的大多数的本质区别，实质上取消了哲学。这在施特劳斯看来是哲学在当代的走火入魔，也是现代性产生的根源：一方面是认为理性是万能的，不需要宗教就可以在现世建立一个人间天堂；另一方面，认为哲学家是启蒙者，可以使人人都走出洞穴，抹平人与人之间的质（类）区别。因此，施特劳斯将马克思立基的地平视为没有地基的沙滩，建立其上的构想无论多么精巧和玄美，都经不起前提追问的轻轻一推。从上，我们可以看到，施特劳斯是把马克思的犹太人方案视为自由主义同化方案的一种极端表述形式。而这一方案的真正肇始者却是本尼迪克特·斯宾诺莎（Benedict de Spinoza）。因此，施特劳斯转向对斯宾诺莎《神学政治论》的批判性考察，从而拉开了对犹太人问题的诸种现代方案的理论批判。

## 二、施特劳斯对“犹太人问题”解决方案的拒绝

施特劳斯之所以对犹太人问题的解决方案提出批判，有其深刻的现实原因。归纳起来，主要有两个方面：一是当时德国犹太人在魏玛共和国中的潜在威胁：魏玛共和国软弱无能，其崩溃只在朝夕之间，而帝国的重新崛起将使犹太人重新堕入歧视和迫害。在其著作《斯宾诺莎宗教批判》的英译本序言（1965年）中，施特劳斯表明了该书创作时的背景：“这一有关斯宾诺莎《神学政治论》的研究是1925—1928年在德国写就的。作者是一位年轻的犹太人，在德国长大，他发现自己正陷于神学政治的困境中。”[②]二是德国国家社会主义的上台和纳

① Leo Strauss, “Preface to Spinoza’s Critique of Religion”, in *Jewish Philosophy and the Crisis of Modernity: Essays and Lectures in Modern Jewish Thought*, edited with an Introduction by Kenneth Hart Green, State University of New York Press, 1997, p.144.

② Leo Strauss, “Preface to Spinoza’s Critique of Religion”, in *Jewish Philosophy and the Crisis of Modernity: Essays and Lectures in Modern Jewish Thought*, edited with an Introduction by Kenneth Hart Green, State University of New York Press, 1997, p.137.

粹屠犹等历史事件的爆发。这些历史事件“给现代犹太思想带来了极大的创伤和震撼，引发了对人类的理性和自由主义的疑问。现代性危机使启蒙的信念遭到质疑。这些信念坚持：自由主义在历史的进程中不仅可以保证启蒙的胜利，而且可以使犹太人及犹太教在这种胜利中自由地繁荣昌盛。随着启蒙信念的崩溃，现代犹太思想赖以站立的地基随之坍塌”。① 神学—政治危机变得空前深重。

正是犹太人同化方案遭遇到的现实危机②，促使施特劳斯转身审理斯宾诺莎这一最为权威也是最为重要的现代方案的设计者。因为关注起源（设计者），我们可以看到“已经被新的看法埋没的、可选择的看法”，从而更清楚地领悟开拓者原初意图的冲击力和本真意蕴。在施特劳斯看来，斯宾诺莎是马基雅维利的学生和忠实的追随者。他参与了一场政治上的阴谋——摧毁中世纪的秩序，建立一种依照其哲学推导出来的自由民主制。但是，面对基督教的迫害威胁，斯宾诺莎不得不采取一种显白—隐微的写作策略：他先以“犹太人为直接攻击目标”，借以“保护自己作为一个孤独的进攻者的安全”，同时在反犹太教的掩护下得出一种“能让基督徒接受的反基督教论断”，最终达到攻击整个中世纪基督教体制的目的。③ 具体来说，斯宾诺莎显白说辞是通过借助基督徒敌犹太的偏见，批判犹太教较之精神的、普遍的基督教只是肉身的、具体的、纯粹民族性的宗教，因而也是应该抛弃的宗教信仰。而斯宾诺莎真正的隐秘目的则是要废除所有宗教，将基督徒和犹太教徒都转化成为有教养的人，从而建立一个没有宗教歧视的、所有成员

---

① Kenneth Hart Green, “Leo Strauss as a Modern Jewish Thinker”, in *Jewish Philosophy and the Crisis of Modernity: Essays and Lectures in Modern Jewish Thought*, edited with an Introduction by Kenneth Hart Green, State University of New York Press, 1997, p.7. 本文中译本出版时，译者将注释内容插进正文，使原作者的逻辑语序遭到破坏，也使读者阅读中译本（尤其是前半部分）时感到拖沓烦闷。参见《施特劳斯与古典政治哲学》，上海三联书店 2002 年版，第 52—54 页。

② 李革新在《施特劳斯的政治哲学与犹太教问题》（载于《同济大学学报（社会科学版）》2007 年第 2 期）一文中忽略了 20 世纪历史事件对自由主义同化方案的实践上的颠覆意义。这可看作施特劳斯转向犹太人问题研究的现实诱因。

③ 《施特劳斯与古典政治哲学》，上海三联书店 2002 年版，第 61—69 页。

平等共处的自由社会。[①] 一旦"自由民主制建立起来后"，受到平等公民待遇的犹太人将对他感激不尽。

应该说，斯宾诺莎的构想曾一度达到其预期目标。至于"在希特勒纳粹上台以前，许多德国犹太人相信，他们的问题已经得到由自由主义在原则上予以解决：德国的犹太人是具有犹太教信仰的德国人，他们同基督教信仰或者没有信仰的德国人并不少德国化"。[②] 犹太问题的同化主义使各国犹太人过上了体面而尊严的世俗生活，同时兼顾了其独特文化特质的个人信仰。斯宾诺莎因而被犹太人尊为当代最伟大的哲学家。但是，通过自由民主选举方式上台的希特勒及国家社会主义，以及其后史无前例的屠戮犹太人运动，在实践层面上彻底否定了自由主义、自由主义建基的现代理性和自由主义支撑的犹太人问题同化方案。斯宾诺莎的构想在 20 世纪遭到了最严重的认同危机。

在施特劳斯看来，即便不发生纳粹屠犹事件，斯宾诺莎的同化方案在理论上同样是成问题的解决方案。因为，

> 自由主义的成败取决于国家和社会的区分，或者说取决于承认受法律保护而又不被法律所入侵的私人领域的存在，正如自由国家不会"歧视"自己的犹太公民这一点是确定无疑的，国家也没有能力或不情愿在宪法上防止个人或者团体对其犹太公民进行歧视，这一点也是无疑的。自由国家并不能为犹太问题提供解决之道，因为这样的解决办法要求对每一种"歧视"加以法律禁止，这等于是取消私人领域，否认国家和社会的区别，毁灭自由国家。[③]

---

① Leo Strauss, "Preface to Spinoza's Critique of Religion", in *Jewish Philosophy and the Crisis of Modernity: Essays and Lectures in Modern Jewish Thought*, edited with an Introduction by Kenneth Hart Green, State University of New York Press, 1997, pp.158—161.

② Leo Strauss, "Preface to Spinoza's Critique of Religion", in *Jewish Philosophy and the Crisis of Modernity: Essays and Lectures in Modern Jewish Thought*, edited with an Introduction by Kenneth Hart Green, State University of New York Press, 1997, p.141.

③ Leo Strauss, "Preface to Spinoza's Critique of Religion", in *Jewish Philosophy and the Crisis of Modernity: Essays and Lectures in Modern Jewish Thought*, edited with an Introduction by Kenneth Hart Green, State University of New York Press, 1997, pp.143—144.

施特劳斯敏锐地看到，“自由主义的解决之道带来的至多不过是法律平等，而不是社会平等”①，换句话说，这种同化方案因其自身的二律背反从来没有解决犹太人问题，只是转移了犹太人问题的领域。而纳粹运动又意味着这种方案在国家层面也不能保证不受政治的更为惨烈的迫害。正是以自由主义解决之道的彻底失败为出发点，犹太复国主义解决方案浮出水面。值得注意的是，犹太复国主义方案也是斯宾诺莎提出来的，是其自由主义逻辑的合理结论：犹太人从自己宗教中解放出来后，要么选择个体自由（同化方案），要么选择集体自由（犹太复国），总之犹太人问题不再是宗教问题，而仅仅是人的问题。既然“犹太人不能通过把作为个体的自己同化于他们生活其中的国家而重树尊严”②，就必须依靠自己的力量在自己的故土上建立政治自治，成立民族国家，在集体自由的前提下恢复犹太人的尊严。这就是政治犹太复国主义的基本主张。

然而，政治犹太复国主义有其致命的缺陷，即政治国家的建立必须以其传统文化为其基本内核，必须“扎根于犹太传统的犹太文化”，否则犹太国家的建立就会成为一个“空壳”。文化犹太复国主义深刻地看到了这一点。政治犹太复国主义只关注政治的紧急状态及其解决，它缺乏历史的视角——“出身的共同体、血族的共同体必须是文化的共同体，是民族文化的共同体。”③但传统犹太思想的根基是什么呢？文化犹太复国主义寻求自己出身的时候，它转向了宗教犹太复国主义。在宗教犹太复国主义看来，犹太传统“最权威的地层都表现出它是神赐的礼物，是神圣的启示，而不是人的心智产物”。而政治、文化复国主义的根本意图却要以人的方式解决犹太人的问题，从根基上斩断犹

①③ Leo Strauss, “Preface to Spinoza's Critique of Religion”, in *Jewish Philosophy and the Crisis of Modernity*: *Essays and Lectures in Modern Jewish Thought*, edited with an Introduction by Kenneth Hart Green, State University of New York Press, 1997, p.142.

② Leo Strauss, “Preface to Spinoza's Critique of Religion”, in *Jewish Philosophy and the Crisis of Modernity*: *Essays and Lectures in Modern Jewish Thought*, edited with an Introduction by Kenneth Hart Green, State University of New York Press, 1997, p.143.

太人的可怕命运与其“祖先罪恶的神圣惩罚或者和被拣选民族的神圣命运的联系”①。这实质上是自我阉割了犹太人的本性和基石，应作为一种渎神的行动加以否弃。

可见，施特劳斯在清理斯宾诺莎方案的基础上，深刻地指出了自由主义同化方案和犹太复国主义方案的内在悖论。从而拒绝了现代犹太人问题的解决方案。那么施特劳斯自己的犹太人方案又是什么呢？实质上这也是施特劳斯的学术研究的隐秘动机和重要线索。下面我们从犹太人问题和现代性批判关系角度加以分析。

## 三、犹太人问题与现代性批判

根据上面的分析，我们知道，施特劳斯在拒绝犹太人方案的同时提出了对启蒙运动合法性的质疑。对施特劳斯而言，犹太复国主义和自由主义同化方案都是试图通过人类和政治的手段去解决犹太问题。它们的理论困境和现实背反宣告了以人的方式解决犹太问题是徒劳的。事实上，施特劳斯最终拒绝了所有依靠人的方式解决犹太人问题的方案。这就意味着：（1）犹太人问题最终无法解决，犹太人注定要生活在神圣世界和现实世界的永恒冲突之中；（2）自启蒙运动开始的整个现代西方文明是误入歧途。因为现代区别于古代就在于拒绝宗教神启，依靠人的理性立法，以人的方式解决人的问题。这同时也意味着，犹太人问题和启蒙现代性问题（现代西方危机）在施特劳斯的视野中是一个问题。更确切地说，犹太人问题是现代性危机的集中体现，现代性危机的根本表现就是神学—政治危机。

那么，我们又应该如何理解施特劳斯意义上的神学—政治危机呢？

“神学—政治危机”包括神学危机和政治危机两个方面。政治危机是“基于现代人的历史经验而产生的对自由民主制下的日常生活是否

① Leo Strauss, “Preface to Spinoza’s Critique of Religion”, in *Jewish Philosophy and the Crisis of Modernity: Essays and Lectures in Modern Jewish Thought*, edited with an Introduction by Kenneth Hart Green, State University of New York Press, 1997, pp.141—143.

稳固的疑惑”，这种疑惑在纳粹事件中达到顶峰。对犹太人来说，自由民主制承认了一个私人领域，也就承认了市民社会的个人和团体的反犹太情绪以及随之而来的社会不平等。[①] 而纳粹事件向所有公民表明：自由民主制之花结出的是极权主义的果，高调吁请自由、平等的自由主义摇身一变成了践踏公民生命权和财产权的刽子手。自由民主制中蕴含着危险的自我否定使启蒙理性的神话不攻自破，使建基于自由主义之上的犹太梦想猝然惊醒。

所谓的神学危机简单说就是神学的祛魅，它是由现代理性主义的式微导致的。根据施特劳斯的观点，神学，尤其是犹太神学是在严肃哲学的追问中持存自身的。如果哲学被虚无化了，神学的存在也必将陷入危机。我们知道，现代理性主义的基石是由笛卡尔、斯宾诺莎、卢梭、康德、黑格尔等近代哲学家奠定的。但希特勒的上台，使黑格尔的世界被取而代之。黑格尔的失败昭示着理性主义哲学的彻底失败。于是，现代哲学旋即走上了对立面——非理性主义和意志哲学，并在海德格尔那里达到顶点。海德格尔哲学试图论证的是“西方理性主义彻底错了，从而剥夺了西方理性的正当性——理性主义败坏生命，而且实际上也是不义的现代世界的主要根源”。[②] 可以说，海德格尔“对哲学传统的解构是一种拆毁，通过这种拆毁，希腊哲学被刨根问底，被摊开在我们面前，从而有可能像它本来那样，而非像它在传统和现代哲学中那样去看待它”[③]。海德格尔的结论是，古今理性主义具有本质的同一性，它们的始祖——柏拉图应当为现代性的后果负责。在施特劳斯看来，正是由于海德格尔的“努力”和整个哲学向“彻底历史主义”

---

① 参见《政治哲学史》(下)，施特劳斯、克罗波西主编，李天然等译，河北人民出版社 1993 年版，第 1044 页。

② Leo Strauss, *The Rebirth of Classical Political Rationalism*: An Introduction to the Thought of Leo Strauss, selected and introduced by Thomas L.Pangle, University of Chicago Press, 1989, p.28. 同时参见《施特劳斯与古典政治哲学》，上海三联书店 2002 年版，第 53 页。

③ 古内尔：《理性、启示和自然——施特劳斯主义之前的施特劳斯》，田立年译，载于《启示与哲学的政治冲突》(《道风：基督教文化评论》，第十四期)，刘小枫主编，道风书社 2001 年版，第 163 页。

（海德格尔）缴械投降，才导致了理性的自我解构，宗教神学的迷失方向。①

施特劳斯断言现代理性主义已经走进死路，其引致的自由民主制的政治危机和伴随理性哲学式微带来的神学危机——“神学—政治危机”已经使犹太人面临最为深重的灾难。但施特劳斯不能确定的是，“是否理性自身的命运维系在现代哲学的命运上？”如果理性主义与现代理性哲学不能等同，那么，我们就不能像海德格尔那样不加区分地将理性主义全盘抛掉。问题的关键是，这种不同于现代理性主义的另一种理性哲学又是什么呢？它是否能自信地声称自己能传授绝对的、永恒的真理。正是这一问题引导施特劳斯从斯宾诺莎转向中古理性神学家——迈蒙尼德的立场；也是基于同样的理由，施特劳斯进一步回溯到柏拉图和色诺芬等古希腊哲人的思想。

在回返前现代理性哲学的过程中，施特劳斯发现，“与理性挥手告别并不明智……现代理性主义不同于前现代的，尤其是犹太教—中世纪的理性主义及其（亚里士多德和柏拉图的）形式”②。归结起来，古代理性主义较之现代理性主义有两个根本区别。一是哲学观上的区别。在古代，尤其在苏格拉底—柏拉图的意义上，哲学首先表现为一种生活方式，一种追求真理的活动。因此哲学家要刨根究底，不断质询前提的可靠性。而在现代（包括中世纪基督教哲学和启蒙哲学家），哲学演变成了一种学科的哲学，一种作为工具的哲学，其表现是要么成为神学的婢女、沦为启示信仰的论证工具，要么成为政治的仆人，成为意识形态宣传的鼓手。二是表达策略的不同。在古希腊和中古犹太—伊斯兰理性神学家那里，他们践行一种显白—隐微的写作策略。这源于他们深知哲学的政治本性：哲学本性是疯狂的，它要刨根究底，不

---

① Kenneth Hart Green, *Jew and Philosopher: The Return to Maimonides in the Jewish Thought of Leo Strauss*, State University of New York Press, 1993, p. XII.

② 古内尔：《理性、启示和自然——施特劳斯主义之前的施特劳斯》，田立年译，载于《启示与哲学的政治冲突》（《道风：基督教文化评论》，第十四期），刘小枫主编，道风书社 2001 年版，第 170 页。

断追问前提，而政治则总是以某种意见为前提，它要确保自身的稳固。因此哲学和政治的冲突是根本性的。为了保护哲人不受政治的迫害，同样为了避免大众免受哲学蛊惑和侵害，哲人必须保持审慎和克制。但是，现代哲学家，把自己当作启蒙者，认为可以引领大众走出洞穴，实质上是将哲学的高贵屈从于非哲人的大多数，不再把追求真理当作志业而是甘心沦为政治论证的工具。

值得注意的是，既然施特劳斯一生关注犹太人问题，并将神学—政治危机的审理作为其重要的学术方向，为什么施特劳斯没有选择做犹太律法专家，而是转向了柏拉图式的政治哲学。这主要源于施特劳斯关于启示与理性关系的看法。在施特劳斯看来，哲学和启示的冲突是西方文明的活力和源泉。单一的神学之路不行，否弃神学的现代理性哲学同样走向覆灭。现代哲学，尤其是柯亨的哲学，致力于犹太教和哲学的互补，理性和启示的调和，从根本上误识了启示和哲学的本质冲突。而中世纪犹太哲学对于哲学与宗教关系的回答同样是贫乏的。“对犹太人来说，面对宗教和神圣律法的哲学与古代希腊面对政治的哲学一样，都是显然没有公共权威的东西。只有以哲人王为原型的作为立法者的先知形象，才有可能提供一种解决。”[①] 另一方面，既然已经断定启示与理性的紧张关系是无法克服的，而最终我们又总要面临选择。那么比较不可置疑其前提的耶路撒冷，施特劳斯最终选择了雅典，选择了过一种作为生活方式的哲学之路。

综上，我们可以看到，施特劳斯通过犹太人问题的关注，开启了一条审理西方精神传统的新的路径，为我们重新审视现代性危机提供了一个有益的视角。同时，施特劳斯对犹太传统文化和现代西方文化关系的深入反思，对我们处理中国传统文化和西方文化的冲突具有重要的借鉴意义，这恐怕也是我们不断研究施特劳斯，不断审理西方精神传统的原因所在。

---

① 古内尔：《理性、启示和自然——施特劳斯主义之前的施特劳斯》，田立年译，载于《启示与哲学的政治冲突》(《道风：基督教文化评论》，第十四期），刘小枫主编，道风书社 2001 年版，第 171 页。

# 文化哲学的前提批判和领域反思

## ——从施特劳斯、施米特对文化哲学的批判谈起

世纪之交以来，文化哲学的研究逐渐成为国内哲学研究领域的显学。具体表现在：（1）有数百篇的期刊论文和十多部的专著发表或出版[①]；（2）“文化哲学”二级学科博士点已获批准并在教育体制内招生授业；（3）“文化哲学”研究基地的创立和研究团队的形成；（4）国内颇具影响的学术论坛——“全国马克思哲学论坛”（第九届）[②]将论坛主题确定为“马克思主义文化哲学”，且反响甚巨。可以说，无论怎样褒奖文化哲学这一学术思潮都不为过：它是中国学者在西学东渐百余年的学术积淀基础上的理论自觉；是国内学人直面现代性这一人类生存困境问题的切近反思和学理自省；是国内哲学研究者与西方学界翘楚共时性思考的哲思足迹和重要理论成果。

然而，文化哲学毕竟是源发自西方的理论学说和哲学思考，是西方启蒙运动的现代筹划和哲学学实践化过程中的理论自觉和反动。因此，对文化哲学的考察就要放到西方学术源流中辨析其地位和品性，在现代性的反思立场上对其合法性与正当性加以理论证成。

## 一

施米特于1927年发表了著名的《政治的概念》一书。这是一本播种敌意、收获敌对的著作。其疯狂的反犹言论和1932、1933年的两次自我删改修订为施米特赢得了“政治机缘论”[③]（洛维特语）的恶名。然

---

① 参见《文化的反思与重建——跨世纪的文化哲学思考》（李小娟主编，黑龙江人民出版社2002年版）一书及其文献索引附录。

② 该论坛系国内马克思主义哲学研究领域最具影响的学术论坛。第九届“全国马克思哲学论坛”于2009年7月25—26日在黑龙江大学召开。

③ 洛维特对施米特政治机缘论的定性遭到迈尔的有力批驳，后者从施米特和施特劳斯、政治神学与政治哲学对话的立场解读施米特对其著作的删修改定。参见《隐匿的对话——施米特与施特劳斯》，华夏出版社2008年版，第6、8、52、101页。

而，批判不能抹煞功绩。施米特试图通过对政治的肯定，批判自由主义的文化哲学，具有重要的学理意义。概括言之，施米特的自由主义文化哲学批判包括如下要点：一是反对司空见惯的自由主义文化概念，即文化是人类思想和活动的整体，它划分为相对独立的各种领域，成为具有相对自主性的各种文化区域，如道德领域的善恶之分，经济领域的利害之分，审美领域的美丑之分，等等。施米特把政治的标准确定为划分敌友，但他坚决反对把敌友论和美丑、善恶、利害等标准加以类比，而是认为政治是更深层次的自主，“是一个根本的领域，而非一个与其他领域相互并列的‘相对自主的领域’”[①]。二是施米特批评自由主义的中立化和非政治化过程。近代启蒙运动倡导政教分离，将宗教信仰从政治公共领域转移到私人决断领域，从而避免了因信仰的争执导致的冲突。在施米特看来，中立化的立场导致了技术信仰，人们之间的关系降格为“文化和消费领域中的同伴关系”。最后的结果是，政治消失了，世界只剩下娱乐、消遣，人们在欲望的驱动下过着没有高贵、虔敬和严肃性的动物般的生活。三是施米特认为自由主义的中立化立场助长了“新信仰”的高歌猛进。这种新信仰是“反宗教的世俗行动主义大众信仰”。它将目光转向经济，朝向工商业的物质社会。在这一进程中，技术成为新的神，经济而非政治成为命运，普遍的和平和安全成为目标，进化论信条成为帮凶。在施米特看来，中立化和寻求和平是逃避有关正确信仰的抉择，而选择信仰与否是人的非此即彼的根本抉择，是关系人的生存方式的重大决定，是不能采取中立立场而不做决定的。因此，施米特试图恢复政治的地位，使娱乐化时代的人们直面不可避免且非此即彼的敌友抉择，恢复生活的严肃性和人类精神秩序的高贵性。

施米特的自由主义批判立场鲜明、目标明确、谈锋犀利，却受到具有同样意图的施特劳斯的哲学式纠弹。对施特劳斯而言，施米特的

---

① 迈尔：《施米特、施特劳斯与〈政治的概念〉》，载于《隐匿的对话——施米特与施特劳斯》，朱雁冰、汪庆华等译，华夏出版社 2008 年版，第 21 页。

自由主义批判仍局限在自由主义的视界内，仍受着自由主义立场的局限。这主要表现在三个方面：（1）施米特批判自由主义文化哲学分裂为各自独立的文化部门。然而，他将政治的标准认定为划分敌友，进而与道德、审美、经济领域区分开来，这客观上造成了政治与其他文化部门的并列自主。因而背离了施米特主张总体，强调政治是人的根本领域的逻辑同一。同时，自由主义文化概念不仅将个别的文化领域与其他文化领域分隔开，而且强调作为整体的文化也是具有独立自主性的人的精神创造。“这种观点让人忘记了……文化总是自然的教化”①，文化的根基是自然状态。因此，施特劳斯认为，施米特的政治不过是文化哲学从人们记忆中抹去的自然状态。政治相对于其他领域的特殊性就在于它“乃是人的状态……是人之‘自然的’、根本的和极端的状态”。②（2）施特劳斯批判施米特误读了霍布斯，从而导致将霍布斯的自由主义立场当作自己的论据。在施特劳斯看来，施米特和霍布斯的区别是显而易见的：一是内涵不同，霍布斯的自然状态是个人之间的战争状态，施米特的自然状态则是群体尤其是国家之间的敌对状态；二是霍布斯否认政治，施米特则肯定作为自然状态的政治；三是在霍布斯看来，国家是自然权利的产物，国家的合理要求不应与个人的生命和福祉相冲突，而在施米特看来，政治共同体可以无条件要求其公民舍生赴死；四是霍布斯认为，弃绝自然状态是通达文明社会的必经之路，而这是施米特所坚决反对的。可见，施米特和霍布斯的立场有着原则的区别。而施米特却把霍布斯的自然状态学说作为反对自由主义文化哲学的论据，这充分说明了施米特自由主义批判的不彻底。（3）施特劳斯赞成施米特对自由主义中立化和非政治化的批判。但施特劳斯与施米特的理由不同。施米特认为中立化原则是逃避信仰抉择的表现，和平与安全的自由主义宣言是遮蔽哲学抑或宗教这一根本抉

---

① 施特劳斯：《〈政治的概念〉评注》，载于《施米特与政治法学》，上海三联书店2002年版，第7页。

② 施特劳斯：《〈政治的概念〉评注》，载于《施米特与政治法学》，上海三联书店2002年版，第8页。

择的麻醉剂。而在施特劳斯看来，中立化立场是逃避争端的方式，除非人们回避何为正当、何为值得过的生活方式这一严肃的问题，否则提出何为正当的问题，必然导致争端和冲突。说到底，自由主义强调中立化立场是放弃哲学对何为正当的追问，也就是放弃了哲学生活，将哲学的根本追问降格为文化哲学“部门分工”下的实证研究。

## 二

中国的文化哲学思潮与施米特和施特劳斯批判的自由主义文化哲学（为区分起见，施特劳斯、施米特批判的文化哲学简称为“自由主义文化哲学”，国内的文化哲学思潮简称为“文化哲学范式”，下同）有区别也有联系。国内文化哲学的一种权威观点认为，文化哲学是作为一种范式的哲学，他以意识哲学为批判对象，以文化学和文化批判为养料资源，强调立基于生活世界基础上的作为一种生活方式的哲学思考。为了更好地理解文化哲学范式，下面我们让施米特和施特劳斯分别与中国的文化哲学范式“直接对话”。

首先是施米特，他将政治的顶点设定为“敌人被明确辨认出来的时刻”。通过勾画敌人的形象，施米特确认了自己的立场。那么施米特心目中的敌人是谁？ 1916 年，施米特在其《丢伯勒的〈北极光〉》一书中对世俗主义社会的精神状况进行了生动的刻画：在这样的社会，“最重要的和最终的事物已经世俗化了。正义为权力取代，诚信退化为可计算性，真理蜕变为被普遍认可的正确，好的趣味取代了美，基督教成为一种和平组织。价值的普遍混淆和伪造品统治了人们的心灵。利弊的精确权衡代替了善恶的区分。诸如此类的混乱令人惊恐”。[①]在这样道德状况下，社会中的“人变成了贫乏的怪物，‘他们无所不知，却什么也不相信’。他们对周围一切都感兴趣，却没有任何事情能使他们欢欣鼓舞。……他们指望在地上建立天堂，由工商业成就的天堂……

① 参见迈尔：《施米特的学说——四论政治神学与政治哲学的区分》，载于《古今之争中的核心问题——施米特的学说与施特劳斯的论题》，华夏出版社 2004 年版，第 6 页。

时刻表似乎成了他们的圣经”[①]……这样的一幅世俗化图景成为了施米特倾其一生加以批驳的对象。那么，文化哲学范式的敌人是谁？如果是抽象化、普遍化的意识哲学，施米特肯定会嗤之以鼻。因为，意识哲学也好，文化哲学也罢，都是一种哲学，换句话说，都是以人的方式来指导人的生活。近代启蒙哲学的传统决裂不是拘泥于人的方式之间的差别，而是人的方式还是神的方式的根本抉择。因此，近代哲学的最突出表征是宗教批判，启示批判，是用人的理性、人的方式来为人的此世幸福奠基。这就需要可操作、可预测、可传达的知识。结果，哲学而非宗教，理性而非启示成了现代筹划的首选工具。也就是说，意识哲学和文化哲学在同为人的方式的意义上是自由主义现代方案内部的争论。从这个意义上讲，文化哲学对意识哲学的批判，不过是站在现代性的视域内进行的零敲碎打的反思，是无根基的修补而非彻底的反思批判。

现在我们回头看看施特劳斯，他的立场是哲学，而非神学，他又会怎样看待文化哲学范式呢？首先，施特劳斯会赞同将哲学看作对人的生存方式的探询和追问。但是，他不会赞同文化哲学范式的追问起点和理论资源。在进行具体比较之前，我们先看看施特劳斯文化哲学批判的思想立场。这可以归纳为以下四点。

一、施特劳斯将追问的背景视域锚定在原点、开端，意图彻底摆脱自由主义的视域和立场。这首先是一个问题？按照哲学解释学的理解，施特劳斯已经生活在启蒙运动的全面影响之下，尤其是处在尼采的革命性的影响之下，他又怎么能够摆脱历史视域、时代偏见的影响，自己拽着自己的头发向上脱离地面呢。在施特劳斯看来，现代解释学的这种观念是时代偏见——历史主义的产物，是现代人狂妄和自负的表现，是需要批判和反思的谬见。因此，施特劳斯要逆流而上，回到没有受到自由主义影响的开端，因为在那里，传统观念已经动摇、现

① 参见迈尔：《施米特的学说——四论政治神学与政治哲学的区分》，载于《古今之争中的核心问题——施米特的学说与施特劳斯的论题》，华夏出版社2004年版，第6页。

代观念尚未确立，争论中的问答双方并不像现代观念大行其道的当下那样不证自明。

二、施特劳斯采取了彻底否定启蒙理想的怀疑主义立场。自由主义的理想是建立在政教分离的基础上的，是与过去传统的彻底决裂。旧的神法秩序被打破了，就需要建立新的精神秩序。现代启蒙运动企图用人的理性的力量在尘世建立诸神同舞的人间天堂，这样的天堂没有信仰的冲突和宗教的迫害，因为宗教信仰已变成私人的事情。在这样的世界里，人们自由、平等、幸福、快乐……在此世就可享受到天堂般的欢乐。这样的启蒙信念在对自然的有力征服和科技的快速发展中得到了有效印证，人们信心大增、前景似乎一片光明。但是，自由主义的构想却在20世纪遭到了前所未有的挑战：两次世界大战，极权主义的崛起、纳粹屠犹事件、异化现象日盛、虚无主义横行，等等。在西方没落的时代，施特劳斯的问题是，理性的毁灭是现代理性主义的逻辑必然么？启蒙运动的现代筹划和文化景观——现代性问题是如何误入歧途的？我们又如何应对尚未有替代方案的自由主义政治模式及其文化哲学？

三、施特劳斯采取一种柏拉图式的政治哲学研究范式。对施特劳斯而言，智慧虽对个人来说至高无上，而正义（正当）则对群体来讲最为重要。因此，亚里士多德公开将理论理性置于伦理理性（实践理性）之上是应该慎重考虑的。人是不可能脱离社会而存在的，哲人总要思考什么样的生活值得过，什么是最佳的生活方式。然而，哲学无障碍的刨根问底终究要与城邦的意见相冲突，而意见是城邦的空气，是“非哲人的大众”行动和活着的理由。因此哲人必须在顾及城邦流俗意见的前提下进行真理探索，必须采用隐微—显白的双重写作策略，从而避免城邦受到哲人的侵害，保护哲人不受城邦的迫害。在施特劳斯看来，这就是柏拉图式的政治哲学，是《法律篇》和《理想国》的要义，在那里，哲人王变成了隐秘的精神统治者。

四、施特劳斯采用哲学史的研究方式对历史主义进行了彻底批判。在施特劳斯看来，人是其时代洞穴里的囚徒，少数人在洞穴里出生并通过哲思之路走出了洞穴，大多数人却最终死在那里。如果哲学之路是从洞穴走向光明，从意见上升到知识。那么我们探询哲学、就要从反思我们时代的意见开始。在施特劳斯看来，我们时代的最大偏见就是历史主义，即认为一切思想、行动、观念都是历史的，都要受到时代、地域和特定民族文化的影响和制约，要受到经济、政治、习俗等具体条件的限制。那么，有没有一种普遍性和永恒性的人的根本状况，针对这种状况的哲学追问具有穿透时代、突破地域的普遍性和永恒性？答案是肯定的。施特劳斯一生持之以恒地进行哲学史的回溯，让古代人和现代人针对同样的主题展开对话。这样的对话方式避免了依靠出身背景、历史条件和历史事件来解读哲学家思想的生发流转。在施特劳斯的研究中，我们看到了柏拉图、色诺芬、阿尔法拉比、迈蒙尼德等古人和现代哲学诸家一起思考：（1）以人的方式（哲学）抑或上帝的方式（宗教）引导我们的生活；（2）哲学家与城邦的永恒冲突（参见《论僭政》中施特劳斯和科耶夫的思想对战）等问题。这些问题的真理性让相隔百年、千年的哲人一起对话，越过了历史的藩篱，有力地抗击了历史主义的时代偏见和后现代主义对永恒性、普遍性的解构。

比照施特劳斯的自由主义文化哲学批判，国内的文化哲学思潮确实有其前提性的先天不足。第一，在批判视域上，文化哲学范式立足于西方现代性的科学精神和生活方式，借助现代西方哲学诸流派的批判理论和社会理论这一思想资源，这就没有获得一个独立于自由主义文化哲学的视野，也就无法与现代性批判的前提预设撇清关系。第二，文化哲学思潮试图建立一种作为生存方式的哲学范式，运用总体性的视域整合部门学科造成的分崩离析。但这是不可能的。一方面，文化哲学范式立基的理论地平已经是高度学科化、部门化的。相应地，人们的生存状态也高度原子化、疏离化和条块分割化。另一方面，整体的视域与古代的宇宙论和哲学观密切相联，文化哲学范式将最佳生活方式探询的古希腊哲学、中古宗教律法学说置放于视野之外，希望从高度自主化的文化部门（如社会学、历史学、文化学、人类学等），以批判为旨归的西方马克思主义学说和强调差异、分离、游牧的后现代学说中寻找总体、整全的哲学视域无疑是徒劳的。第三，文化哲学范式具有明显的历史主义倾向。历史主义被施特劳斯视为启蒙运动以来最强大的时代偏见，是哲学走向知识和光明的最大障碍。文化哲学范式注重近代以来的思想资源，强调人的生存境遇、历史条件、文化变迁等具体而微的资料支撑。其理论前见无疑是，今天的生存体验、社会条件、文化习俗、学术旨趣是与古代相差甚远的。因而，古人的理论和思考无法解决当前的学术关切和哲学问题，因而也是无需考虑的。这种偏见阻碍了文化哲学思潮向启蒙运动以前的哲学思想求取学术支撑，因而导致了文化哲学范式的视野是偏狭的。第四，文化哲学范式目前过于强调理论的系统性和自洽性，建构体系的欲望使其日益将自己封闭起来。

## 三

当然，对文化哲学范式的理论批判不是要否定文化哲学思潮的理论功绩和学术贡献。相反，批判是尊重其学说的最佳方式。应该说，将施特劳斯和施米特的自由主义文化哲学批判和我国的文化哲学思潮链接起来加以品评，可能会因为研究对象、逻辑前提、论述意图等之间的差别导致强硬链接、自顾自话。但是，站在文化哲学思潮的外面，从异域的视角加以批驳也能摆脱具体细节的羁绊而直奔根底。中国的文化哲学思潮一方面源自西方文化，并借助西方思想资源展开学理探索；另一方面它将国人文化变迁和转型震荡中的生存体验纳入视野而使文化哲学范式研究更具本土意识和中国特色。鉴于文化哲学范式前提批判的局限性（未超出启蒙视野）和理论资源的偏狭性（未借助古希腊和中古宗教资源）。本文对文化哲学研究提两点不成熟的建议。

一是既然施特劳斯等学者已经对西方学术传统进行了前提式批判，如果整个现代西方文明真的是染了病的问题重生的文化模式，那么我们的文化哲学研究就要彻底反思西方文明的传统，而不是跟随西方当下的时髦学说亦步亦趋。哲学是思考人类的根本生存境遇的学问，文化哲学既然将人的生存方式的追问作为己任，就应该与西方哲学史上所有思考过这一根本问题的哲学家展开对话。施特劳斯等的研究表明，启蒙现代性拒斥宗教神学表面上获得了全胜，其实不过是把问题扔到了一边。启蒙运动后的历史进程证明了理性并不能解决人类的问题。丢掉神学对抗的理性在黑格尔之后自我毁灭，非理性主义继之大行其道。文化哲学范式将卡西尔等新康德主义者视为文化哲学自觉反思的重要代表，恕不知卡西尔的时代新康德主义早已是日落黄花，现象学的攻击使其四分五裂。就是康德本人，无疑也是现代性理性主义的一个过渡环节，他头顶上“灿烂的星空”现在已经成为主体全面异化的技术理性，其“心中的道德律令”也因理性的软弱和上帝的缺席而停留在观念而非行动中。非理性的欲望和享乐，碎片化、平面化的后现代景观……启蒙运动所谓的“现代筹划”和“全面胜利”在这个弊端百出的时代应该唤起我们的重新审视，而这也应该是文化哲学的重要使命。

二是如果说文化哲学是中国学者西学东渐百年后的理论自觉，那么，我们的目的绝不能止于审理西方文明的传统，而是要在中西文化冲突中反思如何保存、发展我们自己的民族文化，不至于让我们泱泱大国因丧失传统而失去统续。五四运动恰如西方的启蒙运动，是以与传统彻底决裂为其重要表征的。然而，西方的启蒙运动是内生性的，而我们的反思批判是伴随着洋枪洋炮的强权入侵被迫开启的。因此，中国传统文化一开始就面临着中西文化的冲突，从中学为体、西学为用，到制度引进、建立民国，到文化启蒙、五四运动。中国人在屈辱中完成了封建帝制到民主建国的制度更替。然而，我们对待西学的拿来主义到全盘西化导致了我们民族文化的断代流失。现在，看看我们教育体制中，还有多少传统文化的东西在授业解惑。另一方面，我们的传统文化并不是因其自身的贫乏和衰落而导致遗弃的，它的开端源于外敌入侵后的屈辱心态，它的衰落是因为西方自由主义生产方式和政教制度的强行植入，而它的衰亡就可能是我们的学人对其的不理不睬、束之高阁了。因此，文化哲学研究面临着如何保存民族文明，让西方文明和民族传统的衣钵相互催长。而不能因为自由主义的生活方式和文化制度的盛行而使我们的民族文化失去赖以维系的生存土壤，任其自行消亡。

因此，文化哲学的研究既要立根深远、博采古今学术之精要，也要担负道义、图存民族文化之瑰宝，在这至深且远、自觉自为的学术思考中，将中国学人的省思明辨引向深入。这当然不仅是文化哲学领域的研究者应该担当的，也应该是我们所有国内学人的共同使命。

## 论虚无主义的历史主义根基

——兼论施特劳斯的海德格尔批判

邓晓芒教授在其《欧洲虚无主义及其克服——读海德格尔〈尼采〉札记》（载《江苏社会科学》2008 年第 2 期）一文中指出，由于海德格尔在根本上没有超出“西方主体形而上学的限域”，仍然囿于“价值论和人本主义”的哲学立场，因而未能完成“克服欧洲虚无主义”这一理论任务。邓晓芒先生在文章最末一句宣称：“历史主义是克服欧洲虚无主义的钥匙。”[①] 换句话说，克服虚无主义这一任务“在西方文化的语境中只有通过历史主义才能完成”。遗憾的是，邓晓芒老师在该文中未能对历史主义加以详细论证，使人对他的“历史主义”概念的所指不明就里。本节的论证从邓晓芒先生的结论入手，以施特劳斯对海德格尔的极端历史主义批判为立足点，认为，海德格尔虚无主义的根基恰恰在于其历史主义前提。那么，邓晓芒教授关于历史主义是克服虚无主义的密钥的结论就显得自相矛盾了：

> 德格尔的哲学努力不能克服虚无主义，历史主义才是唯一克服虚无主义的灵丹妙药

① 邓晓芒：《欧洲虚无主义及其克服——读海德格尔〈尼采〉札记》，载于《江苏社会科学》2008 年第 2 期。

海德格尔思想前提恰恰是历史主义

历史主义不能克服虚无主义

批判性的读者或许认为，笔者的历史主义与邓晓芒老师的历史主义涵义不同。为了澄清事实，避免范畴歧义和逻辑混乱，笔者先对虚无主义、历史主义的涵义及其自身发展加以廓清，并在此基础上对施特劳斯的海德格尔批判的理由[①]加以分析和论述。

## 一、虚无主义的本质及其后果

虚无主义（Nihilism）的拉丁文词根 nihil 意为虚无，即什么也没有。但是，虚无主义“并非绝对的虚无主义”，因为，它并不“意欲包括自身在内的万物全部毁灭，它只意欲特殊某物的毁灭：现代文明”[②]。由于现代文明既包括自然科学为代表的技术文明，也包括道德文明。因此，更准确地讲，“虚无主义意欲的现代文明毁灭”是“就该文明的道德意义而言的”，并不包括“现代技术”代表的技术理性文明。[③]一般而言，虚无主义具有形而上学和道德两方面的意义。在形而上学上，虚无主义指不存在永恒不变的基础，如柏拉图以来的西方哲学所认为的那种“变动不居的经验之基础的上帝或存在”。如果存在只是“去存在”，而不是永在，或者上帝死了，那么就“只有生成变化，而没有固定的准则或永恒真理”。反映在政治伦理领域，表现为没有所谓关于善恶、好坏的固定标准，因此做一切事情都是被允许的，结果，形而上学的虚无主义就转化为道德上的虚无主义。

对西方文明传统而言，虚无主义在理论和实践两方面有着显著的

① 泮伟江写了一篇《施特劳斯、海德格尔和历史主义》（文献来源：http：// www.douban.com/ group/ topic/1145062/，上网时间：2009 年 12 月 24 日）的文章。文章对海德格尔思想的分析较为深入，但对施特劳斯之所以批判海德格尔思想的理由论述有限。

②③ 施特劳斯：《德意志虚无主义》，丁耘译，载于《苏格拉底问题与现代性——施特劳斯讲演与论文集：卷二》，刘小枫编，彭磊、丁耘等译，华夏出版社 2008 年版，第 104 页。

负面影响。从理论视角看，虚无主义抽空了传统西方文明的根基，使追求永恒真理的哲学、信靠上帝存在的宗教丧失了存在的必要。在实践领域，虚无主义的蔓延导致“文雅虚无主义”和“野蛮虚无主义”的出现。所谓文雅虚无主义，是指由于“没有理由为困难的和遥远的目标而奋斗和牺牲。结果导致庸俗的享乐主义的流行，人们都追求最不费力的东西，并被片刻的欲望所引导”。[①] 这在施米特对中立化、多元化的资本主义生活方式的批判中得到深刻的表述。[②] 所谓野蛮的虚无主义，就是“试图摧毁一切准则，而确立自身为人类活动的最高目标”。纳粹主义通常被认为是野蛮虚无主义的典型代表。

那么，现在的问题是，虚无主义是如何产生的，它又是如何一步一步走向极端，最终衍生出法西斯主义的怪胎。对于这一问题，由于立场和切入视点的差异，不同的哲学家有着不同的解释。

根据古内尔教授的考察，作为一个哲学概念的虚无主义是由雅可比（F.H.Jacobi）引入现代哲学的。雅可比是一位忠诚的基督徒。站在启示信仰的立场上，他反对斯宾诺莎及其追随者莱辛（G. E. Lessing）的理性主义哲学。在雅可比看来，休谟的理论已雄辩地证明了理性主义将不可避免地导致怀疑主义，最终导致虚无主义。为了避免堕入相对主义和虚无主义，雅可比宣称唯一的正途就是拒斥启蒙理性主义，回归正统宗教信仰。虽然雅可比已不再为今天的学人所熟知，但古内尔认为，雅可比的理性主义批判对德国古典哲学产生了重要影响：“从康德到黑格尔的整个唯心主义传统，几乎都是试图将理性主义从雅可比的批判中拯救出来的努力。”[③]

虽然雅可比功不可没，但真正的理性主义批判是由尼采发起的，

---

① 施特劳斯、克罗波西主编：《政治哲学史》，李洪润等译，法律出版社 2009 年版，第 885 页。

② 参见施米特《政治的概念》《正式的神学：主权学说四论》以及迈尔的《施米特的学说——四论政治神学与政治哲学的区分》等著述。

③ 参见古内尔（John G. Gunnell）：《理性、启示和自然——施特劳斯主义之前的施特劳斯》，田立年译，载于《启示与哲学的政治冲突》（《道风：基督教文化评论》第十四期），刘小枫主编，道风书社 2001 年版，第 160—161 页。

虚无主义的深入人心也要归功于尼采的“功劳”。在《道德的谱系》一书中，尼采对柏拉图以来的整个西方理性传统大加鞭挞，尤其通过历史谱系的方法将基督教道德斥为奴隶道德，认为西方现代启蒙以来的平等主义是奴隶战胜主人，群氓战胜精英的结果。在尼采看来，所谓永恒不变的“理念”以及“上帝”的观念无非是软弱的奴隶意志的幻象和安慰，是心怀怨恨的懦弱者借以对抗主人道德的一种阴险伎俩。因此尼采呼吁要“从当今欧洲大获全胜的畜群道德走向领袖们的卓越道德”①，通过重估一切价值，用超人的权力意志创造绝对价值以取代“生命力萎缩”的旧价值，最终实现高贵的欧洲统一。

尼采的论断对西方文明产生了深远影响，尤其在海德格尔那里得到了发挥。在其一千多页的巨著《尼采》中，海德格尔对尼采思想作了存在主义式的解读。海德格尔同意尼采将虚无主义认定为是“最高价值贬黜、丧失价值的过程”②。但海德格尔认为这还不够，在价值层面谈论虚无主义，就是把价值当作了未经批判的前提，而忽略了价值不过是存在的一个属性而已，是一个需要现象学还原的次生概念。在海德格尔看来，只有从此在的存在角度才能深刻理解虚无，此在作为有死性的存在者，在面对死亡、体味深渊般的畏与无中才能回到本真性的生存状态，因此所谓的虚无实质是生存中的此在的一种在世状态，是有限生命个体的历史性存在必须面临的一种宿命。

如果说尼采是在价值层面理解当今西方道德根基的无根性，海德格尔从生存论角度看待作为有死者的此在的虚无本质，施特劳斯则从政治哲学或者说从探询纳粹主义哲学根基的角度考辨虚无主义的本质。从纳粹政治的根由分析，尼采要“对法西斯主义负责，其分量之多，一如卢梭之于雅各宾主义”③，而海德格尔之于1933年的纳粹事件，也

① 施特劳斯：《注意尼采〈善恶的彼岸〉的谋篇》，载于《施特劳斯和尼采》，朗佩特著，田立年、贺志刚等译，上海三联书店2005年版，第215页。

② 海德格尔：《尼采》，孙周兴译，商务印书馆2002年版，第683页。

③ 施特劳斯：《现代性的三次浪潮》，丁耘译，载于《苏格拉底问题与现代性——施特劳斯讲演与论文集：卷二》，刘小枫编，彭磊、丁耘等译，华夏出版社2008年版，第46页。

不应看作是一时头脑发热的冲动之举，而是与其哲学思想具有直接的亲缘关系。换句话说，无论是尼采，还是海德格尔，在施特劳斯的视野中都是虚无主义的极端化表现者，是西方文化危机或现代性危机的理论推动者。尼采和海德格尔对西方形而上学传统的深刻批判，不是阻止而是更深入地推进了西方文化的危机。之所以会发生这种悖论，之所以尼采和海德格尔会成为虚无主义的推动者，原因是他们还囿于现代哲学传统的前提中，这一前提就是历史主义这一现代偏见。

### 二、虚无主义根基：历史主义及其逻辑演进

说虚无主义的根基是历史主义，主要是指“历史主义的顶峰就是虚无主义”①，或者说虚无主义是根植于历史主义这一现代观念的基础上发展起来的。那么首要的问题是，我们要对历史主义的确切涵义加以总结，因为在不同的哲学家那里历史主义有着不同的含义。在施特劳斯看来，所谓的历史主义不过是一种现代偏见，是作为“一切的彼岸性或超验性”反对者的面相出场的：“对古典派而言，哲学化就是要走出洞穴……对我们的同代人来说，所有的哲学化本质上都属于某一‘历史世界’、某一‘文化’、‘文明’或‘世界观’……我们把这种观点叫作‘历史主义’”②。这就是说，在历史主义那里，所有的人类思想都是具体的或特殊的历史时期或历史时刻的产物，因而不存在超越时间，对任何历史时代都有效的思想准则，也不存在跨越地域，对任何民族群体都有效的行为规范。

历史主义绝非空穴来风，它有着自身的演进历程。施特劳斯的弟子盖尔斯顿（William Galston）模仿其老师“现代性的三次浪潮”的说法将历史主义划分为三个发展阶段。③ 第一阶段是“进步”观念阶段。由培根等早期启蒙者思想家倡导，坚信在摆脱宗教和古人的思想

① 施特劳斯:《自然权利与历史》，彭刚译，甘阳选编，生活·读书·新知三联书店 2006 年版，第 19 页。

② 施特劳斯:《自然权利与历史》，彭刚译，甘阳选编，生活·读书·新知三联书店 2006 年版，第 14 页。

③ William Galston，*Kant and the Problem of History*，the University of Chicago Press，1975.

枷锁后，人凭靠理性，尤其是科学技术的进步就可以在尘世建立人间天堂。但卢梭第一个打破了启蒙运动的乐观主义，指出科学技术的进步未必会带来人类的进步，相反是以牺牲人类自由的自然状态为代价的。康德接过了卢梭的问题将进步观念加以改造，这就是历史主义的第二个阶段："历史观念"的阶段。康德认为，科学技术的进步和发展可能伴随着人类的灾难，但历史的总体进程却是不以人的意志为转移地走向终点，即人类的自由—目的王国。黑格尔沿着康德的思路，将历史看作"精神"外化、回归的历史过程，这一过程由"恶"推动，并在他的时刻达到顶峰即哲学的完成、历史的顶点。马克思反对黑格尔的历史终结论，认为真正的历史并未完成，甚至尚未开始，只有通过资本主义这一合理的"恶"，人们才能过上真正属人的自由生活。尼采则对马克思的唯物史观极为不屑，认为历史是超人的权力意志创造价值的绝对时刻，这就构成了历史主义的第三阶段：极端的历史主义阶段，即把历史视为一个绝对时刻。尼采批判马克思的历史目标不过是"民主的平等主义的完成"，是"对自由的自由主义诉求的完成"。简单地说，尼采认为马克思的思想不过是西方文明的庸俗平等主义的一种精致化表达。马克思热衷的自由并非"为了……的自由"( freedom for )，而仅是"免于……的自由"( freedom from )。[①] 在尼采看来，"免于……的自由"是缺乏生命力的表现，是缺乏激情的奴隶意志的表达，所以，马克思意义上的自由人只是"最末的人""最堕落的人"，而不是肩负绝对职责与崇高尊严的超人。与尼采将价值创造寄托于超人的强力意志不同，海德格尔将历史与命运相连接，强调某个特别时刻的突然来临或"绽出"。这种绽出开启了后现代哲学的思路："一切所谓的历史、世界、人，都是断裂的、破碎的、残片式的，一切都只不过是个'突然发生'的偶在而已。"[②]

① 施特劳斯：《作为严格科学的哲学与政治哲学》，丁耘译，载于《西方现代性的曲折与展开》(《学术思想评论》第六辑)，贺照田主编，吉林人民出版社 2002 年版，第 106—107 页。

② 本文此处关于盖尔斯顿历史主义发展三阶段的论述受到甘阳先生相关论述的启发。参见甘阳：《政治哲人施特劳斯：古典保守主义政治哲学的复兴——"列奥·施特劳斯政治哲学选刊"导言》，载于《自然权利与历史》，彭刚译，生活·读书·新知三联书店 2003 年版，导言第 14 页。

盖尔斯顿的说法大体上符合施特劳斯的思想逻辑，因为施特劳斯确实是在现代性危机与历史主义滥觞的交互影响中展开其学说体系的。但二者之间也有着明显的本质性区别。一是在施特劳斯看来，历史主义的肇端“很难说在现代发展的那个关节点上”，因为思想史上并没有发生历史主义与传统哲学的“非历史”路数的公开决裂。① 在这一点上，盖尔斯顿的阶段划分具有将问题粗暴和简单化的倾向。二是施特劳斯将历史主义公开亮相的标志认定为历史学派的出现。历史学派是作为法国大革命的反动出现的，它主要受益于卢梭思想中对理性主义拒斥方面的思想资源，而盖尔斯顿第二阶段的历史主义主要着眼于卢梭和康德、黑格尔之间关于普遍意志的内在关联性，这是卢梭思想中对理性主义的肯定方面思想的延伸。② 三是盖尔斯顿的历史主义三阶段划分让人容易产生一个错觉，即历史主义的三个阶段都具有批判永恒性和超验性的理论共同性。但事实上，18 世纪的进步观念虽然深刻修正了古典哲学关于超历史的最佳政制的观点，但这种超验观念却以“天赋权利”的形式保存了下来。至于 19 世纪的历史主义，尤其是历史学派的保守派则是打着“永恒知识是可能的”旗号崭露头角的。只有到了历史学派的革命派以及其后的激进的历史主义那里，更为极端的此岸性形式以及反超验、反永恒的论调才明目张胆地加以宣扬。因此，盖尔斯顿的历史主义三阶段论述只是在概念把握历史主义的明晰性上具有一定作用，而不能将其认作历史主义发生发展的真实历史过程。

还需要澄清的是，历史主义与历史的研究方法之间也有着本质性的差别。历史方法可以是历史主义的，也可以是非历史主义的。例如，巴特（Karl Barth）在其《〈罗马书〉释义》（1919）初版前言确立了一种不同于历史主义的解释学原则：“仅仅关注主题”，强调历史学方法

---

① 施特劳斯：《自然权利与历史》，彭刚译，甘阳选编，生活·读书·新知三联书店 2006 年版，第 14 页。

② 参见施特劳斯：《现代性的三次浪潮》，丁耘译，载于《苏格拉底问题与现代性——施特劳斯讲演与论文集：卷二》，刘小枫编，彭磊、丁耘等译，华夏出版社 2008 年版，第 40—43 页。

只能在屈从圣经永恒真理的前提下进行，从而使圣经研究摆脱了现代历史学方法一统天下的阐释局面。同样的，施特劳斯也非常强调非历史主义的历史学研究方法。他的大部分著作和论文如《论僭政》《柯亨与迈蒙尼德》等都是让古人和今人在其同一文本中面对同一问题进行对话，而不把对话双方所处的时代背景、民族文化等因素视为对其论题真理性的威胁要素。在施特劳斯看来，“一切的哲学思想所关切的都是相同的根本主题或者说相同的根本问题”，在一切的历史变迁当中，只要“根本的问题保持不变，那么人类思想就有可能超越其历史局限或把握到某种超历史的东西”①。相反地，认为历史理解是“视界融合”，相信今人胜过古人，读者可以更好地理解作者，古人的思想已经过时等观点已经取消了超历史的哲学问题的可能性，是囿于历史主义这一现代前提中的表现。

在施特劳斯看来，历史主义是导致现代西方文化危机的重要原因之一。在历史主义的视角下，“现代西方人再也不知道想要什么——再也不相信自己能够知道什么是好的，什么是坏的；什么是对的，什么是错的”。②由于好坏、对错、最佳生活方式和政制的问题都是政治哲学的主题，因此，现代性的危机首要地表现为政治哲学的危机。为什么政治哲学会在学术领域遭遇到如此的窘境呢？施特劳斯给出了两个理由：一个是实证主义的盛行，一个是历史主义的崛起。在实证主义看来，真正的知识只有科学知识，科学知识只涉及事实判断，无法赋予价值判断以效力，而政治哲学的前提是要合理地赋予价值判断以效力。因此，“实证主义必定把政治哲学当作彻底的非科学的哲学加以拒斥”③。而在历史主义那里，理性知性的范畴隐含了评价原则，这些评价原则与知性范畴一样都是历史地可变的，不存在政治哲学期冀的超

① 施特劳斯：《自然权利与历史》，彭刚译，甘阳选编，生活·读书·新知三联书店2006年版，第25页。

② 施特劳斯：《现代性的三次浪潮》，丁耘译，载于《苏格拉底问题与现代性——施特劳斯讲演与论文集：卷二》，刘小枫编，彭磊、丁耘等译，华夏出版社2008年版，第32页。

③ 施特劳斯：《作为严格科学的哲学与政治哲学》，丁耘译，载于《西方现代性的曲折与展开》(《学术思想评论》第六辑)，贺照田主编，吉林人民出版社2002年版，第103页。

历史的正义原则或最佳政制的问题。因此，历史主义将政治哲学当作超历史的理论独断加以拒斥。正是在实证主义和历史主义的双重挤压下，政治哲学作为不精确的价值学说和非历史的永恒追求遭到遗弃。施特劳斯进而指出，在根本上，政治哲学的衰败最终来源于理性主义的危机。启蒙运动不再希冀彼岸的天堂生活，而是依靠纯粹人类的手段在尘世建立天堂。当理性主义不再能证明自己可以完成赋予自己的最高目标时，尤其是世界大战证明理性走向毁灭时，现代文化作为一种理性主义文化必然处于危机之中。

综上可见，历史主义与虚无主义在施特劳斯那里具有本质上的家族相似性。二者的共通性表现在：在理论层面，它们都拒斥永恒的、超验的、彼岸的"善的理念"或上帝存在；在实践道德领域，二者都拒斥绝对价值标准的神圣性与客观性，因而使人的具体行为变成了自由的筹划或决断，最终付诸纯粹主观性的标准；在发展阶段上，历史主义是虚无主义的前期表现，"历史主义的顶峰就是虚无主义"；最后在后果上，历史主义导致了相对主义、多元主义，消解了人们曾有过的思想和信念，"人们在这个世界上有完完全全的家园感的努力，结果使得人们完完全全地无家可归了"①。

## 三、存在主义的政治哲学批判

通过对虚无主义和历史主义概念性清理之后，我们现在集中考察一下海德格尔历史主义和虚无主义特质。这主要表现在以下几个方面。

（一）海德格尔的历史主义主要体现在他对存在的时间性理解方面。在其早期代表作《存在与时间》一书中，海德格尔通过有死性来界定特殊的存在者——此在，通过对此在的本质性生存结构的描述展开对存在的时间性理解。这就在存在的最高意义上转换了柏拉图和亚里士多德的方向：在后两者看来，最高意义上的存在（to be）是"永在"（to be always），而海德格尔最高意义上的存在意指"去存在"（to

① 施特劳斯：《自然权利与历史》，彭刚译，甘阳选编，生活·读书·新知三联书店 2006 年版，第 19—20 页。

exist)。在这一点上，施特劳斯批判海德格尔哲学前提的不彻底性。因为，柏拉图明明是把流变的存在转换成了不变的理念，但海德格尔在《柏拉图的真理学说》中却将柏拉图“洞喻”诠释的“理念论分析”解释成一个存在史事件，从而将柏拉图的“永在—理念”转换成了“去存在—生存”。①这种以今视古，我注六经的自傲之举被施特劳斯视为是根植于现代偏见的产物：“海德格尔之所以回溯到古希腊，乃是受了彻底的现代性精神的支配，即关于人类生存的历史主义情怀。”②由于海德格尔将不变、永恒的理念诠释为历史时间中生成变化的去存在，因而抽空了理性主义哲学的真理之根，从而否定了探讨逾越时空的人类基本问题的形而上学之维。

（二）海德格尔贬黜了上帝存在的永恒性和真理性。海德格尔不仅破除了哲学领域的理念之根，而且也否弃了启示信仰的前提：上帝的超验存在。虽然与尼采彻底的神学批判不同，海德格尔的存在史考察中还留有基督教的残余，如海德格尔采用一种“基督教化的人类学说法”来说明人类的存在结构，如以良知、罪过和沉沦来描述道德的各种基础，③但海德格尔却排除了上帝存在的可能性。因为，在海德格尔看来，自然的存在是自我启示的：人作为有死性的存在，面对深渊般的虚无体验，命运般的良知呼召会使人面对本真性的自我生存，从而积极“筹划”以摆脱共在的沉沦状态。对施特劳斯而言，海德格尔的这些论述因其“神秘性和难以捉摸的特性”而只能视为空想家提出的“异想天开的希望”。海德格尔强调的“关键的字眼是决断(resoluteness)，至于什么是决断的对象，他却语焉不详”。④施特劳斯

① 梅耶斯（Horst Mewes）：《施特劳斯与海德格尔——古希腊与现代性的意义》，徐英瑾译，载于《施特劳斯与现代性危机》，刘小枫选编，华东师范大学出版社2010年版，第220页。

② 梅耶斯（Horst Mewes）：《施特劳斯与海德格尔——古希腊与现代性的意义》，徐英瑾译，载于《施特劳斯与现代性危机》，刘小枫选编，华东师范大学出版社2010年版，第210页。

③ 伯恩斯：《海德格尔和施特劳斯——时间性、宗教和政治哲学》，娄林译，载于《施特劳斯与现代性危机》，刘小枫选编，华东师范大学出版社2010年版，第203页。

④ 施特劳斯、克莱恩：《剖白——施特劳斯与克莱恩的谈话》，何子建译，载于《苏格拉底问题与现代性——施特劳斯讲演与论文集：卷二》，刘小枫编，华夏出版社2008年版，第271页。

从犹太人问题出发质问海德格尔，对那些纳粹集中营里的犹太人而言，除了受死，还能决断什么。更为讽刺的是，以拯救西方危机为使命的海德格尔，1933年的决断却使他走向纳粹……

（三）海德格尔彻底否定了道德哲学和政治哲学的存在必要性。因为否定了理性哲学和上帝存在的可能性，政治哲学和道德哲学的根底也就被海德格尔的历史主义抽空了。在西方文明传统中，道德的根基或是基于传统哲学的理性原则，如康德实践理性的道德律，或是基于上帝的律法权威，如摩西律法。但根据上面（一）（二）的论述，海德格尔将所有思想纳入时间性、历史以及每一个思想者自己的时代中加以考察，哲学和上帝都作为无根据的玄设被取消掉了，因此普适性的道德准则也就丧失了存在的前提性。同样的，以探讨超历史的最佳生活秩序为己任的政治哲学也丧失了存在的前提。当一个社会没有了约束人行为的道德标准和判断好坏的价值判断，原子式的疏离感和无意义感自然会滋长蔓延，这就为野心家的政治阴谋留下了空场。其结果一方面是无教养的反理性主义，如法西斯主义；另一方面可能是伪理性主义的极权主义，如施特劳斯认为的苏联的社会主义。因此，施特劳斯认为，尼采也好，海德格尔也罢，他们的极端历史主义和虚无主义不但没有阻止西方文化危机的蔓延，反而推动并助长了法西斯主义这一危机极端化形式的出现。因此，他们的思想是需要加以反思和批判的理论。

简要说来，施特劳斯的海德格尔批判可以归纳为以下几个理由：一是海德格尔的现代性批判的立场仍是局限在现代性的前提之内，即根植于“一种对人类生存的解释模式，它最终乃源于一些成问题的原则与现代哲学的危机”①；二是海德格尔基于尼采立场的知性真诚的偏狭性，因为这种知性真诚基于哲学探询的非政治性，它忽略并遗弃了古典政治哲学审慎而节制的美德，从根本上忽视了哲人与城邦的根本紧

① 伯恩斯：《前科学世界与历史主义——关于施特劳斯、海德格尔与胡塞尔的一些反思》，徐英瑾译，成官泯校，载于《施特劳斯与现代性危机》，刘小枫选编，华东师范大学出版社2010年版，第191页。

张；三是海德格尔取消了永恒、超验的哲学基础和宗教前提，也就取消了理性与启示的永恒张力，进而取消了道德哲学和政治哲学的存在，将虚无主义和历史主义推到了极端，从而走向了非理性主义的不归路；四是由于海德格尔的非理性主义，导致其没有重视传统理性主义与现代理性主义的本质性断裂，海德格尔只看到柏拉图主义与基督教一脉之间的关联，忽略了中古犹太—阿拉伯一脉的思想资源对治疗现代理性危机的借鉴意义，因此，海德格尔对理性主义的理解和批判具有论据上的不充分性。

总之，施特劳斯从自身体验中、从真实的历史经验中体会了怀疑，并在岁月中凭借其独立的思考克服了它。施特劳斯早年从学海德格尔，其一生的思考都可视为对海德格尔思想的诘问与对抗，即从现代性的最极端的哲学思考中反思走出克服现代性危机的出路。施特劳斯的结论是回到前现代的传统，在哲学与宗教、理性与启示的张力中理解现代理性主义的失足之处。这就形成了海德格尔和施特劳斯提供现代性危机诊治方案的根本区别：海德格尔的重点放在古典哲学与现代科学之间的连续性上，让古典哲学为现代理性主义的技术僭越负责；施特劳斯则强调古典哲学与现代科学之间的断裂，认为现代理性的走火入魔是由于遗弃了古典理性主义的审慎和节制。正如施特劳斯所指出的那样，如果海德格尔的非理性主义路数的结果是促使西方危机走向更加极端的法西斯主义，那么在这条不归路面前恐怕我们只能折返回溯，只能从理性哲学的内部，从不同于现代理性主义的传统理性主义出发，去思考克服虚无主义的良方。而在这方面，国内学术界的思考较之欧美而言可谓刚刚起步，这就是我们需要关注施特劳斯，跟随他重返传统经典的原因所在。

## 海德格尔、施特劳斯与柏拉图的“洞穴隐喻”

将海德格尔、施特劳斯与柏拉图加以并置分析绝非头脑发热的一时兴起，而是实有必要的学理探源。因为一方面，我们可以避免陷入单一哲人研究的前提预设和琐碎细节，难以理解进而恰切评估某一哲学思考的整体脉象及其眼界高下。另一方面，哲学与具体科学研究不同，后者研究的是“用”，是针对同一实体之不同偶性的分“科”研究，由于类属不同，前提差异，故难以加以比较分析。而哲学（形而上学）的研究对象是具体“科”学研究鲜有问津的存在问题（体）而非属性（用）问题，尽管不同哲人之间的学说之间可能南辕北辙，但其哲学论说背后却可能包含相同的问题意识，因而，检审对同一问题关切何以会产生如此迥异的理论体系或解决方案，可以让我们更清楚地管窥哲学家之间的不同预设前提和思想经验，更好地看清贤哲之间的理论歧见与思想疑难。

当然这种比较不能泛泛而论，它需要具体情况具体分析。显而易见，柏拉图与海氏、施氏的时代处境和问题意识具有鲜见的不同：前者身处两千多年前的古希腊，他一方面与哲学真理的劲敌——城邦政教礼法（nomos）的确立者（史诗神话）和瓦解者（智者学派）暗自较力；另一方面在哲学运思内部，面临着如何消化、综合诸家之论，尤其是赫拉克利特—克拉底鲁的“易”论，毕达哥拉斯派的“数”本原，巴门尼德永恒不变的“存在”学说以及苏格拉底的本相追问（“是什么?”）等诸多天才性思考。而海氏和施氏则身处礼崩乐坏、“上帝已死”的20世纪：海德格尔以摧枯拉朽之势终结了新康德主义的思想主导，以高度理性化和学院化的学术话语推进了尼采的反柏拉图（理性）主义；而施特劳斯，则凭借无根犹太人的政治敏感将矛头转向犹太教传统的重审和现代性危机的批判，进而走向与海德格尔迥异其趣的耶—雅张力和城—哲冲突。必须看到，这种显著不同的时代处境和观点差异并未抹煞海德格尔—施特劳斯作为“柏拉图哲学注脚”的位置——反对甚或颠覆也是“注脚”的一种表现形态。这种注脚的性质更集中地体现在后两者在对柏氏洞穴隐喻的创造性阐释和原初喻义的背离上。而要了解这种创造性重释和背离，我们首先要对柏拉图的洞穴寓言的基本轮廓作出界定。

## 一、柏拉图：以太阳为中心的洞穴隐喻

在《理想国》卷七的起始部分，柏拉图借苏格拉底之口叙述了自己的洞穴譬喻。与前一卷中所道说的日喻和线喻不同，柏拉图此处的洞喻更富动感（而非静态的类比），它将日喻和线喻涵括在内，更加形象地展示了上升之路与下降之路之间的内在紧张。

我们先看上升之路。那个因偶然机运挣脱锁链从洞穴攀爬至洞外的囚徒之旅，象征了从可见世界擢升至可知世界的思想历程。“可知世界”原文为 τὸ μέν νοητοῦ γένους τε χαί τόπου（转译成英文为 the intelligible region），意思为“可被思维的这类东西及其领域”。① 在西方哲学史上，将可感世界与可知世界加以区隔，断然否定前者（意见之路），将后者视为唯一正途（真之路）的要首推巴门尼德。巴门尼德之所以做如此区分，旨在挡住存在者“在又不在”的赫拉克利特之流。因为从语言学和可思维的视角观之，在又不在（是又不是）便意味着矛盾，它“既不能认识、也无法说出”，因而荒谬至极。② 柏拉图一方面认肯了巴门尼德不生不灭、静止不变、唯一在场的存在者主张，另一方面将这一主张限制在可被思维的领域，即可知的世界。在柏拉图看来，寓于时间之中变动不居、充满矛盾的世界仍然存在，它只是存在于可见（visible）的世界，是对理念的模仿，代表了灵魂的某种低级状态——信念（trust）和想象（imagination）。与之相对，可理知的世界真实而清晰，接近于灵魂状态的高位，即理知（intellection）、理性（thought）的状态。③

总的说来，柏拉图将作为意见的可见世界与作为真理的可知世界

① *Republic*, 509d. 参见 *The Republic of Plato*, translated, with notes and an interpretive essay by Allan Bloom, New York and London: Basic Books, Inc., 1968, p.190。同时参见王扬，《〈理想国〉汉译辩证》，华东师范大学出版社 2014 年版，第 251 页。

② 《西方哲学原著选读》（上卷），北京大学哲学系外国哲学史教研室编译，商务印书馆 1981 年版，第 31—33 页。

③ *Republic*, 509e, 511d. 参见 *The Republic of Plato*, translated, with notes and an interpretive essay by Allan Bloom, New York and London: Basic Books, Inc., 1968, pp.192, 190。

加以人为二分，不仅创造性地涵括了巴门尼德和赫拉克利特的主张，而且将毕达哥拉斯派的“数”论和苏格拉底的“善”思融合进来。对柏拉图而言，存在既是巴门尼德的一，也是毕达哥拉斯派的多，理念（eidos，相）不生不灭、永恒在场，就像巴门尼德的存在者。但柏拉图的理念的数量是毕达哥拉派的“多”而非巴门尼德的“一”，因为勇敢不是正义，大不是小，它们各有自己的理念，不过理念的理念，即太一或善，倒是与巴门尼德的至善圆满的存在者之间具有内在的一致性。也就是说，毕达哥拉斯的数、苏格拉底的善与巴门尼德的存在柏拉图那里获得了内在的统一，而对它们的理知和认识，便是洞喻中从洞穴中攀爬至洞外，从可感走向可知，从意见擢升至真理的“上升之旅”。①

但洞喻的丰富意涵并非仅此而已，因为它除了上升之旅，还有回返之路。如果说上升之途喻指的是从神学—政治的洞穴城邦上升至纯粹哲学的洞外真相的思想历程，那么回返之路则是瞥见真理之光的哲人重新遁入洞穴启蒙大众，建立最佳政制的过程。上升之途殊为不易，因为囚徒的转身和调适充满机运，每一次眩晕都要经受“习惯行为和流行观念的干扰”，“关涉人之存在，是在人之存在的本质根基中完成的”。因此囚徒的身心要“缓慢而持续地改变习惯，对光亮或是黑暗、心灵都必须以忍耐的态度、合乎事宜的步骤，去调适自身去适应它所被迫敞开的存在者场域”。② 不仅如此，即便爬出洞口沐浴苍穹阳光，窥见真理也充满偶然，因为，如果解困囚徒在洞外遇到的是野兽突袭茫茫黑夜、阴云密布抑或电闪雷鸣，很可能会惶恐地折返退回，“自鸣得意”地暗自庆幸，还是幽暗的洞穴家园更加让人心安。因此，哲人脱俗成圣不仅需要理智清明，也需要种种外在机缘眷顾。应该看到，

---

① 柏拉图对前人创造性的综合工作可谓居功甚伟，并非尼采所苛责那样仅是“一个杰出的混合性格”（拼凑折衷论者）。参见尼采，《希腊悲剧时代的哲学》，周国平译，译林出版社2011年版，第53—54页。

② Martin Heidegger, *Pathmarks*, edited by William McNeill, New York: Cambridge University Press, 1998, pp.165, 166.

这种哲思之限在回返之途中表现得更为明显，哲人与多数洞穴群氓的紧张，使得哲人不能无所顾忌，而是要韬光养晦，屈就逢迎大众的意见，同时要说服诗人（如色拉叙马霍斯），帮助说服那些被习俗意见支配的洞穴囚徒。

毫无疑问，太阳（善之相）在柏拉图洞喻中占据无与伦比的至高位置，借助苏格拉底之口，柏拉图一再强调："造成四季轮替年岁流转，主宰可见世界中一切事物的就是这个太阳"，"无论如何，在我看来，在可知世界里费尽心力所看到的，就是善的相（idea of the good），一旦我们看见了它，就必定得出如下结论：善的相确乎是一切正确者和一切美者的原因——在可见世界中它创生光及其主宰者；在可知世界，它是真理和理智的真正来源——任何在私人和公共生活中能够得体（prudently）行动的人，必定窥见了善之相"。[①] 与柏拉图三个隐喻（《理想国》卷六末尾和卷七）对太阳的突出强调不同，海德格尔和施特劳斯对洞喻的重释分别彰显了对太阳（至善）不同方面的贬抑。如果说海德格尔的基础存在论强调从上升之路或纯粹哲学视角向柏拉图发起挑战，那么施特劳斯则从下降之路或政治哲学视角关注洞穴之中解放哲人与受缚囚徒之间的张力。下面我们分而述之。

## 二、无蔽之真与含藏解蔽：海德格尔对洞喻的存在论解读

在柏拉图的洞喻图谱中，苏格拉底的善被置于巴门尼德的存在之上："善（good）本身不是存在（being），但在地位和能力方面却超越了存在。"[②] 然而，海德格尔并不希冀柏氏那种光天化日之下昭然若揭的洞观善"相"（无蔽），他反对将无蔽之真理解为"一个永远拉开帷幕的舞台"[③]。尼采宣称"上帝"已死、超感性领域失效，声称要重估

---

① *Republic*, 516c, 517c. 参见 *The Republic of Plato*, translated, with notes and an interpretive essay by Allan Bloom, New York and London: Basic Books, Inc., 1968, pp.195, 196。

② *Republic*, 509b. 参见 *The Republic of Plato*, translated, with notes and an interpretive essay by Allan Bloom, New York and London: Basic Books, Inc., 1968, p.189。

③ "The Origin of the Work of Art", in *Martin Heidegger: Basic Writing*, edited by David Farrell Krell, New York & London: Harper & Row, Publishers, 1977, p.176.

一切价值，海德格尔反对尼采（包括新康德主义）的价值立论，[①] 却全盘接受了后者对西方精神的上述基本判定。与尼采断然颠倒的情绪性攻击相比，海德格尔的春秋笔法显得更为深沉和内敛：他要拆解作为西方正统源头的巴门尼德式存在观，通过强调作为潜能的动力因、贬抑作为实现的目的因，否定承载存在者属性的超感性观念，如善，目的因，上帝，绝对精神，生命价值……，敞开存在领悟的多维可能性。在这一真之无蔽的存在论视域下，海德格尔对柏拉图的洞喻进行了异于正统的全新阐释。

在《柏拉图的真理学说》(*Plato's Doctrine of Truth*，1931/32，1940）中，海德格尔看似紧扣柏拉图文本进行解读，但却旨在道说“柏拉图思想中未被说出（unsaid）的部分”。[②] 这种未被言说的部分首先体现在真理本质的不同理解上。何谓真理？在柏拉图那里与太阳的照亮相关，是一种超时间或无时间的永恒在者；而在海德格尔那里，真理的本质则是一种寓于时间之中的，“与被遮蔽者相联系的无蔽（ἀλήθεια）状态”。[③] 在《论真理的本质》一文中，海德格尔明确宣称：“真理的本质将自身揭示为自由，后者是绽出的（ek-sistent），解蔽着的让存在者存在。”[④] 可以看出，海氏的真理观以存在论为基础，在者之在取决于看的视角及其转向，观看的前提条件是光（火光或阳光），最终指向的是相（ἰδέα）——事物自身的自显和闪现。因此，在海德格尔看来，柏拉图的洞喻在一定程度上道出了无蔽之精义：被光照亮、自显的相便是无蔽。无蔽在词源上便有真理之意，不过古希腊人对无

① 海德格尔认为，将善理解为伦理道德上的善，并最终把它视为一种价值的倾向显然脱离了希腊思想，而在“只要价值以及根据价值”的意义上，尼采或许是“西方形而上学史上最肆无忌惮的柏拉图主义者”。参见 Martin Heidegger, *Pathmarks*, edited by William McNeill, New York: Cambridge University Press, 1998, p.174。

② Martin Heidegger, *Pathmarks*, edited by William McNeill, New York: Cambridge University Press, 1998, p.155.

③ Martin Heidegger, *Pathmarks*, edited by William McNeill, New York: Cambridge University Press, 1998, p.172.

④ Martin Heidegger, *Pathmarks*, edited by William McNeill, New York: Cambridge University Press, 1998, p.147.

蔽之真鲜有自觉意识。[①] 与柏拉图洞喻中对无蔽之因的太阳理解不同，海德格尔更多地从遮蔽—祛蔽关联的角度强调真之无蔽：ἀλήθεια（无蔽）由否定词 ἀ 和 λήθεια（遮蔽）构成，“遮蔽乃是作为无蔽的心脏而属于无蔽”。“倘若如此，那么，敞亮（openness）就不会是在场状态的单纯敞亮，而是自身遮蔽着的在场性之敞亮，是自身遮蔽着的含藏之敞亮。”[②] 柏拉图的无蔽之真（相）的闪现需要光亮，其最终原因是作为光源的太阳，而在海德格尔那里，真之无蔽并不是以光为前提，“绝不是光才创造了澄明（openness），相反，光倒是以澄明为前提的”。[③] 这种对蔽之无蔽（澄明）的理解更像是茂密森林中的一块空地，它为光的照亮开辟空场，提供了可能，同时亦不拒斥遮蔽者（周遭树木）的在场共在。

如果说柏拉图的太阳（善相）以巴门尼德式永恒在场的存在者为基底，那么在海德格尔的笔下，“柏拉图洞喻中最深刻的部分道出的仿佛却是赫拉克利特式的‘真理学说’”。[④] 众所周知，赫拉克利特的哲学史贡献在于他的动变学说和斗争理论，在海德格尔的笔下，柏拉图洞喻中隐而不彰的最深内核便是无蔽与遮蔽之间的互启共生和原初争执。[⑤] 用海氏的话讲：“无蔽者总是克服着被遮蔽者之遮蔽状态。无蔽者必然是从一种被遮蔽状态所夺得的，在某种意义上讲，也就是从一

---

① 根据海德格尔的说法，“无蔽的希腊文为 ἀλήθεια，我们后来将其翻译为‘真理’（truth）”。参见 Martin Heidegger, *Pathmarks*, edited by William McNeill, New York: Cambridge University Press, 1998, p.168。同时参见“The Origin of the Work of Art”, in *Martin Heidegger: Basic Writing*, edited by David Farrell Krell, New York & London: Harper & Row Publishers, 1977, p.164。

② “The End of Philosophy and the Task of Thinking”, in *Martin Heidegger: Basic Writing*, edited by David Farrell Krell, New York & London: Harper & Row, Publishers, 1977, pp.390, 391.

③ “The End of Philosophy and the Task of Thinking”, in *Martin Heidegger: Basic Writing*, edited by David Farrell Krell, New York & London: Harper & Row, Publishers, 1977, p.384.

④ Martin Heidegger, *Pathmarks*, edited by William McNeill, New York: Cambridge University Press, 1998, pp.171—172. 同时参见丁耘：《儒家与启蒙：哲学会通视野下的当前中国思想》，生活·读书·新知三联书店 2011 年版，第 244 页。

⑤ “The Origin of the Work of Art”, in *Martin Heidegger: Basic Writing*, edited by David Farrell Krell, New York & London: Harper & Row, Publishers, 1977, pp.180—181.

种遮蔽状态中被掠夺来的。”①

在海德格尔看来，这种无蔽与遮蔽的褫夺（privation）争执**首先**体现在囚徒转向（παιδεία）为真之无蔽开启的契机上。② 对海德格尔来说，受困囚徒的摆脱束缚并非肉身意义上的一次扭头转身，而是喻指在“追求的基本方向上掉过头来”。Παιδεία 是指整个人的倒转，解缚囚徒的每一次转头都带有刺眼的目眩和痛苦的适应，这是因为转头带来了故有习见与解蔽真“相”的直面冲突，要求解放囚徒做出决断：要么放弃已有习见，要么在思想观念上重新改弦更张。这一冲突让解放者真切感受到无家园感所带来的难以平复的内心惶恐。当然，正是基于这一转向，真之无蔽才有生发的可能。更重要的是，这种在人之存在的本质根基中所完成的转向（παιδεία）并非一次完成：因为解放囚徒在洞穴中侧目转头所管窥到的火光和实物并不是最终的真相（太阳—善）本身，而是可感世界的（较高级）另一种意见。那么，锁闭状态解除所带来的解放便不是毫无约束的自由，而是带有某种遮蔽性质的自我解蔽。即便如此，这种解蔽（怀疑、发问）仍有不言自明的危险性，它在回返洞穴时达到顶点，并在苏格拉底的命运中得到例示。

**其次**，这种无蔽与遮蔽之争还体现在海德格尔对洞穴火堆的神庙解读上。在《理想国》中，柏拉图明确将地穴囚室释义为可见世界，将火光解释为可见世界的太阳。③ 如果单凭柏式的这一字面说法，我们似乎很难解释火堆与被缚囚徒之间的行人以及他们所举托的物什的具体所指。但如果考虑到洞穴除了具有自然存有的喻指，还可指代人所栖居的城邦，那么，我们可否从礼法（nomos）之火的视角来解读洞穴中的火堆及其相关意象？在 1935 年的一次演讲中（《艺术作品的

---

① Martin Heidegger, *Pathmarks*, edited by William McNeill, New York: Cambridge University Press, 1998, pp.171—172.

② Martin Heidegger, *Pathmarks*, edited by William McNeill, New York: Cambridge University Press, 1998, pp.166—168.

③ *Republic*, 517b. 参见 *The Republic of Plato*, translated, with notes and an interpretive essay by Allan Bloom, New York and London: Basic Books, Inc., 1968. p.196。同时参见 Martin Heidegger, *Pathmarks*, edited by William McNeill, New York: Cambridge University Press, 1998, p.164。

本源》，“the Origin of the Work of Art”)，海德格尔便试图从异于自然存有（纯粹哲学）的礼法宗教视角来诠释火堆的喻指。在海德格尔看来，火堆位居洞穴的较高处，正如希腊神庙在雅典城邦中所处的位置。火堆照亮洞穴，造成洞穴底壁上的种种影像，恰如神（庙）为核心的礼法之火照亮整个希腊城邦，构筑起历史性民族的回忆和想象。借助巨石满布的岩谷、嵌合相接的道路、圆柱式的门厅、坚固耸立的神像、辽阔苍茫的苍穹，神庙俨然无声地开启着家园般的城邦世界，构筑起以其自身为基础和核心的政教城邦生活。

海德格尔在解蔽艺术与美之真的语境下大谈神庙，表现出了与柏拉图完全不同的艺术理解。柏氏将艺术视为模仿（如床之画像），在真理等级上距离清晰的床之理念最为遥远。但神庙并非柏拉图意义上模仿性的艺术品，相反，它开启出以宗教为基底的政教生活世界。在海氏看来，神庙敞开了以神的形象为中心的神圣领域，开启了聚集着“诞生与死亡、灾祸和福祉、胜利和耻辱、忍耐和堕落”的“历史性民族的世界”，“藉助这个世界并在这个世界中，这个民族才回归它自身，从而实现它的使命”。① 概而言之，神庙并不像描摹性艺术品那样“表现，指示或者象征自然，而是开启自然，撑开自然，将包含人世的自然本身聚拢起来，显示出来”。“严格地讲，并不是人建造了神庙，而是神庙打开了人所归属的、在其上才能自我建构的世界。正如火焰照亮了被缚囚徒们的洞穴。”②

从上可见，海德格尔的洞喻阐释意在拆解或消解柏拉图的真理观念。柏拉图的洞喻指向洞外之相—光—太阳（真之无蔽）的三阶攀爬，③ 海德格尔的洞喻诠释将关注点锚定在洞穴中那既隐又显，互启

① “The Origin of the Work of Art”, in *Martin Heidegger*: *Basic Writing*, edited by David Farrell Krell, New York & London: Harper & Row, Publishers, 1977, p.168.

② 丁耘：《儒家与启蒙：哲学会通视野下的当前中国思想》，生活·读书·新知三联书店 2011 年版，第 262 页。

③ 在柏拉图那里，太阳是可见世界的主宰，是最终的原因和善之相（idea of the good）。但相和太阳之间的关系却远为复杂：一方面太阳是最高的相，是善的相；但另一方面太阳又不同于相，相即外观，对事物外观（相）的理观需要光（理性之光），而太阳是光的最终来源。因此，在柏拉图的笔下，事物的外观（相）—光—太阳实则代表了探本溯源、追求善因的三个等级和阶段。

共生的辟—隐之争。柏拉图的洞穴隐喻意在澄明哲人—王的城邦政治处境，海德格尔的洞喻阐释却意在敞开以遮蔽为内核的无蔽之真（理）学说。柏拉图洞喻描述的至高之点在于永恒在场的太阳善相，海德格尔的洞喻阐释却指向赫拉克利特式的争夺和斗争。在海德格尔那里，真之无蔽（存在者存在）"从来不是一种纯然现存的状态，而是一种生发（Geschehnis）"[①]，是自身遮蔽的无蔽，就像开启无蔽—世界和含藏—大地的神庙，亦像大火烧过的林中空地，其旨趣在于拒斥白茫茫一览无余的柏式真理。在海德格尔的笔下，正统哲学史上的柏拉图形象荡然无存：城邦和自然的二元区隔得到消除，作为洞喻拱顶石的至善—太阳亦遭到断然的否弃和忽略。取消了永恒至善的太阳的主宰地位，消除了目的因（善）的节制和规约，海德格尔的存在拷问变成了毫无质素（德性）内容的本真决断，这种虚无主义的做法正是施特劳斯的政治哲学所要坚决鄙弃的。

## 三、下降到洞穴：施特劳斯对洞喻的政治哲学重释

根据前述，海德格尔笔下的洞喻道显了遮蔽与无蔽的褫夺和斗争，而在施特劳斯笔下，柏拉图的洞喻彰显的却是城邦和哲人之间的紧张和对立。在施特劳斯看来，城邦公民就像洞穴中被缚的囚徒，他们只看到制作物的影子，"他们按其对正义和崇高事物的意见，而且是立法者的命令所允许的即因袭的意见，来理解他们所知觉到的东西，而且他们不知道他们最珍视的信念也只不过是意见"。[②] 与被缚囚徒相对的一方是爬出洞穴的哲人，对洞外善相—太阳的迷恋和对个体沉思生活的向往让他们根本无暇眷顾洞穴里的人间事务，更别说俯身回返那狭小阴暗、令人窒息的洞穴。对施特劳斯而言，攀爬出洞穴的哲人们出于本性的爱智之欲，必定迷恋"远离城邦的快乐岛，因此只有强迫才

---

① "The Origin of the Work of Art", in *Martin Heidegger*: *Basic Writing*, edited by David Farrell Krell, New York & London: Harper & Row, Publishers, 1977, p.176.

② 施特劳斯：《柏拉图》，载于《政治哲学史》，施特劳斯、克罗波西主编，李洪润等译，法律出版社 2009 年版，第 49 页。

可以使他们参加正义城邦的政治生活”。[①] 那么，洞喻中哲人的受迫返洞便成为城—哲之争的焦点所在：哲学家为求真的爱智之欲所驱迫，关注个体的沉思幸福，试图超越影像钩织的意见世界，无限地趋近洞外的真知世界；大众则为礼法之火的诸般影像所支配，他们不可能为出洞哲人的“奇谈怪论”所折服，反而惊骇于这些大胆无畏之言的匪夷所思，恐惧和愤怒让他们把哲人看作败坏青年、不敬神明的洪水猛兽，视为如鲠在喉的毒瘤鱼骨，不除（驱逐或处死）之而难以后快。正是在这个意义上，施特劳斯强调“哲学与城邦的本质倾向上是背道而驰的”，这是“城—哲和解”“之所以极不可能的真正原因”。[②]

如果说海德格尔旨趣是在西方理性主义自我毁灭之后、试图重新开启纯粹哲学开始的可能性，那么施特劳斯的意旨则试图放弃现代理性主义的理性万能，借助古典政治哲学的执两用中来克制现代性启蒙的偏执极端。在施特劳斯看来，海氏的天人之思是以虚无主义为基底的，因而陷入了缺乏内容的形式主义，而他的古今之争则是在尊重传统，回到实事本身的前提下对现代启蒙的现象学还原。

这一回返源头意在揭示现代理性主义的核心问题和真正实质。现代理性主义的核心，借用康德的话讲，就是大胆运用你的理性，但施特劳斯通过诠释柏拉图的洞喻试图拷问，大众启蒙真的可能吗？哲人出于本性是不会对大众说谎的，他只对少数可教之才发言，大众并不稀罕哲人的“真知灼见”，意见的影像蒙蔽了他们的双眼，让他们敬慕悉听哲人之言，意味着让芸芸众生放弃情欲主宰的固有生活，走上禁欲主义的哲学生活，这对他们来讲是无法忍受，也是几无可能的。在施特劳斯看来，正是由于人性的肉身（动物）性，或者说哲学与城邦本性的水火不容，使得现代哲人所吁请践行的启蒙大众成为中听难行的水月镜花，最终流于荒诞。对于古代哲人而言，即便被今人视为最

① 施特劳斯：《柏拉图》，载于《政治哲学史》，施特劳斯、克罗波西主编，李洪润等译，法律出版社 2009 年版，第 49 页。

② 施特劳斯：《柏拉图》，载于《政治哲学史》，施特劳斯、克罗波西主编，李洪润等译，法律出版社 2009 年版，第 50 页。

匪夷所思、难以实现的“哲人—王”政制中，柏拉图也未简单打发掉城邦的邪恶部分——城邦主体的欲望（农工阶层）和激情（护卫者）部分，哲人—王对他们的教育的旨归只是希冀达到各尽所能、各受其责、德福一致，而非带领大众囚徒走出洞穴、接受阳光的临照。换言之，在施特劳斯看来，现代哲人启蒙大众的想法，充其量是教化大众放弃对哲学的敌意，然而最终的结果却是，哲学从神坛的婢女沦为现代政制正当性辩护的女仆。以解放为旨归的哲学启蒙走向了反面，最终变成了蒙昧大众的神话。①

理解了现代启蒙的虚妄前提之后，我们就能理解施特劳斯对现代启蒙之实质的判定——第二洞穴。在施特劳斯看来，现代人的处境较之前人更为不利，古希腊是一个没有偏见（知识）的世界，古典哲人根据原初政治经验初创了现代人据以为常识的各门知识（偏见），而现代启蒙哲人则否，他们在头脑中先行创构了现实中未有的政治制度和理想社会蓝图，然后带领大众在对启蒙精神的鼓舞下建立了世俗的民族国家。因此，较之古希腊世界而言，现代民族国家是理论在先，政治实践在后的思想怪胎。由于现代政治国家是由启蒙哲人构想并作为精神导师创构的，作为一种生活方式的个体哲思尝试变成了民族国家的思想前提，变成不容置疑且不可撼动的意识形态基石。因此要祛除现代思想的层层幕帐，恢复人们对原初政治经验的认识，就需要从第二洞穴攀爬到柏拉图的第一洞穴，回到原初生活世界的事实本身，认清理性哲学的限度，明晰哲学生活方式（洞外求真）与政治生活方式（洞穴生活）的根本冲突，而这，便成为施特劳斯洞喻阐释的意旨所在。

可以看出，施特劳斯与海德格尔的洞喻阐释具有显见的不同。从**意图上看**，海德格尔的洞喻阐释看似紧扣文本展开，但醉翁之意却在阐发他自己的真理学说。而施特劳斯则正相反，他声称自己的文本阐释意在揭示作者的写作意图，要像作者理解自己那样去理解作者的作

① 霍克海默、阿道尔诺：《启蒙辩证法：哲学片段》，渠敬东、曹卫东译，上海人民出版社2006年版，新版前言（1969），第1页，“启蒙的概念”，第1、34页。

品。[①] 应该看到，施特劳斯并非出于某种单纯的好古癖去接近柏拉图，相反，他对柏拉图的贴近阅读呈现了其作为无根犹太人的政治敏感以及后尼采时代对正统形而上学（启蒙理性主义）的某种弃绝。这或可解释施特劳斯的柏拉图解读为何如此偏重强调洞喻中的苏格拉底式处境，而对纯粹哲学的存在学说何以完全视而不见。这也反映了海氏与施氏洞喻阐释之分歧的**第二方面**，即从两人分析所强调的哲学领域来看，海德格尔的洞喻阐释是纯粹哲学或形而上学式的，他要凸显蔽之无蔽，亦即敞开在者之在；而施特劳斯的洞喻阐释仅仅关注回返洞穴的一维，因而从本性上讲是实践—政治哲学式的。海德格尔意图将此在从非本真存在方式的泥潭中拖曳出来，在向死而生的存在领悟中走向本真性的生存决断。而施特劳斯则将目光投向"那个'在世界之中'的非本真存在方式"，在他看来，"'世界现象'的内容无非就是柏拉图的洞穴。换言之，生活世界归根到底就是政治世界，政治世界不是世界的片段，不是诸'世界'之一……而是世界整体本身。……'存在于世界之中'印证了那个古老的命题：'人是政治的动物'。即使人的'形而上学本性'也无法越过这个界限"。[②]

极端地讲，施特劳斯的洞喻阐释是完全逆着海德格尔的路向而来的，他的"像作者理解自己那样去理解作者"的回返古典背后，隐匿着的是与海德格尔的针锋相对和隐秘对抗，如：海氏强调纯粹哲学（基础存在论）的蔽与无蔽的原初争执，施特劳斯则强调政治哲学的哲学与诗之争；海德格尔强调洞喻中获取真之无蔽的契机和艰涩（上升之路），施特劳斯则强调洞喻中哲学家韬光养晦的与人共处（回洞之旅）；海氏的诠释强调为敞开无蔽之真带来契机的"回身转头"（παιδεία），施氏的贴近阅读则强调洞喻中哲人下降到洞穴的迫于无奈；海氏的洞喻阐释在于弃绝柏拉图的理性主义，索解存在论重新开始的

---

① 参见施特劳斯：《回归古典政治哲学——施特劳斯通信集》，迈尔编，朱雁冰、何鸿藻译，华夏出版社2006年版，第407页。

② 丁耘：《儒家与启蒙：哲学会通视野下的当前中国思想》，生活·读书·新知三联书店2011年版，第15页。

可能性，施特劳斯则要重新回返柏拉图式政治哲学的节制中庸，质疑“有勇气运用理智的启蒙精神”的偏执极端。

然而，作为后尼采时代的哲人，两者的解读又有着不可避免的心性相通。例如，海氏洞喻阐释中所道显的赫拉克利特式的蔽与不蔽之争，实则包含了施特劳斯所一再强调的诗与哲学之争。因为解困囚徒转头所感受的刺目眩晕和痛苦调适，彰显了传统习见与真相自显的内在冲突。作为尼采的门徒，两者都接受了尼采对上帝已死的判定，因此都对洞外永恒在场的太阳善相保持了意味深长的距离或沉默。更为重要的是，如果说海德格尔的洞喻阐释是六经注我，其阐发柏拉图学说中未曾道明之深意最终走向了柏拉图主义的反面；施特劳斯的贴近阅读同样由于他对启蒙（包括海德格尔）的论战意图而最终远离他的“原初本心”：试问，一个只剩下政治哲学视域的柏拉图，还是那个究天人之际、通百家之论、开一家之言的一代宗师柏拉图吗？苏格拉底之死固然是柏拉图思想中不容忽视的著述意图——这一点遗憾地遭到了后柏拉图时代正统形而上学家的忽略和遗忘，但为了对抗正统形而上学的诠释路向而对柏氏思想中的纯粹哲学因素视而不见，是否也构成了对柏拉图意图的一种刻意扭曲呢？

## 四、小结

综上可见，柏拉图的洞喻含有丰富的意涵：既包含纯粹哲学（形而上学）的思之擢升，亦包含实践—政治哲学的在世共处；既有出洞离家的痛苦调适，亦有回洞返乡的促迫强制。这鲜明地表现在内在化（智思—形而上学）的上升之路和外在化（实践—政治哲学）的回返之路两个方面。这两个方面（道路）以太阳所喻指的善之相为拱顶石，兼顾了如何大胆无畏进行纯粹哲学之思和如何采取审慎明智的实践智慧两个方面。粗略地讲，到黑格尔为止的西方哲学传统大体延续了柏拉图形上之维的哲学思考，他们在永恒在场意义上强调善之理念、纯形式、太一、上帝、主体性和绝对精神，等等。然而，在后尼采时代，如何解构和拆毁柏拉图理性主义成为风潮，海德格尔和施特劳斯代表了这一风潮两个重要方向。前者试图硬碰硬地直面形而上学传统，将巴门尼德—柏拉图永恒在场的存在“着”性化解为在场同时溢出自身的绽出状态，从而打开了存在领会的多重维度。后者则干脆对柏拉图之后以存在（本是、实体）为研究对象整个形而上学传统避而不谈，而试图回到柏拉图的原初意图，在苏格拉底之死所彰显的诗与哲学之争的政治哲学视域内理解柏拉图与悲 / 喜剧诗人之间的思想较力。

海德格尔和施特劳斯代表了后尼采时代在理性主义自我毁灭的废墟上重启理解西方哲学传统的两种尝试。但是较之柏拉图执两用中的两面兼顾不同，海德格尔砍掉了作为拱顶石（或目的因）的太阳善相，专注每一次转身（潜能、动力因）所开启的存在契机，由于没有了作为持留与在场的道德至善和政治律法，海氏的思想弥漫着激进虚无主义的倾向，甚至连其本人都因缺乏基本的价值判断而堕入纳粹事件的丑闻当中；施特劳斯反海氏之道而为之，他试图像作者理解自己那样去理解作者，从而敞开了西方哲学正统所忽略的哲学与诗之争的原初面相。但施氏的解读中对形而上学意味深长的沉默恰恰没有践行他所倡导的贴近阅读的经典解释学原则。尽管传统形而上学思路遭到了尼采和海德格尔的激进批判，但它却是柏拉图洞穴隐喻中不可忽略的重要一环。砍掉了纯粹哲学的一维，是无论如何做不到像柏拉图那样理解柏氏的意图的。

总而言之，理解柏拉图的洞喻，深入剖析海氏和施氏对洞喻不同侧面的创造性阐释，可以使我们更为深入地理解形而上学与实践政治哲学的丰富面相，为我们重新回到西方古典传统打开可能，同时也让我们更清醒地辨识海德格尔与施特劳斯的思考深度及其限度所在。

## 略论“西学中国化”进程中的“施特劳斯热”及其思想论争

施特劳斯在汉语学界的译介始于20世纪改革开放之初，尽管真正的“施特劳斯热”要等到20年之后。[①]一般而言，某位西方思想家在中国的传播，哪怕仅仅是文字上的西学汉译已不同于他们在原生语境下的自我建构。因为，用汉语道说的西学（以下简称“汉语西学”）即便是在最初的译词选择上也已加入了某些中国元素或前见理解，故而它所催生的绝非一种原生态的西学，而是参与到现代汉语思想构建进程当中的中国思想（广义）。换句话说，如果不能参与到理论的抑或实践的中国学术话语构建当中，无论其思想多么玄妙高深，终将被抛进历史的垃圾场当中。这一点看看西学东渐以来百年中国思想发展史便可一目了然。一批批的西学巨擘：尼采、杜威、马克思、康德、韦伯、海德格尔、萨特、德里达、福柯、罗尔斯……你方唱罢我登场，或是昙花一现，或是隐而不彰。究其原因，或许缘于西学中取者背后隐含着价值偏好和拣选标准：求亡图存、中华复兴、思想解放、义理融通……，抑或缘于历史情势的外在促迫，学术掮客的“卖力吆喝”，思想同行的商榷批驳，等等，不一而足。

然而，不可否认的是，施特劳斯在世纪之交的汉语学界赢得了他的声誉或恶名：不仅成为政治思想史研究的必要背景，马克思主义政治哲学建构的理论参照，自由主义论争的思想论敌，而且成为文教体制革新（如古典学科建立和通识教育开展）的重要学理背景和思想资源。描述事实不是哲学的任务，揭示事实背后的缘由才是思想的使命。换言之，如果我们认定上述描述的实事为真，那么，我们需要追问，是什么原因导致施特劳斯在世纪之交的汉语学界受到热捧？在施特劳斯传入中国三十多年后，尤其是最近十年中，施特劳斯与汉语西学之间出现了哪些思想互动，产生了哪些影响？最后，与之相关的，我们

---

① 汉语学界最早关于施特劳斯的介绍文字为台湾学者朱浤源所作（《重振政治哲学雄风：里奥·施特劳斯思想简介》，载于《中国论坛》1981年第2期），而国内学界最早对施氏单篇文章和著作的译介则出现在1985年和1993年，分别是《什么是政治哲学？》（杨淮生节译，载于《现代政治思想：关于领域、价值和趋向的问题》，商务印书馆1985年版）和《政治哲学史》（李天然等译，河北人民出版社1993年版；2009年该著由法律出版社再版）。关于施特劳斯在国内更加详细的译介情况，参见拙作，《施特劳斯思想二十年研究述评（1990—2010）》，《社会科学评论》2010年合辑。

又当如何评价施特劳斯与汉语西学之间的这种互动及其影响？鉴于研究视角的多样和相关文献的驳杂，本节试图从古今中西之争（复兴传统）、马克思政治哲学构建（意识形态主流）、自由主义论争（西学主流）等三个方面对施特劳斯在汉语学界的影响做出管窥和评价。

## 一、古今中西之辩视域下的施特劳斯引入

对于施特劳斯热之正当性的学理道说，笔者认为表述最清楚明白的莫过于丁耘先生。在《启蒙主体性和三十年思想史》一文中，丁耘先生以20世纪70年代末以来启蒙思潮的迭进和西学导师的兴替为线索，借助古今中西之争的背景框架，指认改革开放三十年来，对中国思想界影响最具的西学导师包括四位，他们分别是：青年马克思，康德、海德格尔和施特劳斯。这四位西学导师之所以会在风起云涌的全盘西化浪潮中保有一席之地，不仅缘于他们思想观念的独树一帜，更在于与改革开放时期中国社会的理论需求之间具有高度的契合性。例如，丁耘强调，借助对“人”这一范畴的重新发现，那个不苟言笑、规律至上的黑格尔式的马克思形象（老夫子形象）开始淡出学术视野，充满人情味的、关注自由和异化的人道主义的马克思形象（青年马克思）开始出场，这对当时的思想解放，尤其是打破学界一潭死水的政治挂帅的格局具有不可忽视破冰意义，从而为李泽厚主体论式的康德哲学登场提供了人学空地。然而，随着改革开放的高歌猛进，物质丰裕背后的精神空虚开始蔓延，对人—主体之生存意义的存在主义焦虑开始成为主潮，海德格尔笔下原子化个体的在世之在成为人文知识分子热衷谈论的主要话题。但是，21世纪以来，市场化和教育西化所带来的道德虚无和文明焦虑开始凸显。一些学者开始狐疑：隔断、忘却了我们自己的传统，西化文教体制下孕育出来的年轻一代到底是中国人，还是西方人在中国？传统复兴和文明崛起的时代呼唤新的西学导师的出场，施特劳斯的中国热不仅恰逢其时，更是“众望所归”。

可以看出，借助古今中西之争的视域，通过“人、主体、此在、政治动物”四个关键词，丁耘先生试图为我们描摹“三十年思想史”

的内在逻辑、历史脉络和整体风貌。[①] 对丁耘而言，西学四导师之间的轮替登场，彰显了西学中取进程中汉语学界的时代焦虑和理论呼唤，在历经青年马克思和康德的热身之后，施特劳斯对海德格尔的成功替代，就像“儒学复兴时代对待佛老的态度”。如果此说为真，那么，“施特劳斯的保守主义在完成其历史使命之后，将迎来儒学乃至中国政治思想的又一次复兴。西学伟人们的时代行将结束。更深入的西学译介工作当然不会停止，但西学为中国思想界提供导师的情景将一去不复返了。这三十年的思想史，将以中国思想的自觉为归宿——一个真正意义上的归宿”。[②]

丁耘先生的论述运思精警、高屋建瓴，他把施特劳斯中国引入的正当性基础放在文明史（或曰思想史）的框架内，以高度抽象化或概念化的方式为其做学理证成。对于此点，不论施氏中国引入的倡导者们在译介之初是否具有这样的理论自觉，他们都会认肯丁耘的这一带有褒奖性的总结判定。然而，不可否认，丁耘先生的言述带有明显的施派气质，准确地讲，他对施特劳斯的总结判定似乎表征了中国施派内部的某种自我认肯和理论证成。如果笔者的臆测为真，那么，显而易见，在20世纪90年代以来学术专业化凸显，国内学者占山头式的各拉一位西学大佬标榜意淫的背景下，施派之外的大多数学者会对丁耘的略带粗糙（粗线条）的思想史梳理会不屑一顾或置之不理，当然一些极端的学者会带有敌意地担心施氏带有复古倾向的思想路向不仅会让年轻学子误入歧途，甚至会成为中国百年来的政制法律探索的绊脚石。

尽管丁耘先生对施特劳斯中国热的自我认肯和学理证成有过誉之

---

① 丁耘：《启蒙主体性与三十年思想史：以李泽厚为中心》，原载《读书》2008年第11期，复收入《儒家与启蒙》，生活 · 读书 · 新知三联书店2011年版，第3—5页。

② 参见丁耘：《儒家与启蒙》，生活 · 读书 · 新知三联书店2011年版，第16—17页。丁耘对中国传统复兴的预测在现实中成为一批思想学者的理论自觉，也结出了一批卓越的成果，除了本文所引的丁耘的《儒家与启蒙》外，还包括如：柯小刚的《古典文教的现代新命》（上海人民出版社2012年版），白彤东的《旧邦新命：古今中西参照下的古典儒家政治哲学》（北京大学出版社2009年版），等等。

嫌，但在笔者看来，他的论断总体上是恰切中肯的，借用马克·里拉话讲：汉语学界对施特劳斯的兴趣“与19世纪意义上的民族主义没有什么关系。这是一种对危机的回应——(当下中国存在)一种广泛共享的信念：中国历史持续千年的延续性已然断裂，所有的一切(政治的和智识的)都等待着重新建构”。[①]而丁耘先生之所以会如此认肯施特劳斯的学理价值，恰恰在于他本人具有重建中华文明传统的担当情怀。另一方面，丁耘先生的表述仍有不容忽视的思想弊端，这和粗线条的思想史论述固有缺憾有关：它可能会武断地过滤掉一些非我族类的思想事件。就笔者粗浅的思想经验而言，施特劳斯的中国热充其量是非常小众的一股思潮。尽管施氏的影响渗透在历史(如修昔底德研究)、政治哲学(如柏拉图研究)、政治思想史(如马基雅维利、霍布斯研究)、宗教学(如迈蒙尼德、斯宾诺莎研究)等诸领域。但总体而论，在汉语学界，罗尔斯与社群主义、西方马克思主义、分析哲学和后现代主义的研究，妄论一直未曾离场的康德、黑格尔、现象学和存在主义研究，在国内学术界中仍占据不容小觑的主流位置。这是丁耘文章所无法一笔带过的，当然这也构成了他的文章的最大软肋：持异议论者认为他的表述极为偏颇。因此，在从思想史的角度对施特劳斯的中国引入作出描述之后，我们有必要进入其他领域，看看马克思主义阵营和新自由主义学者对施特劳斯的思想有着怎样的评价。

## 二、马克思主义话语建构中的施特劳斯形象

概括地讲，古今中西之争是观念史的视角，它借助一个或若干个思想范畴来界规时代的精神状况。然而，除了这种总括性的统摄和理解之外，还有单一学科视域的具体评价。在汉语学界，马克思主义哲学无疑是具有主导性的学术话语形态，那么，在这样的话语系统中，我们需要拷问，施特劳斯是否进入它们的法眼，并占据着怎样的学术

---

① 马克·里拉：《北京的施特劳斯旋风——中国学者对西方哲人的怪异口味》，载于“爱思想”网，网址链接：http：//www.aisixiang.com/data/37883.html，上网时间：2017年8月25日。

地位？

客观地讲，马克思主义主流话语视域下的施特劳斯研究并不多见，尤其是在国外马克思主义研究纳入学科建制（纳入马克思主义理论一级学科）的背景下，马克思与西方哲学诸种思潮的合流方兴未艾，例如，黑格尔式马克思主义，康德式马克思主义，存在主义马克思主义，后马克思主义，分析进路的马克思主义，弗洛伊德主义马克思主义等等，与这些研究进路相比，汉语学人对施特劳斯与马克思思想之间勾连或对话的学理探讨更是显得少得可怜。当然，这种研究状况可能与施特劳斯思想中的保守主义气质大有关联，例如，在施特劳斯那里，马克思是现代性思潮的极端代表，他是启蒙的儿子（逆子），是历史主义和现代性浪潮的推进者而非终结者。那么，如何在“左—右”两种气质取向上完全迥异的思想路向中加以融通，便构成一个重大的理论疑难。尽管如此，在汉语学界，还是出现了一些可贵的思想探索，张盾和李佃来两位先生就是其中的两位佼佼者。

在《现代性批判之“异常思”：施特劳斯论马克思》一文中，张盾先生从现代性批判的视角出发，对马克思和施特劳斯思想的分歧做出了学理上的诊脉。在张盾看来，总体上两者的分歧大于相通，对马克思而言，现代性危机是总体性的实践危机，而施特劳斯则将现代性危机看作是一种理论危机或政治哲学的危机。这种现代性诊断上的差异更鲜明地体现在两者对历史、自由和哲学三个范畴截然不同的理解上。首先，对于历史，施特劳斯采取强烈批判的态度，认为历史主义是虚无主义的理论前奏，是导致现代社会道德文明无根的罪魁祸首，而马克思秉持黑格尔式的立场，对历史保有高度的敬意；其次，对于自由，施特劳斯从古典立场出发，强调与自由相悖的德性和自然，而马克思则从启蒙的前提出发，将自由视为人的本真规定性，是人类解放的最高理想和目标；最后，在哲学的理解上，施特劳斯强调哲学对真理的理观和沉思，尤其是强调哲学与政治之间不可化约的内在张力，而马克思则强调哲学对社会解放和改造的先导意义。

可以看出，张盾先生的文章具有高度的辩证性和思辨性，他深刻地捕捉到了马克思和施特劳斯思想取向上的异质性，从而进行了有说服力的理论辨析。但笔者并不满意于张盾先生的这种“无可挑剔”的八股文章。因为，马克思也好，施特劳斯也罢，我们对他们之间的思想做冷静客观的旁观性分析是可能的，但却是不足取的。因为，如果我们认肯马克思和施特劳斯在中国当下的社会历史建构中共同发挥着思想性影响，即他们指导着我们的社会实践和文明重塑，那么，他们思想之间的可融通性便存在可能。换言之，如果说是马克思式的大同理想（共产主义）构筑了现代中国社会实践的未来想象的话，那么这一定是带有施特劳斯特色的、在传统复兴基础上建构起来的未来想象。回归不是为了回到过去，而是在过去有所回望的前提下，带着这种文明的给养走向一致认同的未来。也就是说，缺少了施特劳斯式古典阅读和复兴传统的维度，马克思主义在中共究其实质仍是无根的异域空谈，相反，有了中国传统文明作为内在支撑的马克思主义，才有可能建构起具有中国气派和中国特色的大同未来。从这个角度看，张盾的学理辨析只是拨开了二者表皮（做了价值无涉的旁观者分析），[①] 而没有立基于中国当下的现实土壤做出开花结果式的学理性探索。对于这一点，李佃来先生则试图做出突破。

与张盾先生不同，李佃来先生试图将施特劳斯、罗尔斯和马克思置入政治哲学的谱系当中，通过划界、越界的方式厘定他们之间的相互关系。[②] 在李佃来看来，施特劳斯代表了政治哲学的上升路线，他追求德性、卓越和永恒等理想化的高位标准，以柏拉图的超越的理念世界为现实的世俗世界领航。而罗尔斯则代表了政治哲学的下降路线，这体现在他所探讨主题直接关乎现代社会政制的根本性问题，而且这种讨论并非耽溺于纯粹的理论探讨，而是以现实政治为鹄的，着力发

① 在《现代性批判之“异常思”：施特劳斯论马克思》（载于《天津社会科学》2010 年第 2 期）中，张盾坦言他的研究只是把问题提了出来，“至于问题的解决则有待于更深入的研究”，这说明他对自己的研究的限度有着自觉的理论清醒。

② 李佃来：《施特劳斯、罗尔斯、马克思：政治哲学的谱系及其内在关系》，载于《中国人民大学学报》2014 年第 4 期，复收入《马克思的政治哲学：理论与现实》，人民出版社 2015 年版。

掘公平正义的制度保障和程序主义。至于马克思，他的政治哲学代表了施氏和罗氏政治哲学的否定之否定阶段，即实现了超越性和现实性的有机统一。这表现在，一方面，与罗尔斯为代表的自由主义政治哲学相似，马克思也强调政治哲学的现实性维度，即直面现代性之历史展开中不断出现的日常政制问题，如市民社会的形成及其矛盾，自由人权、公平正义和普遍平等等议题。另一方面，与施特劳斯对政治哲学的普泛界定相似，马克思也追求好的政治生活。当然，二者对“好”的内容的理解大不相同：施特劳斯强调德性优先于自由，善优于权利；而马克思更加推崇自由、平等和权利等现代政治价值。不过他们对“好”的内容的不同旨趣和偏好，并不影响二者都走向现代性批判范式的政治哲学和对古典政治哲学思维路向的继承，① 这即是说，二者在意旨和观点上的“同而不合”，彰显的却是二者政治哲学兼具的超越性特质。

总体来看，李佃来先生的论述带有鲜明的黑格尔哲学的三段论特质，他要弥合当下中国政治西学领域的两个主流：施特劳斯和罗尔斯，并将他们挪作马克思主义政治哲学大厦的两块可用柱石。只可惜，他的作为穹顶的马克思主义政治哲学是高度理想化的个人建构。如果说作为犹太人的施特劳斯有着强烈的身份意识，并从这种身份意识出发对现代性危机有着切肤的实践感和批判意识，而作为自由民主国家的罗尔斯对美国式政体的不义（不公正、不平等）有着强烈的现实批判精神，那么李佃来先生笔下的马克思主义政治哲学则完全是抽象化的、理想化的、不食人间烟火的一厢情愿。如果说施特劳斯和罗尔斯的思想前提和价值取向南辕北辙、扞格不通，那么，我们当如何嫁接二者，将他们融构成一种统一体。这要在中华民族文明复兴的背景上，在文

① 马克思思想中包含着古典政治传统的因子，这一点阿伦特作出了较为详细的甄别和梳理，在 1953 年的一部讲座手稿中，阿伦特强调，“连接亚里士多德与马克思的这条线，远比马克思到斯大林的那条线紧密”，马克思的真正源头，“很明显，它源自西欧政治思想的传统。这一点就是问题的深度所在”。参见阿伦特，《马克思与西方政治思想传统》，孙传钊译，江苏人民出版社 2006 年版，第 6、7 页。

明和正义政体的建构中去加以考量，而不是通过理论到理论，进行剪刀加糨糊式的形而上学拼接。从这个角度看，与其说李佃来的思想努力是一个可贵的理论尝试，但根本上仍是一种折衷主义的理论杂糅。

由上可见，汉语学界的马克思主义研究者对马克思和施特劳斯的理论特质和内在关联有着清醒的理论自觉。但从总体上讲，他们的差异比较和建构融通仍处于导论阶段。作为一种理论性的政治哲学建构，古典旨趣与现代旨趣有着全然不同的前提预设、价值偏好和话语结构。折中式的调和只是掩盖了根本的冲突和问题，并非解决问题的表现。故而，真正严肃的学理探讨是廓清双方的前提差异，并在此基础上做一以贯之的理论综合。然而，截至目前，我们还未看到这样的力作出现。当然，这种情况同样存在于施特劳斯与自由主义政治哲学论争的话语中。

### 三、自由主义论争语境下的施特劳斯

综上可见，施特劳斯和马克思都可归为现代性批判的政治哲学范式，只不过前者是“哀其不幸”（促其回返）的现代性批判，后者则是“怒其不争”（促其完成）的现代性批判，区分的根由在于两者对古典政治哲学和现代政治哲学的不同态度和旨趣。与之不同，自由主义无论从思维形式还是问题旨趣上都是现代性的政治理论。如果说施氏与马克思在现代性批判上的一致性为双方的共契提供了些许对话的平台，那么，施特劳斯与自由主义之间的论争明显比前两者的对抗更加地针锋相对和水火不容。概括地讲，后两者之间的冲突表现在理论和实践两个层面上。从理论旨趣上看，施特劳斯所珍视的德性、卓越、善好、永恒等都是自由主义所有意回避的论题，而自由主义所倾力加以证成的观念，如多元主义、相对主义、历史主义以及自由、权利、平等、公正等现代价值恰恰是施特劳斯所批判质疑的东西。实践上的对立表现在，施特劳斯致力于追问什么样的生活值得过以及培养什么样的人的问题（君子养成和心性培养），而自由主义则试图将目光锚定在启蒙价值观念的现实可操作性上（介入政治与制度设计），从而弃绝了社会的公正与贤能统治者的良心发现或横空出世的可能性关联。

正是由于上述两个层面的判然有别，世纪之交汉语思想里的施特劳斯—自由主义之争也表现为两个面相：一是实践层面的主义之争或意识形态比拼，如宪政与法制的可倡导性，施氏是否为新保守主义教父，精英主义者抑或自由民主制的敌人，等等；二是考究施特劳斯与自由主义的义理之辩，例如施特劳斯（及其中国代言人）是否混淆了多元主义与相对主义、绝对主义与普遍主义，施氏对自由主义者的攻击是否有失公允，充满误识谬见，等等。本文旨在清理施氏在汉语西学演进中的思想肖像，故而对媒体上或施氏中伤诋毁者（如德鲁里）的充满火药味的主义之争，甚至人身攻击存而不论，而只对施特劳斯与自由主义者之间的学理论争加以评析。在这方面，马华灵的研究在此值得评论。

华灵君的文章主要论及施特劳斯与伯林的思想论争。关于这段思想公案汉语学界本不陌生：刘小枫2001年发表的近六万字的长文——《刺猬的温顺》（收入同名文集，上海文艺出版社，2002）便是以施特劳斯和伯林为比较对象，曾吸引了一批青年学子对施特劳斯的关注。十年之后，当施特劳斯热趋于和缓理性，钱永祥先生撰文商榷，批评施特劳斯和刘小枫的言述“混淆价值多元论与价值相对论，没有注意到多元论与普世主义搭配的可能”，“对‘美好人生’的理解失之于专断而简单……对其条件、它在制度方面的要求以及它与多元论的关系，都有相当关键的误解”。[①] 而马华灵的专论意图在钱永祥先生文章的基础上，借助一篇新发掘的未刊文献——《伯林致雅法书信》（“Letter to Harry Jaffa”，1992）[②]，再度回击施特劳斯对伯林的误解和“不实”指控。[③]

---

① 参见钱永祥：《多元论与美好生活：试探施特劳斯政治哲学的两项误解》，载于《复旦政治哲学评论》，第一辑，上海人民出版社2010年版，第61—77页。

② 参见伯林：《伯林致雅法书信》，马华灵译，载于《读书》2017年第3期，第73—82页。

③ 伯林在致雅法的书信中明确反驳施特劳斯对他的相对主义和绝对主义指控，华灵君根据这一反驳，在《学术月刊》上撰写两位来剖析伯林反驳的根由及其要旨何在。参见马华灵：《多元主义与相对主义：伯林与施特劳斯的思想论争》，载于《学术月刊》2014年第2期，第32—40页；以及马华灵，《普遍主义与绝对主义：伯林与施特劳斯的思想纷争》，载于《学术月刊》2017年第8期，第111—123页。

汉语学界诸家为何会关注施特劳斯与伯林的思想纠葛，而不是关注施特劳斯与罗尔斯、诺齐克或其他自由主义者的思想关联。这要追溯到20世纪60年代，当时，以赛亚·伯林发表了著名的《两种自由概念》(1958年)，引起西方学界的普遍关注，被誉为“二十世纪自由主义政治哲学的经典”，当代政治哲学中“最具影响力的单篇文章”。[①]然而，对于这样一篇被美誉为“二十世纪的自由主义宣言”的文章，施特劳斯在《相对主义》(1961年)文章中却指摘批判它为“自由主义危机的标志性文本”。[②]在施氏看来，伯林将多元主义视为自由主义的基础，然而多元主义却是自相矛盾的概念：因为它一方面承认多元价值的相对性，一方面又隐匿地将消极自由奉为圭臬。如果多元主义是一个自相矛盾的所指，那么自由主义必定因其根底的不牢靠而陷入危机之中，而《两种自由概念》极其清晰显白地道出这一事实，故而是自由主义危机的标志性文献。

对于这一指控，伯林在三十年后的一封致雅法的自辩书信(1992)中作出了反驳。在伯林以及在马华灵看来，自由主义的根基并未因施氏的批判而受到撼动，因为施特劳斯从根本上误解了伯林的多元主义主张。首先，多元主义并不是一种相对主义。因为相对主义的核心是主观性和不可理解性，而多元主义承认的却是客观的价值，如自由、平等、公正、和平、安全，等等，这些价值可以为现代正常人所普遍理解和认同。在伯林看来，由于人性具有某种共通性，故而存在着大多数人认可的普遍价值，这种普遍的共同价值的存在便预设了价值判断的可能性。因此，施特劳斯对相对主义的“特殊性”(不存在普遍价值)和“价值判断的不可能性”的指控也是不成立的。其次，多元主义不是绝对主义，而是一种普遍主义。在马华灵看来，普遍主义与绝对主义的区别在于：前者的理论基础是经验主义，后者是理性主义；前者的前提预设是共通的人性观，后者的理论预设是不变的人性观；

---

① 参见马华灵:《伯林致雅法书信》,《读书》2017年第3期，第77页。

② 施特劳斯:《相对主义》，载于《古典政治理性主义的重生》，潘戈编，郭振华译，华夏出版社2011年版，第60页。

前者强调普遍价值相互冲突的可能性，后者则预设了绝对价值之间的互相兼容。

对马华灵文章的全面反驳超出了本文的限度，此处只作两点回应。首先，伯林和马华灵驳论的基石在于宣称，施特劳斯笃信的是一种理性主义的，亦即绝对主义的价值观，相反他们坚持的却是一种经验主义的，同时亦是普遍主义的价值观。① 这种对施特劳斯绝对价值论的理解其实并不全面。因为，施特劳斯之所以宣称一种超越时代、地域和民族的永恒不变的绝对价值是出于一种论辩的需要，而不是一种个人观点的自我表白。众所周知，施特劳斯反对相对主义和历史主义，因为相对主义强调事实，否弃价值，历史主义更加极端，将事实和价值均设定为历史条件的产物，这种韦伯，黑格尔—马克思，尼采—海德格尔的立场，一步步将西方传统的伦理—价值维度蚕食殆尽，从而为法西斯主义的出场扫清了思想障碍。而在施特劳斯看来，任何哲学都带有（反）政治性，无畏的哲学探究不应无视习俗或传统对大众的精神家园意义，否则清空了他们头脑中传统价值的位置，取而代之的很可能不是理性的自主，而是纳粹的意识形态宣传，科技神话或欲望权利的宰制，一言蔽之，虚无传统很可能会倾覆社会，带来精神层面的空虚而非人们心灵的安宁，因此，哲学写作需要技巧，只向有潜质的未来哲人传递真理，而对大多数人遮蔽骇人的真相。而绝对价值论恰恰就是施特劳斯面对公众的一种言辞，不能视为他本人的真实主张。

也就是说，我们并没有充分的证据表明施特劳斯是一个绝对价值论者。首先，对一个曾经深受尼采影响的犹太学者，施特劳斯岂能在“上帝已死”，超感性领域失效之后，简单地成为一个一元主义的绝对价值论者。如果有此言论，只能理解为施氏为了抗击尼采—海德格尔的虚无化倾向的一种反向论姿。这样的反例其实在施氏作品中普遍存在，例如，施特劳斯在《自然正当与历史》开篇正面引述《独立宣言》

① 参见伯林、贾汉贝格鲁:《伯林对话录》，杨孝明译，正中书局 1994 年版，第 39—42 页。同时参见马华灵:《普遍主义与绝对主义：伯林与施特劳斯的思想纷争》，载于《学术月刊》2017 年第 8 期，第 117—121 页。

的天赋人权和普遍平等言述，但如前所述，施特劳斯骨子里恰恰是反对这些言辞的。这就是说（其次），施特劳斯践行的是一种需要审慎对待的隐微写作，况且他也从来没有宣称自己是一个绝对主义者，或是宣称自己的个人主张是什么什么，云云；复次，施特劳斯所献身的是一种政治哲学，根据亚里士多德的说法，伦理—政治哲学是实践哲学，即可变的学问，施氏的作品对存在、永恒不变的形而上学论题保持了沉默；这样一个拒绝形上探讨，却以可变的人事之学（政治哲学）为志业的学者，怎么俨然成了伯林和马华灵笔下一个坚定的绝对论者？如果伯林断言施特劳斯误解了自己，那么显而易见，当宣称施特劳斯是绝对主义者时，伯林以及他的追随者们显然也误解了施特劳斯。他们对施特劳斯的意图动机视而不见，而是将施氏从其活生生的个人关切中抽离出来，教条地、孤立地分析施特劳斯和伯林的观念差异和区别，从而把施特劳斯看成了一个教条性的理念论式的政治哲人。吊诡的是，施特劳斯的柏拉图式政治哲学恰是要反理念论的政治哲学路向，从而敞开城哲冲突，即诗与哲学之争的原初政治哲学语境。

其次，伯林以及马华灵认为普遍价值之间有时相互冲突，如仁慈和正义无法兼容，完全的自由和完全的平等也是鱼和熊掌、不可兼得。然后他们指认施特劳斯“没有认识到绝对价值之间的不可兼容性，……所有价值必定都彼此和谐一致”。[①] 毫无疑问，伯林和马华灵看到了欧陆理性主义和英美经验主义的差异所在，前者强调从一元的前提出发，通过理性演绎推出自成体系的理论大厦，后者立基于经验主义的归纳和移情共通感，在实践的可变领域穿梭自如。然而这一洞见并非问题的关键所在。

换言之，断言施特劳斯坚信绝对价值“必定彼此和谐一致”是一个极不靠谱的结论。因为众所周知，施特劳斯一生强调价值之间的相互冲突，其曾言，有限的问题能够解决，而绝对的问题无法解决，如耶路撒冷和雅典之争，等等。耶路撒冷象征神学的真理，雅典则表征

---

① 伯林：《伯林致雅法书信》，马华灵译，载于《读书》2017 年第 3 期，第 76 页。

哲学的真理，这两种真理和价值之间绝不是和谐一致，而是彼此冲突，故而才有犹太—基督教里的“耶—雅紧张”。作为迈蒙尼德（温和理性主义）的门徒，施特劳斯不会蠢到像现代理性主义者那样笃信理性是万能的，而是和中世纪启蒙哲人迈蒙尼德一道，认为理性是有限度的，人不能通过理性认识上帝的本质，也无法经验地或演绎地推断世界的恒在或被造。如果说，伯林及其追随者将施特劳斯认定为一个绝对主义者还有情可原的话，认定施特劳斯坚信终极的绝对价值彼此和平兼容简直匪夷所思，因为这完全和施特劳斯的旨趣（神学—政治困境）和三个核心论题（古今之争、耶雅紧张和城哲冲突）相违背。当然，如果将这种绝对价值和谐论放到整全的观念论体系中，认定从一元基础出发推演出的整体或总体的观念世界是和谐完美的，这并不算错。然而，这显然是斯宾诺莎—黑格尔式的理论体系，而不是后尼采时代施特劳斯的思想观念。

综上可见，施特劳斯着实影响了世纪之交汉语学界的思想走向，不仅重新激发了新一轮的古今中西之辩和复归传统的热潮，而且在马克思主义和自由主义等话语体系中产生了回响；不仅在学理层面产生了影响，而且在古典学科的建立，通识教育的展开等实践领域开花结果；不仅对政治思想史和政治哲学的主题研究，如对柏拉图、马基雅维利、霍布斯、卢梭、尼采、海德格尔等阅读和理解产生了互文影响，而且扩展到对文学、史学、法律、神学领域的解读，成为对阿里斯托芬的喜剧、修昔底德的历史、施密特的法权理论和迈蒙尼德的律法神学等等解读的必要背景。一种主义论说之所以产生思想史的影响，端赖于来自内部或外部的辩护或质疑。同样的，施特劳斯思想之所以在汉语学界产生重大影响，也全系追随者的阐释发微和批评者的商榷质疑。

当然，也应看到，当我们强调施特劳斯影响了汉语学界的古典转向时，这是就他思想产生的影响和积极意义而言的。但当下中国社会是一个高度复杂矛盾和蕴含诸种潜能的社会，施特劳斯在文教实践的君子养成和德性浸润上的启示导引，是建立在他对现代社会历史进程视而不见的基础上的。换言之，就社会历史现实而言，施特劳斯的缺点同他的优点一样明显。与施氏不同，马克思以及西马学说，自由主义学派，甚至后现代的学说，都在一定程度上回应了现实社会历史进程的发展，并且与市场经济的全球化进程产生了某种理论上的共鸣和呼应关系。就此而论，对中国社会现实和中国现代思想构建而言，施特劳斯思想固然重要，自由主义论说、马克思主义言述也同样重要。任何一个明智的人文学者要想理解我们的社会现实，都不应固守己见、封闭自我，而是要在开放的思绪下吸纳百家之学，这不仅是作为个体的人文学者所需要的治学态度，更是社会现实对我们提出的理论要求。

## 主义论争与学理拓进

——近年来海外施特劳斯研究述评

一位仅仅是学术明星而非厚重理论思考的政治哲人注定昙花一现，反之，那些专注学理奠基的书斋哲人，即使拥有强大的思想原创性和学术生命力，也很难走上世俗政治论争的舞台。施特劳斯兼括了上述两个方面：二十多年的“施特劳斯热”不仅源于他培育并在身后形成了一个施特劳斯主义学派，更在于这位倡导显白教诲、践履社会责任、近乎隐居遁世的政治哲人卷入了主义论争的风口浪尖，俨然被视为“新保守主义的思想教父”。所幸，尽管意识形态层面的主义论战余音不断，但最近几年来，施特劳斯研究的总体状况趋向冷静与深入：不仅学术研究著作数量陡升，涵涉论题宽广，而且不乏力作佳品。①

① 借用《剑桥施特劳斯研究指南》(*The Crambridge Companion to Leo Strauss*，2009）编者斯密什（Steven B.Smith）的话讲，晚近出版新著所涉论题“几乎涵括了施特劳斯思想的方方面面”，参见 Steven B.Smith：《引言：今日的施特劳斯》(“Introduction：Leo Strauss Today”)，载于《剑桥施特劳斯研究指南》(*The Crambridge Companion to Leo Strauss*)，Steven B.Smith 编，New York：Cambridge University Press，2009，第 1 页注释 1，第 6 页。同时参见，Tony Burns 和 James Connelly：《引言：施特劳斯学派的声音》(“Introduction：Straussian Voices”)，载于《施特劳斯的遗产》(The legacy of Leo Strauss)，Tony Burns 和 James Connelly 编，Imprint Academic Philosophy Documentation Center，2010，第 2—3 页。

总而言之，2006年以来的施特劳斯研究延续了以往双峰并峙的态势，但不同之处在于，主义论争有所减弱，学理探讨走上前台，成为主流。鉴于国内已刊的施特劳斯研究综述大多偏重国内研究状况的述评，[①] 因此，本篇述评主要侧重于评介近年来海外施特劳斯研究的最新成果。[②]

## 一、主义论争余温不减

这里所谓的主义论争，主要包括两个层面：一是指自由派学人、共和主义学派、保守主义者在政治意识形态层面上对施特劳斯及施特劳斯学派的新保守主义定性、批判以及后者的辩驳回应；二是指施特劳斯学派（以下简称施派）内部关于政治施特劳斯与哲学施特劳斯的思想遗产论争，即所谓的东、西海岸施特劳斯主义之争。下面我们分而论之。

### 1. 自由主义与新保守主义之争

近年来公共媒体上关于施特劳斯与保守主义政治内在关联的论争开始降温，但学术专著仍不时涌现，主要有：诺顿（Anne Norton）的《施特劳斯与美帝国的政治》（*Leo Strauss and the Politics of American Empire*, 2004），楚克特夫妇（Catherine and Michael Zuckert）的《施特劳斯的真相：政治哲学与美国民主》（*the Truth about Leo Strauss*: *Political Philosophy and American Democracy*, 2006），芝诺（Nicholas Xenos）的《假借美德之名：揭开施特劳斯与美国外交政策的修辞》（*Cloaked*

① 参见张旭：《施特劳斯在中国：施特劳斯研究与论争综述》，《吉首大学学报》2003年第12期；高山奎，《施特劳斯思想二十年研究述评（1990—2010）》，《社会科学评论》2010年合辑；等等。

② 2006年以前关于施特劳斯及其弟子的著述文献用汗牛充栋来形容丝毫不过，莫雷（John A. Murley）编辑的《施特劳斯及其遗产：文献目录》（*Leo Strauss and His Legacy*: *A Bibliography*）收录了1921—2005年以来800位作者的近一万五千条著述条目，全书约一千个印张，涵盖了著作、期刊文章、评论、译文及在线资源等各种类型的文献，是当前查找施特劳斯及其弟子著述文献的必备工具书。参见莫雷（John A. Murley）：《施特劳斯及其遗产：文献目录》（*Leo Strauss and His Legacy*: *A Bibliography*），Lexington Books，2005。

*in Virtue: unveiling Leo Strauss and the rhetoric of American foreign politicy*, 2008)，米诺维茨（Peter Minowitz）的《施特劳斯恐惧症：反驳德鲁里及其他指控者为施特劳斯及其学派辩护》(*Straussophobia: Defending Leo Strauss and Straussians against Shadia Drury and Other Accusers*, 2009)，伯恩斯（Tony Burns）和康奈利（James Connelly）选编的《施特劳斯的遗产》(*The Legacy of Leo Strauss*, 2010)①，以及戈特弗里德（Paul Edward Cottfried）发表的《施特劳斯与美国保守主义运动：批判性评价》(*Leo Strauss and the Conservative Movement in America: A Critical Appraisal*, 2012)，等等。

这些论战性专著或支持、或批驳自由派学者德鲁里（Shadia B. Drury）在《施特劳斯与美国右派》(*Leo Strauss and the American Right*, 1997)中提出的观点：施特劳斯及其学派是新保守主义者，是"自由和民主不共戴天的仇敌"？为什么在当前探讨施特劳斯、施特劳斯学派以及美国自由民主政制的对话中，德鲁里占据如此重要的位置？在楚克特夫妇看来，德鲁里的极端重要性在于，"她为当前传布的大众传媒提供了最为渊博和最具清晰的反施特劳斯版本"。② 换言之，虽然不少人认为德鲁里为公众提供的"施特劳斯肖像注定是不完美的"（楚克特夫妇），她的关于施特劳斯的著作中布满了"夸大其词、错误引用、自相矛盾、事实错误和缺陷推论"(米诺维茨)，但不争的事实是，"德鲁里的著作和论文被广泛译成中文、韩语、阿拉伯和意大利语"，其本人也被内部圈子中的同僚视为"杰出的研究者"，是当前施特劳斯研究的"头号人物"。③

德鲁里将施特劳斯指控为新保守主义者，对此诺顿并不认同。

① 该文集划分为四个部分，其中第四部分的标题就是"施特劳斯、施特劳斯主义与美国的新保守主义"("Strauss, The Straussians and Neoconservatism in the United States")。

② Michael Zuckert, Catherine H. Zuckert, *the Truth about Leo Strauss: Political Philosophy and American Democracy*, the University of Chicago Press, 2006, p.9.

③ 米诺维茨（Peter Minowitz），《施特劳斯恐惧症：反驳德鲁里及其他指控者为施特劳斯及其学派辩护》(*Straussophobia: Defending Leo Strauss and Straussians against Shadia Drury and Other Accusers*), Lexington Books, 2009, 第9页。

在《施特劳斯与美帝国的政治》一书中，诺顿区分了施特劳斯和施特劳斯主义：认为是施特劳斯的众弟子，而非他本人是施特劳斯主义者——“政治的施特劳斯主义”（the political Straussians），他们进入政府或借助媒体，对布什政府的外交政策施加影响。[①] 诺顿意图否认施特劳斯门徒是施特劳斯真正传人的做法，表面上捍卫了施特劳斯的清白，实则间接肯定了德鲁里对施特劳斯学派是新保守主义的论断。对此，楚克特夫妇提出了质疑，在他们看来，诺顿没有必要借助这种二元区隔的做法来对抗德鲁里的观念，因为纵使施特劳斯本人与华盛顿的“施特劳斯主义”之间具有某种关联，这种关联也远没有媒体所宣扬的那么紧密。通过将精力集中于探究施特劳斯的政治思想，楚克特夫妇试图表明：“施特劳斯及其学派的媒体幻象与新保守主义政策及其现实之间很少具有关联，无论他们的价值或过失何在，都很少来自施特劳斯政治思想的影响。”[②] 也就是说，对楚克特夫妇而言，施特劳斯主义与新保守主义本质上具有异质性：前者是真正的学者，这与作为政治活动家和媒体记者的新保守主义分子之间不应混为一谈。

楚克特夫妇的辩护性批判在米诺维茨（Peter Minowitz）那里得到共鸣，在《施特劳斯恐惧症》中，米诺维茨追随楚克特夫妇，反对

① 诺顿（Anne Norton）:《施特劳斯与美帝国的政治》(*Leo Strauss and the Politics of American Empire*), New Haven and London: Yale University press, 2004, 第1—2, 5—20页。与诺顿观点相类似，里拉（Mark Lilla）在《纽约图书评论》(*New York Review of Books*)上发表了关于施特劳斯事业和遗产的二分评论:《列奥·施特劳斯：一个欧洲人》(“Leo Strauss: The European”, 载于 *New York Review of Books*, 卷51, 第16期, 2004)与《闭塞的施特劳斯心智》(“The Closing of the Straussian Mind” 载于 *New York Review of Books*, 卷51, 第17期, 2004)。里拉的二元划分，在不同部分采用不同的语气，意图突显施特劳斯、欧洲人与这位饱受争议的著名人士之间的巨大裂痕，这一裂痕的出现源于施特劳斯主义对学术界、政府和智能团产生的不同影响。参看谢帕德（Eugene Sheppard),《施特劳斯与流亡政治：一个政治哲人的锻成》(*Leo Strauss and the Politics of Exile: The Making of a Political Philosopher*), Brandeis University Press, 2006, p.2；芝诺（Nicholas Xenos),《假藉美德之名：揭开施特劳斯与美国外交政策的修辞》(*Cloaked in Virtue: unveiling Leo Strauss and the rhetoric of American foreign politicy*), New York and London:(Routledge) Taylor & Francis Group, 2008, p.xiv。

② Michael Zuckert, Catherine H. Zuckert,《施特劳斯的真相：政治哲学与美国民主》, 前揭, 第23—24页。

政治左派将施特劳斯及其追随者指控为反民主的精英主义者的做法。在米诺维茨看来，那些优秀的施特劳斯主义者，如贝纳加（Nasser Behnegar）、詹森斯（David Janssens），迈尔、潘戈、斯密什、唐格维、楚克特夫妇等都已介入当前的论争当中，并且提供了清晰晓畅、博闻多识且富有创见的施特劳斯概述。然而，面对强大的施特劳斯敌人，从艺术家罗宾斯（Tim Robbins）①，政客保罗（Ron Paul），新闻记者克莱因（Joe Klein），到知名的自由派和共和主义学派学者德鲁里（Shadia Drury），霍尔姆斯（Stephen Holmes），芝诺（Nicholas Xenos），沃林（Sheldon Wolin），波考克（John Pocock），伍德（Gordon Wood）等人，上述施派弟子中鲜有人试图针对他们抨击的缺陷，尤其是针对他们因伊拉克战争逐渐升级而对施特劳斯提出的攻击做出系统、详细的回应。即使在转述和反驳反施言论方面最为出色的楚克特夫妇，也未能"传达恶语中伤的内容以及揭露这些攻击的偏狭和滑稽"。② 因此，面对施特劳斯敌人的恶语中伤和连番攻击，尤其是芝诺新著的重拳出击③，米诺维茨试图迎头反击，以图改变施特劳斯主义论争十多年来，施特劳斯主义一直在美国学界充当着的让人匪夷所思的"替罪羊地位"。

综上，近年来关于施特劳斯的主义论争掀起了两次小高潮：一是诺顿和楚克特夫妇学术论战；二是芝诺和米诺维茨的新著来袭。双方引经据典、言之凿凿、立场鲜明、互不相让。这让一些著作等身的知

① 罗宾斯2003年底创作并执导反战谐剧《嵌入》("Embedded")，剧中有一个吟诵"施特劳斯万岁"的阴谋集团，影射保罗·沃尔福威茨（Paul Wolfowitz）及其先师施特劳斯对伊拉克战争的影响，罗宾斯主要借此剧来讽刺美国人侵伊拉克的恐怖与愚蠢。

② 米诺维茨（Peter Minowitz），《施特劳斯恐惧症》，前揭，第4页。

③ 2008年，芝诺重磅推出新著《假借美德之名：揭开施特劳斯与美国外交政策的修辞》，通过集中考察施特劳斯的早期作品，试图揭开后者政治思想的"斯芬克斯之谜"。在芝诺看来，施特劳斯1930年代早期发表评论中隐含着的政治理论立场一直持续到后来的美国时期，因此，施本人绝不是普通的保守主义者，而是极端的"右翼反现代主义者"。换言之，"施特劳斯绝非无辜"，他一直坚守的是威权主义政治形式的自然秩序观和人性观。也因此，芝诺强调是施特劳斯及其门徒深刻影响了"911"后布什政府的新保守主义外交政策。见芝诺（Nicholas Xenos），《假借美德之名》，前揭，第xvi页。

名教授也按捺不住。2012年，戈特弗里德（Paul Edward Gottfried）①推出自己的大部头专著《施特劳斯与美国保守主义运动：一种批判性评论》（*Leo Strauss and the Conservative Movement in America: A Critical Appraisal*）。他将矛头直指楚克特夫妇和米诺维茨的“无辜”论调，认为，无论主观意愿如何，施特劳斯及其弟子已然“重塑了美国的保守主义运动”：他们“通过意外事件确立了正当性”，从而“将美国（或英美）的现代化转变为现代世界政治美德的化身。‘政治施特劳斯主义’观点作为一种美国转变使命的正当性理由已变为一种现实理念”。② 但另一方面，戈特弗里德也注意到，施特劳斯及其门徒对美国保守主义的影响更多源于保守主义活动家和媒体人的理论不自信，他们感到根底虚空、悲观绝望，因而到施特劳斯那里求取资源。但对于施特劳斯及其弟子而言，他们至今都不曾将自己视为“保守主义者”。相反，他们将自己视为坚定的肯尼迪式民主和自由国际主义者。施特劳斯主义者们从未希望将古代的政治理念及其实践（除了相当挑剔的修辞方式）嫁接到美国社会，施特劳斯及其弟子热切地捍卫美国的现代化，他们所阐释的永恒价值经常被看作是相当现代的。可见，戈特弗里德对施特劳斯与保守主义错综复杂关系的论析虽然立场鲜明，时有批驳，但他对施特劳斯生活及其阐释学说的详细解读（见第2、3章），尤其对施特劳斯从犹太流亡者到美国定居者之间转变的考察以及对施特劳斯弟子如罗森既褒亦贬之复杂立场的阐释，使得他的专著显得更加客观中肯，富于学理性。

概而言之，关于施特劳斯、施特劳斯学派与美国外交政策关系的

---

① 戈特弗里德是美国伊丽莎白敦学院 Horace Raffensperger 教授，曾出版《美国的保守主义》（*Conservatism in America: Making Sense of the American Righ, 2007*），《马克思主义的离奇终结》（*The Stange Death of Marxism: The European Left in the New Millenium, 2005*），《自由主义之后》（*After Liberalism*，2001）等十多部专著。

② 戈特弗里德（Paul Edward Cottfried），《施特劳斯与美国保守主义运动：批判性评价》（*Leo Strauss and the Conservative Movement in America: A Critical Appraisal*），New York: Cambridge University Press，2012，p.vii。

论争在媒体退场，学术登场的背景下依旧强劲：① 楚克特夫妇（2006）、米诺维茨（2009）的辩白堪称强音，芝诺（2008）、戈特弗里德（2012）的指控同样有力。但细究之下，与前期（2006之前）媒体莫须有联想勾连相比，后期的学术论争显得更加冷静而持重：双方都试图从学理的视角，从施特劳斯本人的生活和专著中查找证据来为自己的观点佐证进言。比较而言，汉语学界的施特劳斯论争则更加凸显了本土性和当下性，即“强调施特劳斯在中国语境下的现实意义”：如任剑涛先生指责中国施派“诗性化的千年关切”实际上遮蔽了当前中国政制建构的基本症结和根本问题，是一种引领学术走向歧途的错误理路。② 吴冠军博士谴责施特劳斯主义方案理论内核的“犬儒主义”，是后“9·11”时代意识形态批判唯一不可能的实践。③ 钱永祥先生则试图对施特劳斯学说的基底加以纠弹，认为施特劳斯“混淆了价值多元论和价值相对论，从而未能注意到价值多元论与普遍主义搭配的可能性”，同时批驳施特劳斯对美好生活的可能性分析缺乏有说服力的“概

---

① 实际上，针对公共媒体和自由派学人对施特劳斯新保守主义的妖魔化，施派弟子在2006年井喷式地发表了一系列学术著作加以反驳，如迈尔的《施特劳斯与神学—政治问题》、楚克特夫妇的《施特劳斯的真相》、斯密什的《阅读施特劳斯》、潘戈的《施特劳斯：思想及其智识遗产导论》、谢帕德的《施特劳斯于流亡政治学》等等，从广义上讲，这些都可视为主义之争中施派弟子群起自辩的著作。

② 任剑涛在多个演讲中表达了这一观点，其表述颇具论战性。但笔者认为，任先生非此即彼的二元思维和论战风格遮蔽了他对中国问题的复杂性与多元性，暂时性与长远性的认识，从而导致他无法容忍学术研究和个体偏好的多元取向。参见拙作，《施特劳斯与中国问题——兼论中国“施特劳斯现象”的理论缘起、实践效应及其评价》，《理论探讨》2013年第2期。

③ 吴冠军：《一把插向心脏的刀——论意识形态批判之（不）可能》，《开放时代》2006年第2期，复收入《爱与死的幽灵学：意识形态批判六论》，吉林出版社2008年版正论1。吴冠军先生的文章旁征博引、词藻华丽、立场鲜明、笔锋犀利。然而，在笔者看来，他的文章将完全不同品性的两种哲学搅在一起，与后现代主义的意识形态批判相比，施特劳斯是有所坚持的：他坚信耶—雅冲突的永恒性和政治生活较之哲学生活的派生性与不完美性（《〈斯宾诺莎宗教批判〉英译本导言》《城邦与人》）；他批判无畏的知性真诚瓦解了道德的根基，导致现代人的欲望泛滥和虚无主义（《德意志虚无主义》《现代性的三次浪潮》）；他笃信少数哲人与多数群氓之间差异的不可逾越，这种差异无法通过大众启蒙、理性教化加以抹平（《苏格拉底问题》《迫害与写作艺术》）；因此，他绝非猥琐的明哲保身的犬儒主义者，而是在忠于哲学的同时，审慎地践履一名哲学家的社会责任（《剖白》）。

念架构”及其论证，因而是站不住脚的理论误判。[①] 这些或政治现实的、或意识形态的、或学理根基的批判如铮铮号角，与中国施派在经典译疏、博雅教育探索和通识人才培养等方面的静默实践构成巨大反差，成为施特劳斯主义论争的重要方面。然而，中外学界关于施特劳斯及其学派的论争除了上述的主义论争面相外，还有一个重要方面，即施特劳斯学派内部的遗产争夺。

2. 施特劳斯学派内部的遗产争夺

关于施特劳斯思想的主义论争，归根结底是施特劳斯思想旨趣的判定问题。虽然施特劳斯在《现代性的三次浪潮》等文中多次强调自己摒弃了政治蓝图式的方案设计，因为它只能带来现代性的再次迭进而非折返，但他对双重写作方式的强调让人怀疑其字面表述背后的真实动因是否相反。而这也正是施派弟子对施特劳斯思想遗产争论不休的关节所在。可见，主义论争与学派分歧是一个问题的两个方面：前者关注施特劳斯的政治野心和主义学说对自由主义及美国政制的根底侵蚀；后者关注施特劳斯学说本身的政治属性抑或哲学属性。

从时间节点上看，关于施特劳斯思想遗产归属的内部论争自施特劳斯 1973 年去世后一直持续至今，因而显得持久深远，而主义论争不过是学派分歧因偶然机缘（“9・11”事件和伊拉克战争）溢出施派小圈子突入到政治现实领域的一种结果。施特劳斯在世的时候引领学生阅读古典大书，关于他本人的立场或见解，学生可以直接向老师请教，自然不存在何谓施特劳斯真正教义的分歧。施特劳斯去世之后，由于施派弟子所表述和践履的施特劳斯思想要义迥然冲突，施特劳斯学派的分裂便由此产生。另一方面，一些看似不相关的事件对施特劳斯学派的形成和分裂也起到了催化作用，例如 1974 年，为了纪念施特劳斯，美国政治科学协会创设了每年一度的施特劳斯奖，颁发给那些政

① 钱永祥：《多元论与美好生活：试探施特劳斯政治哲学的两项误解》，《复旦政治哲学评论》2010 年第 1 卷第 1 期，第 61—77 页。钱永祥先生对施特劳斯从犹太人问题出发所面临的神学—政治困境及其现代性批判（现实关切）缺乏同情理解，而且其启蒙现代立场的坚硬内核阻隔了他从古典政治哲学视角来思考施特劳斯对美好生活之可能性进行理解的可能性。

治哲学领域最为优秀的博士学位论文，这一偶发事件间接巩固了施特劳斯学派的内部联系（虽然获奖者并非全部为施派中人），同时也加速了施特劳斯学派的内部分裂。

从施派分裂的类型上看，目前施派弟子之间的说法并不一致。人们通常从地理区位的角度将施特劳斯学派区分为东岸派和西岸派两种类型。但在《施特劳斯的真相》（2006）一书中，楚克特（Michael P. Zuckert）拓展了这一区分，他将施特劳斯学派划分为三种类型：东岸派（East Coast，布鲁姆为代表），西岸派（West Coast，雅法为代表）和中西部派（Midwest，以戴尔蒙德为代表）。然而，三年之后，在为《剑桥施特劳斯研究指南》（2009）撰写的《施特劳斯学派》时，楚克特又以人物为标签将施特劳斯学派划分为柏拉图式施特劳斯学派（Platonic Straussians）和亚里士多德式施特劳斯学派（Aristotelian Straussians）两种类型。[①] 在楚克特看来，东海岸施特劳斯学派，如伯纳德特和戴维斯（Michael Davis）等强调施特劳斯的柏拉图面相，而西海岸施特劳斯学派，如雅法和尼克尔斯（Mary Nichols）等，则更强调施特劳斯的亚里士多德成分。同时，楚克特也强调，施特劳斯学派的柏拉图或亚里士多德标签并不在于他们忠诚于哪一位古希腊的思想家，而是在于他们如何理解道德与政治的地位，尤其是哲学有关的地位。[②] 对楚克特而言，施特劳斯是柏拉图式哲人，因为，首先，苏格拉底、柏拉图、色诺芬而非亚里士多德是施特劳斯著述的核心人物；其次，更为重要的是，对施特劳斯而言，尤其是在《城邦与人》这一罕有的论及亚里士多德专著的作品中，施特劳斯一开始就指出，是苏格拉底而非亚里士多德是政治哲学的起源。这一区分并非意在否定亚里士多德政治学的哲学性，而是强调亚里士多德首先将政治科学列为众多学科之一种（其中形而上学是第一哲学），而非像苏格拉底和柏拉

---

① 参见楚克特（Michael P. Zuckert），《施特劳斯学派》，载于《剑桥施特劳斯研究指南》（*The Crambridge Companion to Leo Strauss*），Steven B.Smith 编，New York：Cambridge University Press，2009，第 263—286 页。

② 楚克特（Michael P. Zuckert），《施特劳斯学派》，前揭，第 276 页。

图那样把政治哲学视为哲学的核心或首要。[①] 可见，无论是两种类型还是三种类型，无论是区位标识还是人物标识，实则表明的是两种不同的学术偏好和哲学心性以及由不同偏好和心性催发的对施特劳斯思想的独特理解和美国政制思考的不同进路。

从文体类型上看，长期以来，关于施特劳斯思想遗产的论争大多停留在文章或评论层面，2013 年出版的《施特劳斯分裂的危机：施特劳斯与施特劳斯主义，东岸派与西岸派文集》(*Crisis of the Strauss Divided: Essays on Leo Strauss and Straussianism, East and West*) 使这一情况有所改观。该书以雅法的言述为核心，依据编年体的方式收录了近四十年来关于施特劳斯思想遗产争论的代表性文献，如雅法与潘戈、克雷纳克 (Robert P. Kraynak)、楚克特 (Michael P. Zuckert) 之间的相互批驳的论文，雅法对布伊特 (M. F. Burnyeat)，德鲁里等自由派学人的批判文章，等等。文集融汇了三代施派弟子关于施特劳斯思想遗产的正面交锋，因此可视为施派分裂的直接见证和观点集成。但要想真正把握和深入理解施派内部的分裂，单单阅读这一文献远不足够，因为，施派弟子及其再传弟子的争论绝非主义学派意识形态层面的口水战，施特劳斯学派的内部分歧之所以能够绵延至今，主要在于施派弟子基于他们各自对施特劳斯要义的不同理解而开辟的学术研究的不同路向，尤其是介入美国现实政制的不同进路。因此，唯有研读施派弟子代表性的学术论著，才能对施特劳斯学派内部不同的研究旨趣及其分歧获得真实生动的体验和理解。

### 二、研究论域纵深多元

2006 年以来，西方学界出版了近三十部以施特劳斯思想为主题的

① 楚克特 (Michael P. Zuckert),《为什么施特劳斯不是一个亚里士多德主义者》(*Why Leo Strauss is not an Aristotelian: An Exploratory Study*)，载于《施特劳斯、教育与政治思想》(*Leo Strauss, Education, and Political Thought*)，J.G. York 和 Michael A.Peters 编，Fairleigh Dickinson University Press，2011，第 114 页。楚克特的提法并不新鲜，早在 1985 年回应雅法的一篇文章中，潘戈就开始强调施特劳斯的柏拉图主义，参见潘戈，《施特劳斯的柏拉图主义：回应雅法》(*The Platonism of Leo Strauss: A Reply to Harry Jaffa*)，载于 *Claremont Review of Books*，卷 4，第 1 期，1985 年春季卷。

专著或文集，除了前述提到的几部关于施特劳斯主义之争的论著外，这些专著或论文集主要集中在以下几个方面：一是关于施特劳斯犹太思想的研究；二是关于现代性问题与政治哲学的研究；三是关于施特劳斯对自由教育之影响的研究；四是关于施特劳斯总体评价和生平传记的研究；五是关于施特劳斯与同时代思想家的比较研究；等等。

1. 关于施特劳斯犹太思想的研究

施特劳斯作为政治哲学家的面相早已为西方学界所公认，但他作为犹太思想家的面相直到20世纪90年代中期才受到重视，尤其在近几年赫然成为施特劳斯研究的重要主题。这主要表现在以下三个方面：

**一是施特劳斯被确立为当代犹太哲学史上不可忽视的重要代表人物。**在劳特利奇犹太研究系列（Routledge Jewish Studies Series）丛书之一的《当代犹太哲学》(*Contemporary Jewish Philosophy*：*An Introduction*，2006［2002］）中，罗马第一大学教授，犹太哲学权威阐释专家卡金（Irene Kajon），将施特劳斯与柯亨、罗森茨威格、布伯、列维纳斯并置为近二百年来最为重要的犹太哲学家，分列五章对他们逐一加以疏解评价。而在《现代犹太哲学剑桥指南》(*The Cambridge Companion to Modern Jewish Philosophy*，2007）所罗列的从17世纪到20世纪晚期的犹太哲人及其流派中，施特劳斯被视为与斯宾诺莎、门德尔松等并驾齐驱的犹太哲人，独辟一章由耶鲁大学著名政治哲学教授斯密什担纲撰写。这些引介性的或百科全书式的犹太哲学史著作将施特劳斯涵括在内，认为施特劳斯以其独特的研究理路开辟了犹太哲学的新方向，[①]这足以表明，西方学界已将施特劳斯视为现代犹太哲学领域不可忽视的重要代表人物。

**二是犹太思想被确立为施特劳斯思想中不可或缺的重要主题。**在强调施特劳斯犹太思想的重要性方面，格林的工作功不可没。20世纪

① 这一情况在20世纪并不多见，除了施特劳斯弟子，当代著名犹太哲学家、神学家法肯海姆在《犹太哲人与犹太哲学》(*Jewish Philosophers and Jewish Philosophy*，Michael L.Morgan 编，1996）中收录了一篇1985年发表的短文《施特劳斯与现代犹太教》外，罕有犹太哲学专著将施特劳斯作为一个重要代表列入其中。

90年代中期，格林编辑出版了“施特劳斯犹太学”丛书[①]，着力编译疏解施特劳斯的犹太言述。该套丛书计划出版四部，前两部《犹太哲学和现代性危机》（格林编，NY：SUNY Press，1997）和《哲学与律法》（阿德勒［Eve Adler］译，NY：SUNY Press，1995）如期出版。但由于出版商单方面中止出版计划，这套丛书的后两部《施特劳斯论门德尔松》（雅法编译并作疏解长文，2012）和《施特劳斯论迈蒙尼德》（格林编，2013）直到最近才由芝加哥大学出版社出版问世。除了上述侧重编译施特劳斯的犹太言述外，格林本人还撰写了《犹太人与哲人：施特劳斯犹太思想中的重返迈蒙尼德》（1993）和《施特劳斯与重新发现迈蒙尼德》（2013）两部专著，[②] 这些使得格林当之无愧地成为施特劳斯犹太思想研究的开路先锋。

然而，最近几年来，斯密什在施特劳斯犹太思想研究方面的核心地位凸显出来。2006年，斯密什出版了集多年阅读与思考于一身的集成之作：《阅读施特劳斯：政治学、哲学与犹太教》（*Reading Leo Strauss：Politics，Philosophy，Judaism*）。这部文集给施特劳斯的这位再传弟子（布鲁姆的学生）带来了国际声誉：不仅他的学术讲座遍及欧美、以色列，而且新近出版的《剑桥施特劳斯研究指南》（2009）、《现代犹太哲学剑桥指南》（2007）也邀请他担任主编或主笔。在斯密

---

① 该丛书后更名为“施特劳斯思想与遗产系列丛书”，增补了詹森斯（David Janssens）的《在耶路撒冷与雅典之间》（2008）等著作。除了格林编译的施特劳斯的犹太著述外，还有两部评介施特劳斯犹太思想的文集在20世纪90年代中期出版，它们分别是Kenneth L. Deutsch和Walter Nicgorski编辑的《施特劳斯：政治哲人与犹太思想家》（*Leo Strauss：Political Philosopher and Jewish Thinker*，Lanham：Rowman & Littlefield Publishers，Inc，1994）和David Novak编辑的《施特劳斯与犹太教：耶路撒冷与雅典的批判性重审》（*Leo Strauss and Judaism：Jerusalem and Athens Critically Revisited*，Rowman & Littlefield Publishers，Inc.，1996）。

② 《犹太人与哲人：施特劳斯犹太思想中的重返迈蒙尼德》（*Jew and Philosopher：The Return to Maimonides in the Jewish Thought of Leo Strauss*，State University of New York Press，1993）是格林在其博士论文基础上增删修订而成，该书通过阐明施特劳斯三次重返中古犹太哲人迈蒙尼德来勾勒他的思想发展。在这部专著中，格林凸显了施特劳斯作为宗教思想家的形象：“施特劳斯试图发现并模仿迈蒙尼德细致入微地对待哲人和犹太人这一双重身份”，而他二十年后出版的新著《施特劳斯与重新发现迈蒙尼德》（2013）基本上延续了这一思路。

什看来，犹太思想（耶路撒冷）是施特劳斯思想中不可或缺的重要一维，尤其是他前美国时期的核心论题，恰如哲学思想（雅典）是施特劳斯思想的另一个脚手架一样。根植于施特劳斯本人所强调的“耶—雅冲突”，斯密什（较之格林）勾勒了更为清晰全面的施特劳斯肖像，为学界提供了施特劳斯犹太学、政治学和哲学三位一体的思想史论证。

**三是犹太思想是施特劳斯思想，尤其是早期思想的核心内核。**自古内尔 20 世纪 90 年代初提出“施特劳斯主义之前的施特劳斯”这一命题以来，[①] 很多学者都将目光瞄向施特劳斯的早期思想和流亡经历，如，谢帕德的《施特劳斯与流亡政治学：一个政治哲人的锻成》（2006），詹森斯（David Janssens）的《在耶路撒冷与雅典之间：施特劳斯早期思想中的哲学、预言与政治》（2008［2001］）等。谢帕德的研究追随施特劳斯思想的发展一直到 1948 年，该书“旨在揭示犹太思想家和政治哲人施特劳斯的思想形成”，即古内尔所提及的“施特劳斯主义之前的施特劳斯”阶段。在谢帕德的笔下，施特劳斯并非一个永恒心灵，而是一个思想历程随着历史境遇改变而不断发生调适和改变的流亡哲人。因此，谢帕德将研究的首要任务限定在“阐明文本与背景、施特劳斯的写作与形塑他的表述方式的环境之间的相互影响”，从而凸显了施特劳斯思想中的两个核心特征：“对自由主义批判的保守主义（即便不是激进保守主义）和流亡问题的中心地位”。[②]

与谢帕德相似，荷兰蒂尔堡大学哲学系助理教授詹森斯也将关注点聚焦于施特劳斯的早期思想，强调早期的欧洲施特劳斯是理解后期

---

① 古内尔（John G. Gunnell）：《施特劳斯主义之前的施特劳斯：理性、启示与自然》（*Strauss Before Straussianism: Reason, Revelation, and Nature*），载于《施特劳斯：政治哲人与犹太思想家》，Kenneth L. Deutsch 和 Walter Nicgorski 编，Lanham：Rowman & Littlefield Publishers，Inc，1994，第 107—128 页。古内尔这篇文章的雏形曾在 1989 年 6 月加拿大魁北克市举办的施特劳斯研讨会上提交，后经过两次修订，最终版收录在 1994 年出版的论文集《施特劳斯：政治哲人与犹太思想家》中。虽然古内尔将施特劳斯划分为施特劳斯与施特劳斯主义两个时期的做法本身值得商榷，但这篇文章无疑引发了学界对施特劳斯流亡生活和早期思想的关注。

② 谢帕德：《施特劳斯与流亡政治学：一个政治哲人的锻成》（*Leo Strauss and the Politics of Exile: The Making of a Political Philosopher*），Brandeis University Press，2006，第 5、7 页。

美国施特劳斯不可或缺的先决条件。在《在耶路撒冷与雅典之间》[①]一书中，詹森斯引用约纳斯（Hans Jonas）、布拉格（Rémi Brague）和布鲁姆的表述，意图表明“施特劳斯在其极早时期就已经发展出了自己的核心问题意识，以至于后来的思想发展，不过是这些问题意识进一步的深化和发展”。[②]然而，与谢帕德止于早期（1948）的传记体写法不同，詹森斯更加强调打通施特劳斯的前后期思想，即通过对其早期思想作品加以探究的每一步，揭示它与后期美国时期作品的（可能性）关联，进而辨明或澄清施特劳斯思想中一以贯之的核心线索。

除了上面介绍性或专题性的犹太思想研究外，施特劳斯与同时代犹太思想家的比较研究也受到很多学者的重视，例如，希伯来大学教育学院高级讲师柯亨（Jonathan Cohen）在《哲人与学者：沃尔福森、古特曼和施特劳斯论犹太哲学史》（Rachel Yarden 译，2007）一书中展示了 20 世纪犹太哲学领域三位伟大的“学者—思想家”，如何系统性地开辟了迥然不同的犹太哲学史研究路径。在该书中，柯亨无意于追溯沃尔福森、古特曼和施特劳斯犹太哲学研究的贡献抑或绘制他们个性化思想发展的图谱，而是从认识论视角、历史哲学基础和阐释犹太哲学文本的指导原则三个视角来廓清他们对犹太哲学史的独创性拓进及其差异。

与柯亨这种宏大的体系性考察不同，普林斯顿大学的宗教学副教授拜特内茨克（Leora Batnitzky）则试图考证两位犹太哲人：施特劳斯和列维纳斯在哲学、启示和政治学上的细微差别。[③]乍一看来，施特劳斯和列维纳斯似乎是两位不搭界的思想家：前者在美国倡导回归古

① 该书是由阿姆斯特丹 Boom 出版社 2001 年出版的荷兰语同名著作经彻底修订、增补扩充而来。

② 詹森斯（David Janssens）：《在耶路撒冷与雅典之间：施特劳斯早期思想中的哲学、预言与政治》（*Between Jerusalem and Athens: Philosophy, Prophecy and Politics in Leo Strauss's Early Thought*），State University of New York Press（SNUY），2008，第 5 页。

③ 拜特内茨克（Leora Batnitzky）：《施特劳斯与列维纳斯：哲学与启示的政治》（*Leo Strauss and Emmanuel Levinas: Philosophy and the Politics of Revelation*），Cambridge University Press，2006。

典政治哲学，被誉为保守主义路向的施特劳斯学派的创始人；后者活跃在法国，是现象学圈子中关注伦理“他者”的后现代主义学术典范。然而，在拜特内茨克看来，共同的胡塞尔—海德格尔智识背景，相似的犹太人体验及其问题意识，尤其对过往犹太大哲，如迈蒙尼德、斯宾诺莎、柯亨和罗森茨威格之经典著述的共同关注和批判对话，使得缕析二者思想的会通与歧见具有重要的学理价值和实践意义。在《施特劳斯与列维纳斯：哲学与启示的政治》一书中，拜特内茨克划分了十个章节详细阐释了二者的思想立场及其可能发生的隐匿对话。在拜特内茨克看来，列维纳斯对启示的哲学辩护，对哲学理性主义之可能性的捍卫以及对哲学与犹太教和谐共生观点的宣扬最终难以成立，因为“他深陷于对哲学的现代信仰之中，他无法出于批判目的来挽救哲学”。① 相反，“施特劳斯的思想应当作为20世纪晚期犹太哲学思考的出发点，因为施特劳斯对犹太思想的范围与本质，犹太思想的内容以及解放后的（post-Emancipation）犹太人需求，较之那些积极从事犹太思想建构的当代思想家做出了更加合理的解释”。②

2. 关于现代性问题与政治哲学思想的研究

对于现代性危机的关注是施特劳斯从犹太人问题出发走向政治哲学研究的原初动因，或者说政治哲学研究和犹太思想是施特劳斯面对神学政治困境进行学术思考的一体两面。因此，对施特劳斯思想的研究都必不可少地会涉及他对现代性问题和政治哲学的思考。但从着力点上看，2006年以来有两部文集集中处理了施特劳斯政治哲学方面的遗产。第一部论文集是2010年出版的《现代性及其所失去的：基于施特劳斯遗产的考量》(*Modernity and What Has been Lost: Considerations on the legacy of Leo Strauss*, Pawel Armada 和 Arkadiusz Górnisiewicz 编）。该文集是2009年6月4—5日在波兰克兰克夫市雅盖隆大学（Jagiellonian University）召开的施特劳斯遗产国

① 拜特内茨克（Leora Batnitzky）：《施特劳斯与列维纳斯》，前揭，第xx页。

② 拜特内茨克（Leora Batnitzky）：《施特劳斯与列维纳斯》，前揭，第xxii页。

际研讨会的论文合集，研讨会主题与论文集名称相同。文集收录了迈尔、唐格维、詹森斯、朗佩特等11位研究者的文章，论题包括“施特劳斯与政治哲学的当代回返”，“《自然正当与历史》中作为正确生活方式的哲学”，“施特劳斯论哲学与诗学”，“施特劳斯与洛维特论现代性、世俗主义和虚无主义”，“论施特劳斯—科耶夫的对话及其前提”，“现代的挑战—柏拉图式回应：施特劳斯、阿伦特、沃格林”等多个方面。

另一部论文集是2013年出版的《施特劳斯对哲学生活的辩护：读〈什么是政治哲学？〉》（*Leo Strauss's defense of the philosophic life : reading "What is political philosophy?"*，Rafael Major 编）。1959年，施特劳斯出版《什么是政治哲学》一书，该书收录了他之前发表的一些论文和几篇图书评论。该著作论域宽广，涵涉了施特劳斯一生研究的主要论题，因此被誉为研究“施特劳斯思想的最佳入门书”。2009年，为了纪念《什么是政治哲学》出版50周年，贝纳加、楚克特、唐格维、詹森斯等十位作者分别对《什么是政治哲学》中包含的十篇文章逐一做了文本学的解读。《施特劳斯对哲学生活的辩护：读〈什么是政治哲学？〉》（2013）就是这一纪念活动的结晶。虽然这仅仅是一部会议论文合集，但对于施特劳斯研究而言，这部文集具有特殊性的意义，因为它是第一部试图理解施特劳斯的单部著作的系统性的文本学研究，标志着施特劳斯研究从宏观迈向微观。

3. 对自由教育之影响的研究

施特劳斯很少单独论及教育问题，因为他的政治哲学与其教育观—教学法是紧密缠绕在一起的。概览施特劳斯的著述，其中直接关涉教育主题的主要包括两个方面：一个是自由教育或博雅通识教育问题，集中体现在《古今自由主义》一书中；另一个是关于政治科学的教育问题，最清晰地体现在《科学研究政治学论文集》（*Essays on the Scientific Study of Politics*，Herbert J. Storing 编，1962）的结语中。尽管明确论及教育的文章少之又少，关涉教育的主题也十分有限，但施特劳斯终生躬身践行自由教育：带领弟子们阅读古典大书，撰写经典文本的疏解文章……对西方文教事业的回归古典产生了重要影响。①

为了充分挖掘施特劳斯的教育思想，评价其教育方面的贡献，J.G. York 和 Michael A. Peters 编译出版了《施特劳斯、教育与政治思想》（*Leo Strauss*，*Education*，*and Political Thought*，2011 年）一书。该书不仅收录了迈尔、楚克特夫妇等施派弟子的研究成果，而且包含了自由派学者德鲁里等人带有批判性质的文字。从主题上看，论文集既有宏观的表述，如对施特劳斯 1950 年代初为了践行作为一种生活方式的哲学，在芝加哥大学创建哲学学派的动机分析（迈尔，《为什么是施特劳斯》，第 23—33 页），施特劳斯关于自由教育之内涵——通过幸存的伟大作品与最伟大心灵展开对话——天才设定之现实意义的评估（罗伯森（Neil Robertson），《"第二洞穴"：施特劳斯与当代世界教育的可能性》，第 34—51 页）；也有微观层面的具体探讨，如对施特劳斯独特的柏拉图阅读和阐释路径（凯瑟琳·楚克特，《施特劳斯的柏拉图新读》，第 74—109 页），施特劳斯为何最终没有成为一个亚里士多德主义者（迈克尔·楚克特，《为什么施特劳斯不是一个亚里士多德主义者》，第 110—136 页）等具体问题的文本细读和因缘考证。概括而言，《施特劳斯、教育与政治思想》是西方学界首次将目光瞄向施特劳斯的教育思想，并试图树立他作为教育思想家之重要地位的集成之作。文集博采众论、冷静客观，对廓清、评估施特劳斯独特的教育观念、阅读原则、教学方法具有重要的意义。

4. 关于施特劳斯总体评价和生平传记的研究

关于施特劳斯思想遗产的总体评价方面，潘戈于 2006 年出版了《施特劳斯：思想及其智识遗产导论》（*Leo Strauss*：*An Introduction to His Thought and Intellectual Legacy*）一书。全书共分四个章节，从背

① 施特劳斯及其学派在教育方面最突出的贡献主要体现在两个方面：一是对经典文本的译介疏解，为西方文教事业积累了丰富的古典学遗产；二是对西方当下现行教育理念的挞伐，如布鲁姆 1987 年发表的《美国精神的封闭》，这一哲学畅销书以显白的方式公开教导施特劳斯的哲学观念，对民主政治下美国大学中出现的文化相对主义和虚无主义进行了深刻的揭露与批判。

景（自由主义文化的难题：相对主义），观点（包括2、3两章，对古典政治哲学的复兴和对现代性基础的发现与重估）、方法及意义（施特劳斯政治学研究路径的现实意义）三个方面对施特劳斯思想进行了系统的论述。该书的出版，与同年（2006）出版的《阅读施特劳斯》（斯密什）、《施特劳斯的真相》（楚克特夫妇）、《施特劳斯与神学—政治问题》（迈尔）、《施特劳斯与流亡政治学》（谢帕德）等一道成为施派弟子群起还击，驳斥公共媒体和自由派学人对施特劳斯“妖魔化”的重要论著。

时隔三年之后，Tony Burns 和 James Connelly 选编出版了一部综合评价施特劳斯思想的文集《施特劳斯的遗产》（2010）。该文集分四个方面对施特劳斯思想遗产进行了清理：第一部分的主题是“施特劳斯、方法论和观念史”，收录的三篇文章集中在诠释学的语境下探究施特劳斯的文本阐释及其原则；第二部分侧重于施特劳斯与同时代政治思想家（柯林伍德、施米特和阿伦特）的思想比较；第三部分探讨美国政治背景下，施特劳斯作为德裔犹太流亡知识分子的形象；第四部分致力于施特劳斯、施特劳斯主义与美国新保守主义之间关系的考察。总体来说，该文集收录的13篇文章全面涵盖了施特劳斯哲学和政治学思想，展示了施特劳斯去世后35年里持续不断受到的挑战和批判。论文集收录正、反两方面的论文，意图表明或许并不存在一个施特劳斯主义的时刻，同时也不大可能出现一个对施特劳斯作品丧失兴趣和探究的时刻，无论这种探究是出于同情、恼怒、喜爱抑或反感。

2013年，朗佩特也推出了自己总体性评价施特劳斯思想的论著——《施特劳斯的永恒意义》（*The Enduring Importance of Leo Strauss*）。在这部专著中，尤其在第一部分，朗佩特突出强调了施特劳斯对显白教诲（exotericism）重新发现的意义。作为尼采研究专家，朗佩特认为这一重新发现，非但无法成为恢复前启蒙实践或信仰的工具，反而会成为推进尼采所倡导之研究的手段。[①] 论著的第二、三部

① 朗佩特：《施特劳斯的永恒意义》（*The Enduring Importance of Leo Strauss*），the University of Chicago Press，2013，第3页。

分，朗佩特搁置施特劳斯个人发展的纪传体顺序，代之以施特劳斯作品中哲学史发展的年代学顺序，着力考察施特劳斯对古今两种启蒙运动的理论思考：“苏格拉底式的启蒙”（第二部分，共4篇文章）阐述了柏拉图和色诺芬笔下的苏格拉底言辞，并以追溯到荷马结束；“现代启蒙运动”（第三部分，共3篇文章）则集中考察了施特劳斯近四十年时间里的三部主要著述对现代启蒙运动的回应。在朗佩特看来，《哲学与律法》（1935）主要是出于为正统辩护的需要来反击启蒙，《什么是政治哲学》（1959）是为了捍卫苏格拉底而反驳启蒙，而生命末期的《注意尼采〈善恶的彼岸〉谋篇》（载于《柏拉图式政治哲学研究》，1983）一文则旨在恢复尼采的神学—政治方案——推进启蒙。

在施特劳斯的思想传记方面，除了谢帕德在《施特劳斯与流亡政治学》一书中对施特劳斯早期思想发展与生活经历的加以勾连之外，最著名的要数唐格维的《施特劳斯：思想传记》（*Leo Strauss*：*An Intellectual Biography*，2007［2003］）。在这本书中，唐格维并未追随法国学界，从主义论争和当代政治哲学等流俗层面剖析施特劳斯的思想发展，而是突出强调施特劳斯早期的欧洲背景，并以施特劳斯1965年清晰表述的“神学—政治问题”为切入点，[①] 通过追溯这一论题从1920年代的犹太复国主义写作一直到晚期的走向苏格拉底以及考证这一论题与古今之争，回归古典自然正当，隐微—显白写作技艺及现代性批判等主题之间的复杂关联，唐格维揭开了施特劳斯多变与多元化的表层面纱，为读者刻画了令人信服的、前后一贯的思想心灵。

5. 关于施特劳斯与同时代思想家的比较研究

关于对施特劳斯与其同时代思想家的比较研究，自20世纪90年

---

① 迈尔同样强调施特劳斯的神学—政治问题《施特劳斯与神学—政治问题》（*Leo Strauss and the Theologico- Political Problem*，2006），然而借用谢帕德话讲，“迈尔对早期施特劳斯令人激赏的研究成果却被他过分偏重施特劳斯成熟时期著作的教条主义所大大削弱了。成熟时期施特劳斯著作的特点是过分武断地强调成对相反范畴的紧张对抗，如耶路撒冷和雅典，启示与理性，古代人与现代人，而迈尔通过解释、调和这些对立概念来理解施特劳斯的工作和他的思想遗产”。（见谢帕德：《施特劳斯与流亡政治学：一个政治哲人的锻成》，前揭，第3—4页），这和唐格维的探讨之间具有重要的不同。

代中期以来就论著迭出，论题主要包括施特劳斯与施米特、阿伦特、尼采、沃格林、罗尔斯、韦伯等人思想关联或理论歧见的廓清。①2006年以来，这种比较研究呈现了以下几个新趋向：一是对施特劳斯与犹太思想家的比较研究受到重视，如《施特劳斯与列维纳斯》（拜特内茨克［Leora Batnitzky］，2006）、《哲人与学者：沃尔福森、古特曼和施特劳斯论犹太哲学史》（柯亨［Jonathan Cohen］，2007）、《令人不安的启示：施特劳斯、沃格林与圣经》（拉涅利［John J. Ranieri］，2009）等等；二是关注对施特劳斯与海德格尔和阿伦特错综复杂关系的厘清，如《海德格尔、施特劳斯与哲学的前提：论源初的遗忘》（维克利［Richard L. Velkley］，2011）、《政治哲学的终结：阿伦特反对施特劳斯》（韦德迈［Carole Widmaier］，2012）；三是一些论文集中收录的单篇文章对施特劳斯与其他思想家的比较研究，如论文集《现代性及其所失去的：基于施特劳斯遗产的考量》（Pawel Armada 和 Arkadiusz Górnisiewicz 编，2010）中收录了 Arkadiusz Górnisiewicz 的《施特劳斯与洛维特论现代性、世俗主义和虚无主义》、Emmanuel Patard 的《论施特劳斯—科耶夫的对话及其前提》、Jürgen Gebhart 的《现代的挑战—柏拉图式回应：施特劳斯，阿伦特，沃格林》等文章；《施特劳斯的遗产》（Tony Burns 和 James Connelly 编，2010）中收录了 Aggie Hirst 的《施特劳斯主义与后结构主义：一枚硬币的两面》，Joel Isaac 的《知识分子迁徙的奇特文化逻辑：卡尔纳普与施特劳斯》等论文；《海德格尔的犹太追随者：阿伦特、施特劳斯、约纳斯和列维纳斯》（Samuel Fleischacker 编，2008）中则收录了 Lawrence Vogel 的

---

① 如《施米特与施特劳斯：隐匿的对话》（*Carl Schmitt and Leo Strauss: the hidden dialogue*，迈尔，1995［1988］）、《阿伦特与施特劳斯：二战后德国流亡者与美国政治思想》（*Hannah Arendt and Leo Strauss: German émigrés and American Political thought after World War Π*，Hartmut Lehmann 等编，1995）、《施特劳斯与尼采》（*Leo Strauss and Nietzsche*，朗佩特，1996）、《反抗现代性：施特劳斯、沃格林与一种后自由主义秩序的寻求》（*Revolt Against Modernity: Leo Strauss, Eric Voegelin, and the Search for a Postliberal Order*，Ted V.McAllister，1996）、《施特劳斯与罗尔斯：政治的哲学困境》（*Strauss and Rawls: das Phiosophische Dilemma der Politik*，考夫曼，2000）、《施特劳斯、韦伯与科学的政治研究》（*Leo Strauss, Max Weber, and the Scientific Study of Politics*，贝纳加，2003）等等。

《克服海德格尔的虚无主义：施特劳斯与约纳斯》、Catherine Zuckert 的《施特劳斯：犹太人，是的，但是海德格尔式的》等文章。

### 三、未来研究展望

从上可见，近年来西方学界对施特劳斯的研究颇有升温之势：不仅主义之争势头不减，学派内部争锋不断，而且研究主题渐趋多元，关于施特劳斯的犹太思想，政治哲学思想，自由教育思想以及与同时代思想家的比较研究较之以往均有所深化且佳作频出；另外，从地域分布上看，本世纪以来，施特劳斯的著述及相关研究著作已经广泛译介到法语、德语、日语、意大利语、韩语、阿拉伯语以及汉语世界，关于施特劳斯思想遗产的国际学术探讨会也扩展到加拿大、法国、意大利、波兰、中国等地。作为一个具有深度理论思考和现实关切的政治哲人，我们有理由相信，随着国际化与本土化研究的多元推进，施特劳斯研究在未来几年里还会出现更为深入的研究成果。在笔者看来，这些成果或趋势可以归结为以下几个方面：

**一是主义论争仍将持续**。哲学不同于其他学科，在最重要的见解上，伟大哲人之间往往存在着巨大的分歧。这恐怕源于哲学的本性是前提批判，哲学的战场往往是踏着先贤大哲的尸体开出新路的。因此，作为哲学的重要或者说首要方面的政治哲学，在立场观点上的激烈论争就在情理之中了。何况，政治哲学论争绝非单纯的理论争吵，而是表现在何为最佳生活方式的政制（实践）之争，是关系文化领导权与政制正当性的公开较量。这一论争在施特劳斯身上的特殊性和持久性表现在，不仅他的学说具有深刻性和正当性，而且他的主张得到了施派弟子以及再传弟子的捍卫坚守。虽然出于流亡身份与哲学理念的考量，施特劳斯本人较少论及美国现实政治。但与施特劳斯不同，他的美国弟子们的根不在异域的魏玛德国抑或遥远的中世纪—古希腊，而是在活生生的美国当下，他们势必关切并乐于介入美国政制正当性的讨论之中，而这间接导致自由主义与施特劳斯主义之间论争的顽固坚韧。换言之，公共媒体上主义论战需要机缘，可能最终淡出人们视野，但学术层面的主义论争或将一直持续下去。

**二是文本细读渐成主流**。近几年，施特劳斯研究逐渐从面及点，从宏观走向微观，如《论施特劳斯：施特劳斯及其对马基雅维利批判性研究中的理性与启示》(*Discourses on Strauss: Revelation and Reason in Leo Strauss and his Critical Study of Machiavelli*，索伦森[Kim A. Sorensen]，2006）侧重于对施特劳斯笔下马基雅维利之思想特质的廓清，而《施特劳斯对哲学生活的辩护：读〈什么是政治哲学？〉》(Rafael Major 编，2013）则侧重于对施特劳斯的单一文本《什么是政治哲学》的逐篇解读，等等。就目前研究现状而论，在施特劳斯思想传记、思想遗产、各思想断面均有力作问世的境遇下，要想将施特劳斯研究推向深入，单纯面上的泛泛之论已远远不够，因此，施特劳斯对某一经典哲人的独特疏解以及施特劳斯本人的代表性论著或许会受到学者研究的重视。换言之，笔者认为，对施特劳斯笔下人物及其经典论著的深耕细读将会成为下一步施特劳斯研究的热点之一。

**三是比较研究趋向多元**。施特劳斯与同时代思想家的比较研究是近年来施特劳斯研究的热点之一。这些研究或侧重于思想渊源的清理，如施特劳斯与海德格尔、施米特、尼采的比较研究；或注重廓清双方的思想分歧，如对施特劳斯与沃格林、阿伦特、列维纳斯、科耶夫、约纳斯、洛维特、韦伯、罗尔斯等人的比较论著。虽然这些论著中有些进行了深入的探讨，但更多的作品只是限于表层的点题（单篇论文）之作，罔论还有很多尚未深入开掘的领域，如施特劳斯与犹太神秘主义思想大师索勒姆以及后现代诸家的比较研究成果。因此，如果从宏观的视角看，施特劳斯作为犹太学家、政治哲人、思想史家之思想遗产的评估还将受到重视，那么，施特劳斯对某一古典哲人的深度耕犁以及他与同时代的、过往以及之后思想家的思想会同和理论分歧将会受到持续的关注。

**四是解释学遗产后劲强劲**。施特劳斯对学界的最大贡献之一就是对“隐微—显白”写作技艺的重新发现。因此，面对施特劳斯思想遗产，清理他对显白教诲的重新发现以及他本人对这一技艺的运用，便成为无法绕过的理论节点。施特劳斯强调“字里行间阅读”，“像古人理解自己那样理解古人”，表面看来是强调了史家所注重的“客观主义”诠释学原则。但很多学者，如朗佩特在《施特劳斯的永恒意义》，楚克特夫妇在《施特劳斯的真相》等著作中都强调施特劳斯作为后现代政治思想家的独特地位。也就是说，虽然施特劳斯强调放弃现代启蒙立场的偏见，但他的文本阐释绝非被动意义的训诂考据，而是包含了大量主观能动性的意图分析。这既让那些唯作者或文本是从的史家们难以接受，也使得六经注我的哲学解释学和后现代解构主义者异常愤怒。总而言之，学界对施特劳斯哲学社会学的解释学方法毁誉参半，施派弟子认为施特劳斯开创了史家与论家之外的第三条解释学路向，反对者则认为这是误入歧途的歪理邪说。① 从这种迥然相异的对待施特劳斯解释学遗产的态度来看，施特劳斯的解释学遗产的研究与争论仍将是未来施特劳斯研究中的重要论题之一。

另外，从广义上讲，关于施特劳斯思想的研究还应当包括对施派弟子代表性论著的译疏研究，因为这些弟子们可以视为是施特劳斯遗产（观点或方法）的某种延续。随着施特劳斯第一代弟子，如布鲁姆、曼斯菲尔德、罗森、潘戈、伯纳德特等相继谢世或逐渐退出学术舞台，施特劳斯的再传弟子，如迈尔、楚克特、斯密什、詹森斯等开始走上欧美学界的学术前台。他们不仅成为捍卫施特劳斯遗产和承继施特劳斯思想衣钵的中坚力量，而且成为活跃在欧美政治哲学领域的一股重要生力军。或许，正是由于他们的存在，施特劳斯思想作为政治哲学领域的不可缺少的背景知识和无法忽视的思想运动才具有如此活力，并持续焕发出盎然生机。然而，事实是否如笔者所预料，还有待于现实的检验。

① 如沃尔什（Sean Noah Walsh）在《迫害艺术及其曲解：施特劳斯政治哲学中的隐微主义及其恐惧》（*Perversion and the art of persecution*: *esotericism and fear in the political philosophy of Leo Strauss*, Lexington Books, 2012）中对施特劳斯解释学进行了严苛的批判。

# 参考文献

## 施特劳斯的著作与论文


1. Leo Strauss. *Leo Strauss: The Early Writings (1921—1932)* [C], translated and edited by Michael Zank, Albany: State University of New York Press, 2002.
2. Leo Strauss. *Philosophy and Law: Contributions to the Understanding of Maimonides and His Predecessors* [M], translated by Eve Adler, Albany: State University of New York Press, 1995.
3. Leo Strauss. *On Tyranny: Including the Strauss-Kojève Correspondence* [M], edited by Victor Gourevitich and Michael S. Roth, New York: the Free Press, 1991.
4. Leo Strauss. *What Is Political Philosophy? and Other Studies* [M], Illinois: the Free Press, 1959.
5. Leo Strauss. *The Rebirth of Classical Political Rationalism: An Introduction to the Thought of Leo Strauss* [C], Selected and introduced by Thomas L.Pangle, Chicago and London: the University of Chicago Press, 1989.
6. Leo Strauss. *An Introduction to Political Philosophy: Ten Essays by Leo Strauss* [C], Edited with an introduction by Hilail Gildin, Detroit: Wayne State University Press, 1989.
7. Leo Strauss. *Studies in Platonic Political Philosophy* [M], With an Introduction by Thomas L. Pangle, Chicago and London: the University of Chicago Press, 1983.
8. Leo Strauss. *Jewish Philosophy and the Crisis of Modernity: Essays and Lectures in Modern Jewish Thought* [C], Edited with an Introduction by Kenneth Hart Green, Albany: State University of New York Press, 1997.
9. Leo Strauss. *Liberalism Ancient and Modern* [M], Chicago and London: the University of Chicago Press, 1995.
10. Leo Strauss. *Persecution and the Art of Writing* [M], Chicago and London: the University of Chicago Press, 1988.
11. Leo Strauss. *Spinoza's Critique of Religion* [M], Chicago and London: the

University of Chicago Press，1997.

12. Leo Strauss. *The City and Man* [ M ]，Chicago and London：the University of Chicago Press，1964.
13. Leo Strauss. *Natural Right and History* [ M ]，Chicago and London：the University of Chicago Press，1953.
14. Leo Strauss. *The Argument and the Action of Plato's Laws* [ M ]，Chicago and London：the University of Chicago Press，1975.
15. Leo Strauss. "Progress or Return? The Contemporary Crisis in Western Civilization" [ J ]，in *Jewish Philosophy and the Crisis of Modernity*：*Essays and Lectures in Modern Jewish Thought*. Edited with an Introduction by Kenneth Hart Green，Albany：State University of New York Press，1997.
16. Leo Strauss. "Preface to Spinoza's Critique of Religion" [ J ]，in *Jewish Philosophy and the Crisis of Modernity*：*Essays and Lectures in Modern Jewish Thought*，Edited with an Introduction by Kenneth Hart Green，Albany：State University of New York Press，1997.
17. Leo Strauss. "Why We Remain Jews：Can Jewish Faith and History Still Speak to Us? " [ J ]，in *Leo Strauss*：*Political Philosopher and Jewish Thinker*，edited by Kenneth L. Deutsch and Walter Nicgorski，Lanham：Rowman & Littlefield Publishers，1994.
18. Leo Strauss. "The Crisis of Our Time" [ J ]，in *The Predicament of Modern Politics*，edited by Harold J. Spaeth，Detroit：University of Detroit Press，1964.
19. Leo Strauss. "The Crisis of Political Philosophy" [ J ]，in *The Predicament of Modern Politics*，edited by Harold J. Spaeth，Detroit：University of Detroit Press，1964.
20. 施特劳斯 . 霍布斯的政治哲学：基础与起源 [ M ]. 申彤译，南京：译林出版社，2001。
21. 施特劳斯 . 自然权利与历史 [ M ]. 彭刚译，甘阳选编，北京：生活 · 读书 · 新知三联书店，2003。
22. 施特劳斯 . 关于马基雅维里的思考 [ M ]. 申彤译，南京：译林出版社，2003。
23. 政治哲学史（第三版）（与克罗波西共同主编）[ M ]. 李红润等译，北京：法律出版社，2009。
24. 施特劳斯等 . 论僭政——色诺芬〈希耶罗〉义疏（与科耶夫合著）[ M ]. 何地译，观溟校，古热维奇、罗兹编，北京：华夏出版社，2006。
25. 施特劳斯等 . 回归古典政治哲学——施特劳斯通信集 [ C ]. 朱雁冰、何鸿藻译，迈尔编，北京：华夏出版社，2006。
26. 施特劳斯等 . 信仰与政治哲学——施特劳斯与沃格林通信集 [ C ]. 谢华育、张新樟等译，恩伯莱、寇普编，上海：华东师范大学出版社，2007。
27. 施特劳斯 . 苏格拉底问题与现代性——施特劳斯讲演与论文集：卷二 [ C ]. 彭磊、丁耘等译，刘小枫编，北京：华夏出版社，2008。
28. 施特劳斯 . 犹太哲人与启蒙——施特劳斯讲演与论文集：卷一 [ C ]. 张缨等译，刘小枫编，北京：华夏出版社，2010。

29. 施特劳斯．古今自由主义［M］．马志娟译，南京：江苏人民出版社，2010。
30. 施特劳斯．色诺芬的苏格拉底言辞——〈齐家〉译疏［M］．杜佳译，程志敏、张爽校，上海：华东师范大学出版社，2010。
31. 施特劳斯．古典政治理性主义的重生——施特劳斯思想入门［C］．郭振华等译，叶然校，潘戈编，北京：华夏出版社，2011。
32. 施特劳斯．色诺芬的苏格拉底［M］．高诺英译，上海：华东师范大学出版社，2011。
33. 施特劳斯．苏格拉底与阿里斯托芬［M］．李小均译，北京：华夏出版社，2011。
34. 施特劳斯．柏拉图《法义》的论辩与情节［M］．程志敏、方旭译，北京：华夏出版社，2011。
35. 施特劳斯．什么是政治哲学［M］．李世祥等译，北京：华夏出版社，2011。
36. 施特劳斯．哲学与律法：论迈蒙尼德及其前贤［M］．黄瑞成译，北京：华夏出版社，2012。
37. 施特劳斯．门德尔松与莱辛［M］．卢白羽译，北京：华夏出版社，2012。
38. 施特劳斯．斯宾诺莎的宗教批判［M］．李永晶译，北京：华夏出版社，2013。

**有关施特劳斯的研究著作与论文**

39. Shadia B. Drury. *the Political Ideas of Leo Strauss* [ M ], London: the Mecmillan Press, 1988.
40. Anne Norton. *Leo Strauss and the Politics of American Empire* [ M ], New Haven & London: Yale University Press, 2004.
41. Steven B. Smith. *Reading Leo Strauss: Politics, Philosophy, Judaism* [ M ], Chicago and London: the University of Chicago Press, 2006.
42. *Leo Strauss and Judaism: Jerusalem and Athens Critically Revisited* [ C ], edited by David Novak, Lanham: Rowman & Littlefield Publishers, 1996.
43. *Leo Strauss's Thought: toward a Critical Engagement* [ C ], edited by Alan Udoff, Boulder & London: Lynne Rienner Publishers, 1991.
44. *Leo Strauss: Political Philosopher and Jewish Thinker* [ C ], edited by Kenneth L. Deutsch and Walter Nicgorski, Lanham: Rowman & Littlefield Publishers, 1994.
45. *Leo Strauss, the Straussians, and the American Regime* [ C ], edited by Kenneth L. Deutsch and John A. Murley, Lanham, Boulder, New & York Oxford: Rowman & Littlefield Publishers, 1999.
46. Kim A. Sorensen. *Discourses on Strauss: Revelation and Reason in Leo Strauss and His Critical Study of Machiavelli* [ M ], Notre Dame: University of Notre Dame Press, 2006.
47. Eugene R. Sheppard. *Leo Strauss and the Politics of Exile: the Making of a Political Philosopher* [ M ], Hanover and London: Brandeis University Press, 2006.
48. Thomas L. Pangle. *Leo Strauss: An Introduction to His Thought and Intellectual Legacy* [ M ], Baltimore: The Johns Hopkins University Press, 2006.
49. *Heidegger's Jewish Followers: Essays on Hannah Arendt, Leo Strauss, Hans Jonas, and Emmanuel Levinas* [ C ], edited by Samuel Fleischacker, Pittsburgh:

Duquesne University Press, 2008.
50. Irene Kajon. *Contemporary Jewish Philosophy* [M], New York: Routledge, 2006.
51. Leora Batnitzky. *Leo Strauss and Emmanuel Levinas: Philosophy and the Politics of Revelation* [M], New York: Cambridge University Press, 2006.
52. Catherine and Michael Zuckert. *The Truth about Leo Strauss: Political Philosophy and American Democracy* [M], Chicago and London: the University of Chicago Press, 2006.
53. 丹尼尔·唐格维（Daniel Tanguay）. 列奥·施特劳斯：思想传记 [M]. 林国荣译，长春：吉林出版集团有限责任公司，2011。
54. 驯服欲望：施特劳斯笔下的色诺芬撰述 [C]. 贺志刚、程志敏等译，刘小枫选编，北京：华夏出版社，2002。
55. 施特劳斯与古典政治哲学 [C]. 张新樟等译，刘小枫选编，上海：上海三联书店，2002。
56. 施特劳斯与现代性危机 [C]. 乔戈等译，刘小枫选编，上海：华东师范大学出版社，2010。
57. 施特劳斯与古今之争 [C]. 宗成河等译，刘小枫选编，上海：华东师范大学出版社，2010。
58. 贝纳加（Nasser Behnegar）. 施特劳斯、韦伯与科学的政治研究 [M]. 陆月宏译，刘小枫主编，上海：华东师范大学出版社，2010。
59. 布鲁姆. 巨人与侏儒——布鲁姆文集 [C]. 秦露、林国荣、严蓓雯等译，张辉选编，北京：华夏出版社，2003。
60. 布鲁姆. 美国精神的封闭 [M]. 战旭英译，冯克利校，南京：译林出版社，2007。
61. 罗森. 诗与哲学之争——从柏拉图到尼采、海德格尔 [M]. 张辉译，刘小枫主编，北京：华夏出版社，2004。
62. 罗森. 启蒙的面具：尼采的〈查拉图斯特拉如是说〉[M]. 吴松江、陈卫斌译，沈阳：辽宁教育出版社，2003。
63. 曼斯费尔德. 驯化君主 [M]. 冯克利译，南京：译林出版社，2005。
64. 迈尔. 隐匿的对话——施米特与施特劳斯 [C]. 朱雁冰、汪庆华等译，刘小枫主编，北京：华夏出版社，2008。
65. 迈尔. 古今之争中的核心问题——施米特的学说与施特劳斯的论题 [C]. 林国基等译，刘小枫主编，北京：华夏出版社，2004。
66. 德鲁里. 列奥·施特劳斯与美国右派 [M]. 刘华等译，刘擎译校，上海：华东师范大学出版社，2006。
67. 德鲁里. 亚历山大·科耶夫：后现代政治的起源 [M]. 赵琦译，北京：新星出版社，2007。
68. 德鲁里. 列奥·施特劳斯的政治观念 [M]. 张新刚、张源译，王利校译，北京：新星出版社，2010。
69. 朗佩特. 施特劳斯和尼采 [M]. 田立年、贺志刚等译，刘小枫主编，上海：上海三联书店，2005。

70. 霍尔姆斯（Stephen Holmes）. 反自由主义剖析［M］. 曦中、陈兴玛、彭俊军译，北京：中国社会科学出版社，2002。
71. 拉莫尔 . 现代性的教训［M］. 刘擎、应奇译，北京：东方出版社，2010。
72. 古今之争与文明自觉——中国语境中的施特劳斯［C］. 徐戬选编，上海：华东师范大学出版社，2010。
73. 政治哲人施特劳斯：古典保守主义政治哲学的复兴［M］. 香港：牛津大学出版社，2003。
74. 刘小枫 . 刺猬的温顺——演讲及其相关论文集［C］. 上海：上海文艺出版社，2002。
75. 刘小枫 . 重启古典诗学［C］. 北京：华夏出版社，2010。
76. 刘小枫 . 施特劳斯的路标［C］. 北京：华夏出版社，2011。
77. 陈建洪 . 耶路撒冷抑或雅典：施特劳斯四论［M］. 北京：华夏出版社，2005。
78. 郑兴凤、程志敏 . 梦断现代性［M］. 上海：上海书店出版社，2006。
79. 林国华 . 诗歌与历史：政治哲学的古典风格［M］. 上海：上海三联书店，2005。
80. 吴冠军 . 爱与死的幽灵学：意识形态批判六论［M］. 长春：吉林出版集团有限责任公司，2008。
81. 苏格拉底问题［C］. 肖涧、徐卫翔、林晖、洪涛、丁耘、孙向晨译，刘小枫、陈少明主编，北京：华夏出版社，2005。
82. 西方现代性的曲折与展开（《学术思想评论》第六辑）［C］. 贺照田主编，长春：吉林人民出版社，2002。
83. 现代政治思想：关于领域、价值和趋向的问题［C］. 杨淮生等译，詹姆斯 · A. 古尔德、文德森 · V. 瑟斯比编，北京：商务印书馆，1985。
84. 公共理性与现代学术［C］. 哈佛燕京学社 · 三联书店主编，北京：生活 · 读书 · 新知三联书店，2000。
85. 当代政治心灵：当代政治思想家［C］. 周阳山主编，台北：正中书局，2000。
86. 启示与哲学的政治冲突（《道风：基督教文化评论》第十四期）［C］. 刘小枫主编，香港：道风书社，2001。
87. 启示与理性：从苏格拉底、尼采到施特劳斯［C］. 萌萌主编，北京：中国社会科学出版社，2001。
88. 启示与理性——哲学问题：回归或转向［C］. 萌萌主编，北京：中国社会科学出版社，2001。
89. “古今之争”背后的“诸神之争”（《启示与理性》第三辑）［C］. 萌萌主编，上海：上海三联书店，2006。
90. 政治与哲学的共契（《启示与理性》第四辑）［C］. 萌萌学术工作室主编，上海：上海人民出版社，2009。
91. 灵知主义及其现代性谋杀［C］. 朱雁冰、李秋零、吴增定等译，刘小枫编，香港：道风书社，2001。
92. 经典与解释的张力［C］. 周围等译，刘小枫、陈少明主编，上海：上海三联书店，2003。
93. 柏拉图的哲学戏剧［C］. 林国荣等译，刘小枫、陈少明主编，上海：上海三联书店，2003。

94. 美德可教吗?[C]. 韩锐等译，刘小枫、陈少明主编，北京：华夏出版社，2005。
95. 古典传统与自由教育[C]. 肖涧等译，刘小枫、陈少明主编，北京：华夏出版社，2005。
96. 什么是思想史(《思想史研究》第一辑)[C]. 洪涛等译，丁耘主编，上海：上海人民出版社，2006。
97. 阅读的德性[C]. 张宪等译，刘小枫、陈少明主编，北京：华夏出版社，2006。
98. 政治哲学中的摩西[C]. 李致远等译，刘小枫、陈少明主编，北京：华夏出版社，2006。
99. 色诺芬的品味[C]. 陈戎女等译，刘小枫、陈少明主编，北京：华夏出版社，2006。
100. 修昔底德的春秋笔法[C]. 彭磊等译，刘小枫主编，北京：华夏出版社，2007。
101. 犹太教中的柏拉图门徒[C]. 王承教等译，刘小枫、陈少明主编，北京：华夏出版社，2007。
102. 柏拉图的真伪[C]. 陈霞等译，刘小枫、陈少明主编，北京：华夏出版社，2007。
103. 政治生活的限度与满足[C]. 卢白羽等译，刘小枫、陈少明主编，北京：华夏出版社，2007。
104. 雅典民主的谐剧[C]. 黄晶等译，刘小枫、陈少明主编，北京：华夏出版社，2008。
105. 考夫曼(Clemens Kauffmann). 施特劳斯论苏格拉底问题[J]. 邓安庆译，载于《世界哲学》2004年第3期。
106. 考夫曼(Clemens Kauffmann). 列奥·施特劳斯论现代性危机[J]. 邓安庆译，载于《世界哲学》2004年第3期。
107. 泽尔内尔(Alfons Sollner). 古典政治哲学的再生——列奥·施特劳斯述评[J]. 李小科、刘平译，载于《哲学译丛》2001年第1期。
108. 史密斯(Steven B. Smith). 评列奥·施特劳斯影响美国外交政策之说[J]. 胡全威、张东扬译，江宜桦、詹康校订，载于《政治科学论丛》2004年第21期。
109. 马克·里拉(Mark Lilla). 在北京读施特劳斯[J]. 吴万伟译，文献来源：http://www.philosophyol. com/pol/html/ 93/n-10693.html，上网时间：2011-2-28。
110. 刘小枫. 施特劳斯与中国：古典心性的相逢[J]. 载于《思想战线》2009年第2期。
111. 刘小枫. 施特劳斯与启蒙哲学——读施特劳斯早期文稿〈柯亨与迈蒙尼德〉[J]. 载于《政治与哲学的共契》(《启示与理性》第四辑)，萌萌学术工作室主编，上海：上海人民出版社，2009。
112. 包利民、曹瑞涛. 苏格拉底：刺猬还是狐狸？——对苏格拉底悲剧的一个再思考[J]. 载于《浙江大学学报》(人文社会科学版)2006年第3期。
113. 白彤东、肖涧秋. 走向毁灭经典哲学之路?[J]. 载于《世界哲学》2008年第1期。
114. 李强. 美国新帝国主义的全球战略的政治哲学解读[J]. 文献来源：http：// www.tianya.cn/ public forum/ Content/worldlook/1/161524. shtml，上网时间：2009年12

月 24 日。
115. 陈家琪 . 也谈〈现代性的三次浪潮〉[ J ]. 载于《江苏社会科学》2003 年第 1 期。
116. 邓正来、洪涛 . 曼斯菲尔德访谈：施特劳斯学派若干问题 [ J ]. 文献来源：http：// www.douban. com /group /topic/5249774/，上网时间：2010 年 1 月 3 日。
117. 陈建洪 . 施特劳斯论古今政治哲学及其文明理想 [ J ]. 载于《世界哲学》2008 年第 1 期。
118. 陈建洪 . 施特劳斯论耶路撒冷和雅典之争 [ J ]. 载于《现代哲学》2009 年第 1 期。
119. 梁慧、黄天海 . 施特劳斯和“两城之争”[ J ]. 载于《浙江大学学报》( 人文社会科学版 ) 2005 年第 4 期。
120. 李革新 . 施特劳斯的政治哲学与犹太教问题 [ J ]. 载于《同济大学学报》( 社会科学版 ) 2007 年第 2 期。
121. 甘阳、刘小枫、张志林等 . 古典西学在中国 ( 之一 )[ J ]. 载于《开放时代》2009 年第 1 期。
122. 林国华等 . 曼斯菲尔德访谈：施特劳斯与古今政治哲学 [ J ]. 文献来源：http：// www.blogms. Com /StBlog PageMain/Efp_BlogLogSee.aspx?cBlogLog =1002213207，上网时间：2009 年 12 月 24 日。
123. 徐戬 . 高贵的竞赛——施特劳斯与“主义”的彼岸 [ J ]. 载于《开放时代》2009 年第 9 期。
124. 张盾 . 现代性批判之“异常思”：施特劳斯论马克思 [ J ]. 载于《天津社会科学》2010 年第 2 期。

**其他参考文献**

125. 柏拉图 . 理想国 [ M ]. 郭斌和、张竹明译，北京：商务印书馆，1986。
126. 柏拉图 . 苏格拉底的申辩 [ M ]. 吴飞译、疏，北京：华夏出版社，2007。
127. 柏拉图 . 游叙弗伦　苏格拉底的申辩　克力同 [ M ]. 严群译，北京：商务印书馆，1983。
128. 亚里士多德 . 尼各马可伦理学 [ M ]. 苗力田译，北京：中国社会科学出版社，1999。
129. 亚里士多德 . 政治学 [ M ]. 颜一、秦典华译，北京：中国人民大学出版社，2003。
130. 阿里斯托芬 . 云 [ M ]. 罗念生译，上海：上海人民出版社，2006。
131. 色诺芬 . 回忆苏格拉底 [ M ]. 吴永泉译，北京：商务印书馆，1986。
132. 色诺芬 . 居鲁士的教育 [ M ]. 沈默译笺，北京：华夏出版社，2007。
133. 色诺芬等 . 色诺芬的〈会饮〉[ M ]. 沈默等译，刘小枫编，北京：华夏出版社，2005。
134. 阿尔法拉比 . 柏拉图的哲学 [ M ]. 程志敏译，上海：华东师范大学出版社，2006。
135. 迈蒙尼德 . 迷途指津 [ M ]. 傅有德、郭鹏、张志平译，济南：山东大学出版社，2004。
136. 马基雅维里 . 君主论 [ M ]. 李盈译，天津：天津教育出版社，2004。

137. 马基雅维里 . 论李维［M］. 冯克利译，上海：上海人民出版社，2005。
138. 笛卡尔 . 谈谈方法［M］. 王太庆译，北京：商务印书馆，2000。
139. 霍布斯 . 利维坦［M］. 黎思复、黎廷弼译，北京：商务印书馆，1985。
140. 斯宾诺莎 . 神学政治论［M］. 温锡增译，北京：商务印书馆，1963。
141. 洛克 . 政府论［M］. 瞿菊农、叶启芳译，北京：商务印书馆，1982。
142. 卢梭 . 社会契约论［M］. 何兆武译，北京：商务印书馆，1980。
143. 卢梭 . 论人类不平等的起源和基础［M］. 高煌译，桂林：广西师范大学，2002。
144. 康德 . 实践理性批判［M］. 邓晓芒译，杨祖陶校，北京：人民出版社，2003。
145. 康德 . 永久和平论［M］. 何兆武译，上海：上海人民出版社，2005。
146. 黑格尔 . 法哲学原理［M］. 范扬、张企泰译，北京：商务印书馆，1961。
147. 黑格尔 . 历史哲学［M］. 王造时译，上海：上海书店出版社，2006。
148. 黑格尔 . 哲学史讲演录（第二卷）［M］. 贺麟、王太庆译，北京：商务印书馆，1988。
149. 马克思恩格斯全集（第三卷）［C］. 北京：人民出版社，2002。
150. 尼采 . 查拉图斯特拉如是说［M］. 钱春绮译，北京：生活·读书·新知三联书店，2007。
151. 尼采 . 权力意志：重估一切价值的尝试［M］. 张念东等译，北京：中央编译出版社，2000。
152. 尼采 . 论道德的谱系·善恶之彼岸［M］. 谢地坤、宋祖良、程志民译，桂林：漓江出版社，2000。
153. 韦伯 . 新教伦理与资本主义精神［M］. 康乐、简惠美译，桂林：广西师范大学出版社，2007。
154. 韦伯 . 学术与政治：韦伯的两篇演说［M］. 冯克利译，北京：生活·读书·新知三联书店，2005。
155. 胡塞尔 . 欧洲科学危机和超验现象学［M］. 张庆熊译，上海：上海译文出版社，2005。
156. 舍勒 . 伦理学中的形式主义与质料的价值伦理学：为一门伦理学人格主义奠基的新尝试（上、下）［M］. 倪梁康译，北京：生活·读书·新知三联书店，2004。
157. 海德格尔 . 康德与形而上学疑难［M］. 王庆节译，上海：上海译文出版社，2011。
158. 海德格尔 . 存在与时间［M］. 陈嘉映、王庆节译，北京：生活·读书·新知三联书店，2006。
159. 海德格尔 . 路标［M］. 孙周兴译，北京：商务印书馆，2000。
160. 海德格尔 . 尼采［M］. 孙周兴译，北京：商务印书馆，2002。
161. 海德格尔 . 形而上学导论［M］. 熊伟、王庆节译，北京：商务印书馆，1996。
162. 海德格尔 . 面向思的事情［M］. 陈小文、孙周兴译，北京：商务印书馆，1999。
163. 雅斯贝尔斯 . 时代的精神状况［M］. 王德峰译，上海：上海译文出版社，2008。
164. 伽达默尔 . 科学时代的理性［M］. 薛华等译，北京：国际文化出版公司，1988。
165. 伽达默尔 . 真理与方法——哲学诠释学的基本特征（上、下）［M］. 洪汉鼎译，上海：上海译文出版社，2004。

166. 利科．论现象学流派［M］. 蒋海燕译，张一兵主编，南京：南京大学出版社，2010。
167. 洛维特．世界历史与救赎历史：历史哲学的神学前提［M］. 李秋零、田薇译，上海：上海人民出版社，2006。
168. 洛维特．从黑格尔到尼采：19 世纪思维中的革命性断裂［M］. 李秋零译，北京：生活·读书·新知三联书店，2006。
169. 洛维特．纳粹上台前后我的生活回忆［M］. 区立远译，上海：学林出版社，2008。
170. 洛维特、沃格林等．墙上的书写——尼采与基督教［C］. 田立年、吴增定等译，北京：华夏出版社，2004。
171. 波普尔．开放社会及其敌人［M］. 陆衡等译，北京：中国社会科学出版社，1999。
172. 阿伦特．极权主义的起源［M］. 林骧华译，北京：生活·读书·新知三联书店，2008。
173. 约翰逊．阿伦特［M］. 王永生译，北京：中华书局，2006 年。
174. 伯林．自由及其背叛：人类自由的六个敌人［M］. 赵国新译，南京：译林出版社，2005。
175. 伯林．浪漫主义的根源［M］. 亨利·哈代编，吕梁、洪丽娟、孙易译，南京：译林出版社，2008。
176. 斯宾格勒．西方的没落［M］. 张兰平译，西安：陕西师范大学出版社，2008。
177. 施米特．政治的概念［M］. 刘宗坤等译，上海：上海人民出版社，2004。
178. 施米特与政治的现代性［C］. 魏朝勇等译，刘小枫选编，上海：华东师范大学出版社，2007。
179. 施米特：政治的剩余价值［C］. 舒炜编，上海：上海人民出版社，2002。
180. 施米特与政治法学［C］. 刘小枫选编，上海：上海三联书店，2002。
181. 阿隆．知识分子的鸦片［M］. 吕一民、顾杭译，南京：译林出版社，2005。
182. 德里达．书写与差异（上、下册）［M］. 张宁译，北京：生活·读书·新知三联书店，2001。
183. 罗尔斯．正义论［M］. 何怀宏等译，北京：中国社会科学出版社，1988。
184. 麦金太尔．追寻美德：道德理论研究［M］. 宋继杰译，南京：译林出版社，2003。
185. 鲍曼．现代性与大屠杀［M］. 杨渝东、史建华译，南京：译林出版社，2002。
186. 福柯．规训与惩罚：监狱的诞生［M］. 刘北成、杨远婴译，北京：生活·读书·新知三联书店，2007。
187. 福柯．知识考古学［M］. 谢强、马月译，北京：生活·读书·新知三联书店，2007。
188. 拉克劳、墨菲．领导权与社会主义的策略——走向激进民主政治［M］. 尹树广、鉴传今译，衣俊卿主编，哈尔滨：黑龙江人民出版社，2003。
189. 墨菲．政治的回归（《现代政治译丛》第二辑）［M］. 王恒、臧佩洪译，臧佩洪审校，南京：江苏人民出版社，2005。
190. 哈贝马斯．后形而上学思想［M］. 曹卫东、付德根译，南京：译林出版社，

2001。
191. 桑德尔 . 自由主义与正义的局限［M］. 万俊人等译，南京：译林出版社，2001。
192. 斯金纳 . 自由主义之前的自由［M］. 李宏图译，上海：上海三联书店，2003。
193. 走向古典诗学之路——相遇与反思：与伯纳德特聚谈［M］. 伯格编，肖涧译，北京：华夏出版社，2007。
194. 沃林 . 海德格尔的弟子——阿伦特、勒维特、约纳斯和马尔库塞［M］. 张国清、王大林译，南京：江苏教育出版社，2005 年。
195. 吴增定 . 尼采与柏拉图主义［M］. 上海：上海人民出版社，2005。
196. 海德格尔的政治时刻［C］. 赵卫国等译，刘小枫、陈少明主编，北京：华夏出版社，2009。

# 后　记

每个时代都有自己的良心和代言人，可惜，我不是。对我而言，修习哲学只是为了解决个体生命中的诸多困惑。自己靠研究哲学过活，即使在今天想来，也常常觉得有些不可思议。我不敢说是哲学最终选择了我，因为在我青春懵懂的岁月里，从来就没有与哲学有关的人、事儿和著作在我的生命里出现过，这一状况直到我 27 岁攻读硕士研究生时才宣布结束。在我年少的记忆里，有的只是干不完的农活和百无聊赖的日常琐碎。为了躲避繁重的体力劳动，也为了走出那毫无明天可言的日复一日，我拼命读书，并以全校第一名的成绩从初中考上中师，然后保送大学，硕、博相继……

如果说生命中有一部分与哲学息息相关，那便是我的气质秉性：敏感、多疑、好战，热衷反思和忏悔。由于生命过往的大半缺少一位智慧导师或经典作品的点拨或熏陶，因此急功近利的我在每走完一段人生履历之后都会懊悔自己的短视和虚度。例如，当报送大学之后，我会懊悔自己当初为何会用最好的三年时光去读中等师范：在朋辈熬夜苦读时，自己却在煞费苦心地研究如何组织班活、如何练好三笔字、如何在音乐、绘画和体育方面得其精要……，而这些都是我力所不逮的领域；当我攻读研究生时，我开始懊悔自己的大学生活居然浪费了那么多的宝贵光阴：前两年一直忙于参加院系组织的各种活动，后两年又将大把的时间浪费在考取计算机等级证书、司法考试和外语学习上，就是没有认真读几本好书。本科毕业后，我到哈尔滨一家高职学院的宣传部门工作，在那初涉社会的三年时光里，我的人生苦闷到极点：我不喜欢自己将时间浪费在设计宣传板报、布置会场和撰写八股文式的各类文件上，尤其厌恶下班后应付那些毫无真诚可言的迎来送往。在那一刻，苏格拉底式追问不断浮现在我脑海，究竟什么样的人生值得过？然而，可惜的是，那一刻苏格拉底对我而言只是一个抽象的名字，哲学对我而言还是一个遥不可及的事物。

驻足回望，我觉得自己的过往蹉跎了太多的光阴：在应该受到书籍浸润的日子里，我挥舞着木棍在离家几公里外的池塘边牧马放鹅；在应该为明天挥洒汗水的日子里，我在中等师范学校的灰土小楼前为“献身农村、献身小学”雕琢自己；在应该接受老师和古典大书心灵点播的当口，我在一个没有图书馆（正在施工建设中）的二本校园里乐此不疲地考取各类职业资格证书……。然而，所幸我最终遇到了哲学，我在最浮躁迷茫的青葱岁月虚度了光阴，错过了政治上狂热的上个世纪八十年代，学术上专门化的九十年代，却在千禧年之后的传统、现代化和后现代交叠激荡的漩涡中遭遇了哲学，时代的更迭、社会的转型和个体的浮躁在与哲学为伍的日子里一点点获得它的自我理解。

父母和东北的寒天黑土给予我健硕的躯体，哲学则让我的灵魂归于安宁。这种安宁源自于对现象背后之“理”或原因的某种理解和体悟。例如，中国人做事儿特别讲求亲情、关系和面子。我们在日常生活中遇到某人或某事，总会自觉或不自觉地问一句：“这和我有什么关系？”如果是亲戚、师友、同门或是老乡的事，那么就和我有关系，我们就会花费心思去掂量如何处置，反之，如果是邻居、路人或别人的事儿，那么我们就往往会多一事不如少一事。再如，如果有人拿着文件或法规让你交罚款，你也许会心不甘情不愿地嘟哝：“为什么别人不交让我来交”；反之，如果有人以乞讨的口吻向你央求，帮兄弟个忙儿，给兄弟个薄面儿，之类云云，你肯定痛快地把那点钱交了。是什么样的原因让我们如此行动而不是如彼行动，决定中国人立言力行背后的伦（社会关系结构）和理（道理、根据）到底是什么？就是上述我们第一个例子中所讲的爱有等差的亲亲原则（用费孝通先生的话讲叫“差序格局”）和第二个例子中的面子或尊尊之道（用梁漱溟先生的话叫“伦理本位”）。这种亲—尊之道通过丧服和宗法制度的形式外化出来，通过家庭生活的耳濡目染内化到我们的血液当中，成为我们无意识加以遵行的行为操守。很长一段时间以来，我认为过于极端的性格特质和浸染西学的经历让自己变得相当西化。然而，最近的一些阅读和思考让我开始质疑这一点，因为我发现自己无意识中践行的恰恰是上述的亲—尊之道和伦—理准则。它在我待人接物，拜访应酬，处理日常事务中都表现得那么理所当然和缺乏质疑，尤其是在我背井离乡和国外访学时被成倍地放大。也就是说，百年来中国的西化启蒙其实并不像我们所想象的那么彻底，无论我们在学理上怎样信服西方的平等原则和法制观念，它们都无法无缝地内化到我们的血液当中，变成我们无意识的理所当然。这一发现令我有些骇然，因为它不仅打碎了我的偏见和自信，也让我开始感到自己长久以来用西学视角来苛责国人的灵活变通、缺乏原则是否不得要领。我发现自己的文字开始变得平和，戾气和尖刻被同情理解所慢慢融化……

回到本书，作为学徒期的一部作品，它不仅布满了笔者个性化的书写印迹，也饱含着浓厚的诸位师长的教导和情谊。因此，在论著即将出版之际，我要感谢我的恩师丁立群先生，感谢我的博士后合作导师孙向晨先生，我在江苏师范大学时期的老领导任平先生以及所有对我的学习和成长有所帮助的师友（这个名单很长，包括但不限于如下诸位）：马天俊、卿文光、赵海峰、罗跃军；张庆熊、张汝伦、邹诗鹏、丁耘、张双利；江苏师大的前同事林桂臻、刘凤娟、马小虎；博士同学张智宏、侯冬梅、范为；师兄高来源，师弟于志杰、马成慧；等等。

最后，还要感谢我的妻子刘艳女士，多年来她的风雨相伴、不离不弃让我极端偏执的哲学心灵得到世俗生活的道德中和。感谢我那乖巧的女儿，她的各种蝶变和生长的烦恼，让我惊奇于生命的神秘与美好。当然，更要感谢我的父母高玉泉先生和林凤华女士，生命中的艰辛和磨砺捶打出他们坚实的臂膀，为我们姐弟四人的成长撑起温暖的港湾，那纯朴的做人道理和人生信条让我在每每思入荒凉之地时都会感受到家园的呼唤。或许哲思的深入不断将我拽离他们所居的日常世界，但这绝不减损从爱的地基出发对他们所产生的那份依恋和敬意。

当本书即将付梓之际，本人的工作单位已转入现在的上海师范大学，感谢陈泽环、樊志辉两位先生对本书出版的殷切关注，感谢晏辉、张志平、刘云卿、毛勒堂、邓辉、乐小军、郝春鹏、胡斌、赵晓芳、张娜、伍小劼、王招国、贺敏年、伍龙、张晓兰、黄素珍以及所有其他哲学系诸位同仁的关怀与照顾。这本小书的出版既是对过往生活的思之回望，也是对这一情谊的美好纪念。

高山奎<br>2016 年 10 月 2 日于彭城牛山寓所<br>2021 年 1 月 6 日改于沪上

**图书在版编目(CIP)数据**

现代性之殇与犹太哲学:阅读列奥·施特劳斯及其时代/高山奎著.—上海:上海三联书店,2022.10
(思想与社会)
ISBN 978-7-5426-7638-2

Ⅰ.①现… Ⅱ.①高… Ⅲ.①施特劳斯(Strauss, Leo 1899-1973)-哲学思想-研究 Ⅳ.①B712.59

中国版本图书馆 CIP 数据核字(2021)第 254625 号

现代性之殇与犹太哲学:阅读列奥·施特劳斯及其时代

著　　者/高山奎

责任编辑/殷亚平
装帧设计/徐　徐
监　　制/姚　军
责任校对/王凌霄

出版发行/上海三联书店
　　　　(200030)中国上海市漕溪北路 331 号 A 座 6 楼
邮　　箱/sdxsanlian@sina.com
邮购电话/021-22895540
印　　刷/上海惠敦印务科技有限公司

版　　次/2022 年 10 月第 1 版
印　　次/2022 年 10 月第 1 次印刷
开　　本/640 mm×960 mm　1/16
字　　数/400 千字
印　　张/28.75
书　　号/ISBN 978-7-5426-7638-2/B·763
定　　价/98.00 元